财务精英都是Excel控

CFO手把手教你学管理会计

李春林◎著

中国铁道出版社有限公司
CHINA RAILWAY PUBLISHING HOUSE CO., LTD.

内 容 简 介

这是一本深度融合Excel高阶应用的管理会计书。全书基于苏问集团这一环环紧扣的真实职场情景，以财务经理蔡敏慧第一人称的视角，讲述了与CFO易总相遇、共事，易总如何带领财务团队，特别是帮助财务职场新人会计主管吴毓和实习生白姝影运用Excel的高阶功能，解决管理会计实务难题，迅速成长为财务精英的实景记录和心路历程。

全书语言风格轻松幽默、浅显易懂，可帮助读者快速提升管理水平和Excel数据力。作者以精心制作的视频和图文，详尽讲解了管理会计所必须掌握的Excel函数、图表、控件等应用以及VBA知识，遵从“思路解析、解决方案、结果剖析”的逻辑，结合CFO日常工作情景，深入浅出地阐释了企业管理实务中的“投资与融资（负债与股权管理）、销售与生产、资产管理（流动资产和固定资产）、报表合并、全面预算”等板块的管理会计预测、决策问题。

本书适合企事业单位高级管理者、财务经理（主管）和职场新人阅读，也可作为大中专院校经济类本专科学生、MBA学员教材辅导和各类管理会计实务培训班教材。

图书在版编目（CIP）数据

财务精英都是Excel控:CFO手把手教你学管理会计/李春林著.—北京：中国铁道出版社，2018.5（2024.2重印）
ISBN 978-7-113-24351-7

Ⅰ.①财… Ⅱ.①李… Ⅲ.①表处理软件－应用－财务管理 Ⅳ.①F275-39

中国版本图书馆CIP数据核字（2018）第051167号

书　　名： 财务精英都是Excel控：CFO手把手教你学管理会计
作　　者： 李春林　著

策划编辑： 王　佩　　**编辑部电话：**（010）63560056　　**邮箱：** 505733396@qq.com
责任编辑： 杨新阳　王　佩
封面设计： 仙境
责任印制： 赵星辰

出版发行： 中国铁道出版社有限公司（100054，北京市西城区右安门西街8号）
印　　刷： 番茄云印刷（沧州）有限公司
版　　次： 2018年5月第1版　2024年2月第12次印刷
开　　本： 787mm×1092mm　1/16　**插页：** 1　**印张：** 25　**字数：** 620千
书　　号： ISBN 978-7-113-24351-7
定　　价： 88.00元

推荐序一

Foreword

这篇序，缘起于2017年11月18日的我校百年校庆。

财大百年校庆日，我有幸应学校安排上一堂校友课，与大家一起重温大学校园时光。作为现在的研究主题，我讲的是“电商热点话题解析”。借百年校庆的光，课程引来了众多校友的热情追捧，其中也包括了我的学生——春林同学。从财大毕业后，作为CPA的作者，他一直从事财务方面的专业工作，同时也乐于将自己的经验传授给他人。2015年，他出版了《账表的力量——就这样搞定会计》一书，并在校庆当日特意把自己的书带给了我。课后，从我们的交流中，获知作者正整理读研时信息管理方面的资料，拟将多年来积累的管理会计和信息管理知识加以系统梳理，出版一本将Excel与财务深度结合的书，以资后来者。2018年，《财务精英都是Excel控》一书，即将由中国铁道出版社出版，请我帮他写序。

听到这些，很是惊喜，想想多年来，在Excel数据建模这类需要真刀实枪动手做的课上，很多同学被自己“虐”得死去活来，但有意思的是，就如那天返校听课校友们的留言，竟然是“还没被‘虐’够”！只是现在春林不仅是自己还没被“虐”够，而且还要写书去“虐”别人，这应该算是“变本加厉”吧，作为当年的教头，肯定得支持。但依着自己一贯的作风，一旦答应就必须真把这当回事，所以那天，出于对春林校友的鼓励，我答应了下来，但同时表示，得等我看完才能写。

随后的一个多月时间里，先是认真啃完了《账表的力量——就这样搞定会计》一书，惊艳于春林同学所总结的“江山留胜迹，我辈复登临”，也看到了网上读者的评论：“作者语言风趣幽默，把枯燥的会计知识用不一样的方式表述，会计菜鸟也能轻松读懂学会”、“这本书是用了心的”。接着再认真看了《财务精英都是Excel控》书稿，越看越让我感到惊喜。

诚如作者以专业过来人身份所说，这本新书“**是传授真功夫的**”、“**考证不重要，能力最重要**”、“**能力是第一位的**”，所以我有幸在这位原本就是一位Excel控的财务精英笔下，看到了这样的内容：当管理会计遇上Excel、集团营销管理大会的筹办、给集团生产总监送去的头疼解药、钱从哪里来、花钱也是一门大学问、资产管理“平衡”术、用好家里的大件儿、集团财务的报表自动汇总分析难题、全面预算管理……整整九章内容，以精心设计的场景，栩栩如生的人物：财务总监易总、蔡经理、吴主管、实习生小白、业务总监王总、生产总监钱总，给大家展现了苏问集团的管理会计的问题及相应的解决方案。全书**站在财务高级管理者的角度，从一系列真实可信、连贯系统的管理会计实务案例切入，在轻松愉快的氛围中，既介绍了包括预测、决策和预算在内的高级管理会计知识，同时又紧密地融入了Excel应用、函数和VBA在内的高阶运用，可以说是提供了一套“双料”的学习包。**

最让我感到欣慰的是，在MBA课堂上一直跟同学们讲的那句话：“用总经理的头脑思考，同时学会干秘书的活”，如今在春林同学身上，在这本《财务精英都是Excel控》书上，看到了融合、得到了验证。

作者在商学院学习时，我是他的信息课老师。前几日，我们聊天时，我问他当时的毕业论文写了什么，谁是他的论文导师，才知是时任财大副校长的王洪卫教授。说来也巧，那段时间我同时也兼着财务处的工作，王校长是我的主管领导。或许就是这些无意中的巧合，让我们大家都看好 Excel 与财务管理的融合。但如果说，十余年前，是我作为教师在 MBA 课上为作者打开了一扇用 Excel 进行财务会计管理的大门，那么在随后的时光里，实际上是作者在持续践行财大商学院“知行合一”的理念，不断的把学到的知识与实际工作结合起来，加以融合提炼，如今又把自己的实际经验汇集成书，为更多的读者打开了通往高阶学习和应用的大门。

感谢财大为我们建立起这份师生情，感谢百年校庆为我们牵起这段缘。作者不忘母校培育恩，我祝贺他青出于蓝而胜于蓝，为大家奉献出这样一本将 Excel 运用得淋漓尽致的财务精英管理会计书籍！

中国电子金融产业联盟专家委委员
上海市电子商务教育工作委员会副主任　　劳帼龄
上海财经大学电子商务中心主任、教授
2018 年 1 月 11 日于上海财经大学校园

推荐序二

Foreword

如今，80 后、90 后都已经成为职场主力。最近，在年轻人的朋友圈里疯传着某集团月薪125 万元聘请一网红经济学家的新闻。同样是做财务的，人家一天的工资比我们绝大部分财务人员一年的工资还要高。姑且不论新闻的数字是否真实，仔细看了一下工作职责发现，该岗位要求是经济分析，为未来的发展方向，为公司管理层提供预和决策支持。

这就是传统会计的事后核算和管理会计的事前预测、决策的区别。试想，有哪个老板愿意给只会“事后诸葛亮”的员工那么高的工资呢？老板不傻，你没有点干货，老板能够给你实料？但我们做财务的也不傻，要啥给啥，缺啥补啥。你不是需要管理会计做得又快又好吗？这本书做的就是雪中送炭的事。

通过苏问集团一系列真实的场景，你将领略集团 CFO 易总如何以管理专家的身份指挥公司财务系统为公司经营管理预、决策提供服务和支持的。学习其管理思路，掌握其操作技能，仔细研读这本《财务精英都是 Excel 控》，你就能发现贯穿全书、别具匠心、独立高标的六大特质：

一是，一气呵成，逻辑线条一以贯之。全书开篇设定于岁末年终，辞旧迎新之际，盘点过往销售战绩，来年的目标几许？在新的业绩任务下，应当如何组织生产？产品成本和质量如何控制？而这些，都需要钱？钱从哪里来，如何筹资资金？有钱了，除投入生产外，又如何安全地为公司投资创收？投、融资是债权（贷款和发债）和股权（资本运作）的不同方式如何对公司更有利？投入的钱财在资产形态上如何管理——存货的边际贡献、量本利如何分析、剩余产能如何利用、经济订货量如何把控？固定资产的折旧如何管理？何时更新更加划算？零散的模块，拼接成完整的报表，集团合并也好，全面预算也罢，既是终点，也是起点！更重要的是，全书不像其他书籍一样零散举例，从头至尾串接着苏问集团完整的业务流，前后贯通，逻辑一致。一条红线串起管理会计的颗颗珍珠，你 get 到了吗？

二是，纵横交织，管 E 携手水乳交融。这是讲解管理会计 Excel 高阶应用的书，李总从横向、纵向两个维度将管理会计与 Excel 进行了深度融合。横向看，第一章就从“面”上引领读者用管理会计的理念去思考 Excel 的数据管理——从数据输入、数据加工到结果输出都追求一个“快”字，没有它，谈不上什么偷懒、不加班；纵向看，将 Excel 的条件格式、合并计算、动态数组、内置函数、数据连接、数据透视、模拟运算、规划求解、（迷你）图表、表单控件、VBA 代码与管理会计的几大板块进行了多对多的嵌入式结合，按照“提出问题、分析问题、解决问题”的原则，构建出解决问题的 Excel 实用模板。

三是，清晰完整，报表架构独辟蹊径。全书从财务人员熟知的报表结构下笔：业务为王，从销售管理起步，到相应的成本管控，这样一来，利润表的框架就有了；根据投资融资加资产管理的讲解，资产负债表的结构就出来了，所有者权益变动表也差不多了。加之贯穿始终的现金流管理，得到现金流量表也是轻而易举的事儿了。最后补充些容易获取的数据（如费用），报表就齐了。在单体企业的报表基础上，集团报表如何合并、如何分析？有了过往的报表数据，如何调动全公司力量，做好集团的全面预算……你的疑问，在这本书中得以解决。

四是，疏密有致，谋篇布局科学合理。全书结合 CFO 日常工作情景，将管理会计预测、决策所涉及到的投资与融资（负债与股权管理）、销售与生产、资产管理（流动资产和固定资产）、报表合并、全面预算等几大板块，按管理会计实务工作量进行了对应的科学安排，**“融资、营销、投资、生产”的篇幅占比分别为 22%、19%、13%、12%**，其他部分占比约为 7%。

五是，深入浅出，管理场景生动再现。以往讲“深入浅出”这个词，你可能只是一带而过，阅读这本书，你越发能深刻地理解这个词的含义。全书以幽默诙谐的基调讲解了看起来高深的管理会计专业知识，而操作的讲解又非常详尽入微——细致到每一次鼠标的点击、每一个按键的敲击。让你融入其中的，是真实的故事场景——从财务总监易总到经理、主管、实习生小白，在财务日常运作中所遇见的管理场景通过生动、风趣的语言一一加以呈现。

六是，诚意满满，细微之处显真功夫。这本书在细节上也是颇下了一番功夫的，随书配有提纲挈领的思维导图，配有 450 分钟作者亲授和精心录制的 2K 高清有声视频，配有再现真实场景的卡通漫画，特别是书中插图都是经过 Photoshop 精心制作的彩图，在写作阶段就注意了图形的易读和美观，比如：Excel 截图在最终图形上的分布和分步骤引导，调色时注意配色协调，杜绝截图畸高畸宽等。与其他同类书截图无鼠标相比，这本书除了文字讲解细致外，在重点图、重点步骤中，都配以点击位置的鼠标截图。对于大表、长表的局部截图也注意到了行号和列标的完整性，避免读者阅读时在图中找不到对应单元格的困惑……凡此种种，体现了李总的写作态度和良苦用心，反映了作者对读者的尊重和对知识的敬重。

“授人以鱼，不如授人以渔”。这是 20 世纪 80 年代我在清华园读书的时候，我的老师就反复强调的一句话。**这本《财务精英都是 Excel 控》，既给读者以“鱼”（解决问题的模块和结果），又给读者以“渔”（解决管理会计问题的思路和步骤）**，与李总交流下来，他特别强调了以下三点：

一是切不可死学硬背，要学会举一反三。一个管理会计的知识可以运用多个 Excel 技术解决，而一个 Excel 技术可能会用来解决多个管理会计的知识。**方法不是唯一的，解决问题的思路最关键。**

二是模板的设计一定要注意通用性和美观性。Excel 模板设计切忌刻板僵硬，防止陷入问题稍有变化，就要不停地修改 Excel 模板的困境，特别是对于时隔已久的模板，即便是自己做的，也可能无法下手。同时模板设计还应简洁大方，防止出现多余的行列和单元格，表格也无须配色过多过重。

三是自定义函数和软件系统。对于个人常用的固定化的运算过程可以设计自定义函数或软件系统，培养自己运用 VBA 代码编程系统解决管理会计问题的能力。比如这本书中的 WHOSECT、NPV4ME、DEPDB、DEPSYD 函数和固定资产管理系统和集团报表合并、分析系统均可参照学习。

通过这本书，你将能从管理的视角去分析、解决问题，你可以驱动数据说话，从而在企业的内外竞争中快人一步、抢占先机！不要眼热别人的升职加薪，学会了书中的管理会计知识，有了干货，你还怕什么？

管理会计并不是什么高深的武学，它是可以切切实实地操作的。书读千遍，不如动手一试。不动手，那些知识始终不是自己的。

还是那句话，老板不是傻子，你也不是。聪明如你，慧眼择师，带走这本书——就对了！

南京安建光电有限公司
扬州九天环保科技有限公司 董事长 总经理 李步兵
2017 年 12 月 18 日 于南京 紫金山

使用说明

Instructions

丨读者对象丨

本书面向广大有志于快速提升 Excel 水平的财务职场精英，特别有助于中、高层管理者应用 Excel 快速解决管理会计实务问题。为照顾到广大的非财务读者和财务小白自学，本书对所涉及到的财务知识都加以深入浅出的诠释。

与一般的 Excel 书籍不同的是，全书站在财务高级管理者的高度，从一系列真实可信、连贯系统的管理会计实务案例切入，本书对于所有有志于提升管理会计 Excel 力的企事业单位财务人员无疑是一个难得的“双料”学习机会，既学到了包括预测、决策和预算在内的高级管理会计知识，又学到了包括 Excel 应用、函数和 VBA 代码在内的高阶运用。

对于所有有志于职场晋升的职场人士和大专院校的本专科生、研究生和 MBA 学员同样大有裨益，具有举一反三的借鉴意义。

丨语言风格丨

本书反对刻板学习，提倡愉快学习、轻松阅读，独创了财务自述体的授课形式，对 Excel 的基础运用和高级应用娓娓道来，深入浅出、真实可信。

丨场景设定丨

本书主要人物包括:

易总（易阡陌），70 后，人称”赛尔先生“，苏问集团财务总监，Excel 专家，企业财务管理和管理会计实务的领导人和决策者、引领者。

蔡经理（蔡敏慧），85 后，人称“蔡姐“，苏问集团财务经理，Excel 高手，苏问集团财务领导层成员，企业财务管理和管理会计实务的执行人。本书以蔡姐第一人称为讲解角度，采用主述、转述、引述等授课方式，在其日记记录中记载了易总和她本人应用 Excel 解决会计基础工作和财务管理难题的真实过程。

吴主管（吴毓），90 后，人称“小吴“，苏问集团财务主管，职场 3 年，具备一定的 Excel 实务知识，财务管理的具体执行人和实施者。

实习生（白姝影），90 后，人称“小白“，大学毕业生，职场新人，具备初步的 Excel 理论知识。

王总、钱总、苏问集团业务总监、生产总监等与财务管理产生工作交集中的公司同事。

丨软件版本丨

本书写作立足于 Windows 操作系统上的最新版 Office Excel 2016，在照顾通用性的同时，助你涉猎最新知识，勇立时代潮流，快人一步、胜人一筹。

本书文件保存格式一般为“.xlsx”，若您使用其他版本 Excel 也不影响本书绝大部分功能的学习，但建议使用 Excel 2003（及以前）老旧版本的的读者，升级 Office 或安装 Excel 2007 兼容包。

Excel操作命令

菜单命令：涉及多个连续操作时，以中画线“–”相连，如“开始”–“字体”–“字体颜色”。

键盘命令：用引号（“”）包围，需要同时按住两个或以上按键时，用下画线“_”相连，如“Ctrl_Shift_Enter”。

鼠标命令：通常以“单击”表示点一下鼠标左键，以“右击”表示点一下鼠标右键，以拖动表示按住鼠标左键不放的同时上下左右移动鼠标。为与实体鼠标相区别，用光标表示鼠标在Excel中各种变化的开关，如“实心黑色十字光标”、“四向光标”等。

单元格地址

用列标和行号直接表示单个Excel单元格，如单元格A1或A1单元格。

单元格区域，用引号（“”）包围，如“单元格A1:C7”。中间的冒号（“:”）必须是英文半角输入法状态下录入的。

绝对引用是指在单元格或者单元格区域的列标或者行号之前加上美元符（“$”），该符号加在列标前表示绝对引用列，可在公式拖动时锁住列标，禁止其自动变化，该符号加在行号前表示绝对引用行，可在公式拖动时锁住行号，禁止其自动变化。

相对引号时不加美元符（“$”），在公式拖动时Excel可对列标和行号自动智能变化。

函数与公式

函数名称以英文大写字母表示，参数以英文小写字母表示，如：IPMT(rate, per, nper, pv, [fv], [type])。本书的函数绝不做成词典式的罗列，因为Excel本身的帮助中已经清楚地列示了，我们使用的函数完全是出于案例自身的需要，顺势推出（本书函数清单见折页），既摒弃Excel帮助中一些晦涩的部分，又进行了通俗化实用扩展。

除可用“公式–显示公式“查看单元格内公式外，你还可以利用本书独创函数WhoseCT或组合键Ctrl_Shift_W同时查看公式和计算值。另外，本书约定有公式的单元格以彩色背景标示，没有公式（需要手工录入数据）的单元格为白色背景。

全彩图文

为最大化还原操作，本书以彩色图文展现了Excel处理全程，同一案例中相同的颜色具有相同的内在逻辑，注意到这一点有助于加深理解，如图5-17、5-46、6-1、7-21、7-28等，又如正文中蓝字表示公式、红字表示正操作的案例文件。

VBA代码

本书所有VBA代码，除已印刷的彩图外，读者可浏览封底网址下载原始大图和案例文件，可在案例文件中找到全部代码加以研读，并实时运行。

思维导图

于开卷之初，或掩卷回思，心绪随思维导图脉络行走：得Excel高阶应用之法，获管理会计实操之术。书后思维导图内蕴Excel与管理会计双逻辑线，推荐读者时时细品之。

温馨提示

本书配套文档、彩图、视频下载地址http://excelfzj.com/lcl/book，这个网址注意哦，http后面没有s。刮开封底图层，即可获取“本书配套文件”的提取码。

自序

Preface

| 写作背景 |

飞奔的高铁带你疾驰远方，“快而准”简直就是高铁的代名词了。这一次，我选择了与中国铁道出版社合作，我要利用“快（速）而准（确）”的 Excel 带你飞奔到管理会计梦想的胜境！

2017 年 3 月的最后一天，中国铁道出版社的王佩编辑找到了我，约写一本关于 Excel 与财务深度结合的书。最初，有些纠结。其时，恰逢我正整理读研时的信息管理方面资料，若动笔，正可藉此机会将数十年来的会计和信息管理知识加以系统整理，以资后来者；但写书是一项极度耗费时间的智力活动，我的时间能够安排吗？且市面上已有众多与财务会计结合的 Excel 书籍，我又何必去添一份热闹呢？经过这样的动摇后，思虑再三，最终决定逼自己一把，强化时间管理，将自己的知识储备和实务经验总结、归纳、提升后反馈给社会、传授给年轻的财务人员。

既然决定要写，就面临着如何写，写什么的问题？如前所述，关于财务核算和散碎的财务知识点方面的 Excel 书已趋饱和，自然被放弃。这里还要交待一下当时的财务环境，初始执笔时，国家已经决定取消包括会计从业资格证在内的多项资格入门考试，换句话说，考证不重要，能力最重要，这也为 2017 年 11 月通过的修正后的《会计法》所确认。

是的，这本书是传授真功夫的，能力是第一位的，除传统会计的核算技能外，会计管理中许多方法、技巧是财务人员的真材实料，比如：融资方案的测算、投资项目的遴选、“量、本、利”分析、全面预算等很多的财务经验欠缺、初入职场的新人都是苦于投师无门，更不用说是要和 Excel 的高阶应用深度融合了。思绪到此，豁然开朗——这不就是管理会计的“菜”吗？

管理会计引入中国也有多年了，国内企业也有不少实践，自从 2014 年 10 月财政部发布《全面推进管理会计体系建设的指导意见》以来，会计业界掀起一波学习管理会计的热潮。但市面上可资学习借鉴的管理会计实用书实在是少之又少。

管理会计是一门结合了经济学、管理学、会计学和数学的交叉学科，但我们并不需要将这些科学全盘掌握后，才能学习管理会计。如同游泳和驾驶一样，管理会计更讲究实战、更注重实操。管理会计的本质是管理会计的技术在企业的应用和实践，管理会计的核心是预测和决策，它需要运用数学知识对海量的数据进行加工、运算作为决策支持。

而 Excel 作为拥有强大计算、统计、分析功能的办公工具，提供了丰富的函数、工具、控件、应用和 VBA，作为会计职场高级阶段的管理会计与 Excel 无疑是强强联合、好马配好鞍。当管理会计遇上 Excel，迸发出灵感的火花，并孕育出智慧的结晶是再自然不过的事情了。

但正因为是两强联姻，如何将管理会计与 Excel 的高级功能加以浅显化表达就成了横亘在我面前的一道难题，假如我是菜鸟、小白，假如我初次接触 Excel？换位思考，加详尽的阐述——具体到每一次鼠标点击，光标变化、左右手的分工……将我之所学，我之经验完全奉上，目的就是为了求快、求真——最大化场景还原！

站在前人的肩膀上，将会计与 Excel 的高端部分紧密融合，始成此书，但必须指出的是，管理会计的预测、决策技术与 Excel 操作并不具有唯一的一一对应的关系，我以前人为基础，读者可以我为垫脚石，书中讲解虽很详尽，但在学会之后，便不再应该死搬硬套，而应活学活用、举一反三。

转瞬间，大半年过去了，逝去的若干假日和不眠之夜，每一个文字均仔细斟酌、每一幅插图均精心制作，方能完稿。之后，再寻数位 80、90 后读者试读、反馈后逐一修改……时入初冬，终将付梓，仍心怀忐忑——讲的这些，你们会喜欢吗？书中讲解的方法是最优化、最快捷的吗？

一切，均在未来；一切，等你打 CALL！

书名释义

这实在是一个有趣的现象，但凡会计精英、财务专业能力强的人谈起 Excel 无不是眉飞色舞，仿佛谈起心爱的恋人，谈起 Excel 的操作技巧和做表心得都会滔滔不绝。Excel 总是会给我们带来意外的惊喜。说财务精英都是 Excel 控毫不夸张，会计 666，Excel 666，没毛病！

快人一步，领先一筹，先“快”而后“乐”——我可以偷懒、我不用加班！

章节设定

全书共分为 9 章 216 节：第一章讲了管理会计和 Excel 这一对帅哥美女初相识，介绍了如何求“快”的方法和技巧，有 Excel 基础虽可以跳过，但细细品读，大有裨益。从第二章开始，依照管理会计的整体框架逻辑，全书均以苏问集团为例，克服了其他 Excel 书籍散点化、支离破碎的例解方式，详尽深入、系统一体地讲解了集团（及下属分支机构）营销管理、成本管理、融资管理、投资管理、流动资产管理、固定资产管理、集团报表汇总的自动化和全面预算管理。

特别鸣谢

中国铁道出版社的苏茜老师和策划编辑王佩，她们拥有专业的筹划、组稿能力和极强的沟通技巧，感谢她们于 2017 年 7 月作者拜访时及本书成书全程中给予我的鼓励和帮助。

我要感谢广西建通投资集团财务总经理黄易英女士、金螳螂供应链管理（苏州）有限公司财务总监付立群女士、金陵饭店股份有限公司的副总胡文进先生、深圳市永鹏会计师事务所首席合伙人肖杰先生和扬州九天环保科技有限公司董事长李步兵先生。

我要感谢在成书过程中给予我帮助的刘影女士、肖勇先生、美新老师、Oooleyia 和其他研究生同学。

2017 年 11 月 18 日，是我的母校上海财经大学的百年华诞，这一天，我有幸邀请到我的恩师劳帼龄教授为我的新书作序。感谢她能够在百忙之中抽时阅读本书样稿、提出意见并提笔作序。

最后，我要特别感谢我的家人，没有他们在背后默默的付出，也不会有这本书的面世。

由于笔者水平有限，书中的错漏之处，恳请小主批评指正，发我邮箱：njcpa99@sohu.com，我会及时勘误。也欢迎一起加入 QQ 群 683256308，进群后请详细阅读群文件“新人必读 .docx”，踊跃发言、共诉管理会计和 Excel 的火热“恋情”！

李春林

2017 年 11 月 18 日

目录

Contents

01 当管理会计遇上 Excel

CHAPTER

1.1 管理会计与 Excel 的不了情

情景再现

与传统的财务会计主要是核算、反映已经发生的过去不同，管理会计侧重于规划未来，重点在于对未来事项的预测、预判、规划、决策、控制和评估、评价。这就需要大量的数据计算加以支撑，Excel 无疑是满足管理会计计算的最好工具。

“天下武功，唯快不破”。快，是建立各类管理会计 Excel 计算模型的目标和追求，无论是从数据输入、计算过程，直到计算结果的输出；还是单个单元格或单元格区域，直到多工作表、多文件的处理。

当管理会计与 Excel 相遇，两强联手、深度融合。用管理的理念思考会计、规划设计 Excel 模型，不仅可掌握 Excel 高级应用，更能迅速强化对管理会计方法的理解，快速增强管理会计所需要的系统思维、分析和决策能力。

1.1.1 当会计遇上管理所迸发的火花

“蔡姐，早上我从传达室帮你收了一封信，你看看……”早上刚上班，我部门的小吴就给我送来一封邮件（图 1-1）。

图 1-1　智汇会计连锁机构来函

一打开，原来是一家财会培训机构的管理会计学习邀请函。

学过会计的都知道，会计本身就有管理的职能基础——核算与监督。当会计与管理融合，孕育出一门利用会计专业技术从事管理的专门学科——管理会计，它是企业管理的一个有机组成部分，服务于企业的各级决策者。

从 20 世纪初期的萌芽，到 50 年代前后初步形成（1952 年伦敦国际会计师联合会代表大会通过“管理会计”一词，标志着会计被细分为财务会计和管理会计），发展至今，管理会计已涵盖企业经营管理的多个领域，经营预测、投资决策、筹资决策、成本控制、绩效评价、风险管理和全面预算管理等。

听起来是不是有点儿高冷？那究竟什么是管理会计？简单点说！

管理会计是“会技术、懂管理”，或者说，“会计算、会算计”……我知道有人对这两句话是一脸懵了。

“会技术”——说的自然是会计技术，比如项目投资的内部报酬率的内插法计算。

“懂管理”——说的是具备了组织、指挥、协调、控制的思想，才能为实际决策者（自己或他人）服务。具体一点说，就是利用会计技术服务于预测、预算和决策等管理事项。

“会计算”——会计嘛，这个不解释，你懂的。

“会算计”——不是贬义词，是指会规划、安排、调度和控制。

2017 年 11 月 4 日，十二届全国人大常委会第三十次会议表决通过了关于修改会计法的决定，将“从事会计工作的人员，必须取得会计从业资格证书”的规定，改为“会计人员应当具备从事会计工作所需要的专业能力”，国家取消了包括会计人员从业资格证在内的多个证书考试，减轻了在不必要证书上的“考考考”，社会对真正具有管理能力会计是“要要要”。

避虚考、求实力，新一波管理会计需求的高峰正在涌现……

1.1.2 管理会计？还是财务会计

“蔡姐，管理会计与财务会计都属于现代会计，干吗要分那么清啊？”

“这是企业管理发展到现今阶段决定的，技术手段越先进，社会分工和技能要求越细化。财务会计和管理会计的区别还是很多的。”

往往会让很多人迷惑，都是会计，管理会计与财务会计究竟有哪些不同呢？

主要还是职能或者说企业管理上的要求不同：财务会计主要是核算、反映已经发生的过去，管理会计则要规划未来，侧重于对未来事项的预测、预判、规划、决策、控制和评估、评价。比如，我说了“1、3、5…”，你可能会跟“…7”或“…7、9”，我接着说，你接得很对。在这里，我说的“1、3、5…”是过去的事实，它们有规律的排列，属于财务会计，而你根据规律进行预测的“…7、9”则是管理会计的作用体现，对预测结果的评价“你接得很对”同样属于管理会计的范畴。

除此之外，财务会计与管理会计的不同可用表 1-1 来表示。

表 1-1 财务会计与管理会计的不同

区别项目	财务会计	管理会计
职能侧重	核算、监督过去	立足现在、预测未来
会计准则约束	受会计准则约束，必须遵从公认的方法和程序，灵活性较小	很大程度上不受会计准则约束，灵活性很强，向管理层提供财务和非财务信息
报告期间	按照国家规定的年、季、月对外报送	按照内部管理需要的周期报送
信息精度	力求精准	线条可粗，无须太细
计量标尺	主要是货币化计量	货币化计量、非货币化计量
报告对象	服务于内外的报表利益各方，如股东、债权人、供应商等	服务于内部各级管理部门和个人
法律责任	有法律责任	无法律责任，但具有行政责任

1.1.3 与君初相识，蹒跚初学步

无论是财务会计，还是管理会计，计算工作一直都是无法避免的，而且是繁重又必须熟练掌握的活儿。你会说你会用计算器，加减乘除、四项混合运算，你还会内插法，复利计算等。

是的，你提到了一个工具——计算器，而我要重点介绍的是 Excel——强悍无比的表格计算工具——实际上，可能你也听说过，甚至还使用过。

但是，你真的会使用吗？

汇总、函数、筛选、排序、条件格式、数据透视、数据验证、定位、合并计算、模拟分析、单变量求解、自定义函数、VBA 编程……

很多人可能只会在 Excel 中输入数字和单元格相加的求和公式，甚至，都听不懂我在说什么。别怕，现在一个不懂都没关系，咱们手拉手向前走！

说到现在，那究竟什么是 Excel？

Excel 是由微软公司推出的办公软件 Microsoft Office 的组件之一，它可以进行各种数据的处理、统计分析和辅助决策操作，广泛地应用于管理、统计财经、金融等众多领域。

那么，什么才是 Excel 的正确打开方式呢？

1. **打开 Excel。** 单击 Windows “开始”，找到 Excel 2016（图 1-2 之 1）单击它，出现 Excel 启动窗口（图 1-2 之 2），稍后出现 Excel 打开工作簿窗口（图 1-2 之 3）。如你的电脑未连接网络，该界面红色方框内中将不会出现除数字 3 “空白工作簿” 外的其他小方框（Excel 文件模板）。

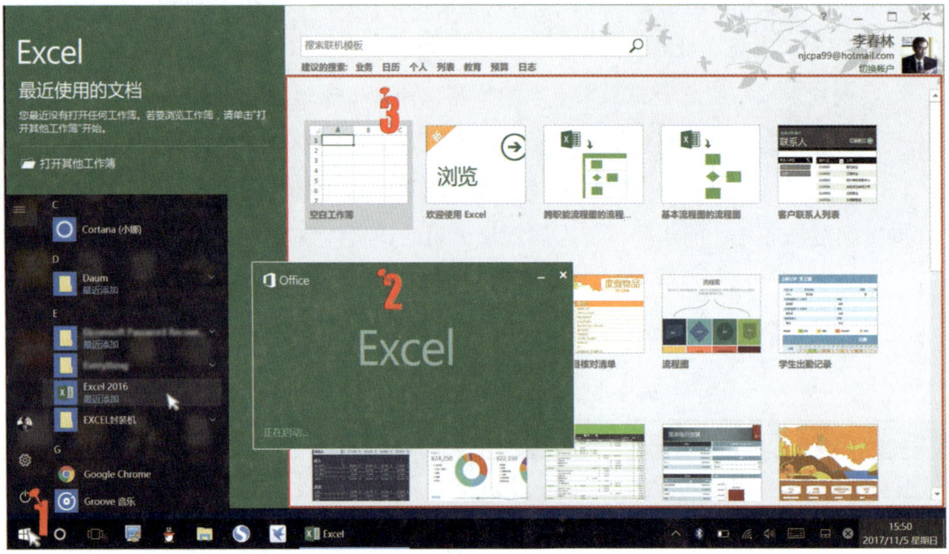

图 1-2　启动 Excel

单击“空白工作簿”，进入 Excel 主界面（图 1-3），对图中各数字所在的方框说明如下：

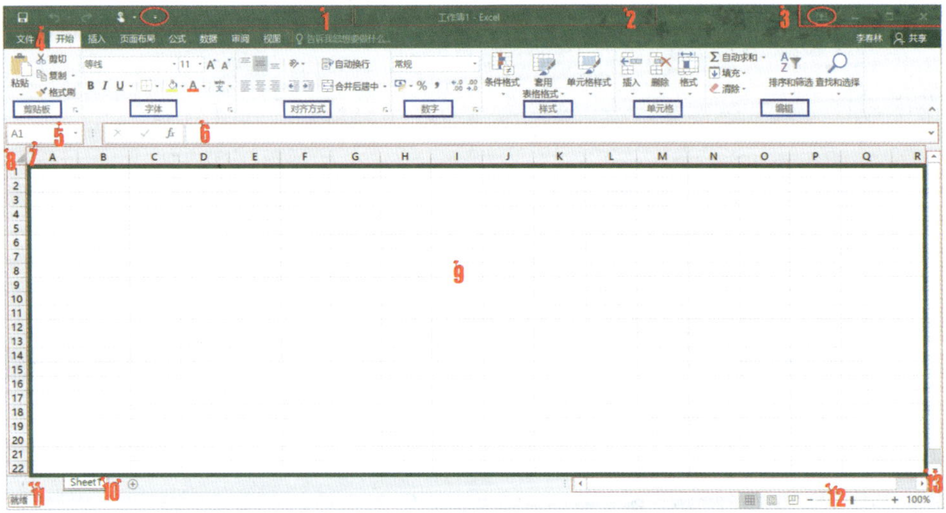

图 1-3　Excel 主界面

- 1：快速访问工具栏。列出了最常用的工具按钮，可单击左边红色椭圆部位添加其他按钮以便于日后使用。

● 2：标题栏。显示当前正在打开的 Excel 文件名，如不是通过双击文件名打开 Excel，则此处显示“工作簿 n - Excel”（n 为新建空白文件的序号，如 1、2、3……）。

一个 Excel 文件（工作簿）相当于一本实物笔记本（图 1-4 之①）。

图 1-4　Excel 文件与笔记本实物类比图

● 3：Excel 窗口按钮。从左至右依次为“功能区显示选项”（红色椭圆，可单击隐藏或者显示选项卡）、“最小化”、“最大化”和“关闭”按钮。

● 4：选项卡。默认的选项卡有“文件”、“开始”、“插入”、“页面布局”、“公式”、“数据”、“审阅”和“视图”。单击不同的选项卡将出现不同的界面，被选中的选项卡以亮色背景展示，称为当前选项卡，图中当前选项卡是“开始”。光标位于选项卡区域时，滚动鼠标滚轮也可在不同选项卡之间切换。

> CFO 点拨
> 双击“开始”可隐藏或恢复选项卡。

图中蓝色方框是当前选项卡内的不同选项组。

● 5：名称框。显示当前选中的对象（如单元格）的名称，在其中直接输入对象的名称，可选中该对象。

● 6：编辑栏。用于显示和修改选中的对象中的文本等。

● 7：列标签。用字母标识的列的位置，如 A、B、..Z、AA、AB、..AZ、BA..XFD 等。

● 8：行标签。用数字 1-1048576 表示的行的位置。

● 9：工作表区域。由一个个被称为单元格的矩形构成，单元格位于行、列横竖交叉位置，用列标在前、行号在后的字母、数字组合（如 E2）来指代。多个相邻单元格可以单击“开始”选项卡上的“合并后居中”合并为一个占据合并前单元格位置的新单元格，新单元格以原合并区域左上角第一个单元格命名。

如果用绘画来比喻，此时 Excel 呈现给你的，就如同绘画板上的一张白纸。

> CFO 点拨
> 通过单击快捷方式打开 Excel 时建立的工作簿，单元格位置自动定位在第一张工作表的单元格 A1 中，打开电脑中已存在的工作簿时，单元格位置定位于上次关闭该工作簿时单元格的位置。

● 10：工作表标签。这是工作表的名字，双击它可以修改。表名按照建立顺序自动以“Sheet n”命名（n 为新建工作表的序号，如 1、2、3……）。单击工作表标签右侧的带圆圈的加号，可增加一个新的空白工作表。

一个“Sheet”（工作表）相当于一本实物笔记本的一页（图 1-4 之②）。

- 11：状态栏。提示 Excel 的工作状态。
- 12：显示比例调节杆。单击左右的“-”“+”号（或拖动竖条形滑竿）改变工作表区域容纳的单元格个数。按住 Ctrl 键滚动鼠标滚轮可改变调节杆的值，试试看……
- 13：滚动条。分为左右和上下滚动条，单击滚动条两端的三角形按钮可改变工作表的显示区域。

2. “格式”之桥。鼠标点入单元格 A1，输入 20，回车，光标进入单元格 A2，输入 18，回车，光标进入单元格 A3，输入“=A1+A2”，回车，可以看到单元格 A3 显示 38。

上面的操作，恐怕是所有第一次接触 Excel 的人都会尝试的计算。也许，你会想，Excel 就这么简单啊。对，就是这么简单，但功能绝对不止这么简单，接着操作：

在 B1 输入一个 18 位的身份证号“310129199211030029”，显示出来的是“3.10129E+17”，你是不是晕了？不对啊，不是我想要的啊。你想要的是一串字符串，而 Excel 认为你输入是的 18 位数字，并用科学计算法表示了出来，而且还把最后几位换成“0000”。在 B2 输入一个字符串“2017-11-5”，Excel 自动识别为日期“2017/11/5”；在 B3 输入一个字符串“2017.11.5”，而 Excel 不能自动识别为日期。

在单元格 C1、C2 和 C3 中输入“李白”“李 白”和“李　白”，你都会认为这是同一个人，而 Excel 认为这三个字符串是三个人名——你想要的和 Excel 给的不同，你认为的不是 Excel 认为的——如何让 Excel 明白你的意思呢？

这就需要在输入者和 Excel 之间架起一座叫作“格式”的桥梁才可以达到。要么是在直接输入时添加 Excel 能够识别的格式，如在输入身份证时，同时在身份证号前添加一个英文小写状态下的撇点号（“'”），要么先按下 Ctrl_1(本书中紧跟着 Ctrl 或 Alt 的下划线表示“同时按下”的意思) 弹出“设置单元格格式”对话框，将单元格格式设置为“文本”后再输入身份证号码。

3. 单元格的个性化设置。在工作表 Sheet1 中输入一些字符串（图 1-5 之 1），对其所在的各个单元格进行个性化设置（图 1-5 中 2 ～ 8），分别说明如下：

- 2：单击 Excel 主界面“开始”选项卡“字体”选项组内的“所有框线”(图 1-5 之 2 红心内)，单击弹出的浮动菜单内不同框线线型，可设置选定的一个或多个单元格的边框线。
- 3：单击 Excel 主界面“开始”选项卡“对齐方式”选项组内的“方向”，单击弹出的浮动菜单内不同项，可设置选定的单元格的文字方向。
- 4：单元格的文字方向从上而下依次为“逆时针角度”“顺时针角度”“竖排文字”“向上旋转文字”“向下旋转文字”。
- 5：单击 Excel 主界面“开始”选项卡“字体”选项组内的“填充颜色”，单击弹出的浮动菜单内不同色块，可设置选定的一个或多个单元格背景颜色。类似地，单击“字体颜色”，可设置选定一个或多个单元格的文字颜色。
- 6：单击 Excel 主界面“开始”选项卡“数字”选项组内的“数字格式”，可快速设置单元格中数字的样式。点击不同数字所在的单元格，该单元格的格式会显示于此处方框内。表

1-2 列出了一些快捷设置格式的组合键：

表 1-2 Excel 格式转换组合键

组合键	功能	组合键	功能
Ctrl_Shift_1	转换为数值，如 3500	Ctrl_Shift_6	转换为科学计算表达式，如 1.00E3
Ctrl_Shift_2	转换为时间，如 16:30	Ctrl_Shift_7	添加四周边框
Ctrl_Shift_3	转换为日期，如 2019/6/5	Ctrl_Shift_8	选中相邻的有内容的单元格
Ctrl_Shift_4	货币符号，如￥100.00	Ctrl_Shift_·（下撇点）	常规（无格式）
Ctrl_Shift_5	转换为百分比，如 80%		

- 7：单元格的数字方向从上而下依次为“常规”（无格式）、“会计专用”、“数值”和“百分比”。
- 8：对图 1-5 之 1 的单元格设置后的效果。

如果用绘画来比喻，此时的设置，犹如蹒跚学步的小儿在绘画板上的草草涂鸦，离管理会计对 Excel 的专业要求还相差甚远。

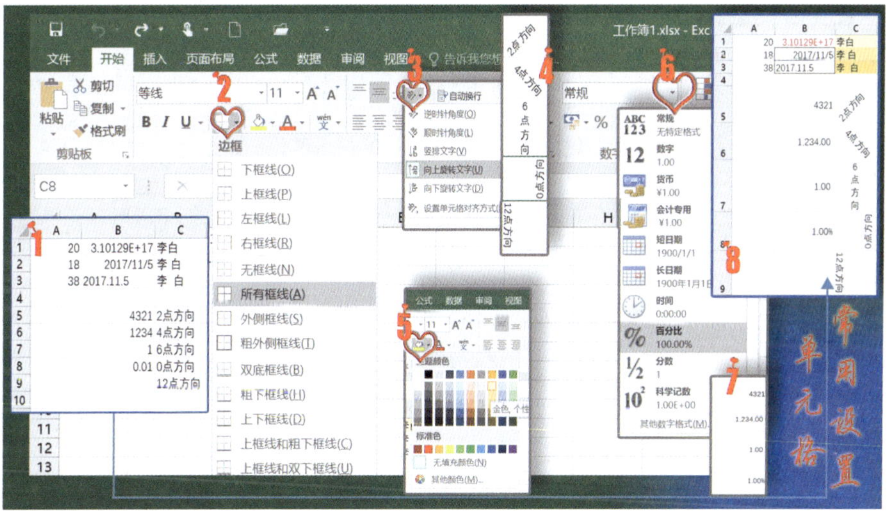

图 1-5 常用单元格设置

细心如你，也许已经发现，对单元格的基础操作都是在“开始”选项卡内进行的，难怪，初步接触的开始阶段的操作，可不就是刚刚“开始”嘛？而对单元格的格式设置，在“开始”中又是排在第 1 位的，用 Ctrl_1 弹出对话框进行设置。

1.2 至快至强，快人一步

1.2.1 快入——从源头开始的快速输入

“天下武功，唯快不破”。将 Excel 计算工具应用于实务工作中，无论是偷懒也好，不加班也罢，其核心无非是个“快”字。“快”，是会计工作应用 Excel 的原动力和终极目标。

从源头抓起，赢在起跑线上！即使是向 Excel 单元格中输入数据，都要比别人快！

1. **打字快**。嘘——，不要笑……打字快，不是说一个人输入法掌握得好，手速快，而是说，左手、右手的分工明确且科学。那如何能快？

以右手习惯者为例，左手用于按键盘上组合按键（左小指按住Ctrl键，左食指按字母等）、右手操作鼠标、双手配合打字——这样的操作方式效率较高。但如果用左手去敲击字母P，右手同时操作鼠标和键盘，用一个食指在键盘上敲击所有按键……想一想，这是一番什么样的景象？

CFO点拨
左手按键盘上组合按键还有一种手法：左手手掌根部下侧压住Ctrl键，左手小指、无名指、中指和食指分别按压数字1、2、3和4等，此法熟练后速度会很快。

2. 快捷（组合）键。同时按下两至三个键，减少操作步骤，比如前面说的Ctrl_1可以取代以下操作——单击Excel主界面“开始”选项卡“单元格”选项组内的“格式”，在弹出的浮动菜单中单击“设置单元格格式”。又如，“Ctrl_Shift_空格键”表示在选定了一个对象（如单元格、形状、图片、图表等）的情况下，选定工作表上的所有同类对象，试试分别选中图1-5中单元格C7和C15后，按下“Ctrl_Shift_空格键”后的效果。表1-3列出了部分Excel的常用快捷键：

表1-3 Excel部分常用快捷键

快捷键	功能	快捷键	功能	快捷键	功能
Ctrl_N(ew)	新建工作簿	Ctrl_1	设置单元格格式	F1	调用帮助信息
Ctrl_O(pen)	打开工作簿	Ctrl_2	等价于Ctrl_B(old) 应用或取消加粗格式设置	F2	激活所选单元格
Ctrl_S(ave)	保存工作簿	Ctrl_3	等价于Ctrl_I(talics) 应用或取消倾斜格式设置	F3	打开已定义名称列表
Ctrl_P(rint)	打印	Ctrl_4	等价于Ctrl_U(underline) 应用或取消下画线设置	F4	重复上一步操作等
Ctrl_C	复制	Ctrl_5	应用或取消删除线设置	F5	定位
Ctrl_V	粘贴	Ctrl_6	在隐藏对象/显示对象/显示对象占位符号间切换	F6	在工作表/功能区/任务窗口/缩放按钮之间切换
Ctrl_X	剪切	Ctrl_7	显示/隐藏“常用”工具栏	F7	英文单词拼写检查
Ctrl_Y	恢复	Ctrl_8	显示/隐藏“大纲”符号	F8	打开/关闭扩展模式
Ctrl_Z	撤销	Ctrl_9	隐藏单元格所在的行	F9	快速计算
Ctrl_+	“插入”对话框	Ctrl_0	隐藏单元格所在的列	F10	打开/关闭快捷键提示
Ctrl_-	“删除”对话框	Ctrl_↑	跳转到表格的上方	F11	创建数据图表
Ctrl_;	输入当前日期	Ctrl_↓	跳转到表格的下方	F12	文件另存为

CFO点拨
Excel快捷键非常多，不要刻意去死记硬背全部，可记住几个常用快捷键，在平时操作中留心观察Excel选项卡、对话框上给出的提示信息，摸索其规律（比如Ctrl_N），在操作中加深记忆。

3. 充分利用内置函数。比如，单元格区域“E1:E12”（指的是单元格E1到E12）是2017年1～12月的差旅费用，现要求得2017年各月的平均差旅费，输入“=AVERAGE(E1:E12)”明显要比“=(E1+E2+…+E12)/12”快得多。

4. 快捷应用。将图1-5新建的文件按Ctrl_S保存为“D:\files\Chap1\工作簿1.xlsx”。单击工作表Sheet1标签右侧的带圆圈的加号，增加一个空白工作表Sheet2。

图1-6是2018年1月公司新招收的部分员工资料，从HR系统中导出其身份证等信息，现要求提取出个人出生日期、序号和批次等信息。

- 序列填充。选中单元格区域“A2:A13”（图1-7之1），单击Excel主界面“开始”选项卡“编辑”选项组内的“填充”，在弹出的浮动菜单中单击“序列”（图 1-7 之 2）。

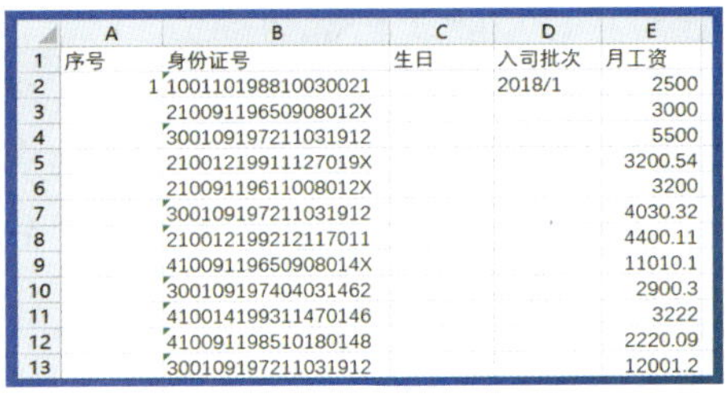

	A	B	C	D	E
1	序号	身份证号	生日	入司批次	月工资
2	1	100110198810030021		2018/1	2500
3		21009119650908012X			3000
4		300109197211031912			5500
5		21001219911127019X			3200.54
6		21009119611008012X			3200
7		300109197211031912			4030.32
8		210012199212117011			4400.11
9		41009119650908014X			11010.1
10		300109197404031462			2900.3
11		410014199311470146			3222
12		410091198510180148			2220.09
13		300109197211031912			12001.2

图 1-6　快速输入示例表格

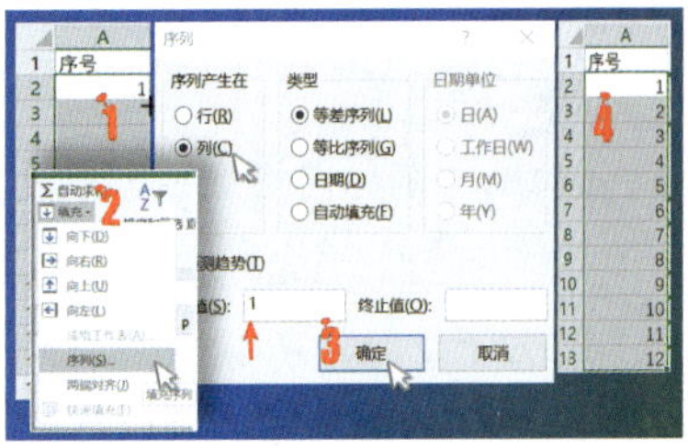

图 1-7　序列填充序号

在弹出的“序列”对话框中选中“列”“等差序列”，将步长值设置为 1 后，单击“确定”按钮（图 1-7 之 3）关闭对话框。单元格区域“A2:A13”自动添加入数字 1 ～ 12（图 1-7 之 4）。

CFO 点拨

此处仅以 12 行数字为例说明问题，行数越多，越能够体现出填充的快捷。填充的序列是以 1 为间隔的递增，应当举一反三，在不同的场合，使用等比数列或不同的步长。

- 拖拉填充。递延填充的另一种方法是，鼠标移动到第一个数值所在单元格的右下角，当光标变为黑色十字时，按住 Ctrl 键，鼠标向下拖拉，完成以 1 为间隔（步长）的递增填充。如要以其他间隔作为递增，可预先输入两个数值（如单元格 H1、H2 分别输入 15、12），鼠标移动到单元格 H2 右下角，当光标变为黑色十字时，向下拖拉，完成以 -3 为间隔的递减填充。
- 快速填充提取生日。在单元格 C2 中手工输入“19881003”（图 1-8 之 1）作为下一步 Excel 提取的学习示范，按下 Ctrl_E（或单击 Excel 主界面“开始”选项卡“编辑”选项组内的“填充”，在弹出的浮动菜单中单击图 1-8 之 2“快速填充”），填充后的效果如图 1-8 之 3 所示。

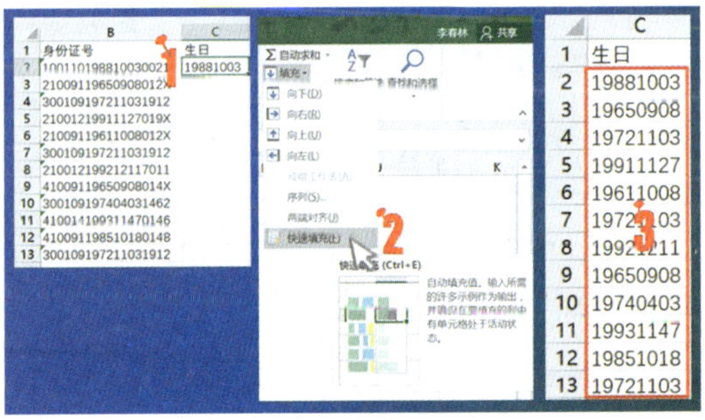

图 1-8　快速填充

- 回车键完成自动粘贴。由于给出的 12 个员工入司时间属于同一批次，因此在 D 列必须输入同样的值。点击单元格 D2，在其中输入“'2018/1”，按下 Ctrl_C 复制，选中单元格区域“D3:D13”，在单元格 D2 四周仍有虚线（又称为“蚂蚁线”）环绕时（图 1-9 之 1），按下 Enter 键完成单元格区域“D3:D13”的粘贴。

- Ctrl 回车键及向下填充。选中单元格区域“D2:D13”（图 1-9 之 2），键盘输入“'2018/1”按 Ctrl_Enter（或单击 Excel 主界面“开始”选项卡“编辑”选项组内的“填充”，在弹出的浮动菜单中单击图 1-8 之 2“向下”）完成填充。
- Ctrl_ 鼠标向下拖拉。单元格 D2 输入“'2018/1”，鼠标移动到该单元格右下角，当光标变为黑色十字时，按住 Ctrl，当光标变为一大一小黑色双十字时，鼠标向下拖拉（图 1-9 之 3），完成填充。

CFO 点拨

图 1-9 中不同的填充方法，操作前选取的单元格区域是不同的。

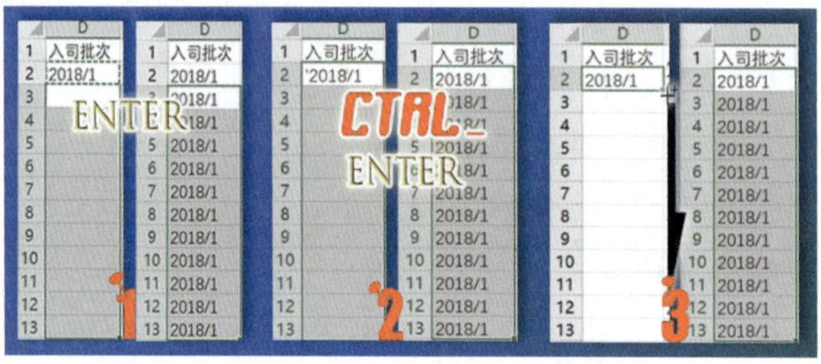

图 1-9　多种方法完成“入司批次”的填写

- 多种快捷方式处理“月工资”。选中列标 E，按下 Ctrl_Shift_4，将该列数字快速转为数值（图 1-10 之 5、6）。注意到数字 4 键上同时是货币符号 $，按下 Ctrl_Shift_4 相当于按下 Ctrl_$，即为数字添加货币符号。表 1-2 中 Ctrl_Shift_5 和 Ctrl_Shift_6 也可如此直观地理解。

按下 Ctrl_-, 删除 E 列内容（图 1-10 之 1、2），选中列标 B，按下 F4 键重复上一动作（删除列，图 1-10 之 3、4），两次按下 Ctrl_Z，即可恢复后删除前的模样（图 1-10 之 1）。

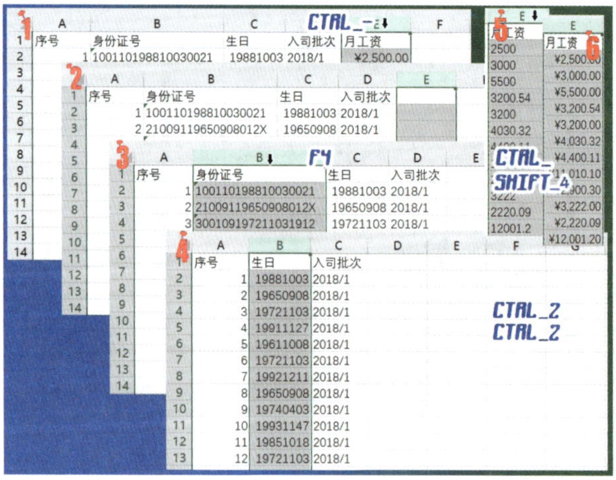

图 1-10　多种快捷键组合

1.2.2　快选——单元格的快速选择

利用 Excel 的内置功能，实现快捷输入，得到了一个个包含具体内容的单元格。那么，如何同时选中这些单元格呢？你也许会说，这不是非常简单吗，选中一个单元格，然后按住鼠标左键拖拉即可。

对于小表，确实这样是可以的。我们来看一张包含有 100 万条数据的工作表，如要选中整个表格，用鼠标从上向下拖拉需要十几分钟。有更快的方法吗？

1. 相邻单元格的选取。要选择一个大表格，可以试试以下三种方法：

——选中表格中任意一个单元格，如 C999991，按下 Ctrl_A（或 Ctrl_Shift_*）；

——选中单元格 A1，在名称框（图 1-3 之 5）输入 G1000000 按住 Shift 键同时按回车键；

——选中单元格 A1，按下 Ctrl_Shift_ →，按下 Ctrl_Shift_ ↓，或点入单元格 G1000000，按下 Ctrl_Shift_ ↑，按下 Ctrl_Shift_ ←。

> CFO 点拨
>
> Ctrl_Shift_* 将寻找活动单元格周边相邻的有内容的单元格，如有，则选中这些单元格，如四周皆空，选中的仍旧是当前活动单元格，而 Ctrl_A 则不同，它将选中整个工作表中所有的单元格。

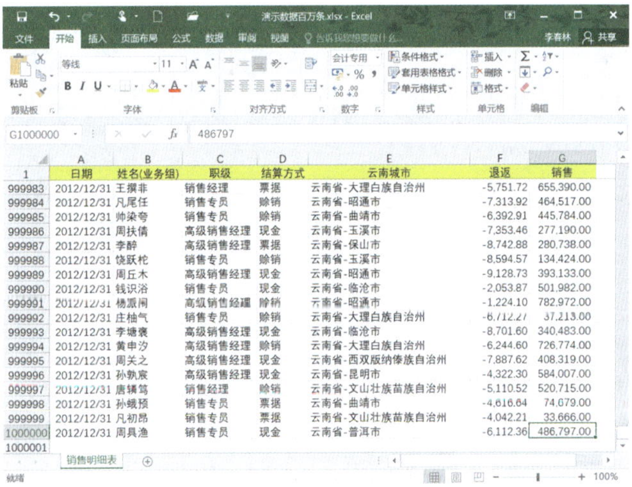

	A	B	C	D	E	F	G
1	日期	姓名(业务组)	职级	结算方式	云南城市	退返	销售
999983	2012/12/31	王撰非	销售经理	票据	云南省-大理白族自治州	-5,751.72	655,390.00
999984	2012/12/31	凡尾任	销售专员	赊销	云南省-昭通市	-7,313.92	464,517.00
999985	2012/12/31	帅染夸	销售专员	赊销	云南省-曲靖市	-6,392.91	445,784.00
999986	2012/12/31	周扶倩	高级销售经理	现金	云南省-玉溪市	-7,353.46	277,190.00
999987	2012/12/31	李醉	高级销售经理	票据	云南省-保山市	-8,742.88	280,738.00
999988	2012/12/31	饶跃枪	销售专员	赊销	云南省-玉溪市	-8,594.57	134,424.00
999989	2012/12/31	周丘木	高级销售经理	现金	云南省-昭通市	-9,128.73	393,133.00
999990	2012/12/31	钱识浴	销售专员	现金	云南省-临沧市	-2,053.87	501,982.00
999991	2012/12/31	杨派闹	高级销售经理	赊销	云南省-昭通市	-1,224.10	782,972.00
999992	2012/12/31	庄柚气	销售专员	赊销	云南省-大理白族自治州	-6,712.27	37,213.00
999993	2012/12/31	李塘褒	高级销售经理	现金	云南省-临沧市	-8,701.60	340,483.00
999994	2012/12/31	黄申汐	高级销售经理	赊销	云南省-大理白族自治州	-6,244.60	726,774.00
999995	2012/12/31	周关之	高级销售经理	现金	云南省-西双版纳傣族自治州	-7,887.62	408,319.00
999996	2012/12/31	孙孰宸	高级销售经理	现金	云南省-昆明市	-4,322.30	584,007.00
999997	2012/12/31	唐镇笃	销售经理	赊销	云南省-文山壮族苗族自治州	-5,110.52	520,715.00
999998	2012/12/31	孙蛾预	销售专员	票据	云南省-曲靖市	-4,616.64	74,079.00
999999	2012/12/31	凡初昂	销售专员	票据	云南省-文山壮族苗族自治州	-4,042.21	33,666.00
1000000	2012/12/31	周具渔	销售专员	现金	云南省-普洱市	-6,112.36	486,797.00
1000001							

图 1-11 苏问集团百万条销售记录

2. 不相邻单元格的选取。不相邻单元格的选取也有三种方法：

——按住 Ctrl 键，右手用鼠标去一个个点、一片片地选？右手在运动，左手一直不动，时间长了会不会累？会不会手指疼？

——在名称框（图 1-3 之 5）输入"C999995,E999995:G999995"，选中图 1-12 第 999995 行彩色单元格。

——按下 Shift_F8，状态栏出现"添加到所选内容"，此时左手可以解放了，只需要用鼠标去单击单元格（区域）就可以选择多个不相邻的区域了，对已选择的单元格（区域）进行操作（我们设置其填充色），或再次按下 Shift_F8 可以退出多选状态。

选中图 1-12 所示任意单元格，为其设置一种填充色。

3. 方向箭头快速选择区域边缘。

记住八字箴言“遇‘空’首停，无‘空’末停”，其具体含义是：

按下 Ctrl_↑，如上一单元格为空，选中向上的首个非空单元格，如上一单元格非空，选中向上的末个非空单元格。如向上找不到非空，则选中当前列第一行。

按下 Ctrl_↓，如下一单元格为空，选中向下的首个非空单元格，如下一单元格非空，选中向下的末个非空单元格。如向下找不到非空，则选中当前列最后一行。

按下 Ctrl_←，如左一单元格为空，选中向左的首个非空单元格，如左一单元格非空，选中向左的末个非空单元格。如向左找不到非空，则选中当前行第一列。

按下 Ctrl_→，如右一单元格为空，选中向右的首个非空单元格，如右一单元格非空，选中向右的末个非空单元格。如向右找不到非空，则选中当前行最后一列。

按下 Page Up 向上翻动一屏、按下 Page Down 向下翻动一屏，按下 Ctrl_Home 激活工作表内第一个已经使用的单元格、按下 Ctrl_End 选中工作表内最后一个已经使用的单元格。

> CFO 点拨
> 如果表格较宽较长，可选中某一单元格，单击 Excel 主界面“视图”选项卡“窗口”选项组内的“冻结窗格”，在随后出现的浮动菜单上单击“冻结窗格”项，使得在表格上下左右滚动时，该单元格左边的列和上面的行保持固定不变。

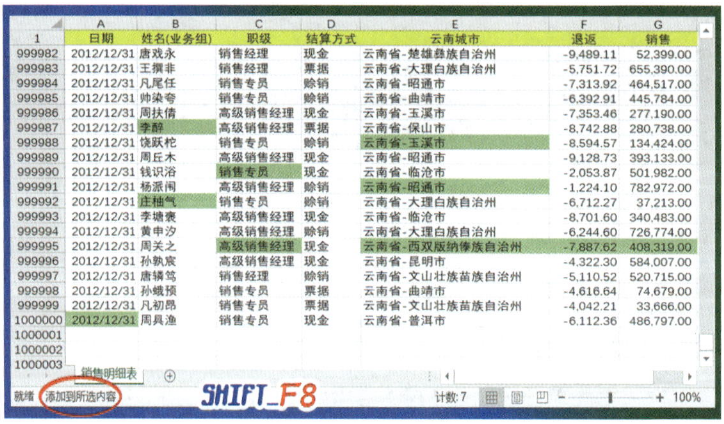

	A	B	C	D	E	F	G
1	日期	姓名(业务组)	职级	结算方式	云南城市	退返	销售
999982	2012/12/31	唐戏永	销售经理	现金	云南省-楚雄彝族自治州	-9,489.11	52,399.00
999983	2012/12/31	王撰非	销售经理	票据	云南省-大理白族自治州	-5,751.72	655,390.00
999984	2012/12/31	凡尾任	销售专员	赊销	云南省-昭通市	-7,313.92	464,517.00
999985	2012/12/31	帅染夸	销售专员	赊销	云南省-曲靖市	-6,392.91	445,784.00
999986	2012/12/31	周扶倩	高级销售经理	现金	云南省-玉溪市	-7,353.46	277,190.00
999987	2012/12/31	李醉	高级销售经理	票据	云南省-保山市	-8,742.88	280,738.00
999988	2012/12/31	饶跃枪	销售专员	赊销	云南省-玉溪市	-8,594.57	134,424.00
999989	2012/12/31	周丘木	高级销售经理	现金	云南省-昭通市	-9,128.73	393,133.00
999990	2012/12/31	钱识浴	销售专员	现金	云南省-临沧市	-2,053.87	501,982.00
999991	2012/12/31	杨派闹	高级销售经理	赊销	云南省-昭通市	-1,224.10	782,972.00
999992	2012/12/31	庄柚气	销售专员	赊销	云南省-大理白族自治州	-6,712.27	37,213.00
999993	2012/12/31	李塘衰	高级销售经理	现金	云南省-临沧市	-8,701.60	340,483.00
999994	2012/12/31	黄申汐	高级销售经理	赊销	云南省-大理白族自治州	-6,244.60	726,774.00
999995	2012/12/31	周关之	高级销售经理	现金	云南省-西双版纳傣族自治州	-7,887.62	408,319.00
999996	2012/12/31	孙孰宸	高级销售经理	现金	云南省-昆明市	-4,322.30	584,007.00
999997	2012/12/31	唐镝笃	销售经理	赊销	云南省-文山壮族苗族自治州	-5,110.52	520,715.00
999998	2012/12/31	孙蛾预	销售专员	票据	云南省-曲靖市	-4,616.64	74,679.00
999999	2012/12/31	凡初昂	销售专员	票据	云南省-文山壮族苗族自治州	-4,042.21	33,666.00
1000000	2012/12/31	周具渔	销售专员	现金	云南省-普洱市	-6,112.36	486,797.00
1000001							
1000002							
1000003							

图 1-12　选择不相邻的单元格区域

1.2.3　快找——单元格的快速定位与查找替换

由于种种因素的制约，在很多时候，单凭肉眼是无法精准又快速地找到需要的单元格的，甚至还会有遗漏，难免挂一漏万（听起来好熟悉的感觉……喜欢写字的人常常用到的一个词语 ^-^）。这时，就需要借助于 Excel 的定位功能了。

1. 工作表中现有的公式。在图 1-6 的右侧单元格 F2、F3、F5、F6 和 F8 内公式分别为“=E2/0”、“=" 上格公式 =E2/0"”、“=F1”、“=" 上格公式 =F1"”和“=F3=F6”（图 1-13 之 1），单击单元格 E14，按下 Alt_=，回车可快速得到求和公式。表中包含公式的单元格均已添加了填充色（图 1-13 之 1、2）以突出显示。

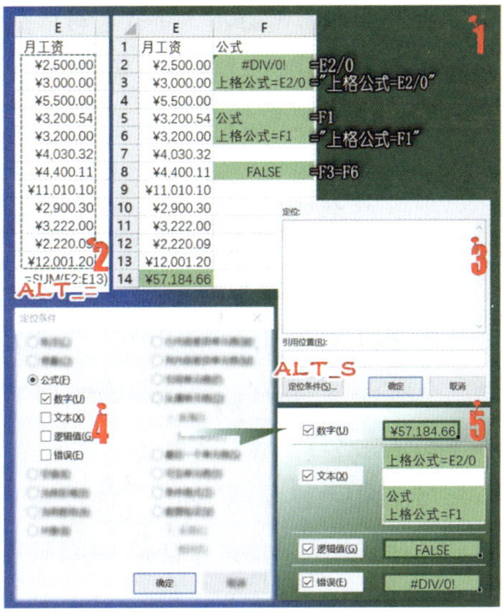

图 1-13　公式定位的 4 种情形

2. **定位**。选中工作表内任意一个单元格，按下 F5 或 Ctrl_G，弹出“定位”对话框，按下 Alt_S，弹出“定位条件”对话框，单击“公式”选项，依次单独勾选“数字”、“文本”、“逻辑值”和“错误”，定位的单元格（区域）分别为 E14、“F3,F5:F6”、F8 和 F2。

在“定位条件”对话框内单击“引用单元格”，将会定位到活动单元格引用的其他单元格，如图 1-13 先选中单元格 F8，再据此条件定位，将会同时选中单元格 F3 和 F6。

在“定位条件”对话框内单击“从属单元格”，将会定位到引用活动单元格的其他单元格，如图 1-13 先选中单元格 E2，再据此条件定位，单元格 F2 将会被选中。

“定位条件”对话框内的选项很多，应根据工作实务需要自行选择，更多实例也可参考“7.4.3”、“8.2.3”和“8.4.3”。

3. **查找（与替换）**。要激活符合指定条件的单元格，Excel 的“查找与替换”工具也是用得最多、最精确的一种查找方法。如要将图 1-12 中浅绿色背景的单元格填充色替换为浅橙色，可按图 1-14 之①至⑦步骤操作：

> CFO 点拨
>
> Excel 定位查找的范围是在指定区域内已操作过的最右（列标最大）、最下（行号最大）单元格。这里所谓“操作过的”指的是输入过内容的，即使是已删除或按 Delete 清除其内容的；而“指定区域”是指整个工作表（定位之前，选中一个单元格）、单行/列（定位之前，选中一个或多个行/列标签）、或鼠标选中的区域。

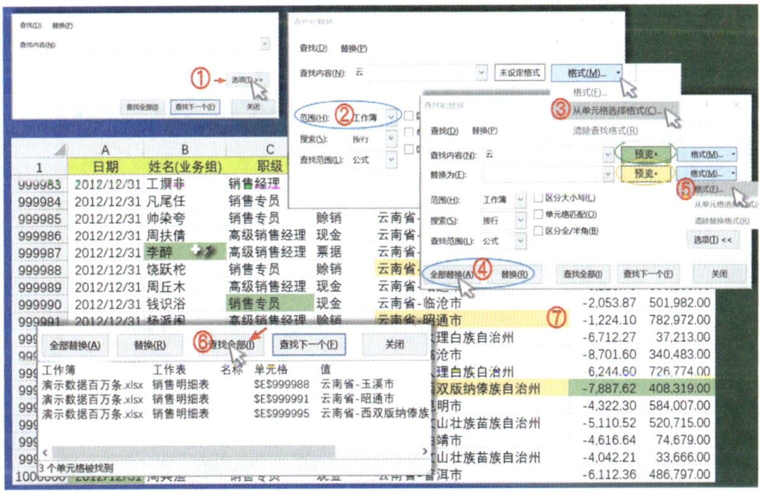

图 1-14　查找与替换指定颜色的单元格

1
2
3
4
5
6
7
8
9

① 按下 Ctrl_F 弹出“查找”对话框。

② 在“查找内容”方框内输入“云”，单击对话框中的“选项”按钮，“查找”对话框高度变大，出现“查找范围”等选择项目，根据查找要求设置即可。

> CFO 点拨
> 当“查找范围”是“工作表”，且工作表内选中的单元格超过一个时，只在选中的单元格区域内查找。

③ 单击“格式”按钮右侧的下三角形按钮，在随后出现的浮动菜单上，单击“从单元格选择格式”，光标变为空心加号和吸管图案，单击单元格 B999987（“李醉”）取得格式样本，此时“格式”按钮左侧“未设定格式”变为“预览 *”。

④ 按下 Ctrl_H，“查找”对话框变为“查找与替换”对话框，在其左下角新增“全部替换”（替换全部满足条件的单元格）和“替换”（单击一次替换一个，不需要替换时，单击“查找下一个”）两个按钮。

⑤ 单击“替换为”同一行的“格式”按钮右侧的下三角形按钮，在随后出现的浮动菜单上，单击“格式”按钮，弹出“设置单元格格式”对话框，将填充色设置为浅橙色，此时“格式”按钮左侧“未设定格式”变为“预览 *”。

⑥ 如果单击查找全部按钮，“查找”对话框下部列出查到的所有满足条件的单元格清单。

⑦ 单击“全部替换”按钮，修改满足条件的三个单元格的背景色。

> CFO 点拨
> 与“定位”工具同时选中所有满足条件的单元格区域不同，“查找与替换”只是逐一激活满足条件的单元格。

1.3 去粗存精，去伪存真

1.3.1 查与删——显现和成批删除重复项

在工作实践中，我们都知道，重复的值是会计工作中最令人头疼的事情。难以查找、难以规避。这个问题在 Excel 中是如何解决的呢？下面就来看看重复值的标注、多列重复值的突出显示、多列标准删除重复值、输入重复和禁止输入重复值。

1. 标注重复值。通过图 1-15 之①至⑧将工作表“Sheet2”中重复的部分用显眼的标识标注出来：

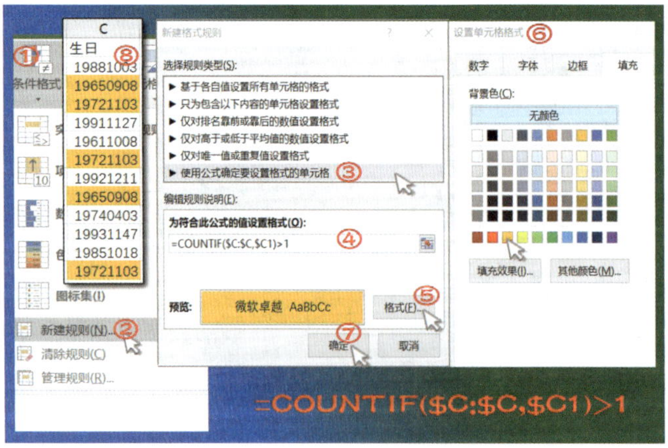

图 1-15　标注重复值

1 2 3 4 5 6 7 8 9

① 鼠标选中列标 C，单击 Excel 主界面“开始”选项卡“格式”选项组内的“条件格式”。

② 在随后出现的浮动菜单上单击“新建规则”项。

③ 弹出“新建规则”对话框，选中“使用公式确定要设置格式的单元格”。

④ 在方框内输入公式“=COUNTIF($C:$C,$C1)>1”，数字 1 前不要加“$”限定，Excel 自动会调整行号设置格式。

⑤、⑥单击“格式”按钮，弹出“设置单元格格式”对话框，单击“填充”选项卡上的“背景色”，选择橙色。

⑦、⑧按“确定”按钮完成设置，重复的 5 个单元格会以橙色标注出来。

2. 突出显示多列重复值。上述标注重复值是以单列查找的，为简化讲解并强调重复部分，在图 1-16 右侧的 G 列直接输入 1 和 2 标明是第 1 个、第 2 个重复项。通过图 1-16 之①至④将工作表中多列中重复的部分加以突出显示：

① 按住 Ctrl 键，鼠标选中列标 C 和 G。

② 单击 Excel 主界面“开始”选项卡“格式”选项组内的“条件格式”。

③ 在随后出现的浮动菜单上单击“突出显示单元格规则”项下的“重复值”。

④ 工作表中重复的值已被突出显示，同时弹出“重复值”对话框，单击其中“重复”右侧下拉三角形按钮可将“重复”修改为“唯一”，单击“浅红色填充色深红色文本”右侧下拉三角形按钮可将此效果修改为其他预设的格式或自行设定的格式，单击“确定”按钮完成设置。

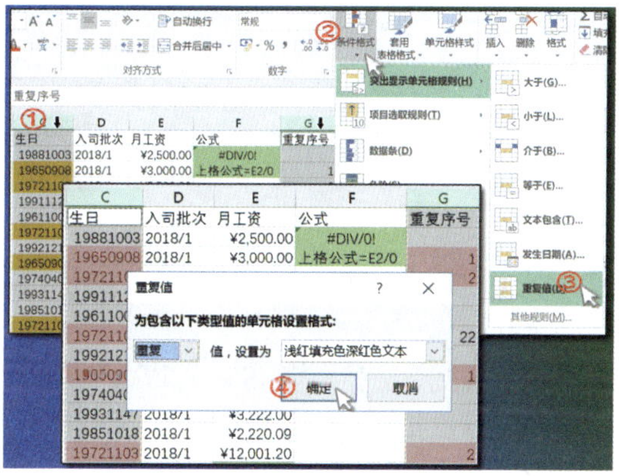

图 1-16　突出显示重复值

3. 删除重复值。重复值留着有何用？删了算了，通过图 1-17 之①至④可将工作表重复值所在的行删除：

- 1：鼠标选中工作表中有数据的表格内任意单元格。
- 2：单击 Excel 主界面“数据”选项卡“数据工具”选项组内的“删除重复项”。
- 3：弹出“删除重复项”对话框，仅勾选“生日”复选框，按“确定”按钮关闭该对话框。
- 4：删除了重复行，给出提示“发现 3 个重复值，已将其删除；保留了 9 个唯一值。”。
- 5：显示删除重复行之后的效果。

CFO 点拨

n 列进行重复值比较，Excel 是将多列作为行数扩为 n 倍的一列来看待的，如图 1-16 中，在 C 列输入数字 1 或 2，将突出为重复值，在 G 列输入 C 列中任意一个员工的生日，也将突出为重复值。

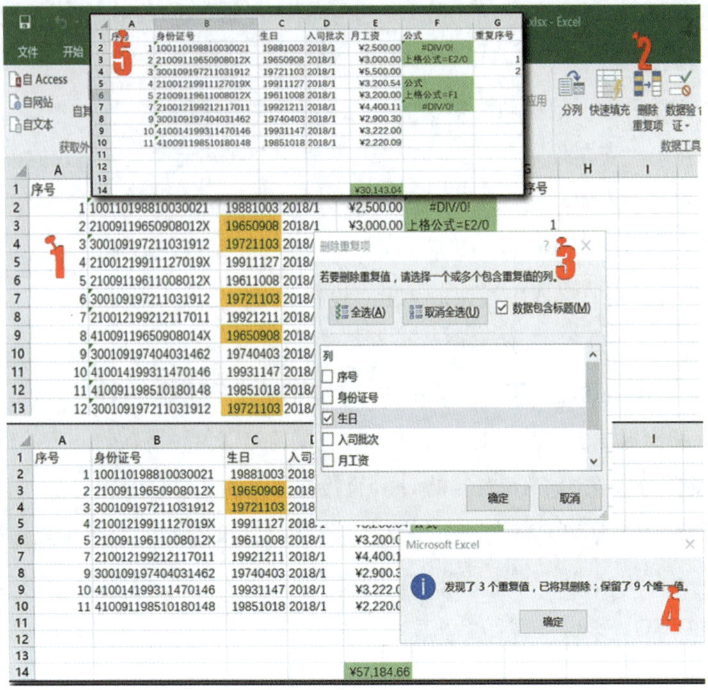

图 1-17　删除重复值

1.3.2　禁与输——重复项目的禁止和批量输入

1. **禁止输入重复值**。要从根本上杜绝重复值带来的困扰，关键还是要从源头抓起，如何在输入过程中就禁止重复值进入 Excel 呢？通过设置数据验证可以轻松解决这个问题，详细应用参阅“7.1.1”。

2. **定位与 Ctrl_Enter 输入重复值**。有时，我们不是要禁止输入重复值，相反为了省时省力，需要快速输入重复的多个值。还记得“1.2.2”中学过的 Ctrl_Enter 和鼠标向下拖拉吗？

在不连续的单元格区域录入重复值，按图 1-18 之①至⑥操作：

① 按下 Ctrl_Page Up 从工作表 Sheet2 向前切换至 Sheet1，鼠标选中列 A 和 B。

② 按 F5 弹出“定位”对话框。

③ 按 Alt_S 弹出“定位条件”对话框，双击其中的“空值”。

④ 单元格区域“A4:A9,B4,B9”被选中。

⑤ 键盘录入“输入重复”，按下 Ctrl_Enter。

⑥ 单元格区域“A4:A9,B4,B9”各单元格就全部自动添加“输入重复”4 个字了。

3. **“自动填充”输入重复值**。按图 1-19 之①至⑦操作，也可以大批量地输入重复值：

① 按下 Ctrl_Page Down 从工作表 Sheet1 向后切换至 Sheet2，在单元格 H1 和 I1 分别输入“1”和“输入重复”。

> **CFO 点拨**
> 删除重复值判断标准选取多列时，列与列的关系是“并且”的关系，选中的各列都重复才视为是重复行。如图 1-17 之③中同时勾选“生日”和“重复序号”，提示将变为“发现 2 个重复值，已将其删除；保留了 10 个唯一值。”可结合图 1-16 之④“重复序号”加以理解。

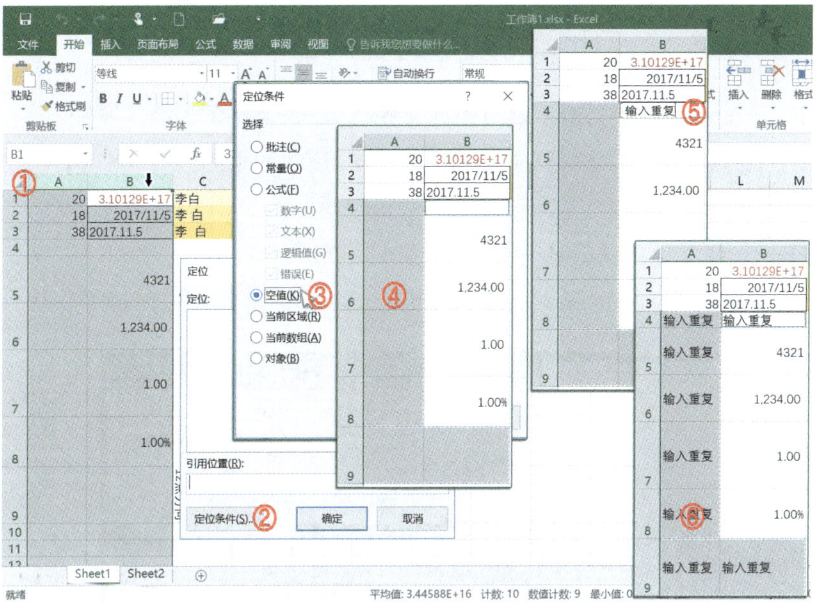

图 1-18　不连续区域输入重复值

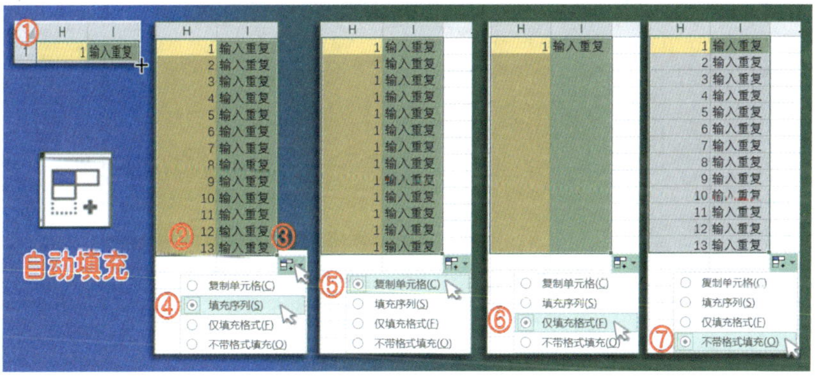

图 1-19　利用“自动填充”输入重复值及“自动填充”的 4 种填充效果

② 移动鼠标至单元格 I1 右下角，当光标变为黑十字时，鼠标向下拖拉若干行。

③ 在拖拉区域右下角出现“自动填充”图标，鼠标移动到该图标上，单击图标右侧自动出现的下拉三角形按钮。

④ 弹出“自动填充选项”浮动菜单，拖拉的效果是“填充序列”选项的效果。

⑤ 单击“复制单元格”选项的效果，得到自动填充的重复值。此效果等同于按住 Ctrl 键从单元格 I1 右下角向下拖拉。

⑥ 单击“仅填充格式”选项的效果。

⑦ 单击“不带格式填充”选项的效果。

1.3.3　一起找不同——双工作簿比较

有重复值比较的需要，相应地，也就有不重复项目比较的需要。也就是说，需找出单元格值的不同。上一节，我们已经知道了在同一工作表中一列或多列的数值比较，如图 1-16 中标注“唯一”。如果要比较的单元格位于不同的工作簿中（如银企对账文件比较），应该如何找出它们之间值的不同呢？

1. 同时打开多个工作簿。你会打开 Excel 文件吗？——这样的问题，你会十分不屑的：直接双击 Excel 文件啊！同时打开多个 Excel 文件呢？——一个个双击？！这样也蛮累的，来学一个方便而轻松的方法吧！

进入多个工作簿文件所在目录“D:\files\Chap1”，用鼠标拖拉出一个矩形（图 1-20 之 1），使之包含要打开的所有文件，释放鼠标，回车，静候文件打开吧！

> **CFO 点拨**
> 框中的文件必须全部是同一类型（EXCEL 格式），如包含其他类型文件，此法无效哦～

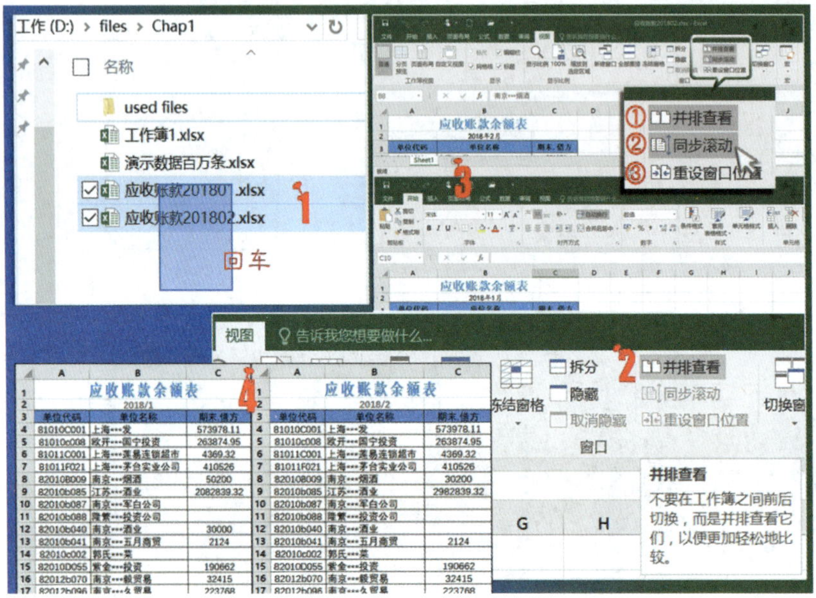

图 1-20　利用“并排查看”手动比较

2. 手动比较。Excel 工作簿（文件）打开后，单击 Excel 主界面“视图”选项卡“窗口”选项组内的“并排查看”（图 1-20 之 2）按钮，该按钮以深灰色背景显示，表示被选中，打开的两个文件上下并排表示（图 1-20 之 3）。在任意一个文件的工作表内滚动鼠标，上下两个文件同时滚动，便于观察其中的单元格。图 1-20 之 3 中①至③分别说明如下：

①“并排查看”，再次单击，两个文件将不再并列，单个文件恢复原样显示。

②“同步滚动”，再次单击，在任意一个文件的工作表内滚动鼠标，其他文件将不再同时滚动。

③“重设窗口位置”，各文件都可以被拖拉移动位置，在位置移乱了不便于观察时，单击此按钮重新复原为上下对齐并排的结构。

图 1-20 之 4 列出了两个源文件的内容，客户单位名称已进行加密换名。

3. Spreadsheet Compare 文件比较。文件比较 Excel 也考虑到了，而且还提供了一个工具——Spreadsheet Compare。它将 Excel 工作表（簿）中单元格逐个单元格进行对比，通过不同的颜色来突出差异，并增加了一栏，用来显示是哪些地方发生了变化。比较结果还可以生成简单的报告工作簿文件。

那么，这么好的工具如何找到并且使用呢？

单击 Windows 操作系统的“开始”（注意不是 Excel 的“开始”选项卡），找到并单击“Microsoft Office 2016 工具”下的“Spreadsheet Compare 2016”（图 1-21 之 1），不同 Office 版本 Spreadsheet Compare 在系统菜单组的位置可能略有不同。

Spreadsheet Compare 并不是中文版本，需要简单的英文水平读懂软件上的文字，我已经翻译在图 1-21 之 2 上了，其中的功能区①至⑧分别是标题区（显示比较的工作簿的名称）、工具栏（选项卡）、文件 1 区（选中的工作簿 1 的内容）、文件 2 区（选中的工作簿 2 的内容）、比对项（勾选要比较的项目，如录入值、计算值、公式等是否相同）、比较结果区（列出哪些单元格不同、有哪些不同）、比较结果统计区（如录入值不同的有几个）。

单击“文件比较”按钮，弹出对话框，通过“选择 1”和“选择 2”按钮选择要比较的两个文件“D:\files\Chap1\ 应收账款 201801.xlsx”和“D:\files\Chap1\ 应收账款 201802.xlsx”，单击“开始比较”按钮（图 1-21 之 3），弹出“正在比较”提示框（图 1-21 之 4）。

> CFO 点拨
>
> 单击“开始比较”按钮后，有可能出现“object reference not set to an instance of an object”（不能建立实例）的错误，通常是源文件中单元格存在不能被 Spreadsheet Compare 工具识别的格式导致，可重新设置工作簿中的单元格格式后再进行比较。

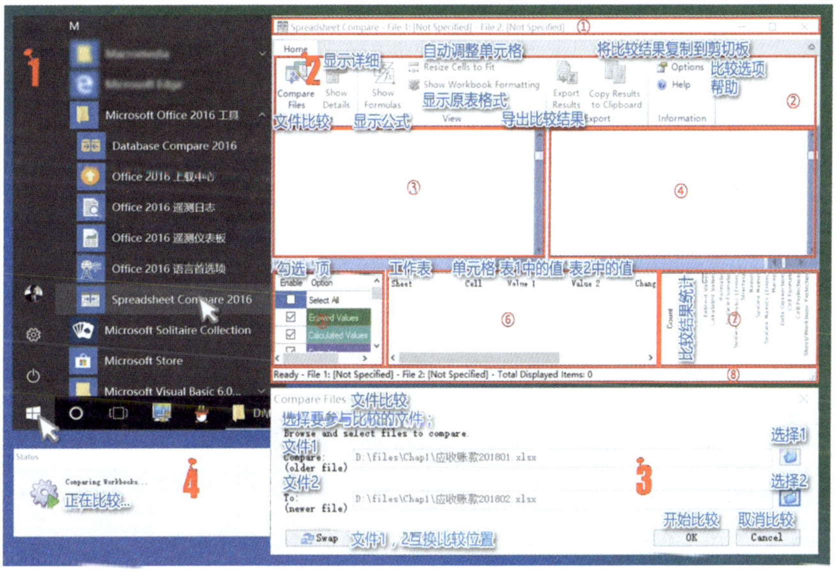

图 1-21　调用 Spreadsheet Compare 文件比较工具

稍后，比较结果如图 1-22 所示。可以看出：图中①、②、③用深绿色给出了录入值的不同有 4 处，单元格 B2、C8、C9 和 C12，图中④、⑤、⑥用青色给出了计算值的不同有 1 处（单元格 C18）。选中文件 1 中的单元格，比较工具会自动选中文件 2 的对应单元格，便于两个文件对比，如图 1-22 之⑦和⑧所示。

4. 同时关闭多个工作簿。你会关闭 Excel 文件吗？——这样的问题，你也会十分不屑的：单击 Excel 文件右上角的叉就好了啊！同时关闭多个 Excel 文件呢？——一个个点叉！这样也蛮累的，试试这个：按住 Shift 键，单击任意一个打开的文件右上角的叉，所有打开的 Excel 文件将全部被关闭。

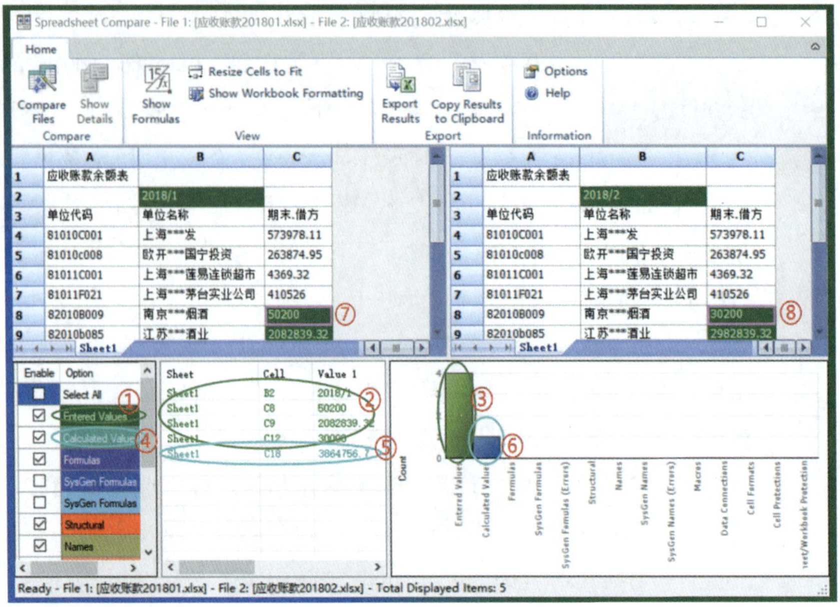

图 1-22　Spreadsheet Compare 比较结果

1.3.4　快乐修理工——不规则文本的修整与转换

从这里开始，我们来做一个快乐的修理工，不是修理下水道，也不是修理草坪，我们修理的是不符合 Excel 格式要求的单元格，对于少数单元格可以通过 Ctrl_1 设置单元格格式来重新设置，但要修理的单元格（区域）又多又分散时，就需要用到一些整理技巧了。

1. **特殊字符的替换。**先从文本说起，文本是由字符、字母和数字组成字符串，其中可能含有空格、不可见字符、特殊符号等，这时需要用上 Ctrl_H（或 Shift_F5）了，如果要在“查找与替换”对话框（图 1-14）的“查找内容”或“替换为”方框内输入换行符与在单元格内输入换行符是不同的，前者输入 Ctrl_Enter，后者输入 Alt_Enter。

2. **不可见字符的替换。**指的是那些肉眼看不见，但实际上占据单元格内容的字符，用字符长度统计函数 Len 就可以计算出含有这类字符的长度和肉眼观察的长度有所不同，选中这类单元格，在编辑栏（图 1-3 之 6）可以看到数字左端留有空白或光标位置不在数字的末端。

用鼠标选中这些空白按下 Ctrl_C，在 Ctrl_H 弹出的“查找与替换”对话框（图 1-14）“查找内容”方框内按下 Ctrl_V，“替换为”方框内用 Backspace 键一直删除到方框最左端。对于数字中包含有非分节符的逗号，也可如此替换。

3. **文本转数字。**常见于从网银、ERP、CRM 中导出的数据，在这类文本型数字左侧会出现一个内含感叹号的黄色菱形按钮，选中这些数字后单击它，在出现的浮动菜单内单击“转换为数字”就可以转换为数字。从形式上看，单元格中文本默认是左对齐、数字是右对齐的，一眼就可以区分。

还可以复制任意一个空白单元格后再选中数字型的文本，利用“选择性粘贴”中的加减运算来转换。

1.3.5 快乐修理工——日期和时间的整理与转换

日期的输入形式也是五花八门，对于常见的不规范的日期加工方法有：

“2018.3.2”、“2019\10\1”，这类形式是用特定的分隔符号分隔的，用 Ctrl_H 将“.”、“\”替换分隔符号为“-”即可。

“190101”“20190101”，这类形式利用 Excel“数据”选项卡上“分列”工具弹出向导即可，注意在向导第 3 步选中“日期（YMD）”，其他步骤无须修改。

“28/2”“28/2/2019”这类日期在前，同样可用数据分列向导来加工，但在向导第 3 步“分隔符号”处要勾选“其他”，输入分隔符号“/”。分列后，可整体拖移某一或多列，方法有二：

选中要移动的一列（或相邻的多列）列标签，移动鼠标到该列任意单元格的左（或右）边缘，光标变为四向梅花状，按住 Shift 和鼠标左键，随着鼠标的左右移动，在鼠标经过处的单元格左右缝隙间将出现深绿色粗线，指示移动列的新位置，释放鼠标左键完成列的整体移动。

选中要移动的一列（或相邻的多列）列标签，按下 Ctrl_X，在要插入的列标签上右击，按下字母 E（插入剪切的单元格），完成列的整体移动。

> CFO 点拨
> 方法一和二拖移插入，原位置的数据被“挤”到一旁，如果不按住 Shift 拖动鼠标，则替换新位置处的列的内容，原位置留下一个空列。

这两种方法同样适合于对行的操作。

Excel 认可的日期格式包括：短横线或者斜线分隔的年月日，如“1992-12-11”、“1992-12”、“1972/6/5”、“1972/6”；中文表示的年月日，如“1985年7月12日”、“2018 年 3 月”；使用英文（缩写）表示的日月，如“August-11”、“Jun-9”。

Excel 认可的时间格式是用小写英文状态下的冒号（“:”）分隔的时分秒，如“18:6:10”（18 时 6 分 10 秒）。

在实际工作中，有人喜欢用小数点来表示时间，如：

“3.5”表示 3 小时 5 分，“3.5.12”表示 3 小时 5 分 12 秒，整理方法是用 Ctrl_H 将“.”替换为“:”，或假设时间在单元格 A1 内，使用“=SUBSTITUTE(A1,".",":")”，SUBSTITUTE 函数的使用参见“5.2.3”。

“2.33”表示 2 小时 19 分 48 秒，整理方法是用函数 TEXT 格式化显示，假设时间在单元格 A1 内，使用“=TEXT(A1/24,"h:mm:ss")”得到“2:19:48”，TEXT 函数的使用参见“2.4.3”。

1.3.6 快乐修理工——合并单元格的反合并

合并单元格从形式上是占据了多个单元格，但并不意味着其中每个单元格都具有相同的内容，具有所显示内容的只是合并区域左上角单元格，其他单元格均为空，如图 1-23 之 1 单元格区域“D3:D4”显示为“现金”，实际上只是单元格 D3 的值为“现金”，单元格 D4 为空。

图 1-23 之 1 至 6 将“销售明细表”中已合并的单元格区域拆散还原，并补全内容：

1：选中单元格区域“A3:D8”，按下 Ctrl_1。

2：在“设置单元格格式”对话框的“对齐”选项卡上单击两次“合并单元格”。

3：取消勾选后的表格，可见恢复后单元格区域中存在大量无内容的单元格。

> CFO 点拨
> 如在 E3 输入公式“=LOOKUP(1,0/(B$3:B3<>""),B$3:B3)”后下拉至 E8，也可实现反合并效果，参见“2.4.1”。

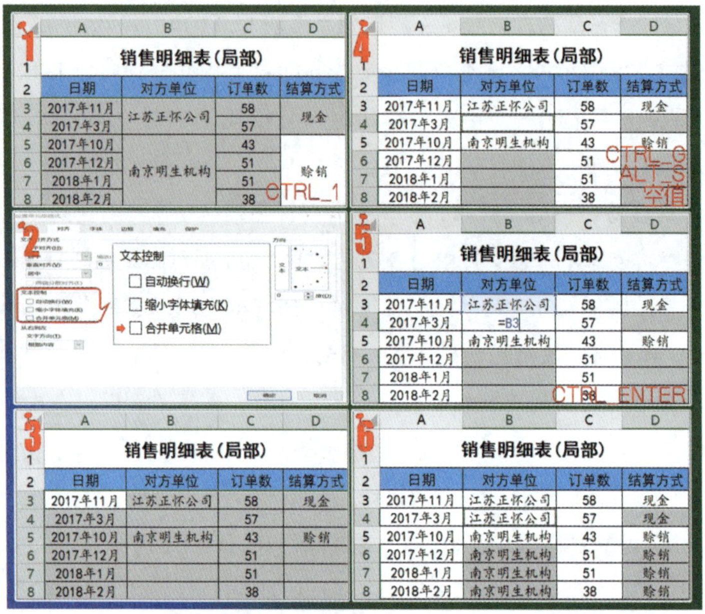

图 1-23　合并单元格的取消与填充

4：依次按下 Ctrl_G、Alt_S 弹出“定位条件”对话框（图 1-23 之 3 和 4），双击其中的“空值”。

5：输入“=B3”，以 B4 单元格作为示范，取空值上一单元格的值，按下 Ctrl_Enter 填充其他空白单元格。

6：显示自动填充后的效果。至此，合并单元格的反合并完成。

此处视频讲解更精彩，扫描右侧的二维码，即可观看和下载

1.4 批量处理，事半功倍

1.4.1 批量单元格——多单元格区域和整行整列

1. 多区块操作。一个一个地选择单元格（或选中一块单元格区域）无疑是慢速低效的，我们可以利用“1.2.2”快速选定多个相邻、不相邻的区块进行操作。然而，对多区块的操作并非是无限制的，比如下面这些是被禁止的：

排序、筛选、复制、剪切、粘贴、分列、创建组。

2. 批量合并单元格。为使得表格清晰易懂，帮助“密集恐惧症患者”，常常需要将相同数据的文本进行合并。一般是通过“开始”选项卡“对齐方式”

选项组内的“合并后居中”来实现的。要加工出少量合并单元格，可以手动操作；量大时，以图 1-23 之 6 为例，图 1-24 之 1 至 4 演示了如何批量合并单元格：

- 1：选中表格内任意单元格，单击 Excel 主界面“数据”选项卡“分级显示”选项组内的“分级汇总”，弹出“分级汇总”对话框，“分类字段”设为待合并字段“对方单位”，“汇总方式”选择一个待合并单元格中不包含其文字的方式，如“计数”。

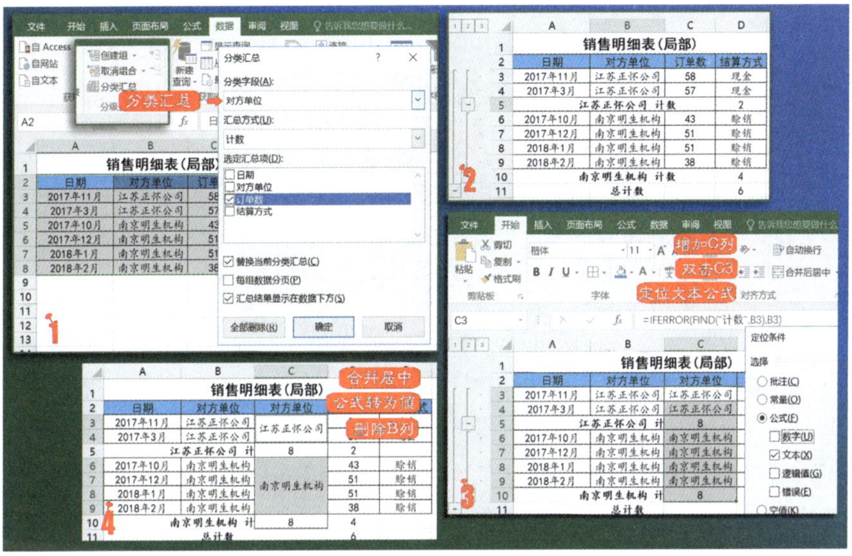

图 1-24 批量合并单元格

- 2：显示分级汇总后的表格。
- 3：这一步是重点。选中列标 C，按 Ctrl_+（加号）增加一列，在单元格 C2 中输入公式“=B2”，在单元格 C3 中输入公式“=IFERROR(FIND("计数",B3),B3)”，鼠标移至单元格右下角，光标变为实心黑色十字，双击，自动完成单元格区域“C4:C10”的公式。按下 F5、Alt_S，在“定位条件”对话框勾选“公式”选项，仅勾选其下的“文本”。
- 4：单击 Excel 主界面“开始”选项卡“对齐方式”选项组内的“合并后居中”，选中单元格区域“C2:C10”，依次按下 Ctrl_C、Ctrl_V、Ctrl、V，将该区域内公式转换成值。单击 Excel 主界面“数据”选项卡“分级显示”选项组内的“分级汇总”，弹出“分级汇总”对话框，单击左下角“全部删除”按钮，删掉分类汇总。选中列标签 B，按下 Ctrl -（减号）删除 B 列。

3. 多行或多列操作。按住 Ctrl 键，可用鼠标选中不相邻的多个行（/ 列）；按住 Shift 键，可用鼠标选择相邻的多个行（/ 列）。

- 统一行高（列宽）。一次性调整列宽或行高，以使各单元格具有整齐划一的视觉效果。方法是：选中多列，移动鼠标至列标签之间的灰色竖线附近，光标变为左右双向中间黑竖箭头时，左右拖动鼠标，可批量调整列宽；选中多行，移动鼠标至行标签之间的灰色竖线附近，光标变为上下双向中间黑竖箭头时，上下拖动鼠标，可批量调整行高。
- 最适合行高（列宽）。与上述操作相同，光标变为上下（/ 左右）双向中间黑竖箭头时，双击，可将多行行高（/ 多列列宽）调整为最适合的高度（/ 宽度）。

- 批量增（/删）行（/列）。要一次性插入多行（/列），可按住鼠标左键在多个行（/列）标签上移动选中它们，按下 Ctrl_+；要一次性删除多行（/列），可按住鼠标左键在多个行（/列）标签上移动选中它们，按下 Ctrl_-。

1.4.2 批量单元格——Ctrl_F 快算月度小计与年度累计

我们已经知道了用 Ctrl_G 快速定位、选定多个单元格的技巧，但你知道 Ctrl_F（快速查找）也可以批量选定多个单元格吗？在会计工作中，我们经常需要计算出“月度小计”和“年度累计”，下面，就来看看如何利用 Ctrl_F 和公式实现自动化计算“月度小计”和“年度累计”的，图 1-25 之 1-5 给出了一种通用性的操作步骤：

1：选中工作表中任意单元格，按下 Ctrl_F，弹出“查找与替换”对话框。

2：单击“格式”按钮右侧的下三角形按钮，在随后出现的浮动菜单上，单击“从单元格选择格式”（图 1-14 之③），单击单元格 C6 取得格式样本。单击“查找全部”按钮，按下 Ctrl_A 后，关闭“查找与替换”对话框。

3：单击公式编辑栏，输入以下公式“=SUM(INDIRECT("C"&F16&":C"& E16-1))-SUMIF(INDIRECT("A"&F16&":A"&E16-1)," 本月小计 ",INDIRECT("C"&F16&":C"&E16-1))- SUMIF(INDIRECT("A"&F16&":A"&E16-1)," 本年累计 ",INDIRECT("C"&F16&":C"&E16-1))”，公式中的 16 是被找到的最后一行行号，INDIRECT 函数参见“2.6.1”，SUMIF 函数参见“3.4.1”。输入完毕，按下 Ctrl_Enter 完成所有查找到的“本月小计”单元格的公式填充。

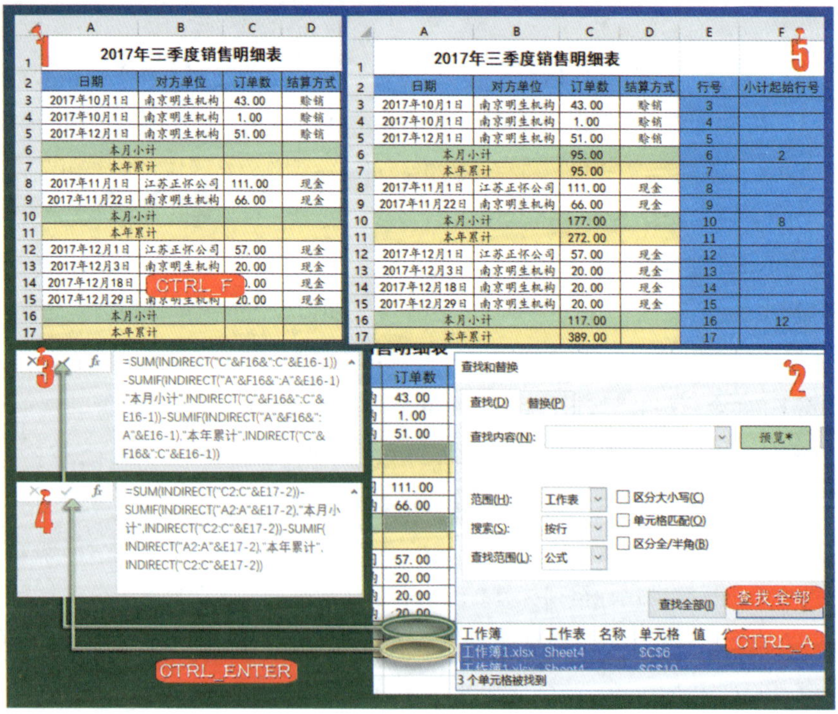

图 1-25 合并单元格的取消与填充

4：仿照步骤 1 至 3，单击单元格 C7 取得格式样本，单击公式编辑栏，输入以下公式

“=SUM(INDIRECT("C2:C"&E17-2))-SUMIF(INDIRECT("A2:A"&E17-2)," 本月小计 ",INDIRECT ("C2:C" &E17-2))-SUMIF(INDIRECT("A2:A"&E17-2)," 本年累计 ",INDIRECT("C2:C"&E17-2))”，公式中的 17 是被找到的最后一行行号。

5：增加两个辅助列 E 列和 F 列，在单元格 E3 中输入公式“=ROW()”，在单元格 F3 中输入公式“=IF(A3=" 本月小计 ",IFERROR(1+LOOKUP(1,0/(INDIRECT("A2:A"& E3-1)=" 本年累计 "),INDIRECT("E2:E"&E3-1)),2),"")”，选中单元格区域“E3:F3”，鼠标移动到区域右下角双击，完成单元格区域“E4:F17”公式的填充。公式中 LOOKUP 函数参见“2.4.1”。

为美观，可将辅助列隐藏。使用辅助列作为中间过渡，可以简化公式，但同时也会增加单元格占用，对表格的布局和美观存在一定的影响，实际工作中，可根据个人偏好选择是否采用辅助列（或辅助单元格）或使用长公式。

虽然图 1-25 中只是列出了部分行，但本小节介绍的方法无论多少行均可适用。操作的核心在于作为格式样本的单元格的设置，本节操作样本为单元格 C6 和 C7。

1.4.3 批量工作表——多表填充、清除、汇总与合并计算

Excel 除可以批量操作多个单元格（区域）外，还可以批量处理多个工作表，在处理之前，首先得选中多表，选中方法仍然是 Ctrl 多选不相邻的表，Shift 多选不相邻的表。选中多表后，Excel 标题栏将会出现（图 1-3 之 2）“[工作组]”字样。

单击未被选中的工作表，或在工作表标签上点击鼠标右键，在随后出现的浮动菜单上选中“取消组合工作表”，将恢复到工作表单选状态。

选定后就可像操作单个工作表一样，录入数据、编辑公式、设置格式等，但以下操作受限：条件格式、套用格式、排序、筛选、分级、分列、删除重复、数据透视、图表。

1. **多表填充既有表格。**将现有的表格批量复制到其他工作表中，按图 1-26 之 1 至 7 操作：

● 1：已经设计好的表格，按住 Shift 键，选中 Sheet5 工作表标签。

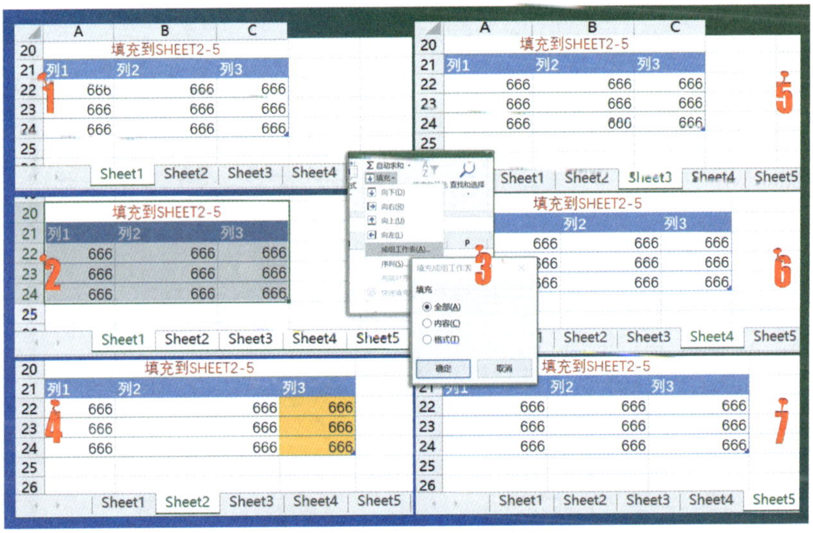

图 1-26 现有表格内容和格式填充到多表

- 2、3：被选入工作组的工作表标签以白色背景出现，单击 Excel 主界面“开始”选项卡“编辑”选项组内的“填充”，在随后出现的浮动菜单内单击“成组工作表”，在弹出的“填充成组工作表”对话框内，选择“全部”后单击“确定”按钮退出。
- 4 至 7：被填充的 4 个工作表，可以看到，在它们与 Sheet1 相同的单元格区域（“A20:C24”）被填充完成。

2. 一次性清除多表格式、批注和超链接。选定多表工作组后，按下 Ctrl_A，单击 Excel 主界面“开始”选项卡“编辑”选项组内的“清除”，在随后出现的浮动菜单内单击“清除格式”、“清除批注”、“清除超链接”。

3. 多表汇总。如公司全年各月的某一费用项目分布于在 12 个以月命名的工作表（“1 月”、“2 月”……“12 月”）的单元格 A12 中，现要在工作表“汇总”将 12 个月加总，可采用公式“=SUM('*'!A12)”快速输入求和，不需要逐一选中 12 个表标签。

4. 合并计算。利用 Excel 根据指定的多个（单表或多表甚至多工作簿）单元格区域进行合并计算，一般常用于多表数据统计。合并计算并不要求各源表表格结构完全相同，图 1-27 之 1 列出了三家公司 1 至 12 月部分管理费用的明细，通过步骤 4、5、6 可将三家公司合并计算为图 1-27 之 7。

此处视频讲解更精彩，扫描右侧的二维码，即可观看和下载

- 4：选中工作表标签“合并计算”，用鼠标选中任意单元格（如 A1），单击 Excel 主界面“数据”选项卡“数据工具”选项组内的“合并计算”。
- 5：光标落在红色方框内，选中工作表标签“宁夏公司”，选择单元格区域“A1:E13”，单击“添加”按钮，将所选区域加入蓝色方框内。“标签位置”勾选“首行”和“最左列”。

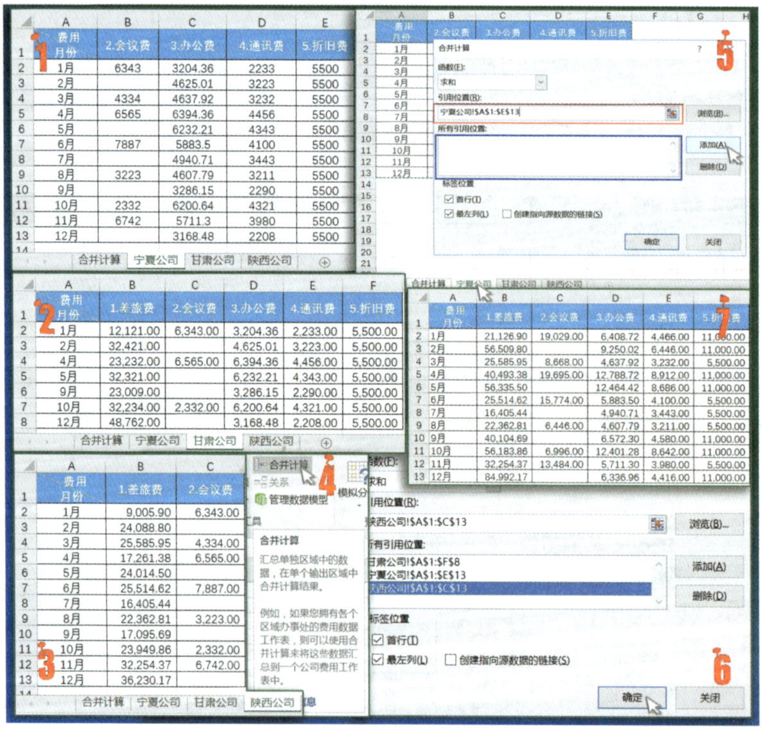

图 1-27　合并计算

● 6：仿照步骤 5 添加另两家公司的费用区域，单击“确定”按钮关闭“合并计算”对话框。

5. 一次性转换公式为数值。利用 Ctrl 或 Shift 选定多表工作组后，按下 Ctrl_A、Ctrl_C，单击 Excel 主界面“开始”选项卡“剪切板”选项组内的“粘贴”项下方的三角开按钮，在随后出现的浮动菜单内单击“粘贴数值”下的“值”（图 2-28 之 1）。

6. 生成源自多工作表的数据透视表。数据透视表的来源于多张工作表，而不是局限于当前工作表，可利用 SQL 数据连接生成数据透视表，参见“2.10.4”。

7. 多工作表批量打印。利用 Ctrl 或 Shift 选定多表工作组后，按下 Ctrl_P，可一次性将多张工作表打印出来。

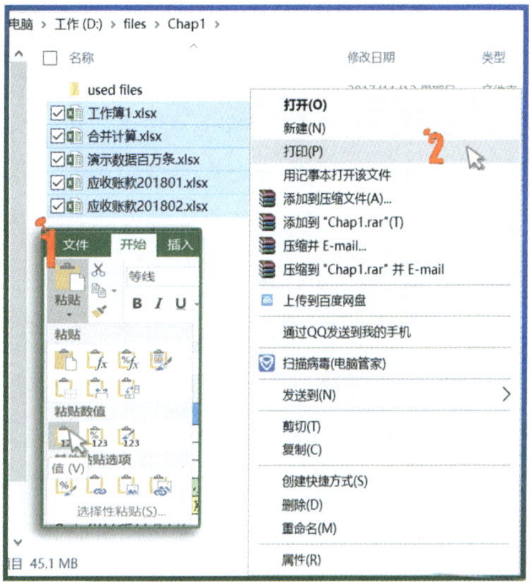

图 1-28　批量打印多工作表、多工作簿

1.4.4　批量工作簿——开关、打印和透视

1. 多工作簿的打开与关闭。同时打开多个 Excel 工作簿文件和同时关闭多个 Excel 工作簿文件的方法参见“1.3.3”。

2. 多工作簿批量打印。可利用上述同时打开多文件的方法选中多个文件，右击，在随后出现的浮动菜单中单击“打印”（图 1-28 之 2），在打印前必须确保各工作簿的打印格式、打印区域已设置完好，否则将会浪费纸张。

3. 生成源自多工作簿的数据透视表。上述操作的多文件必须是在同一目录中，而利用 SQL 建立连接可以生成源自多工作簿的数据透视表，参见“2.11”和“3.4.6”。

1.5　不忘初心，学无止境

1.5.1　让你的管理会计在 Excel 中 666

“天下武功，唯快不破”。说的是 Excel 这样一个计算工具的“快”。用电脑代替人脑或者计算器无疑是快，但即使是使用配置相同的电脑，不同的人计算速度、效率也会有快慢、高下之分，这是为什么呢？

同样的任务，你给电脑的计算量越少，自然就会算得越快。看看下面三行：

第一行：2 + 4 = 6

第二行：0.5 * 4 + 0.25 * 16 = 6

第三行：(8/16) * (8/2) + (25/100) * (2^4) = 6

一目了然，我们可以看出：第一行速度最快，也最简单，第三行速度最慢，也最复杂，第二行处于两者之间。

这只是简单的示例，但它涉及三个方面：输入项、计算过程和计算结果。以第三行来说，输入2、4、8、16、25、100，计算过程包括加、乘与求幂，计算结果为6，而第一行，输入2、4，计算过程只有加，计算结果为6。

快，是我们利用Excel的终极目标。赢在起点、重在过程、胜在结果，环环紧扣，一招不让定能快人一步。利用Excel解决管理会计实务问题，我们的思维点应涵盖源数据的输入、计算过程、结果输出和成果分享等几个方面：

1. 源数据的输入。从源头开始，力求规范化输入，输入的字符（串）尽量简单、规范。在“1.2”我们正向谈了如何规范快速输入，“1.3”我们从反向谈了如何处理不规范。

以合并单元格的反合并来说，是从源头开始，将数据来源“清单化”，从而避免了误选单元格区域、筛选和透视错误、应用表格出错。

所谓“清单化”，对于同一表格而言，具有以下特征：

- 清单化的表格具有“田字格”形式，未使用合并单元格；
- 标题行尽量放在第一行、禁用斜线表头；
- 无空行或空列，单元格中去除不必要的空格、去除Alt_Enter留下的软回车；
- 无须隐藏行、隐藏列；
- 尽量在一个工作表中只存放一个表格，以免增删行列时相互影响；
- 同一列不要既有手工录入值，又有公式计算；
- 同一列格式保持一致，如同为日期格式、同为货币格式等。

格式设置与转换。要快，就得让Excel准确识别你输入的字符（串），比如Ctrl_1和TEXT函数好处多多，前者可利用“自定义”表现多种格式，后者可利用公式随时调整计算值，如用公式“=TEXT("2018-03-05","yyyy/mm/dd")”将2018年3月5日显示为2018/03/05。

2. 计算过程。计算过程是由Excel自动完成的，通常需要借助于Excel内置的函数、工具，但不同的工具各有优劣，如同斧钺钩叉，各有不同的应用场景。在管理会计实务中，预测和决策都会应用到不同的Excel高级功能来计算，如模拟运算、单变量求解、数组计算、自定义函数、VBA编程等。

管理会计的应用，如盈亏平衡分析、投资敏感性测试、融资方案设计等与Excel高级功能不存在一一对应关系：同一项管理会计预决策模型可以使用多种不同的Excel功能来构建，同一Excel功能可以应用于多项管理会计预决策模型。在本书其他各章，可细心体会。

3. 结果输出。计算过程完成后，Excel会实时给出计算结果。这样的计算结果可能是在原清单表格基础上加工而成的，也有可能是另外一张工作表中设计一个新的报表来呈现的。结果的输出通常要考虑以下几个方面：

- 为美观，可以使用合并单元格；
- 各行各列可以具有不同的行高和列宽，表头行和标题行通常行高略大，以显眼的商务字体（如汉字和数字用微软雅黑，英文用Arial Vnicode MS）、艳丽的色彩、较大的字号加以突出；
- 少用隐藏行、隐藏列；

● 同一表格（或图表等）用色尽量不要超过三种颜色：需要强调对比时，尽量采用色环上色角（图 1-29 中线段 AO 与 BO 形成的夹角）超过 60° 的色彩（图 1-29 中线段下圆环的色彩）；需要追求和谐统一时，尽量采用同色，同色但亮度不同（如图 1-29 之 1.2.3），色环上色角小于 30° 的色彩。

● 图表（数据系列）推荐的商务色彩搭配参见图 1-29 中 C 部分。

● 逻辑上相近的内容，尽量放在一起，从而形成规整的视觉单元，结构清晰、有序；

● 无论是用色彩、还是字体字号、排列的前后来强调、突出重点，重点不能过多，多重点等于无重点；

● 尽量不用添加批注的方式来提醒报表阅读人，实在需要使用，不要超过三处。需要注释的，可在正文内加星号（“*”），表末进行文字说明。

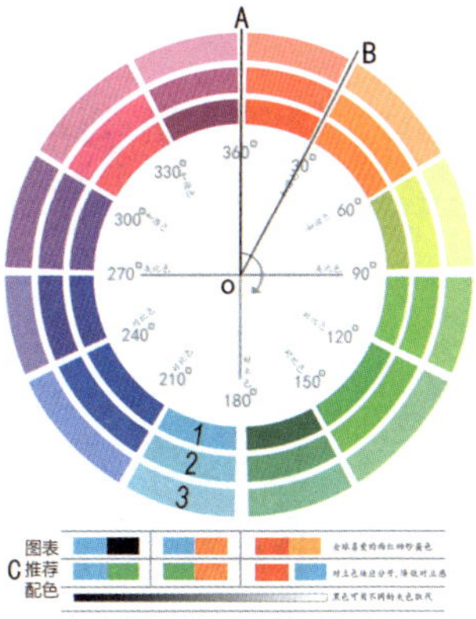

图 1-29　色环与色角

你做得快不快，可能只有你和 Excel 知道，但出来的报表效果却是所有人有目共睹的。实际上，Excel 自带的模板（图 1-2），建议多多学习。当然，平时多多留意经济类报刊（如《财经》、《经济学人》、《经济观察报》、《第一财经日报》等）上刊载的一些专业化的图表，也是值得多多观摩和借鉴的。

4. **成果分享**。Excel 设计的表格除自己使用外，更多的可能是给同事再加工、发给客户或者报送领导。因此，必须事先换位思考，并做好准备，以下是 Excel 高效应用的一些心得：

● 去掉隐私数据。要时刻绷紧信息保密这根弦，防止敏感数据外泄，给公司和个人造成无法挽回的损失。对于隐藏的行、列、工作表做一次检查，避免疏忽铸成大错。按图 1-30 ①至⑥步骤操作如下：①单击 Excel 主界面“文件”；②单击“信息”选项；③单击“检查问题”按钮；④在出现的浮动窗口内单击“检查文档”项；⑤弹出“文档检查器”对话框，勾选想要检查的项目，一般保持全选；⑥找出来的检查项将在前面加一红色感叹号加以警示，并在检查项后出现“全部删除”按钮，如不想保留该项目的内容，可点此按钮删除。拉动右侧的滚动条，查看所有警示项，根据需要，删除或保留。

● 关闭 Excel 前留意最后选中的是哪个工作表的哪个单元格，这个单元格是自己希望呈现给阅读人第一眼看到的吗？建议在关闭保存前，选中想要给阅读人首先看到的单元格。

● 自己给表格设置的字体，阅读人的电脑上有吗？如果没有，他所见到的效果就和自己看到的不一样。比较安全的字体是中文“微软雅黑”、“黑体”、“宋体”、“仿宋”和“楷体”，英文字体如“Arial”、“Times New Roman”等。某些时候，如向 PPT 中转贴图表时，将不得不使用截图来固定效果。

● 对方看到的表格中是否还有因为列宽不恰当而显示的“#####”吗？行高、列宽、对齐这些是否全部调整完毕了呢？想一想领导看了这样的表格会不会恼火呢？

● 发给别人的表格，对方需要打印吗？对于要打印的表格，尽量少用填充色，以减少墨粉的浪费。并且，黑白打印机打印彩色效果欠佳，是否要在“页面设置”中勾选“单色打印”呢？表格发出之前，应在自己电脑上利用“打印预览”多检查几遍页面布局是否合理，是否设置好打印效果，让对方到手即印，而无须调整。

● 发给别人的文件，是否有指向其他文件的链接和连接？发出前，建议断开链接（参见“2.10.5”）。

● 如不愿意他人修改，应对表格添加不同层级的保护，参见“4.8.5”。

图 1-30　文档检查器防止泄密

小细节，大关怀，这样的员工，领导想不喜欢都难！

1.5.2　玩转 Excel，为自己疯狂打 CALL 吧

想要玩转 Excel 管理会计，达到最佳的学习效果，我建议除了在你的电脑上安装 Microsoft Office 2016 外，还需要一个纸质笔记本和一支笔。

你正在学习的这本书，第一章对管理会计的新伴侣 Excel 进行了“全景航拍”，它是相对独立的，有一定 Excel 基础的可以直接跳过，但学习后肯定会有意外惊喜的。从第二章起，要进入管理会计与 Excel 相爱相知的种种日常了，全书选用了苏问集团及其下属分支机构的财务资料作为实例，在管理会计的知识体系上一脉相承，逻辑连贯、层层紧扣、案例呼应。但难易分布上看，并非前易后难，而是将 Excel 高阶应用贯穿于本书各章。

本书各章目录均以“Chap”开头加数字表示（如第 5 章为“Chap5”），各章目录建议存放于“D:\files\”中；本书各章均附有高清有声视频，扫描书中二维码下载和观看效果更佳。

建议的学习方法是：下载本书随书赠送的福利大礼包，打开准备学习章节的 Excel 工作簿文件，左手边放置本书、右手边是键鼠和手工笔记本，边学边练，就可以使学习效果更佳、场景还原更真实。

现在再来看“1.1.1”所说的“会计算，会算计”，是不是有了全新的认识了呢？“会计算”，做财务的必须会利用 Excel 啊！“会算计”，只有将预决策与 Excel 深度融合，才能快人一步、真正学好管理会计！

玩转 Excel，为自己疯狂打 CALL 吧！

02 集团营销管理大会的筹办

CHAPTER

2.1 办公室来了个小白

情景再现

小白的加入，让办公室又新增了一个 Excel 新手。集团营销管理大会需要财务提供数据支撑，如何从全集团数千条销售数据中抽取、提炼、整理出各类内部管理报表，是摆在财务部工作人员面前的切实问题。知其然，且知其所以然，知晓了财务如何分析、整理销售数据，还得理解技能操作背后的深层财务管理逻辑。

用数组计算业绩提成、用数据透视表整合美化报表、深入领略数据透视表的三“生”三“示”的魅力……顺带学习一些实用的函数，好在，我们还有一位神秘人物……

2.1.1 小公“举”的芳龄

一早刚上班，人力资源部的老高就带着个小姑娘来到我这儿，第一天报到。这姑娘姓白，白姝影，这是我和她的第三次见面了，经过了两轮面试，易总叫她入职试用期三个月。

两次的见面，对她的印象很好。从她的简历上看，电脑水平应该不错，参加过一段 Excel 培训班，易总对这很看重。易总大名叫易阡陌，集团董事长从外地挖过来的财务总监，也就是我们财务部门的头儿，我们私下都叫他“赛尔先生”。

“蔡经理，小白就交给你们用人部门了，我们那边的手续都已经办完了。”老高的话，打断了我的思绪。

“噢，好的，谢谢你啊，高经理。”我应声道，送走了老高，我转身叫我们的财务主管吴毓，“小吴，你过来一下。”

“来了，蔡姐，有何指示，尽管交代。”小吴从座位上迅速地过来，这姑娘头脑灵活，反应迅速，心直口快。来公司才刚三年半，就已经提升为集团财务主管。

“从今天起小白就交给你了，你好好带带她。这几天把集团业绩大会的一些资料给她熟悉熟悉。”

“小白，你哪年的呢？”坐在电脑边的小吴显然对新人白姝影很感兴趣。

“我啊，1994 年 4 月 28 日的。”

“哈哈，22.93973 岁，你看……”小吴指了指她的电脑上的 Excel，单元格 A1 里面赫然躺着一个公式“=(TODAY()-"1994/4/8")/365”。

“小吴姐姐，你可以加上一个 ROUND 函数，我快 23 了！你用的是 TODAY() 函数。返回电脑当前日期，这个函数可与其他数进行混合运算。”

“是的，我来给你 ROUND（四舍五入函数）一下，=ROUND((TODAY()-"1994/4/8")/365,2)，22.94 岁了；=ROUND((TODAY()-"1994/4/8")/365,0)，23 岁了。”小吴手是快，边说边输入，她用将

数字四舍五入到指定的位数的 ROUND 函数算出了小白的年龄。

“小白，我再教你一个 Excel 函数，=YEAR(TODAY())-YEAR("1994/4/8")，还是 23 哈。YEAR、MONTH、DAY 将日期用半角小括号括起来就得到这个日期中的年、月、日了。”

“小吴姐姐，你用的 TODAY 函数每天都是不同的，如果我要将“2017-3-11”这个日期固定在表格中，让它每天都不变化，那要怎么办呢？”

“这个啊，也简单，你用鼠标选中 Excel 中要输入日期的单元格，要插入当前日期，就按 Ctrl_;（分号），注意这里我说的下划线，不是说要输入这个符号啊，是表示‘同时’的意思，同时按下 Ctrl 键和分号键；如果要插入当前时间，就按下 Ctrl_Shift_;（分号）；如果要插入当前日期和时间，就按 Ctrl_;（分号），保持不动，然后按空格键，再按 Ctrl_Shift_;（分号）。

来，你试一下！”

2.1.2 办公室的这群人

说起集团营销管理大会，我都有些头疼。虽然是年度大会，每年召开，但这几天集团发展势头迅猛，销售政策也是不停地在调整。全集团两大版块，32 个子公司、12 个分公司、7 个办事处，光销售人员就几百人。

这不，还有不到一个星期就要召开全集团的业绩表彰大会了，有些下属分公司的业绩统计还没有报上来。“赛尔先生”催着索要销售人员的提成数据已经好几次了。

“赛尔先生”，我们的易总，前面说了，大名叫易克，财务管理的专业水平自然是非常的牛，专业能力不用说了，关键说他的 Excel 水平也是非常的牛。给我们露过几手，都是我们以前没有见过或者不是很熟的部分，易总总是能够驾轻就熟地解决。

Excel 这个工具，搞财务的都知道是微软公司推出的一个很强大的计算管理工具。中文音念做“易克赛尔”，和我们的易克先生刚好吻合，而且我们这位易先生还名副其实，“易克赛尔（Excel）”水平还是一流，自然地这位易先生就被叫作“赛尔先生”了。

“赛尔先生”的 Excel 不错，他总认为我们的水平也和他一样，但实际上，财务部这 7、8 个人的 Excel 水平也是参差不齐，和他比差距不是一点半点。我的 Excel 水平也算是还行吧，作为一名 85 后的财务经理，带着几个同龄人、几个 90 后，还有几个 60 后的老同志。

2.2 新人到岗的头把火

2.2.1 着急的小吴

“蔡姐，蔡姐，你快来”——那边小吴喊上了。

“什么事？”

“你看看小白做的东西……”，小吴拿着几页纸送到我的面前，“蔡姐，你看，我给小白才计算了一个业务员的提成，做成这样。”

小吴手头上送过来的其实就三张纸：一份两页纸的文件（图 2-1、图 2-2）、一份销售人员职级表、一份小白的手工的业绩计算表（图 2-3）。

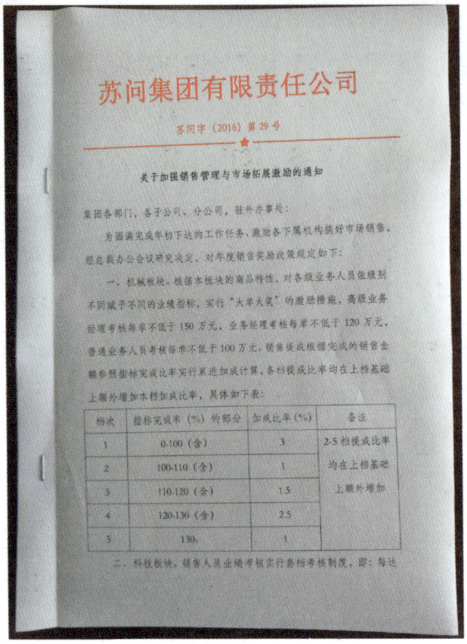

苏问集团有限责任公司

苏问字（2016）第29号

关于加强销售管理与市场拓展激励的通知

集团各部门、各子公司、分公司，驻外办事处：

为圆满完成年初下达的工作任务、激励各下属机构搞好市场销售，经总裁办公会议研究决定，对年度销售奖励政策规定如下：

一、机械板块。根据本板块的商品特性，对各级业务人员依级别不同赋予不同的业绩指标，实行“大单大奖”的激励措施，高级业务经理考核每单不低于150万元，业务经理考核每单不低于120万元，普通业务人员考核每单不低于100万元。销售提成根据完成的销售金额参照指标完成比率实行累进加成计算，各档提成比率均在上档基础上额外增加本档加成比率，具体如下表：

档次	指标完成率（%）的部分	加成比率（%）	备注
1	0-100（含）	3	2-5档提成比率均在上档基础上额外增加
2	100-110（含）	1	
3	110-120（含）	1.5	
4	120-130（含）	2.5	
5	130-	1	

二、科技板块。销售人员业绩考核实行套档考核制度，即：每达

图 2-1　苏问集团 29 号文件之一

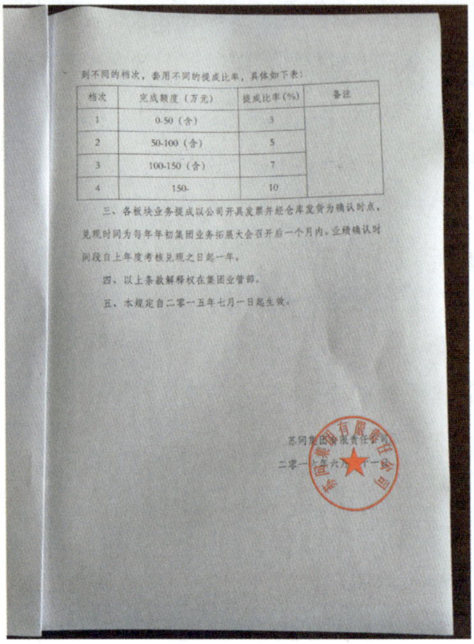

到不同的档次，套用不同的提成比率，具体如下表：

档次	完成额度（万元）	提成比率（%）	备注
1	0-50（含）	3	
2	50-100（含）	5	
3	100-150（含）	7	
4	150-	10	

三、各板块业务提成以公司开具发票并经仓库发货为确认时点，兑现时间为每年年初集团业务拓展大会召开后一个月内。业绩确认时间段自上年度考核兑现之日起一年。

四、以上条款解释权在集团业管部。

五、本规定自二零一五年七月一日起生效。

苏问集团有限责任公司

图 2-2　苏问集团 29 号文件之二

文件是集团公司下发的《苏问集团有限责任公司关于加强销售管理与市场拓展激励的通知》，销售人员职级表格是集团业务管理部提供的，这份文件对 2016 年 7 月 1 日以后的全集团业务人员的业绩提成等问题进行了重新规定。

小吴从《销售人员职级一览表》随机挑出了公司机械版块天津分公司的普通业务员宋刚，让小白计算宋刚 2016 考核年度的某一单的业务提成费用，结果为 3.55 万元。这和小吴自己计算出来的结果不一样，小吴一下子就急了。

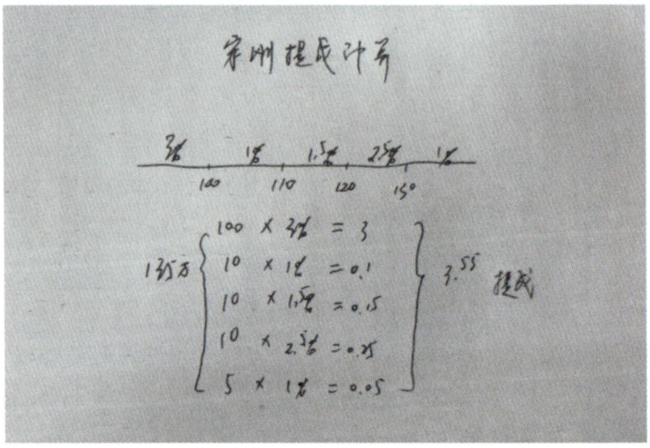

图 2-3　小白的手算业绩提成图

2.2.2　公司的销售新政

近年来，集团公司迅猛扩展、发展势头强劲，对下属各子、分公司的激励力度也在不断调整。为更有效地拓展市场，2016 年 6 月 21 日下发的集团第 29 号文件对销售版块和科技版块的业务拓展的激励措施做出了新的规定，并规定了旧有政策一律作废，有冲突不一致的以 29 号文件为准。

对下属的机械版块的销售激励，集团采取了累进加成计算方法，文件规定“销售人员依级别不同赋予不同的工作业绩指标，高级业务经理考核每单不低于 150 万元，业务经理考核每单不低于 120 万元，普通业务人员考核每单不低于 100 万元。销售提成根据完成的销售金额参照指标完成比率实行累进加成计算，各档提成比率均在上档基础上额外增加本档加成比率”，并给出了提成表格（见表 2-1）。

表 2-1 苏问集团机械版块业绩提成表

档次	指标完成率（%）的部分	加成比率（%）	备注
1	0 ～ 100（含）	3	2 ～ 5 档提成比率均在上档基础上额外增加
2	100 ～ 110（含）	1	
3	110 ～ 120（含）	1.5	
4	120 ～ 130（含）	2.5	
5	130 ～	1	

对于集团总部直属的科技版块的销售激励，采取了套档计算方法，文件规定“每达到不同的档次，套用不同的提成比率”，并给出了提成表格（见表 2-2）。

表 2-2 苏问集团科技版块业绩提成表

档次	完成额度（万元）	提成比率（%）	备注
1	0 ～ 50（含）	3	
2	50 ～ 100（含）	5	
3	100 ～ 150（含）	7	
4	150 ～	10	

2.2.3 让小白更明白

“小吴，小白，你们俩跟我来，小吴，把你的笔记本电脑也带着。”

我把小吴和小白两个人一起叫到公司的小会议室，那里有个可以写写画画的小白板。

“小白，说说你计算宋刚提成的思路。”

“经理，宋刚 2016 年完成机械设备的销售是 135 万元，他只是个普通的业务人员，29 号文件规定他的每单业绩指标是 100 万元，也就是说，他的指标完成比率是 135%，对应着考核表一的第 5 档。”小姑娘毫不怯场，继续说道：

“指标完成率 100% 以下的部分是 100 个百分点，对应提成比率是 3%；

指标完成率 100% 至 110% 的部分是 10 个百分点，对应提成比率是 1%；

指标完成率 100% 至 120% 的部分是 10 个百分点，对应提成比率是 1.5%；

指标完成率 100% 至 130% 的部分也是 10 个百分点，对应提成比率是 2.5%；

指标完成率 130% 以上的部分是 5 个百分点，对应提成比率是 1%，一共是五档。”

小白用黑色水笔在白板上写写画画，把她用手工计算的过程在白板上重新快速地写了一遍，“对应的 135 万元的百分点按照考核任务 100 万元计算出 5 档的金额依次为 100 万元、三个 10 万元再加 5 万元，乘以对应的提成比率就是 3+0.1+0.15+0.25+0.05，一共是 3.55 万元。”

“不对，不对，”还没有等我发话，小吴抢先说道。

“怎么不对了？”我转过头，故意问小吴。

“宋刚是机械版块的员工，集团 29 号文件规定他们的提成计算是按照累进加成来计算的，而不是直接套用对应的比率。累进加成是要在上一档提成点数的基础上再加上本档的加成点数，比如第 2 档的提成比率不是 1%，而是 3%+1%=4%，第 3 档的提成比率不是 1.5%，而是 3%+1%+1.5%=5.5%”，小吴用手指着集团的 29 号文件说。

“蔡姐你们来看”，小吴用手戳了戳她的笔记本电脑。

这小丫头真是可以，在刚才我和小白讨论的过程中已经在她的电脑上重新做了一个 Excel 表格（图 2-4）。

	A	B	C	D	E	F	G
1	业务员提成金额计算表						
2	姓名：宋刚				职级：	普通业务员	
3	所属板块：机械销售				金额单位：	万元	
4	任务金额	完成金额	超成部分	加成比率	提成比率	提成金额	
5	100	135	100%	3.0%	3.0%	3.00	单元格F5公式：=$A$5*C5*E5
6			10%	1.0%	4.0%	0.40	单元格F6公式：=$A$5*C6*E6
7			10%	1.5%	5.5%	0.55	单元格F7公式：=$A$5*C7*E7
8			10%	2.5%	8.0%	0.80	单元格F8公式：=$A$5*C8*E8
9			5%	1.0%	9.0%	0.45	单元格F9公式：=$A$5*C9*E9
10	合计		135%	-	-	5.20	

图 2-4　宋刚的 2016 年业绩提成计算表

“我也同意小白 5 档分别计算的想法，但是提成比率要修改一下，毕竟提成比率不同于加成比率。”

“小白，你看明白这 5.2 万元是怎么得来的吗？”我问小白。

小白看了看我，又看了看小吴，说道：“蔡经理、吴主管，是我之前文件看得不仔细，没有深入理解‘提成比率’和‘加成比率’，没有考虑阶梯式的加成累进。将‘任务金额’乘以‘超成部分’乘以‘提成比率’后，加总求和，就得到 5.2 万元了。”

不能不说，小白的领悟能力还是很快的。

“小白知道将超过部分 135% 拆分成 5 个部分，这是很不错的。现在，你再把机械版块的张丽声和科技版块的李正军的业务提成算一下。小吴你先把电脑给小白用一下，做完了之后交给我，小白不明白的地方你再教教她。”

给两个“90 后”布置完任务后，大概过了 10 分钟，两个人交来两个表格（图 2-5、图 2-6）。

	A	B	C	D	E	F	G
1	业务员提成金额计算表						
2	姓名：张丽声				职级：	业务经理	
3	所属板块：机械销售				金额单位：	万元	
4	任务金额	完成金额	超成部分	加成比率	提成比率	提成金额	
5	120	154	100.00%	3.0%	3.0%	3.60	单元格F5公式：=$A$5*C5*E5
6			10.00%	1.0%	4.0%	0.48	单元格F6公式：=$A$5*C6*E6
7			10.00%	1.5%	5.5%	0.66	单元格F7公式：=$A$5*C7*E7
8			8.33%	2.5%	8.0%	0.80	单元格F8公式：=$A$5*C8*E8
9				1.0%	9.0%	-	
10	合计		128.33%	-	-	5.54	

图 2-5　张丽声的 2016 年业绩提成计算表

检查了一下机械版块业务经理张丽声的完成 154 万元的提成计算，没有问题。

提成金额 =120×100%×3%+120×10%×4%+120×10%×5.5%+120×8.33%×8%

=3.60+0.48+0.66+0.80

=5.54 万元

	A	B	C	D	E	F
1	业务员提成金额计算表					
2	姓名：李正军					
3	所属板块：科技销售			金额单位：	万元	
4	任务金额	完成金额	对应档次	提成比率	提成金额	
5			0-50（含）	3%		
6			50-100（含）	5%		
7		142	100-150（含）	7%	9.94	单元格E7公式：=B7*D7
8			150-	10%		
9	合计		0%	-	9.94	

图 2-6　李正军的 2016 年业绩提成计算表

检查了一下李正军的完成 142 万元的提成计算，也没有问题。

提成金额 =142 万元 ×7%=9.94 万元

“小白，你说说，对李正军完成了 142 万元，对应着第 3 档，你为什么没有拆分成三个部分呢？”

“李正军是科技版块的，对这个版块的业务人员的提成公司 29 号文件规定直接采取套档计算的方法，也就是说直接用 142 万元乘以 7% 的提成比率就行了，结果是 9.94 万元。而机械版块的张丽声，他的级别是业务经理，每单考核指标是 120 万元而不是 100 万元，他在 2016 考核年度有一单 154 万元的业绩，指标完成率为 128.33%，对照文件就可以拆分了 4 个档次计算求和了。”

小白解释了李正军的提成计算过程，也补充说明了张丽声提成的计算过程，特别强调了他的职务所对应的考核指标的不同。

“小吴、小白，你们今天计算了三个业务人员的三单提成，学会了根据公司文件规定进行有区别地计算，这都是很不错的。对于每个人，你们都是小心翼翼地去对应职级、把指标完成比率进行拆分、根据完成金额去查对应档次，一个业务员出一个 Sheet 表。但是，你们有没有想过，才算了三个人，这就花了这么久的时间，我们集团业务人员上下几百个人，你们不得出几百张表格？这得要多大的电子文件？按照这样的速度不得累死？什么时候才能算完？只要有一个人的业绩数据调整，就得回过头来重新计算。而且这样的计算过程中，谁能够保证没有一点错误？”

我说完这些，两个“90 后”有些懵了。然而，这不是我的目的。我继续问她们：

“你们有没有思考过，集团公司为什么要针对不同的业务版块规定不同的提成计算方法呢？我们财务人员有没有办法利用 Excel 更快速、更准确地把所有业务人员的提成计算统计在一张 Sheet 上面，放到一个电子文件里面呢？”

“这两个问题，你们好好想一想！”

2.3 财务视角的销售管理

2.3.1 营销管理、销售管理和销售业绩管理

手头上的事情忙完之后，召集财务的一帮人开了个小会，务虚会，议题就是咱们财务人眼中的销售管理。

销售管理最通俗的理解就是对销售的管理活动，管理的对象包括销售人员和销售活动。与之相近的一个词语叫作“营销管理”，这个词语可以和“财务管理”并列，都是企业管理中非常重要的工作环节。

“说到营销管理，不能不提到科特勒……”

“我知道，蔡姐你说的是菲利普·科特勒吧，他是现代营销学之父，麻省理工、哈佛多所名校的博士、博士后，是美国和许多外国大公司营销战略和计划、营销组织、整合营销上的顾问。”我的话还没说完，小吴插了一嘴。

“是的，科特勒在他的《营销管理》一书中对营销管理下了一个定义，说营销管理是为了实现各种组织目标，创造、建立和保持与目标市场之间的有益交换和联系而设计的方案的分析、计划、执行和控制。

从大师的说法中可以看出，营销管理是企业管理中非常重要的一个工作环节。市场营销工作必须与企业的产品开发、生产、销售、财务等工作环节协调。

而销售管理呢，则是指通过计划、执行及控制企业的销售活动，从而达到企业的销售目标。销售管理是从市场营销计划的制订开始，销售管理工作是市场营销战略计划中的一个组成部分。销售的最终目的是什么？是为了给公司带来收入和利润，这是通过出售产品、服务及维持与客户的关系来实现的。”

好在预先做了准备，我把这两个相近的概念做了一番解释。

“让销售管理落地的方法是销售业绩管理。说再多的销售管理，最显性、最接地气的抓手就是销售业绩管理，这就涉及对人员、销售活动的考核或者度量。

对销售人员的业绩考核，一般可通过销售人员所销售出的产品数量或销售金额来衡量。

此外，销售人员所销售出的产品的利润贡献是衡量销售人员销售业绩的另一个标准。不同的产品内部报酬率是不同的，不赚钱的产品即使大卖，很多时候也不是公司鼓励的。

而对于一些需要重复购买产品的客户，销售人员必须要维持与他们的关系。维持与客户的业务关系的能力及对客户的售后服务质量也是一个重要的考核因素。”

与财务联系最紧密的是“销售业绩管理”，除了业务管理部的内部统计外，财务部门更要从整个公司层面去统计、分析、研判业务部门的销售业绩！

2.3.2 财务管理推动销售管理

对销售活动的计划、组织、控制，都是为了赚取更多的企业利润，而对业绩的考核、激励则是具体的销售管理行为。

销售人员受到激励、销售行为受到激发，公司发展和营销人员实现了良性的促进和双赢。而如何激励推动销售，如何制定销售政策，财务管理如何在销售中发挥作用则有很大的讲究，办公室的这帮人就此展开了热烈的讨论。

“销售政策应该具有针对性，能够针对不同的销售对象、推出不同的销售产品，能够针对不同级别的销售人员推出不同的激励措施。有些产品是公司在当前时段内必须强力推广的，给出的激励政策力度就大，提成比例就高，我们公司的两大版块机械和科技的政策就很不相同的。”

“销售政策应该具有市场区分功能，对不同的地区、不同的目标客户，采取不同的促销手段。如北美和非洲、中国东部和西部，高学历高收入用户和低收入群体应该有所区别。”

“销售政策应该能够以销售拉动生产，为产品的差异化提供信息支持，财务人员可以通过‘量、本、利’分析，‘盈亏平衡点测试’提供决策反馈，从而对销售行为的推动或抑制产生作用。”

“销售政策落实到合同上应当体现财务控制，收款方式、收款进度、发票的开具、税点的确定都应当由财务管理者根据公司的信用政策、资金管理政策等财务制度在合同上具体细化。”

从销售目标的制定、销售政策的推出、业绩的考核、款项的回收到最终效果的反馈、分析，销售目标的修正、调整，形成一个良性的完整链条。通过财务管理的介入，推动营销管理的优化，是财务管理的一个重大目标。

财务管理者通过将销售收入这一重大变量代入财务管理的数据模型，可以对产品的产量（平衡点）、品种、投放市场重点、销售回款、发票的开具时点、税点的计量、业务费用合理的提成、奖励制度，提供决策必要的数据支持。

财务人员必须具备与销售管理相对应的财务管理理念，财务管理者对企业管理行为的信息支持必须是能够提供数据准确、高效及时的。换句话说，就是要“有思想、有技能”，既能低头拉车、又会抬头看路。

“有思想”说的是要具有现代财务管理理念，能够掌握财务管理的方法和手段，知其然，知其所以然，能够抬头看路；“有技能”说的是光有想法不行，要能快而准地将销售管理过程中信息转化为实实在在的具体数据。

“怎么去转化这些数据？算一个业务人员的提成数据就要花 20 分钟？小吴、小白，你们说这样能行吗？昨天的两个问题搞明白没有？”

经过三个人的讨论，小吴、小白似乎对销售政策的差异化有所领悟，但对如何用 Excel 更快速、更准确地把所有业务人员的提成计算还毫无头绪，看来今天这个务虚会得往务实会上转了。

2.4 一行公式搞定业绩提成

2.4.1 实现自动查找的 LOOKUP、VLOOKUP 和 HLOOKUP 函数

看到懵懂的小白，我决定从相对简单的科技版块的业务提成计算中开始给她讲一下自动化数据查找。

“小白，李正军的提成比率你是怎么得到的？”这么简单的问题，这小丫头心中一定在嘲笑我提出这个白痴的问题。

“直接从 29 号文件第二个表格中查找，李正军 142 万元介于 100 万元和 150 万元之间，提成比率是 7%。”

小白并没有说其他什么，像个小学生一样叙述了手工查找的过程。而面对数量众多的数据，单纯靠人工查找显然是费时费力的，Excel 中的几个函数公式就可以实现自动化查找，快速准确。

1. LOOKUP 函数。这是查询一行或一列并查找另一行或列中的相同位置的值的函数。将集团 29 号文件科技版块的提成表格（表 2-2）稍做改动，从图 2-7 中可以看到：B1 到 B5 为完成额度，表示为“B1:B5”；C1 到 C5 为提成比率，表示为“C1:C5”。李正军的业绩金额为 142 万元，在任意单元格，如 E1 中输入公式“=LOOKUP(142,B1:B5,C1:C5)”，回车后返回 100 万元同一行的提成比率为 7，即单元格 C4 的值。

LOOKUP 函数包括三个部分，用小写的逗号隔开：第一部分被查找的值 142，第二部分是被查找的区域，第三部分返回值所在的区域。从图 2-7 中可以发现并没有 142 这个数值，此时 Excel 会自动向数字小的方向查找与 142 最相邻的值，即从 100 ~ 150 之间查找邻近值 100，即单元格 B4，它所在的第 4 行与提成比率 C 列交叉单元格 C4 值为 7（图 2-8），这个特性称之为“找不到，反向跑”。

	A	B	C	D
1	档次	完成额度（万元）	提成比率（%）	备注
2	1	0	3	
3	2	50	5	
4	3	100	7	
5	4	150	10	

图 2-7 科技版块提成比率表

E1 =LOOKUP(142,B1:B5,C1:C5)

	A	B	C	D	E
1	档次	完成额度（万元）	提成比率（%）	备注	7
2	1	0	3		
3	2	50	5		
4	3	100	7		
5	4	150	10		

图 2-8 LOOKUP 函数在科技版块提成比率表中的查找

2. VLOOKUP 函数。在表格或区域中按行查找内容的函数，李正军业绩金额为 142 万元，在任意单元格，如 E2 中输入该值，在 F2 中输入公式“=VLOOKUP(E2,B1:C5,2,FALSE)”，回车后返回“#N/A”；在 G2 中输入公式“=VLOOKUP(E2,B1:C5,2,TRUE)”，回车后返回 100 万元同一行的提成比率为 7，即单元格 C4 的值。

VLOOKUP 函数包括四个部分，用小写的逗号分隔开：第一部分被查找的值 E2，第二部分被查找的区域“B1:C5”，第三部分为返回值在被查找区域中所在的列的序号，这里的提成比率在区域“B1:C5”中从左往右数的第 2 列，第四部分用“FALSE”“TRUE”分别表示精确查找和模糊查找。

公式第四部分输入精确查找要求“FALSE”，而在被查找的区域“B1:C5”中并没有 142 这个数值，故而 Excel 返回“#N/A”；当第四部分不输入或者输入“TRUE”，此时 Excel 会自动向前查找小于等于自己的最大数值，即从

CFO 点拨

这里讲的 LOOKUP 函数是它的向量形式，至于它的数组形式，Excel 自己都不推荐，我会说吗？我要说的是向量形式的第二部分一定要升序排列哦。第二、三部分的起始行（列）数字、终止行（列）数字必须相同哦，否则，别怪 LOOKUP 找不到你想要的结果哦…有人偷偷问我，第二部分非排序不可吗？这个嘛，我们有个号称为万能查值的公式“=LOOKUP(1,0/(条件)，返值区)”，记住它的 10 字箴言——“找到谁就谁，找不到就近”。详细原理和应用可加入本书 QQ 群 683256308 就知道了。

100 ～ 150 之间查找邻近的最大值 100，即单元格 B4，它所在的第 4 行与提成比率 C 列交叉单元格 C4 值为 7（图 2-9）。

F2 fx =VLOOKUP(E2,B1:C5,2,FALSE)

	A	B 第1列	C 第2列	D	E	F	G
1	档次	完成额度（万元）	提成比率（%）	备注	7		
2	1	0	3		142	#N/A	7
3	2	50	5				
4	3	100	7				
5	4	150	10				

图 2-9　VLOOKUP 函数在科技版块提成比率表中的查找

3. HLOOKUP 函数。在表格的首行或数值数组中搜索值，然后返回表格或数组中指定行的所在列中的值。当比较值位于数据表格的首行时，如果要向下查看指定的行数，则可使用 HLOOKUP。

将图 2-7 中的表格进行行列互换转置，在任意单元格，如 A6 中输入李正军业绩金额为 142 万元，在 B6 中输入公式"=HLOOKUP(A6,A2:E3,2, FALSE)"，回车后返回"#N/A"；在 B7 中输入公式"=HLOOKUP(A6,A2:E3,2, TRUE)"，回车后返回 100 万元同一列的提成比率为 7，即单元格 D3 的值。

HLOOKUP 函数包括四个部分，用小写的逗号分隔开：第一部分被查找的值 A6，第二部分被查找的区域"A2:E3"，第三部分为返回值在被查找区域中所在行的序号，这里的提成比率在区域"A2:E3"中从上往下数的第 2 行，第四部分用"FALSE""TRUE"分别表示精确查找和模糊查找。

CFO 点拨

模糊查找时，被查找区域的第 1 行的数值必须按升序排列：...-2、-1、0、1、2、...、A-Z、FALSE、TRUE；否则，HLOOKUP 将不能给出正确的数值。

公式第四部分输入精确查找要求"FALSE"，而在被查找的区域"A2:E3"中并没有 142 这个数值，故而 Excel 返回"#N/A"；当第四部分不输入或者输入"TRUE"，此时 Excel 会自动向前查找最相邻的值，即从 100 ～ 150 之间查找邻近的最大值 100，单元格 D2，第 4 列的提成比率第 3 行（单元格 D3）值为 7（图 2-10）。

B8 fx =HLOOKUP(A6,A2:E3,2,FALSE)

	A	B	C	D	E
1	档次	1	2	3	4
2	完成额度（万元）第1行	0	50	100	150
3	提成比率（%）第2行	3	5	7	10
4	备注				
5		值	公式		
6	142	#N/A	'=HLOOKUP(A6,A2:E3,2,FALSE)		
7		7	'=HLOOKUP(A6,A2:E3,2,TRUE)		

图 2-10　HLOOKUP 函数在科技版块提成比率表中的查找

苏问集团科技版块全部集中于总部统一直属管理，提成政策并不复杂，只需将对应的提成比率查找出来，与销售金额相乘即可得到提成金额。在讲解的过程中，小吴已在笔记本电脑上验证了上述几个函数。至此已经解决了 Excel 自动化查找套档提成比率这一相对简单的科技业务版块的业绩提成计算，而对于机械业务版块的累进加成计算还是要借助 Excel 的其他功能才可实现。

2.4.2 用数组函数解决累进加成的业绩计算

交代小吴将集团公司 29 号文件规定的提成表（见表 2-1）简单加工为图 2-11 中的表格部分，并将宋刚的任务数和计划数列于其下，准备计算其提成金额。在单元格 D9 中输入公式“=SUM((C9-B9*{0,1,1.1,1.2,1.3})* {3,1,1.5,2.5,1}%)”，回车后得出提成金额为 5.2 万元，这与手工计算的金额（图 2-4）完全一致。公式中的“1、1.1、1.2、1.3”分别表示指标完成率的 100%、110%、120%、130%。

D9　=SUM((C9-B9*{0,1,1.1,1.2,1.3})*{3,1,1.5,2.5,1}%)

	A	B	C	D
1	档次	指标完成率（%）的部分	加成比率（%）	备注
2	1	0	3	2-5档提成比率均在上档基础上额外增加
3	2	100	1	
4	3	110	1.5	
5	4	120	2.5	
6	5	130	1	
7				
8		任务数	实际完成数	业绩提成金额
9	宋刚	100	135	5.2

图 2-11　用数组计算宋刚的业绩提成图

“哇，真神奇！”小白感叹道。

“蔡姐，你公式中用大括号‘{}’括起来的部分分别就是指标完成率和加成比率的分界点吧，对不对？”小吴在一旁问道。

“正确！用实际完成金额减去任务数，让 Excel 自动查找超比率完成数对应的档次与加成比率相乘后，再自动加总，就可以得到宋刚的业绩提成金额了。我们在一个数据行里仅仅用一个公式就搞定了昨天用一个表格才能算出来的提成金额。小白，你再把张丽声的业绩提成用公式代入验证一下。”

“好的，蔡经理。”小白应声答道，她将单元格 D9 的公式复制到 D10，“不对啊，这一次不对了，我记得我昨天算出的张丽声的提成金额是 5.54 万元（图 2-5）啊。”

D10　=SUM((C10-B10*{0,1,1.1,1.2,1.3})*{3,1,1.5,2.5,1}%)

	A	B	C	D
1	档次	指标完成率（%）的部分	加成比率（%）	备注
2	1	0	3	2-5档提成比率均在上档基础上额外增加
3	2	100	1	
4	3	110	1.5	
5	4	120	2.5	
6	5	130	1	
7				
8		任务数	实际完成数	业绩提成金额
9	宋刚	100	135	5.2
10	张丽声	120	154	5.52

图 2-12　用数组计算张丽声的业绩提成图

“是的，很显然，这样的计算与手工计算出现了明显的误差，那么问题出在哪里呢？”

2.4.3 用 TEXT 函数进行业绩提成计算修正

在解决问题之前，我们还要先来认识一个“戏精”——TEXT 函数。

TEXT 这个函数自带魔术变身功能，可通过格式代码格式化显示数字。如果要按更易辨识的格式来显示数字，或将数字与文本或符号组合，这个函数是非常有用的。

> TEXT 函数包括两个部分，用小写的逗号分隔开：第一部分格式化前的值，第二部分是格式代码，比如输入公式“=TEXT(1234.567," £#,##0.00")”，结果显示为带有 1 个千位分隔符和 2 位小数的值£1,234.57。Excel 将 0.567 四舍五入到小数点后两位 0.57。

> CFO 点拨
>
> TEXT 函数会将数字转换为文本，这可能使其在以后的计算中难以引用。最好将原始值保存在一个单元格中，然后在另一单元格中使用 TEXT 函数。随后如果需要构建其他公式，应始终引用原始值，而不是 TEXT 函数的结果。

又比如，通过格式代码“0;!0”将数值进行四舍五入，从图 2-13 可以看出，小于 0.5 的正数均舍为 0，大于 0.5 的正数均进为 1，同时去掉小数，负数均强制归 0。

	A	B	C
1	格式化显示前	格式化显示后	公式
2	0.01	0	=TEXT(A2,"0;!0")
3	0.49	0	=TEXT(A3,"0;!0")
4	0.5	1	=TEXT(A4,"0;!0")
5	0.51	1	=TEXT(A5,"0;!0")
6	0.99	1	=TEXT(A6,"0;!0")
7	-0.01	0	=TEXT(A7,"0;!0")
8	-0.99	0	=TEXT(A8,"0;!0")

图 2-13 TEXT 函数四舍五入显示值

除了用公式转换，我们可以通过设置单元格格式来检验一下显示效果，选中单元格 A2，按下 Ctrl_1 键，弹出“设置单元格格式”对话框（图 2-14），依次单击“数字—自定义”，将光标落在“类型”下面的方框内，输入“0;!0”，无需输入引号，单击“确定”按钮，单元格 A2 显示为 0。

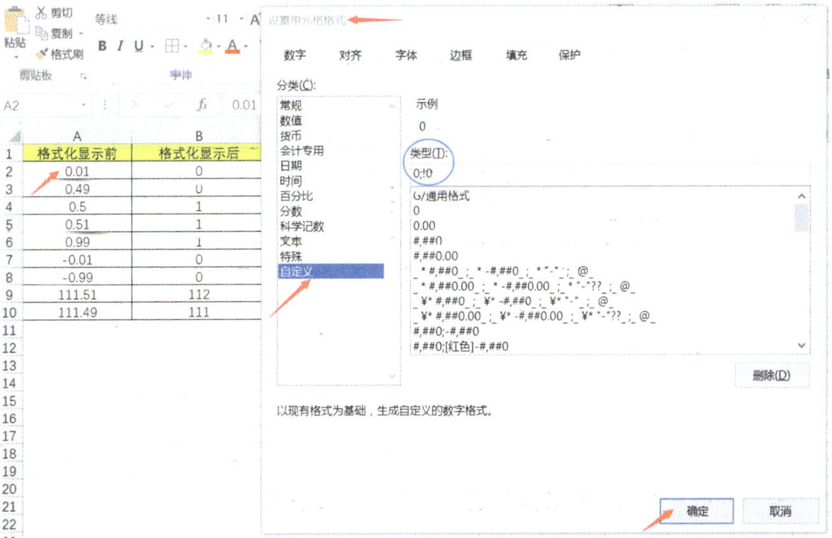

图 2-14 设置单元格格式代码

TEXT 函数的格式代码最多可以指定 4 个部分，用 3 个分号（;）加以分隔，但不是必须齐备 4 个部分，可以仅指定第 1 部分、前 2 部分、前 3 部分或者全部 4 个部分，分号（；）前后未指定代码的部分，不予显示。这 4 个部分依次对格式化前的内容进行判断是否是正数、负数、零、文本。

如在单元格 B2 中输入“=TEXT(A2," 子 ; 丑 ; 寅 ; 卯 ")”，代码格式部分是“" 子 ; 丑 ; 寅 ; 卯 "”，这表明：当 A2 是正数时，在 B2 中显示“子”；当 A2 是负数时，在 B2 中显示“丑”；当 A2 是数字零时，在 B2 中显示“寅”；当 A2 是文字字符形式的文本时，在 B2 中显示“卯”，图 2-15 对此进行演示。

B3 =TEXT(A3,"子;丑;寅;卯")

	A	B	C
1	格式化显示前	格式化显示后	公式
2	9	子	=TEXT(A2,"子;丑;寅;卯")
3	-9	丑	=TEXT(A3,"子;丑;寅;卯")
4	0	寅	=TEXT(A4,"子;丑;寅;卯")
5	玖	卯	=TEXT(A5,"子;丑;寅;卯")

图 2-15　TEXT 函数格式代码的 4 个部分

“小白，你思考一下，格式代码 '0;!0' 是什么意思呢？”讲完了 TEXT 函数的代码格式，我向小白抛出了一个问题。

实际上，代码格式每个部分的转化显示的表示方式很多，在实践中需要不断地摸索，Excel 也提供了帮助。由于 Excel 数组自动查找时，总是搜索最近似的值，而实际完成的业绩数并不一定刚刚好落在预先设定好的档次分界点上。为避免可能的误差，我们这里用到的代码格式“0;!0”对正数进行了四舍五入取整和负数归零的修正。

回到张丽声的业绩提成表格，将指标完成率的数组运算用 TEXT 函数进行修正，在单元格录入公式“=SUM(TEXT((C10-B10*{0,1,1.1,1.2,1.3}),"0;!0")*{3,1,1.5,2.5,1}%)”后回车，出现正确的计算结果 5.54 万元（图 2-16）。

E10 =SUM(TEXT((C10-B10*{0,1,1.1,1.2,1.3}),"0;!0")*{3,1,1.5,2.5,1}%)

	A	B	C	D	E
1	档次	指标完成率（%）的部分	加成比率（%）	备注	
2	1	0	3	2-5档提成比率均在上档基础上额外增加	
3	2	100	1		
4	3	110	1.5		
5	4	120	2.5		
6	5	130	1		
7					
8		任务数	实际完成数	业绩提成金额	
9	宋刚	100	135	5.2	
10	张丽声	120	154	5.52	5.54

图 2-16　用数组计算张丽声的业绩提成图

“小吴、小白，你俩把云南公司的业务提成（图 2-17）全部算一下。业管部的内勤小唐说了，因为业务管理软件系统的设置问题，销售明细表中的“退货（台）”“销售（台）”分别是指“订单撤销和前期退换货（台）”和“初始订单（台）”。当然，这个并不影响任何计算结果，你们知道一下就行了，这个事易总也是知道的。

	A	B	C	D	E	F	G
1	营销单位：云南公司						
2	时间范围：2016.1.1-2016.12.31						
3	数据源自：财汇销售管理系统						
4	导出时间：2017.3.21 14:24:22						
5	日期	姓名	结算方式	云南城市	货品	退回(台)	销售(台)
6	2016/3/2	笪霞	票据	云南省-德宏傣族景颇族自治州	车床CM13-2型	-3	14
7	2016/3/8	夏科隘	赊销	云南省-曲靖市	自滚车床ZM14-1型	-3	12
8	2016/3/12	笪霞	赊销	云南省-文山壮族苗族自治州	车床CM13-2型	-3	13
9	2016/3/13	巴娟娟	票据	云南省-昆明市	自滚车床ZM13-4型	-5	10
10	2016/3/15	乔军誉	现金	云南省-楚雄彝族自治州	吊机KM04型	-1	5
11	2016/3/19	全芦举	现金	云南省-楚雄彝族自治州	自滚车床ZM13-4型	-5	9
12	2016/3/25	贲屋乐	赊销	云南省-怒江傈僳族自治州	自滚车床ZM14-1型	-3	12
13	2016/3/28	钱煜	票据	云南省-保山市	自滚车床ZM13-4型	-4	9
14	2016/4/1	钱煜	票据	云南省-红河哈尼族彝族自治州	自滚车床ZM13-4型	-3	10
15	2016/4/3	韩经沁	赊销	云南省-西双版纳傣族自治州	吊机KM02型	-2	1
16	2016/4/10	钱煜	票据	云南省-丽江市	自滚车床ZM13-4型	-3	10
17	2016/4/14	笪霞	票据	云南省-文山壮族苗族自治州	车床CM13-2型	-2	14
18	2016/4/15	刁诚民	赊销	云南省-西双版纳傣族自治州	吊机KM02型	-2	1
19	2016/4/20	笪霞	票据	云南省-怒江傈僳族自治州	车床CM13-2型	-3	13

图 2-17 业务管理系统导出的销售明细

另外，还缺数据的下属公司赶紧催一下，最迟明早报过来。易总明天就出差回来了。"

"啊，赛尔先生明天就回来了啊！"一群人惊呼道。

"回来了怎么了？这都什么时候了，营销大会还有三天就开了！"我把一群惊呼的人斥责了一通，"云南公司的提成算好了，赶紧给我看一下！"

2.5 用 VLOOKUP 等函数实现跨文件取数并取得机械版块全部提成

2.5.1 原样复制表格的两种方法

第二天，小吴她们还没有交来业绩提成表，要知道，云南公司只是全集团中的一个二级单位而已，这么慢的进度怎么行，我决定自己去看看她们。

"小吴、小白，你们怎么回事？云南的数据到现在都没有搞好？"

"蔡姐，销管系统导出的数据只有销售数量，没有金额、没有业务员对应的职级、没有任务数，严重缺少必要的数据，我们在往表里粘贴数据呢，这不，快搞好一大半了。"

走近一看，在业务管理系统导出的销售明细（图 2-17）表格的"H5、I5、J5、K5、L5"依次添加了"退款金额、销售金额、职务、业绩任务数、提成金额"5 个标题，另外还打开了两个 Excel 工作簿"公共基础数据 _ 云南 .xlsx"和"基础数据 _ 云南 .xlsx"（图 2-18、图 2-19），把这里的三个表格（Sheet）复制到云南公司 2016 年业务管理系统导出的销售明细表后面（图 2-20）。

"小吴，你这个表格怎么搞过来的？"

"同时选中'业务人员'、'价目表'工作表标签，在标签上右击，点'移动或复制'，'工作簿'选择'2016_ 云南 .xlsx'，并移至最后，勾选'建立副本'就好了，小白还想新建表再复制粘贴呢。"（图 2-21）看得出来，小吴还有点小得意。

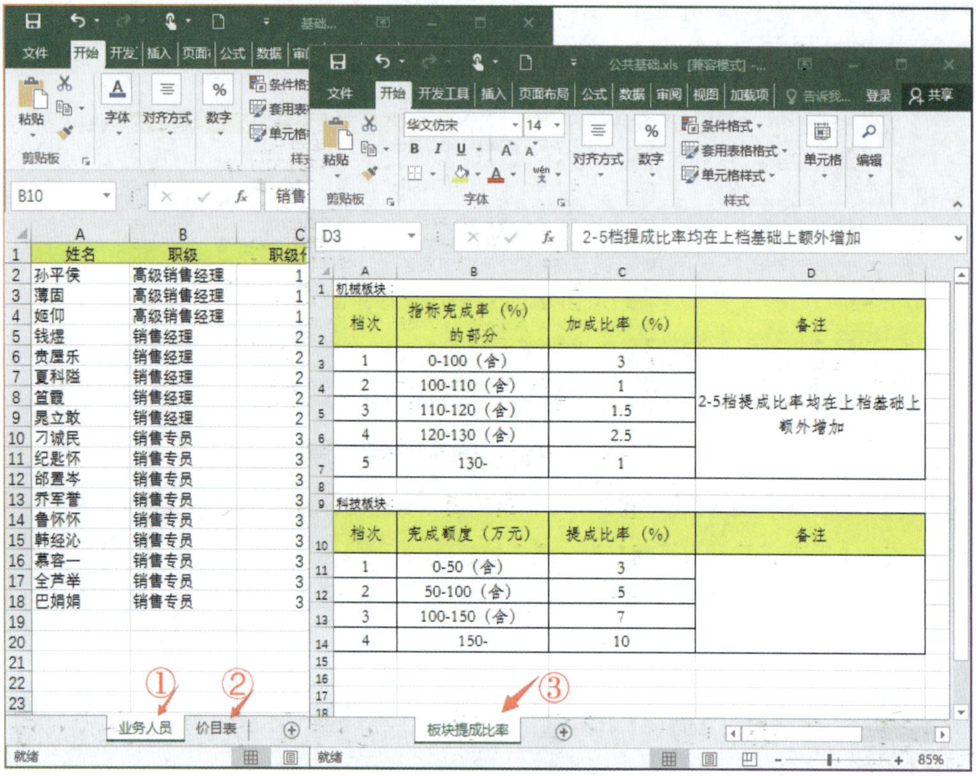

图 2-18　业务管理系统导出的销售明细所需要的基础信息图

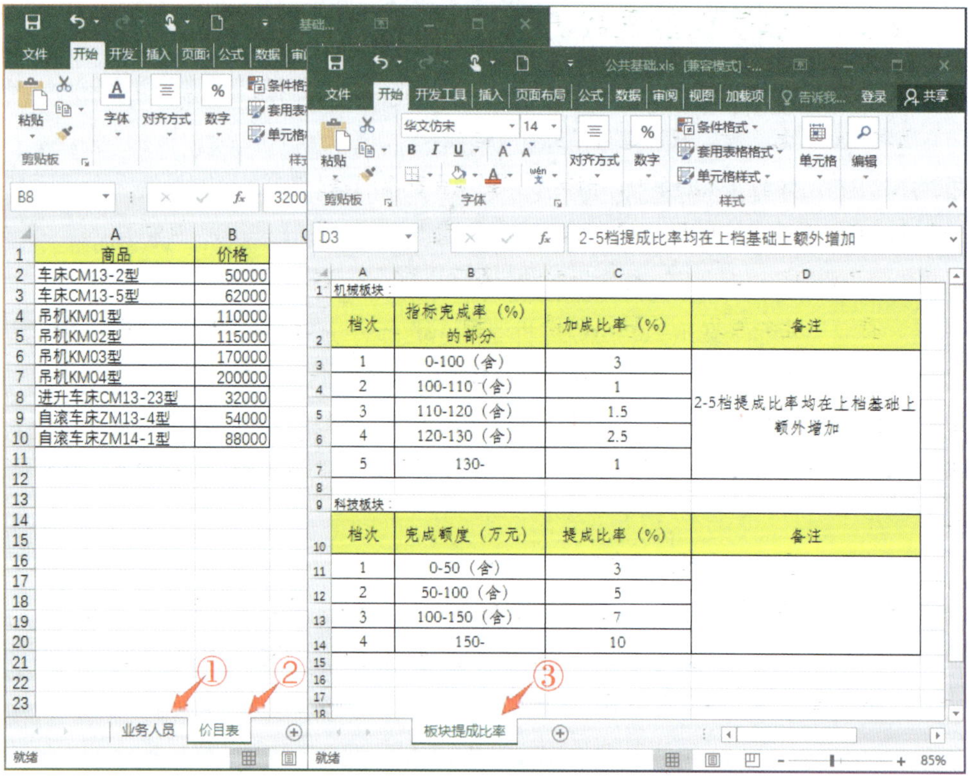

图 2-19　业务管理系统导出的销售明细所需要的基础信息图 2

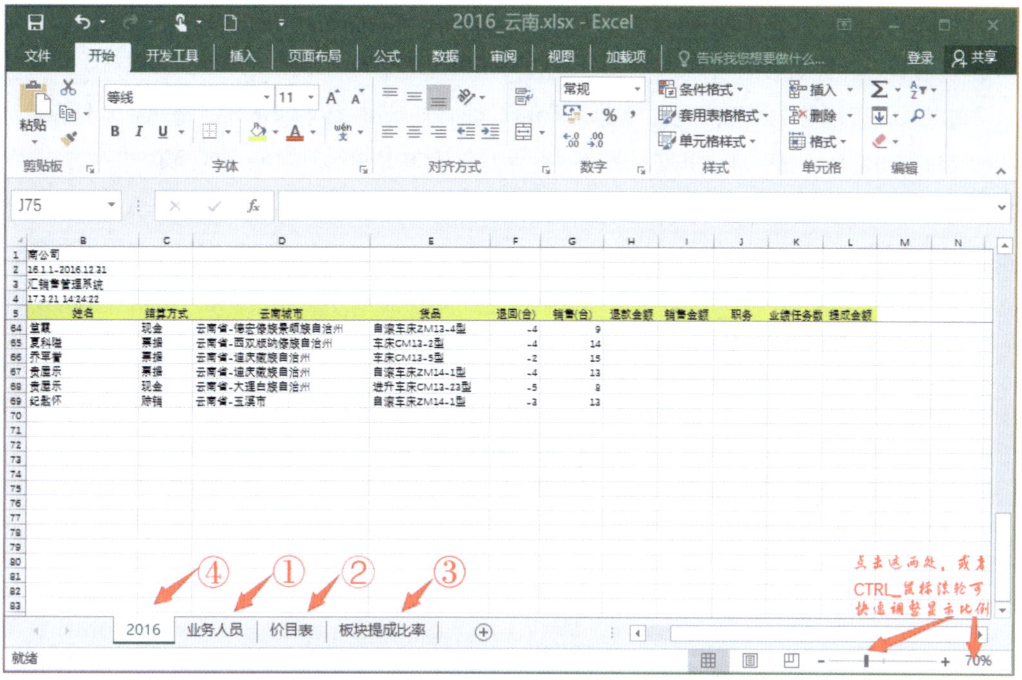

图 2-20　为利用 VLOOKUP 函数新增的 3 个 Sheet 图

“原样复制工作表，还有一种更快的方法，按住 Ctrl 键的同时用鼠标左键选中已打开 Excel 文件‘基础数据 _ 云南 .xlsx’的‘业务人员’、‘价目表’工作表标签，拖入‘2016_ 云南 .xlsx’的表格区域内，释放按键和鼠标就可以实现工作表原样复制了，但我想知道的是：你把这 3 个表贴过来做什么用呢？”教给了小吴另一种方法后，我又问了小吴一个问题。

“用昨天学习的 VLOOPUP 函数，让它自动取数，不就可以得到‘业务人员’中的‘职级’、‘价格表’中的‘价格’、‘版块提成比率’中的‘加成比率’和‘提成比率’了吗？”

“2016 年的你贴 3 个表，2015 年的是不是也要这样？云南公司这样，是不是贵州公司、四川公司……全国那么多的子、分公司都要贴 3 张表啊？”

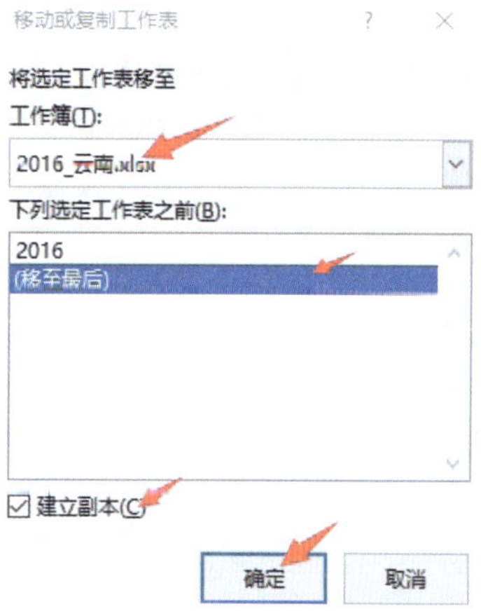

图 2-21　移动或复制工作表

正说着话，一看时间快 9：30 了，昨晚回来的易总通知开会的时间到了。

“全体人员，赶紧会议室集合开会。”

2.5.2　用 VLOOKUP 函数从关联文件中自动取值

帅气的财务总监又一次回到了我们的视线。这次的会议自然是和筹备集团营销管理大会的数据准备工作有关，而这项工作的财务准备还几乎为零，尤其是业绩提成的计算还没有头绪。

在简单汇报的工作进展后，本以为要迎来暴风雨的大家，意外地拥抱了和窗外一样晴朗的氛围。

“数据的准备是财务部的一项重要的基础工作，无论是财务自身，还是业务口传过来的数据的量都比较庞杂，财务怎么办？

不把 Excel 搞精通，加班加死也没用，而且现在的内部管理要求非常高，时间紧，任务重。别人花半天时间搞定的事情，我要求你们半个小时搞定。这不是说梦话，今天的会议就转为培训，我来教你一些高效利用 Excel 的知识，而且，这项工作蔡经理要配合我常抓不懈！

‘公共基础 .xlsx’和‘基础数据 _ 云南 .xlsx’两个文件就是为其他 Excel 文件公共使用的，以云南公司的 Excel 文件‘2016_ 云南 .xlsx’为例，它们中至少有一列和‘2016_ 云南 .xlsx’存在相互关联的逻辑关系，我们一起来看一下如何在表格‘2016’中调用共用文件的。”

“易总，Excel 中的字看起来都很小，除了把字号放大，怎么调整啊？像我们年龄大了，小字看不清啊。”一直静坐的老会计王常民冒出来这么一个问题。

“你点 Excel 界面右下角的‘+’和‘-’就可以调整显示比例了，右边还有比例百分比数字的提示。”小吴果然是快嘴。

“小吴说的是一个方法，你可以在 Excel 界面左手按住 Ctrl 键的同时，右手食指上下滚动鼠标滚轮就可以快速缩放显示比例了，最大可以放大 4 倍，最小缩到 10%。”

“你们把自己的笔记本电脑打开，跟着我一起做。打开 Excel 文件‘2016_ 云南 .xlsx’，选中表‘2016’的单元格 H6 后单击中间的公式编辑栏，输入‘=VLOOKUP($E6,[1.xls]sheet1!$A:$B,2,FALSE)’，我说明一下这个函数 4 个参数的意思：

> VLOOKUP 函数第一个参数 E6 是被查找的商品名称，第二个参数‘1.xls’是文件名称，左右必须用小写的中括号括起来，‘sheet1’是这个文件的第一个工作表，后面必须附加小写的感叹号‘！’，‘$A:$B’表示工作表 A 列到 B 列的区域，‘$’符号表示绝对引用，可以理解为禁止拖动时自动变动，从而出现我们不想要的结果。列标前加‘$’表明在左右拖拉公式时，锁定列标不发生变动。这个参数中，大家要记住中括号‘[]’、感叹号‘！’、美元符‘$’的意思，这些字符必须是在输入法小写状态下输入，第三个参数表示返回值在第一个参数区域中列的相对顺序，第四个参数表示是否精确查找。

大家请注意，第二个参数列区域的指定还必须符合一条原则：被查找的值在该区域中必须是第一列，比如查找的商品名称在‘基础数据 _ 云南 .xlsx’的表‘价目表’中是 A 列，则列区域以 A 列作为首列，如果商品名称在表‘价目表’中是 X 列，则列区域以 X 列作为首列。

公式输入完成后，单击公式编辑栏前面的‘√’或者用鼠标在公式编辑栏中时，直接回车，Excel 就会跳出对话框要求更新‘1.xls’，找到‘基础数据 _ 云南 .xlsx’在你电脑上的位置后双击它（图 2-23 之①），随后出现对话框，如图 2-23 之②，由于我们是要查找商品名对应的价格，所以双击其中的工作表名称‘价目表’，公式编辑栏出现‘=VLOOKUP($E6,[1.xls] 价目表 !$A:$B,2,FALSE)’。大家可以看到，第一，公式中工作表名称自动变为了‘价目表’，第二，上面输入公式‘1.xls’时，我是随意输入的，在电脑上指定的位置并没有‘1.xls’，所以 Excel 肯定会提示‘在该位置未找到 1.xls’（图 2-23 之②），现在怎么办？

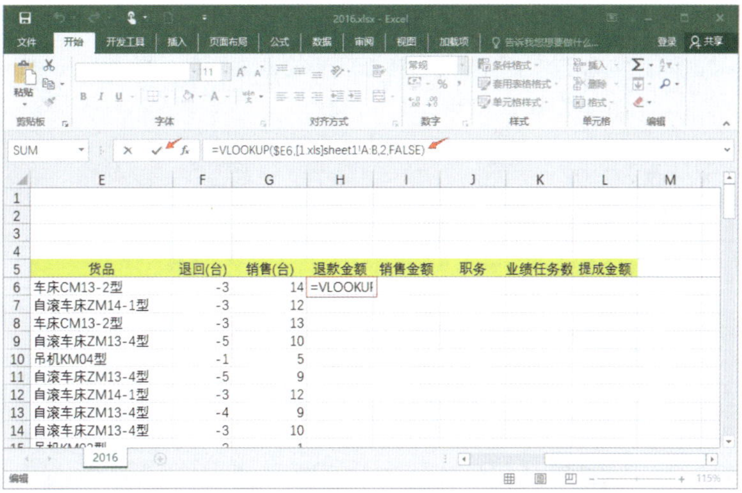

图 2-22　输入引用其他文件区域的 VLOOKUP 函数图 1

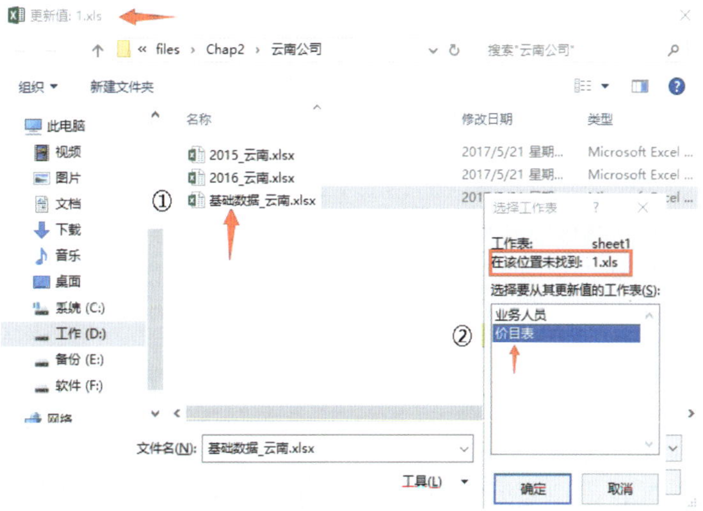

图 2-23　指定被查找的 VLOOKUP 函数源文件

在公式编辑栏输入正确的文件名试试。将‘1.xls’改为‘基础数据 _ 云南 .xlsx’后回车，公式编辑栏自动变为了‘=VLOOKUP($E6,'D:\files\Chap2\ 云南公司 \[基础数据 _ 云南 .xlsx] 价目表 '!$A:$B,2,FALSE)’，对比一下公式第二个参数的变化：在这个参数前的小写逗号‘,’与感叹号‘!’之间加入了一对小写的撇点‘''’同时，文件名也包含全部路径。

这里，我再教大家一个‘偏方’，同样可以实现目的：在单元 H6 中右击，在弹出的快捷菜单中选择‘超链接…’，出现这样的对话框（图 2-24），找到‘基础数据 _ 云南 .xlsx’文件双击它，随后按下组合键 Ctrl_Z。

这里大家必须注意一下，第二个参数中的路径‘D:\files\Chap2\ 云南公司 \’是我电脑上‘基础数据 _ 云南 .xlsx’文件存放的路径，各人要根据自己文件的位置进行选择或输入，不可死搬硬套。

有人会说了，易总你这不是吃饱了撑的吗，一开始就正确输入被查找的文件名不就得了？这话是有道理的，但我为什么不这样？因为实际操作中，首先，我和大家一样记不得被查找的 Excel

文件所在的全路径文件名。其次，文件名中如果包含一个或者几个空格或者大小写逗号什么的，输了也是白输，浪费时间。实际上，上面第二个参数我不输入文件名，直接输入‘Sheet1! $A:$B’后回车都是可以进入下一步的。”

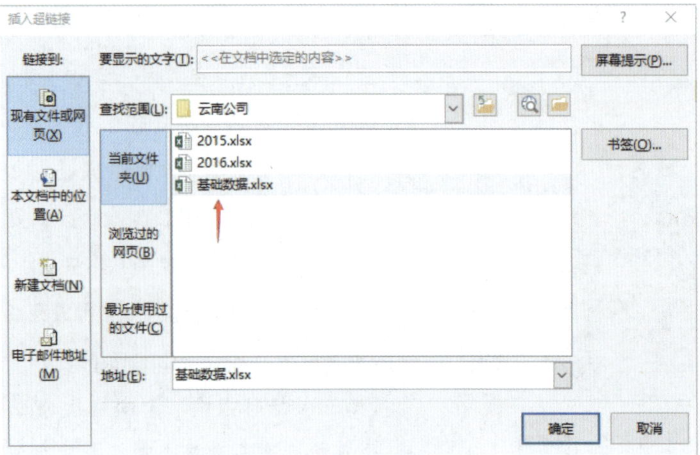

图 2-24　插入超链接

易总口若悬河、滔滔不绝地讲解了 VLOOKUP 函数引用外部文件的问题，把容易犯的错误、怎样操作更快速，操作的前因后果，听得大家不由得暗竖大拇指。

“通过 VLOOKUP 函数我们已经自动引用了价格，将它乘以数量就得到了金额，下面我们补全公式，将 H6 单元格中的公式补充为‘=F6*VLOOKUP($E6,'D:\files\Chap2\云南公司\[基础数据_云南.xlsx]价目表'!$A:$B,2,FALSE)’，按 Ctrl_C 复制 H6 单元格中的公式，按 Ctrl_V 粘贴到单元格 I6 中，使 I6 中的公式变为‘=G6*VLOOKUP($E6,'D:\files\Chap2\云南公司\[基础数据_云南.xlsx]价目表'!$A:$B,2,FALSE)’。

我这里有一个问题，大家记下来，回去想一下，为什么公式中‘$E6’列标前加上了‘$’符号，而行号前却没有加呢？将 H6 单元格中的公式快速转移到单元格 I6 中，还可以用什么方法呢？

在 H6 单元格中按住鼠标左键向右移动，选中 H6 和 I6 两个单元格，释放鼠标左键，轻移鼠标到单元格 I6 右下角，直到鼠标变成实心的黑十字。”

2.5.3　找回 Excel 的实心黑十字光标

“鼠标变成实心的黑十字之后，我们就可直接双击，Excel 会自动将 H 列和 I 列中的公式填上，注意，如果向下填充时遇到空格就会自动停止填充。”

“易总，我怎么移动鼠标，光标就是不会变成实心的黑十字，我能够在 H6 单元格、I6 单元格中复制公式然后粘贴到下面的单元格中去吗？”小吴遇到了新问题，她的电脑上不知为何出现不了实心的黑十字填充柄。

“公式的复制和粘贴是可以使用的一种方法，但更快的还是双击填充柄。你这样，单击 Excel 2016 界面左上角的‘文件—选项’菜单”，在出现的‘Excel 选项’对话框（图 2-25）中单击左侧的‘高级’，然后在‘编辑选项’下查看一下‘启用填充柄和单元格拖放功能’复选框是否已经勾选，如果没有，不可能出现实心的黑十字填充柄，你把它勾选上就可以了。”

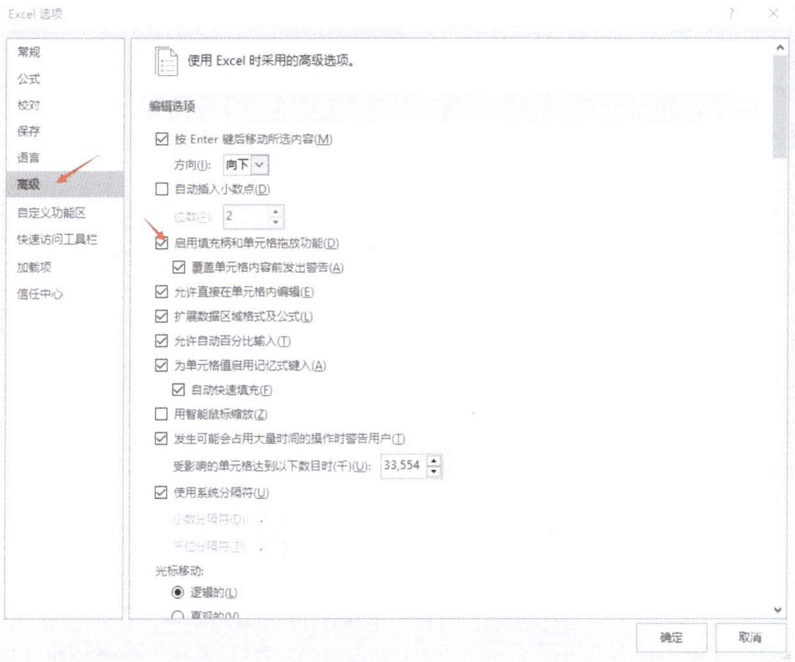

图 2-25　找回 Excel 的实心黑十字光标

仿照上面的方法，在图 2-22 的单元格 J6 中完成公式‘=VLOOKUP(B6,'D:\files\Chap2\ 云南公司\[基础数据 _ 云南 .xlsx] 业务人员 '!$A:$B,2,FALSE)’，并使其向下自动填充 J 列有数据的各行。”

2.5.4　嵌套 CHOOSE 函数自动分配业绩任务数

“接下来，我们将要自动取得业绩指标的数值了，在此之前，我们先来认识一个新函数，不要担心，这个函数很简单。

1. CHOOSE 函数。这是一个自动选择的函数，根据第一个参数的数字值，自动返回其后参数组中同序号的值，函数可表示为‘=CHOOSE(m,V1,V2,V3,V4……,Vn)’，第一个参数是数字 1 至 254，其后的 V1、2、3……可以是单元格或者指定的区域，至少要指定一个参数。注意：如果第一个参数 m<1 或 m>n，CHOOSE 会报错显示‘#VALUE!’，看下面几个例子：

=CHOOSE(2,"one","two","three") 得到 ‘two’

=CHOOSE(A1,A1,B1,C1,D1)

假设第一行前 4 个单元格的值依次为 3、3、2 和 1，以上公式得到 2；

假设第一行前 4 个单元格的值依次为 0、3、2 和 1，得到 ‘#VALUE!’；

假设第一行前 4 个单元格的值依次为 5、3、2 和 1，得到 ‘#VALUE!’；

=SUM(CHOOSE(3,A1:A10,B1:B10,C1:C10)) 等同于 =SUM(C1:C10)，对 C 列前 10 行进行求和。

2. CHOOSE 函数与 VLOOKUP 函数嵌套运用。要获得业务人员的业绩任务数，在图 2-22 的单元格 K6 中输入公式‘=CHOOSE(VLOOKUP(B6,'D:\files\Chap2\ 云南公司 \[基础数据 _ 云南 .xlsx] 业务人员’ !$A:$C,3,FALSE),150,120,100)’，这个公式中 VLOOKUP 函数的第二和三个参数发生变化，CHOOSE 函数中参数组‘150,120,100’依次是苏问集团 29 号文件（图 2-1）中规定的高级销售经理、销售经理、销售专员的业绩任务数，参照前面的方法，自动填充 K 列有数据的各行。”

2.5.5 简单的 SUM 函数求得完整的机械版块业绩提成

至此，易总已经快速地完成了云南公司“退款金额、销售金额、职务、业绩任务数、提成金额”前四项，就剩最后一项“提成金额”了，从投影仪上可以看到，他在公式编辑栏将图 2-16 的单元格 E10 中的公式进行了复制，在图 2-22 的单元格 L6 中进行了粘贴，并将‘C10’修改为实际的净销售额‘(I6+H6)’、将‘B10’修改为业绩任务指标数‘K6’，得到公式‘=SUM(TEXT(((I6+H6)-K6*{0,1,1.1,1.2,1.3}),"0;!0")*{3,1,1.5,2.5,1}%)’，仿照前面的方法，自动填充 L 列有数据的各行（图 2-26）。

选中云南公司 2016 年的销售明细表的单元格区域 H5:L6，按下 Ctrl_C，打开云南公司 2015 年的销售明细表，单击单元格 H5，按下 Ctrl_V，自动贴入了“退款金额、销售金额、职务、业绩任务数、提成金额”五项所需要的公式。

在 H6 单元格中按住鼠标左键向右移动，选中 H6 至 L6 五个单元格，释放鼠标左键，轻移鼠标到单元格 L6 右下角，直到鼠标变成实心的黑十字后双击，自动填充 H 列至 L 列有数据的各行（图 2-27）。

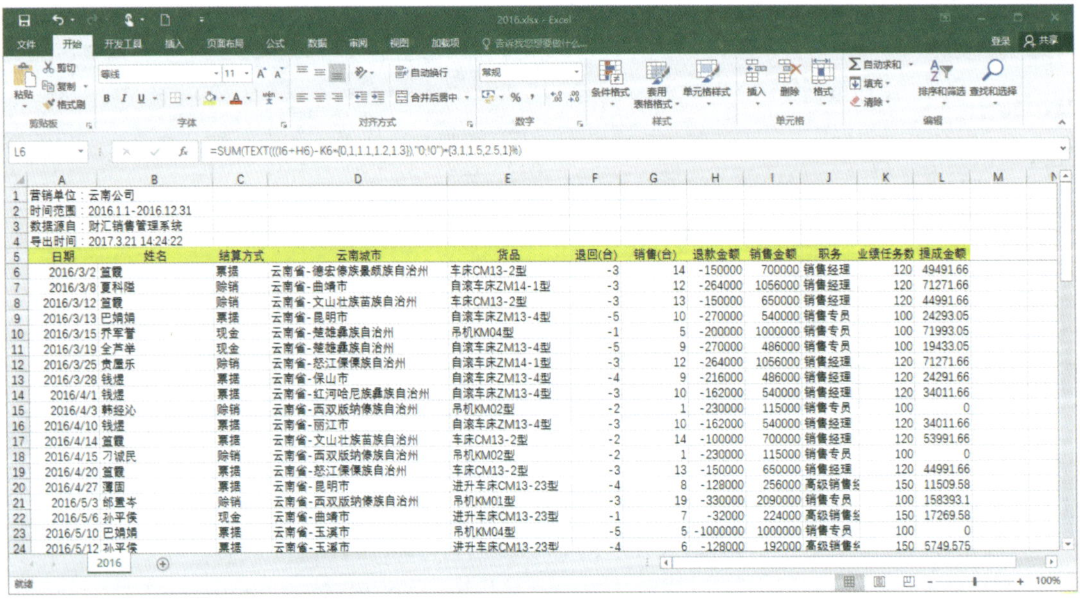

营销单位：云南公司
时间范围：2016.1.1-2016.12.31
数据源自：财汇销售管理系统
导出时间：2017.3.21 14:24:22

日期	姓名	结算方式	云南城市	货品	退回(台)	销售(台)	退款金额	销售金额	职务	业绩任务数	提成金额
2016/3/2	笪霞	票据	云南省-德宏傣族景颇族自治州	车床CM13-2型	-3	14	-150000	700000	销售经理	120	49491.66
2016/3/8	夏科陞	赊销	云南省-曲靖市	自滚车床ZM14-1型	-3	12	-264000	1056000	销售经理	120	71271.66
2016/3/12	笪霞	赊销	云南省-文山壮族苗族自治州	车床CM13-2型	-3	13	-150000	650000	销售经理	120	44991.66
2016/3/13	巴娟娟	票据	云南省-昆明市	自滚车床ZM13-4型	-5	10	-270000	540000	销售专员	100	24293.05
2016/3/15	乔军管	现金	云南省-楚雄彝族自治州	吊机KM04型	-1	5	-200000	1000000	销售专员	100	71993.05
2016/3/19	全芦举	现金	云南省-楚雄彝族自治州	自滚车床ZM13-4型	-5	9	-270000	486000	销售专员	100	19433.05
2016/3/25	贲屋乐	赊销	云南省-怒江傈僳族自治州	自滚车床ZM14-1型	-3	12	-264000	1056000	销售经理	120	71271.66
2016/3/28	钱煜	票据	云南省-保山市	自滚车床ZM13-4型	-4	9	-216000	486000	销售经理	120	24291.66
2016/4/1	钱煜	票据	云南省-红河哈尼族彝族自治州	自滚车床ZM13-4型	-3	10	-162000	540000	销售经理	120	34011.66
2016/4/3	韩经沁	赊销	云南省-西双版纳傣族自治州	吊机KM02型	-2	1	-230000	115000	销售专员	100	0
2016/4/10	钱煜	票据	云南省-丽江市	自滚车床ZM13-4型	-3	10	-162000	540000	销售经理	120	34011.66
2016/4/14	笪霞	票据	云南省-文山壮族苗族自治州	车床CM13-2型	-2	14	-100000	700000	销售经理	120	53991.66
2016/4/15	刁诚民	赊销	云南省-西双版纳傣族自治州	吊机KM02型	-2	1	-230000	115000	销售专员	100	0
2016/4/20	笪霞	票据	云南省-怒江傈僳族自治州	车床CM13-2型	-3	13	-150000	650000	销售经理	120	44991.66
2016/4/27	薄固	票据	云南省-昆明市	进升车床CM13-23型	-4	8	-128000	256000	高级销售经	150	11509.58
2016/5/3	邰墨本	赊销	云南省-西双版纳傣族自治州	吊机KM01型	-3	19	-330000	2090000	销售专员	100	158393.1
2016/5/6	孙平侯	现金	云南省-曲靖市	进升车床CM13-23型	-1	7	-32000	224000	高级销售经	150	17269.58
2016/5/10	巴娟娟	票据	云南省-玉溪市	吊机KM04型	-5	5	-1000000	1000000	销售专员	100	0
2016/5/12	孙平侯	票据	云南省-玉溪市	进升车床CM13-23型	-4	6	-128000	192000	高级销售经	150	5749.575

图 2-26　云南公司 2016 年业务人员业务提成明细表

完成这一步之后，云南公司的业务人员两年的业务提成已经计算完成，如果不是讲解有意放慢速度，操作熟练后，前后不需要 5 分钟就可以搞定。

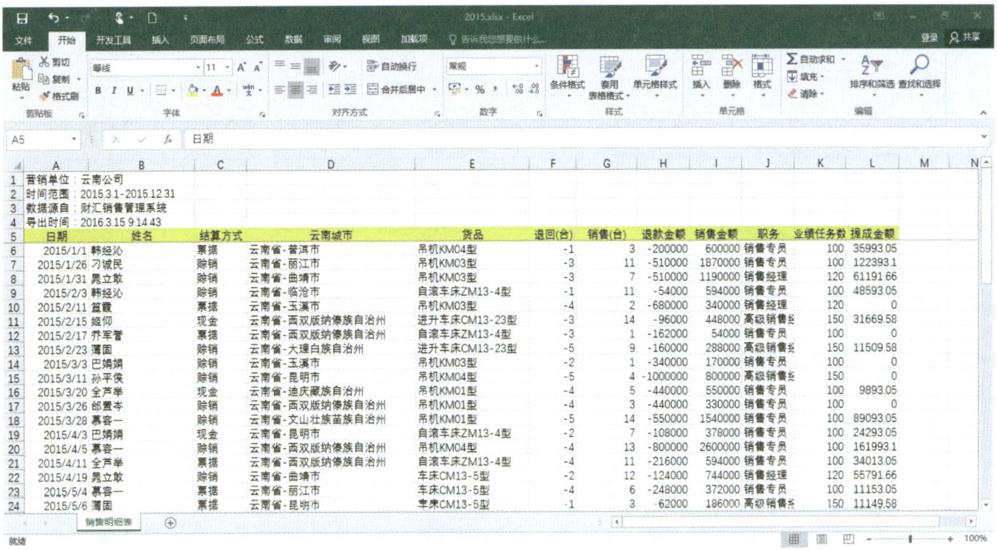

	A	B	C	D	E	F	G	H	I	J	K	L
1	营销单位：云南公司											
2	时间范围：2015.3.1-2015.12.31											
3	数据源自：财汇销售管理系统											
4	导出时间：2016.3.15 9:14:43											
5	日期	姓名	结算方式	云南城市	货品	退回(台)	销售(台)	退款金额	销售金额	职务	业绩任务数	提成金额
6	2015/1/1	韩经沁	票据	云南省-普洱市	吊机KM04型	-1	3	-200000	600000	销售专员	100	35993.05
7	2015/1/26	刁诚民	赊销	云南省-丽江市	吊机KM03型	-3	11	-510000	1870000	销售专员	100	122393.1
8	2015/1/31	晁立敢	赊销	云南省-曲靖市	吊机KM03型	-3	7	-510000	1190000	销售经理	120	61191.66
9	2015/2/3	韩经沁	赊销	云南省-临沧市	自滚车床ZM13-4型	-1	11	-54000	594000	销售专员	100	48593.05
10	2015/2/11	笪霞	票据	云南省-玉溪市	吊机KM03型	-4	2	-680000	340000	销售经理	120	0
11	2015/2/15	姬仰	现金	云南省-西双版纳傣族自治州	进升车床CM13-23型	-3	14	-96000	448000	高级销售纟	150	31669.58
12	2015/2/17	乔军管	票据	云南省-西双版纳傣族自治州	自滚车床ZM13-4型	-3	1	-162000	54000	销售专员	100	0
13	2015/2/23	薄固	赊销	云南省-大理白族自治州	进升车床CM13-23型	-5	9	-160000	288000	高级销售纟	150	11509.58
14	2015/3/3	巴娟娟	赊销	云南省-玉溪市	吊机KM03型	-2	1	-340000	170000	销售专员	100	0
15	2015/3/11	孙平侯	赊销	云南省-昆明市	吊机KM04型	-5	4	-1000000	800000	高级销售纟	150	0
16	2015/3/20	全芦举	现金	云南省-迪庆藏族自治州	吊机KM01型	-4	5	-440000	550000	销售专员	100	9893.05
17	2015/3/26	郜置岑	赊销	云南省-西双版纳傣族自治州	吊机KM01型	-4	3	-440000	330000	销售专员	100	0
18	2015/3/28	慕容一	赊销	云南省-文山壮族苗族自治州	吊机KM01型	-5	14	-550000	1540000	销售专员	100	89093.05
19	2015/4/3	巴娟娟	现金	云南省-昆明市	自滚车床ZM13-4型	-2	7	-108000	378000	销售专员	100	24293.05
20	2015/4/5	慕容一	赊销	云南省-西双版纳傣族自治州	吊机KM04型	-4	13	-800000	2600000	销售专员	100	161993.1
21	2015/4/11	全芦举	票据	云南省-西双版纳傣族自治州	自滚车床ZM13-4型	-4	11	-216000	594000	销售专员	100	34013.05
22	2015/4/19	晁立敢	赊销	云南省-曲靖市	车床CM13-5型	-2	12	-124000	744000	销售经理	120	55791.66
23	2015/5/4	慕容一	票据	云南省-丽江市	车床CM13-5型	-4	6	-248000	372000	销售专员	100	11153.05
24	2015/5/6	薄固	票据	云南省-昆明市	车床CM13-5型	-1	3	-62000	186000	高级销售纟	150	11149.58

图 2-27　云南公司 2015 年业务人员业务提成明细表

完成了云南公司的业务提成明细表之后，按照易总传授的方法，我相信小吴和小白也会很快完成其他公司的类似表格的。

2.6　用函数实现多家二级公司明细汇总

2.6.1　INDIRECT 函数和 CELL 函数初接触

在做完上述讲解后，易总又给我们引进了两个函数，他用光电笔在投影白幕上圈了一下他电脑上西南区二级公司的销售业绩文件的存放位置和文件名称（图 2-28），并在他的电脑上云南公司的上级目录中新建了一个 Excel 文件，命名为“D:\files\Chap2\ 西南区二级公司销售汇总 .xlsx”（图 2-29），之后，他继续说道：

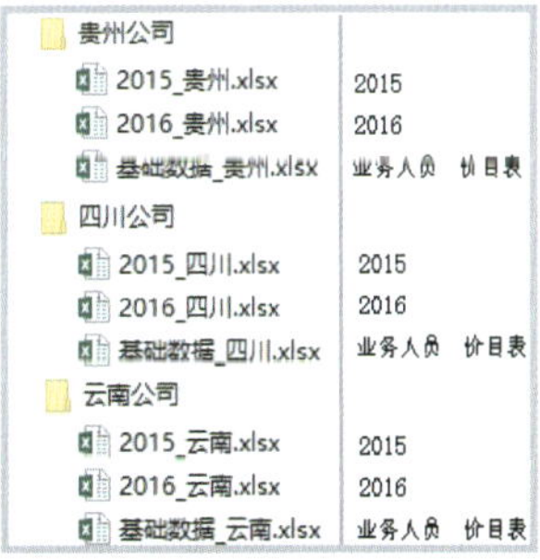

图 2-28　西南区二级公司业绩文件命名与位置存放图

“这是我电脑上的文件存放及命名，我不是推荐，而是要求你们将文件的命名、工作表的命名进行统一，使得它们看起来呈现出明显的规律性。不只是让自己看得舒服，更需要让 Excel 自动化处理时认识它们。在汇总二级公司的明细之前，我先介绍两个 Excel 函数：

1. INDIRECT 函数。使用这个函数可以得到由文本字符串指定的引用返回值，函数即时对引用进行计算，并显示其内容。使用这个函数的好处是，不需要修改公式，只需要变动引用单元格中的值即可。

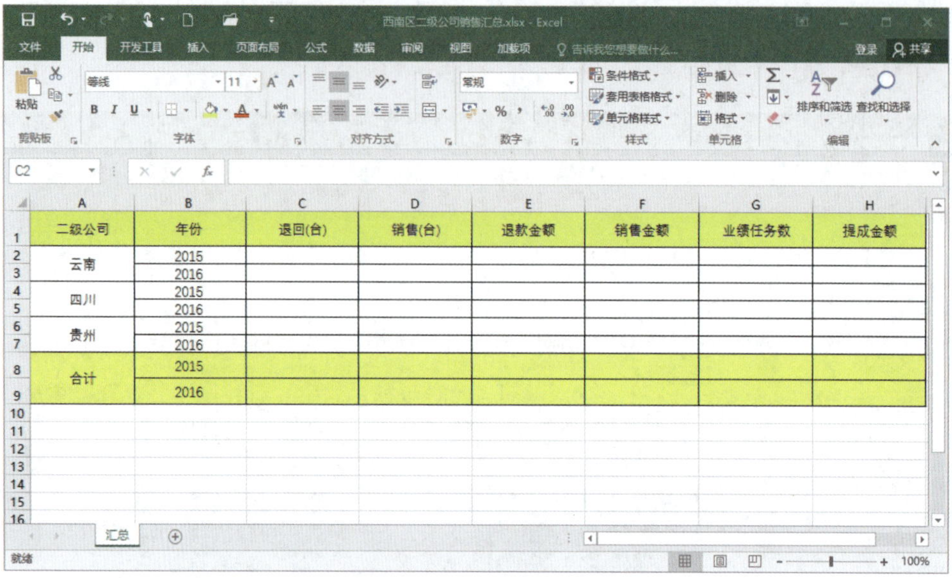

图 2-29　待处理的西南区二级公司业绩汇总图

INDIRECT 函数有两个参数，第一个参数形如单元格（的区域）名称或者运算后形如单元格（的区域）名称，如 A1、"B"&A5(单元格 A5 中是一个数字‘1’，此运算结果是‘B1’)，仔细观察一下图 2-30，领会这个函数实质是在某个单元格告诉 Excel 让它去取得其他单元格（或区域）的值。这个函数不仅可以取本工作簿（Excel 文件），还可以从其他已经打开的工作簿（Excel 文件）中取值。第二个参数一般省略，但第一个参数为 R1C1 样式的引用时，需要将第二个参数指定为‘FALSE’。

	A	B	C	D
1	A1	A1	=INDIRECT(A1)	返回单元格A1的值
2	A4	41	=INDIRECT(A2)	返回单元格A4的值
3	A	1	=INDIRECT(A3&"5")	返回单元格A5的值
4	41	A1	=INDIRECT("B"&A5)	返回单元格B1的值
5	1	42	=SUM(INDIRECT(A3&"4:"&A3&"5"))	对"A4:A5"区域求和

图 2-30　INDIRECT 函数的几个例子

2. CELL 函数。使用这个返回有关单元格的格式、位置或内容的信息。这个函数有两个参数，第一个参数要求 Excel 返回的信息类型，比如‘filename’、‘type’、‘protect’等。

第一个参数为 "filename" 时，CELL 函数返回包含全部路径的文件名，如果包含目标引用的工作表尚未保存，则返回空文本 ("")。

比如在云南公司 2016 业务明细 Excel 文件 D1 单元格中输入公式‘=CELL("filename")’，则返回值为‘D:\files\Chap2\ 云南公司 \[2016_ 云南 .xlsx]2016’；比如在图 2-29 中销售汇总表的任意单元格中输入公式‘=CELL("filename")’，则返回值为‘D:\files\Chap2\ 云南公司 \[西南区二级公司销售汇总 .xlsx] 汇总’。

当需要给出二级公司销售汇总 Excel 文件所在的目录时，可以使用公式‘=LEFT(CELL("filename"),

FIND("\[",CELL("filename")))’即可取出目录路径‘D:\files\Chap2\’。

> 第二个参数是将第一个参数指定的信息返回到最后更改的单元格。当该参数是某一单元格区域时（如‘C8:F20’），CELL 函数只将该信息返回给该区域左上角的单元格（如‘C8’）。

公式的应用可以看下面两个小例子：假如要在对单元格执行计算之前，验证它包含的是数值而不是文本，则可以使用公式‘= IF(CELL("type", A1) = "v", A1 * 1.5, 0)’来判定，仅当单元格 A1 包含数值时，此公式才计算 A1*1.5；如果 A1 包含文本或为空，公式将返回 0。

又如，可使用公式‘= IF(CELL("protect", B1) = 1, " 已锁定 ", " 未锁定 ")’来判定 B1 单元格是否已被锁定保护。”

2.6.2 待汇总文件路径、名称及单元格分析

“大家请将图 2-28、图 2-29 结合起来看一下，分析后发现：

1. 图 2-29 中 A 列为公司名，B 列为年份，分别假设为 GS、NF，这在文件保存路径和文件名称、工作表名称中都已经出现，这为 CELL 函数返回全路径文件名后用 INDIRECT 函数得到单元格区域加以引用计算提供了现实的可能。

2. 将‘D:\files\Chap2\ 云南公司 \[2016_ 云南 .xlsx]2016’中的‘云南’和‘2016’用‘GS’和‘NF’加以替换 , 变为‘"D:\files\Chap2\"&GS&" 公司 \["&NF&"_"&GS&".xlsx]"&NF’。

3. 将上步的‘D:\files\Chap2\’用路径查询公式替换为‘=LEFT(CELL("filename"),FIND("\[",CELL(" filename")))&GS&" 公司 \["&NF&"_" &GS&".xlsx]"&NF’。

4. 结合图 2-29，在 C2 单元格中输入公式，将‘GS’和‘NF’替换为单元格 $A$2 和 $B2，并加入‘退回 (台)’所在的列标 F，公式变为‘"'"&LEFT(CELL("filename"),FIND("\[",CELL("filename")))&$A2&" 公司 \["&$B2&"_"&$A2&".xlsx]"&$B2&"'!$F:$F"’，注意加入引用列标时，须在左右端用一对撇点（‘'’）括起来，并加上感叹号（‘!’）。”

2.6.3 INDIRECT 函数和 CELL 函数在业绩汇总中的综合运用

“净菜已经备齐，下面就是下锅炒菜了。把准备好的公式参数完美地与 INDIRECT 函数和 CELL 函数完美地结合得到我们想要的汇总结果，下面一起来看看是怎么做到的：

1. **计算云南公司 2015 年的销售汇总**。打开文件‘D:\files\Chap2\ 云南公司 \2015_ 云南 .xlsx’，将上一步的演变结果，用 INDIRECT 函数使之变为可计算的单元格区域，并对该区域进行 SUM 求和，公式最后变为：‘=SUM(INDIRECT("'"&LEFT(CELL("filename"),FIND("\[",CELL("filename")))&$A$2&" 公司 \["&$B2&"_"&$A$2&".xlsx]"&$B2&"'!$F:$F"))’，将此公式复制进 C2 单元格，回车，得到运算结果退货台数为 -154。

输入公式时，切记去掉公式中所有空格，字符一律是半角小写。这些公式看起来是不是很复杂、字符也多、一不小心就会输入错误？别担心，和前面一样，我讲解所用到的文件大家都可以到中国铁道出版社的网站去下载，可以直接从原始文件中原样复制公式。

1 2 3 4 5 6 7 8 9

C2 单元格的公式向右拖拉，依次填充 D3、E3、F3、G3、H3 单元格，根据‘销售(台)、退款金额、销售金额、业绩任务数、提成金额’五项在 Excel 文件‘D:\files\Chap2\ 云南公司 \2015_ 云南 .xlsx’中的列标，将 D3、E3、F3、G3、H3 单元格公式中的‘$F:$F’依次修正为‘$G:$G’、‘$H:$H’、‘$I:$I’、‘$K:$K’、‘$L:$L’。

2. 计算云南公司 2016 年的销售汇总。打开文件‘D:\files\Chap2\ 云南公司 \2016_ 云南 .xlsx’，将图 2-29 中 C2 至 H2 单元格中的公式向下拖拉填充 C3 至 H3 单元格中。

3. 计算四川公司 2015、2016 年的销售汇总。打开文件‘D:\files\Chap2\ 四川公司 \2015_ 四川 .xlsx’和文件‘D:\files\Chap2\ 四川公司 \2016_ 四川 .xlsx’，依照上两步完成四川公司的销售汇总，对图 2-29 中第 4-5 行的公式中的‘$A$2’修正为‘$A$4’。

4. 计算贵州公司 2015、2016 年的销售汇总。打开文件‘D:\files\Chap2\ 贵州公司 \2015_ 贵州 .xlsx’和文件‘D:\files\Chap2\ 贵州公司 \2016_ 贵州 .xlsx’，依照上两步完成贵州公司的销售汇总，对图 2-29 中第 6 ～ 7 行的公式中的‘$A$2’修正为‘$A$6’。

> CFO 点拨
> 使用 INDIRECT 函数时，该函数中引用的 Excel 文件一定要处于打开状态，如果在计算过程中出现‘#REF!’报错信息，在确保被引用文件已打开的前提下，可双击任意单元格让 Excel 刷新计算。

5. 完成西南区的 2015、2016 年的销售汇总。在图 2-29 中单元格区域‘C8:H9’中用 SUM 求和函数完成西南区各省份二级公司的销售汇总，得到图 2-31 所示的汇总表格。

	A	B	C	D	E	F	G	H
1	二级公司	年份	退回(台)	销售(台)	退款金额	销售金额	业绩任务数	提成金额
2	云南	2015	-154	425	-15,936,000	41,346,000	61,300,000	917,650
3		2016	-197	658	-18,381,000	55,251,000	73,000,000	1,543,700
4	四川	2015	-180	462	-17,458,000	45,045,000	74,500,000	967,400
5		2016	-257	596	-26,553,000	63,263,000	98,000,000	1,334,920
6	贵州	2015	-113	235	-9,773,000	22,195,000	45,100,000	478,760
7		2016	-139	364	-13,188,000	35,722,000	49,400,000	811,490
8	合计	2015	-447	1122	-43,167,000	108,586,000	180,900,000	2,363,810
9		2016	-593	1618	-58,122,000	154,236,000	220,400,000	3,690,110

图 2-31　处理完成的西南区二级公司业绩汇总图

上面是西南区 3 家公司 6 个文件的自动计算结果，大家可以看到，我们汇总的是整列，无论往这 6 个文件中如何添加新的记录，汇总表都可以得到动态的计算结果。

到这里，我们已经完成了销售汇总…”

此处视频讲解更精彩，扫描右侧的二维码，即可观看和下载

“易总，”小白突然举手，“我想知道的是，每次打开这个汇总的 Excel 文件，INDIRECT 函数引用的 6 个源文件都必须是要事先打开的吗？”

“是的，这正是我下面要强调的，每次都要预先打开被引用的 Excel 文件，而不只是制作公式时，打开源文件后再打开汇总文件，如果顺序反了，就要手动刷新计算（比如双击任意单元格后再选中另一任意单元格）。

INDIRECT 函数的优缺点想必大家也看明白了，我们用它对二级公司进行了数据汇总，如果我需要对城市、对业务人员、对结算方式、对货品进行动态分析，INDIRECT 函数也能不能做到呢？有兴趣的话，大家可以琢磨琢磨。

接下来，我要给大家讲解一个更灵活、更高效的 Excel 数据处理工具。讲解之前，我们先中场休息 10 分钟，大家歇歇脑子。”

2.7 数据透视表生成之基于当前工作表指定区域

2.7.1 基于当前工作表指定区域快速生成数据透视表

休息了一会儿，大家状态逐渐恢复了，易总开始了他的精彩演讲。确实，数据透视表是我们很多财务人员熟悉的，但是没有用好、用透的一个工具。

“数据透视表可能很多人听说过，可能也会用一点儿。它是 Excel 中的一个非常强悍的数据统计、计算和分析工具。

我们还是以云南公司的 Excel 文件‘2016_ 云南 .xlsx’为例，打开它，依次单击 Excel‘插入’选项卡的‘数据透视表’，在随后弹出的‘创建数据透视表’对话框中，可以看到 Excel 自动猜测出了一个数据区域，如果这个数据区域不是我们想要的，单击‘表 / 区域’右边的按钮”，将‘创建数据透视表’对话框缩小为图 2-32 中粗线方框框住的小窗口后，在 Excel 表格中选取我们想要进行数据透视的数据区域（‘'2016'!$A$5:$L$69’），单击小窗口右部的下三角形按钮恢复‘创建数据透视表’对话框，单击‘确定’按钮，Excel 自动插入了一个新的工作表‘Sheet1’（图 2-33）。

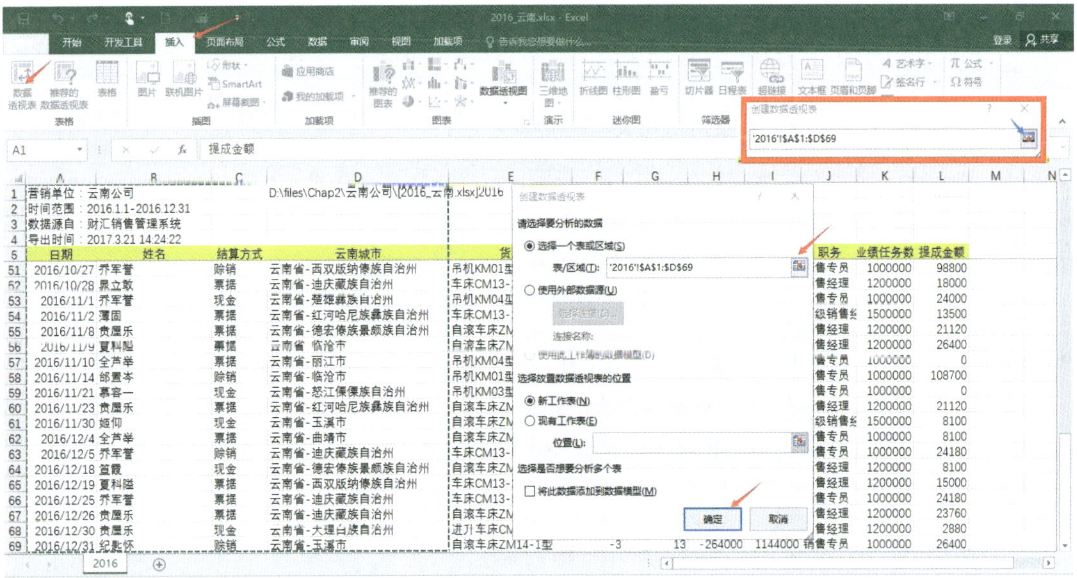

图 2-32　开始简单的数据透视

在图 2-33 的右部，出现‘数据透视表字段’选项卡，依次勾选‘云南城市’、‘退回（台）’、‘销售（台）’、‘退款金额’、‘销售金额’、‘业绩任务数’、‘提成金额’。由于勾选的这几项除‘云南城市’

所在列是文本格式外，其余均为数字列，Excel 自动将其在透视表中设置为‘求和项’。

我们把数据透视表的第 20 行‘总计’和图 2-31 第 3 行汇总数据进行比对，结果完全一致。”

> CFO 点拨
>
> 如果你感觉到 Excel 自动识别出来的统计方式和你预想的不一致，比如：明明是金额列，本应是自动设置为‘求和项’，Excel 却设置为‘计数项’。这个时候，请先检查一下这一列是否混入了文本格式的数值，或者是否存在空格，或者是否存在公式错误。检查确定该金额列是否全部是数值，确认无误后再将‘计数项’手工修改为‘求和项’。

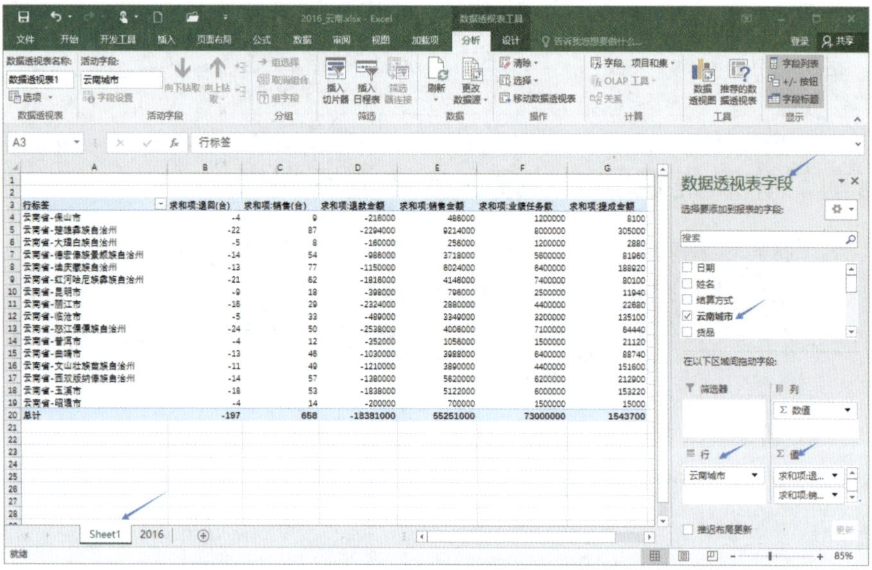

图 2-33　自动生成的基于指定区域的简单的数据透视表

2.7.2　美化和调整数据透视表

“对自动生成的数据透视表，默认生成的样式，我们可能并不喜欢，我们需要对它进行二次加工。

1. 设置页面和字段等。对数据透视表，在 Excel 2016 中，我们可以像对其他普通工作表格一样进行字体、字号、行高、列宽等的美化设置。在 A1 单元格输入‘云南公司 2016 年销售汇总表’，选中‘A1:G1’单元格，单击 Excel‘开始’菜单的‘合并后居中’按钮，并将 A1 单元格设置为‘微软雅黑 18 号’并设置字色为蓝色，将 A3 单元格的‘行标签’字样修改为‘城市’，将第 3 行设置为‘黑体 14 号’，将工作表标签双击修改为‘云南透视’。

按下 Ctrl_P，在出现的 Excel 界面单击‘页面设置’，设置‘页面设置 - 页面 - 缩放 - 调整为 1 页宽 1 页高’、‘页面设置 - 页面 - 方向 - 横向’，勾选‘页面设置 - 页边距 - 居中方式 - 水平’。

单击列标 A，按下 Ctrl_H，在弹出的‘查找和替换’对话框（图 2-34）中，‘查找内容’输入‘云南省 -’，‘替换为’用退格键（Backspace）删除至最左，点击‘全部替换’按钮。

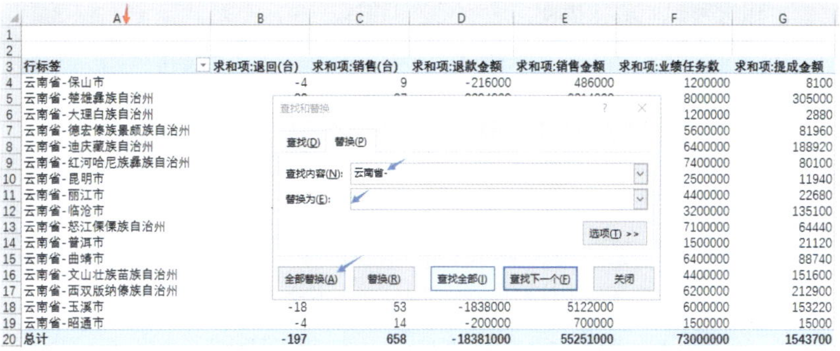

	A	B	C	D	E	F	G
1							
2							
3	行标签	求和项:退回(台)	求和项:销售(台)	求和项:退款金额	求和项:销售金额	求和项:业绩任务数	求和项:提成金额
4	云南省-保山市	-4	9	-216000	486000	1200000	8100
5	云南省-楚雄彝族自治州					8000000	305000
6	云南省-大理白族自治州					1200000	2880
7	云南省-德宏傣族景颇族自治州					5600000	81960
8	云南省-迪庆藏族自治州					6400000	188920
9	云南省-红河哈尼族彝族自治州					7400000	80100
10	云南省-昆明市					2500000	11940
11	云南省-丽江市					4400000	22680
12	云南省-临沧市					3200000	135100
13	云南省-怒江傈僳族自治州					7100000	64440
14	云南省-普洱市					1500000	21120
15	云南省-曲靖市					6400000	88740
16	云南省-文山壮族苗族自治州					4400000	151600
17	云南省-西双版纳傣族自治州					6200000	212900
18	云南省-玉溪市	-18	53	-1838000	5122000	6000000	153220
19	云南省-昭通市	-4	14	-200000	700000	1500000	15000
20	总计	-197	658	-18381000	55251000	73000000	1543700

图 2-34 美化数据透视表之查找替换

相应地，如果单击行标 3，按下 Ctrl_H，在出现的‘查找和替换’对话框中，‘查找内容’输入‘求和项 :’，‘替换为’用退格键（Backspace）删除至最左，点击‘全部替换’按钮，Excel 提示‘已有相同数据透视表字段名存在’，说明数据透视表不允许有同名字段的存在，因此，我们在‘替换为’处输入‘#’用以美化效果……修改后的效果如图 2-35 所示。

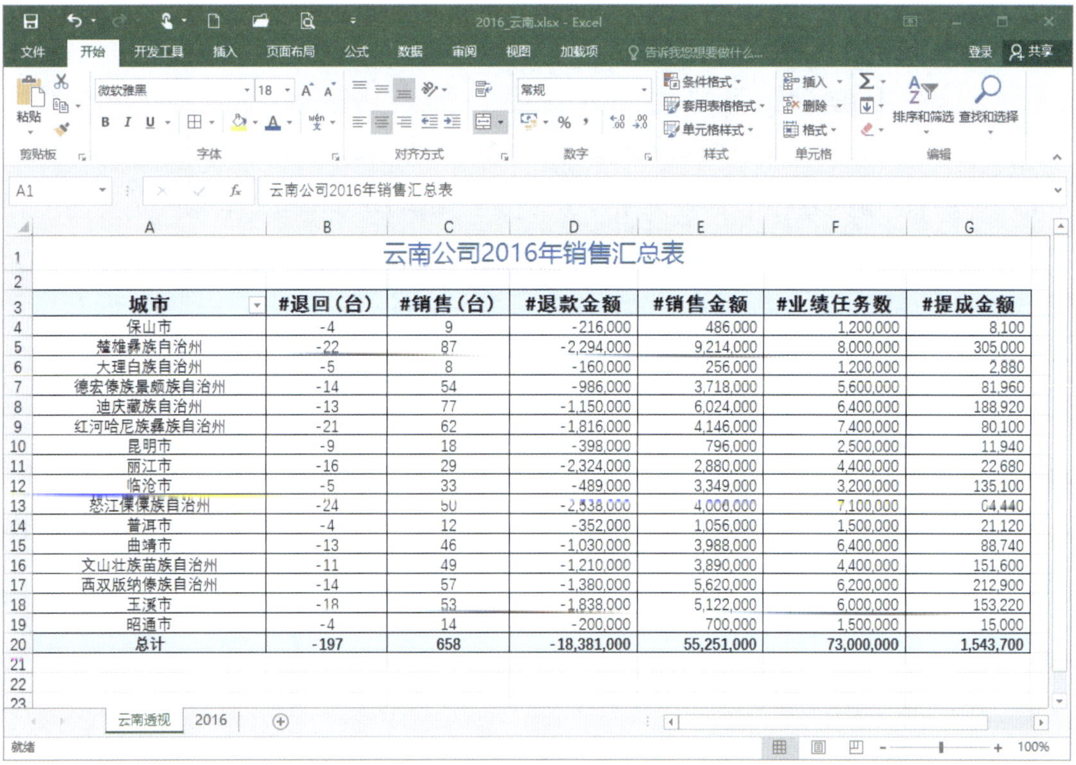

	A	B	C	D	E	F	G
1	云南公司2016年销售汇总表						
2							
3	城市	#退回(台)	#销售(台)	#退款金额	#销售金额	#业绩任务数	#提成金额
4	保山市	-4	9	-216,000	486,000	1,200,000	8,100
5	楚雄彝族自治州	-22	87	-2,294,000	9,214,000	8,000,000	305,000
6	大理白族自治州	-5	8	-160,000	256,000	1,200,000	2,880
7	德宏傣族景颇族自治州	-14	54	-986,000	3,718,000	5,600,000	81,960
8	迪庆藏族自治州	-13	77	-1,150,000	6,024,000	6,400,000	188,920
9	红河哈尼族彝族自治州	-21	62	-1,816,000	4,146,000	7,400,000	80,100
10	昆明市	-9	18	-398,000	796,000	2,500,000	11,940
11	丽江市	-16	29	-2,324,000	2,880,000	4,400,000	22,680
12	临沧市	-5	33	-489,000	3,349,000	3,200,000	135,100
13	怒江傈僳族自治州	-24	50	-2,538,000	4,006,000	7,100,000	64,440
14	普洱市	-4	12	-352,000	1,056,000	1,500,000	21,120
15	曲靖市	-13	46	-1,030,000	3,988,000	6,400,000	88,740
16	文山壮族苗族自治州	-11	49	-1,210,000	3,890,000	4,400,000	151,600
17	西双版纳傣族自治州	-14	57	-1,380,000	5,620,000	6,200,000	212,900
18	玉溪市	-18	53	-1,838,000	5,122,000	6,000,000	153,220
19	昭通市	-4	14	-200,000	700,000	1,500,000	15,000
20	总计	-197	658	-18,381,000	55,251,000	73,000,000	1,543,700

图 2-35 简单美化后的数据透视

不允许重名，我强调一下，这在今后所有涉及数据透视表的字段名称皆是如此，大家记住。

2. 增加汇总字段并重新布局。单击数据透视表表格中任意单元格，‘数据透视表字段’选项卡随即在 Excel 界面右部出现。

（1）新增第二层次行统计依据。勾选‘结算方式’字段，Excel 将其作为第二层次的行标签加入数据透视表统计字段，效果如图 2-36 之①所示，也就是‘城市’为第一层次，‘结算方式’为第二层次。如果要添加第三层次统计依据，增加勾选即可。

（2）对调行的层次顺序。取消勾选‘结算方式’字段和‘云南城市’，重新勾选‘结算方式’字段后再选择‘云南城市’，效果如图 2-36 之②所示，此时，‘结算方式’为第一层次，‘城市’为第二层次。如果要调整各统计层次之间的顺序，取消所有勾选后，重新按照需要的顺序依次勾选即可。

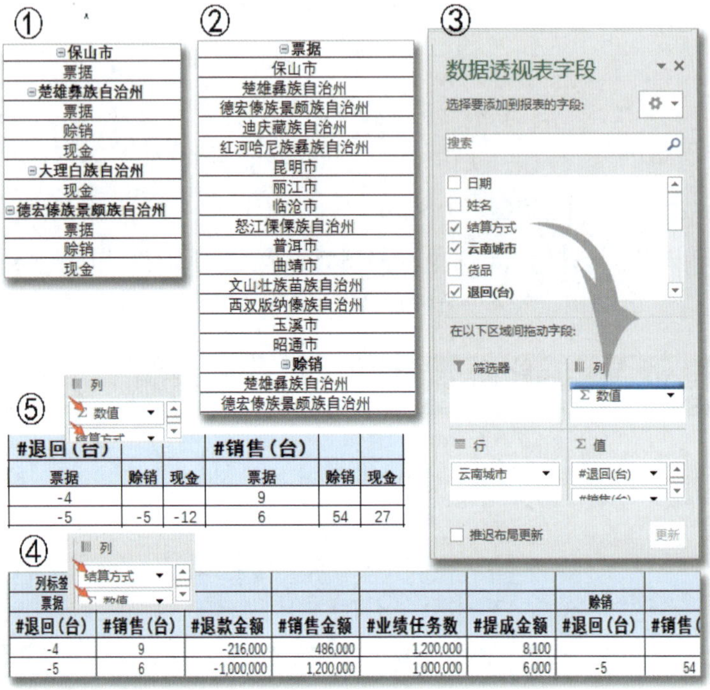

图 2-36　数据透视表行、列布局效果图

（3）新增统计列。为了横向展示多层次的统计效果，移动鼠标到字段‘结算方式’之上，当鼠标变为四向箭头时，按住鼠标左键拖动‘结算方式’至‘列’，让鼠标停留在‘列’方框之上移动，Excel 显示蓝色细条指示被拖动列的目标位置，如图 2-36 之③所示。当蓝色细条移动到我们想要的位置时释放鼠标左键，‘列’方框中从上到下为列的顺序，数据透视表列的效果如图 2-36 之④所示。

（4）对调列的层次顺序。移动鼠标到‘列’方框的任意字段之上，当鼠标变为四向箭头时，按住鼠标左键就可以上下拖动了，根据蓝色细条的指示位置释放鼠标左键，将‘结算方式’和‘∑数值’对调之后的效果如图 2-36 之⑤所示。

当然，选项卡的‘行’方框中的各项同样也可以通过拖动来调整。如果要删除‘行’、‘列’方框中的某一项，直接把该项从方框中拖走，直到光标变为叉形时释放鼠标就删除了。

（5）将不同层次行标签分列显示。我知道有人不喜欢 Excel 2016 数据透视表这样将不同层次行标签在同一列显示的样式，而且不像旧版本一样，可以直接在透视表中拖拉列标了，如果想要恢复到旧版本的透视表样式，在数据透视表任意单元格中右击，在随后出现的浮动菜单中单击‘数据透视表选项’，在出现的‘数据透视表选项’对话框中单击‘显示’选项，勾选‘经典数据透视表布局’，再单击‘确定’按钮即可，勾选前后的效果如图 2-37 之①、③所示。”

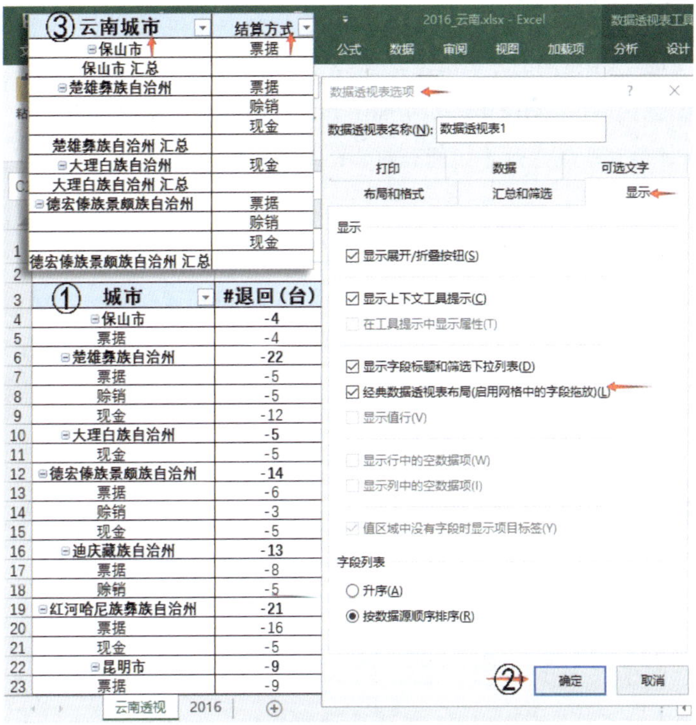

图 2-37　切换数据透视表经典布局前后的效果

2.7.3　弹指间，多维度多角度的业绩分析了然于胸

“通过前面 2.7.2 对数据透视表的统计依据的增减，对行（列）分析层次对调的讲解，大家可以看到都是鼠标拖拉、轻而易举就可以实现的事情。这样简单的手指头动动的事情，Excel 就能够当即给出数据分析结果。

这样的拖拉轻放的动作，绝不只是为了获得 Excel 即时反馈的满足。拖拉时，我们要能够明白和理解分析层次的对调背后所蕴含的经济意义，比如将‘行’的分析层次对调：

将‘云南城市’设为第一分析层次、‘结算方式’设为第二分析层次（图 2-36 之②），这样分析角度可以清楚地看到采用‘现金’方式结算的有多少台设备、销售金额是多少，采用‘赊销’方式结算的有多少台设备、销售金额是多少，采用‘票据’方式，比如银票、商票结算的有多少台设备、销售金额是多少。而‘现金’结算方式中各城市销出设备多少台、销售金额是多少，‘赊销’结算方式中各城市销出设备多少台、销售金额是多少，‘票据’结算方式中各城市销出设备多少台、销售金额是多少。

将‘结算方式’设为第一分析层次、‘云南城市’设为第二分析层次（图 2-37 之③）”，这样分析角度可以清楚地看到云南公司的‘昆明公司’销售出多少台设备、销售金额是多少，‘丽江公司’销售出多少台设备、销售金额是多少，‘昆明公司’销售的设备中采用‘现金’结算方式的数量和金额是多少、采用‘赊销’结算方式的数量和金额是多少、采用‘票据’结算方式的数量和金额是多少，‘丽江公司’销售的设备中采用‘现金’结算方式的数量和金额是多少、采用‘赊销’结算方式的数量和金额是多少、采用‘票据’结算方式的数量和金额是多少。

这只是设置了两个分析层次，我们还可以根据内部管理的需要、财务分析的需要设置三个、四个乃至更多的分析维度。

> CFO 点拨
> 分析维度一般两个以内，过多的话，不易被阅读者理解。

如果一个人只是停留在电脑操作，而不能上升到利用技术又跳出技术来分析研判财务问题，那他在职场永远不可能有进步，这不是红果果的说教，这是我作为过来人的一点经验。”

易总在内部培训会上说出了“红果果”三个字时，他不禁自己也笑了。这么贴近年轻人的口头语，不过他自己也不大，快靠近 80 的 70 后吧。

“这样的分析是随时随地可以进行的，不需要大家埋头去复制粘贴、手动加总，只需要在电脑前动动手指就出结果，把大量宝贵的时间留出来去分析数据背后的意义。出报告快速又准确，我们大家都行的。”

2.7.4 数据透视表汇总的那些事儿

“在 Excel 自动生成的数据透视表底端、最右端总计分别叫作‘行总计’和‘列总计’，在第一层次统计依据‘云南城市’这一列有各城市的汇总值，可以称为‘分类汇总’（图 2-37 之③）。

我知道有时有人并不希望它们出现，或者要调整分类汇总的上下关系，应该怎么办呢？

（1）禁止显示‘行总计’和‘列总计’。在数据透视表任意单元格中右击，在随后的浮动菜单中单击‘数据透视表选项’，在出现的‘数据透视表选项’对话框中单击‘汇总和筛选’，取消勾选‘行总计’和‘列总计’，再单击‘确定’按钮。

（2）禁止显示‘分类汇总’。在数据透视表选项卡的‘行’方框中单击‘云南城市’，在随后出现的浮动菜单中点击‘字段设置’，或在数据透视表经典布局下，双击数据透视表中‘云南城市’弹出‘字段设置’对话框，在‘分类汇总’项下，选中‘无’前的圆点，如要恢复显示选中‘自动’前的圆点，再单击‘确定’按钮。

另一方法是，选中数据透视表任意单元格，单击 Excel 菜单‘数据透视表工具 - 设计 - 分类汇总’，在出现的浮动菜单（图 2-38）中单击‘不显示分类汇总’即可。

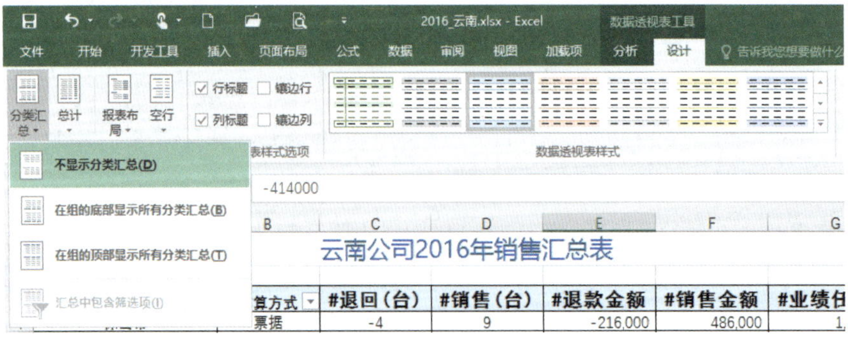

图 2-38　禁止显示数据透视表的分类汇总

（3）调整‘分类汇总’的顶端或者底端显示位置。在数据透视表选项卡的

‘行’方框中单击‘云南城市’，在随后出现的浮动菜单中点击‘字段设置’，或在数据透视表经典布局下，双击数据透视表中‘云南城市’，弹出‘字段设置’对话框，单击‘布局与打印’，在‘布局’选项下，选中‘以大纲形式显示项目标签’前的圆点，勾选‘在每个组顶端显示分类汇总’，再单击‘确定’按钮，就可以让各城市的汇总数与该城市名称显示在同一行（图 2-39 之①）。如果取消勾选‘在每个组顶端显示分类汇总’，则在第二层统计依据‘结算方式’的底部插入一行显示第一层统计依据‘云南城市’的汇总数（图 2-39 之③）。

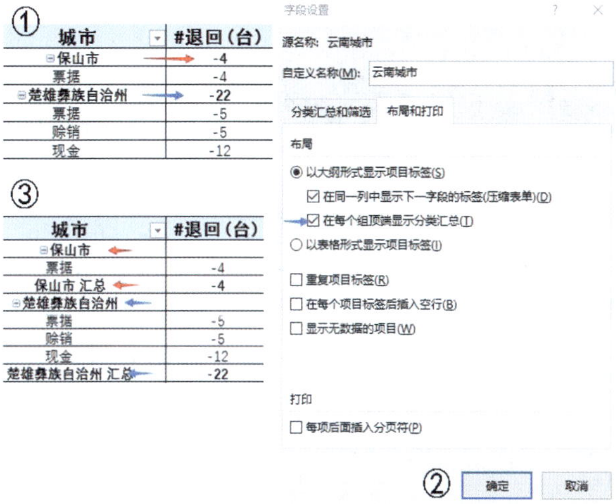

图 2-39　数据透视表分类汇总的显示位置对比图

（4）自动套用或取消数据透视表样式。选中数据透视表任意单元格，单击 Excel 菜单‘数据透视表工具 - 设计’菜单，将鼠标移动到‘数据透视表样式’上的不同位置，数据透视表展现的样式将自动随之改变，在满意的透视表样式上单击就可以完成数据透视表样式的自动套用。如果需要更多样式，单击‘数据透视表样式’右下的下三角箭头，即可呈现出更为详细的数据透视表样式（图 2-40），移动鼠标预览，单击选中。如果要取消选定的样式，单击图 2-40 下部的‘清除’按钮即可。”

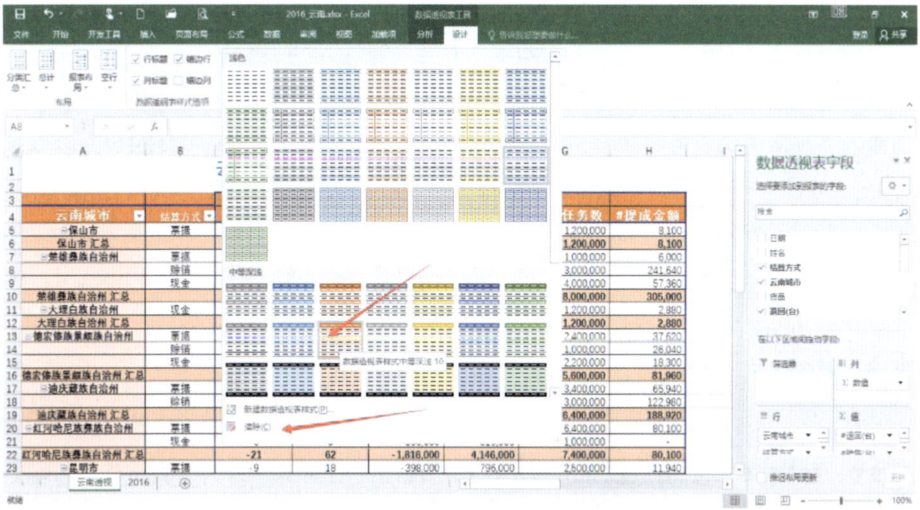

图 2-40　丰富的数据透视表样式

2.7.5 从数据透视表中速查明细

面对的数据透视自动生成的统计结果，有时可能一下子也想不起来，或者数据量太大不可能记住，又想要查看明细构成时，有什么办法呢？

易总写下这个标题时，我不由得脱口而出两个字："双击"！

"对的，"手随言动，易总的一次双击，Excel 立即生成了一个新的明细工作表（图 2-41），"要查看什么，就在所在的行双击什么，我现在双击的是数据透视表的第 10 行'楚雄彝族自治州汇总'，Excel 自动给出楚雄彝族自治州的销售明细清单。"

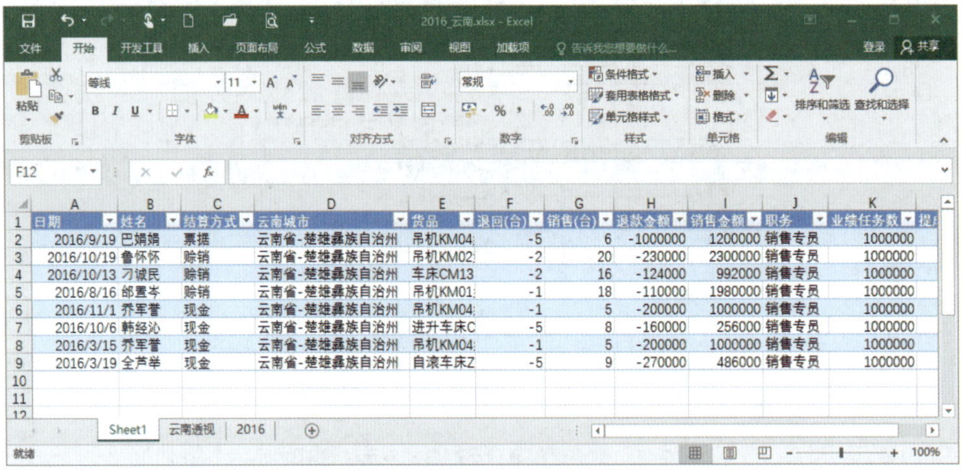

日期	姓名	结算方式	云南城市	货品	退回(台)	销售(台)	退款金额	销售金额	职务	业绩任务数
2016/9/19	巴娟娟	票据	云南省-楚雄彝族自治州	吊机KM04	-5	6	-1000000	1200000	销售专员	1000000
2016/10/19	鲁怀怀	赊销	云南省-楚雄彝族自治州	吊机KM02	-2	20	-230000	2300000	销售专员	1000000
2016/10/13	刁诚民	赊销	云南省-楚雄彝族自治州	车床CM13	-2	16	-124000	992000	销售专员	1000000
2016/8/16	郎置岑	赊销	云南省-楚雄彝族自治州	吊机KM01	-1	18	-110000	1980000	销售专员	1000000
2016/11/1	乔军誉	现金	云南省-楚雄彝族自治州	吊机KM04	-1	5	-200000	1000000	销售专员	1000000
2016/10/6	韩经沁	现金	云南省-楚雄彝族自治州	进升车床C	-5	8	-160000	256000	销售专员	1000000
2016/3/15	乔军誉	现金	云南省-楚雄彝族自治州	吊机KM04	-1	5	-200000	1000000	销售专员	1000000
2016/3/19	全芦举	现金	云南省-楚雄彝族自治州	自滚车床Z	-5	9	-270000	486000	销售专员	1000000

图 2-41　由数据透视表速查某行明细构成

"如果要恢复到生成明细清单前的状态，我们可以用 Ctrl_Z 快速返回。"

2.7.6 批量修改数据透视表求和等多种统计方式

"易总，您在讲解美化和调整数据透视表讲了快速替换'求和项 :'，如果我要求平均值的话，是不是将 Ctrl_H 弹出的对话框中的'替换为'处录入'求平均值 :'就可以了呢？"

认真听易总培训讲解的小白突然来了这么一个很"小白"的问题。

"小白，你能够举一反三，从求和想到求平均值，这很好。用 Ctrl_H 弹出的'查找和替换'对话框只是修改了数据透视表中的文字，而不能够自动计算。实际上，Excel 还可以帮助我们统计个数、求最大值、最小值方差等。一般 Excel 会根据要统计的数据列的数据格式进行推荐一种计算类型，但如果 Excel 推荐的不是我们想要的，我们也可以修改，方法如下：

在'数据透视表选项'选项卡的'值'方框内要修改统计方式的字段上单击一下，在出现的浮动菜单中单击'值字段设置'项，在随后出现的'值字段设置'对话框的'值汇总方式'方框中单击选择想要的统计计算类型即可。问题是，如果我们要修改的字段非常多，这样一个一个地修改也是蛮费事的，那么，有没有什么批量修改的方法呢？

在图 2-41 的工作表'云南透视'上右击，在出现的浮动菜单中单击'查看代码'项，在随后出现的窗口中按下 Ctrl_G 后，在同一行输入以下代码后回车，关闭此窗口返回 Excel。

```
For Each ZD In ActiveSheet.PivotTables("数据透视表1").DataFields: ZD.Function = -4106: Next
```

要注意到‘数据透视表 1’是 Excel 默认给自动生成的数据透视表取的名字，我们可以更改它，在图 2-37 的‘数据透视表名称’后方框内输入新名称后单击‘确定’按钮，就完成了数据透视表的重新命名。改名后，上面这一行代码中的‘数据透视表 1’也要做相应的变动。

这一行代码中‘-4106’代表的是取平均值，其他统计计算方式见表 2-3。

表 2-3　数据透视表计算类型对应数码表

序号	计算类型	对应数字	英文代码
1	求和	-4157	xlSum
2	计数	-4112	xlCount
3	平均值	-4106	xlAverage
4	最大值	-4136	xlMax
5	最小值	-4139	xlMin
6	乘积	-4149	xlProduct
7	数值计数	-4113	xlCountNums
8	标准偏差	-4155	xlStDev
9	总体标准偏差	-4156	xlStDevP
10	方差	-4164	xlVar
11	总体方差	-4165	xlVarP
12	未定义	1000	xlUnknown

返回 Excel 界面后，我们就可以看到：所有的求和项都已经批量变成了求平均值。

从指定的固定区域生成透视，生成后大家根据工作要求和个人喜好可以进行适当的美化，也让 Excel 愉悦一下自己……刚才有人小声在议论，如果引用的数据源发生了数值的变动或者删除，数据透视表会自动跟着变化吗？

我的回答是：你在数据透视表中右击，然后单击‘刷新’项就可以自动更新数据透视表了。”

2.8 数据透视表生成之基于当前工作表动态区域

易总讲完了从固定区域生成数据透视表后，我想，他大概就要讲从可变的区域生成数据透视表了，毕竟动态可变的数据来源是实际工作中更常遇到的。否则，新增了若干条数据行，数据透视表的数据来源设定又要不停地调整了。

我和易总共事时间不长，但我很欣赏他那种做事雷厉风行、严谨求真的风格。想到这里，只听他说道：

“前面讲了静态数据源，下面自然是讲动态可变的数据来源了。老规矩，讲之前，知识预备是必不可少的，还是先来两个函数一个‘名称’热热身。

2.8.1 移动的矩形块：OFFSET 函数

返回对单元格（区域）中指定行数和列数的区域的引用。这个函数以一个单元格（区域）为起点从下向上移动，并指定到达的终点和新的行数和列数后的单元格（区域）。

这么说可能有点绕，我举个‘栗子’，他真的在白板上画了个栗子。

“我知道蔡经理平时比较喜欢吃糖炒栗子。”说这话的时候易总扭头看了我一眼，我的心不由得一动。

> “这个函数有五个参数，依次为起点单元格（区域）、上下移动幅度、左右移动幅度、最终的区域宽、最终的区域高，如果不指定宽和高，则沿用原区域的高和宽。我给大家准备了一个图 2-42，假设偏移前的原区域‘C3:E5’，向下移动 4 格、向右移动 1 格，高和宽由原来的 3、3 变动为 5、2。用公式表示就是‘=SUM(OFFSET(C3:E5,4,1,5,2))’。注意，第二个参数和第三个参数向下、向右移动为正数，向上、向左移动为负数，第四个参数是高，第五个参数是宽，不要搞反了。”

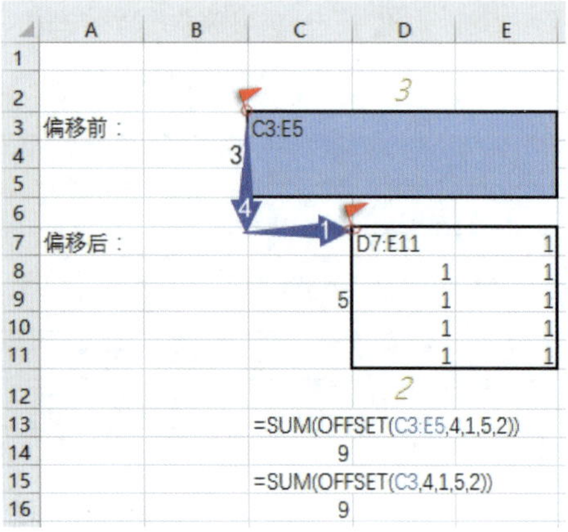

图 2-42　OFFSET 函数图解

“上面这个公式和‘=SUM(OFFSET(C3,4,1,5,2))’结果一样，都是返回‘D7:E11’，由于指定了新的高和宽，原来的高和宽就被忽略了，原有起点是区域也好，单元格也好，返回的结果区域都是一样的。对返回的结果求和，值为 9。”

2.8.2　非空单元格统计者：COUNTA 函数

“计算指定范围中不为空的单元格的个数。这个函数简单，但也要注意，如果要统计的范围中存在空白字符串，也会计数；对逻辑值、文本或错误值也会计数，如果只是对数值计数的话，可以使用 COUNT 函数。

以云南公司的 Excel 文件‘2016_ 云南 .xlsx’为例：

公式‘=COUNTA('2016'!A:A)-4’表示对云南公司 2016 年销售的条数进行计数，之所以减去 4，是因为表‘2016’中前 4 行是不需要纳入统计文本，不计入有效行数。

公式‘=OFFSET(A5,,,COUNTA('2016'!$A:$A)-4,12)’表示对云南公司 2016 的销售明细从单元格 A5 开始向下向右移动 0 格，新的区域高和宽分别是‘COUNTA('2016'!$A:$A)-4’和 12，因为表‘2016’最右一列是 L 列（第 12 列）。”

2.8.3　新建一个动态区域名称

“所谓‘名称’，是对 Excel 的单元格、函数、常量或表格等取的一个名字，便于我们对它们进行指代。比如我们可以把上面公式返回的区域命名为‘YNSALE2016’，方法是：

在 Excel 的‘公式’选项卡‘定义的名称’选项组中，单击‘名称管理器’-‘新建’，在‘新建名称’对话框的‘范围’单击右边向下三角形按钮选择‘2016’，在‘引用位置’中输入公式

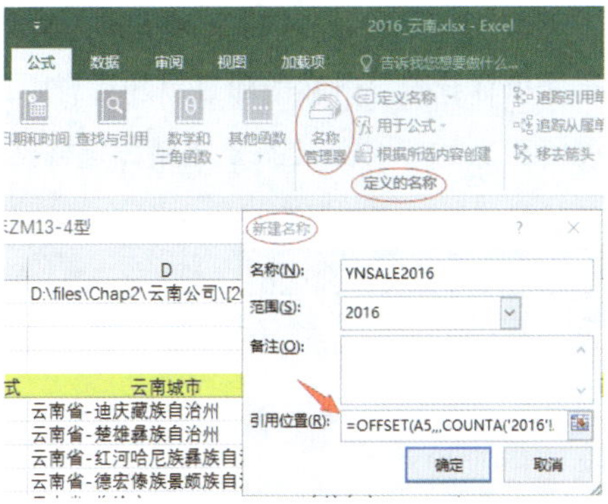

图 2-43　新建一个 Excel 的名称

'=OFFSET('2016'!$A$5,,,COUNTA('2016'!$A:$A)-4,12)'（图 2-43），单击'确定'按钮后再关闭'名称管理器'对话框。

有一个小的细节需要注意的是：在'引用位置'输入或者贴入长公式的过程中如果要向左、向右看清楚是否有输入错误，不要使用键盘上的向左（'←'）向右（'→'）方向键，只能按住鼠标左键来回移动调整光标的位置即可。"

2.8.4　基于当前工作表动态区域名称快速生成数据透视表

"我们还是以云南公司的 Excel 文件'2016_ 云南 .xlsx'为例，打开它，依次单击 Excel'插入'选项卡的'数据透视表'，在随后弹出的'创建数据透视表'对话框中，可以看到 Excel 自动猜测出了一个数据区域，这个数据区域不是我们想要的，我们输入名称'YNSALE2016'，注意输入时没有左右的引号，这是初学者从书本上照搬经常犯的错误。

数据透视表的存放位置选择新工作表，在自动生成的透视表表格的'数据透视表字段'选项卡中依次勾选'云南城市'、'退回（台）'、'销售（台）'、'退款金额'、'销售金额'、'业绩任务数'、'提成金额'。由于勾选的这几项除'云南城市'所在列是文本格式外，其余均为数字列，Excel 自动将其在透视表中设置为'求和项'，可以参照图 2-33，并就汇总结果进行核对，结果完全一致。"

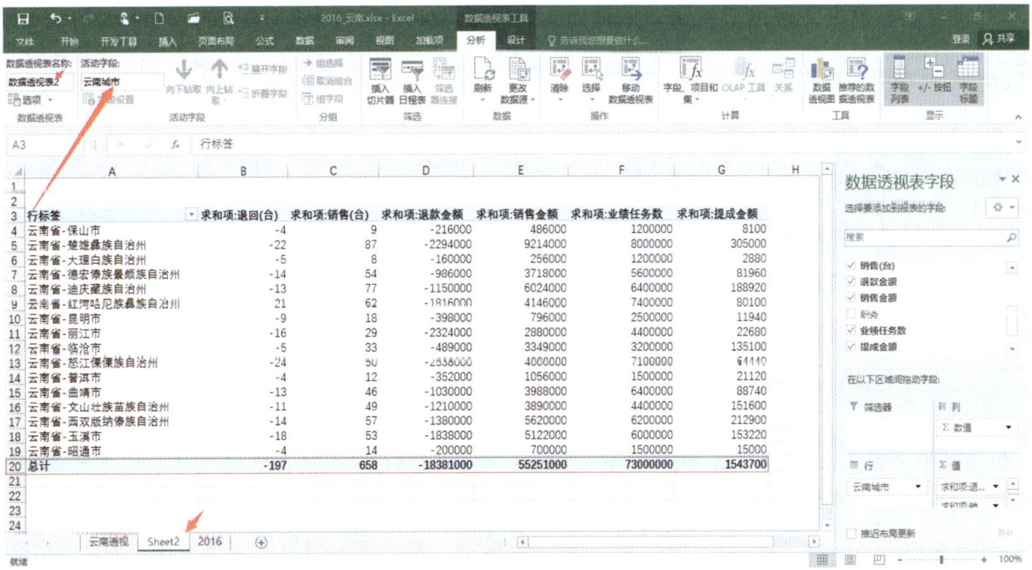

图 2-44　自动生成的基于动态区域的数据透视表

2.8.5　检验新增销售明细后动态数据源数据透视表的变化

"数据透视表已经生成，我们可以根据需要仿照 2.7.2 对它进行美化或者调整，但这不是我们现在需要关注的，我们需要检验的是刚刚生成的数据透视表能不能随着数据源的变化而自动发生变化。

为简化起见，在工作表‘2016’将最后一行（图 2-45 之①）复制并粘贴于其后，在数据透视表所在工作表‘Sheet2’右击数据透视表中任意一个单元格，在出现的浮动菜单中单击‘刷新’项，以获得更新后的数据透视表（图 2-45 之②）。

粘贴的工作表‘2016’最后一行的‘退货（台）’为 -3（图 2-45 之①），增加前‘退货（台）’总计为 -197(图 2-44)，增加后‘退货（台）’总计为 -200(图 2-45 之②)，依次检验其他各求和项目，完全是预想中的结果，结果完全正确。”

①

69	2016/12/31	纪匙怀	赊销	云南省-玉溪市	自滚车床ZM14-1型	-3	13	-264000	1144000	销售专员	1000000	26400
70	2016/12/31	纪匙怀	赊销	云南省-玉溪市	自滚车床ZM14-1型	-3	13	-264000	1144000	销售专员	1000000	26400

②

行标签	求和项:退回(台)	求和项:销售(台)	求和项:退款金额	求和项:销售金额	求和项:业绩任务数	求和项:提成金额
云南省-保山市	-4	9	-216000	486000	1200000	8100
云南省-楚雄彝族自治州	-22	87	-2294000	9214000	8000000	305000
云南省-大理白族自治州	-5	8	-160000	256000	1200000	2880
云南省-德宏傣族景颇族自治州	-14	54	-986000	3718000	5600000	81960
云南省-迪庆藏族自治州	-13	77	-1150000	6024000	6400000	188920
云南省-红河哈尼族彝族自治州	-21	62	-1816000	4146000	7400000	80100
云南省-昆明市	-9	18	-398000	796000	2500000	11940
云南省-丽江市	-16	29	-2324000	2880000	4400000	22680
云南省-临沧市	-5	33	-489000	3349000	3200000	135100
云南省-怒江傈僳族自治州	-24	50	-2538000	4006000	7100000	64440
云南省-普洱市	-4	12	-352000	1056000	1500000	21120
云南省-曲靖市	-13	46	-1030000	3988000	6400000	88740
云南省-文山壮族苗族自治州	-11	49	-1210000	3890000	4400000	151600
云南省-西双版纳傣族自治州	-14	57	-1380000	5620000	6200000	212900
云南省-玉溪市	-21	66	-2102000	6266000	7000000	179620
云南省-昭通市	-4	14	-200000	700000	1500000	15000
总计	-200	671	-18645000	56395000	74000000	157010

图 2-45　检验动态区域的数据透视表的自动化

2.9　静享下午茶时光：多重区域拼合行数列数都不同的多表

2.9.1　瞧这一家人一天的开支

时光在静静流淌，每个人都听得很用心，又到了每日下午茶时间了。

一群人仍然是围坐在易总旁边，品尝着各自喜爱的甜点和咖啡。易总打开他笔记本电脑上的一个文件“2016.3.10.xlsx”，说道：“我这里有个非常简单的文件，就三张工作表‘计 1’、‘计 2’和‘计 3’（图 2-46 之①、②、③），我家宝贝输入的数据就是 2016.3.10 的一日三餐和下午茶费用，工作表‘计 1’中我已经定义了一个名称‘zao’，名称中的公式就是前面学的‘=OFFSET(计 1!$B$4,,,COUNTA(计 1!$B:$B),2)’，我们的目标就是自动生成透视表（图 2-46 之④、⑤）。”

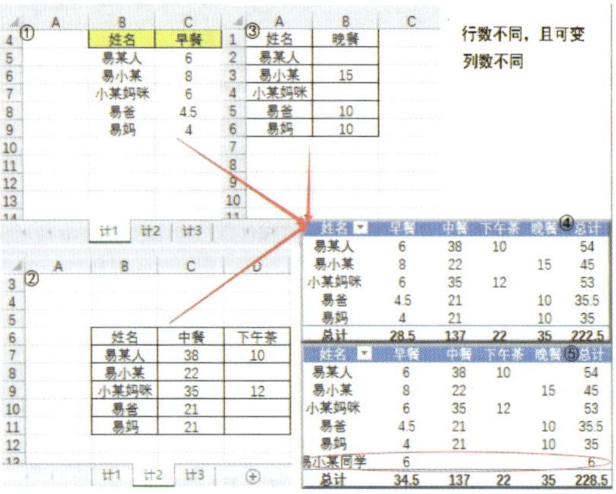

图 2-46　易总一家一日三餐费用明细及汇总透视

2.9.2 将数据透视表向导找出来

“到现在为止，我们生成数据透视表都是直接用 Excel‘插入’选项卡上的‘数据透视表’来操作的，实际上 Excel 还有个专门的‘数据透视表向导’，Excel 默认是不显示的，下面我就把它找出来。

大家仔细看图 2-44 中 Excel 界面‘公式’选项卡上面位置有个下拉的三角形，单击一下，在随后出现的浮动菜单中单击‘其他命令’项，出现‘Excel 选项’对话框（图 2-47），依次单击‘快速访问工具栏’（图 2-47 之①）、‘从下列位置选择命令’（图 2-47 之②），选择单击‘所有命令’，在出现的列表中双击‘数据透视表和数据透视图向导’（图 2-47 之③）后，点击底部的‘确定’按钮（图 2-47 之④），快速访问工具栏即出现了数据透视表图标（图 2-47 之⑤）。”

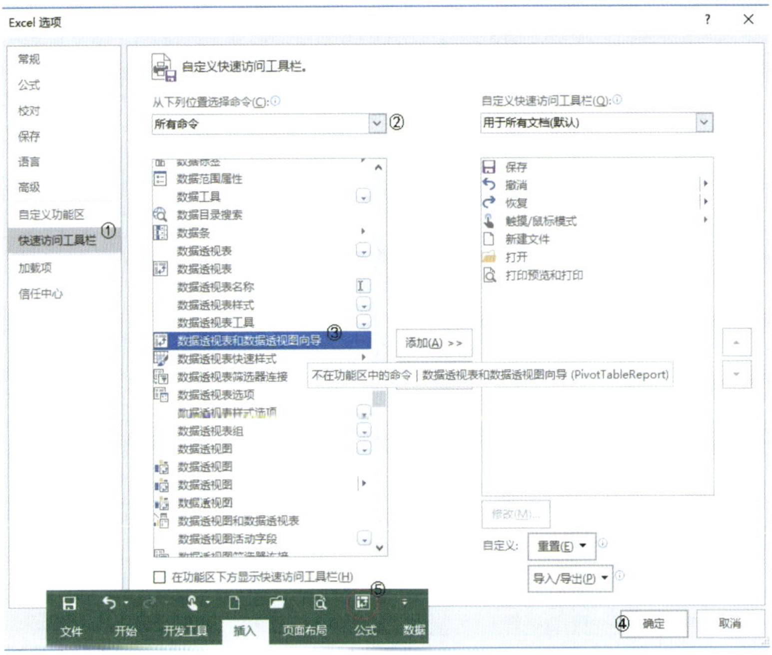

图 2-47　将数据透视表向导显示在快速访问工具栏上

2.9.3 利用数据透视表向导生成多重区域餐饮透视表

“接下来，我们单击数据透视表向导图标，请出向导，在出现的界面（图 2-48）上选择‘多重合并计算数据区域’，单击‘下一步’，选择‘创建单页字段’，单击‘下一步’，在向导‘第 2b 步’界面输入‘计 1！ zao’（图 2-49 之①）后，单击‘添加’按钮（图 2-49 之②），单击工作表标签‘计 2’，用鼠标选择单元格区域‘$B$6:$D$11’后，返回向导‘第 2b 步’界面（图 2-49 之③）单击‘添加’按钮（图 2-49 之④），单击工作表标签‘计 3’，用鼠标选择单元格区域‘$B$6:$D$11’后，返回向导‘第 2b 步’界面（图 2-50 之①）单击‘添加’按钮（图 2-50 之②），单击‘下一步’按钮（图 2-50 之③），出现向导‘步骤 3’界面，选择‘新工作表’（图 2-50 之④），单击‘完成’按钮（图 2-50 之⑤），生成数据透视表（图 2-51）。

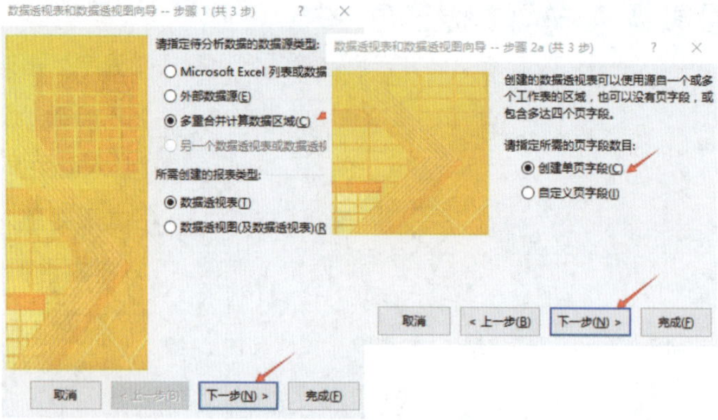

图 2-48　数据透视表向导图之一

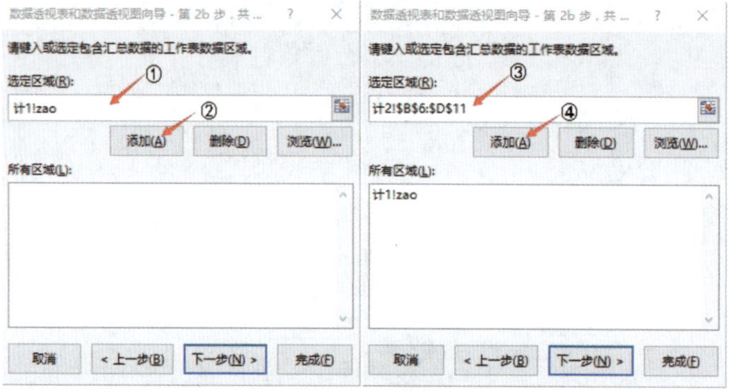

图 2-49　数据透视表向导图之二

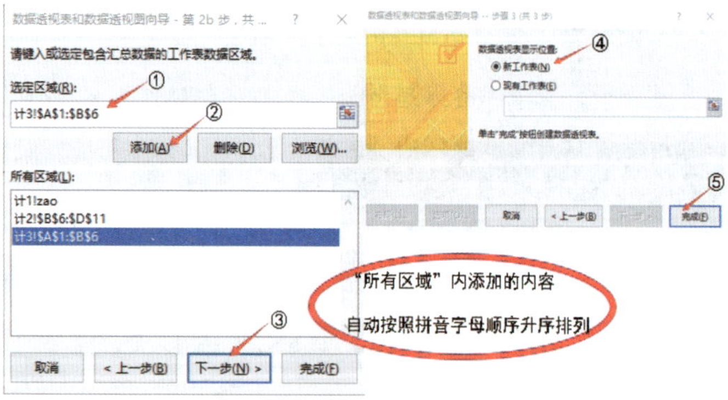

图 2-50　数据透视表向导图之三

值得注意的是，在图 2-50 中，添加到‘所有区域’的多重待汇总的内容都是可以随时删除和添加的，这些内容无论添加的时间先后，它们都是按照拼音顺序按升序进行排列的。

在图 2-51 中，选中各列都可以调整其左右顺序的，比如单击‘晚餐’列标，当光标变为四个方向的箭头时，按下鼠标左键，左右移动，Excel 会自动在列与列之间出现竖线指示目标位置，在需要插入的列位置时，释放鼠标左键。

这里给出值默认的统计方式是计数方式，如果要改成求和等其他方式，可以依照前面讲解的内容进行设置。

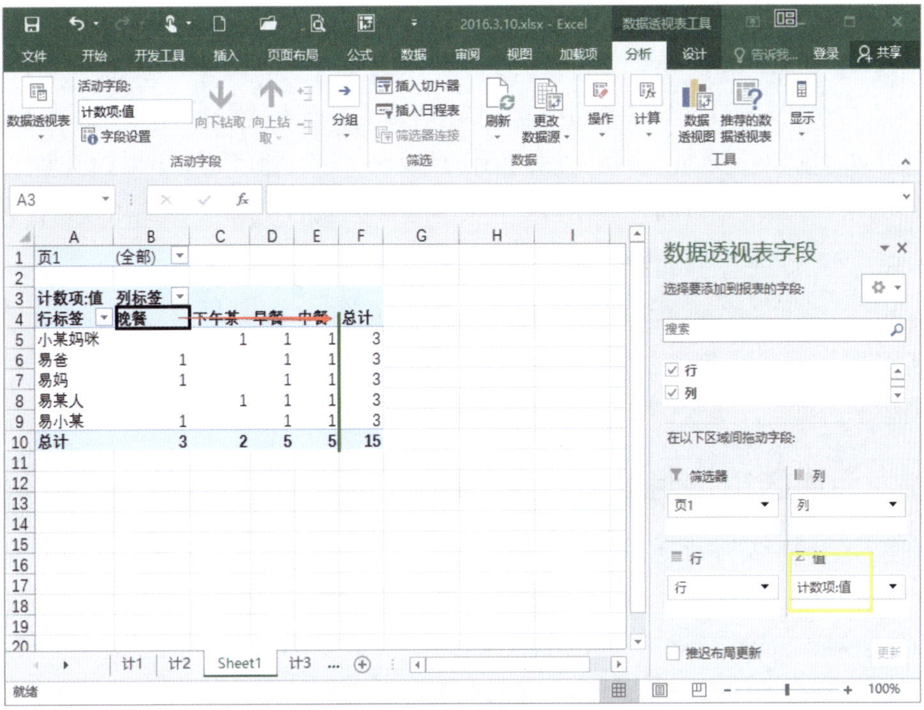

图 2-51 源自多重区域生成的数据透视表

从图 2-51 你们能够看得到，在单元格 B1 的位置有一个下拉三角按钮，单击后会出现‘项 1’、‘项 2’、‘项 3’，这是 Excel 对不同来源区域的名字，它们是不能直接改名的，如果要修改，需要从‘数据透视表字段’选项卡的‘筛选器’将‘页 1’拖入‘行’中，然后在单元格中直接改名后，重新将其从‘数据透视表字段’选项卡的‘行’拖回‘筛选器’中。

多重区域数据透视把选定的各区域的第一列作为透视表的汇总行依据，选定区域的其他列都参与汇总拼接，比如我家的这个分散在各个表格中的、行数不同、列数不同的三餐数据都完整地拼接在一张透视表上（图 2-46 之④）。

如果数据透视的来源区域是动态变化（数据行新增或删减）的，比如后来想起来，我家宝贝请同学吃的早餐 6 元在表格‘计 1’漏记了，补记之后，要让多重区域数据透视表更新统计数据（图 2-46 之⑤），在生成的数据透视表中‘刷新’一下就可以了。

这是我送给大家的加餐‘小甜点’，简单又实用，对数据来源的要求不高，你们也可以把它应用到其他方面。

你们继续享用咖啡，10 分钟后，我们继续今天的培训。”

2.10 数据透视表生成之基于同一工作簿文件的不同工作表

2.10.1 初识简单的 SQL 语句

SQL ？这是什么？多少人心里都有这个问号。

“SQL 是用于访问和处理数据库的标准的计算机语言，SQL 这三个字母是英文结构化查询语言

（Structured Query Language）的首字母。对于其他，不必深究，我们只管运用，只要会一些简单的代码就可以了。下面是一句简单英文句：

```
Select ZD1,ZD2,ZD3 from table
```

大家都看得懂，中文意思是‘从表选择 ZD1,ZD2,ZD3’，在结构化语言中为了让电脑认识，将‘ZD1’、‘ZD2’、‘ZD3’、‘table’用中括号‘[]’括起来。再加上选择条件，结构化语言中用英文单词‘where’作为标志，意为‘满足…条件的’，比如：

```
Select [ZD1],[ZD2],[ZD3] from [table] where [ZD]…
```

省略号是添加的限制条件，多个限定条件之间用‘and’相连，只要有‘where’出现就必须将后面的省略号写完整。”

2.10.2 西南区销售明细多表合一的 SQL 语句

“刚刚下午茶时间，小吴给了我一个 Excel 文件，她已经将西南区三家公司 6 个文件复制到一个文件中了，我把它存放在‘D:\files\Chap2\used files\ 西南区二级公司销售明细 .xlsx’，这里面有 6 张工作表，分别是‘2015. 云南’、‘2016. 云南’、‘2015. 贵州’、‘2016. 贵州’、‘2015. 四川’、‘2016. 四川’，各表的结构除了行数不同、第 4 列标题不同外，列数一样。

仿照前面的 SQL 语句，我们从表‘2015. 云南’中选择全部字段：

```
Select [日期],[姓名],[结算方式],[四川城市],[货品],[退回(台)],[销售(台)],[退款金额],[销售金额],[职务],[业绩任务数],[提成金额] from [2015.云南$A5:L59]
```

这么写看起来有些烦琐了，于是 SQL 选择全部字段就用‘*’代替了，Excel 中在工作表名的后面加上了美元符号‘$’，紧接其后写要统计的单元格区域，形式如下：

```
Select * from [2015.云南$A5:L59]
Select * from [2015.贵州$A5:L43]
```

但由于这 6 张工作表第 4 列标题不同，可以用‘as’将它们归于一列，将上面语句再次改写为：

```
select [云南城市] as 城市, * from [2015.云南$A5:L59]
select [贵州城市] as 城市, * from [2015.贵州$A5:L43]
```

Excel 中运用 SQL 时，使用‘UNION ALL’将 6 张工作表连为一张，输入代码时要切换输入法至半角小写状态输入，要特别小心引用工作表的名称、列的名称时不要出现多余的空格，以免出错。

有时，在某一单元格输入了内容，后来又用按‘Delete’清空了其中的内容，Excel 也会将这个单元格标志为已使用或者使用了条件格式，从表面来看，该单元格什么也没有，实际上这个单元格也是已使用了的，为避免 SQL 漏计，以第一列‘日期’为判断条件，可以加上条件代码‘where [日期] is not null’，添加后代码如下：

```
select [云南城市] as 城市, * from [2015.云南$A5:L59] where [日期] is not null
UNION ALL
select [云南城市] as 城市, * from [2016.云南$A5:L69] where [日期] is not null
UNION ALL
select [贵州城市] as 城市, * from [2015.贵州$A5:L43] where [日期] is not null
```

```
UNION ALL
select [贵州城市] as 城市, * from [2016.贵州$A5:L48] where [日期] is not null
UNION ALL
select [四川城市] as 城市, * from [2015.四川$A5:L68] where [日期] is not null
UNION ALL
select [四川城市] as 城市, * from [2016.四川$A5:L89] where [日期] is not null
```

这一长串的‘UNION ALL’代码中的‘select’所在的行是不分上下顺序的，放上一行也行、放下一行也行。”

2.10.3 多表的各列的个数不同、顺序不同时的 SQL 语句

“我们要分析的西南区的各表列数一样、列与列的左右顺序相同，除第 4 列标题不同外，其他列标题都相同。

实际生活中，各种要连接在一起的表格的列有多种多样的情况（见表 2-4）。比如：列的左右顺序不同、列数一样，列数不同，但有共同的列……

表 2-4 数据透视表所选列字段不规则时的 SQL 语句表

表名	字段 1	字段 2	字段 3	字段 4
TB1	**ZD1**	ZD2	**ZD3**	
TB2	**ZD3**	**ZD1**		
TB3	**ZD1**	**ZD3**		
TB4	**ZD1**	**ZD3**	ZD4	ZD5

注：粗体部分为各表相同的列字段，各个列字段中不建议包含空格

情况虽然多种多样，但万变不离其宗，各种 SQL 语句是根据管理的要求来写的，用‘UNION ALL’让不同表格不同的字段出现在同一张表格之中，针对表 2-4，我们从不同的表中选择共同列的 SQL 语句如下：

```
Select [ZD1],[ZD3] from [TB1]
UNION ALL
Select [ZD1],[ZD3] from [TB2]
UNION ALL
Select [ZD1],[ZD3] from [TB3]
UNION ALL
Select [ZD1],[ZD3] from [TB4]
```

如果要将不同名称的列归拢在同一列中，可参照 2.10.2 那样，使用‘as’语句。”

2.10.4 新建数据连接生成基于同一工作簿多工作表的数据透视表

“按下 Ctrl_N 生成一张空白工作簿，单击 Excel‘数据’选项卡上的‘现有连接’（图 2-52），再单击‘现有连接’对话框上的‘浏览更多’按钮，找到电脑上要处理的 Excel 文件，我的是‘D:\files\Chap2\used files\西南区二级公司销售明细.xlsx’，选择文件后出现‘选择表格’对话框

（图 2-53），注意到左下角‘数据首行包含列标题’选项，注意勾选上，表明所选区域的第一行作为标题行。单击‘确定’按钮，出现‘导入数据’对话框（图 2-54）。

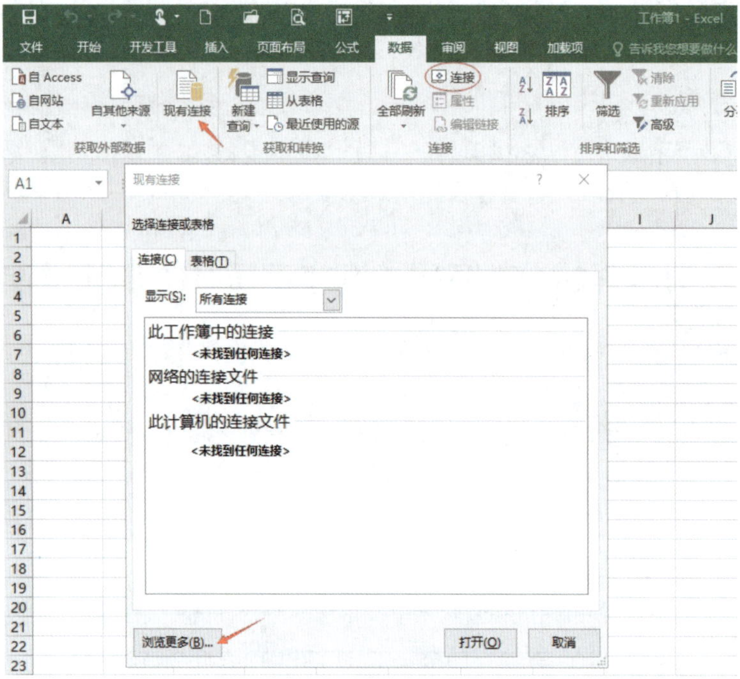

图 2-52　数据连接的现有连接

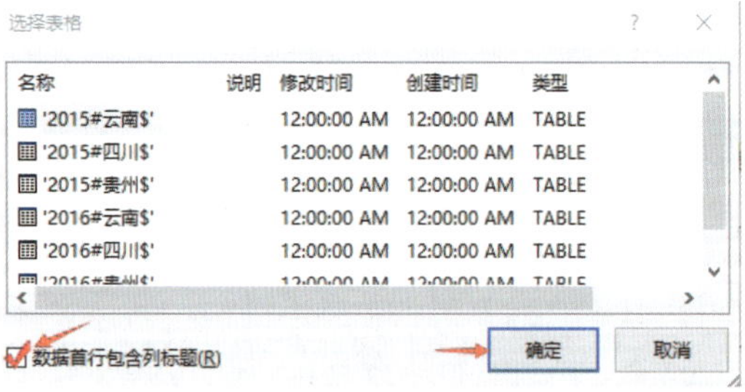

图 2-53　数据连接的选择表格

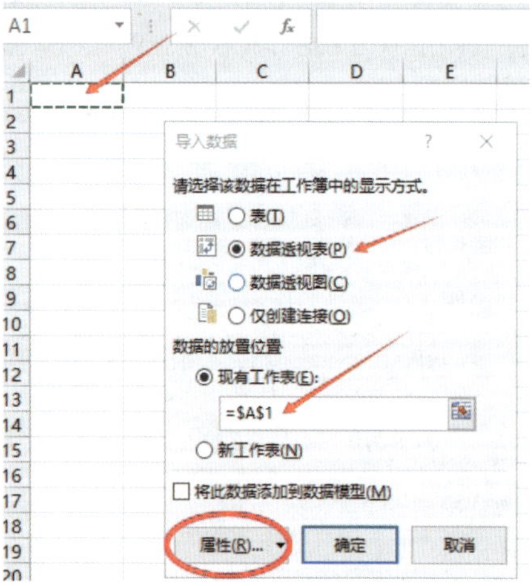

图 2-54　数据连接的导入数据

在‘导入数据’对话框的‘数据在工作簿中的显示方式’下选中‘数据透视表’、‘数据的放置位置’选中‘现有工作表’，单击左下角的‘属性’按钮，出现‘连接属性’对话框（图 2-55）。

单击‘连接属性’对话框中的‘定义’选项卡，为避免源数据格式引用上出现错误，可在‘连接属性’对话框的‘连接字符串’中的字符串‘HDR=YES;’之后添加‘IMEX=1;’，随后，在‘命令文本’方框内输入（或粘贴）上面的‘UNION ALL’一长串代码，单击‘确定’按钮，返回‘导入数据’对话框（图 2-54），再单击‘确定’按钮，数据透视表已经生成（图 2-56）。

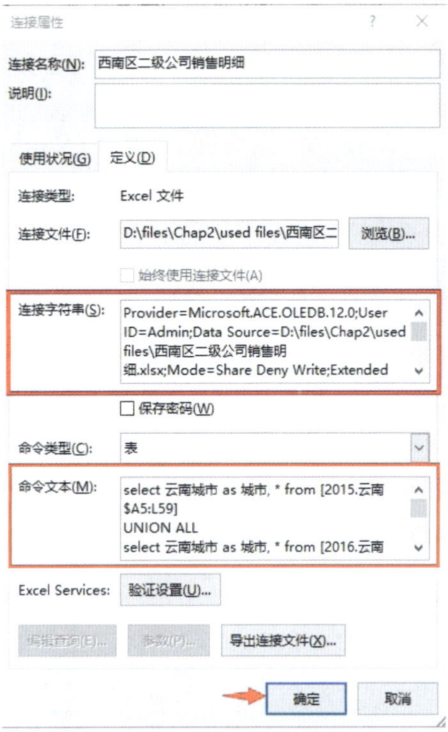

图 2-55　数据连接的连接属性图

CFO 点拨

"确定"后如出现"查询无法运行或数据库表无法打开"的提示，须检查"命令文本"中的字符是否遗漏、多余或半角、全角错误输入。

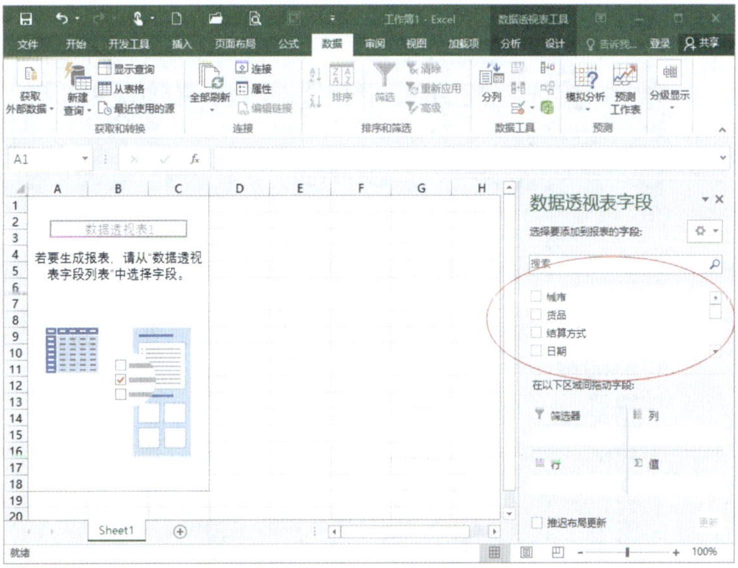

图 2-56　利用数据连接生成的数据透视表图一

此时的数据透视表并没有任何可用的数据，我们要进行拖拉布局：

在生成的数据透视表（图 2-56）右端的‘数据透视表’字段选项卡中红圈框选的部分是用‘select [云南城市] as 城市 , * from …’选择的列字段，Excel 自动将它们按照拼音字母的升序进行排列，而不是原先工作表中从左到右的列的顺序，这一点要注意。

将图 2-56‘数据透视表’字段选项卡中红圈框选的部分中的‘城市’、‘结算方式’依次拖入‘行’方框，将‘退回(台)’、‘销售(台)’、‘退款金额’、‘销售金额’、‘业绩任务数’、‘提成金额’依次拖入‘∑值’方框，得到生成完毕的数据透视表（图 2-57），在数据透视表第一列上右击，单击出现的浮动菜单的‘展开 / 折叠’选项下的‘折叠整个字段’，便可对西南区各城市的销售情况一目了然，同时将数据透视表（图 2-58）的‘总计’与图 2-31 两年加计结果进行核对，二者完全相符。

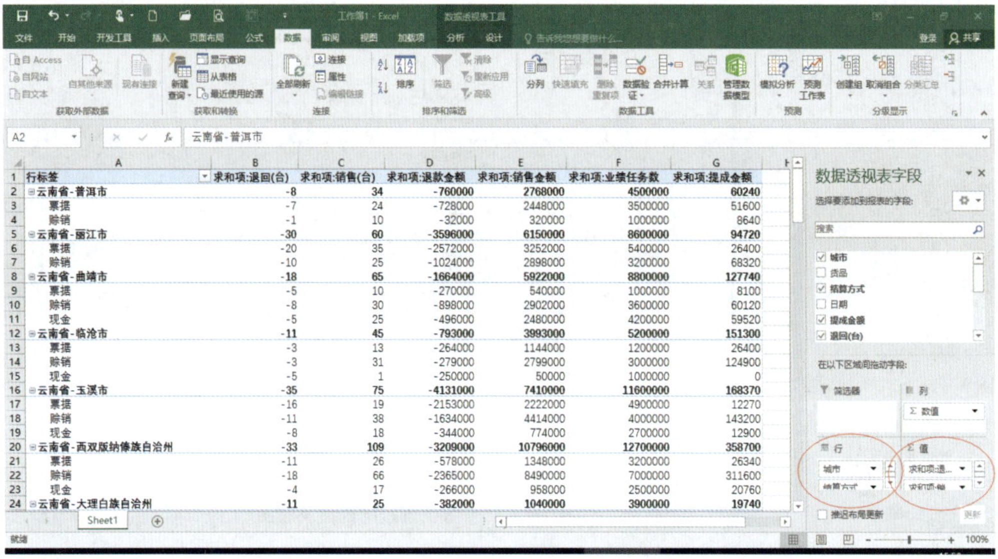

行标签	求和项:退回(台)	求和项:销售(台)	求和项:退款金额	求和项:销售金额	求和项:业绩任务数	求和项:提成金额
云南省-普洱市	-8	34	-760000	2768000	4500000	60240
票据	-7	24	-728000	2448000	3500000	51600
赊销	-1	10	-32000	320000	1000000	8640
云南省-丽江市	-30	60	-3596000	6150000	8600000	94720
票据	-20	35	-2572000	3252000	5400000	26400
赊销	-10	25	-1024000	2898000	3200000	68320
云南省-曲靖市	-18	65	-1664000	5922000	8800000	127740
票据	-5	10	-270000	540000	1000000	8100
赊销	-8	30	-898000	2902000	3600000	60120
现金	-5	25	-496000	2480000	4200000	59520
云南省-临沧市	-11	45	-793000	3993000	5200000	151300
票据	-3	13	-264000	1144000	1200000	26400
赊销	-3	31	-279000	2799000	3000000	124900
现金	-5	1	-250000	50000	1000000	0
云南省-玉溪市	-35	75	-4131000	7410000	11600000	168370
票据	-16	19	-2153000	2222000	4900000	12270
赊销	-11	38	-1634000	4414000	4000000	143200
现金	-8	18	-344000	774000	2700000	12900
云南省-西双版纳傣族自治州	-33	109	-3209000	10796000	12700000	358700
票据	-11	26	-578000	1348000	3200000	26340
赊销	-18	66	-2365000	8490000	7000000	311600
现金	-4	17	-266000	958000	2500000	20760
云南省-大理白族自治州	-11	25	-382000	1040000	3900000	19740

图 2-57　利用数据连接生成的数据透视表图二

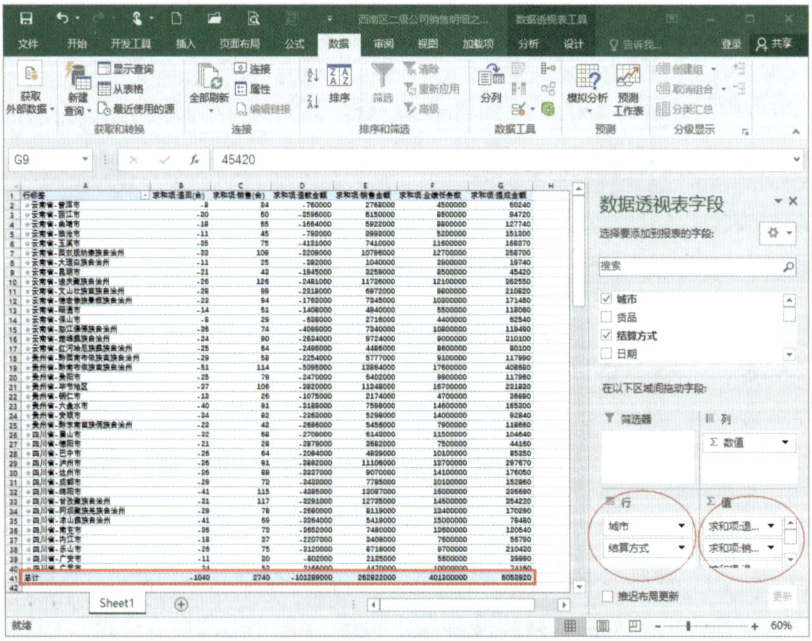

图 2-58　利用数据连接生成的数据透视表图三

根据内部管理和财务分析的不同需要，我们可以将‘日期’、‘姓名’、‘结算方式’、‘四川城市’、‘货品’、‘职级’拖入‘行’或者‘列’”，在‘∑值’方框中删除或者保留‘退回(台)’、‘销售(台)’、‘退款金额’、‘销售金额’、‘业绩任务数’、‘提成金额’，或者调整它们的顺序。如‘2.7.3’描述，这样的调整或者拖拉，应当是结合内部管理需要的、有经济意义的数据分析行为，而不是无目的、无逻辑的盲动瞎拖。

由于我们前面是利用 Ctrl_N 新建的空白工作簿，可以将生成的数据透视表结果加以保存，我保存为‘D:\files\Chap2\used files\ 西南区二级公司销售明细之数据透视 .xlsx’，实际上我们也可以预先打开‘D:\files\Chap2\used files\ 西南区二级公司销售明细 .xlsx’，然后建立数据连接以生成数据透视表。”

2.10.5 利用现有的数据连接生成基于多工作表的数据透视表

“如果我们不慎将已经生成的数据透视表删除或者重新生成一个不同页面布局排列的数据透视表，还可以利用上次建立的数据连接重新生成数据透视表，方法如下：

打开前面保存的 Excel 文件‘D:\files\Chap2\used files\ 西南区二级公司销售明细之数据透视 .xlsx’，单击 Excel‘数据’选项卡上的‘现有连接’（注意单击前，鼠标不可点入已生成的数据透视表中，否则‘现有连接’将变成灰色无法使用），在单击后出现的‘现有连接’对话框（图 2-59）内双击‘西南区二级公司销售明细’这一链接，弹出‘导入数据’对话框（图 2-54），在‘数据在工作簿中的显示方式’选中‘数据透视表’、‘存放位置’选中‘新工作表’后单击‘确定’按钮，即可生成一个空的数据透视表。

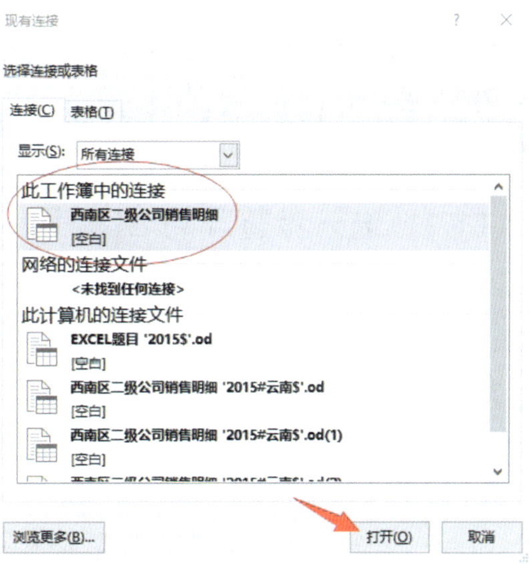

图 2-59 利用现有的数据连接生成数据透视表

根据内部管理和财务分析的需要，在‘数据透视表字段’选项卡中进行拖放操作以获得符合我们需要的数据透视表。”

2.10.6 编辑和删除现有的数据透视表数据连接

“对于已经生成的数据连接如果想要修改，应当怎么办呢？

很简单，单击 Excel‘数据’选项卡上的‘连接’选项，在随后出现的‘工作簿连接’对话框（图 2-60）中找到想要编辑修改的数据连接，单击右侧‘属性’按钮，即可弹出相应的修改项目。

如果手头有从别处复制（移动）过来的包含‘数据连接’的 Excel 文件，要使用其中的‘数据连接’时，一定要将图 2-55‘连接属性’对话框的‘连接字符串’内包含的文件存放位置按实际情况进行修正。

单击右侧‘删除’按钮，即可删除选中的数据连接。数据连接被删除后，与之关联的数据透视表便失去了‘活性’，不再可以双击弹出明细，不再可以‘刷新’，也无法出现‘数据透视表字段’选项卡，数据透视表变成了一张普通的无公式、无连接的简单表格。”

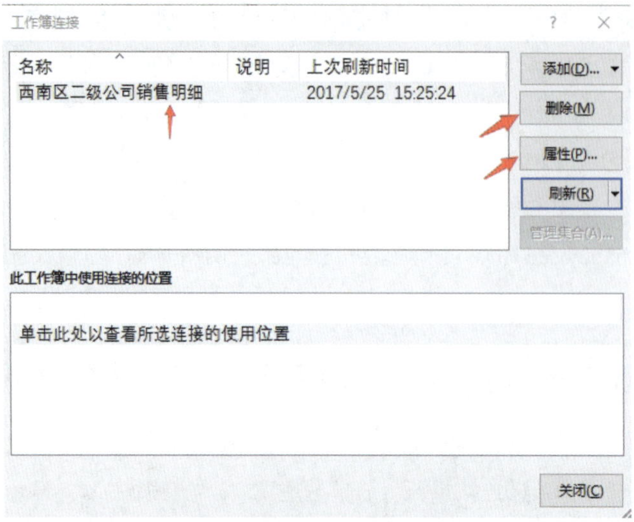

图 2-60　编辑和删除现有的数据连接

2.11　数据透视表生成之基于不同工作簿文件不同工作表

2.11.1　进一步整理的 SQL 语句

“前面所有的数据来源都是来自于同一个 Excel 文件（工作簿），所采用的例子‘D:\files\Chap2\used files\ 西南区二级公司销售明细 .xlsx’是来自西南区三家公司的 6 个文件，6 个文件中的 6 个工作表复制到一个文件中了，我们苏问集团下属二级公司就有十多家，假如是 100 家，我要求你们将所有三级公司也纳入合并呢？你们是不是也像小吴一样，一个一个打开文件，右击工作表标签来‘移动或复制’（图 2-21）工作表呢？

这个工作量不得了，我想想都有些头大。如果要处理的工作表还是处在不停变化中的，有新增、有删除、有修改，那不得重新‘移动或复制’工作表？这样的反反复复、来来回回……真令人头疼！

有人问了，那有没有简单快捷，不需要反复的方法呢？

方法肯定是有了，用 SQL 呀，这么强大的工具不用不可惜了吗！ Follow Me……

在前面的分析中，我们已经知道这样一条 SQL 语句的意思了：

```
select [四川城市] as 城市, * from [2016.四川$A5:L89] where [日期] is not null
```

小吴，这句代码的意思你说说看？”

易总点将小吴，快嘴小吴自然不会退缩。

“这条语句的代码的意思是说，从当前工作簿的‘2016. 四川’工作表的指定单元格区域‘A5:L89’选出所有编辑过的包含有效‘日期’单元格的列，并把‘四川城市’存放到新生成的‘城市’列中。”

“说得很好，大家也听到了，小吴的表述中，是加了几个限定词语的：

‘当前工作簿’表明所有的源工作表都是同一个 Excel 文件中的；

‘包含有效‘日期’单元格’表明我们添加了限制条件‘where’，我们再添加一个条件，要找出所有姓李的业务人员这一条件，可以将上面的代码改写为：

```
select [四川城市] as 城市, * from [2016.四川$A5:L89] where [日期] is not null and [姓名] like '李%'
```

我们用‘and’连接了两个限制条件，用‘like’表明了‘类似’，用一对（‘’）将类似的值括起来，用‘%’表示一个或者多个字符。

我们要根据情况的变化，继续加工上面的代码。指定工作表所在的Excel文件在电脑上的存放位置‘D:\files\Chap2\云南公司\2016_云南.xlsx’，用一对‘[]’括起来，文件名和工作表名之间用‘.’相连，代码如下：

```
[D:\files\Chap2\云南公司\2016_云南.xlsx].[2016$A5:L89]
```

小吴说的‘指定单元格区域’中的‘L89’限制了最后一行的行号是89，如果行数是动态变化的，我们就不知道最后一行的行号了，不知道就不指定这个数字了，让SQL自己去找好了，将‘[2016$A5:L89]’改为‘[2016$A5:L]’即可，修改后的代码是这样的（图2-61）：

```
select [云南城市] as 城市, * from [D:\files\Chap2\云南公司\2016_云南.xlsx].[2016$A5:L] where [日期] is not null
        ①            ②                        ③                         ④   ⑤           ⑥
```

图2-61 选取不同工作簿、不同工作表、行数可变的数据区域的SQL代码

对于上图中的画线部分，我来一一解释一下：

① 是来自于工作表中原有的列名，也就是SQL语句中字段名；

② 是生成新表后的新的字段名；

③ 是文件的存放位置，根据Excel文件在各人的电脑上的实际存放位置指定；

④ 是来自于工作表的名字；

⑤ 是从单元格‘A5’开始的到L列为止，总行数未知的单元格区域；

⑥ 是限定条件的来自于工作表中原有的列名。

根据西南区三家二级公司的Excel文件在我电脑上的存放位置（图2-28），我将6个Excel文件用‘UNION ALL’组合起来，代码如下：

```
select [云南城市] as 城市,* from [D:\files\Chap2\云南公司\2015_云南.xlsx].[2015$A5:L] where [日期] is not null
UNION ALL
select [云南城市] as 城市,* from [D:\files\Chap2\云南公司\2016_云南.xlsx].[2016$A5:L] where [日期] is not null
UNION ALL
select [贵州城市] as 城市,* from [D:\files\Chap2\贵州公司\2015_贵州.xlsx].[2015$A5:L] where [日期] is not null
UNION ALL
select [贵州城市] as 城市,* from [D:\files\Chap2\贵州公司\2016_贵州.xlsx].[2016$A5:L] where [日期] is not null
```

```
    UNION ALL
    select [四川城市] as 城市,* from [D:\files\Chap2\四川公司\2015_四川.xlsx].
[2015$A5:L] where [日期] is not null
    UNION ALL
    select [四川城市] as 城市,* from [D:\files\Chap2\四川公司\2016_四川.xlsx].
[2016$A5:L] where [日期] is not null
```

这样的代码是不是规律性很强，看起来是不是很舒服？这就要求我们平时在给文件取名、给所在文件夹取名，给工作表取名、给列标题取名的时候都要注意保持符合自己习惯的一致性，不能随心所欲地乱取名。”

2.11.2 新建数据连接制作来源于多工作簿、多工作表的明细清单

“按下 Ctrl_N 生成一张空白工作簿，按下 Ctrl_S 保存为‘D:\files\Chap2\used files\西南区二级公司销售明细之数据透视表.xlsx’。

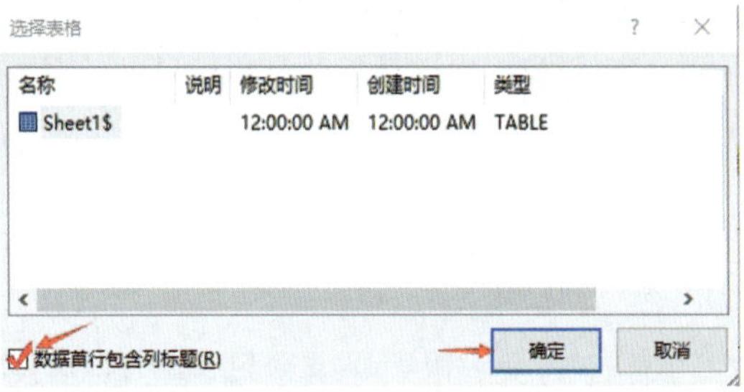

图 2-62 从空白文件创建“数据连接”之“选取表格”对话框图

单击 Excel‘数据’选项卡上的‘现有连接’（图 2-52），再单击‘现有连接’对话框上的‘浏览更多’按钮，找到刚刚保存的‘D:\files\Chap2\used files\西南区二级公司销售明细表.xlsx’，选择文件后出现‘选择表格’对话框（图 2-62），注意到左下角‘数据首行包含列标题’选项，勾选，表明所选区域的第一行作为标题行。单击‘确定’按钮，出现‘导入数据’对话框（图 2-54）。

在‘导入数据’对话框的‘请选择该数据在工作簿中的显示方式’下选中‘表’、在‘数据的放置位置’选中‘现有工作表’，单击左下角的‘属性’按钮，出现‘连接属性’对话框（图 2-63）。

单击‘连接属性’对话框中的‘定义’选项卡，为避免源数据格式引用上出现错误，可在‘连接属性’对话框的‘连接字符串’中的字符串‘HDR=YES;’之后添加‘IMEX=1;’，随后，在‘命令文本’方框内输入（或粘贴）‘2.11.1’中的‘UNION ALL’一长串代码，单击‘确定’按钮，返回‘导入数据’对话框，再单击‘确定’按钮，一张源自于多工作簿多工作表的明细清单已经生成（图 2-64 之①），拖拉该清单至最后一行（图 2-64 之②），行号为 347 行，表明除去列标题所在的第一行，数据清单共 346 条。

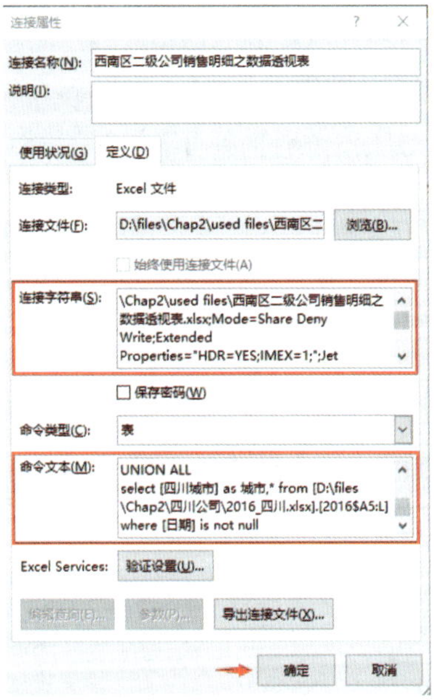

图 2-63 从空白文件创建“数据连接”之“连接属性”对话框图

在‘2.10.2’中的‘UNION ALL’一长串代码中，我们指定的单元格区域的 L 列的最后一行行号依次是 59、69、43、48、68、89，相加得 376，扣除 6 张工作表每张表的前 5 行非数据行共 30 行后刚好是 346 条，这表明我们用‘A5:L’指代的动态行区域已经被 Excel 自动完整识别。”

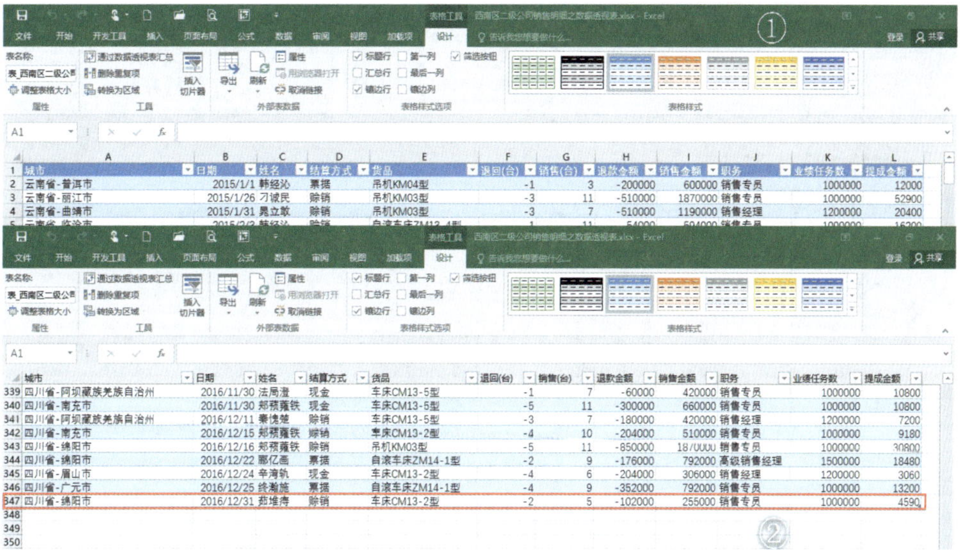

图 2-64　源自于多工作簿、多工作表的明细清单

2.11.3　利用现有的数据连接动态生成基于多工作簿的明细清单

“如果要引用的数据来源发生了增减变化或者修改，我们是不是要重新制作一遍数据链接呢？

显然是不需要的，否则也没有必要准备这么多的预备工作，前期工作做得扎实，就是为了随时享受自动化成果。

如果重新制作一份明细清单时，可以打开前面保存的 Excel 文件‘D:\files\Chap2\used files\ 西南区二级公司销售明细之数据透视表 .xlsx’，单击 Excel‘数据’选项卡上的‘现有连接’（注意鼠标不要单击在该文件中有清单明细的单元格中），在单击后出现的‘现有连接’对话框内找到并双击‘西南区二级公司销售明细之数据透视表’连接，弹出‘导入数据’对话框（图 2-54），在‘导入数据’对话框的‘请选择该数据在工作簿中的显示方式’下选中‘表’、在‘数据的放置位置’选中‘新工作表’后单击‘确定’按钮，即可生成一张基于多工作簿的明细清单。

有人要问，易总你一直强调动态，你能不能演示一下给我们看看呢？

当然可以，在图 2-64 的最后一行是四川绵阳销售专员茹先生的一条记录，我们打开这条记录所在的原始文件‘D:\files\Chap2\ 四川公司 \2016_ 四川 .xlsx’，将这条记录所在的 89 行复制新增一行（图 2-65 之①），然后在已经制作好的清单内任意单元格右击，在随后出现的浮动菜单中单击‘刷新’项，拖拉该清单至最后一行（图 2-65 之②），行号为 348（与图 2-64 之②对比观察），最后两行完全相同，末行正是源数据中复制粘贴的结果，表明了利用数据连接动态生成基于多工作簿的明细清单的 Excel 自动化已经成功。”

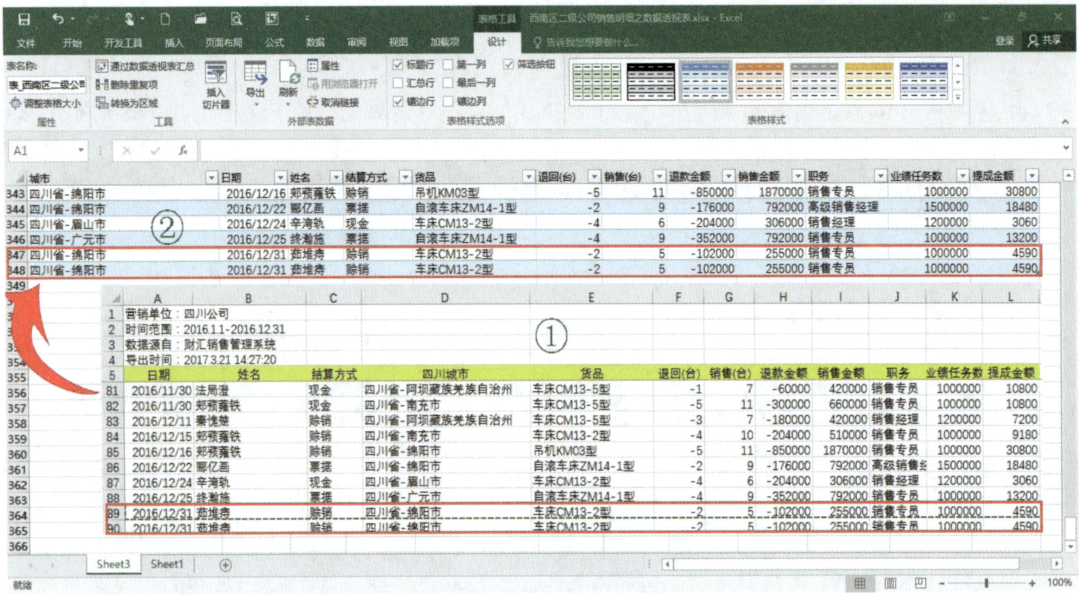

图 2-65　利用已制作好的数据连接生成明细清单

2.11.4　新建数据连接生成基于多工作簿、多工作表的数据透视表

“清单现在已经有了，我们要解决两个问题：一是如何生成数据透视表的问题，二是如何在源数据动态变化后，刷新数据透视表的问题。

先来说第一个，如何生成基于多工作簿、多工作表的数据透视表呢？

生成数据透视表有两种方法可以选择：

其一，选中制作的明细清单内任意单元格，按照‘2.7.1’的方法，单击 Excel‘插入’选项卡上的‘数据透视表’项，生成一张源自于明细清单的数据透视表（图 2-66 之①），将所在的工作表命名为‘源自清单’。

其二，单击 Excel‘数据’选项卡上的‘现有连接’（注意鼠标不要单击在该文件中有清单明细的单元格中），在单击后出现的‘现有连接’对话框内找到并双击‘西南区二级公司销售明细之数据透视表’连接，弹出‘导入数据’对话框（图 2-54），在‘导入数据’对话框的‘请选择该数据在工作簿中的显示方式’下选中‘数据透视表’、在‘数据的放置位置’选中‘新工作表’后单击‘确定’按钮，即可生成一张源自于不同工作簿、不同工作表的数据透视表（图 2-66 之③），将所在的工作表命名为‘源自原始文件’。

紧接着解决第二个问题，如何刷新基于多工作簿、多工作表生成的数据透视表呢？

在刷新数据透视表之前，需要将原始数据进行变化，为便于观察，我们仍然是将原始文件‘D:\files\Chap2\四川公司\2016_四川.xlsx’中的第 89 行四川绵阳销售专员茹先生的一条销售记录复制新增一行。

对于采用方法一生成的数据透视表，在制作好的明细清单‘Sheet1’内任意单元格内右击，在出现的浮动菜单中单击‘刷新’项，在生成好的数据透视表‘源自清单’内任意单元格内右击，在出现的浮动菜单中单击‘刷新’项，得到了更新的数据透视表（图 2-66 之②）。

对于采用方法二生成的数据透视表，在生成好的数据透视表‘源自原始文件’内任意单元格内右击，在出现的浮动菜单中单击‘刷新’项，得到结果更新了的数据透视表（图 2-66 之④）。

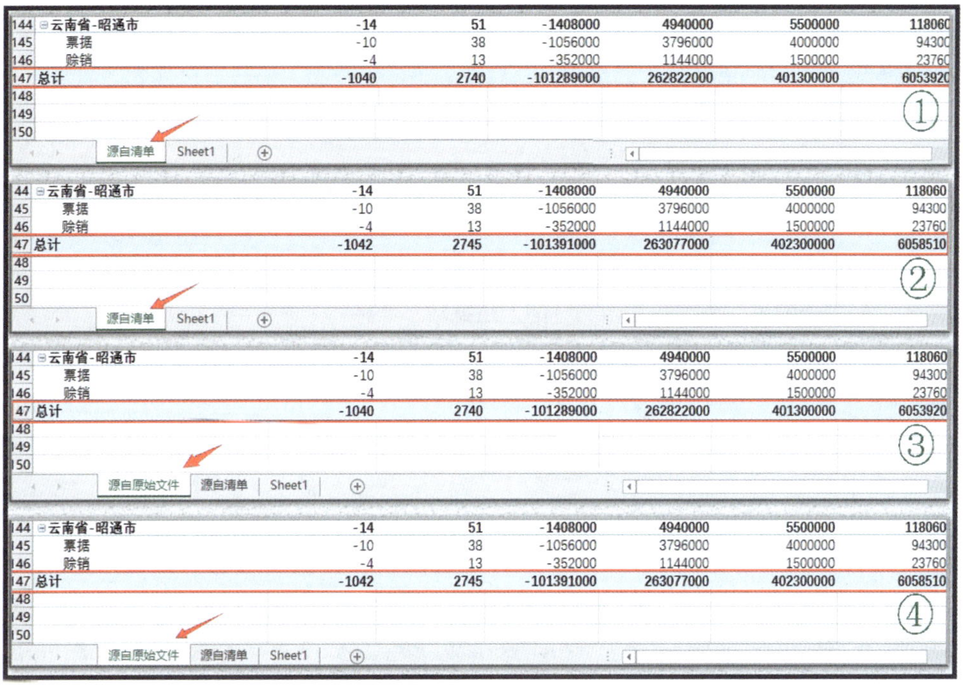

图 2-66　两种方法制作的源自于多工作簿、多工作表的数据透视表比对图

仔细观察图 2-66 两种方法制作的数据透视表，在原始数据发生动态变化前后，数据透视表刷新前后发生的变化，可以发现两种方法给出的结果是完全一致的。

此处视频讲解更精彩，扫描右侧的二维码，即可观看和下载

方法不同，结果相同，钩稽无误，殊途同归。

不管源自多少个工作簿、多少个工作表，在 SQL 中指代准确即可。原始数据发生行的增减、修改，刷新即可。在享受自动化带来的快乐的同时，也必须认识到：

如果列发生了变化，必须对‘数据连接’属性进行修改，将‘命令文本’内 SQL 代码中指定区域的列标‘L’据实进行修正，必须将新增的列在‘数据透视表字段’选项卡上进行重新拖拉布局，进行微调。”

2.12　锦上添花：让数据透视表更具创意性

“从上面的讲解中，大家可以看得到，只要负责数据来源和报表结果这两端，中间过程设置好之后，就全部交给 Excel，快捷而准确，如同久旱逢甘霖般畅快。

数据透视表就是这样的结果端，作为 Excel 的一个强悍数据统计工具，我们还可以对它统计出来的数据进行再次加工，让它更接近人的思想，更具有管理工具的创意美感，而不只是形式上的。”

2.12.1 无中生有之横向插入新计算字段

“如果我想知道这两年，公司为不同级别的业务人员所付出的提成金额占他们净销售额的百分比，报表形式如图 2-67 之①所示，而‘提成占比’这个列字段在原始数据中是根本不存在的，我们该如何运用数据透视表来加以实现呢？

如果某种报表是长期固定使用的，应当为它单独设计一个独立的数据透视表，如果只是临时需要使用的，可以在一个已有的临时数据透视表的基础上加以改造设计。

实际上，我建议无论长期固定还是临时都采用复制一个数据透视表工作表的方式，这样做的好处是：无论以后你对复制的临时表进行何种操作、遇到何种难以一时找到原因的错误时，你都可以删掉这个复制的工作表，重新再复制一份原来的工作表。要知道，查找错误的原因所花的时间要远远大于从未经处理的工作表重新开始的时间，还搞坏了心情。

打开前面保存的 Excel 文件‘D:\files\Chap2\used files\ 西南区二级公司销售明细之数据透视表 .xlsx’，通过‘移动 / 复制工作表’将‘源自原始文件’工作表复制并改名为‘临时透视’，选中该工作表中数据透视表内的任意单元格，‘数据透视表字段’选项卡（图 2-67 之③）内仅保留‘退款金额’、‘销售金额’和‘提成金额’、‘职务’4 项勾选、将‘职务’拖入‘行’，‘行’内其他字段全部拖离删除。

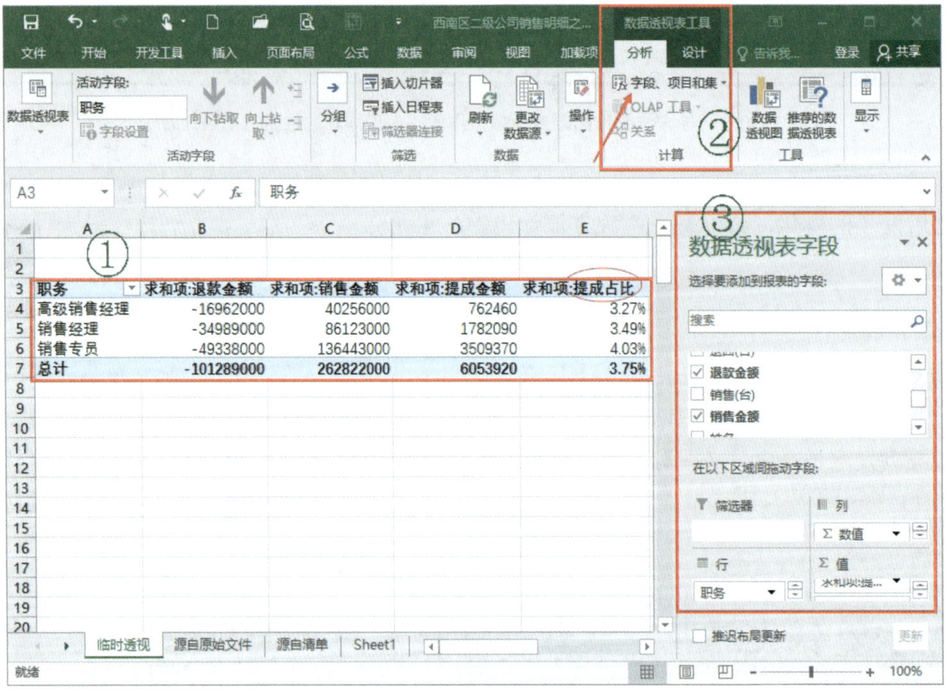

图 2-67 插入数据透视表新字段

单击 Excel‘数据透视表工具’选项卡的‘分析’子卡上的‘字段、项目和集’项（图 2-67 之②），在随后出现的浮动菜单上单击‘插入计算字段’，弹出‘插入计算字段’对话框（图 2-68），在该对话框的‘名称’方框内输入欲添加的字段的名称‘提成占比’、在‘公式’方框内输入‘= 提成金额 / (销售金额 + 退款金额)’。如果某字段名称过长，不愿敲键盘输入时，也可双击‘字段’

方框内该字段名称将其自动添加入‘公式’中去。

单击‘添加’按钮将字段‘销售占比’添加到‘字段’方框内。如果要再次添加新的字段，重复上述过程即可。如果要删除新添加的字段，可在‘字段’方框内选中该字段，单击‘删除’按钮即可，如果要删除的字段未出现在‘名称’方框内，必须单击‘名称’方框的下拉三角形按钮加以选择。

完成上述过程后，单击‘确定’按钮完成计算字段的插入。对于数值型的字段，Excel 会自动判断为求和型并附加于数据透视表的右侧（图 2-67 之①）。

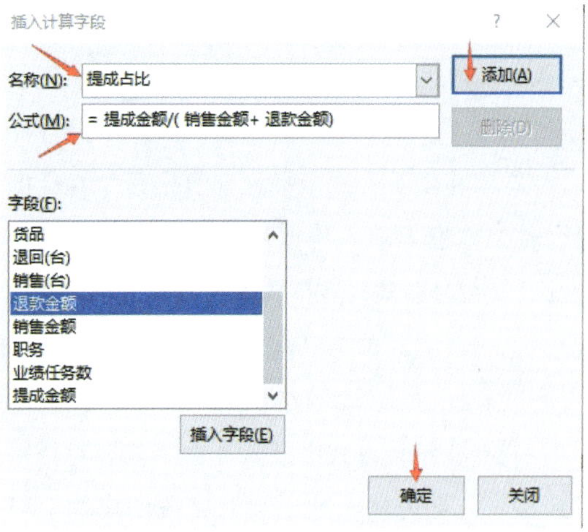

图 2-68 插入计算字段对话框

如果要进一步美化此表，可参照‘2.7.2’的介绍加以设置。”

2.12.2 无中生有之横向插入新计算项

“字段的子分类称为项，如果要将某一字段下的子项目运算后的结果作为一个新字段，就要用到数据透视表的‘插入新计算项’这一功能了。

比如，我想知道各种不同的存货采取不同结算方式时的退货情况（图 2-69），这是怎么实现的呢？

选中工作表‘临时透视’中数据透视表内的任意单元格，‘数据透视表字段’选项卡（图 2-67 之③）内仅保留‘货品’、‘结算方式’和‘退款金额’3 项、将‘货品’拖入‘行’，‘行’内其他字段全部拖离删除。

求和项:退款金额	列标签					
存货	票据	赊销	现金	票据占比	赊销占比	现金占比
车床CM13-2型	-2218000	-1745000	-1630000	40%	31%	29%
车床CM13-5型	-1834000	-3002000	-2640000	24%	41%	35%
吊机KM01型	-3920000	-4130000	-3440000	34%	36%	30%
吊机KM02型	-5417000	-3577000	-3024000	45%	30%	25%
吊机KM03型	-9010000	-7480000	-7820000	37%	31%	32%
吊机KM04型	-10800000	-5400000	-5200000	50%	25%	24%
进升车床CM13-23型	-910000	-704000	-1636000	27%	24%	49%
自滚车床ZM13-4型	-3259000	-950000	-1933000	53%	15%	31%
自滚车床ZM14-1型	4697000	-3599000	-1144000	50%	38%	12%
总计	-42065000	-30757000	-28467000	301%	271%	268%

图 2-69 不同结算方式时的退货情况

选中数据透视表中‘票据’字样，单击 Excel‘数据透视表工具’选项卡的‘分析’子卡上的‘字段、项目和集’项（图 2-67 之②），在随后出现的浮动菜单上单击‘插入计算项’，弹出‘在结算方式中插入计算字段’对话框（图 2-70），由于预先选中了一种结算方式，Excel 自动识别这一存在子分类的字段，并在对话框标题中指明。

要注意的是，如果在数据透视表中选择某个字段名所在的单元格没有下属的子分类，则‘字段、项目和集’项下的‘计算项’命令将变成灰色不可使用。

在‘在结算方式中插入计算字段’对话框的‘名称’方框内输入想要添加字段的名称‘票据

占比'、在'公式'方框内输入'= 票据 / （票据 + 赊销 + 现金）'。如果某字段名称过长，不愿意按键盘输入时，也可双击'字段'方框内该字段名称将其自动添加入'公式'中去。单击'添加'按钮将字段'票据占比'添加入'字段'方框内。

在'在结算方式中插入计算字段'对话框的'名称'方框内输入想要添加字段的名称'赊销占比'、在'公式'方框内输入'= 赊销 /(票据 + 赊销 + 现金)'。单击'添加'按钮将字段'赊销占比'添加入'字段'方框内。

在'在结算方式中插入计算字段'对话框的'名称'方框内输入欲添加的字段的名称'现金占比'、在'公式'方框内输入'= 现金 /(票据 + 赊销 + 现金)'。单击'添加'按钮将字段'现金占比'添加入'字段'方框内。

如果要删除新添加的字段，可在'字段'方框内选中该字段，单击'删除'按钮即可。

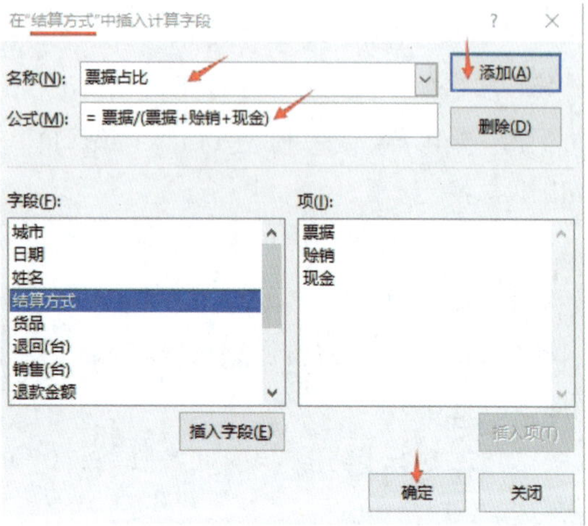

图 2-70　插入计算项字段对话框

完成上述过程后，单击'确定'按钮完成计算字段的插入。对于数值型的字段，Excel 会自动判断为求和型并附加于数据透视表的右侧（图 2-69）。

抽查图 2-69 中存货'车床 CM13-2 型'中的'票据占比'、'赊销占比'、'现金占比'比值分别为 40%、31%、29%，合计 100%，计算正确。"

2.12.3　字段组合之用纵向、横向组合分组来分析存货季度性销售

"我想要知道 2015 年、2016 这两年西南区的机械设备的销售有没有季度性规律，这样的一个报表（图 2-71），希望你们报给我，应该怎么做呢？你们谁知道？"

	A	B	C	D	E	F	G	H	I	J
1										
2										
3	求和项:净销售	列标签								
4		2015年				2016年				总计
5		第一季	第二季	第三季	第四季	第一季	第二季	第三季	第四季	
6	存货									
7	车床									
8	车床CM13-2型	296000	554000	268000	434000	1912000	2290000	485000	2566000	8805000
9	车床CM13-5型	232000	2160000	1560000	2090000	1548000	1304000	876000	6608000	16378000
10	进升车床CM13-23型	790000	93000	795000	1067000	372000	448000	0	378000	3943000
11	自滚车床ZM13-4型	378000	1836000	593000	594000	1251000	1080000	1242000	875000	7849000
12	自滚车床ZM14-1型	536000	704000	2330000	1144000	2757000	2824000	2267000	6336000	18898000
13	吊机									
14	吊机KM01型	1890000	4630000	4780000	2100000	1870000	3300000	7250000	6590000	32410000
15	吊机KM02型	702000	3468000	1394000	3581000	1613000	-230000	3765000	3367000	17660000
16	吊机KM03型	4080000	1020000	4930000	1190000	2720000	2550000	1190000	7310000	24990000
17	吊机KM04型	2800000	3000000	2600000	4800000	5400000	1800000	8000000	2200000	30600000
18	总计	11704000	17465000	19250000	17000000	19443000	15366000	25075000	36230000	161533000
19										
20										
21										
22										
23										
24										

临时透视 | 源自原始文件 | 源自清单 | Sheet1

图 2-71　西南区 2015 年、2016 两年季度销售报表

说完这话，易总抬起头扫了一遍众人，有的人低下了头，有的人则把头转向一边。

“大家集中精力，还是我来讲”，可不嘛，你还没有给大家讲解，就给大家制造了这样一个紧张的氛围，飙升肾上腺，这是给大伙儿提提神的吧！

“在对数据透视表重新进行处理前，我建议大家做一个‘清场’的流程，把之前临时留下的痕迹清除，留下一个‘干净整洁的舞台’让数据透视表‘表演’。怎么‘清场’呢？

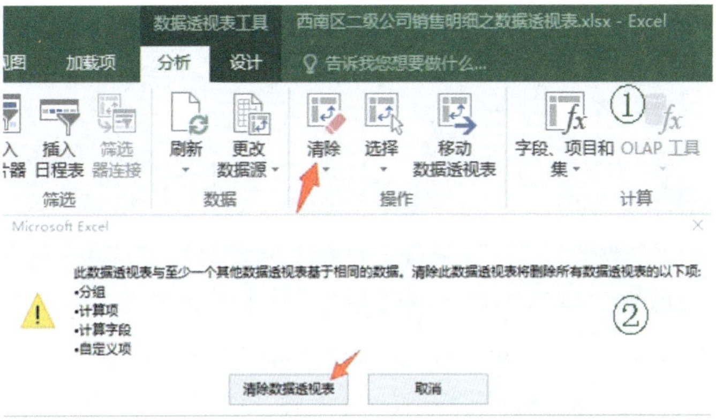

图 2-72　数据透视表“分析”选项卡清除操作

单击 Excel‘数据透视表工具’选项卡‘分析’子卡内的‘清除’按钮，在随后出现的浮动菜单中单击‘全部清除’，在弹出的警告对话框中单击‘清除数据透视表’按钮，完成‘清场’工作。

选中工作表‘临时透视’工作表中数据透视表内的任意单元格，将‘数据透视表字段’选项卡（图 2-67 之③）内仅保留‘货品’、‘日期’两项的勾选；将‘货品’拖入‘行’，‘行’内其他字段全部拖离删除；将日期插入‘列’，Excel 会自动为我们将日期进行‘年’和‘季度’的分级，在数据透视表中单击‘2015 年’、‘2016 年’前面的‘+’号，展开‘季度’列表。

按住 Ctrl 键，同时选中数据透视表 A 列所有含有‘车床’字样的单元格，单击 Excel‘数据透视表工具’选项卡‘分析’子卡内的‘组选择’按钮，Excel 会自动将所有含有‘车床’字样的存货排列在一起，并在其上加上一个‘数据组 1’单元格，直接在此单元格内输入‘车床’（图 2-73 之①）。

按住 Ctrl 键，同时选中数据透视表 A 列所有含有‘吊机’字样的单元格，单击 Excel‘数据透视表工具’选项卡‘分析’子卡内的‘组选择’按钮，Excel 自动将所有含有‘吊机’字样的存货排列在一起，并在其上加上一个‘数据组 2’单元格，直接在此单元格内输入‘吊机’（图 2-73 之②）。

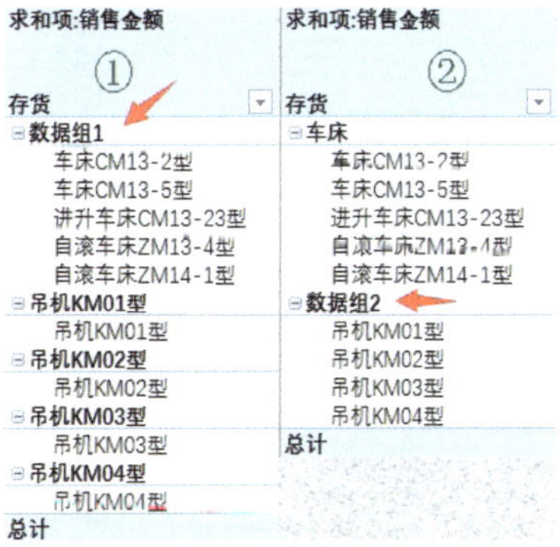

图 2-73　对数据透视表进行存货分组图

仿照‘2.12.1’中的方法，插入一个新计算字段‘净销售’，其公式为：‘= 销售金额 + 退货金额’。

如果要取消分组，在数据透视表的分组字段所在的单元格上右击，在出现的浮动菜单中，单击‘取消分组’项；如果只是禁止分组出现在数据透视表中，在 Excel 界面右部的‘数据透视表字段’选项卡的‘行’或‘列’中将分组项目拖走即可。

如果要进一步美化此表，可参照‘2.7.2’的介绍加以设置。”

2.12.4　字段组合之用金额分区分析销售大单的频次

“我们都知道的，业务人员的营销能力不同，每次开单有大有小。有人经常开不了单，但一开，就是大单，也有人经常开单，但都是小单。现在，我想知道的是：不同职务的业务人员 2015 ～ 2016 这两年的大单开具情况，报表的格式如图 2-74 所示。

计数项:职务	列标签			
金额区间	高级销售经理	销售经理	销售专员	总计
0-499999	26	61	51	138
500000-999999	16	44	50	110
1000000-1499999	12	13	30	55
1500000-1999999	3	3	12	18
2000000-2499999	2	5	11	18
2500000-2999999		3	4	7
总计	59	129	158	346

图 2-74　西南区 2015、2016 销售开单的频次

怎么办？

老规矩，选中工作表‘临时透视’工作表中数据透视表内的任意单元格，‘数据透视表字段’选项卡（图 2-67 之③）内仅保留‘销售金额’、‘职务’两项的勾选；将‘销售金额’拖入‘行’，‘行’内其他字段全部拖离删除；将‘职务’拖入‘列’和‘∑值’，在数据透视表中选中 A 列任意有金额的单元格右击，在弹出的浮动菜单中单击‘创建组’（图 2-75 之①），随即弹出‘组合’对话框（图 2-75 之②）。

在‘组合’对话框中的‘起始于’和‘终止于’方框内，Excel 会自动给出数据透视表 A 列销售金额最大值和最小值，为使得金额分区符合大众的阅读习惯，将‘起始于’的值修改为 0，‘步长值’设置为 500 000，单击‘确定’按钮，即可生成西南区 2015 ～ 2016 年各职级业务人员销售开单的频次报表。

在图 2-74 中，开单在 200 万～ 250 万元区间的高级销售经理有 2 笔，查‘Sheet1’工作表明细，可知：这是由四川省达州市 2015 年 2 月 11 日时经理开具的 220 万元的一单和贵州省黔南布依族苗族自治州 2016 年 12 月 14 日孟经理开具的 200 万元的一单组成的。”

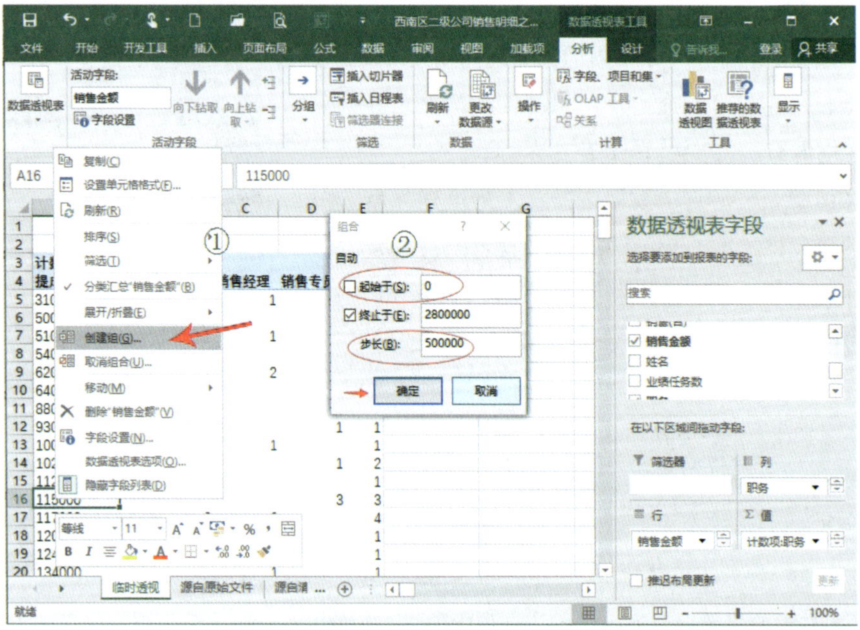

图 2-75　西南区 2015 ～ 2016 年销售开单的频次设置

2.12.5 字段组合之插入组合字段分类汇总并显示在顶部或底部

“易总，图 2-71 增加的分组为什么没有汇总值呢？”小白提出了一个问题。“而且，能不能显示将第一层的‘车床’和‘吊机’显示在 A 列，且每个单元格都不留空白，将具体的存货名称放在 B 列呢？”

“你这实际上是提出了三个问题。

第一，如何增加分组字段值的合计？

单击 Excel‘数据透视表工具’选项卡‘设计’子卡左侧的‘分类汇总’按钮，在随后弹出的浮动菜单中点击‘在组的底部显示所有分类汇总’项（图 2-76），你如果喜欢，也可以点击‘在组的顶部显示所有分类汇总’项。

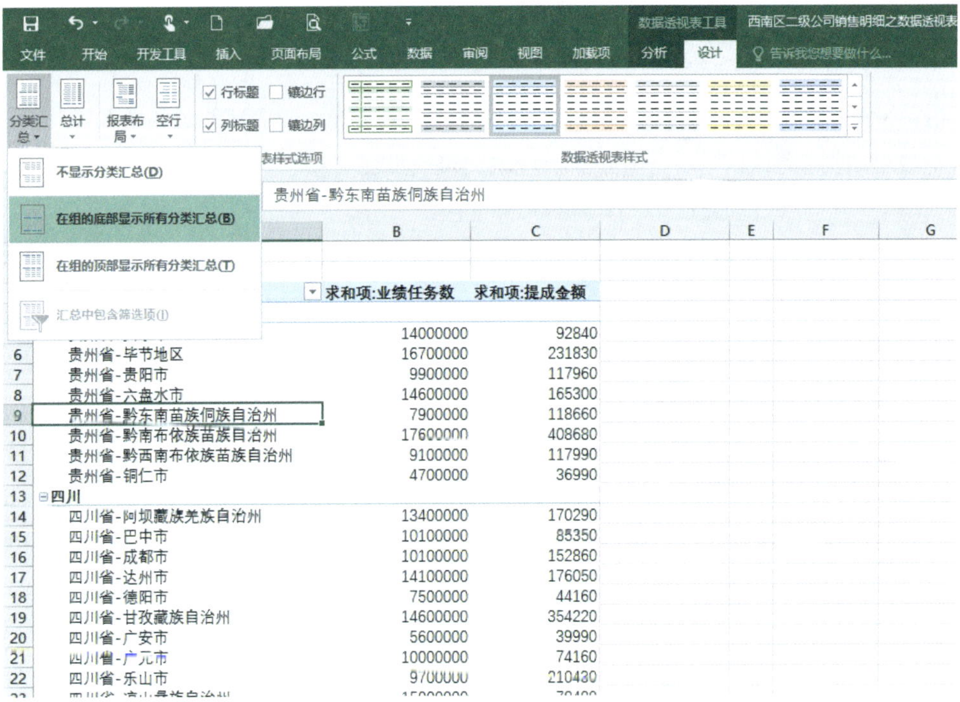

图 2-76 在组的顶部或者底部显示所有分类汇总

第二，如何将行标签字段拆分成两列展示？

方法一，前面‘2.7.2’已经讲过了，在数据透视表任意单元格中右击，在随后出现的浮动菜单中单击‘数据透视表选项’，在弹出的‘数据透视表选项’对话框中单击‘显示’，勾选‘经典数据透视表布局’，再单击‘确定’按钮（图 2-37）。

方法二，单击 Excel‘数据透视表工具’选项卡‘设计’子卡左侧的‘报表布局’按钮，在随后弹出的浮动菜单中单击‘以表格形式显示’项。

第三，如何将分组第一层次的 A 列不留空白格？

单击 Excel‘数据透视表工具’选项卡‘设计’子卡左侧的‘报表布局’按钮，在随后出现的浮动菜单中单击‘重复所有项目标签’项，如果想留白，就单击‘不重复项目标签’，这样设置之后的效果如图 2-77 所示。”

	A	B	C	D	E	F	G	H	I	J	K	L
1												
2												
3	求和项:净销		年	季度	日期							
4			⊟2015年	2015年	2015年	2015年	2015年 汇总	⊟2016年	2016年	2016年	2016年	2016年 汇总
5			⊞第一季	⊞第二季	⊞第三季	⊞第四季		⊞第一季	⊞第二季	⊞第三季	⊞第四季	
6	存货	货品										
7	⊟车床	车床CM13-2型	296000	554000	268000	434000	1552000	1912000	2290000	485000	2566000	7253000
8	车床	车床CM13-5型	232000	2160000	1560000	2090000	6042000	1548000	1304000	876000	6608000	10336000
9	车床	进升车床CM13-23型	790000	93000	795000	1067000	2745000	372000	448000	0	378000	1198000
10	车床	自滚车床ZM13-4型	378000	1836000	593000	594000	3401000	1251000	1080000	1242000	875000	4448000
11	车床	自滚车床ZM14-1型	536000	704000	2330000	1144000	4714000	2757000	2824000	2267000	6336000	14184000
12	车床 汇总		2232000	5347000	5546000	5329000	18454000	7840000	7946000	4870000	16763000	37419000
13	⊟吊机	吊机KM01型	1890000	4630000	4780000	2100000	13400000	1870000	3300000	7250000	6590000	19010000
14	吊机	吊机KM02型	702000	3468000	1394000	3581000	9145000	1613000	-230000	3765000	3367000	8515000
15	吊机	吊机KM03型	4080000	1020000	4930000	1190000	11220000	2720000	2550000	1190000	7310000	13770000
16	吊机	吊机KM04型	2800000	3000000	2600000	4800000	13200000	5400000	1800000	8000000	2200000	17400000
17	吊机 汇总		9472000	12118000	13704000	11671000	46965000	11603000	7420000	20205000	19467000	58695000
18	总计		11704000	17465000	19250000	17000000	65419000	19443000	15366000	25075000	36230000	96114000

图 2-77　插入分组字段分类汇总后的数据透视表

2.12.6　分级显示之那些“父辈”们的事儿

“在实务操作中，很多时候我们不仅需要看到求和的绝对值，还希望知道各项占其上一级的比重，比如我集团按照行政区划将全国分为三个销售管理层次：

第一层：‘片区’，比如西南区、华东区、东北区；

第二层：‘省份’，比如西南区包括云南省、贵州省、四川省；

第三层：‘地级市’，比如贵州省包括安顺市、毕节地区、贵阳市等。

每一层对下一层起着统驭、包含的作用，是下一层的‘父’，如第一层是第二层的‘父’，第二层是第三层的‘父’。如有更多层，依此类推。

我们仍然是看图说话，在图 2-78 中，贵州省的净销售额 3 495.6 万元是西南区销售额 16 153.3 万元的 21.64%，而安顺市、毕节地区、贵阳市的销售额 293.5 万元、752.8 万元、393.2 万元则分别占据贵州省净销售额 3 495.6 万元的 8.4%、21.54%、11.25%。图 2-78 中方框框住部分的合计值是 100%。

	A	B	C	D
3	城市2	城市	求和项:净销售2	求和项:净销售
4	⊟贵州省	贵州省-安顺市	8.40%	2935000
5	贵州省	贵州省-毕节地区	21.54%	7528000
6	贵州省	贵州省-贵阳市	11.25%	3932000
7	贵州省	贵州省-六盘水市	12.62%	4410000
8	贵州省	贵州省-黔东南苗族侗族自治州	7.90%	2760000
9	贵州省	贵州省-黔南布依族苗族自治州	25.09%	8769000
10	贵州省	贵州省-黔西南布依族苗族自治州	10.08%	3523000
11	贵州省	贵州省-铜仁市	3.14%	1099000
12	贵州省 汇总		21.64%	34956000
13	⊟四川省	四川省-阿坝藏族羌族自治州	8.46%	5439000
14	四川省	四川省-巴中市	4.42%	2845000
15	四川省	四川省-成都市	6.77%	4352000

图 2-78　西南区分地区销售占比

1. 显示父行汇总百分比。

简单点说，所谓‘父行汇总百分比’就是要计算对横向的各行占据其上一层的百分比，从‘行’方向求得占据其‘父’的权重。怎样才能得到图 2-78 所示的报表呢？

仿照‘2.12.1’的方法插入‘净销售’新计算字段，公式为‘= 销售金额 - 退货金额’，并将其两次拖入‘数据透视表字段’选项卡的‘∑值’方框内。

将‘数据透视表字段’选项卡的‘列’中除‘∑数值’外的所有项拖离，将‘城市’字段拖入‘行’，拖离‘行’中其他所有项。

仿照‘2.12.3’的方法，将选中各省城市进行省份分组，得到‘城市 2’字段（第一层‘省份’）。

仿照‘2.12.6’的方法，‘以表格形式显示’并且‘重复所有项目标签’。

在单元格 C3‘求和项 : 净销售 2’上右击，在随后弹出的浮动菜单上依次单击‘值显示方式’、‘父行汇总百分比’项。

2. 显示父级汇总百分比。

注意到图 2-78 箭头所指处的‘21.64%’是第二层‘省份’在第一层‘片区’（‘父’）中所占的比重，在单元格 C3‘求和项 : 净销售 2’上右击，在随后弹出的浮动菜单上依次单击‘值显示方式’、‘父级汇总百分比’项，弹出一个新的对话框‘值显示方式（求和项：净销售 2）’（图 2-79 之①），单击‘基本字段’右侧的下拉三角箭头可选择‘城市 2’或者‘城市’。

选择‘城市 2’表明以‘省份’作为第一层，求各行占第一层的比重，图 2-79 之②箭头处为各省占净销售额的百分比，故而为 100%；选择‘城市’表明以地级市作为第一层，没有下级层，各地级市所在行占净销售额的百分比，故而为 100%，图 2-79 之④箭头处除以各地级市净销售额无意义，故而空白显示。

至此，已完成西南区父级汇总百分比显示设置。

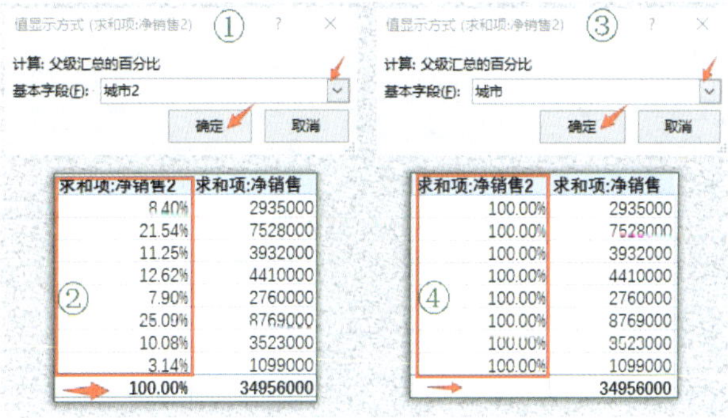

图 2-79 西南区父级汇总百分比显示

3. 显示父列汇总百分比。

父列汇总百分比与父行汇总百分比实际上是行列对调的关系，就是要计算对纵向的各行占据其上一层的百分比，从‘列’方向求得占据其‘父’的权重。

怎样才能得到图 2-80 所示的报表呢？

仿照‘2.12.1’的方法插入‘净销售’新计算字段，公式为‘= 销售金额 + 退货金额’，为便于观察效果，将其一次拖入‘数据透视表字段’选项卡的‘∑值’方框内。

将‘数据透视表字段’选项卡的‘行’中所有项拖离，将‘职务’字段拖入‘列’，‘列’中其他所有项拖离。

仿照‘2.12.3’的方法，选中‘高级销售经理’和‘销售经理’分组，并将组名修改为‘管理人员’，将‘销售专员’所在的组名修改为‘一般员工’。此处‘列’中已经得到‘职务 2’字段，为第一层，原‘职务’字段为第二层。

仿照‘2.12.6’的方法，‘以表格形式显示’并且‘重复所有项目标签’。

在单元格 A6‘求和项 : 净销售’上右击，在随后出现的浮动菜单上依次单击‘值显示方式’、‘父列汇总百分比’项。

注意到图 2-80 之①为父列汇总百分比显示设置之前的报表效果，图 2-80 之②方框内的百分值两类管理人员‘高级销售经理’和‘销售经理’净销售占比分别为 31.3% 和 68.7%，合计为 100%，一般员工只有一类人员‘销售专员’，故其占比为 100%，这是第二层级‘职务’的百分比显示效果，而图 2-80 之②圆框内‘管理人员汇总’和‘一般员工汇总’分别占本层汇总的 46.08% 和 53.92%，这是第一层级‘职务 2’的百分比显示效果。

至此，已完成西南区父列汇总百分比显示设置。”

①

	职务2 / 职务					
	管理人员	管理人员	管理人员 汇总	一般员工	一般员工 汇总	总计
	高级销售经理	销售经理		销售专员		
求和项:净销售	23294000	51134000	74428000	87105000	87105000	161533000

②

	职务2 / 职务					
	管理人员	管理人员	管理人员 汇总	一般员工	一般员工 汇总	总计
	高级销售经理	销售经理		销售专员		
求和项:净销售	31.30%	68.70%	46.08%	100.00%	53.92%	100.00%

图 2-80　西南区不同等级员工净销售报表

2.12.7　数据透视表之三“生”三“示”、十里桃花

苏问集团截至 2016 年 12 月 31 日，业务版块分为科技版块和机械版块，前者由总部直管，后者分布于全国 12 个省份，我们为每个省级分公司建立一个文件夹（图 2-81），取名为“×× 公司”，其中包含 3 个文件：“2015_××.xlsx”、“2016_××.xlsx”和“基础数据 _××.xlsx”，前两者存放了 2015 年和 2016 年该分公司的销售业务明细，第三个文件用于存放各省差异化的商品价格和业务人员名单。

比如：江苏公司 2015 年、2016 年销售数据存放在目录“D:\files\Chap2\ 江苏公司”之中。

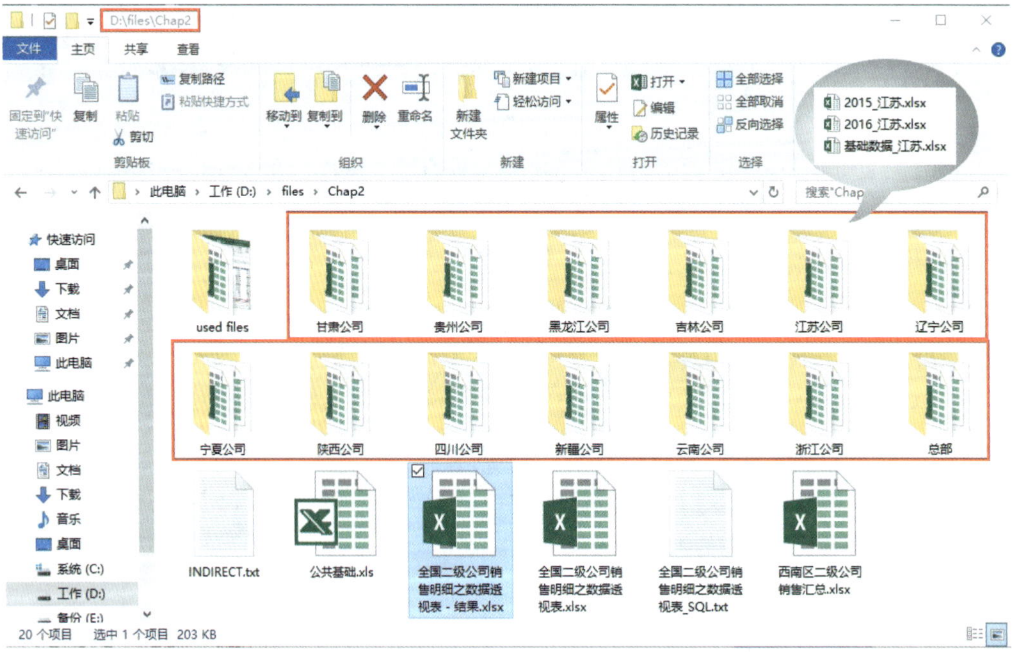

图 2-81　对全国所有二级公司的目录及 Excel 文件管理

易总以西南区的三家公司为例进行了详细讲解，推而广之，要得到全国所有分公司的数据透视汇总就非常简单了：

- 按 Ctrl_N 生成一张空白工作簿，按 Ctrl_S 保存为“D:\files\Chap2\全国二级公司销售明细之数据透视表.xlsx”。
- 按照 2.11.2 易总所讲的方法，新建一个连接，将其中的“命令文本”（图 2-63）替换为：

```
select [江苏城市] as 城市,* from [D:\files\Chap2\江苏公司\2015_江苏.xlsx].[2015$A5:L] where [日期] is not null
UNION ALL
select [江苏城市] as 城市,* from [D:\files\Chap2\江苏公司\2016_江苏.xlsx].[2016$A5:L] where [日期] is not null
UNION ALL
select [浙江城市] as 城市,* from [D:\files\Chap2\浙江公司\2015_浙江.xlsx].[2015$A5:L] where [日期] is not null
UNION ALL
select [浙江城市] as 城市,* from [D:\files\Chap2\浙江公司\2016_浙江.xlsx].[2016$A5:L] where [日期] is not null
UNION ALL
select [云南城市] as 城市,* from [D:\files\Chap2\云南公司\2015_云南.xlsx].[2015$A5:L] where [日期] is not null
UNION ALL
select [云南城市] as 城市,* from [D:\files\Chap2\云南公司\2016_云南.xlsx].[2016$A5:L] where [日期] is not null
UNION ALL
select [贵州城市] as 城市,* from [D:\files\Chap2\贵州公司\2015_贵州.xlsx].[2015$A5:L] where [日期] is not null
UNION ALL
select [贵州城市] as 城市,* from [D:\files\Chap2\贵州公司\2016_贵州.xlsx].[2016$A5:L] where [日期] is not null
UNION ALL
select [四川城市] as 城市,* from [D:\files\Chap2\四川公司\2015_四川.xlsx].[2015$A5:L] where [日期] is not null
UNION ALL
select [四川城市] as 城市,* from [D:\files\Chap2\四川公司\2016_四川.xlsx].[2016$A5:L] where [日期] is not null
UNION ALL
select [黑龙江城市] as 城市,* from [D:\files\Chap2\黑龙江公司\2015_黑龙江.xlsx].[2015$A5:L] where [日期] is not null
UNION ALL
select [黑龙江城市] as 城市,* from [D:\files\Chap2\黑龙江公司\2016_黑龙江.xlsx].[2016$A5:L] where [日期] is not null
UNION ALL
```

```
    select [吉林城市] as 城市,* from [D:\files\Chap2\吉林公司\2015_吉林.xlsx].
[2015$A5:L] where [日期] is not null
    UNION ALL
    select [吉林城市] as 城市,* from [D:\files\Chap2\吉林公司\2016_吉林.xlsx].
[2016$A5:L] where [日期] is not null
    UNION ALL
    select [辽宁城市] as 城市,* from [D:\files\Chap2\辽宁公司\2015_辽宁.xlsx].
[2015$A5:L] where [日期] is not null
    UNION ALL
    select [辽宁城市] as 城市,* from [D:\files\Chap2\辽宁公司\2016_辽宁.xlsx].
[2016$A5:L] where [日期] is not null
    UNION ALL
    select [陕西城市] as 城市,* from [D:\files\Chap2\陕西公司\2015_陕西.xlsx].
[2015$A5:L] where [日期] is not null
    UNION ALL
    select [陕西城市] as 城市,* from [D:\files\Chap2\陕西公司\2016_陕西.xlsx].
[2016$A5:L] where [日期] is not null
    UNION ALL
    select [甘肃城市] as 城市,* from [D:\files\Chap2\甘肃公司\2015_甘肃.xlsx].
[2015$A5:L] where [日期] is not null
    UNION ALL
    select [甘肃城市] as 城市,* from [D:\files\Chap2\甘肃公司\2016_甘肃.xlsx].
[2016$A5:L] where [日期] is not null
    UNION ALL
    select [宁夏城市] as 城市,* from [D:\files\Chap2\宁夏公司\2015_宁夏.xlsx].
[2015$A5:L] where [日期] is not null
    UNION ALL
    select [宁夏城市] as 城市,* from [D:\files\Chap2\宁夏公司\2016_宁夏.xlsx].
[2016$A5:L] where [日期] is not null
    UNION ALL
    select [新疆城市] as 城市,* from [D:\files\Chap2\新疆公司\2015_新疆.xlsx].
[2015$A5:L] where [日期] is not null
    UNION ALL
    select [新疆城市] as 城市,* from [D:\files\Chap2\新疆公司\2016_新疆.xlsx].
[2016$A5:L] where [日期] is not null
    UNION ALL
    select [总部城市] as 城市,* from [D:\files\Chap2\总部\2015_总部.xlsx].
[2015$A5:L] where [日期] is not null
    UNION ALL
    select [总部城市] as 城市,* from [D:\files\Chap2\总部\2016_总部.xlsx].
[2016$A5:L] where [日期] is not null
```

新的数据连接命名为“全国二级公司销售明细之数据透视表”，利用这个数据连接就可以得到

2015、2016 年苏问集团全国 13 家二级公司，26 个文件的全部 4130 条数据清单（图 2-82），单击 L 列列标，可以看到“提成金额”之和为 58 148 578.75。

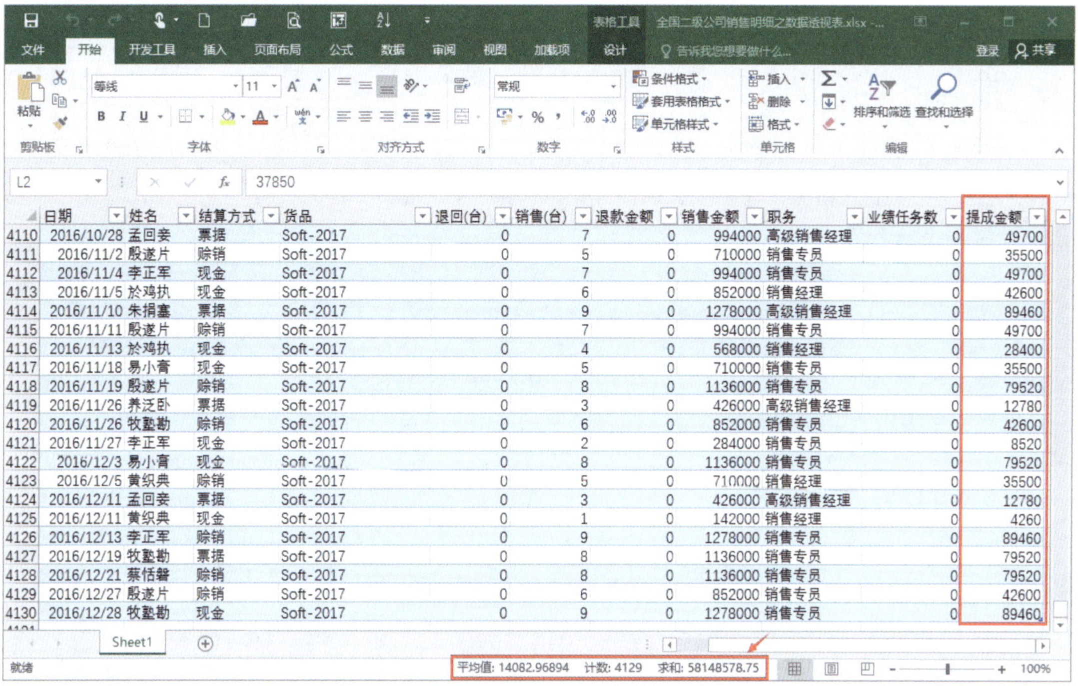

	日期	姓名	结算方式	货品	退回(台)	销售(台)	退款金额	销售金额	职务	业绩任务数	提成金额
4110	2016/10/28	孟回妾	票据	Soft-2017	0	7	0	994000	高级销售经理	0	49700
4111	2016/11/2	殷遂片	赊销	Soft-2017	0	5	0	710000	销售专员	0	35500
4112	2016/11/4	李正军	现金	Soft-2017	0	7	0	994000	销售专员	0	49700
4113	2016/11/5	於鸡执	现金	Soft-2017	0	6	0	852000	销售经理	0	42600
4114	2016/11/10	朱捐塞	票据	Soft-2017	0	9	0	1278000	高级销售经理	0	89460
4115	2016/11/11	殷遂片	赊销	Soft-2017	0	7	0	994000	销售专员	0	49700
4116	2016/11/13	於鸡执	现金	Soft-2017	0	4	0	568000	销售经理	0	28400
4117	2016/11/18	易小膏	现金	Soft-2017	0	5	0	710000	销售专员	0	35500
4118	2016/11/19	殷遂片	赊销	Soft-2017	0	8	0	1136000	销售专员	0	79520
4119	2016/11/26	养泛卧	票据	Soft-2017	0	3	0	426000	高级销售经理	0	12780
4120	2016/11/26	牧塾勘	赊销	Soft-2017	0	6	0	852000	销售专员	0	42600
4121	2016/11/27	李正军	现金	Soft-2017	0	2	0	284000	销售专员	0	8520
4122	2016/12/3	易小膏	现金	Soft-2017	0	8	0	1136000	销售专员	0	79520
4123	2016/12/5	黄织典	赊销	Soft-2017	0	5	0	710000	销售经理	0	35500
4124	2016/12/11	孟回妾	票据	Soft-2017	0	3	0	426000	高级销售经理	0	12780
4125	2016/12/11	黄织典	现金	Soft-2017	0	1	0	142000	销售经理	0	4260
4126	2016/12/13	李正军	赊销	Soft-2017	0	9	0	1278000	销售专员	0	89460
4127	2016/12/19	牧塾勘	票据	Soft-2017	0	8	0	1136000	销售专员	0	79520
4128	2016/12/21	蔡恬磐	赊销	Soft-2017	0	8	0	1136000	销售专员	0	79520
4129	2016/12/27	殷遂片	赊销	Soft-2017	0	6	0	852000	销售专员	0	42600
4130	2016/12/28	牧塾勘	现金	Soft-2017	0	9	0	1278000	销售专员	0	89460

图 2-82　全国所有二级公司销售明细清单

● 按照 2.11.4 易总所讲的方法，可以建立两个数据透视表，“源自清单”和“源自原始文件”，检查其求和项“提成金额”，结果与明细清单汇总结果完全一致，为 58 148 578.75（图 2-83）。

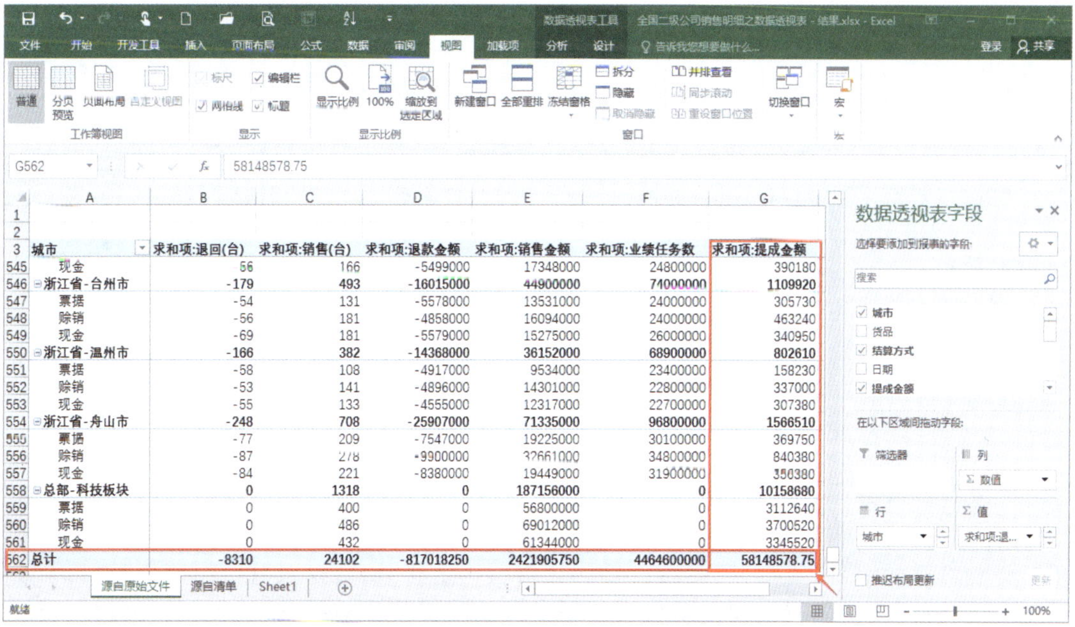

	城市	求和项:退回(台)	求和项:销售(台)	求和项:退款金额	求和项:销售金额	求和项:业绩任务数	求和项:提成金额
545	现金	56	166	-5499000	17348000	24800000	390180
546	浙江省-合州市	-179	493	-16015000	44900000	74000000	1109920
547	票据	-54	131	-5578000	13531000	24000000	305730
548	赊销	-56	181	-4858000	16094000	24000000	463240
549	现金	-69	181	-5579000	15275000	26000000	340950
550	浙江省-温州市	-166	382	-14368000	36152000	68900000	802610
551	票据	-58	108	-4917000	9534000	23400000	158230
552	赊销	-53	141	-4896000	14301000	22800000	337000
553	现金	-55	133	-4555000	12317000	22700000	307380
554	浙江省-舟山市	-248	708	-25907000	71335000	96800000	1566510
555	票据	-77	209	-7547000	19225000	30100000	369750
556	赊销	-87	278	-9900000	32661000	34800000	840380
557	现金	-84	221	-8380000	19449000	31900000	356380
558	总部-科技板块	0	1318	0	187156000	0	10158680
559	票据	0	400	0	56800000	0	3112640
560	赊销	0	486	0	69012000	0	3700520
561	现金	0	432	0	61344000	0	3345520
562	总计	-8310	24102	-817018250	2421905750	4464600000	58148578.75

图 2-83　全国所有二级公司销售业绩数据透视表

时间真是个不可思议的东西，有时人们觉得度日如年，有时又深感白驹过隙，虽然易总讲解的知识点很多、信息量很大，大伙儿仍觉得还没有过足瘾。

或许是会议室空调开得太高，又或者是接触新知识时的兴奋。易总讲解结束时，每个人脸上都是红扑扑的，犹如盛开的春日桃花。

春风十里，桃花灼灼。

历经辛苦又畅快的工作准备，数据透视表的三“生”（来源同一工作表、多个工作表、多个工作簿）三“示”（插入新的计算字段、纵横分组、分级百分比展示），人机合一，还自己无数个幸福的成就回报。

用数据透视为管理报表锦上添花，许我三“生”三“示”，定还你十里桃花。

03 给集团生产总监送去的头疼解药

CHAPTER

3.1 开足马力抓生产

情景再现

集团的营销大会圆满结束了，面对海量的订单，现有的库存肯定是力不从心了，必须开足马力生产补货。2017 年，生产增加多少？如何根据既往的订单量，按照其内在的变动逻辑，合理地预测出下一期的生产量呢？在生产的安排方面，又如何掌握每周的序时生产进度呢？以往畅销产品会不会下滑？以往的滞销产品能否有新的转机？各个单品生产多少，才会使得其总成本最低？

分管生产的钱总头很疼……要数据，找财务。易总当仁不让，不推诿。从历史数据出发，到直观漂亮的趋势分析图表，甚至将图表内嵌入到各单元格中。

精准预测、增产减产、序时进度、成本控制、平衡分析……文不如表，表不如图，一切还是让图表来说话！

3.1.1 易总布置的新任务

为集团的营销大会所做的数据筹备结束了，会议也圆满结束了，准备的财务资料易总和总裁都很满意，大家满以为可以松口气了。其实所做的这一切才是开始，这不，一上班，易总就把我找了过去。

“小蔡”，易总在非正式场合这么叫我，哼，你也比我大不了几岁。一个 78 年的，一个 85 年的，又貌似没毛病。

“前些日子，大家为营销会议做了不少工作，也学到了不少新知识，我收到的反馈是大家还是比较喜欢这样的学习，今后有机会呢，可以多搞搞这样的培训，形式上不一定是非常正式的，你也要多带带他们，你水平也不差的。”

“易总，比起您来，差得多啊，我有不懂的，肯定要向您请教的！”

“回归正题，叫你过来呢，是需要你给我准备一下在 2016 年有效订单的基础上，预测一下 2017 年 1 月的订单量，生产那边比较急，总裁也明确要求财务和生产紧密配合，拿出数据。预测一年的意义不大，变化的因素太多，准备一个月的比较切合实际。”

“今天我抽时间把一些知识教给你，就不搞集中培训了，你这几天把数据整理出来，尽快交给我，也带带新人。”

3.1.2 生产控制和成本预测、决策的财务知识

易总讲的话不多，但实际上涉及了公司成本管理的几个方面：成本控制和成本预测、决策。

成本预测，在一定内在、外在条件下，未来一定时期的成本水平和目标成本。而成本决策是在预测的基础上，分析比较、权衡得失，从中选择出最优的方案。

生产管理是成本管理中的一个重要组成部分。有了前期的预测作为指导，公司围绕着未来一定生产期间是否生产、生产什么、怎样生产以及生产多少，都有了坚实的基础。做好这些决策，才

能控制好生产成本，尽可能为公司创造出更大的经济效益。

而所有的预测都不是凭空生成的，它需要根据一定的历史数据和生产经验，并结合公司当前和未来面临的内外部生产环境做出的。历史数据可以是经验数据，可以是既往的生产数据，也可以是历年的销售数据，或者是几个方面数据的综合调整。而“以销定产”是生产过程面临的频率较高的一个生产预测和决策的概念。

所谓的“以销定产”，又称“按需定产”，是指按照市场的需要组织生产。即一方面对商品的数量、品种、花色、规格、质量、包装等要按照市场的需要来安排生产，另一方面还要瞻前顾后、统筹安排，长远规划，使生产能适应市场需要的发展变化。以销定产是各类企业处理产销关系时的重要指导原则。

生产力的进步与经济体制的变革等因素导致了卖方市场向买方市场的转变，当今的质量管理都在强调企业对“顾客与市场”的关注，通过市场需求确定生产节拍，企业只有在接到客户订单后才开始生产，企业的一切生产活动都是按订单来进行采购、制造、配送的，仓库不再是传统意义上的储存物资的仓库，而是物资流通过程中的一个“枢纽”，是物流作业中的一个站点，从而实现“零库存”，这是企业管理的一个目标。但实际生活中，为避免在预料中和预料外的需求攀升以及在各生产阶段之间发生失衡而持有一些缓冲库存货。

3.2 用 SQL 语句和函数取得历年有效订单并预测其增长

3.2.1 新年新布局，获取历年有效订单总数

时间已是 2017 年 3 月底，我们已经收到了业务管理部门传来的销售数据，循旧例，我们为每个省级分公司建立一个文件夹（图 3-1），取名为“×× 公司”，其中包含 2 个文件：“2017_××.xlsx”、和“基础数据 _××.xlsx”，前两者存放了 2017 年该分公司的销售业务明细，第三个文件用于存放各省差异化的商品价格和业务人员名单。

比如：四川公司 2017 年前三个月的最新数据存放在目录“D:\files\Chap3\ 四川公司”之中。

图 3-1 对全国所有二级公司 2015 年～ 2017 年的目录及 Excel 文件管理图

为了对 2017 年 4 月的有效订单进行预测，必须先取得 2015 年、2016 年和 2017 年 1 ～ 3 月的销售数据明细，并在此基础上利用数据透视表获得有效订单的分月汇总数：

- 新建文件。在 Excel 打开状态下，按 Ctrl_N 生成一张空白工作簿，按下 Ctrl_S 保存为“D:\files\Chap3\全国二级公司销售明细之数据透视表 (2015 ～ 2017).xlsx”。
- 替换命令文本。按照“2.11.2”易总所讲的方法，新建一个连接，将其中的“命令文本”（图 2-63）替换为：

```
select [江苏城市] as 城市,* from [D:\files\Chap2\江苏公司\2015_江苏.xlsx].[2015$A5:L] where [日期] is not null
UNION ALL
select [江苏城市] as 城市,* from [D:\files\Chap2\江苏公司\2016_江苏.xlsx].[2016$A5:L] where [日期] is not null
UNION ALL
select [浙江城市] as 城市,* from [D:\files\Chap2\浙江公司\2015_浙江.xlsx].[2015$A5:L] where [日期] is not null
UNION ALL
select [浙江城市] as 城市,* from [D:\files\Chap2\浙江公司\2016_浙江.xlsx].[2016$A5:L] where [日期] is not null
UNION ALL
select [云南城市] as 城市,* from [D:\files\Chap2\云南公司\2015_云南.xlsx].[2015$A5:L] where [日期] is not null
UNION ALL
select [云南城市] as 城市,* from [D:\files\Chap2\云南公司\2016_云南.xlsx].[2016$A5:L] where [日期] is not null
UNION ALL
select [贵州城市] as 城市,* from [D:\files\Chap2\贵州公司\2015_贵州.xlsx].[2015$A5:L] where [日期] is not null
UNION ALL
select [贵州城市] as 城市,* from [D:\files\Chap2\贵州公司\2016_贵州.xlsx].[2016$A5:L] where [日期] is not null
UNION ALL
select [四川城市] as 城市,* from [D:\files\Chap2\四川公司\2015_四川.xlsx].[2015$A5:L] where [日期] is not null
UNION ALL
select [四川城市] as 城市,* from [D:\files\Chap2\四川公司\2016_四川.xlsx].[2016$A5:L] where [日期] is not null
UNION ALL
select [黑龙江城市] as 城市,* from [D:\files\Chap2\黑龙江公司\2015_黑龙江.xlsx].[2015$A5:L] where [日期] is not null
UNION ALL
select [黑龙江城市] as 城市,* from [D:\files\Chap2\黑龙江公司\2016_黑龙江.xlsx].[2016$A5:L] where [日期] is not null
UNION ALL
```

```
    select [吉林城市] as 城市,* from [D:\files\Chap2\吉林公司\2015_吉林.xlsx].[2015$A5:L] where [日期] is not null
    UNION ALL
    select [吉林城市] as 城市,* from [D:\files\Chap2\吉林公司\2016_吉林.xlsx].[2016$A5:L] where [日期] is not null
    UNION ALL
    select [辽宁城市] as 城市,* from [D:\files\Chap2\辽宁公司\2015_辽宁.xlsx].[2015$A5:L] where [日期] is not null
    UNION ALL
    select [辽宁城市] as 城市,* from [D:\files\Chap2\辽宁公司\2016_辽宁.xlsx].[2016$A5:L] where [日期] is not null
    UNION ALL
    select [陕西城市] as 城市,* from [D:\files\Chap2\陕西公司\2015_陕西.xlsx].[2015$A5:L] where [日期] is not null
    UNION ALL
    select [陕西城市] as 城市,* from [D:\files\Chap2\陕西公司\2016_陕西.xlsx].[2016$A5:L] where [日期] is not null
    UNION ALL
    select [甘肃城市] as 城市,* from [D:\files\Chap2\甘肃公司\2015_甘肃.xlsx].[2015$A5:L] where [日期] is not null
    UNION ALL
    select [甘肃城市] as 城市,* from [D:\files\Chap2\甘肃公司\2016_甘肃.xlsx].[2016$A5:L] where [日期] is not null
    UNION ALL
    select [宁夏城市] as 城市,* from [D:\files\Chap2\宁夏公司\2015_宁夏.xlsx].[2015$A5:L] where [日期] is not null
    UNION ALL
    select [宁夏城市] as 城市,* from [D:\files\Chap2\宁夏公司\2016_宁夏.xlsx].[2016$A5:L] where [日期] is not null
    UNION ALL
    select [新疆城市] as 城市,* from [D:\files\Chap2\新疆公司\2015_新疆.xlsx].[2015$A5:L] where [日期] is not null
    UNION ALL
    select [新疆城市] as 城市,* from [D:\files\Chap2\新疆公司\2016_新疆.xlsx].[2016$A5:L] where [日期] is not null
    UNION ALL
    select [总部城市] as 城市,* from [D:\files\Chap2\总部\2015_总部.xlsx].[2015$A5:L] where [日期] is not null
    UNION ALL
    select [总部城市] as 城市,* from [D:\files\Chap2\总部\2016_总部.xlsx].[2016$A5:L] where [日期] is not null
```

```
UNION ALL
select [江苏城市] as 城市,* from [D:\files\Chap3\江苏公司\2017_江苏.xlsx].[2017$A5:L] where [日期] is not null
UNION ALL
select [浙江城市] as 城市,* from [D:\files\Chap3\浙江公司\2017_浙江.xlsx].[2017$A5:L] where [日期] is not null
UNION ALL
select [云南城市] as 城市,* from [D:\files\Chap3\云南公司\2017_云南.xlsx].[2017$A5:L] where [日期] is not null
UNION ALL
select [贵州城市] as 城市,* from [D:\files\Chap3\贵州公司\2017_贵州.xlsx].[2017$A5:L] where [日期] is not null
UNION ALL
select [四川城市] as 城市,* from [D:\files\Chap3\四川公司\2017_四川.xlsx].[2017$A5:L] where [日期] is not null
UNION ALL
select [黑龙江城市] as 城市,* from [D:\files\Chap3\黑龙江公司\2017_黑龙江.xlsx].[2017$A5:L] where [日期] is not null
UNION ALL
select [吉林城市] as 城市,* from [D:\files\Chap3\吉林公司\2017_吉林.xlsx].[2017$A5:L] where [日期] is not null
UNION ALL
select [辽宁城市] as 城市,* from [D:\files\Chap3\辽宁公司\2017_辽宁.xlsx].[2017$A5:L] where [日期] is not null
UNION ALL
select [陕西城市] as 城市,* from [D:\files\Chap3\陕西公司\2017_陕西.xlsx].[2017$A5:L] where [日期] is not null
UNION ALL
select [甘肃城市] as 城市,* from [D:\files\Chap3\甘肃公司\2017_甘肃.xlsx].[2017$A5:L] where [日期] is not null
UNION ALL
select [宁夏城市] as 城市,* from [D:\files\Chap3\宁夏公司\2017_宁夏.xlsx].[2017$A5:L] where [日期] is not null
UNION ALL
select [新疆城市] as 城市,* from [D:\files\Chap3\新疆公司\2017_新疆.xlsx].[2017$A5:L] where [日期] is not null
UNION ALL
select [总部城市] as 城市,* from [D:\files\Chap3\总部\2017_总部.xlsx].[2017$A5:L] where [日期] is not null
```

新的数据连接命名为“全国二级公司销售明细之数据透视表（2015～2017）”，单击“数据”选项卡的“现有连接”按钮，打开刚建好的连接，“导入数据”，就可以得到全国 13 家二级公司，

39个文件2015年1月1日至2017年3月27日的全部4 589条数据清单（图3-2）。

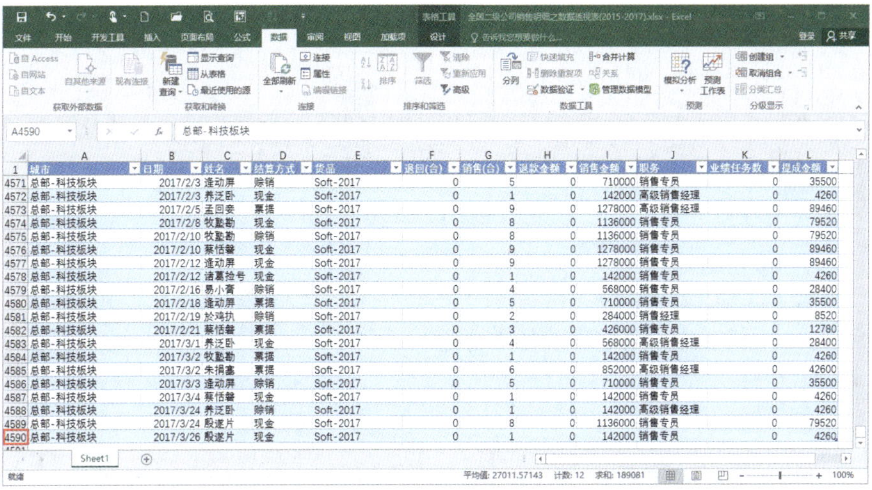

	城市	日期	姓名	结算方式	货品	退回(台)	销售(台)	退款金额	销售金额	职务	业绩任务数	提成金额
4571	总部-科技板块	2017/2/3	逄动屏	赊销	Soft-2017	0	5	0	710000	销售专员	0	35500
4572	总部-科技板块	2017/2/3	养泛卧	现金	Soft-2017	0	1	0	142000	高级销售经理	0	4260
4573	总部-科技板块	2017/2/5	孟回妾	票据	Soft-2017	0	9	0	1278000	高级销售经理	0	89460
4574	总部-科技板块	2017/2/8	牧勤勘	现金	Soft-2017	0	8	0	1136000	销售专员	0	79520
4575	总部-科技板块	2017/2/10	牧勤勘	赊销	Soft-2017	0	8	0	1136000	销售专员	0	79520
4576	总部-科技板块	2017/2/10	蔡恬磬	现金	Soft-2017	0	9	0	1278000	销售专员	0	89460
4577	总部-科技板块	2017/2/12	逄动屏	现金	Soft-2017	0	9	0	1278000	销售专员	0	89460
4578	总部-科技板块	2017/2/12	诸葛捡号	现金	Soft-2017	0	1	0	142000	销售专员	0	4260
4579	总部-科技板块	2017/2/16	易小青	赊销	Soft-2017	0	4	0	568000	销售专员	0	28400
4580	总部-科技板块	2017/2/18	逄动屏	票据	Soft-2017	0	5	0	710000	销售专员	0	35500
4581	总部-科技板块	2017/2/19	於鸡执	赊销	Soft-2017	0	2	0	284000	销售经理	0	8520
4582	总部-科技板块	2017/2/21	蔡恬磬	票据	Soft-2017	0	3	0	426000	销售专员	0	12780
4583	总部-科技板块	2017/3/1	养泛卧	现金	Soft-2017	0	4	0	568000	高级销售经理	0	28400
4584	总部-科技板块	2017/3/2	牧勤勘	票据	Soft-2017	0	1	0	142000	销售专员	0	4260
4585	总部-科技板块	2017/3/2	朱捐塞	票据	Soft-2017	0	6	0	852000	高级销售经理	0	42600
4586	总部-科技板块	2017/3/3	逄动屏	赊销	Soft-2017	0	5	0	710000	销售专员	0	35500
4587	总部-科技板块	2017/3/4	蔡恬磬	现金	Soft-2017	0	1	0	142000	销售专员	0	4260
4588	总部-科技板块	2017/3/24	养泛卧	赊销	Soft-2017	0	1	0	142000	高级销售经理	0	4260
4589	总部-科技板块	2017/3/24	殷遂片	现金	Soft-2017	0	8	0	1136000	销售专员	0	79520
4590	总部-科技板块	2017/3/26	殷遂片	现金	Soft-2017	0	1	0	142000	销售专员	0	4260

图3-2　全国所有二级公司2015年～2017年销售明细清单

- 将日期组合。按照2.11.4所讲的方法建立数据透视表“源自原始文件”，将“日期”设为“行”，选中“2015年”所在的单元格，将“日期”字段组合设置为“月”和“年”（图3-3）。
- 修改列名称。将数据透视表的显示设置为“以表格形式显示”、“重复所有项目标签”；同时将“退回（台）”、“销售（台）”设为“列”，并分别改名为“订单撤回数”、“初始订单数”。
- 增列“有效订单数”。按照“2.12.1”所讲的方法插入新计算字段“有效订单”，设置其公式为“=‘退货（台）’+‘销售（台）’”，将字段名修改为“有效订单数”。

> CFO点拨
> 在图3-3中的“步长”中的项目，单击一次为选中，再单击一次为不选。

通过上述操作，获得了2015年、2016年和2017年前3个月的有效订单分月汇总数（图3-4）。

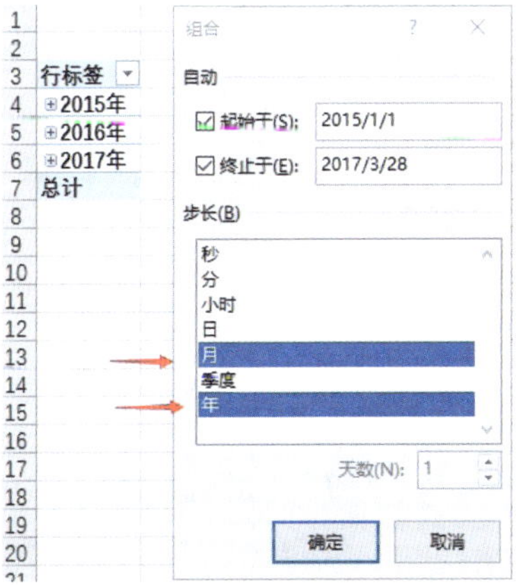

图3-3　日期字段分组设置

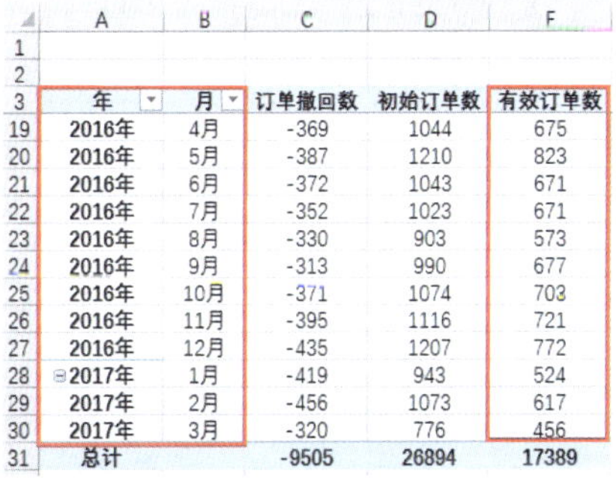

	年	月	订单撤回数	初始订单数	有效订单数
19	2016年	4月	-369	1044	675
20	2016年	5月	-387	1210	823
21	2016年	6月	-372	1043	671
22	2016年	7月	-352	1023	671
23	2016年	8月	-330	903	573
24	2016年	9月	-313	990	677
25	2016年	10月	-371	1074	703
26	2016年	11月	-395	1116	721
27	2016年	12月	-435	1207	772
28	2017年	1月	-419	943	524
29	2017年	2月	-456	1073	617
30	2017年	3月	-320	776	456
31	总计		-9505	26894	17389

图3-4　2015年、2016年和2017年前3个月的有效订单分月汇总数

3.2.2 巧妙选中数据透视表不连续的区域

取得近几年的有效订单的目的是为了预测下个月的订单数，对我们有用的数据是“年”、“月”和“有效订单数”，可以采用以下方法来选择想要的数据：

- 单击图 3-4 的 A3 单元格，拖拉 Excel 界面右端的滚动条下拉使 B30 单元格出现，按住 Shift 键不放，单击图 3-4 的 B30 单元格，松开 Shift 键；
- 按住 Ctrl 键不放，单击图 3-4 的 E3 单元格，按住 Shift 键不放，单击 E30 单元格，松开 Shift 键；
- 如果 Excel 表格较长或较宽，可以在键盘上按住 Ctrl_ 向下箭头，快速将单元格定位到表格当前列的最后一行；可以在键盘上按住 Ctrl_ 向右箭头，快速将单元格定位到表格的最右一列；可以在键盘上按住 Ctrl_ 向上箭头，快速将单元格定位到表格的第一行；可以在键盘上按住 Ctrl_ 向左箭头，快速将单元格定位到表格的最左一列。

或者，另一种方法是：

选中任意单元格（区域），移动鼠标到所选单元格的下边缘，当光标变为向四个方向的十字箭头（称为“四向箭头”）时，双击，快速将单元格定位到光标所在列的最后一行；移动鼠标到所选单元格的右边缘，当光标变为四向箭头时，双击，快速将单元格定位到光标所在行的最后一列；移动鼠标到所选单元格的上边缘，当光标变为四向箭头时，双击，快速将单元格定位到光标所在列的最上面一行；移动鼠标到所选单元格的左边缘，当光标变为四向箭头时，双击，快速将单元格定位到光标所在行的最左面一列。

为便于理解，我们只选择一种商品进行分析，先“货品”字段添加进“数据透视表字段”选项卡的“行”，单击“货品”右侧的三角形按钮，选择“吊机 KM03 型”，按照上面所述的选取方法，选中不连续的多个单元格区域后，按 Ctrl_C 键，将数据复制进剪切板。

按 Ctrl_N 生成一张空白工作簿，按 Ctrl_S 保存为“D:\files\Chap3\2017 年 4 月单品订单预测 .xlsx”，选中单元格 A1，按 Ctrl_V 贴入剪切板数据。

3.2.3 利用 SLOPE 函数和 INTERCEPT 函数取得订单增长的规律

“小白，你还记得什么是‘斜率’和‘截距’吗？”我问小白。

“斜率表示一条直线相对于横坐标轴的倾斜程度，通常用角度表示；截距表示一条直线与纵坐标轴相交点到坐标原点的距离。”

“是的，斜率也叫‘角系数’，是一条直线相对于横轴的坡度。一条直线与某平面直角坐标系横轴正半轴方向的夹角的正切值即该直线相对于该坐标系的斜率。截距分为横截距和纵截距，横截距是直线与 x 轴交点的横坐标，纵截距是直线与 y 轴交点的纵坐标。

用方程式表示就很简单了：$y=kx+b$，其中 k 就是斜率，b 就是截距。

我们苏问集团的机械版块属于大型设备销售，可以用直线方程测试销售订单的内在变动规律。做这样的测试，无疑需要大量的历史数据，需要知道直线方程的斜率和截距。

而 Excel 提供了两个函数让我们得偿所愿：SLOPE 函数和 INTERCEPT 函数。”

1. **SLOPE 函数**。这是求取两个数据区域线性回归性斜率的函数。斜率为垂直距离除以线上任意两个点之间的水平距离，即回归线的变化率。

> SLOPE 函数包括两个部分，第一部分为因变量 y 的数组或者单元格区域，第二部分为自变量 x 的数组或者单元格区域。

2. **INTERCEPT 函数**。这是求取利用已知的 x 值与 y 值计算直线与 y 轴交叉点。交叉点是以通过已知 x 值和已知 y 值绘制的最佳拟合回归线为基础的。当自变量是 0 时，可使用 INTERCEPT 函数确定因变量的值。

> INTERCEPT 函数包括两个部分，第一部分为因变量 y 的数组或者单元格区域，第二部分为自变量 x 的数组或者单元格区域。

> CHO 点拨
> 如果数组或引用参数包含文本、逻辑值或空白单元格，则这些值将被忽略；但包含零值的单元格将计算在内。

3. **计算历年订单间线性回归指标**。将单元格区域 A1:A29 作为自变量、C1:C29 作为因变量，可以求得 2015 年 1 月至 2017 年 4 月订单的线件回归的斜率和截距。

在单元格 A1、A2、A3、B1、B2、B3 依次输入“序号”“1”“2”“年月”、“2015-2”，选中 B2、B3，按下 Ctrl_1 弹出“设置单元格格式”对话框，依次单击“数字”选项卡，在“分类”项中选择“日期”、在“类型”项中选择“2012 年 3 月”，鼠标移动到 B3 右下角，当光标变为实心黑十字时，向下拖拉至单元格 B29 释放；选中 A2、A3，鼠标移动到 A3 右下角，当光标变为实心黑十字时，向下拖拉至单元格 A29 释放（图 3-5）。

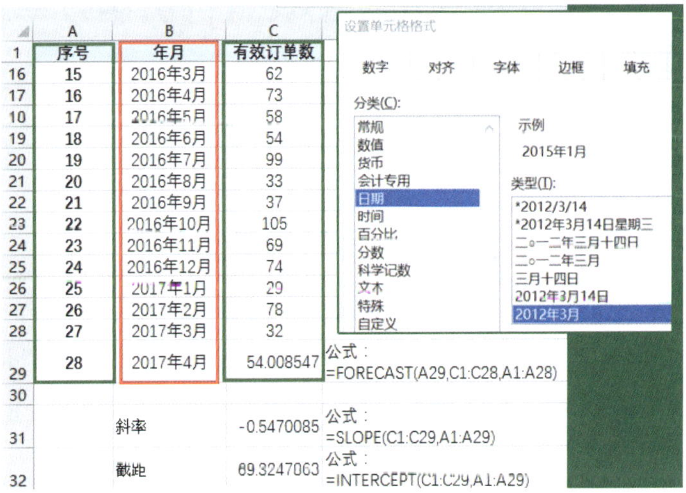

图 3-5　2015 年 1 月至 2017 年 4 月订单的线性回归和预测

在单元格 B31、B32、C31、C32 中依次输入“斜率”“截距”“=SLOPE (C1:C29,A1:A29)”“=INTERCEPT (C1:C29,A1:A29)”，Excel 给出了 2015 年 1 月至 2017 年 4 月订单的线性回归的斜率和截距分别为 -0.547 0 和 69.324 8，线

性回归的数学方程式为“y=-0.547x+69.324 8”。

注意到单元格 A3 的值为“2”，单元格 A2 的值为“1”，前者较后者大 1，拖拉后的后续值以“1”为间隔递增；如 A3 的值为“7”，单元格 A2 的值为“1”，前者较后者大 6，拖拉后的后续值以“6”为间隔递增变为“13”、“19”、“25”……

3.2.4 利用 FORECAST 函数预测订单增长数并验证

1. FORECAST 函数。根据现有值计算或预测未来值。预测值为给定 x 值后求得的 y 值。已知值为现有的 x 值和 y 值，并通过线性回归来预测新值。可以使用 FORECAST 函数来预测未来销售、库存需求或消费趋势等。

FORECAST 函数包括三个部分，第一部分为自变量 x 的值，第二部分为因变量 y 的相关数组或者单元格区域，第二部分为自变量 x 的相关数组或者单元格区域。函数 FORECAST 的计算公式为 a+bx，式中：

$$a=\bar{y}-b\bar{x} \qquad b=\frac{\sum(x-\bar{x})(y-\bar{y})}{\sum(x-\bar{x})^2}$$

在 Excel 2016 及以后版本中，这个函数名称已经改为“FORECAST.LINEAR”，参数不变。

2. 预测新的销售订单值。在单元格 C29 中输入公式“=FORECAST(A29,C1:C28,A1:A28)”，Excel 给出了 2017 年 4 月订单的值为 54.008 5。将 x 值 28 代入方程式 y=-0.547x+69.324 8= 54.008 8，排除数值的四舍五入差后，二者结果一致。

至此，已完成对单品“吊机 KM03 型”在 2017 年 4 月有效订单的增长预测。

3.3 用直观靓丽的图表进行历年订单趋势预测

借助于直观的数据图表，可以清晰地看到历年订单的波动起伏情况，看出某一种产品的整体走势。Excel 图表工具为我们的产品订单分析、预测提供了有力的支持。通过图表工具，我们还可以得到非常漂亮易读的趋势预测图形。

3.3.1 美美的 Excel 订单预测图形

在完成了 2017 年 4 月“吊机 KM03 型”订单的线性回归表格后，我用 Excel 制作了一幅趋势走向图形（图 3-6），Excel 自动从回归表格中取数，非常直观地展示出从 2015 年至今的产品的市场需求情况。用易总的话说，就是“在整体经济下行的大背景下，这个单品能够在起伏，没有急速下跌，已属不易，而且还是有上升的趋势。”

我们一直在讲“线性回归”，那什么是“线性”、什么是“回归”呢？在图 3-6 中，可以直观地看到什么是所谓的“线性”，图中所有的点都相对的集中在图中趋势直线周围，以这条直线大致代表“月份”x 与“订货（台）”y 之间的关系。如果我们能够确定这条直线，我们就可以用直线的斜率来表示当 x 变化一单位时 y 的变化程度，由图中的点确定线的过程就叫作“回归”。

如果两个变动因素之间服从精确的唯一计算关系"y=kx+b"，我们称这二者存在"函数"关系，如图 3-6 中的趋势线；如果两个变动因素之间没有这样的关系，只是大致服从这样的趋势"y=kx+b"，还需要加上误差 u 将精确的函数关系修正为"y=kx+b+u"，我们称这二者之间是"相关"关系。

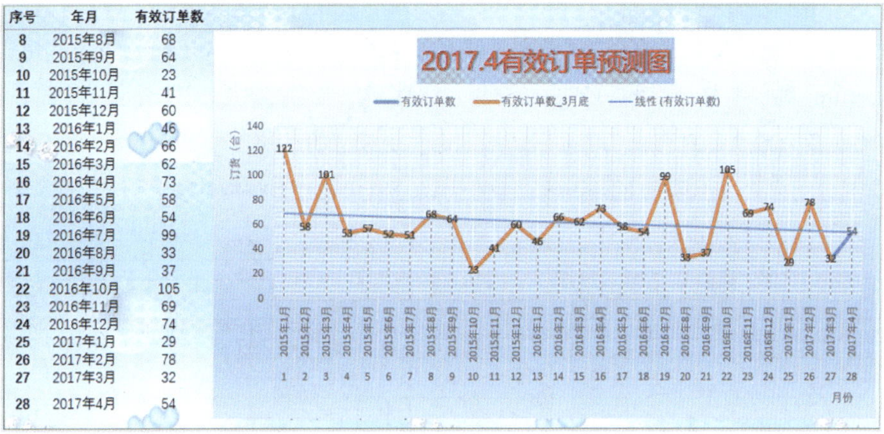

序号	年月	有效订单数
8	2015年8月	68
9	2015年9月	64
10	2015年10月	23
11	2015年11月	41
12	2015年12月	60
13	2016年1月	46
14	2016年2月	66
15	2016年3月	62
16	2016年4月	73
17	2016年5月	58
18	2016年6月	54
19	2016年7月	99
20	2016年8月	33
21	2016年9月	37
22	2016年10月	105
23	2016年11月	69
24	2016年12月	74
25	2017年1月	29
26	2017年2月	78
27	2017年3月	32
28	2017年4月	54

图 3-6　2017 年 4 月有效订单趋势预测图

在打开 Excel 的时候，小吴和小白两位从我身旁走过，被这样的图形所吸引住了。

"哇，好漂亮，这是 Excel 做的吗？蔡姐你教教我呗！"

"行啊，在作图之前呢，先认识一下图的各部分。"

我把易总给我制作的一幅图（图 3-7）打开，对照图形把其中的各部分的名称一一地给她们做了介绍。

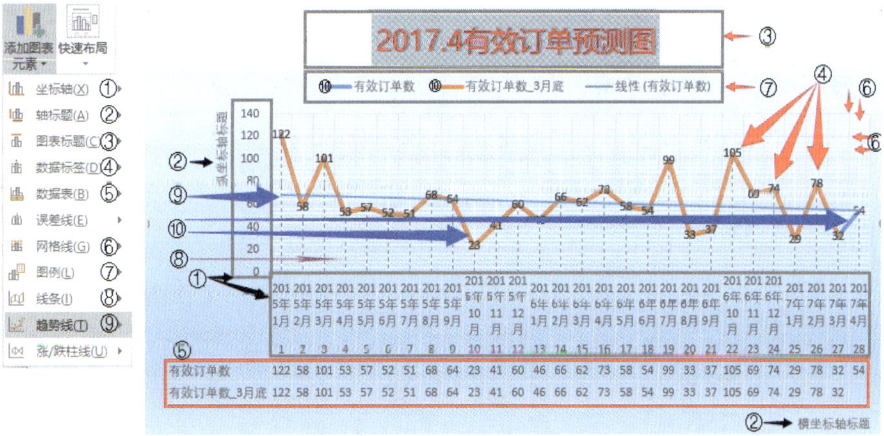

图 3-7　2017 年 4 月有效订单趋势预测图的组成

① 坐标轴。包括坐标的横轴和纵轴。纵轴上的刻度是 Excel 自动根据表格数据分区段自动设置的。

② 轴标题。是要对坐标的横轴和纵轴做出的解释性说明文字。

③ 图表标题。给趋势图取的名字，告诉看图人这是一幅什么样的图形，图 3-7 图表标题是"2017.4 有效订单预测图"。单击标题，可以直接修改其文字内容。

④ 数据标签。是趋势图上起伏的曲线上面的数字，如图3-7中的“105”、“74”、“78”。

⑤ 数据表。是将趋势图 y 纵轴上的值依照 x 横轴顺序罗列的表格，位置在 x 横轴下方。

⑥ 网格线。是用来辅助读图的横线和竖线，这些线条将趋势图曲线所在区域划分为一个个的田字格，横线和竖线又分为主要网格线（坐标轴上刻度对应的值所在的线条）和次要网格线（主要网格线之间再次细分的线条）。

⑦ 图例。用来告诉看图人不同色彩的趋势折线分别代表什么解释性图文。

⑧ 线条。趋势图上起伏的曲线上转折点到横轴之间的连接虚线。

⑨ 趋势线。用来表明 y 值整体走向的直线或者曲线。

⑩ 数据系列y数值线。是趋势图上随着 x 轴上序列变化而变化的 y 值的连接线段。

3.3.2　利用图表工具插入订单趋势图

在图3-5订单线性回归表格的基础上，利用Excel的图表工具可以很轻松地制作出直观明了的趋势图形：

- 插入图表前的一些简单的准备。
  - 先将图3-5的标题的底色去除，单击“开始”-“主题颜色”-“无颜色”。
  - 设置工作表的标签颜色，在工作表标签右击，选择“工作表标签颜色”为“蓝色，个性色1，深色25%”。
  - 将C29单元格显示为整数，单击“开始”-“数字”-“减少小数位数”。
  - 冻结表格的第一行，单击“视图”-“冻结窗格”-“冻结首行”。
  - 不显示工作表网格线，单击“页面布局”选项卡，去掉“网格线”-“查看”对勾。
- 添加工作表的底图。
  - 单击“页面布局”-“背景”-“浏览”，选择我电脑上的一幅图形“D:\files\Chap3\used files\背景图.png”。
  - 如果不再需要工作表的底图，单击“页面布局”-“删除背景”即可。
- 插入订单走向趋势图。
  - 单击“插入”-“推荐的图表”，弹出“插入图表”对话框（图3-8），选中左侧第二个推荐的图形后，单击“确定”按钮。
  - 单击“图表工具”-“设计”选项卡中的“图表样式”右侧的下三角箭头，选择一个自己喜欢的样式，这里我选择的是“样式9”。

> **CFO点拨**
> 在不同的电脑上，图形存放的位置不同，名称不同，根据自己电脑上图形选择即可。图形选择好之后，被选用的图形即使删除，也不会影响工作表中的背景图。

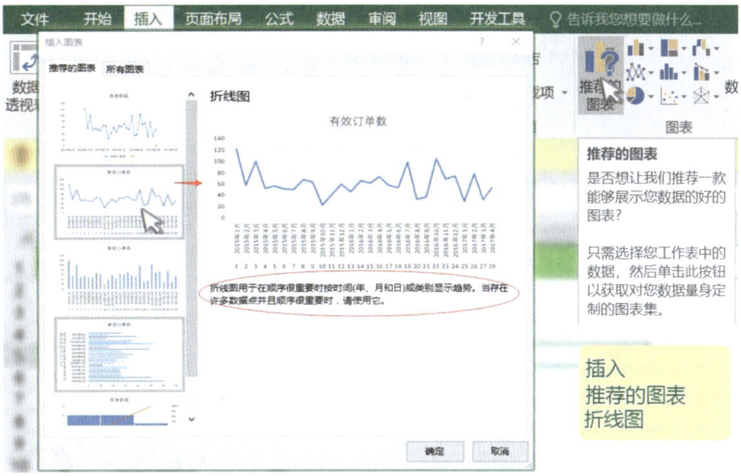

图 3-8　插入图表对话框

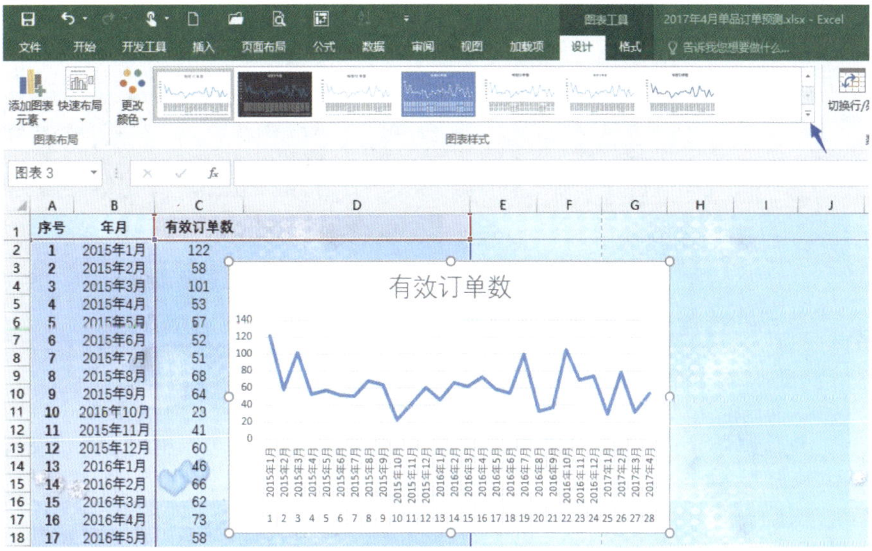

图 3-9　选择图表样式

> CFO 点拨
> 有效数值区域在“A2:C29”，但我们仍设置数据透视表的数据源起始行行号从第 1 行开始，是为了让 Excel 自动识别第 1 行的文本格式字符作为“图例项”的标题。

3.3.3　添加和编辑趋势图的数据系列

插入趋势图曲线后，可以调整趋势曲线的“数据系列”的数据来源区域：

- 单击“图表工具”-“设计”选项卡中的“数据”-“选择数据”图标，出现“选择数据源”对话框（图 3-10），由于 Excel 自动给出的数据区域是“=Sheet1!$A$1:$D$29”，不是我们想要的，我们将它修改为“=Sheet1!$A$1:$C$29”。

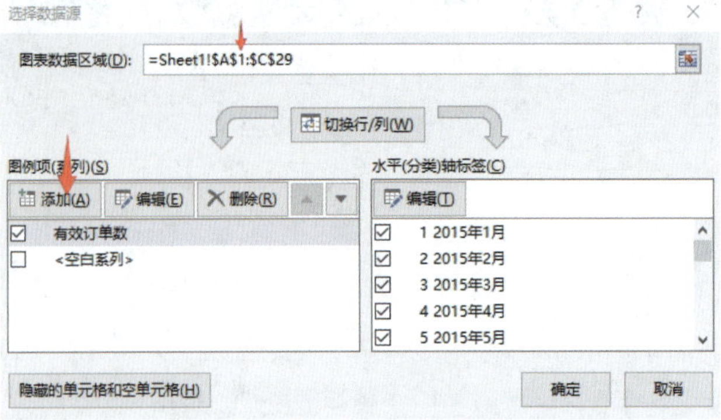

图 3-10　选择有效订单的数据来源

- 单击“图例项”下的“添加”按钮，出现“编辑数据系列”对话框（图 3-11 之①），在“系列名称”下方的方框内输入“有效订单数 _3 月底”后，单击“系列值”右侧的红色小箭头，“编辑数据系列”对话框缩小成为一个扁扁的长方形对话框。

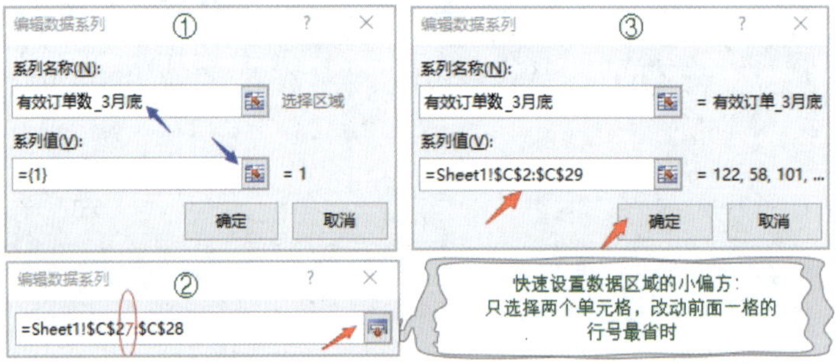

图 3-11　编辑有效订单的数据系列

- 选择单元格区域“C2:C28”或者在图 3-11 之②的长方形框内输入“=Sheet1!$C$2: $C$28”，单击右侧的红色小箭头，返回“编辑数据系列”对话框（图 3-11 之③），单击“确定”按钮。
    - 必须注意的是：由于我们已经输入了“系列名称”为“有效订单数 _3 月底”，而不需要 Excel 自动识别第 1 行的文本格式字符作为“图例项”的标题，所以，数据区域直接从第 2 行开始；由于此时是设置的截至 2017 年 3 月底的订单趋势数据来源，所以数据区域的末行是第 28 行，而不是第 29 行。
    - 快速设置数据区域的小决窍：输入单元格字符时容易犯错，也很费时，用鼠标在工作表中直接点选单元格区域不易出错，但表格很长时，拖动鼠标花费的时间也很多。实际上，我们可以只选择 2 ～ 3 个单元格，然后用键盘加以修改即可快速设定数据来源区域。如我们用鼠标选取的区域为“=Sheet1!$C$27:$C$28”，只需要将其中的数字“7”删除，就可以快速完成数据区域的选取。
- 在工作表选择单元格区域“C2:C28”或者在图 3-11 之②的长方形框内输入“=Sheet1!$C$2: $C$28”，单击右侧的红色小箭头，返回“编辑数据系列”对话框（图 3-11 之③），单击“确定”按钮返回“选择数据源”对话框（图 3-12）。

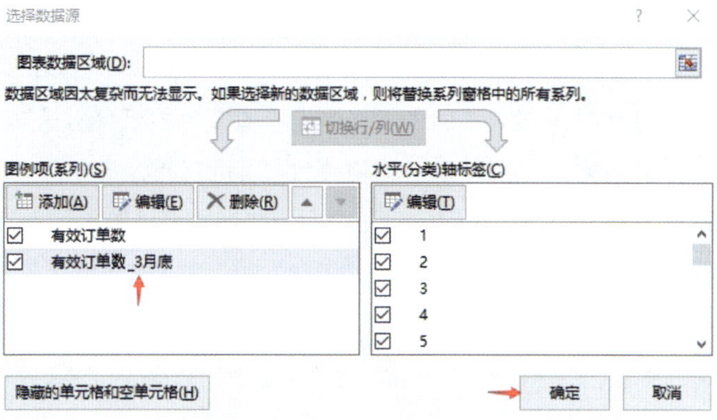

图 3-12　添加数据系列后的选择数据源对话框

- 在图 3-12 的“图例项”中已经添加好新的数据系列“有效订单数 _3 月底”，如果要修改或者删除，直接单击“编辑”或者“删除”即可完成。检查无误后，单击“确定”按钮，新的数据系列已经自动添加在 2017 年 4 月有效订单趋势预测图（图 3-13）中。

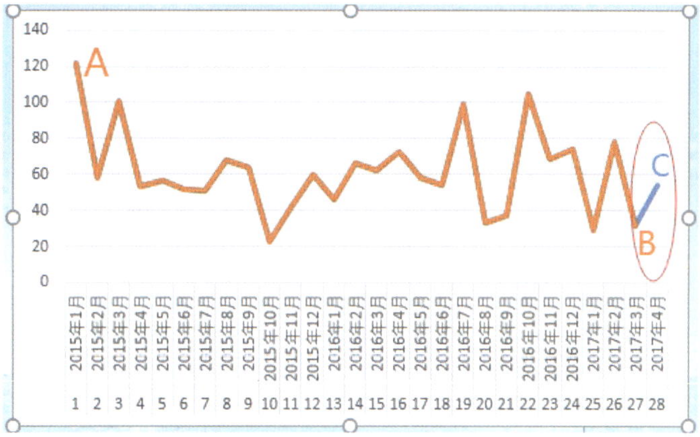

图 3-13　添加数据系列的 2017 年 4 月有效订单趋势预测

- 在图 3-13 中数据系列“有效订单”（图 3-13 线段 AC）与数据系列“有效订单数 _3 月底”（图 3-13 线段 AB）除 2017 年 4 月外趋势折线均重叠，而且前者被后者覆盖。这样一来，未重合的 2017 年 4 月的上扬蓝色折线（图 3-13 线段 BC）得以凸显出来。

3.3.4　让订单趋势图更加赏心悦目的技巧

趋势图的两条数据系列折线制作完成后，为了让图形更美观、让看图人更轻松，下面的美化、修饰工作是非常必要的：

- 选中图 3-13 中的趋势图形，四周出现 8 个空心小圆点，在圆点上按住鼠标左键可以改变图表的大小；在图表上移动鼠标，当光标变为四向箭头时，可以拖拉图表在工作表中的位置。
- 在图表上移动鼠标，会出现相应的所处图表区域部位的提示，如“图表区”、“网格线”、“坐标轴”、“趋势线”等文字信息，此时如果右击，会出现相应的区位格式浮动菜单，便于设置，如“设置图表区域格式”、“设置网格线格式”、“设置坐标轴格式”、“设置趋势线格式”等命令。

● 对照图 3-7，单击“图表工具”-“设计”-“添加图表元素”图标，依次设置各元素如下：

① 坐标轴。点击选中其下级菜单的“主要横坐标轴”、“主要纵坐标轴”。

② 轴标题。点击选中其下级菜单的“主要横坐标轴”、“主要纵坐标轴”，直接选中在图表上出现的“坐标轴标题”字样，将其分别修改为“月份”、“订货（台）”。

③ 图表标题。点击选中其下级菜单的“图表上方”，选中“图表标题”字样，将其修改为“2017.4 有效订单预测图”。同时，在 Excel 界面右端出现“设置图表标题格式”选项卡，选择“标题选项”-“填充”-“图案填充”，“图案”选取“50%”、“前景”选取“蓝色，个性色 1”、“背景”选取“白色，背景色 1”。图表标题，可像普通文本一样设置其字体、字号、字的颜色。我们设置为“微软雅黑，20，红色”。

④ 数据标签。点击选中其下级菜单的“居中”。

⑤ 数据表。点击选中其下级菜单的“无”。

⑥ 网格线。点击选中其下级菜单的“主轴主要水平网格线”、“主轴主要垂直网格线”、“主轴次要水平网格线”和“主轴次要垂直网格线”。

⑦ 图例。点击选中其下级菜单的“顶部”。

⑧ 线条。点击选中其下级菜单的“垂直线”。

⑨ 趋势线。点击选中其下级菜单的“线性”，弹出“添加趋势线”对话框，选择“有效订单数”。选中趋势线，可以根据预测精确度的需要，通过 Excel 主界面右部的“设置趋势线格式”选项卡设置趋势为“线性”、“指数”、“对数”、“（3 期）移动加权平均”等计算类型，并通过勾选“显示公式”和“显示 R 平方值”，将趋势线公式和反映其精度的 R^2 显示在趋势图中。R^2 越大，说明回归线拟合程度越好、越精确。

很多时候，我们可能需要对纵坐标轴上的刻度间隔和数值显示进行调整，可以按照以下方法进行：

● 单击图表中的“纵坐标轴”，此时，在 Excel 主界面右侧出现“设置坐标轴格式”选项卡（图 3-14），选择“坐标轴选项”。

> 此处视频讲解更精彩，
> 扫描右侧的二维码，
> 即可观看和下载

● 将“坐标轴选项”的“主要”和“次要”由原来的 Excel 推荐值“20.0”和“4.0”分别修改为“30.0”和“6.0”，将刻度间距由 20 调整为 30。单击“显示单位”右侧的下拉三角按钮，设置为“百”，同时勾选“在图表上显示刻度单位标签”，让“百”字显示在图表的纵坐标轴上。

● 设置后的效果如图 3-14 右侧所示。

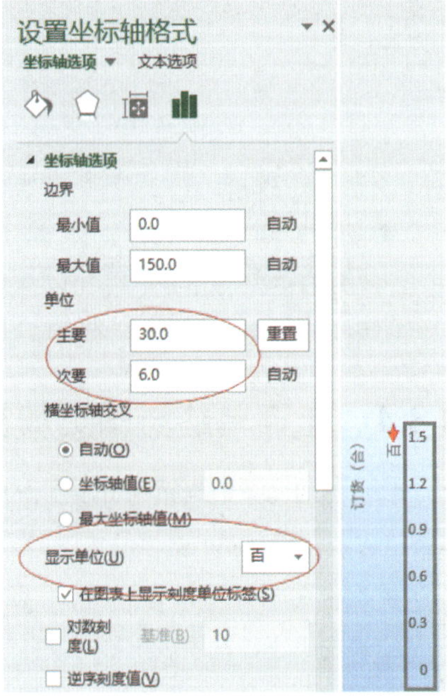

图 3-14　设置坐标轴格式及设置效果

此外，针对水平轴文字标签过长显示不美观，采用以下方法加以解决：一是将标签高度拉大，二是将 X 轴引用的单元格文字用 Alt_Enter 换行，三是柱状图修改为条形图，相当于切换 X、Y 轴。

3.4 用扩展数组和条件求和函数搞定货品订单预测和分周序时进度

在 3.3 我们只是以“吊机 KM03 型”为例，对其 2017 年 4 月新订单的数量进行了线性预测，那么要如何取得全部商品的新订单数呢？

3.4.1 SUMIF 函数和 SUMIFS 函数

为了得到 2015 年至 2017 年 3 月实际订单数，我们先了解两个函数，SUMIF 函数和 SUMIFS 函数。

1. SUMIF 函数。这是用于计算其满足单个条件的参数的总量。例如，需对苏问集团有效订单中大于 10 的数值求和，可使用公式“=SUMIF(F:F,">10")”。

> SUMIF 函数包括三个部分，第一部分为被判断条件所在的单元格区域或数组，第二部分是被判断的条件，支持模糊条件，“*”指代多个不确定字符，“?”指代一个不确定字符。如果要查找实际的星号或问号，请在该字符前输入波形符（~）。第三部分为待汇总的单元格区域或数组。

2. SUMIFS 函数。这是用于计算其满足多个条件的全部参数的总量。例如，可以使用 SUMIFS 计算苏问集团三月份且货品为“车床 CM13-2 型”的有效订单总量。

> SUMIFS 函数包括至少三个部分，第一部分为待汇总的单元格区域或数组，第二部分为被判断条件所在的单元格区域或数组，第三部分为被判断的条件，支持模糊条件，比如“<> 现金”或“=201*”或“-2017 年 ? 月”。星号或问号的意义与 SUMIF 函数相同。
>
> SUMIFS 函数可以包括五、七、九等多个参数，从第四参数开始，用以添加附加的区域及其关联条件，除第一参数外，条件区域和条件总有成对出现的。

SUMIF 函数和 SUMIFS 函数非常相似，它们的待汇总区域的参数位置不同，前者为第三参数，后者为第一参数。SUMIFS 函数比 SUMIF 函数适应性更强，推荐使用。

3.4.2 SUMIFS 函数在订单预测中的实际应用

学习了 SUMIF 函数和 SUMIFS 函数后，小白已经按捺不住，想看看所学习函数的实际应用效果了。

- 打开前面我们制作的两个 Excel 文件：“D:\files\Chap3\ 全国二级公司销售明细之数据透视表（2015 ～ 2017）.xlsx”和“D:\files\Chap3\2017 年 4 月单品订单预测 .xlsx”。
- 在“D:\files\Chap3\2017 年 4 月单品订单预测 .xlsx”中建立一个新的工作表，命名为“所有货品”，并输入一张空白表“苏问集团 2017 年 4 月有效订单预测表”（图 3-15 之①）。

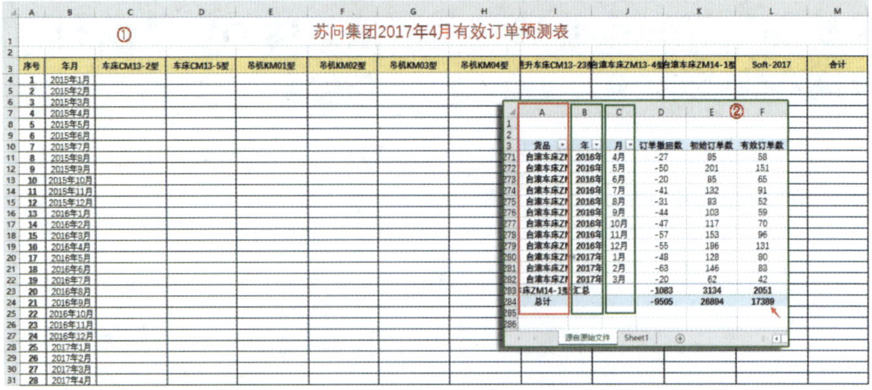

图 3-15　公式应用前的苏问集团 2017 年 4 月有效订单预测表

- 在单元格 C4 输入以下公式（图 3-16）或使用鼠标单击打开的 Excel 文件“D:\files\Chap3\ 全国二级公司销售明细之数据透视表（2015 ～ 2017）.xlsx”，让 Excel 自动填入文件名等文字。数据来源于前面已经生成的工作表“源自原始文件”中的数据透视表（图 3-15 之②），将公式向右拖拉至单元格 L4，向下拖拉至单元格 L30。

“=SUMIFS('[全国二级公司销售明细之数据透视表(2015-2017).xlsx]源自原始文件'!$F:$F,'[全国二级公司销售明细之数据透视表(2015-2017).xlsx]源自原始文件'!$B:$B,LEFT(TEXT($B4,"yyyy年m月"),5),'[全国二级公司销售明细之数据透视表(2015-2017).xlsx]源自原始文件'!$C:$C,MID(TEXT($B4,"yyyy年m月"),6,3),'[全国二级公司销售明细之数据透视表(2015-2017).xlsx]源自原始文件'!$A:$A,C$3)”

在公式中，将第 3 行货品名称与数据源透视表中的 A 列进行比对，运用了 TEXT 函数对“年月”进行格式化显示，并使用 LEFT 函数取“年月”的前 5 个字符得到的年份与数据源透视表中的 B 列进行比对、使用 MID 函数取“年月”的后 3 个字符得到的月份与数据源透视表中的 C 列进行比对。

- 在单元格 M4 输入公式“=SUM(C4:L4)”，将公式向下拖拉至单元格 M31。
- 在单元格 C31 输入公式“=FORECAST($A31,C3:C30,$A$3:$A$30)”，将公式向右拖拉至单元格 L31。
- 用鼠标选中单元格区域“C4:L30”或“M4:M30”，在 Excel 状态栏显示出 2015 年 1 月到 2017 年 3 月的全部货品的有效订单总数为 17 389，这与工作表“源自原始文件”中的数据透视表（图 3-15 之②）“有效订单数”汇总值完全一致。

由于涉及多个条件判断，我们借助于 SUMIFS 函数，成功取得了 2015 年 1 月到 2017 年 3 月的全部货品的有效订单总数，并在此基础上对全部货品和订单需求量进行了预测，总数为 619。

> **CFO 点拨**
> 公式中“$B4”，在“年月”所在的 B 列列标前加上“$”，是为了向右拖拉公式时锁定列名，禁止其自动变化；公式中“C$3”，在货品所在的第 3 行行号前加上“$”，是为了向下拖拉公式时锁定行号，禁止其自动变化。

> CFO 点拨
>
> 如果打开图 3-16 文件并刷新链接后，出现满屏的“#VALUE!”时，只需要将引用的文件“D:\files\Chap3\全国二级公司销售明细之数据透视表（2015 ～ 2017）.xlsx”打开即可恢复到正常数值显示。

图 3-16　公式应用后的苏问集团 2017 年 4 月有效订单预测表

在公司组织生产时，很多时候需要实时的生产进度数据。这在建筑、制造等行业有切实的需求。可以利用 Excel 制作来自于原始的一条条生产数据清单的、细化到日、周、月的序时进度表格和美丽直观的图形。

3.4.3 SUMPRODUCT 函数和 WEEKNUM 函数

为了透彻地理解和掌握后面用到的分周次序时，必须学习两个函数：SUMPRODUCT 函数和 WEEKNUM 函数。

1. SUMPRODUCT 函数。在给定的几组数组中，将数组间对应的元素相乘，并返回乘积之和。

如同函数的名字所述 SUM（“求和”）且 PRODUCT（“乘积”）。比如数组 A 各元素 a1、a2、a3……数组 B 各元素 b1、b2、b3……，对应相乘就是 a1*b1、a2*b2、a3*b3……，将它们求和 a1*b1+a2*b2+a3*b3+……简化成数学公式即 $\sum a*b$。

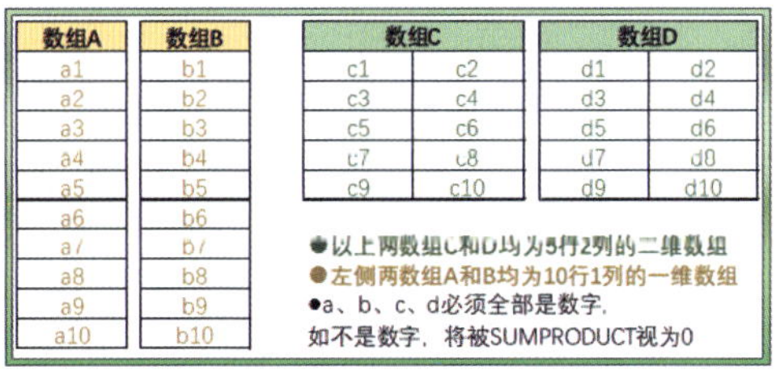

图 3-17　SUMPRODUCT 函数所需要的数组对应元素相乘示意

- 需要注意的是，SUMPRODUCT 函数将非数值型的数组元素作为 0 处理。数组参数必须具有相同的维数。否则，函数将返回“#VALUE!”错误值“#REF!”。
- SUMPRODUCT 函数至少包含一个参数，即至少包含一个数组。

作为 Excel“SUM”系函数，SUMPRODUCT 函数在实际操作中有着更贴近实际、强大便捷的应用，但相应地，它的理解难度也超过“SUM”系的 SUMIF 函数和 SUMIFS 函数。好在易总已经把以上关键的要点预先讲给了我。

2. **WEEKNUM 函数**。返回特定日期的周数。例如，包含 1 月 1 日的周为该年的第 1 周，其编号为第 1 周，这是 WEEKNUM 函数默认的机制，也是中国习惯采用的机制。另一种计算机制是欧洲周编号机制，以包含该年第一个星期四的周为该年的第 1 周，其编号为第 1 周。

WEEKNUM 函数包括两个参数。第一个参数是被计算的日期；第二个参数不指定或者指定为 1 时，表示返回值以星期日作为一周的第一天，第二个参数指定为 11 时，表示返回值以星期一作为一周的第一天。

我们经常问的一句话，“今天是今年的第几周啊？”就是用到 WEEKNUM 函数，公式表示为“=WEEKNUM(TODAY(),11)”。

3.4.4 神秘的 IF({1}.. 和 IF({1,0}..

为了将两个数组中的元素重新进行组合，我们需要构造一个逻辑数组。对于一维数组来说，就是“{1}”，对于二维数组来说，有“{1,0}”、“{1,1}”、“{0,1}”和“{0,0}”四种可能。

“{}”中数字“1”表示“真值”，“0”表示“非真值”。

IF({1}.. 写全就是 IF({1}, 数组一 , 数组二)，IF({1,0}.. 写全就是 IF({1,0}, 数组一 , 数组二)。

这里所谓的“真值”，是按数组一中的元素顺序逐一判断 IF 语句中条件是否是真值，如果是，则取“数组一”中对应元素，如果不是，则取“数组二”中对应元素。

特别要强调的是逻辑数组“{1}”“{1,0}”具有自动扩展功能，故在 IF 函数中时，它们会根据函数的参数中维度最大的数组结构自动变形，将 IF 函数三个参数数组扩展为相同结构的数组。

如果其后的“数组一”是一维数组，包含三个元素为“a1,a2,a3”，则“{1}”自动扩展为“{1;1;1}”；“{1,0}”自动扩展为“{1,0;1,0;1,0}”，“数组一”自动扩展为“{a1,a1; a2,a2; a3,a3}”。

如果其后的“数组一”是三行两列的二维数组，包含六个元素为“2,3;5,6;8,9”，则“{1,0}”自动扩展为“{1,0;1,0;1,0}”（图 3-18）。这里的行与行之间用“;”隔开，列与列之间用“,”隔开。

> CFO 点拨
> IF({1}.. 与 IF(1.. 的不同，有“{}”的，则返回的是数组，没有“{}”的，则返回的是 IF 函数第二参数本身，如某一个单元格区域。例如：“=IF(1,A1:C2,D1:F2)”返回的是单元格区域“A1:C2”，而不是数组。

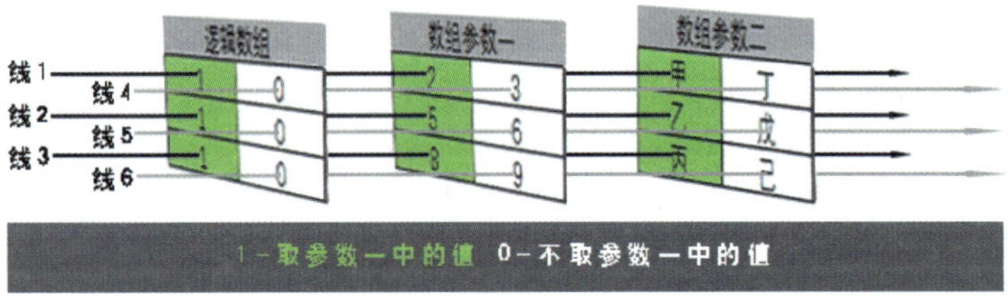

图 3-18 逻辑数组“{1,0}”的穿透对应关系示意

二维逻辑数组“{1,0}”跟随其后的二维数组结构扩展变形有四种情形，如“数组一”为三行两列的数组，元素包括“2,3;5,6;8,9”，所在单元格区域为“E4:F6”（图 3-19）；“数组二”为相同结构的数组，元素包括“甲，丁；乙，戊；丙，己”，所在单元格区域为“H4:I6”。经由 IF 函数逻辑判断后数组返回情况，见表 3-1。

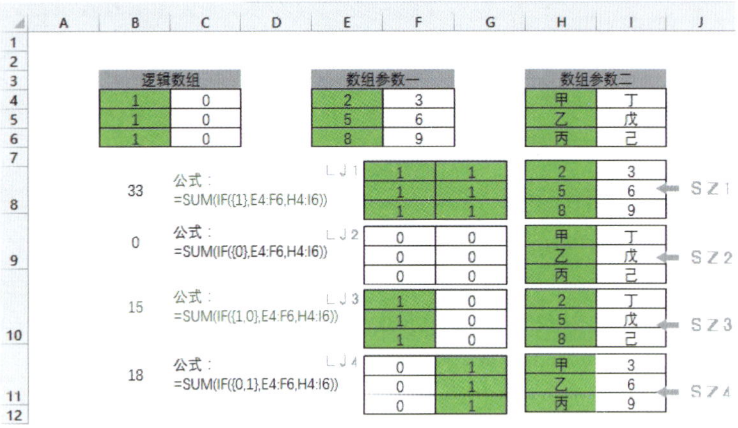

图 3-19　逻辑数组“{1}”和“{1,0}”在 IF 函数中的几种扩展情形

表 3-1　IF 函数经逻辑扩展后返回数组对照表

公式	数组扩展	返回的数组	备注
=IF({1}, E4:F6, H4:I6)	{1,1;1,1;1,1}	{2,3;5,6;8,9}	图 3-19 之 SZ1
=IF({1,1}, E4.F6, H4.I6)			
=IF({0}, E4:F6, H4:I6)	{0,0;0,0;0,0}	{甲，丁；乙，戊；丙，己}	图 3-19 之 SZ2
=IF({0,0}, E4:F6, H4:I6)			
=IF({1,0}, E4:F6, H4:I6)	{1,0;1,0;1,0}	{2, 丁 ;5, 戊 ;8, 己 }	图 3-19 之 SZ3
=IF({0,1}, E4:F6, H4:I6)	{0,1;0,1;0,1}	{ 甲 ,3; 乙 ,6; 丙 ,9}	图 3-19 之 SZ4

3.4.5　利用 IF({1,0}.. 和 SUMIFS 找出订单量最多和最少的城市

“易总想要知道 2016 年订单量最多和最少的城市及其订单数，小吴，你会求取吗？清单就在‘D:\files\Chap3\ 全国二级公司销售明细之数据透视表（2015 ～ 2017）.xlsx’文件的工作表‘Sheet1’里面。”讲完上面的知识，我问小吴。

“清单有几千条数据，要求得最值，少不了用 MAX、MIN 函数了。要求日期（原始清单文件里面的 B 列）在 2016 年，订单还得是某个城市（原始清单文件里面的 A 列）在 2016 年的汇总数，这是多条件求和了，可以试试 SUMIFS 函数。原始清单文件里面的 F 列‘退货（台）’和 G 列‘销售（台）’之和作为有效订单。涉及从求和值向左查找城市，要用到 IF({1,0}..”

小吴的分析基本上是正确的，但还有一些细节没有考虑周全。选中任意一张新的 Excel 工作表的单元格 A1，把下面的表格（表 3-2）整体复制进去，就可以得到最终结果。当然，Excel 文件“D:\files\Chap3\ 全国二级公司销售明细之数据透视表（2015 ～ 2017）.xlsx”是要预先打开的。

表 3-2　对数据清单多条件汇总并求取最值演算

项目	计算结果	公式	备注
总行数	4590	=COUNTA('D:\files\Chap3\[全国二级公司销售明细之数据透视表（2015 ～ 2017）.xlsx]Sheet1'!$A:$A)	根据“城市”所在列查找最后一行行号
城市列区域	'[全国二级公司销售明细之数据透视表（2015 ～ 2017）.xlsx]Sheet1'!A$1:A$4590	="'[全国二级公司销售明细之数据透视表（2015 ～ 2017）.xlsx]Sheet1'!A$1:A$"&$B$2	
日期列区域	'[全国二级公司销售明细之数据透视表（2015 ～ 2017）.xlsx]Sheet1'!B$1:B$4590	="'[全国二级公司销售明细之数据透视表（2015 ～ 2017）.xlsx]Sheet1'!B$1:B$"&$B$2	
退回（台）列区域	'[全国二级公司销售明细之数据透视表（2015 ～ 2017）.xlsx]Sheet1'!F$1:F$4590	="'[全国二级公司销售明细之数据透视表（2015 ～ 2017）.xlsx]Sheet1'!F$1:F$"&$B$2	
销售（台）列区域	'[全国二级公司销售明细之数据透视表（2015 ～ 2017）.xlsx]Sheet1'!G$1:G$4590	="'[全国二级公司销售明细之数据透视表（2015 ～ 2017）.xlsx]Sheet1'!G$1:G$"&$B$2	
最小值	-5	{=MIN(SUMIFS(INDIRECT(B5),INDIRECT(B3),INDIRECT(B3),INDIRECT(B4),">=2016-1-1",INDIRECT(B4),"<=2016-12-31")+SUMIFS(INDIRECT(B6),INDIRECT(B3),INDIRECT(B3),INDIRECT(B4),">=2016-1-1",INDIRECT(B4),"<=2016-12-31"))}	-5 所在单元格 B7，数组公式用 Ctrl_Shift_Enter 录入后，Excel 自动在公式左右加上花括号
最小值所在城市	四川省 - 德阳市	{=VLOOKUP(B7,IF({1,0},SUMIFS(INDIRECT(B5),INDIRECT(B3),INDIRECT(B3),INDIRECT(B4),">=2016-1-1",INDIRECT(B4),"<=2016-12-31")+SUMIFS(INDIRECT(B6),INDIRECT(B3),INDIRECT(B3),INDIRECT(B4),">=2016-1-1",INDIRECT(B4),"<=2016-12-31"),INDIRECT(B3)),2,FALSE)}	数组公式用 Ctrl_Shift_Enter 录入后，Excel 自动在公式左右加上花括号
最大值	693	{=MAX(SUMIFS(INDIRECT(B5),INDIRECT(B3),INDIRECT(B3),INDIRECT(B4),">=2016-1-1",INDIRECT(B4),"<=2016-12-31")+SUMIFS(INDIRECT(B6),INDIRECT(B3),INDIRECT(B3),INDIRECT(B4),">=2016-1-1",INDIRECT(B4),"<=2016-12-31"))}	693 所在单元格 B9，数组公式用 Ctrl_Shift_Enter 录入后，Excel 自动在公式左右加上花括号
最大值所在城市	总部 - 科技版块	{=VLOOKUP(B9,IF({1,0},SUMIFS(INDIRECT(B5),INDIRECT(B3),INDIRECT(B3),INDIRECT(B4),">=2016-1-1",INDIRECT(B4),"<=2016-12-31")+SUMIFS(INDIRECT(B6),INDIRECT(B3),INDIRECT(B3),INDIRECT(B4),">=2016-1-1",INDIRECT(B4),"<=2016-12-31"),INDIRECT(B3)),2,FALSE)}	数组公式用 Ctrl_Shift_Enter 录入后，Excel 自动在公式左右加上花括号

具体的操作步骤如下：

- 求数据清单的最后一行的行号。用公式“=COUNTA('D:\files\Chap3\[全国二级公司销售明细之数据透视表（2015 ～ 2017）.xlsx]Sheet1'!$A:$A)”就可以得到数据清单的最后一行是第 4590 行。

- 获得要计算的列的字符串表示值。依次用公式“="'[全国二级公司销售明细之数据透视表（2015～2017）.xlsx]Sheet1'!A$1:A$"&$B$2”“="'[全国二级公司销售明细之数据透视表（2015～2017）.xlsx]Sheet1'!B$1:B$"&$B$2”“="'[全国二级公司销售明细之数据透视表（2015～2017）.xlsx]Sheet1'!F$1:F$"&$B$2”和“="'[全国二级公司销售明细之数据透视表（2015～2017）.xlsx]Sheet1'!G$1:G$”&$B$2”取得“城市”“日期”“退回（台）”和“销售（台）”的字符串表示，其目的是为用INDIRECT函数将它们转换为单元格区域做好准备。
- 求最小值。可分为两小步。一是用SUMIF函数将2016年所有的城市逐行一一汇总求和形成一个一列多行的一维数组，二是从2016年这个一维数组中用MIN函数取得一个最小值。公式为：“{=MIN(SUMIFS(INDIRECT(B5),INDIRECT(B3),INDIRECT(B3),INDIRECT(B4),">=2016-1-1",INDIRECT(B4),"<=2016-12-31")+SUMIFS(INDIRECT(B6),INDIRECT(B3),INDIRECT(B3),INDIRECT(B4),">=2016-1-1",INDIRECT(B4),"<=2016-12-31"))}”，其中花括号（“{}”）是数组公式的标志，并非手工输入的，而是在公式输入完成后，按住Ctrl_Shift_Enter后，Excel自动在公式左右加上的。对所有数组公式均是如此。
- 求最小值对应的城市名称。也分为两小步。一是用IF{1,0}函数实现将2016年所有的城市逐行一一汇总求和的和值与城市名称所在列值进行左右对调，构造出一个左列为和值、右列为城市名的二维数组，二是用VLOOKUP函数从二维数组中取得最小值对应的城市名。公式为：“{=VLOOKUP(B7,IF({1,0},SUMIFS(INDIRECT(B5),INDIRECT(B3), INDIRECT(B3),INDIRECT(B4),">=2016-1-1",INDIRECT(B4),"<=2016-12-31")+SUMIFS(INDIRECT(B6),INDIRECT(B3),INDIRECT(B3),INDIRECT(B4),">=2016-1-1",INDIRECT(B4),"<=2016-12-31"),INDIRECT(B3)),2,FALSE)}”。
- 求最大值和最大值对应的城市名称。所不同的是要将最小值所在的单元格名称替换为最大值所在的单元格，将MIN函数替换为MAX函数。公式分别为：“{=MAX(SUMIFS(INDIRECT(B5),INDIRECT(B3),INDIRECT(B3),INDIRECT(B4),">=2016-1-1",INDIRECT(B4),"<=2016-12-31")+SUMIFS(INDIRECT(B6),INDIRECT(B3),INDIRECT(B3),INDIRECT(B4),">=2016-1-1",INDIRECT(B4),"<=2016-12-31"))}”和“{=VLOOKUP(B9,IF({1,0},SUMIFS(INDIRECT(B5),INDIRECT(B3),INDIRECT(B3),INDIRECT(B4),">=2016-1-1",INDIRECT(B4),"<=2016-12-31")+SUMIFS(INDIRECT(B6),INDIRECT(B3),INDIRECT(B3),INDIRECT(B4),">=2016-1-1",INDIRECT(B4),"<=2016-12-31"),INDIRECT(B3)),2,FALSE)}”。

包含上述公式的表格已经被保存为“D:\files\Chap3\城市订单最值.xlsx”。

CFO点拨

如果打开图3-16文件并刷新链接后，出现满屏的“#VALUE!”时，只需要将引用的文件“D:\files\Chap3\全国二级公司销售明细之数据透视表（2015～2017）.xlsx”打开即可恢复到正常数值显示。

3.4.6 函数、SQL 语句和数组在序时生产订单进度中的综合运用

因为苏问集团的机械版块采取的是根据订单生产的“以销定产”制度，所以可以采取销售订单数来代替生产进度作为实际生产的参考和分析基础。取得 2017 前 3 个月全集团各货品的订单序时生产进度，除了用于生产进度分析外，还可以用于销控进度分析等需要掌握实时进度的场合。

有了上面的知识准备，现在我可以把易总做好的成品表格（图 3-20）拿给小吴和小白作为完成工作任务的目标了。要生成这样图文并茂的表格，按照以下步骤操作：

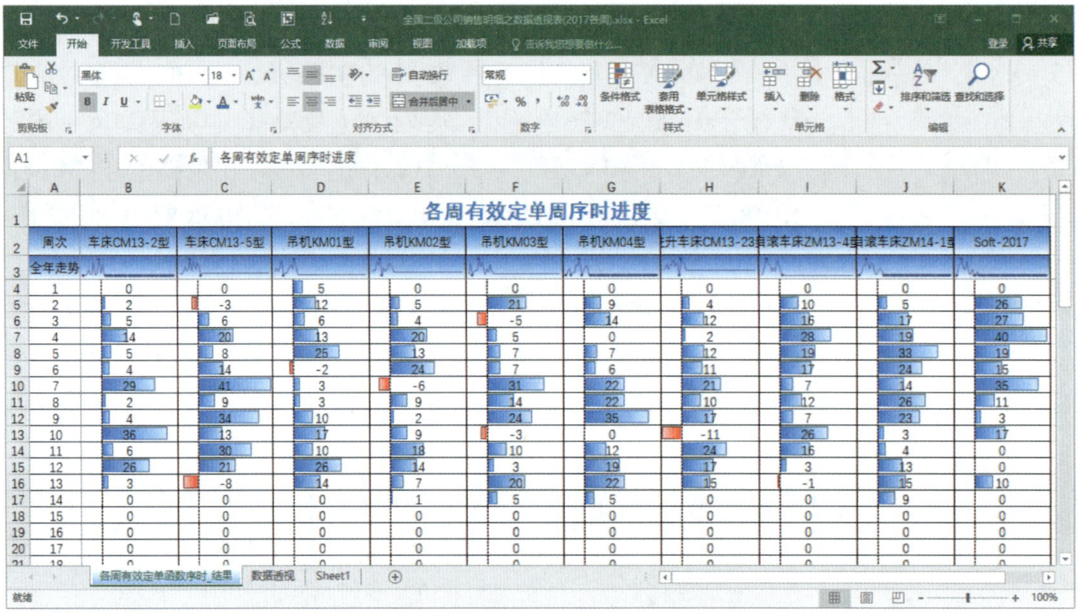

各周有效定单周序时进度

周次	车床CM13-2型	车床CM13-5型	吊机KM01型	吊机KM02型	吊机KM03型	吊机KM04型	升车床CM13-23	滚车床ZM13-4	滚车床ZM14-1	Soft-2017
全年走势										
1	0	0	5	0	0	0	0	0	0	0
2	2	-3	12	5	21	9	4	10	5	26
3	5	6	6	4	-5	14	12	16	17	27
4	14	20	13	20	5	0	2	28	19	40
5	5	8	25	13	7	7	12	19	33	19
6	4	14	-2	24	7	6	11	17	24	15
7	29	41	3	-6	31	22	21	7	14	35
8	2	9	3	9	14	22	10	12	26	11
9	4	34	10	2	24	35	17	7	23	3
10	36	13	17	9	-3	0	-11	26	3	17
11	6	30	10	18	10	12	24	16	4	0
12	26	21	26	14	3	19	17	3	13	0
13	3	-8	14	7	20	22	15	-1	15	10
14	0	0	0	1	5	5	0	0	9	0
15	0	0	0	0	0	0	0	0	0	0
16	0	0	0	0	0	0	0	0	0	0
17	0	0	0	0	0	0	0	0	0	0

图 3-20 苏问集团全部货品有效订单周序时进度一览（成品）

- 新建工作簿。在 Excel 打开状态下，按下 Ctrl_N 生成一张空白工作簿，按下 Ctrl_S 保存为“D:\files\Chap3\ 全国二级公司销售明细之数据透视表（2017 各周）.xlsx”。
- 利用 SQL 语句建立数据连接表。按照 2.11.2 易总所讲的方法，新建一个连接，将其中的“命令文本”（图 2-63）替换为：

```
select [江苏城市] as 城市,datepart("ww",[日期],2) as 周次,* from [D:\files\Chap3\江苏公司\2017_江苏.xlsx].[2017$A5:L] where [日期] is not null
UNION ALL
select [浙江城市] as 城市,datepart("ww",[日期],2) as 周次,* from [D:\files\Chap3\浙江公司\2017_浙江.xlsx].[2017$A5:L] where [日期] is not null
UNION ALL
select [云南城市] as 城市,datepart("ww",[日期],2) as 周次,* from [D:\files\Chap3\云南公司\2017_云南.xlsx].[2017$A5:L] where [日期] is not null
UNION ALL
select [贵州城市] as 城市,datepart("ww",[日期],2) as 周次,* from [D:\files\Chap3\贵州公司\2017_贵州.xlsx].[2017$A5:L] where [日期] is not null
UNION ALL
```

```
select [四川城市] as 城市,datepart("ww",[日期],2) as 周次,* from [D:\files\Chap3\四川公司\2017_四川.xlsx].[2017$A5:L] where [日期] is not null
UNION ALL
select [黑龙江城市] as 城市,datepart("ww",[日期],2) as 周次,* from [D:\files\Chap3\黑龙江公司\2017_黑龙江.xlsx].[2017$A5:L] where [日期] is not null
UNION ALL
select [吉林城市] as 城市,datepart("ww",[日期],2) as 周次,* from [D:\files\Chap3\吉林公司\2017_吉林.xlsx].[2017$A5:L] where [日期] is not null
UNION ALL
select [辽宁城市] as 城市,datepart("ww",[日期],2) as 周次,* from [D:\files\Chap3\辽宁公司\2017_辽宁.xlsx].[2017$A5:L] where [日期] is not null
UNION ALL
select [陕西城市] as 城市,datepart("ww",[日期],2) as 周次,* from [D:\files\Chap3\陕西公司\2017_陕西.xlsx].[2017$A5:L] where [日期] is not null
UNION ALL
select [甘肃城市] as 城市,datepart("ww",[日期],2) as 周次,* from [D:\files\Chap3\甘肃公司\2017_甘肃.xlsx].[2017$A5:L] where [日期] is not null
UNION ALL
select [宁夏城市] as 城市,datepart("ww",[日期],2) as 周次,* from [D:\files\Chap3\宁夏公司\2017_宁夏.xlsx].[2017$A5:L] where [日期] is not null
UNION ALL
select [新疆城市] as 城市,datepart("ww",[日期],2) as 周次,* from [D:\files\Chap3\新疆公司\2017_新疆.xlsx].[2017$A5:L] where [日期] is not null
UNION ALL
select [总部城市] as 城市,datepart("ww",[日期],2) as 周次,* from [D:\files\Chap3\总部\2017_总部.xlsx].[2017$A5:L] where [日期] is not null
```

以上 SQL 语句中：

（1）“datepart("ww",[日期],2) as 周次”新增了一列，此处是利用了 SQL 的内部函数“datepart”求得数据原始清单中“日期”对应的“周次”值，记住此函数即可。

（2）如果不利用 SQL 的函数“datepart”，还可以在工作表“Sheet1”的数据连接表中新增一列，利用 Excel 的 WEEKNUM 函数输入公式完成对“日期”列的“周次”求值。

新的数据连接命名为“全国二级公司销售明细之数据透视表（2017 各周）”，单击“数据”选项卡的“现有连接”按钮，打开刚建好的连接，“导入数据”，就可以得到 2017 年前 3 个月的全部 461 条数据清单。

- 建立动态名称。单击“公式”选项卡的“名称管理器”，弹出“名称管理器”对话框的“新建”按钮，建立三个动态名称“货品”“有效订单”和“周次”，公式分别为“=OFFSET(Sheet1!$F$1,,,COUNTA(Sheet1!$F:$F),1)”“=OFFSET(Sheet1!$G$1,,,COUNTA(Sheet1!$G:$G),2)”和“=OFFSET(Sheet1!$B$1,,,COUNTA(Sheet1!$B:$B),1)”，建好后的“名称管理器”对话框如图 3-21 所示。

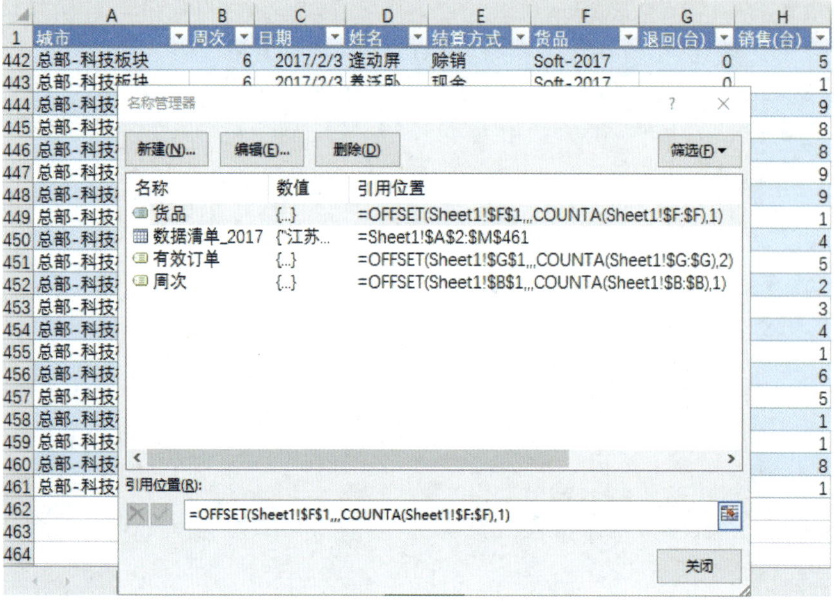

图 3-21 新建三个动态“名称”

- 利用逻辑数组和 SUMPRODUCT 函数指定多条件求和。新建一个空白工作表，将其命名为“各周有效订单函数序时”（图 3-22），选中单元格 B4，单击“视图”选项卡的“冻结窗格”-“冻结拆分窗格”按钮，在公式编辑框输入公式“=SUMPRODUCT(IF(周次 =$A4,{1,1},{0,0})*IF(货品 =B$2,{1,1},{0,0}), 有效订单)”后，按“Ctrl_Shift_Enter”组合键，完成数组公式。

CFO 点拨

名称“有效订单”的公式中偏移量为 2，指代了工作表“Sheet1”的“G:H”列中的已编辑的单元格区域。

（1）名称“有效订单”是一个若干行两列的二维数组，因此构建了二维逻辑数组“{1,1}”和“{0,0}”。

（2）公式中的（“*”）表示条件需要“同时”满足的意思，即，“周次”等于某一指定值的同时“货品”等于某一指定值。

（3）本例中（“*”）可以换成（“,”），同样表示相乘。

（4）如果要表示条件“或”，即,“周次”等于某一指定值，或者“货品”等于某一指定值，须将（“*”）换成（“+”）。

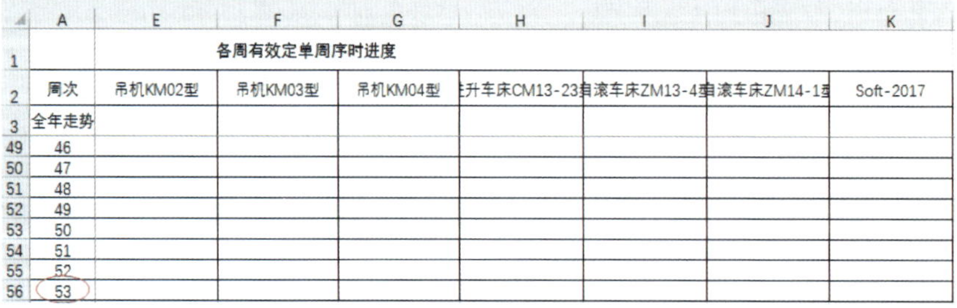

	A	E	F	G	H	I	J	K
1		各周有效定单周序时进度						
2	周次	吊机KM02型	吊机KM03型	吊机KM04型	升车床CM13-23	滚车床ZM13-4	滚车床ZM14-1	Soft-2017
3	全年走势							
49	46							
50	47							
51	48							
52	49							
53	50							
54	51							
55	52							
56	53							

图 3-22 苏问集团全部货品有效订单周序时进度初始表格

将鼠标移动到单元格 B4，当光标变为黑十字时，向下拖动鼠标至单元格 B56，向右拖动鼠标至单元格 K56，则单元格区域“B4:K56”自动完成了数组公式的填充。

- 数据核对。选中工作表“各周有效订单函数序时”单元格区域“B4:K56”，从状态栏查知，所有货品 2017 年前 3 个月的有效订单总数为 1 597；选中工作表“Sheet1”单元格区域“G:H”，从状态栏查知，所有货品 2017 年前 3 个月的有效订单总数为 1 597，二者核对一致。

单击“插入”选项卡上的“数据透视表”按钮，插入新的数据透视表，将“货品”设为“行”，将“周次”设为“列”，将“有效订单”设为“求和项”后可见，所有货品有效订单总数为 1 597，与前二者核对一致。各货品单品求和也可与图 3-20 中单品求和核对相符。

4	货品\周数	1	2	3	4	5	6	7	8	9	10	11	12	13	14	总计
5	Soft-2017	0	26	27	40	19	15	35	11	3	17	0	0	10	0	203
6	车床CM13-2型	0	2	5	14	5	4	29	2	4	36	6	26	3	0	136
7	车床CM13-5型	0	-3	6	20	8	14	41	9	34	13	30	21	-8	0	185
8	吊机KM01型	5	12	6	13	25	-2	3	3	10	17	10	26	14	0	142
9	吊机KM02型	0	5	4	20	13	24	-6	9	2	9	18	14	7	1	120
10	吊机KM03型	0	21	-5	5	7	7	31	14	24	-3	10	3	20	5	139
11	吊机KM04型	0	9	14	0	7	6	22	22	35	0	12	19	22	5	173
12	进升车床CM13-23型	0	4	12	2	12	11	21	10	17	-11	24	17	15	0	134
13	自滚车床ZM13-4型	0	10	16	28	19	17	7	12	7	26	16	3	-1	0	160
14	自滚车床ZM14-1型	0	5	17	19	33	24	14	26	23	3	4	13	15	9	205
15	总计	5	91	102	161	148	120	197	118	159	107	130	142	97	20	1597

图 3-23　苏问集团各单品有效订单序时汇总

3.5 用内嵌的迷你图和条件格式强化分周序时进度和畅销品分析

俗话说“文不如表，表不如图”，面对大量的枯燥数据，大脑难免会疲倦，有时会丧失正确的分析、判断能力，而如果能在单元格中嵌入直观的图表，那真是再好不过了。

3.5.1 利用迷你图和数据条的条件格式嵌入炫酷的序时订单图

“蔡姐，我们在‘3.4’学习的插入图表都是浮在工作表里的表格之上，而我看到前面易总做的图完全是嵌入单元格里面的。这和单元格里面的数字结合起来阅读，更加直观、更加漂亮、更加易懂了。”小白一连用了三个“更加”盛赞易总的表格。

“你也可以的，来看看是如何实现的：”

- 创建迷你图。所谓迷你图是插入单元格中的小型图，选中工作表“各周有效定单函数序时”单元格 B3，单击“插入”选项卡“迷你图”选项组上的“折线图”按钮，弹出“创建迷你图”对话框（图 3-24），在“数据范围”输入“B4:B56”（一年中的 53 周）、“位置范围”输入“$B$3”，单击“确定”按钮，可以看到，B3 单元格内已经嵌入了一个小型的折线图，Excel 新增了一个选项卡“迷你图工具”-“设计”（图 3-25）。

从小型的折线图上可以直观看到 2017 年从第一周到 53 周的订单（生产进度）的实时进度情况。

（1）如果要突出显示图中的高点和低点等关键点，可以勾选“迷你图工具”-“设计”上的“高点”“低点”等选项。

（2）如果修改迷你图的数据来源，单击“迷你图工具”-“设计”-“迷你图”-“编辑数据”，弹出“编辑迷你图”对话框进行修改。

（3）迷你图有“折线图”、“柱形图”和“盈亏”三大类，其中“折线图”最适合用来反映数据的波动趋势；“柱形图”表达形式与条件格式的数据条较相似，它可以表达正负和数据长度，还能设置高点和低点的颜色；“盈亏”比较简单，一般用于正负值的表达，能够直观地表达数据之间的正负关系。

（4）如果数据来源中出现空白单元格，可以设置让它在折线图中对应位置的显示方格，比如留空（断线）、设为 0、用直线连接断点等方式，单击“迷你图工具”-“设计”-“迷你图”-“编辑数据”下三角按钮，在出现的浮动菜单中单击“隐藏和清空单元格”，弹出“隐藏和空单元格设置”对话框即可设置。

（5）如果要改变迷你图的样式，可以在“设计”预设的多种“样式”中选中。

（6）如果不再需要单元格中的迷你图，可以通过单击“迷你图工具”-“设计”-“分组”-“清除”按钮实现。

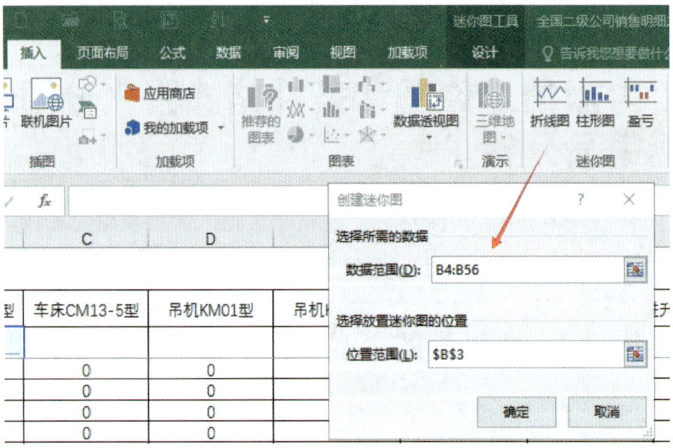

图 3-24　插入“迷你图”对话框

将鼠标移动到单元格 B3，当光标变为黑十字时，向右拖动鼠标至单元格 K3，则单元格区域“C3:K3”自动完成了迷你图的填充。

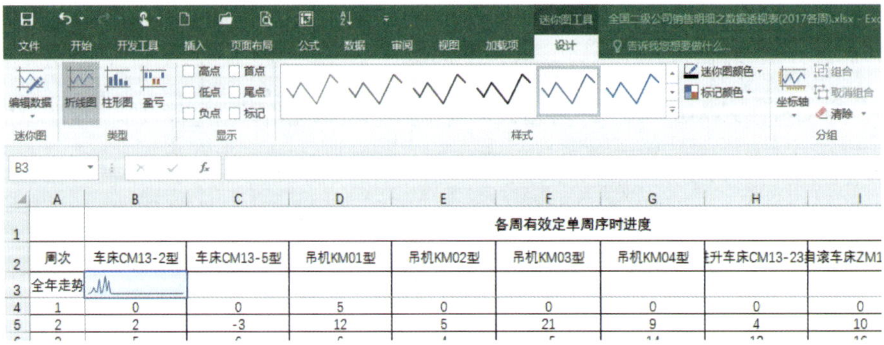

图 3-25　插入“迷你图”让图表内置于单元格

- 创建数据条。选中工作表“各周有效订单函数序时”单元格“B4”，单击“开始”选项卡“样式”选项组上的“条件格式”按钮，在随后出现的浮动菜单上单击“数据条”-“渐变填充”-“浅蓝色数据条”（图 3-26），因 B4 单元格值为 0，暂时看不出任何效果。

将鼠标移动到单元格 B4，当光标变为黑十字时，向下拖动鼠标至单元格 B56，向右拖动鼠标至单元格 K56，则单元格区域“B4:K56”自动完成了数据条的填充。此时，各种非 0 的单元格都已经自动生成了直观的数据条，通过它们，可以轻易看出各货品在各周的序时进度。

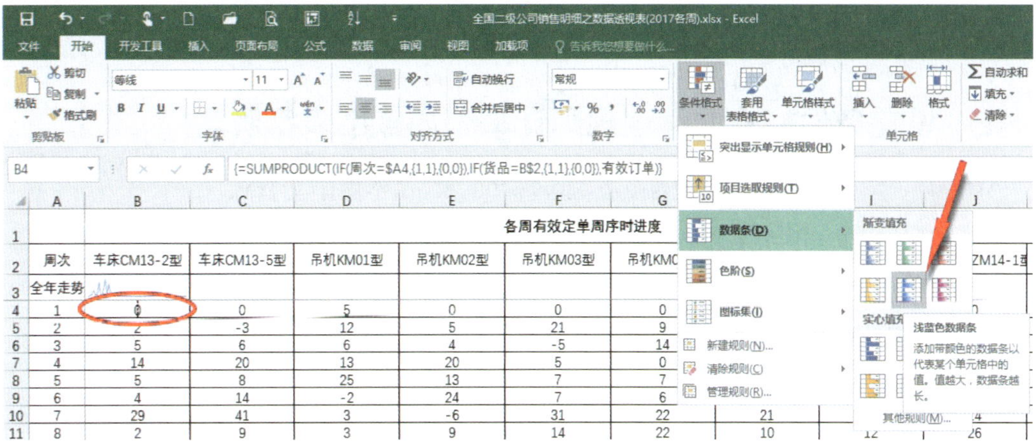

图 3-26 插入条件格式“数据条”

- 设置自定义的单元格渐变背景。选中工作表“各周有效定单函数序时”单元格区域“A2:K3”，按 Ctrl_1 键，弹出“设置单元格格式”对话框（图 3-27 之①至⑧）。

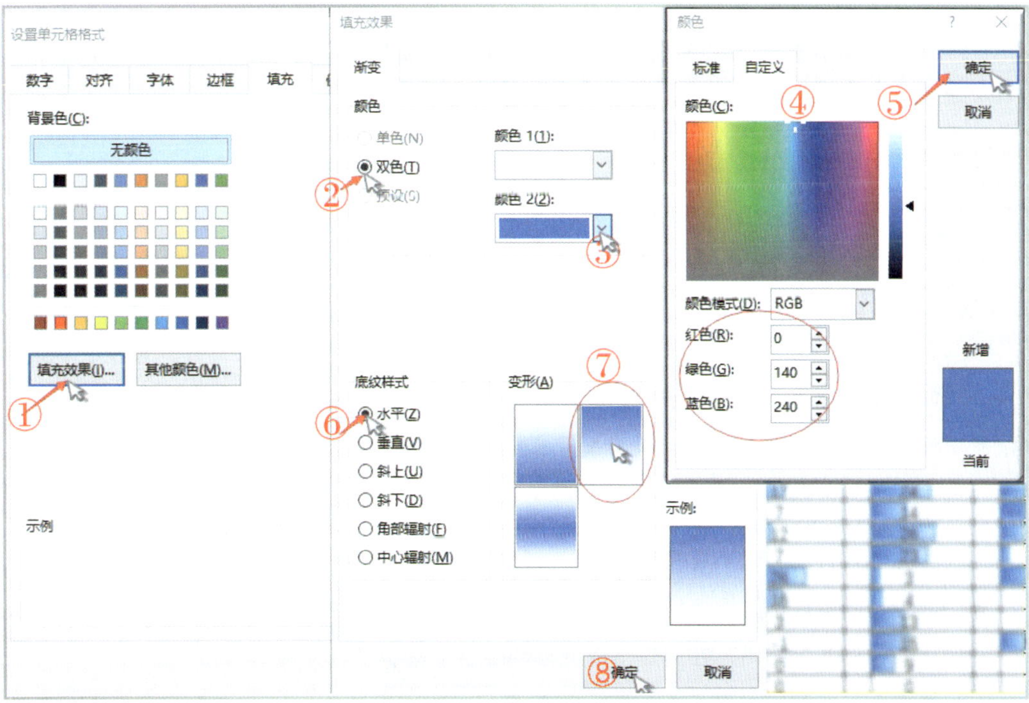

图 3-27 设置自定义的单元格渐变背景

> 单击“填充”选项卡上的“填充效果”按钮，弹出“填充效果”对话框，“颜色”选择“双色”、“底纹样式”选择“水平”，“变形”选择右部第二种。单击“颜色”中的“颜色 2”，弹出“颜色”对话框。

> 在“颜色”对话框的“自定义”选项卡，在“红色”、“绿色”、“蓝色”内依次输入数值0、140、240，当然也可以输入其他自己喜欢的颜色值的分量。

- 修饰表格标题。选中单元格 A1，单击“开始”选项卡上的“字体”选项组内的字体颜色，找到“最近使用的颜色”，将文字标题设置为刚刚使用过的蓝色。在“字体”组内，可以设置文字的字体、字号等。

3.5.2 设置条件格式的管理规则让每个内嵌图表都听话

“哇、哇、哇”，面对生成的靓丽图形，两个‘90 后’禁不住有些兴奋。

“蔡姐，你的图 3-23 中 P 列的‘总计’中条状图形也是这样做出来的吗？”小吴看了前面的数据透视汇总问我。

“上面的条件格式数据条都是 Excel 根据表格中的自动判断生成的，我没有干预。实际上，也可以根据财务管理的需要来设置数据条的显示规则。”

- 设置条件格式管理规则。选中“全国二级公司销售明细之数据透视表（2017 各周）.xlsx”的“数据透视”工作表，选中单元格区域“P5:P15”。

> 单击“开始”选项卡“样式”选项组上的“条件格式”按钮，在随后出现的浮动菜单上单击“数据条”-“实心填充”-“橙色数据条”。

> 单击“开始”选项卡“样式”选项组上的“条件格式”按钮，在随后出现的浮动菜单上单击“管理规则”，弹出“条件格式规则管理器”对话框（图 3-28），选中“数据条”，单击“编辑规则”按钮，弹出“编辑格式规则”对话框。

> 图 3-27 的对话框中“选择规则类型”中列出了 5 种类型，这里选择的是“基于各自值设置所有单元格的格式”，其他 4 种根据不同的类型选中后，对话框下部的“编辑规则说明”会发生相应的变化。

至于何时选取何种类型，要根据具体的情况来确定，比如“仅对排名靠前或靠后的数值设置规则”是指仅仅在排名先进或者落后的那些单元格才发生作用。

将“编辑规则说明”中“最大值”“最小值”的“类型”都设置为“数字”，“值”分别输入“0”、“=$P$15”后，单击“确定”关闭对话框。

CFO 点拨

这里的“=$P$15”是所有货品的求和值所在的单元格，切不可以输成相对引用“=P15”。而且，不可省略等于号（“=”）。

> 至此，已经在单元格区域“P5:P15”内出现了长短不一的数据条，从图形中可以清晰明了地看出各单品占全部货品的相对长短关系。

- 删除设置的条件格式管理规则。单击“开始”选项卡“样式”选项组上的“条件格式”按钮，在随后出现的浮动菜单上单击“管理规则”，弹出“条件格式规则管理器”对话框（图 3-28），选中“数据条”，单击“删除规则”按钮即可删除已添加的数据条。

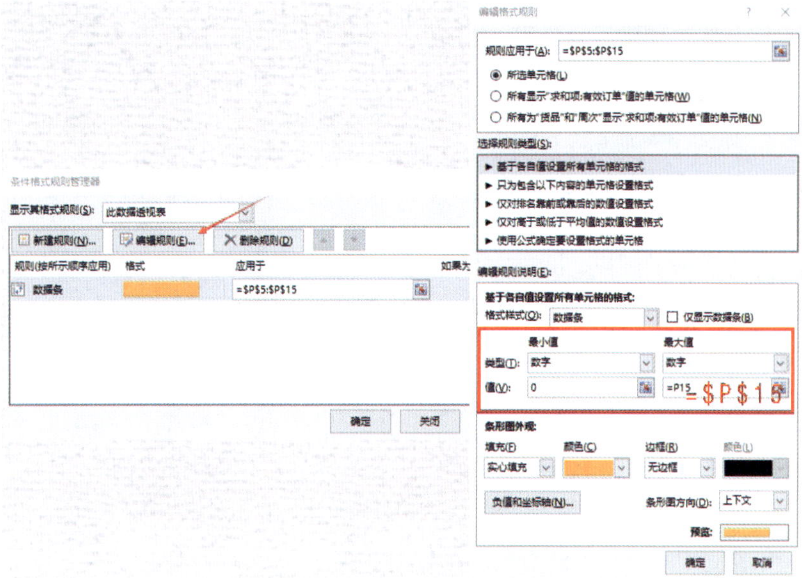

图 3-28　设置条件格式管理规则

3.5.3　利用 TRANSPOSE 函数转置可更新的单元格区域

将单元格区域的行列对调，有两种方法，一种可随原区域变化而变化，一种不可以，分述如下：

- 打开文件。打开“D:\files\Chap3\全国二级公司销售明细之数据透视表（2015 ～ 2017）.xlsx”和“D:\files\Chap3\2017 年 4 月单品订单预测 .xlsx”两个文件。
- 选择性粘贴。按住 Ctrl，用鼠标选中单元格区域“C3:M3”，按下 Ctrl_C；右击工作表标签，新建一工作表，将其命名为“马法预测”,“C30:M31”；右键单元格 A2，弹出“选择性粘贴”对话框，勾选“转置”、“值”，将货品名称粘贴。
- TRANSPOSE 函数。这个函数可以实现与选择性粘贴相同的功能，但它可以随着被引用的源单元格区域的变化而自动更新，而选择性粘贴不可以。选中工作表“马法预测”的“B3:D13”11 行 3 列的单元格区域，在公式编辑栏输入公式“=TRANSPOSE(所有货品 !C28:M30)”，不要敲回车或单击公式编辑栏前面的“√”；鼠标停留在公式编辑栏内，同时按下“Ctrl_Shift_Enter”三键（图 3-29）。

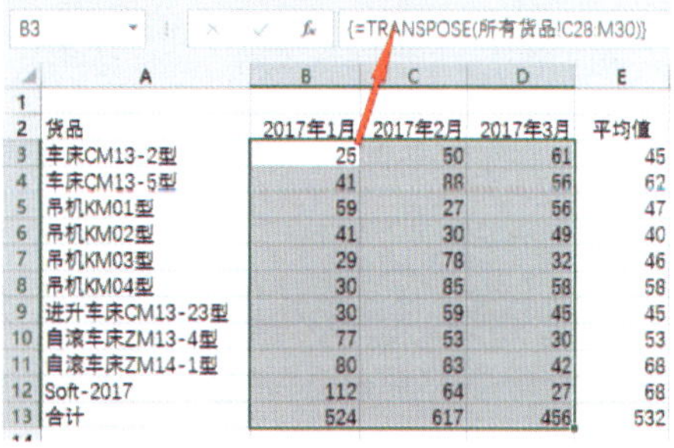

图 3-29　“Ctrl_Shift_Enter”三键输入 TRANSPOSE 函数公式

CFO 点拨
公式中的单元格区域“C28:M30”指的是 2017 年 1 月至 3 月的有效订单数值（图 3-16），占用 3 行 11 列，转置后应占用 11 行 3 列，故而输入公式前选中工作表“马法预测”的“B3:D13”11 行 3 列的单元格区域。

3.5.4 利用条件格式的管理规则找出滞销和畅销的单品

企业生产的产品有的会大卖，有的难以出货，利用条件格式可以轻松标识出本企业畅品和滞品，方法是：

- 准备平均数。在图 3-29 中的第二行输入表格各列的标题，在单元格 E3 中输入公式"=AVERAGE(B3:D3)"并向下复制至单元格 E13。
- 添加数据条。单击"开始"选项卡"样式"选项组上的"条件格式"按钮，在随后出现的浮动菜单上单击"数据条"-"渐变填充"-"红色数据条"。
- 建立条件格式的管理规则。单击"开始"选项卡"样式"选项组上的"条件格式"按钮，在随后出现的浮动菜单上单击"管理规则"，弹出"条件格式规则管理器"对话框（图 3-28），单击"新建规则"，弹出"新建格式规则"对话框（图 3-30 之①至④）。
  - 选中"新建格式规则"对话框"仅对排名靠前或靠后的数值设置规则"后，在"编辑规则说明"选择和输入"前"和"1"。
  - 单击"格式"按钮，弹出"设置单元格格式"对话框，将其中的"图案样式"设置为"75% 灰色"，并依次单击"确定"返回。
  - 至此，已完成找出订单排在第一名的有效订单规则的建立。按照同样的方法找出订单排名最后一名的有效订单规则的建立，不同之处仅在于"编辑规则说明"选择和输入"后"和"1"。

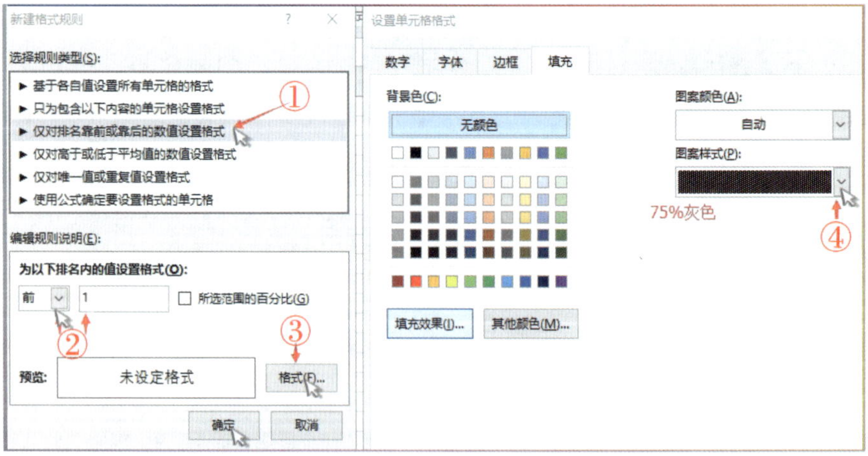

图 3-30　新建格式规则找出订单排在第一名的有效订单

- 完成 2017 年畅销品和滞销品的选择。规则设置完毕后，可以清晰地看到"条件格式规则管理器"中已经设置好的"规则"。同时，工作表中已经将有效订单排在首位和末位的标示出来，分别是第 11 行"自滚车床 ZM14-1 型"和第 6 行的"吊机 KM02 型"。

CFO 点拨

各公司对畅销品和滞销品的设定有不同的默认规则，连续多久地处于销量高位（低位）确定为畅销品（滞销品）各有不同。也正因为如此，对畅销与滞销相互转化的时间和概率的关系才需要做一番预测。

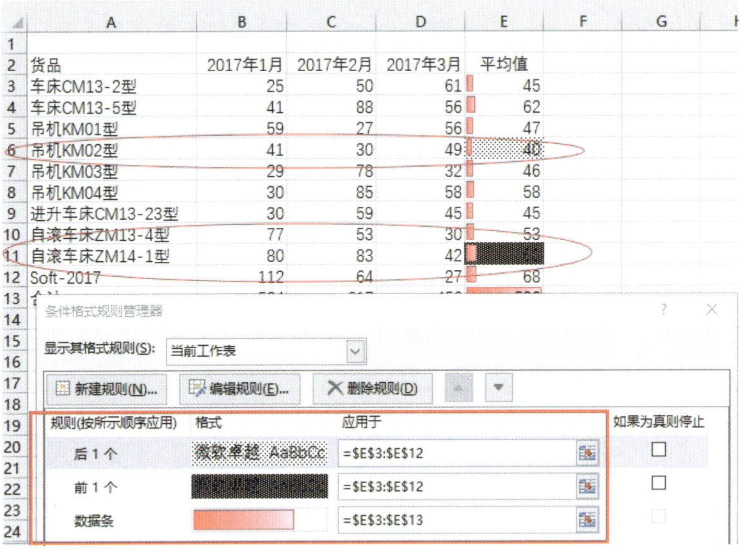

图 3-31　利用格式规则找出订单排在第一名和最后一名的有效订单

3.5.5　利用马尔柯夫法预测单品滞销和畅销互转的概率

由于产品本身的质量、公司营销策略等不同原因，不同时期的不同单品受市场的欢迎程度各不相同。随着时间的推移，畅销品有可能转化为滞销品，而后又有可能再次转为畅销品；而滞销品也有可能转化为畅销品，经过短暂上扬后又恢复为滞销品。对公司畅销单品和滞销单品未来销售的趋势及发生的可能性进行预测，马尔柯夫法不失是一种比较好的预测方法。

马尔柯夫法是以俄国数学家 A.A.Markov 名字命名的一种分析方法，该方法把时间序列看作一个随机的过程，通过对事物的初始概率和不同状态之间转换的概率进行研究来确定状态的变化趋势，以预测事物的未来。

我们不关心马尔柯夫法本身复杂的数学公式，我们只是利用 Excel 提供的函数来搞定单品滞销和畅销的互转的概率。

根据历史数据统计分析，苏问集团两个单品畅销滞销转化的概率（图 3-32 之①）如下：

畅销品“自滚车床 ZM14-1 型”畅销状态时，下一期维持畅销的概率和转化为滞销的概率分别为 85% 和 15%；当处于滞销状态时，下一期维持滞销的概率和转化为畅销的概率分别为 75% 和 25%。

畅销品“吊机 KM02 型”滞销状态时，下一期维持滞销的概率和转化为畅销的概率分别为 86% 和 14%。当处于畅销状态时，下一期维持畅销的概率和转化为滞销的概率分别为 74% 和 26%。

我们可以通过以下方法实现滞销和畅销互转概率的预测：

- 准备空白表格。在工作表“马法预测”的第 20、第 21 行输入如图 3-32 所示的表头，在第 22 行“C22:F22”分别输入 1，0，1，0，作为两个单品的概率初始值。
- MMULT 函数。返回两个数组的矩阵乘积。结果矩阵的行数与第一个数组的行数相同，矩阵的列数与第二个数组的列数相同。

MMULT 函数包含两个参数，两参数均为数字数组，数组 1 的列数必须与数组 2 的行数相同，而且两个数组中都只能包含数值，数组 1 和数组 2 可以是单元格区域、数组常量或引用。

- 输入数组公式。选中工作表“马法预测”的单元格区域“C23:D23”（图 3-32 之②），在公式编辑栏输入公式“=MMULT(C22:D22,$B$17:$C$18)”，不要按回车键或者单击公式编辑栏前面的（“ √ ”）；鼠标停留在公式编辑栏内，同时按下“Ctrl_Shift_Enter”三键。
- 按照相同的方法在单元格区域“E23:F23”（图 3-32 之③）输入公式“=MMULT(E22:F22, $E$17:$F$18)”。
- 将第 23 行的公式，向下尝试拖拉 10 行，观察 C、D、E、F 是否出现连续相同的数值，如果未出现，再次继续向下尝试拖拉公式，直到出现多个连续相等的数值。

从图 3-32 之④可以看出，随着期数的递增，从第 18 期开始：

畅销品“自滚车床 ZM14-1 型”维持畅销的概率逐步稳定在 0.625 0、转化为滞销品的概率逐步稳定在 0.375 0，换句话说，该产品在 2018 年 8 月处于畅销的概率是 62.5%、处于滞销状态的概率是 37.5%。

此处视频讲解更精彩，扫描右侧的二维码，即可观看和下载

CFO 点拨

为观察数值的变动，建议将公式区域设置为 4 位以上的小数位。

	A	B	C	D	E	F
16	自滚车床ZM14-	畅销	滞销	吊机KM02型	滞销	畅销
17	畅销	0.85	0.15	滞销	0.86	0.14
18	滞销	0.25	0.75	畅销	0.26	0.74
19						
20	期数	月份	自滚车床ZM14-1型		吊机KM02型	
21			畅销品	转滞销品	滞销品	转畅销品
22	0		1	0	1	0
23	1	2017年1-3月	0.8500	0.1500	0.8600	0.1400
24	2	2017年4月	0.7600	0.2400	0.7760	0.2240
25	3	2017年5月	0.7060	0.2940	0.7256	0.2744
26	4	2017年6月	0.6736	0.3264	0.6954	0.3046
27	5	2017年7月	0.6542	0.3458	0.6772	0.3228
28	6	2017年8月	0.6425	0.3575	0.6663	0.3337
29	7	2017年9月	0.6355	0.3645	0.6598	0.3402
30	8	2017年10月	0.6313	0.3687	0.6559	0.3441
31	9	2017年11月	0.6288	0.3712	0.6535	0.3465
32	10	2017年12月	0.6273	0.3727	0.6521	0.3479
33	11	2018年1月	0.6264	0.3736	0.6513	0.3487
34	12	2018年2月	0.6258	0.3742	0.6508	0.3492
35	13	2018年3月	0.6255	0.3745	0.6505	0.3495
36	14	2018年4月	0.6253	0.3747	0.6503	0.3497
37	15	2018年5月	0.6252	0.3748	0.6502	0.3498
38	16	2018年6月	0.6251	0.3749	0.6501	0.3499
39	17	2018年7月	0.6251	0.3749	0.6501	0.3499
40	18	2018年8月	0.6250	0.3750	0.6500	0.3500
41	19	2018年9月	0.6250	0.3750	0.6500	0.3500
42	20	2018年10月	0.6250	0.3750	0.6500	0.3500
43	21	2018年11月	0.6250	0.3750	0.6500	0.3500
44						

Sheet1 | 结果 | 结果2 | 所有货品 | 马法预测

图 3-32　利用马尔柯夫法测算畅销与滞销互相转化的概率

滞销品“吊机 KM02 型”维持滞销的概率逐步稳定在 0.650 0、转化为畅销品的概率逐步稳定在 0.350 0，换句话说，该产品在 2018 年 8 月处于滞销的概率是 65%、处于畅销状态的概率是 35%。

3.6 用多种方法预测未来各单品成本发展水平和质量控制

产品成本发展水平预测指的是在未来期间内，产量变化的前提下总成本水平。产品成本分为变动成本和固定成本，变动成本是指成本金额随着产量的变动而变动的成本，比如材料成本、计件工资等，与产品的单位生产成本直接相关，固定成本是成本发生额不受产品产量直接影响的成本，比如固定资产的折旧、大修费用等。

产品成本用公式表示为：成本 Y= 单位变动成本 k* 产品产量 X+ 固定成本总额 b。

公式中的 K 和 b 的确定方法有下面两种：两点法和最小二乘法。

3.6.1 VLOOKUP 函数也能玩逆向查找

作为要进行成本预测的知识准备，我们得先把“2.4.1”学过的 VLOOKUP 函数的功能进一步进行拓展。我们知道，VLOOKUP 函数有 4 个参数，第三个参数是第二个参数区域中“从左向右”所在列的序号。那么“从右向左”呢？相信很多人会有这样的疑问，也有这样的查找需求。

有人自然会想到，既然在“=VLOOKUP（查找的值 , 被查找的区域 ,n,0）”这样的形式中，能不能把第三个参数改为负数（相对于查找值向左的列序的负值）呢？ 你可以试试，Excel 会还给你一个“#VALUE!”大白眼！也就是说，VLOOKUP 函数第三个参数必须是大于 0 的整数。

这条路行不通，那怎么办呢？别忘了，“3.4.4”中介绍的 IF 函数中逻辑数组“{1,0}”对其他数组的扩展和重组功能。比如：有两列数据（图 3-33），单元格区域“A2:A6”和“B2:B6”中，分别是“偶是小可耐”和“从右向左找”，用两个一维数组表示就是“偶 ; 是 ; 小 ; 可 ; 耐”和“从 ; 右 ; 向 ; 左 ; 找”，扩展为二维数组就是“偶偶 ; 是是 ; 小小 ; 可可 ; 耐耐”和“从 , 从 ; 右 , 右 ; 向 , 向 ; 左 , 左 ; 找 , 找”这样的两个 5 行 2 列的数组。

	A	B	C	D	E	F	G
1	上句	下句		查找值	被查找区域	返回值	公式列示
2	偶	从		右	A1:B6	是	=VLOOKUP(D2,IF({1,0},B1:B6,A1:A6),2,0)
3	是	右		右	A1:B6	是	=VLOOKUP(D3,IF({0,1},A2:A6,B2:B6),2,0)
4	小	向					
5	可	左		利用逻辑数组的扩展和重组功能，逆转A、B列			
6	耐	找					

图 3-33 利用逻辑数组的扩展和重组功能，逆转 A、B 列

“蔡姐，你这样强行将一维数组扩展为二维数组，吓得数组都‘结巴’了……”小吴这小丫头，还不忘开个小玩笑。

逻辑数组“{1,0}”放在 IF 函数中，对上面这两个数据进行判断后，从第一个数组取其左列“偶 ; 是 ; 小 ; 可 ; 耐”，从第二个数组取其右列“从 ; 右 ; 向 ; 左 ; 找”，将二者组合后的新数组就是

“偶，从；是，右；小，向；可，左；耐，找”这样的一个 5 行 2 列的新数组。

如果将第一个数组和第二个数组对调，就可以得到新数组“从，偶；右，是；向，小；左，可；找，耐”。

如果逻辑数组构造为“{0,1}”，同样也可以得到新数组“从，偶；右，是；向，小；左，可；找，耐”。

新数组得到后，相当于将 A 列和 B 列在电脑中进行了虚拟对调，此时，再用 VLOOKUP 函数查找就相当简单了。

为了查找“下句”的“右”对应于上句哪个字，我们在单元格 D2 和 D3 输入“右”，在单元格 F2 输入公式“=VLOOKUP(D2,IF({1,0},B1:B6,A1:A6),2,0)”，在单元格 F3 输入公式“=VLOOKUP(D3,IF({0,1},A2:A6,B2:B6),2,0)”，都可以得出正确的“上句”对应字“是”字。

3.6.2 “两点法”力挺“单”品总成本

两点法，也称为高低点法，是用来确定未来总成本的一种相对简易的方法。这种方法采用历史最高产量下的成本和最低产量下的成本差值与最高产量和最低产量差值之比来确定单位变动成本。回归方程 $Y=kX+b$ 中的 k,b 用公式可以表示为：

单位变动成本 k=（最高产量的成本－最低产量的成本）/（最高产量－最低产量）

固定成本总额 b= 最高产量的成本 $-k$* 最高产量

= 最低产量的成本 $-k$* 最低产量

从上述公式可知，要预测未来某一单品的成本总额必须知道“最高产量时的总成本”“最低产量的成本”“最高产量”和“最低产量”四个数值，前两个可以查询财务历史资料，后两个根据苏问集团生产管理部门的反馈信息，某一产品的生产量通常是由订单数乘以一定的放大系数安排生产的，如“吊机 KM03 型”的系数为 1.1。

下面，我们就通过 Excel 来预测“吊机 KM03 型”货品在 2017 年 4 月的成本总额：

- 打开基础信息文件。先将前面制作的两个 Excel 文件“D:\files\Chap3\ 公共基础 .xlsx”和“D:\files\Chap3\2017 年 4 月单品订单预测 .xlsx”打开。
- 准备代码和名称的对应关系表。在“D:\files\Chap3\ 公共基础 .xlsx”中存放了所有产品的代码与名称对应关系的表格（图 3-34），我们要从这个表格中通过单品代码来取得其名称。
- 运用函数进行计算。在“D:\files\Chap3\2017 年 4 月单品订单预测 .xlsx”的工作表“Sheet1”单元格区域“A34:D42”的表格（图 3-35）内，输入预先设计好的文字和公式，就可以得到“吊机 KM03 型”在 2017 年 4 月的生产总成本预测值 8 160 986.606 元。

	A	B	C
1	货品	指导价格	商品代码
2	车床CM13-2型	59000	SP01
3	车床CM13-5型	60000	SP02
4	吊机KM01型	110000	SP03
5	吊机KM02型	117000	SP04
6	吊机KM03型	165000	SP05
7	吊机KM04型	200000	SP06
8	进升车床CM13-23型	31000	SP07
9	自滚车床ZM13-4型	54000	SP08
10	自滚车床ZM14-1型	88000	SP09

图 3-34　苏问集团机械版块产品的代码与名称对应关系表

对表格中所用到的公式的说明如下：

- 单元格 C34、C37、C39 中的值 SP05、11 630 810、6 588 000 为手工直接录入。
- 单元格C35公式为“=VLOOKUP(C34,IF({1,0},[公共基础 .xls] 商品毛利率 !$B:$B,[公共基础 .xls] 商品毛利率 !$A:$A),2,0)”，借

助于构造数组“{1,0}”，利用 VLOOKUP 函数逆向查找得到货品名称。

- 单元格 C36 公式为“=INT(1.1*MAX(C2:C28))+1”，用 MAX 函数从 2015 年 1 月 1 日至 2017 年 3 月的订单数据中查找出最大值后，根据苏问集团生产管理部门的生产安排乘以系数 1.1 后用 INT 函数取整后进位加 1，其值为 135。
- 单元格 C38 公式为“=INT(1.1*MIN(C2:C28))+1”，用 MIN 函数从 2015 年 1 月 1 日至 2017 年 3 月的订单数据中查找出最小值后，根据苏问集团生产管理部门的生产安排乘以系数 1.1 后用 INT 函数取整后进位加 1，其值为 26。
- 单元格 C38 公式为“=(C37-C39)/(C36-C38)”，根据两点法计算公式求单位变动成本 k，其值为 46264.31；单元格 C38 公式为“=C37-C40*C36”，根据两点法计算公式求固定成本 b，其值为 5 385 127.89。

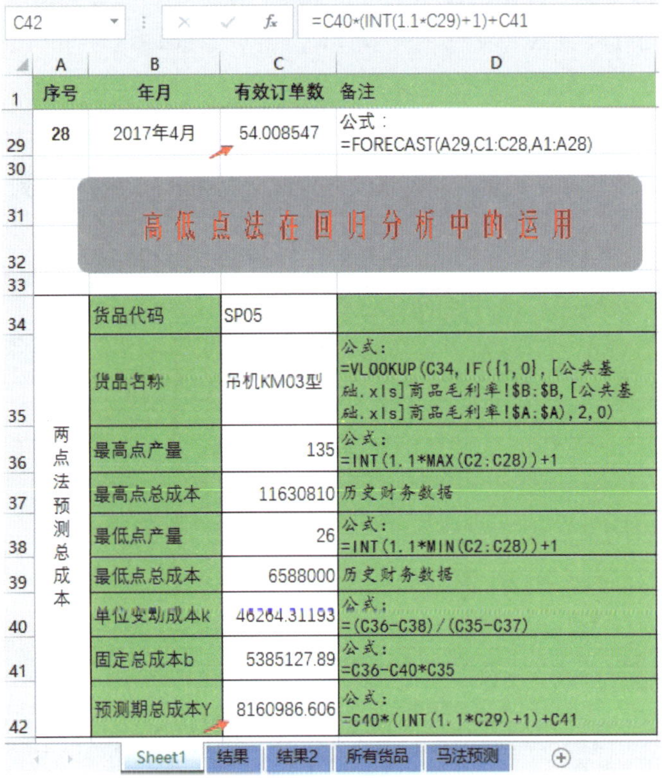
C42 =C40*(INT(1.1*C29)+1)+C41

	A	B	C	D
1	序号	年月	有效订单数	备注
29	28	2017年4月	54.008547	公式：=FORECAST(A29,C1:C28,A1:A28)
30				
31–32	高低点法在回归分析中的运用			
33				
34	两点法预测总成本	货品代码	SP05	
35		货品名称	吊机KM03型	公式：=VLOOKUP(C34, IF({1, 0}, [公共基础.xls]商品毛利率!$B:$B, [公共基础.xls]商品毛利率!$A:$A), 2, 0)
36		最高点产量	135	公式：=INT(1.1*MAX(C2:C28))+1
37		最高点总成本	11630810	历史财务数据
38		最低点产量	26	公式：=INT(1.1*MIN(C2:C28))+1
39		最低点总成本	6588000	历史财务数据
40		单位变动成本k	46264.31193	公式：=(C36-C38)/(C35-C37)
41		固定总成本b	5385127.89	公式：=C36-C40*C35
42		预测期总成本Y	8160986.606	公式：=C40*(INT(1.1*C29)+1)+C41

图 3-35 利用“两点法”预测单品未来总成本

适合产品成本变动趋势比较稳定的情形，如果各期成本变动较大，则采用回归直线的最小二乘法比较适宜。

3.6.3 “二乘法”劲怼“单”品总成本

古人把“平方”称为“二乘”，因此最小二乘法又称最小平方法，它是一种数学优化技术，通过最小化误差的平方和寻找数据的最佳函数匹配。如果预测的变量是离散的，我们称为分类（如决策树等），如果预测的变量是连续的，我们称为回归。最小二乘法是回归的一种，它根据若干期的历史资料，分析成本的变动趋势和规律，据以进行预测成本的方法。回归方程 $Y=kX+b$ 中的 k,b 用公式可以表示为：

单位变动成本 $k=(\Sigma X*Y-\Sigma X\Sigma Y/N)/(\Sigma X\hat{}2-(\Sigma X)\hat{}2/N)$

固定成本 $b=(\Sigma Y-k*\Sigma X)/N$

（公式中的 N 是总期数）

从上述公式可知，要预测未来某一单品的成本总额必须知道若干期的“实际生产量 X”、“生成总成本 Y”、“$X*Y$”、“$X\hat{}2$”四个数值，“生成总成本 Y”可以查询财务历史资料，“实际生产量 X”根据苏问集团生产管理部门的反馈信息，某一产品的生产量通常是由订单数乘以一定的放大系数安排生产的，如“车床 CM13-2 型”的系数为 1.2。

下面，通过 Excel 来预测“车床 CM13-2 型”货品在 2017 年 4 月的成本总额：

- 准备基础信息文件。打开 Excel 文件“D:\files\Chap3\ 全国二级公司销售明细之数据透视表（2015 ～ 2017）.xlsx”，按下 Ctrl_N 生成一张空白工作簿，按下 Ctrl_S 保存为“D:\files\Chap3\2017 年 4 月单品订单预测 _ 最小二乘法 .xlsx”。
- 运用函数进行计算。在工作表“Sheet1”单元格区域“A1:G18”的表格（图 3-36）内，输入预先根据最小二乘法数学公式要求设计好的文字和公式，可以得到“车床 CM13-2 型”在 2017 年 4 月的生产总成本预测值 3 154 657.68 元。

	A	B	C	D	E	F	G
1	利用最小二乘法进行成本预测						
2	序号	年月	车床CM13-2型	实际生产量X	生成总成本Y	X*Y	X^2
3	1	2016年1月	74	89	4086613	363708557	7921
4	2	2016年2月	72	87	3613719	314393553	7569
5	3	2016年3月	78	94	4041718	379921492	8836
6	4	2016年4月	69	83	3211270	266535410	6889
7	5	2016年5月	86	104	4281888	445316352	10816
8	6	2016年6月	82	99	4690323	464341977	9801
9	7	2016年7月	58	70	3132430	219270100	4900
10	8	2016年8月	68	82	3106734	254752188	6724
11	9	2016年9月	38	46	1843542	84802932	2116
12	10	2016年10月	64	77	3310769	254929213	5929
13	11	2016年11月	76	92	4049748	372576816	8464
14	12	2016年12月	74	89	4086613	363708557	7921
15	13	2017年1月	25	31	1332907	41320117	961
16	14	2017年2月	50	61	2342278	142878958	3721
17	15	2017年3月	61	74	3289818	243446532	5476
18	合计(Σ)		975	1178	50420370	4211902754	98044
19	注：单元格C3公式 =SUMIFS('[全国二级公司销售明细之数据透视表(2015-2017).xlsx]源自原始文件'!$F:$F,'[全国二级公司销售明细之数据透视表(2015-2017).xlsx]源自原始文件'!$B:$B,LEFT(TEXT($B3,"yyyy年m月"),5),'[全国二级公司销售明细之数据透视表(2015-2017).xlsx]源自原始文件'!$C:$C,MID(TEXT($B3,"yyyy年m月"),6,3),'[全国二级公司销售明细之数据透视表(2015-2017).xlsx]源自原始文件'!$A:$A,C$2)						
20		单位变动成本k	45595.66	=(COUNTA(C3:C17)*F18-D18*E18)/(COUNTA(C3:C17)*G18-D18^2)			
21		固定成本b	-219421.13	=(E18-C20*D18)/COUNTA(C3:C17)			
22		2017年4月总成本Y	3154657.68	=C20*(INT(1.2*[2017年4月单品订单预测.xlsx]所有货品!$C$31)+1)+C21			

图 3-36　利用“最小二乘法”预测单品未来总成本

对表格中所用到的公式说明如下：

- 单元格区域 B3:B17 输入 2016 年 1 月 1 日至 2017 年 3 月的月份，为表格简洁起见，我们忽略了 2015 年的数据。
- 单元格区域 C3:C17 是通过公式计算而得“车床 CM13-2 型”历史订单，单元格 C3 公式为“=SUMIFS('[全国二级公司销售明细之数据透视表（2015 ～ 2017）.xlsx] 源自原始文件 '!$F:$F,'[全国二级公司销售明细之数据透视表（2015 ～ 2017）.xlsx] 源自原始文件'!$B:$B,LEFT(TEXT($B3,"yyyy 年 m 月 "),5),'[全国二级公司销售明细之数据透视表（2015 ～ 2017）.xlsx] 源自原始文件 '!$C:$C,MID(TEXT($B3,"yyyy 年 m 月 "),6,3),'[全国二级公司销售明细之数据透视表（2015 ～ 2017）.xlsx] 源自原始文件 '!$A:$A,C$2)"，通过该公式取得 2016 年 1 月 1 日的有效订单，将公式向下拖拉至单元格 C17。

CFO 点拨

"D:\files\Chap3\ 全国二级公司销售明细之数据透视表（2015 ～ 2017）.xlsx"一定要已经打开。

- 单元格区域 D3:D17 是将 C 列有效订单乘以放大系数的实际生产量。
- 单元格区域 E3:E17 手工直接录入的财务历史数据。
- 单元格区域 F3:F17 是根据最小二乘法数学公式要求准备数据，D 列 E 列相应数据对应相乘的积。
- 单元格区域 G3:G17 是根据最小二乘法数学公式要求准备数据，D 列相应数据的平方。
- 第 18 行使用 SUM 函数将各列进行汇总，同样是根据最小二乘法数学公式要求准备数据。
- 单元格 C20 的公式为"=(COUNTA(C3:C17)*F18-D18*E18)/(COUNTA(C3:C17)*G18-D18^2)"，计算后值为 45 595.66。
- 单元格 C21 的公式为"=(E18-C20*D18)/COUNTA(C3:C17)"，计算后值为 -219 421.13。
- 单元格 C22 的公式为"=C20*(INT(1.2*'D:\files\Chap3\[2017 年 4 月单品订单预测 .xlsx] 所有货品 '!$C$31)+1)+C21"，计算后值为 3 154 657.68。该公式从"D:\files\Chap3\2017 年 4 月单品订单预测 .xlsx"文件的工作表中取得"车床 CM13-2 型"有效订单并乘以扩大系数 1.2 得到预测投产量，将该产量代入公式"$Y=kX+b$"就可以得到 2017 年 4 月"车床 CM13-2 型"的预测成本总额。

在分析数据的各期成本变动较大的情况下，采用回归直线的最小二乘法比较准确。

3.6.4 "回归"分析工具也和单品总成本"铆"上了

"回归"分析工具通过对一组观察值使用"最小二乘法"直线拟合来执行线性回归分析。可用来分析单个因变量是如何受一个或几个自变量的值影响的。

为了对比不同方法产生的效果，我们仍然使用 2016 年 1 月 1 日至 2017 年 3 月的月份"车床 CM13-2 型"的产量 X 和历史成本 Y，作为预测的数据来源。我们用以下方法来调用"回归"分析工具：

- 准备"回归"分析工具。单击 Excel"文件"选项卡上的"选项"，弹出"Excel 选项"对话框，单击对话框左侧的"加载项"，在对话框下部的

“管理”选择“Excel 加载项”，单击其右侧的“转到”按钮，弹出“加载宏”对话框，勾选其中的“分析工具库”后，单击“确定”按钮关闭“加载宏”对话框。

此时在 Excel“数据”选项卡上就会出现“分析”选项组，其中有“数据分析”项。如果有 Excel“数据”选项卡上已有此项，这一步的准备可以跳过不做。

- 调用“回归”分析工具。在“D:\files\Chap3\2017 年 4 月单品订单预测 _ 最小二乘法 .xlsx”文件内插入一张名为“回归统计”的工作表，返回工作表“Sheet1”，将鼠标选中单元格 E3，Excel“数据”选项卡上的“分析”组的“数据分析”，弹出“数据分析”对话框（图 3-37），找到其中的“回归”项后，单击“确定”按钮。
- 设置“回归”分析工具。在随后出现的“回归”对话框（图 3-38）中的“*Y* 值输入区域”输入对因变量数据区域的引用“$E$3:$E$17”，该区域必须由单列数据组成。“*X* 值输入区域”输入对自变量数据区域的引用“$D$3:$D$17”，自变量的个数最多为 16。我们在这里为回归工具指明了回归方程所需要的 *Y*、*X* 的 2016 年 1 月至 2017 年 3 月历史数据。在“回归”对话框的“输出区域”输入“回归统计 !$A$1”，其他选项的使用请参照：
  - “标志”。如果数据源区域的第一行或第一列中包含标志项，勾选这个复选框。如果数据源区域中没有标志项，取消勾选此复选框，Excel 将在输出表中生成适当的数据标志。
  - “置信度”。如果需要在汇总输出表中包含附加的置信度，请选中此选项。在框中，输入所要使用的置信度。默认值为 95%。

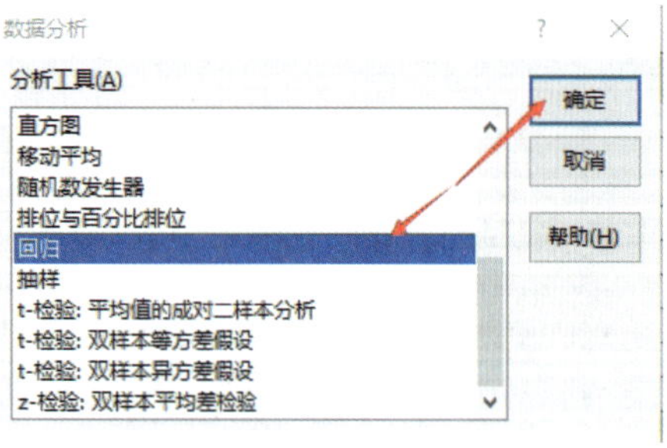

图 3-37 “数据分析”对话框

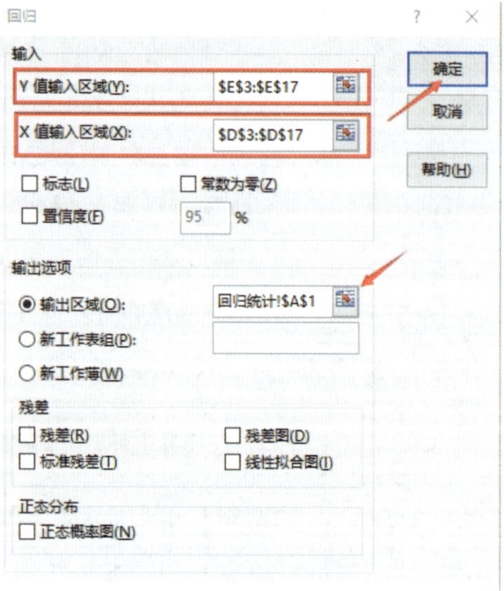

图 3-38 “回归”对话框

  - “常数为零”。如果要强制回归线经过原点，勾选这个复选框。
  - “输出区域”。在此输入对输出表左上角单元格的引用。汇总输出表至少需要有七列，其中包括方差分析表、系数、*y* 估计值的标准误差、*r*2 值、观察值个数以及系数的标准误差。

➢“新工作表”。单击此选项可在当前工作簿中插入新工作表，并从新工作表的 A1 单元格开始粘贴计算结果。若要为新工作表命名，请在框中输入名称。

➢“新工作簿”。单击此选项可生成一个空白 Excel 文件并将结果添加到其中的新工作表中。

➢“残差”。如果需要在残差输出表中包含残差，勾选这个复选框。

➢“标准残差”。如果需要在残差输出表中包含标准残差，勾选这个复选框。

➢“残差图”。如果需要为每个自变量及其残差生成一张图表，勾选这个复选框。

➢“线性拟合图”。如果需要为预测值和观察值生成一张图表，勾选这个复选框。

➢“正态概率图”。如果需要生成一张图表来绘制正态概率，勾选这个复选框。

单击“确定”按钮关闭“回归”对话框。

● 生成回归分析结果。“回归”对话框设置完成后，Excel 在工作表“回归统计”中自动给出了详尽的回归统计分析的结果（图 3-39）。表格中的单元格 B17、B18 的值分别为 -219 421.13、45 595.66，是固定总成本 *b* 和单位变动成本 *k*。有了这两个指标，便可以得出回归方程式“*Y*=45 595.66**X*-219 421.13”，将 2017 年 4 月“车床 CM13-2 型”的预测生产订单修正数量 74 代入后，即可得到“车床 CM13-2 型”在 2017 年 4 月的生产总成本预测值 3 154 657.68 元。

	A	B	C	D	E	F	G	H	I
1	SUMMARY OUTPUT								
2									
3	回归统计								
4	Multiple R	0.96811337							
5	R Square	0.937213498							
6	Adjusted R Square	0.932416075							
7	标准误差	243380.3946							
8	观测值	15							
9									
10	方差分析								
11		df	SS	MS	F	ignificance F			
12	回归分析	1	1.15E+13	1.15E+13	194.1498	3.42E-09			
13	残差	13	7.7E+11	5.92E+10					
14	总计	14	1.23E+13						
15									
16		Coefficients	标准误差	t Stat	P-value	Lower 95%	Upper 95%	下限 95.0%	上限 95.0%
17	Intercept	-219421.133	264557.4	-0.82939	0.421853	-790963	352120.3	-790963	352120.3
18	X Variable 1	45595.65959	3272.314	13.93377	3.42E-09	38526.25	52665.06	38526.25	52665.06
19									
20									
21									
22									
23									
24									

回归统计 Sheet1

图 3-39 回归统计分析结果

统计分析的结果还有许多其他的统计指标，我们可以根据实际需要加以利用。

● 核对回归分析结果。将利用回归分析工具生成的结果与“3.6.3”利用最小二乘法计算的结果进行比较，观察表格中的单元格 B17、B18 的值分别与工作表“Sheet1”的单元格 C21、C20，两者的计算结果完全一致。

3.6.5 “散点图”探索单品维修费与工时的内在逻辑

在各类生产制造企业中，设备修理是再常见不过的事，花费于某项单品的修理费用等成本和费用项目往往包含着前面提到固定成本和变动成本，但在实际工作中，我们很难将固定成本和变动成本截然分开，这样的成本项目我们称为“混合成本”。

为了适应管理的需要，即使再困难，仍然要将固定成本和变动成本分开。分解混合成本的方法在管理学上有很多种，比如高低点法、回归分析法、散点图法、合同检查法等。这里，我们就以从苏问集团生产基地返还的修理费用工时表为例来学习如何运用 Excel 的散点图来将混合成本进行分解，从而了解修理费用与工时之间存在的内在逻辑。

- 打开“费用工时表”。打开 Excel 文件“D:\files\Chap3\ 单品修理费用工时表 .xlsx”，单品“车床 CM13-2 型”2016 年 1 月至 2017 年 3 月的情况如图 3-40 所示。这是我们要进行分析的数据来源，选中其中的任意单元格。
- 插入“XY 散点图”。单击 Excel“插入”选项卡，移动鼠标到该选项卡“图表”选项组上的“散点图”（图 3-41），此时在工作表中就已经出现散点图表的效果预览。单击，将它插入“D:\files\Chap3\ 单品修理费用工时表 .xlsx”的工作表“车床 CM13-2 型”内。

车床CM13-2型费用工时表

月份	工时数	修理费用
2016年1月	322	303000
2016年2月	400	352000
2016年3月	804	669100
2016年4月	521	411900
2016年5月	372	324200
2016年6月	432	377000
2016年7月	580	496400
2016年8月	610	557200
2016年9月	550	424300
2016年10月	510	402600
2016年11月	612	556800
2016年12月	798	645000
2017年1月	872	684900
2017年2月	793	645000
2017年3月	711	594600

图 3-40 “车床 CM13-2 型”单品修理费用工时表

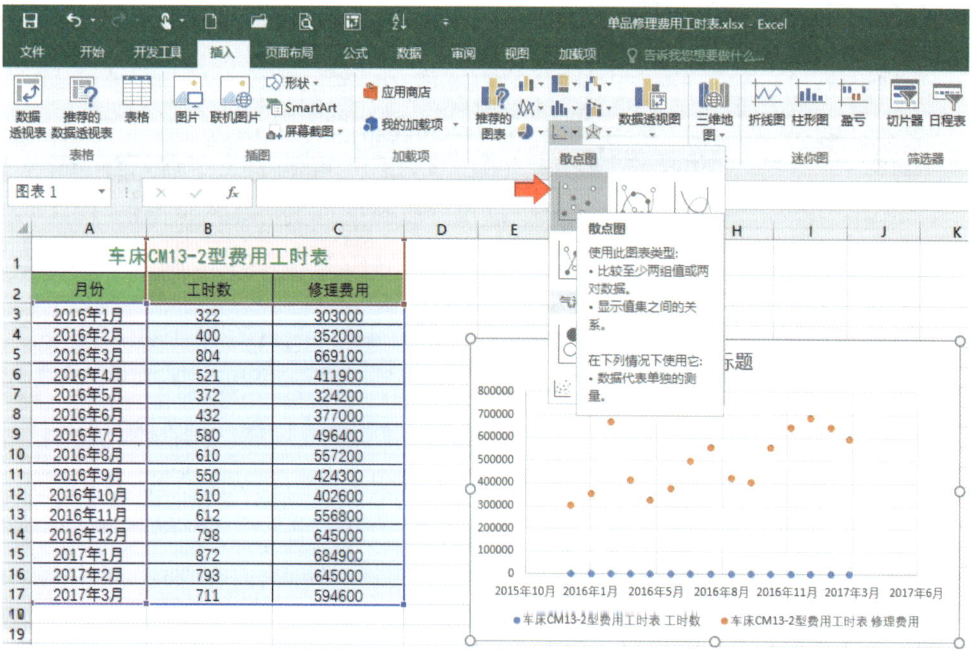

图 3-41 插入“散点图”图表

● 修改“数据来源”。单击随后出现的“图表工具”-“设计”选项卡上的“选择数据”按钮，弹出“选择数据源”对话框（图 3-42），将其中 Excel 自动生成的“车床 CM13-2 型费用工时表 _ 工时数”和“车床 CM13-2 型费用工时表 _ 修理费用”两条数据系列项删除。

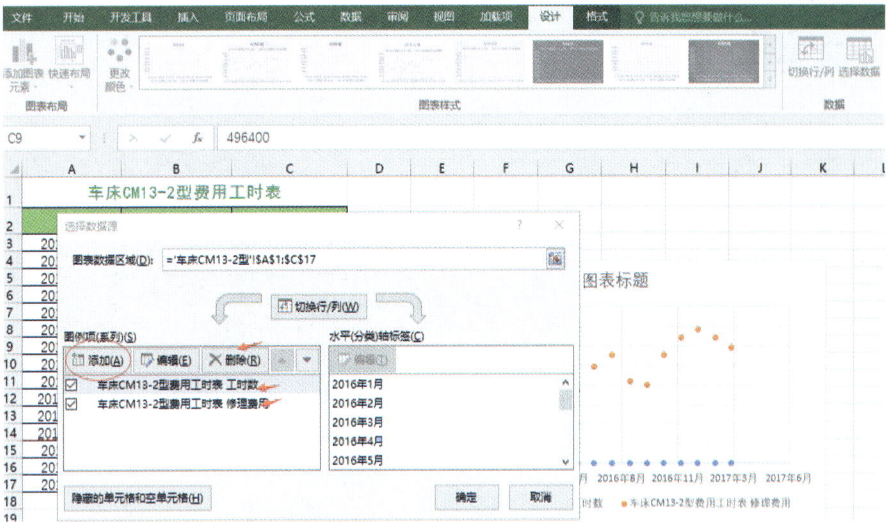

图 3-42 “选择数据源”对话框

● 添加新的数据系列。单击图 3-42“添加”按钮，弹出“编辑数据系列”对话框（图 3-43）。在“系列名称”中输入“费用工时”；在“X 轴系列值”中输入“='车床 CM13-2 型'!$B$3:$B$17”，将工时数指定为自变量 *X*；在“Y 轴系列值”中输入“='车床 CM13-2 型'!$C$3:$C$17”，将修理费用指定为因变量 *Y*。两次单击“确定”按钮，关闭“编辑数据系列”对话框和“选择数据源”对话框。

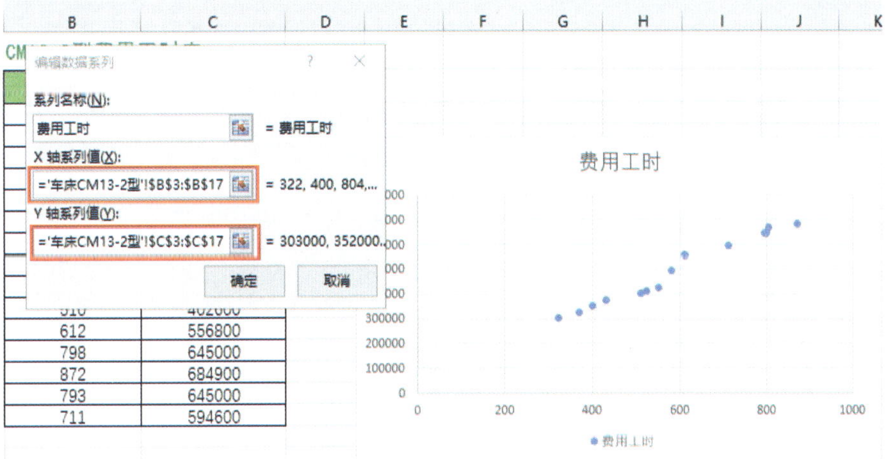

图 3-43 “编辑数据系列”对话框和散点图预览

● 添加趋势线。在新生成的散点图上右击任意散点，在随后出现的浮动菜单中单击“添加趋势线”，在 Excel 右端自动出现“设置趋势线”格式选项卡（图 3-44）。在“趋势线选项”下选中“线性”，勾选“显示公式”和“显示 R 平方值”。

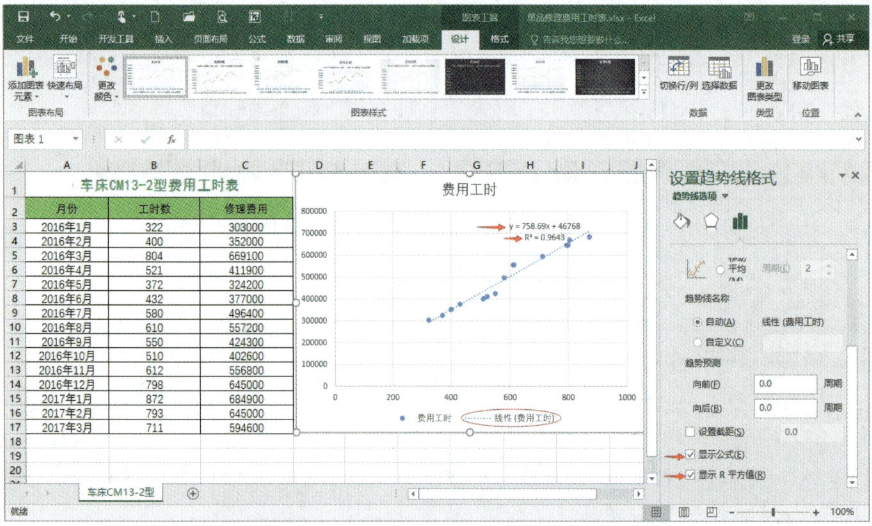

图 3-44 “车床 CM13-2 型”散点趋势图

- 分析“X、Y 散点图”和趋势线。从图 3-44 可以看出，“X、Y 散点图”上各个散点围绕在趋势线上下，总体上随着工时的增加呈现出线性上升的趋势，其趋势线公式为“*Y*=758.69**X* + 46 768”，精度 R2 值为 0.9643。趋势线公式反映了修理费用随着工时上升的内在逻辑，两者呈现强烈的正相关关系。

要得到某一个工时水平下的修理费用所包含的固定费用和变动费用，只需要将工时数代入公式中的“758.69*X”，用工时乘以 758.69 就可以得到变动费用，而总的修理费用扣除变动费用即为固定费用 46 768。

如：当工时数为 400 小时时，变动费用为“758.69*400=303 476”，固定费用为“352 000-303 476=48 254”，这比公式中的 46 768 大 1 756，该值系散占误差，反映了散点偏离趋势线的幅度。

CFO 点拨

并非所有的混合成本回归关系都是线性的，我们需要根据 X、Y 的实际经济意义和散点的走势运用非线性模型进行分解、分析，而不能一味拘泥于线性模型，否则会导致错误的决策。

3.6.6 “帕累托图”掌控产品品质分析

“质量是企业的生命”，这句话说的是产品质量对于一个经济体的至关重要性。不合格的质量，都将导致产品或者服务与客户的期望产生差距。如果产品的缺陷在生产期内被发现，则企业需要发生维修费用，如果产品的缺陷在顾客使用期内被发现，则企业不仅需要发生修理费用，而且可能丧失顾客。质量问题严重的还会发生爆炸等恶性事故，如 2016 年 10 月 11 日三星公司宣布永久性停产与停售的 Galaxy Note 7 手机。质量问题可能会导致产品召回、客户索赔等后续事件，企业会因此形象受损、成本增加，严重的甚至会导致企业破产。

企业为质量控制而支付的质量成本包括预防成本、检测成本、交付顾客前成本（返工和停产损失等）、交付顾客后成本（退货损失、保修费用、折让费用等）。质量成本的管理包括质量成本的预测、过程控制和分析。对产品的品质进行控制分析的目的就是为了及时发现质量问题、及时采取措施，降低不合格品率。产品的质量识别方法有多种，运用帕累托图分析是重要的一种直观、有效的方法。

1. 帕累托、帕累托法则和帕累托图。

- 帕累托。意大利经济学家 V.Pareto，以发现帕累托规则而著名。
- 帕累托法则。帕累托于 1897 年偶然注意到，19 世纪英国人的财富和收益大部分都流向了少数人手里。在早期的资料中他发现，在其他的国家这种微妙关系一再出现，而且在数学上呈现出一种稳定的关系：社会上 20% 的人占有 80% 的社会财富（并非严格的 20% 和 80%）。此外，人们还发现生活中存在许多不平衡的现象，把此类现象称为“二八定律”，这是一种量化的实证法，用以计量投入和产出之间可能存在的关系，其关注的重点是 20% 的部分。
- 帕累托图。帕累托图又称为排列图、主次图，是按照发生频率大小顺序绘制的直方图，表示有多少结果是由已确认类型或范畴的原因造成。在质量控制中，它将出现的质量问题和质量改进项目按照重要程度依次排列而采用的一种图表。

运用帕累托图可以用来分析质量问题，确定产生质量问题的主要因素。确定解决问题的优先次序：采取措施解决那些造成最多质量缺陷的问题。从概念上说，帕累托图与帕累托法则一脉相承，该法则认为，相对来说数量较少的原因往往会造成绝大多数的问题或缺陷。

2. 运用帕累托图分析苏问集团产品品质缺陷原因。

- 打开“费用工时表”。打开 Excel 文件“D:\files\Chap3\ 单品修理费用工时表 .xlsx”，单品“车床 CM13-2 型”2016 年 1 月至 2017 年 3 月的维修原因统计情况如图 3-45 所示。图中 C 列是各种质量问题导致维修的原因所占的比重，D 列是累计比重，E 列是 D 列所用的公式，在单元格 E2 输入公式后向下拖拉至单元格 E8。
- 插入“簇状柱形图”。用鼠标选中单元格区域“B2:C8”，单击 Excel 的“插入”选项卡，单击至“图表”选项组的“插入柱形图和条形图”，单击“簇状柱形图”。

	A	B	C	D	E
1	错误代码	原因	占比	累计占比	公式
2	ERR-05	光敏件电流过载	55%	55%	=SUM($C$2:C2)
3	ERR-04	润滑液渗漏	17%	72%	=SUM($C$2:C3)
4	ERR-06	转向盘卡死	8%	80%	=SUM($C$2:C4)
5	ERR-07	左轮轴缝膨胀不均匀	7%	87%	=SUM($C$2:C5)
6	ERR-01	传送带压力过大	6%	93%	=SUM($C$2:C6)
7	ERR-02	右轮轴缝膨胀不均匀	5%	98%	=SUM($C$2:C7)
8	ERR-03	其他原因	2%	100%	=SUM($C$2:C8)
9	合计		100%	-	-

图 3-45　“车床 CM13-2 型”返修原因统计

- 添加数据系列。单击随后出现的“图表工具”-“设计”选项卡上的“选择数据”按钮，弹出“选择数据源”对话框（图 3-42），单击“添加”按钮，弹出“编辑数据系列”对话框（图 3-46）。在其中的“系列名称”输入“累计占比”“系列值”输入“D2:D8”单击“确定”按钮，关闭“编辑数据系列”对话框。

这里有一个快捷添加数据系列的小“偏方”：在工作表中选中单元格区域“D2:D8”，按 Ctrl_C 复制；鼠标选中上一步所插入图表的“绘图区”，按 Ctrl_V 粘贴，Excel 就可以自动识别为一个新的数据系列，并按照上一步的图表类型给出新的数据系列柱形图。

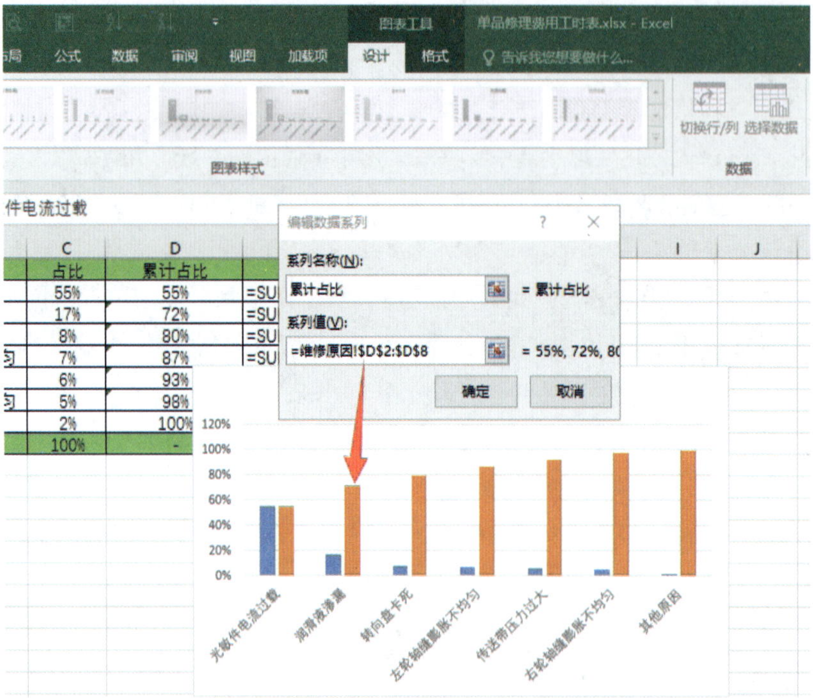

图 3-46　“编辑数据系列”对话框

- 修改数据系列。在图 3-46 的图表中出现两组柱状图，右边一组即为“累计占比”柱形图。右击柱形图的任何一个柱形，在随后出现的浮动菜单上单击“更改系列图表类型”，弹出“更改图表类型”对话框（图 3-47 之①至④）。
  - 单击“更改图表类型”对话框“所有图表”左下角的“组合”项，选中中上部的“自定义图表”。
  - 单击“系列 1”右侧的下拉三角形按钮，将“图表类型”修改为“面积图”，单击“累计占比”右侧的下拉三角形按钮，将“图表类型”修改为“折线图”。
  - “次坐标轴”两个小方框保持在没有被勾选的状态。
  - 单击“确定”按钮关闭“更改图表类型”对话框。
- 美化图表。依次按下面步骤将图表适当美化。
  - 在图 3-46 的图表上选中任意一个百分号（选中 Y 轴），在 Excel 界面右边即出现“设置坐标轴格式”选项卡（图 3-48 之①），将“坐标轴选项”的“最大值”设置为“1.0”，即 100%。

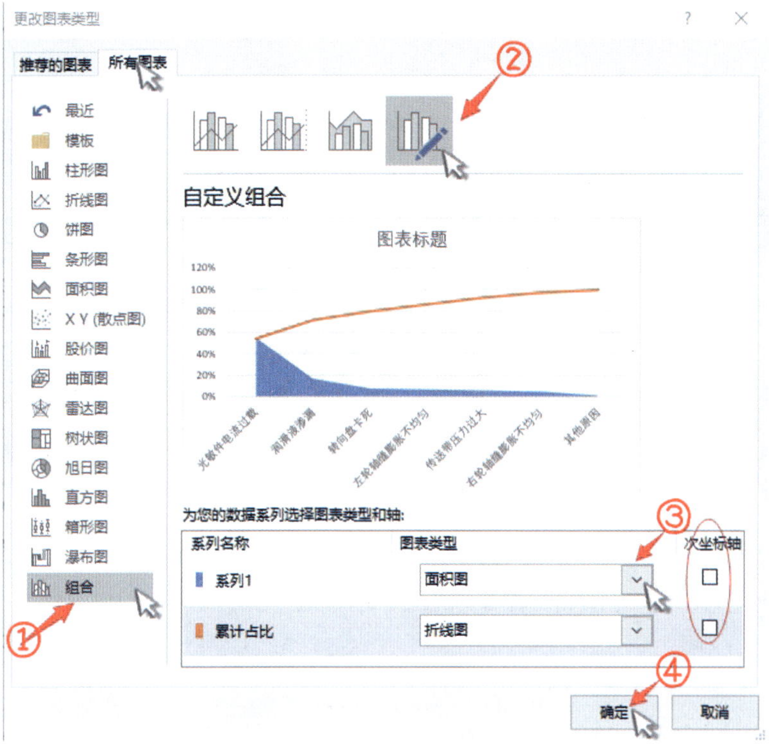

图 3-47 “更改图表类型”对话框

➢ 在图 3-46 的图表上选中“其他原因”(选中 X 轴),在 Excel 界面右边即出现“设置坐标轴格式”选项卡(图 3-48 之②),将“对齐方式”的“文字方向”设置为“竖排”。

➢ 将图表标题设置为“维修费用原因分析帕累托图”。

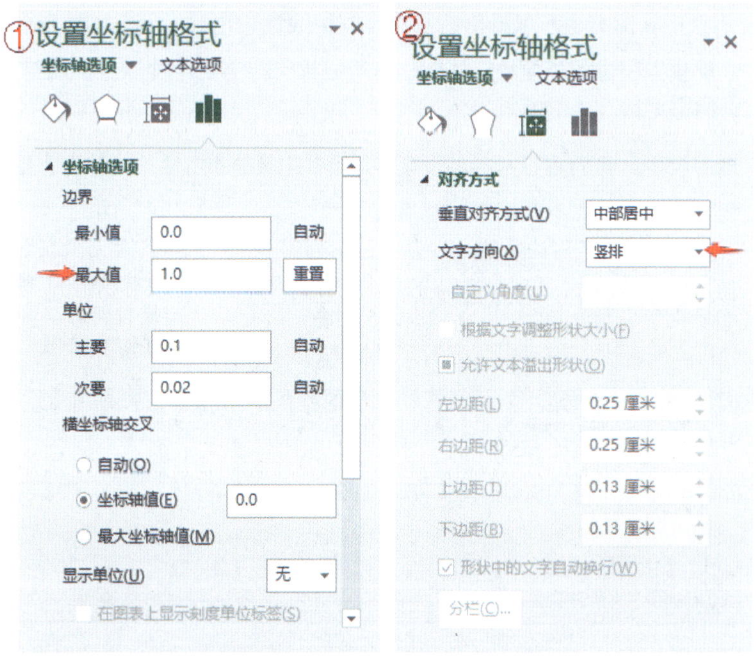

图 3-48 调整图表 X 和 Y 轴的格式

➢ 单击“图形工具”-“设计”，在“图表样式”选项组内选择“样式 6”，最终效果如图 3-49 所示。

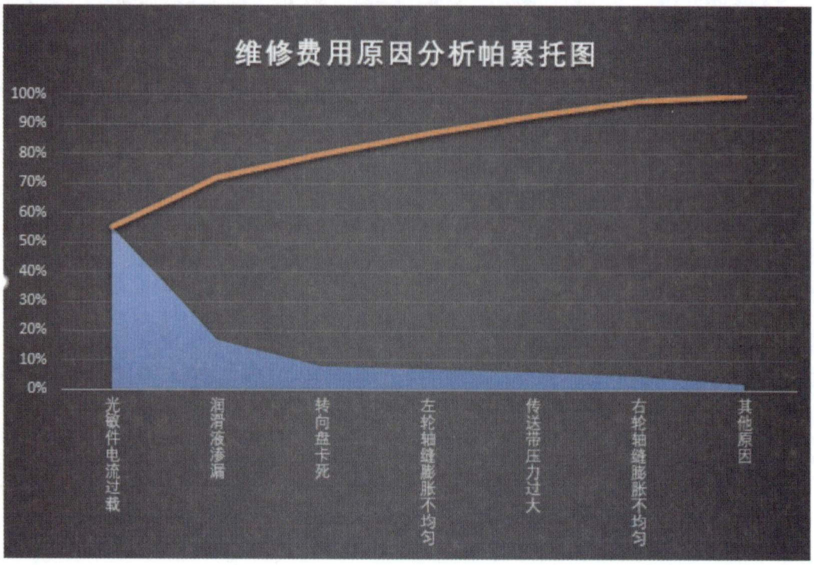

图 3-49　维修费用原因分析帕累托图

- 帕累托图分析。从图 3-49 中可以看出，面积图所表示的部分，从左至右面积由大到小，且左边的“光敏件电流过载”就占据了面积图的绝大部分，而“光敏件电流过载”这一个质量缺陷原因只是 7 大原因之一，符合帕累托法则，属于“至关重要的少数”。“润滑液渗漏”属于第二大重要的缺陷原因，公司应当针对造成维修工时增大、生产成本扩大的重大原因加以追根溯源，找出这些问题的要害，从而在今后的生产活动中加以克服和避免。

从“累计占比”折线图上也可以看出：从左至右折线逐步抬升，并且左边部分坡度较为陡峭，中右部较为平缓，反映了左边部分的缺陷原因，是造成维修行为的主要原因，属于“至关重要的少数”，中右部是较为次要的原因。

“从图 3-45 中的表格，我们不也是能够发现‘光敏件电流过载’这一‘至关重要的少数’项吗？而且什么是‘次坐标轴’呢？”小白在旁边小声嘀咕。

“你的这些问题，从易总的视频教程，你会找到答案的。

此处视频讲解更精彩，扫描右侧的二维码，即可观看和下载

在‘3.6.5’和‘3.6.6’，我们只是以‘车床 CM13-2 型’为例，对一种产品进行分析，实际上，如果将所有的产品所占工时汇总分析，就能够找出维修大户，再运用‘帕累托法则’的指导思想和‘帕累托图’这一直观化的技术手段，针对这些产品发生质量缺陷和返修的主要原因，按照‘抓大放小’、‘先急后缓’的原则进行纠正、整改，从而降低发生质量问题的概率、达到降本增效的目的。”

04 CHAPTER

钱从哪里来

4.1 用 Excel 模板预测资金需求量

都说感冒会传染，这头疼的事恐怕也是这样。那边刚帮生产的钱总治好了头疼，这下轮到易总自己了。销售的数据有了、订单也下了，开足马力得需要加“油”啊，油钱呢？需要加油加多少？油的价格是多少？从哪里加油呢？

资金是企业生存和发展的命脉，资金链条一断，资金不能持续循环运转，企业很快就会倒闭，人员就要失业了。生产要钱，维修要钱，采购材料要钱，购买固定资产要钱，营销活动要钱，人员工资要钱，银行利息要付……

银票贴现、银行贷款、债权（券）融资、信托融资、股权融资……钱从哪里来？易总，钱的事就靠你了！模拟分析、规划求解、资金预测模型、股债定价模型、Excel 文档的安全加固……财务，一起向前冲！

企业的生存发展，资金是流动的血脉，失血过多，企业就会死亡。为了组织生存经营，企业必须从外界获取资金支持，而需要多少资金量的支持，就需要用到不同的资金需求量的预测方法。

4.1.1 寻求具有操作性的现金流预测方法

还是在易总的办公室，易总、我和小吴、小白几个，一起研究资金需求安排。

“现在，公司的资金也不是太富余，账上的货币资金不多，但要钱的老爷很多，生产上的钱总，销售的王总整天给我电话要钱，买材料、买设备，搞促销、做活动。下面的子公司催他们，他们就催我。”谈到钱，易总也有些不淡定了，“现在，银行那边的贷款还没有下来。下个月究竟需要多少钱？不能两眼一抹黑，谁能给我个数字？”

资金预测是为了保证公司资金的流动性，使得借款成本最小化、收益最大化。易总也借着小会议的机会给我们讲了一些资金预测方面的财务知识。

资金的预测和其他经营要素预测一样，受制约的因素很多。预测所依赖的因素千变万化、具有强烈的不确定性。可以说，没有一种方法，可以适用于所有的企业，但由于预测的目的一致、方向一致、面临的问题也具备共性。因此，只有掌握多样的资金预测方法，才能形成方案库以备公司选用。

资金预测按预测覆盖的时间段分为 4 类，一周以内的即期现金流预测、月度到季度的经营性现金流预测、年度性的策略性现金流预测、一年以上的战略性现金流预测。某些企业受不可控制因素（比如天气）影响较大，某些企业业务多元化较为分散，某些提供专业服务的企业受客户的购买和支付周期制约，对不同类型的企业的现金流预测周期长短不一，预测的准确性因企业的业务特性有较大差别。

资金预测离不开各个职能部门提供准确、全面的信息支持，比如销售总监负责长期的业绩预测，业务经理负责短期预测的日常数据更新和维护，采购经理负责预测采购和库存数字，信用经理和分公司财务经理负责监测应收账款账户和更新预测数字。

没有各业务单元的通力协作，仅凭财务部门闭门造车是无法提供准确的预测现金流的。借助于新的技术手段和改良的 Excel 模型，系统地寻求基于不同业务流程和业务周期的、可以操作的资金预测方法。

企业的资金需求量是企业资金筹措的数量依据，资金需求（增）量的预测目前所用到的方法包括销售百分比法和回归分析法。如果企业的资金需求量与某个变动要素（如产销量）存在相关的关联关系，也将资金需求量作为因变量，关联的变动要素作为自变量，利用最小二乘法（参照“3.6.3”）等方法进行预测。

4.1.2 用销售百分比法预测资金需求量

所谓“销售百分比法”是假定资产负债报表各项目与销售额之间存在稳定的正比例关系，这样的比例关系在基础期和预测期保持不变，根据预测的销售金额和稳定的占比关系得出预测期资产负债报表各项目金额，依据基本的会计平衡式“资产 = 负债 + 所有者权益 + 资金需求量”计算出预测期的资金需求金额。销售百分比法预测资金需求相对比较简单：

- 准备 Excel 模板。首先在 Excel 界面中按 Ctrl_N 键，建立“资金需求量预测表”，如图 4-1 所示。我们将它保存为“D:\files\Chap4\ 2017 年 4 月资金预测 .xlsx”。

	A	B	C	D	E	F	G	H	I	J
1	资金需求量预测表									
2										
3	报表项目	行次	期末余额			测算基期	销售百分比		预测余额	
4			2017年1月	2017年2月	2017年3月	取最近期=E列	占比	公式	2017年4月	公式
5	货币资金	1				-	0.00%	=$F5/$F$22	-	=$G5*$I$22
6	应收账款	2				-	0.00%	=$F6/$F$22		=$G6*$I$22
7	存货	3				-	0.00%	=$F7/$F$22	-	=$G7*$I$22
8	固定资产净值	4*				-	-	-	-	=F8，取自基期
9	资产总计	5	-	-	-	-	0.00%	=SUM(G5:G8)	-	=SUM(I5:I8)
10	应付账款	6				-	0.00%	=$F10/$F$22	-	=$G10*$I$22
11	应付票据	7				-	0.00%	=$F11/$F$22	-	=$G11*$I$22
12	未交税金	8*				-	-	-	-	=F12，取自基期
13	长期借款	9*				-	-	-	-	=F13，取自基期
14	长期应付款	10*				-	-	-	-	=F14，取自基期
15	负债小计	11	-	-	-	-	0.00%	=SUM(G10:G14)	-	=SUM(I10:I14)
16	股本	12*				-	-	-	-	=F16，取自基期
17	留存收益	13*				-	-	-	-	=F17，取自基期
18	所有者权益小计	14	-	-	-	-	-	-	-	=SUM(I16:I17)
19	资金需求量	15		-	-	-	-	-	-	=I20-I18-I15
20	负债和所有者权益合计	16	-	-	-	-	0.00%	=G15	-	=I9
21		17								
22	销售收入	18	54,039,000.00	65,663,000.00	46,277,000.00	46,277,000.00	100.00%	=$F22/$F$22	64,584,000.00	

图 4-1 销售百分比法预测资金需求量表

对“资金需求量预测表”的说明如下：

- 第 22 行的“销售收入”取自“D:\files\Chap3\ 2017 年 4 月单品订单预测 .xlsx”的工作表“所有货品”的第 28 ～ 31 行的订单数乘以各产品的指导单价得出的销售收入金额。
- F 列“测算基期”的数值取自 E 列 2017 年 3 月的数据，此列也可以取自 2017 年前 3 个月各项目金额的平均值，对 F 列稍加修改即可。
- G 列“占比”根据是 F 列“测算基期”资产负债表各项目金额除以当期销售收入后的百分比数，H 列明确列出 G 列的计算公式。
- I 列“2017 年 4 月”的资产负债报表项目的计算值分为三种情况：一是该项目与销售额之间存在稳定的正比例关系的（可称为“敏感项目”），用预测期 2017 年 4 月的销售收入乘以基期该项目金额占基期销售收入的百分比计算而得（百分比也可以取自 2017 年前 3 个月各项目金额除以当期销售收入的百分比的平均值）；二是该项目与销售额之间不存在稳定的正比例关系（可称为“不敏感项目”），在 B 列的“行次”数值加（“*”）标注，直接取基期该项目的金额，如预测期该项目金额发生变化，应当修正为变化后的数值；三是根据资产负债报表项目本身的平衡关系计算而得。J 列明确列出 I 列的计算公式。

- 填入资产负债表数据。在 C、D、E 列白色背景部分填入 2017 年 1、2、3 月的资产负债表中数据后，单元格 I19 计算出 2017 年 4 月的资金需求量为 33 365 643.59 元（图 4-2）。

报表中需要新增报表项目时，只需要增减行次，将相应的公式进行拖拉补齐即可。

	A	B	C	D	E	F	G	H	I	J
1	资金需求量预测表									
2										
3	报表项目	序号	期末余额			测算基期	销售百分比		预测余额	
4			2017年1月	2017年2月	2017年3月	取最近期=E列	占比	公式	2017年4月	公式
5	货币资金	1	14,570,354.41	12,132,395.15	14,697,690.96	14,697,690.96	31.76%	=$F5/$F$22	20,512,039.95	=$G5*$I$22
6	应收账款	2	104,894,719.68	184,111,350.49	97,228,337.86	97,228,337.86	210.10%	=$F6/$F$22	135,691,487.61	=$G6*$I$22
7	存货	3	2,978,091.02	3,382,301.25	1,421,593.37	1,421,593.37	3.07%	=$F7/$F$22	1,983,970.14	=$G7*$I$22
8	固定资产净值	4*	199,230,728.96	185,722,952.48	174,351,870.58	174,351,870.58	-	-	174,351,870.58	=F8，取自基期
9	资产总计	5	321,673,894.07	385,348,999.36	287,699,492.76	287,699,492.76	244.93%	=SUM(G5:G8)	332,539,368.28	=SUM(I5:I8)
10	应付账款	6	35,659,573.99	46,524,750.30	27,203,073.65	27,203,073.65	58.78%	=$F10/$F$22	37,964,503.07	=$G10*$I$22
11	应付票据	7	1,529,077.73	1,374,850.18	1,801,844.19	1,801,844.19	3.89%	=$F11/$F$22	2,514,646.70	=$G11*$I$22
12	未交税金	8*	1,668,542.09	2,155,795.05	1,012,026.85	1,012,026.85	-	-	1,012,026.85	=F12，取自基期
13	长期借款	9*	71,645,388.64	124,874,250.91	48,109,220.91	48,109,220.91	-	-	48,109,220.91	=F13，取自基期
14	长期应付款	10*	3,881,796.21	2,800,000.00	1,800,000.00	1,800,000.00	-	-	1,800,000.00	=F14，取自基期
15	负债小计	11	114,384,378.66	177,729,646.44	79,926,165.60	79,926,165.60	62.68%	=SUM(G10:G14)	91,400,397.52	=SUM(I10:I14)
16	股本	12*	200,000,000.00	200,000,000.00	200,000,000.00	200,000,000.00	-	-	200,000,000.00	=F16，取自基期
17	留存收益	13*	7,289,515.41	7,619,352.93	7,773,327.17	7,773,327.17	-	-	7,773,327.17	=F17，取自基期
18	所有者权益小计	14	207,289,515.41	207,619,352.93	207,773,327.17	207,773,327.17	-	-	207,773,327.17	=SUM(I16:I17)
19	资金需求量	15	-	-	-	-	-	-	33,365,643.59	=I20-I18-I15
20	负债和所有者权益合计	16	321,673,894.07	385,348,999.36	287,699,492.76	287,699,492.76	62.68%	=G15	332,539,368.28	=I9
21		17								
22	销售收入	18	54,039,000.00	65,663,000.00	46,277,000.00	46,277,000.00	100.00%	=$F22/$F$22	64,584,000.00	

图 4-2 销售百分比法资金需求量预测表

4.1.3 用销售百分比法预测资金需求增量

用销售百分比法预测资金需求增量仍然是先假设资产负债表项目与销售收入之间存在不变的依存关系，然后根据预测期的销售增长情况来预测未来需要相应增加多少资金。

一般可以用公式“$\Delta F=K*(A-L)-D-R+M$”来计算，公式中各个符号意义及注意事项如下：

- *F*—未来需要追加的资金量
- *A*—基期敏感资产的合计，正常的应收账款、存货，与销售收入关系密切，须列入 *A*，对于固定资产则视其在基期有没剩余生产能力而定，如果有潜力、无须追加资金投入则不作为 *A* 考虑，长期投资、无形资产一般不作为基期敏感资产的合计。
- *L*—基期敏感负债的合计，一般只考虑应付账款、其他应付款等与销售变动关系密切的项目。*A-L* 即敏感净资产。
- *D*—预测期扣除用于更新改造资金的折旧提取额，作为内部周转资金来源的折旧额度扣除用于同期固定资产更新改造的资金金额。
- *R*—预测期销售收入乘以基期销售净利率计算的净利润扣除预计发放股利的差额，股利发放率一般沿用基期股利发放率，如果预测期股利发放率能够确定，则使用预测期股利发放率计算。

● *M*—预测期新增的零星资金开支额。

我们可以采用以下方法来预测资金需求增量：

● 准备 Excel 模板。首先在“D:\files\Chap4\ 2017 年 4 月资金预测 .xlsx”文件中添加工作表“资金增量预测”，在其中设计、录入如图 4-3 所示的“资金需求增量预测表”。

	A	B	C	D	E	F	G
1	资金需求增量预测表						
2	(销售百分比法)						
3	报表项目	序号	历史数据			预测期数据	
4			2017年1月	2017年2月	2017年3月	2017年4月	公式
5	货币资金	1	14,570,354.41	12,132,395.15	14,697,690.96		
6	应收账款	2	104,894,719.68	184,111,350.49	97,228,337.86		
7	存货	3	2,978,091.02	3,382,301.25	1,421,593.37		
8	固定资产净值	4*	199,230,728.96	185,722,952.48	174,351,870.58		有生产潜能，视为不敏感
9	**资产总计**	**5**	**321,673,894.07**	**385,348,999.36**	**287,699,492.76**	-	=SUM(F5:F8)
10	应付账款	6	35,659,573.99	46,524,750.30	27,203,073.65		
11	应付票据	7	1,529,077.73	1,374,850.18	1,801,844.19		
12	未交税金	8*	1,668,542.09	2,155,795.05	1,012,026.85		
13	长期借款	9*	71,645,388.64	124,874,250.91	48,109,220.91		
14	长期应付款	10*	3,881,796.21	2,800,000.00	1,800,000.00		
15	**负债小计**	**11**	**114,384,378.66**	**177,729,646.44**	**79,926,165.60**	-	=SUM(F10:F14)
16	敏感资产项目小计A	12	122,443,165.11	199,626,046.89	113,347,622.19	-	=F5+F6+F7
17	敏感负债项目小计L	13	37,188,651.72	47,899,600.48	29,004,917.84	-	=F10+F11
18	**销售收入**	**14**	**54,039,000.00**	**65,663,000.00**	**46,277,000.00**	**64,584,000.00**	
19	销售收入增长率K	15		22%	-30%	40%	=(F18-E18)/E18
20	当期提取的折旧	16		11,371,081.90	11,371,081.90	11,371,081.90	
21	其中：用于更新改造的	17	-	-	-	-	
22	折旧与更改差额D	18	-	11,371,081.90	11,371,081.90	11,371,081.90	=F20-F21
23	净利润	19	378,273.00	412,296.90	192,467.80	-	
24	其中：发放股利	20	75,654.60	82,459.38	38,493.56	-	=0.2*F23，公司章程规定20%
25	净利润与股利发放差额R	21		367,712.80	232,458.02	214,885.84	=F18*(E23/E18)*(1-E24/E23)
26	零星开支M	22	3,000,000.00	3,000,000.00	3,000,000.00	3,000,000.00	
27	**资金需求增量**	**23**	-	**9,599,784.17**	**-53,398,460.81**	**24,779,675.85**	=(E16-E17)*F19-F22-F25+F26

200701 | 200702 | 200703 | 200704 | 资金预测 | 资金增量预测 | 资金预测_回归

图 4-3 销售百分比法资金需求增量预测表

● 公式说明。“资金需求增量预测表”中的“历史数据”与“4.1.2”节相同，取自苏问集团 2017 年前 3 个月的资产负债表。

➢ 第 9 行“资产总计”公式“=SUM(F5:F8)”

➢ 第 15 行“负债小计”公式“=SUM(F10:F14)”

➢ 第 16 行“敏感资产项目小计 *A*”公式“=F5+F6”，如果增减了敏感资产项目，需要修改此处的引用单元格。

➢ 第 17 行“敏感负债项目小计 *L*”公式“=F10+F11”，如果增减了敏感负债项目，需要修改此处的引用单元格。

➢ 第 19 行“销售收入增长率 *K*”公式“=(F18-E18)/E18”，指预测期销售收入与基期销售收入之差除以基期销售收入。

➢ 第 22 行“折旧与更改差额 *D*”公式“=F20-F21”，是指扣除更新改造所需资金的折旧提取数。

➢ 第 25 行“净利润与股利发放差额 *R*”公式“=F18*(E23/E18)*(1-E24/E23)”，系以预测期销售收入、基期净利率、基期股利发放后的留存率三者相乘而得。

➢ 第 27 行“资金需求增量”公式“=(E16-E17)*F19-F22-F25+F26”，即：

资金需求增量 ΔF= 销售收入增长率 K*（敏感资产项目小计 A- 敏感负债项目小计 L）- 折旧与更改差额 *D*- 净利润与股利发放差额 R+ 零星开支 *M*=40%*（113 347 622.19 -29 004 917.84）- 11 371 081.90-232 458.02+3 000 000.00= 24 779 675.85。

如报表中需要新增报表项目时，只需要增减行次，将敏感资产项目计入 *A* 和“资产总计”，将敏感负债项目计入 *L* 和“负债小计”；如果要预测“2017 年 5 月”，只要将其列入预测期，将“2017 年 4 月”列入“历史数据”，将上述各行公式向右拖拉填充即可。

- 销售百分比法的应用局限性。使用销售百分比法来预测资金需求，无论是资金需求量，还是资金需求增量，其实都默认了一个前提，即敏感项目是与销售收入成正比例关系的。而这样的假设在实际生活中，是很少存在的，这就可能令使用销售百分比法预测的资金需求量的准确度较差。当预测值与实际需求的误差较大时，我们需要检查敏感项目与非敏感项目的划分是否合理、准确，有无多项或者漏项。

4.1.4 用回归分析法预测资金需求量

利用回归分析法预测资金需求量，可以采用两种办法，其一是利用回归分析工具，但因为回归分析工具不能直接预测资金需求量，而是要根据回归分析的结果建立函数关系模型，然后才能预测资金需求量。其二是使用 FORECAST.LINEAR 函数，利用预测期销售额、基期历史数据（资产负债表敏感项目和销售额），基于回归分析原理，完成预测期资产和负债项目后，利用会计恒等式，计算资金需要量。

使用 FORECAST.LINEAR 函数作为回归分析预测资金需求量的方法时，第一参数是预测期销售收入，第二参数是敏感项目历史数据，也是回归函数的 *Y* 值，第三参数是销售收入历史数据，也是回归函数的 *X* 值。至于非敏感项目，则取最近期的历史数据或利用会计恒等式计算而得。具体操作步骤如下：

- 准备 Excel 模板。首先在“D:\files\Chap4\ 2017 年 4 月资金预测 .xlsx”文件中添加一个工作表“资金预测 _ 回归”，在其中设计、录入如图 4-4 所示的“资金需求量预测表”。
- 公式说明。“资金需求增量预测表”中的“历史数据”与“4.1.2”节相同，取自苏问集团 2017 年前 3 个月的资产负债表。
  - 第 5、6、7 行为敏感资产项目，第 10、11 行为敏感负债项目，用 FORECAST.LINEAR 函数进行计算 2017 年 4 月的资产、负债项。
  - 第 8、12、13、14、16 行预测期 2017 年 4 月数据取自最近期 2017 年 3 月的数据。
  - 第 9、15、18、20 行分别是“资产总计”、“负债小计”、“所有者权益小计”和“负债和所有者权益合计”。
  - 第 17 行“留存收益”2017 年前 3 个月取自历史数据，2017 年 4 月数据（单元格 F17）为预测期留存收益，该值的取得必须增加补充资料（第 23 ～ 28 行）才能够得到。
  - 第 23 行：“净利润”与工作表“资金增量预测”中 2015 年 1 ～ 3 月历史数据相同。
  - 第 24 行：“盈余公积提取比例”苏问集团法定盈余公积提取比例为 10%、任意盈余公积提取比例为 2%。

CFO 点拨

利用回归分析法预测资金需求量，首先要求销售收入与敏感项目之间存在基本的线性关系，这是由销售额与某些资产、负债项目内在的逻辑演变关系决定的；其次要求历史数据足够多，以保证统计计算的精确性；最后，历史时期较长时，要考虑通货膨胀因素的影响，如货币性资金贬值、实物性资金相对升值，资金成本增大，资金需求量上升等。如果忽视上述情况，不加分析，简单套用回归函数，会导致资金需求量的预测产生严重偏差。

- 第 25 行：“股利支付率”根据公司章程，从税后净利润中分配，比例为 20%。
- 第 26 行：“留存收益中的盈余公积余额”，该值系上期期末盈余公积余额 + 当期净利润 * 盈余公积提取比例。
- 第 27 行：“留存收益中的未分配利润余额”，该值系上期期末未分配利润余额 + 当期净利润 *（1- 盈余公积提取比例 - 股利支付率）。
- 第 28 行：“留存收益”是第 26 行、第 27 行之和，与第 17 行相等。
- 第 19 行“资金需求量”F 列 2017 年 4 月预测值根据会计平衡等式“=F20-F18-F15”计算而得，即，资金需求量 = 负债和所有者权益合计 - 所有者权益小计 - 负债小计 = 362 285 570.29-207 988 213.01-97 936 633.49= 56 360 723.79。

	A	B	C	D	E	F	G
1	资金需求量预测表						
2	(回归分析法)						
3	报表项目	序号	期末余额			预测余额	
4			2017年1月	2017年2月	2017年3月	2017年4月	公式
5	货币资金	1	14,570,354.41	12,132,395.15	14,697,690.96	12,518,783.34	=FORECAST.LINEAR($F$22,C5:E5,$C$22:$E$22)
6	应收账款	2	104,894,719.68	184,111,350.49	97,228,337.86	171,932,885.54	=FORECAST.LINEAR($F$22,C6:E6,$C$22:$E$22)
7	存货	3	2,978,091.02	3,382,301.25	1,421,593.37	3,482,030.84	=FORECAST.LINEAR($F$22,C7:E7,$C$22:$E$22)
8	固定资产净值	4*	199,230,728.96	185,722,952.48	174,351,870.58	174,351,870.58	=E8，取自基期
9	资产总计	5	321,673,894.07	385,348,999.36	287,699,492.76	362,285,570.29	=SUM(I5:I8)
10	应付账款	6	35,659,573.99	46,524,750.30	27,203,073.65	45,644,331.18	=FORECAST.LINEAR($F$22,C10:E10,$C$22:$E$22)
11	应付票据	7	1,529,077.73	1,374,850.18	1,801,844.19	1,371,054.55	=FORECAST.LINEAR($F$22,C11:E11,$C$22:$E$22)
12	未交税金	8*	1,668,542.09	2,155,795.05	1,012,026.85	1, 012, 026. 85	=E12，取自基期
13	长期借款	9*	71,645,388.64	124,874,250.91	48,109,220.91	48,109,220.91	=E13，取自基期
14	长期应付款	10*	3,881,796.21	2,800,000.00	1,800,000.00	1,800,000.00	=E14，取自基期
15	负债小计	11	114,384,378.66	177,729,646.44	79,926,165.60	97,936,633.49	=SUM(F10:F14)
16	股本	12*	200,000,000.00	200,000,000.00	200,000,000.00	200,000,000.00	=E16，取自基期
17	留存收益	13*	7,289,515.41	7,619,352.93	7,773,327.17	7,988,213.01	=F26+F27
18	所有者权益小计	14	207,289,515.41	207,619,352.93	207,773,327.17	207,988,213.01	=SUM(F16:F17)
19	资金需求量	16	-	-	-	56,360,723.79	=F20-F18-F15
20	负债和所有者权益合计	16	321,673,894.07	385,348,999.36	287,699,492.76	362,285,570.29	=F9，等于资产总计
21		17					
22	销售收入	18	54,039,000.00	65,663,000.00	46,277,000.00	64,584,000.00	
23	净利润	19	378,273.00	412,296.90	192,467.80	268,607.31	268, 607. 31
24	盈余公积提取比例	20	12%	12%	12%	12%	=E24，法定+任意盈余公积取自基期
25	股利支付率	21	20%	20%	20%	20%	=E25，公司章程规定，取自基期
26	留存收益中的盈余公积余额	22	1,093,427.31	1,142,902.94	1,165,999.07	1,198,231.95	=E26+F23*F24
27	留存收益中的未分配利润余额	23	6,196,088.09	6,476,449.99	6,607,328.09	6,789,981.06	=E27+F23*(1-F24-F25)
28	留存收益合计	24	7,289,515.41	7,619,352.93	7,773,327.17	7,988,213.01	=F26+F27，等于第17行

财务精英都是Excel控 | 200701 | 200702 | 200703 | 200704 | 资金预测 | 资金增 ...

图 4-4 回归分析法资金需求量预测表

学习本节的内容，观看更精彩的视频讲解。

此处视频讲解更精彩，扫描右侧的二维码，即可观看和下载

4.2 用模拟分析测试不同利率和期限下的企业贷款偿还能力

有了资金需求量，必然要考虑到企业未来的偿还能力。不同的金融机构有时会提供不同利率、不同使用期限的金融产品供企业选择。对于企业而言，运用 Excel 的模拟分析工具可帮助企业科学、合理运用利率和期限的组合，使得企业融资组合最佳、融资成本最低。

4.2.1 运用 PMT 函数测算固定利率、固定期限下的月度还款金额和本息之和

在“4.1.4”利用回归分析我们预测 2017 年 4 月的资金需求量为 56 360 723.79，考虑到计算误差和计算方便，视为 5 700 万元的资金需求量。扣除未到期的存量贷款 3 000 万元，需要贷款 2 700 万元，易总和中国工商银行洽谈的初步意向是年利率 4.35%，期限 9 个月。

为了获得在已经确定了贷款利率和贷款期限的前提下，每个月固定的支付金额和总的本金与利息之和，我们先来学习一个函数。

1. PMT 函数。用于根据固定付款额和固定利率计算贷款的付款额。该函数是英文 Payment 的简写。

> PMT 函数包括五个参数，形式为“PMT（rate, nper, pv, [fv], [type]）”，第一至第三参数是必需的，第四和第五参数是可选的。第一参数 rate 是贷款利率，第二参数 nper 是该项贷款的付款总次数，第三参数 pv 是现值或一系列未来付款额现在所值的总额，也叫本金。第四参数 fv 是未来值，或在最后一次付款后希望得到的现金余额，如果省略此参数，则该值为 0（零），即贷款的未来值是 0。第五参数 type 是计算类型，参数为 0 或者省略时，表示期末付款，参数为 1 时，表示期初付款。

2. 用 PMT 函数计算利息。我们按照以下步骤来做：

- 准备 Excel 模板。首先在 Excel 界面中按 Ctrl_N 键，建立一个空白的表格“资金需求量预测表”，如图 4-5 所示。我们将它保存为“D:\files\Chap4\ 2017 年 4 月贷款模拟分析 .xlsx”。

	A	B	C
1	贷款期限、利率表		
2	贷款金额	2700	
3	年利率	4.35%	
4	期限（年）	0.75	
5	月偿还利息	¥305.46	=PMT(B3/12,B4*12,-B2)
6	偿还本息和	¥2,749.17	=B5*B4*12

图 4-5　贷款期限、利率表

- 公式说明。在单元格 B5 输入公式“=PMT(B3/12,B4*12,-B2)”，单元格 B3 利率值和 B4 年份值均是以“年”来表示的值，而我们需要求月偿还利息（月供，实质上每月支付的本金 + 利息），因此需要将“年”转化为“月”，在公式中利率“B3/12”，期限“B4*12”。公式计算每月的利息偿还金额为 305.46 万元。

“蔡姐姐，为什么单元格 C5 的公式中有个‘-B2’的贷款金额呢？”小吴问我。

“Excel 在 PMT 函数是分期偿还贷款和利息的，其中的参数以负数表示支出，比如储蓄，以正数表示收入，比如红利支票。为使得计算出来的结果为正数，在贷款金额前加上一个负号。你也可以不加负号试试看，是不是值就为负了。”

> **CFO 点拨**
> PMT 函数第一、二参数所采用的时间计量单位须统一，如第一参数为年利率，则第二参数为贷款付息的年数，如第一参数为月利率，则第二参数为贷款付息的月份数。

"那我在 PMT 前加一个负号不也得正了吗？乘以'-1'不也得正了吗？"

"哎呀哎呀，聪明"，小白在旁边调侃道，"你说得这么有道理，我竟无言以对。"

- 公式"年"和"月"校验。如果将单元格 B5 公式修改为"=PMT(B3,B4,-B2)"统一为"年"，计算值为 3 736.78，平均每月付息 311.40，与前面将"年"转化为"月"计算的月付息金额不同。想一想这是为什么？

4.2.2 运用方案管理器比较不同利率、不同期限的多种融资方案

在"4.2.1"计算的贷款是中国工商银行的年利率为 4.35%，期限 9 个月的初步意向，假如利率下浮 10%，上浮 10% 或 20%，期限缩短为半年或者延长为一年或一年半的情况下，月偿还利息、总的本息分别是多少呢？

假设利息为 Y，利率为 X_1，期限为 X_2，F 表示它们之间存在的函数关系。用数学公式表示就是：$Y=F(X_1,X_2)$。在利率为 X_1，期限为 X_2 发生变动的前提下，Y 取值的不同可能性，每种可能性可以看作为 Excel"数据分析"中的"方案"。所谓"方案"，是一组由 Excel 保存在工作表中并可进行自动替换的值。而"方案管理器"是创建的不同的值或方案集合，并在它们之间进行切换的工具。

光说是不太容易理解这句话的，我们还是用上面的例子来说明：

- "编辑方案"前的准备。单击 Excel"数据"选项卡"预测"选项组上的"数据分析"按钮，在随后出现的浮动菜单上单击"方案管理器"，弹出"方案管理器"对话框（图 4-6 之①），由于尚未添加任何方案，所以在对话框的"方案"下的方框内为灰色空白。单击其中的"添加"按钮，弹出"方案管理器"的"编辑方案"对话框（图 4-7）。

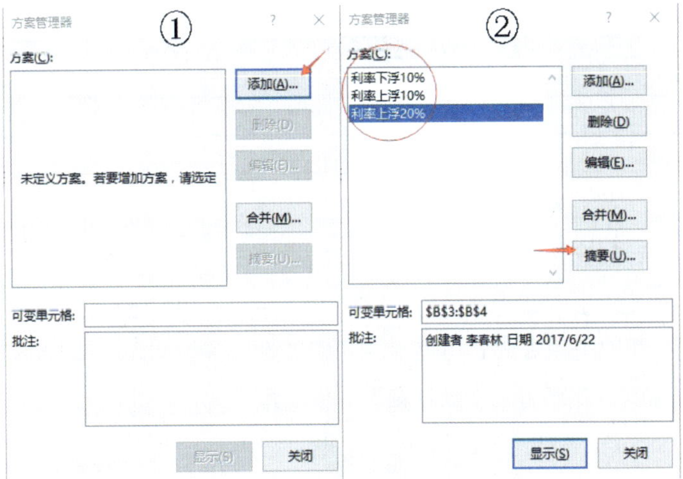

图 4-6 "方案管理器"对话框

- "编辑方案"。在"编辑方案"对话框的"方案名"中输入"利率下浮 10%"，"可变单元格"中输入或用鼠标在工作表中选取单元格区域"$B$3:$B$4"，指定变动因素为"年利率"和"期限（年）"，单击"确定"按钮，弹出"方案变量值"对话框（图 4-8 之①）。
- 指定方案变量。由于选取的"可变单元格"包含两个单元格，因此在图 4-8 之①中出现了

“1”和“2”两个待输入的值，我们直接在其中分别输入“=0.0435*(1-10%)”和“0.5”(半年)。

因为我们输入了公式，故而出现图 4-8 之②的警告提示，直接单击“确定”按钮即可。

如果需要继续添加其他方案，单击图 4-8 之①的“添加”按钮，如果输入无误，不再添加其他方案，单击“确定”按钮。还需要添加其他两个方案，单击“添加”按钮。

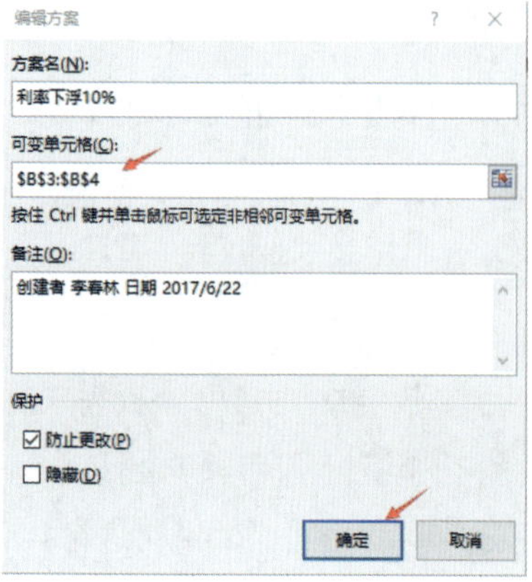

图 4-7 “方案管理器”的“编辑方案”对话框

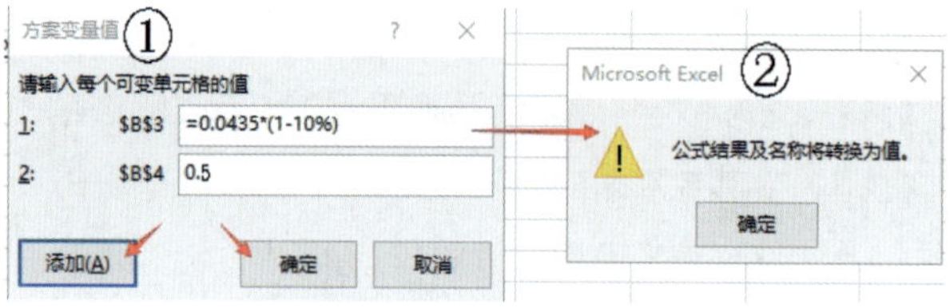

图 4-8 “方案管理器”的“方案变量值”对话框

按照同样的方法，添加另外两个方案，见表 4-1。添加完成后单击“确定”按钮返回“方案管理器”对话框（图 4-6 之②）。此时，在对话框的“方案”下的方框内出现新增的三个方案，选中其中的任意一个方案，比如“利率上浮 20%”，再单击对话框底部的“显示”按钮，则表格“贷款期限、利率表”中的单元格会发生相应的变动。

表 4-1 指定方案变量

方案名	变量 1 指定值	变量 2 指定值
利率下浮 10%	=0.0435*(1-10%)	0.5
利率上浮 10%	=0.0435*(1+10%)	1
利率上浮 20%	=0.0435*(1+20%)	1.5

- 生成方案摘要。单击图4-6之①中的“摘要”按钮，弹出“方案摘要”对话框（图 4-9），在“报表类型”下选中“方案摘要”，“结果单元格”输入“=$B$5”，表明将生成“月偿还利息”的方案摘要，如果要生成“偿还本息和”的方案摘要，在“结果单元格”输入“=$B$6”。单击“确定”关闭“方案摘要”对话框。

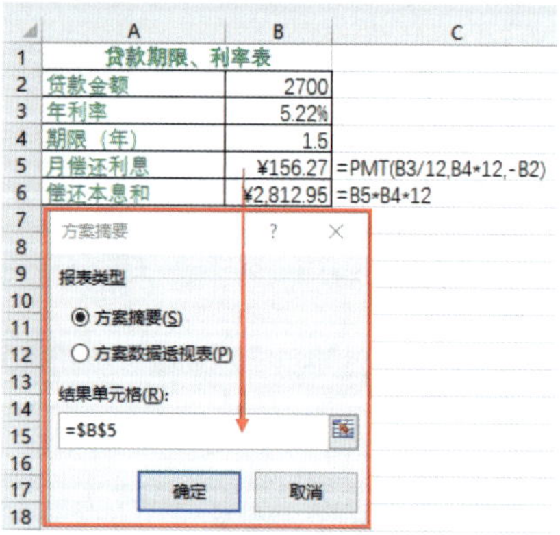

图 4-9 “方案管理器”的“方案摘要”对话框

- 方案摘要报表说明。在“D:\files\Chap4\ 2017 年 4 月贷款模拟分析 .xlsx”文件已自动生成一个名为“方案摘要”的工作表（图 4-10），其中的“1”、“2”、“-”均可单击，使方案摘要显示更简洁，当然方案较少时，就没有必要单击了。为精确显示，将单元格区域“D6:G6”小数位显示增加到 4 位。

方案摘要报表中“可变单元格”和“结果单元格”是用“$B$3”、“$B$4”、“$B$5”来表示的。如果要用“年利率”、“期限（年）”、“月偿还利息”来表示，可以直接手工录入修改。如果要在生成方案摘要报表时自动用文字指定，须在生成前为“$B$3”、“$B$4”、“$B$5”指定其名称。

- 生成方案数据透视报表及说明。如果在图 4-9“方案摘要”对话框的“报表类型”下选中“方案数据透视表”，单击“确定”按钮，则会在“D:\files\Chap4\ 2017 年 4 月贷款模拟分析 .xlsx”文件自动生成一个名为“方案数据透视表”的工作表（图 4-11），该表以直观的形式表示了各种不同方案的“月偿还利息”。

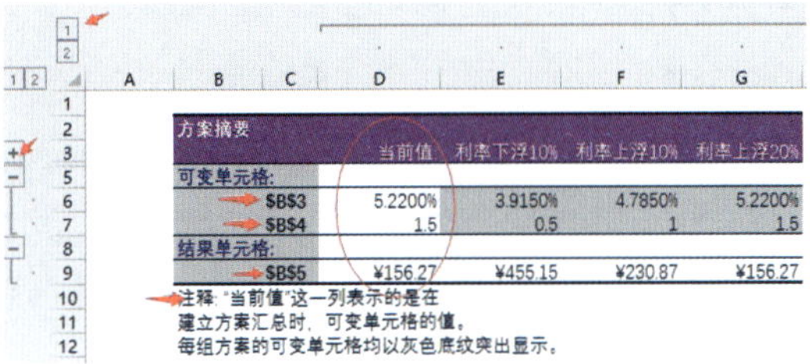

方案摘要	当前值	利率下浮10%	利率上浮10%	利率上浮20%
可变单元格:				
$B$3	5.2200%	3.9150%	4.7850%	5.2200%
$B$4	1.5	0.5	1	1.5
结果单元格:				
$B$5	¥156.27	¥455.15	¥230.87	¥156.27

图 4-10 方案摘要报表

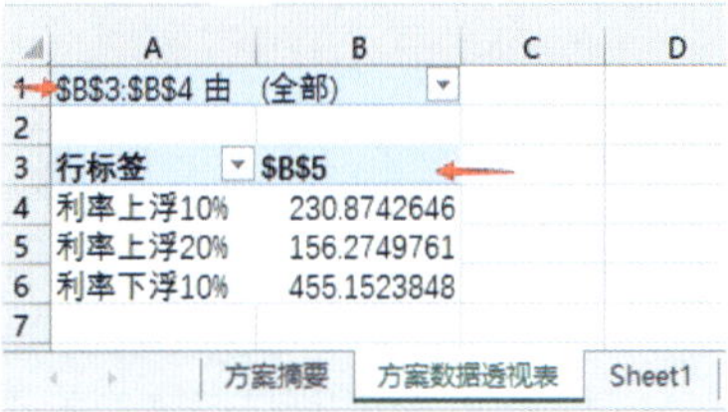

图 4-11 方案数据透视表

数据透视表中的“A1”、“B3”单元格可手工修改或者预先指定名称，从而在生成数据透视表时自动填入便于理解的文字名称。

如前所述，“方案”是保存在 Excel 工作表中，而不是保存于工作簿中的。怎么理解这句话？当我们激活工作表“Sheet1”时，单击 Excel“数据”选项卡“预测”选项组上的“数据分析”按钮，就可以弹出刚刚添加的三个方案“利率下浮 10%”“利率上浮 10%”和“利率上浮 20%”（图 4-6 之②），而激活其他工作表时，则不会出现这三个方案。

添加三个方案的本质效果，等同于在工作表中新增加三个计算表格（图 4-12）。显而易见，用“方案管理器”来测试要简洁、明了得多。

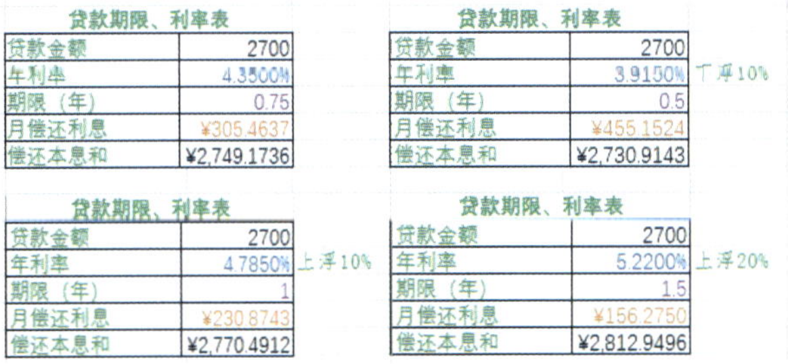

贷款期限、利率表	
贷款金额	2700
年利率	4.3500%
期限（年）	0.75
月偿还利息	¥305.4637
偿还本息和	¥2,749.1736

贷款期限、利率表		
贷款金额	2700	
年利率	3.9150%	下浮10%
期限（年）	0.5	
月偿还利息	¥455.1524	
偿还本息和	¥2,730.9143	

贷款期限、利率表		
贷款金额	2700	
年利率	4.7850%	上浮10%
期限（年）	1	
月偿还利息	¥230.8743	
偿还本息和	¥2,770.4912	

贷款期限、利率表		
贷款金额	2700	
年利率	5.2200%	上浮20%
期限（年）	1.5	
月偿还利息	¥156.2750	
偿还本息和	¥2,812.9496	

图 4-12 方案对比效果

4.2.3 运用模拟运算表的二维模拟运算测算多种利率、多种期限下的偿还能力

我们在“4.2.2”只是增加了三个方案，在实际的经济生活中，期限有可能是一个月到十多年、几十年，利率的上涨和下浮幅度也有多种可能，这样的组合条件就会有几十、几百种可能，如何能将多种可能列于一张计算表中呢？靠一个个地添加方案也不太现实，这个时候就需要借助于

Excel“模拟分析”中的“模拟运算表”了。所谓“模拟运算表”实际上是 Excel 工作表中用来显示某个计算公式中某些参数值的变化对计算结果的影响的一个单元格区域。将所有不同的计算结果以列表方式同时显示出来，便于查看、比较和分析。根据计算公式中参数的个数，模拟运算表又分为单变量（一维）模拟运算表和双变量（二维）模拟运算表。具体的操作方法如下：

- 准备空白表格。在单元格 D2 输入公式“=B5”（图 4-13），目的是为了求得“月偿还利息”，如果输入“=B6”，则将计算“偿还本息和”。
  - 在单元格 E2、F2 分别输入 0.5、1，选中这两个单元格，鼠标移动到选中区域的右下角，当光标变为实心黑十字时，向右拖动到 L 列，完成年份的自动填充，间隔为半年。
  - 在单元格 D3、D4 分别输入 3.92%、4.35%，选中这两个单元格，鼠标移动到选中区域的右下角，当光标变为实心黑十字时，向下拖动到第 12 行，完成利率的自动填充，间隔为 0.43%。

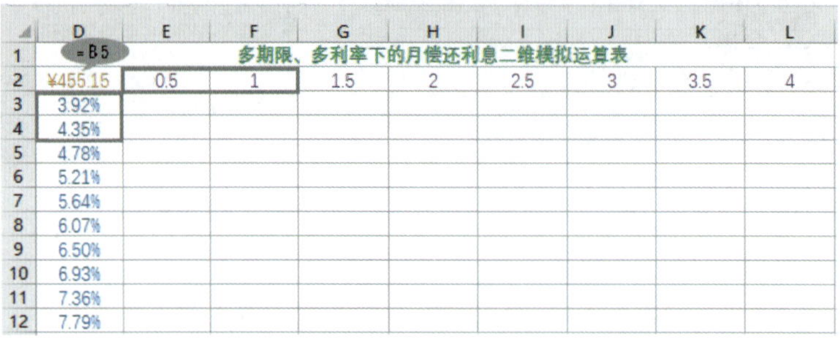

图 4-13　多期限、多利率下的月偿还利息二维模拟运算表空白表

- 二维模拟运算。选中单元格区域“D2:L12”，单击 Excel“数据”选项卡“预测”选项组上的“数据分析”按钮，在随后出现的浮动菜单上单击“模拟运算表”，弹出“模拟运算表”对话框（图 4-14）。

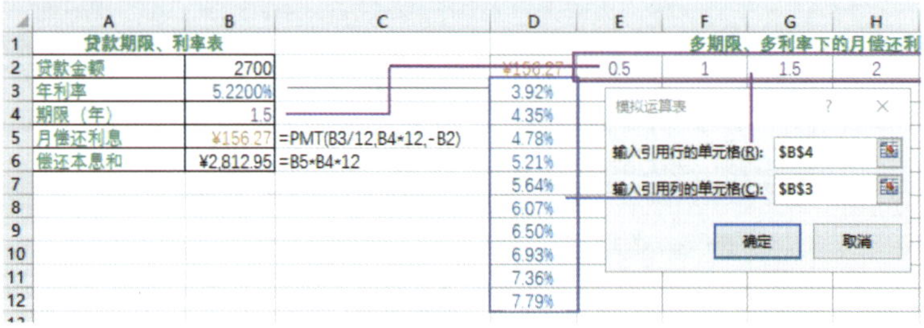

图 4-14　模拟运算表对话框

此时，需要填写两个作为自变量的单元格。在表格“多期限、多利率下的月偿还利息二维模拟运算表”的行“0.5、1…”（图 4-14 中紫色线）对应于表格“贷款期限、利率表”的“期限（年）”的值在单元格 B4。因此，在“模拟运算表”对话框的“输入引用行的单元格”中输入绝对引用“$B$4”。在表格“多期限、多利率下的月偿还利息二维模拟运算表”的列“3.92%、4.35%……”（图 4-14 中蓝色线）对应于表格“贷款期限、利率表”的“年利率”的值在单元格 B3。因此，在“模拟运算表”对话框的“输入引用列的单元格”中输入绝对引用“$B$3”。单击“模拟运算表”对话框的“确定”按钮开始运算，在单元格区域“D2:L12”自动填入了 10 行 8 列 80 种情形下的“月偿

还利息”值（图 4-15），该区域中除单元格 D2 之外的橙色数字均自动填入了数组公式“{=TABLE(B4,B3)}”，这些公式和它们所在的行、列无法被单独清除、修改、删除。如果双击进入这些单元格出现无法退出的现象时，按键盘左上角的“Esc”键或者单击公式编辑栏前的叉号（“╳”）。

CFO 点拨

一是进行模拟运算前必须预先选中单元格区域“D2:L12”，二是“输入引用行的单元格”、“输入引用列的单元格”绝对不能指代错误。

多期限、多利率下的月偿还利息二维模拟运算表

¥156.27	0.5	1	1.5	2	2.5	3	3.5	4
3.92%	455.159	229.8061	154.698	117.1512	94.62882	79.61871	68.9013	60.86684
4.35%	455.7266	230.3367	155.2186	117.6684	95.1453	80.13582	69.41982	61.38723
4.78%	456.2945	230.8681	155.7402	118.1869	95.6635	80.655	69.94074	61.91038
5.21%	456.8628	231.4001	156.2628	118.7068	96.18341	81.17624	70.46407	62.43627
5.64%	457.4314	231.9328	156.7865	119.2281	96.70504	81.69954	70.98979	62.9649
6.07%	458.0004	232.4662	157.3112	119.7508	97.22839	82.22489	71.51792	63.49627
6.50%	458.5697	233.0003	157.8369	120.2749	97.75346	82.75231	72.04845	64.03037
6.93%	459.1393	233.5351	158.3636	120.8003	98.28023	83.28177	72.58136	64.56721
7.36%	459.7092	234.0705	158.8914	121.3271	98.80872	83.81329	73.11667	65.10678
7.79%	460.2795	234.6067	159.4202	121.8553	99.33892	84.34686	73.65436	65.64906

图 4-15　二维模拟运算结果表一

- 二维模拟运算的检验。检查图 4-15 利率 3.92%、期限 0.5 年的“月偿还利息”为 455.159。与图 4-12 利率 3.915%、期限 0.5 年的“月偿还利息”为 455.1524 略有差异，将图 4-15 中的 3.92% 直接修改为 3.915% 后回车，模拟运算表立即自动更新，此时与图 4-12 核对完全一致（图 4-16）。检查图 4-15 利率 5.21%、期限 1.5 年的“月偿还利息”为 156.2628。与图 4-12 利率 5.22%、期限 1.5 年的“月偿还利息”为 156.2750 略有差异，将图 4-15 中的 5.21% 直接修改为 5.22% 后回车，模拟运算表立即自动更新，此时与图 4-12 核对完全一致。

多期限、多利率下的月偿还利息二维模拟运算表

¥305.46	0.5	1	1.5	2	2.5	3	3.5	4
3.92%	455.1524	229.7999	154.692	117.1452	94.62283	79.61271	68.89529	60.8608
4.35%	455.7266	230.3367	155.2186	117.6684	95.1453	80.13582	69.41982	61.38723
4.78%	456.2945	230.8681	155.7402	118.1869	95.6635	80.655	69.94074	61.91038
5.22%	456.876	231.4125	156.275	118.719	96.19552	81.18838	70.47627	62.44853
5.64%	457.4314	231.9328	156.7865	119.2281	96.70504	81.69954	70.98979	62.9649
6.07%	458.0004	232.4662	157.3112	119.7508	97.22839	82.22489	71.51792	63.49627
6.50%	458.5697	233.0003	157.8369	120.2749	97.75346	82.75231	72.04845	64.03037
6.93%	459.1393	233.5351	158.3636	120.8003	98.28023	83.28177	72.58136	64.56721
7.36%	459.7092	234.0705	158.8914	121.3271	98.80872	83.81329	73.11667	65.10678
7.79%	460.2795	234.6067	159.4202	121.8553	99.33892	84.34686	73.65436	65.64906

图 4-16　二维模拟运算结果表二

4.2.4　运用色阶让月度偿还利息负担更具明确的等级性和警示性

“蔡姐，从图 4-16 这些数据上，我还能大致看出哪些区间的数字较大，月度偿还利息的负担较重，看出哪些区间的数字较小，月度偿还利息的负担较轻，看出哪些区间的数字处于中间状态，月度偿还利息的负担不轻也不重。要是数据多了，看起来就费劲了，能不能有更醒目的表示方式呢？”一直在我身边听我讲解的小吴问了一句。

实际上，小吴这个问题包括了两层含义：一是二维模拟运算的拓展；二是让月度偿还利息负担的显示更具明确的等级性和警示性。方法如下：

在图 4-16 二维模拟运算我们的举例只是列出了 10 行 8 列 80 种情形，事实上，可以将行（期限）向右继续拖拉填充、将列（利率）向下继续拖拉填充，从而得到更多的期限和利率的组合情形。

- 二维模拟运算的拓展。选中单元格区域“E2:L2”，将鼠标移动到该区域的右下角，待光标变为实心黑十字时，向右拖动至单元格 N2，将二维表的列进行扩充；选中单元格区域“D3:D12”，将鼠标移动到该区域的右下角，待光标变为实心黑十字时，向右拖动至单元格 D15，将二维表的行进行扩充。

选中单元格区域“D2:N15”，单击 Excel“数据”选项卡“预测”选项组上的“数据分析”按钮，在随后出现的浮动菜单上单击“模拟运算表”，弹出“模拟运算表”对话框（图 4-14），在该对话框的“输入引用列的单元格”中输入绝对引用“$B$3”，单击“确定”按钮进行重新运算。

- 用“色阶”标注二维模拟运算表格。选中单元格区域“E3:N15”，单击 Excel“开始”选项卡，将其字体颜色设置为黑色。

单击 Excel“开始”选项卡“样式”选项组的“条件格式”，移动鼠标至随后出现的浮动菜单的“色阶”项目的“红 - 黄 - 绿色阶”（图 4-17）上。此时，单元格区域“E3:N15”已可以预览显示效果了，单击“红 - 黄 - 绿色阶”项，将选中的单元格区域“E3:N15”上色（图 4-18）。

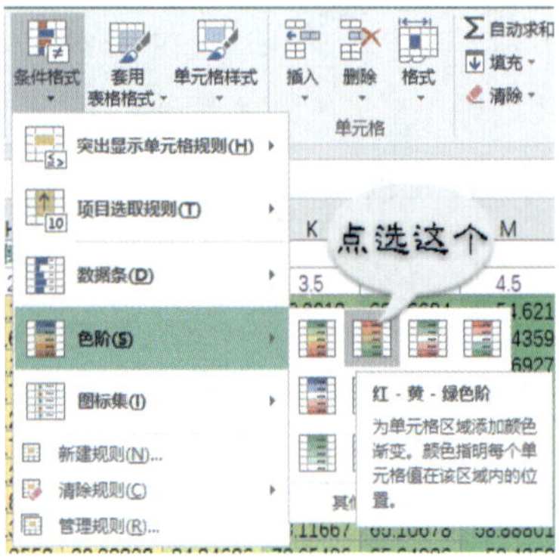

图 4-17 “条件格式”之“色阶”

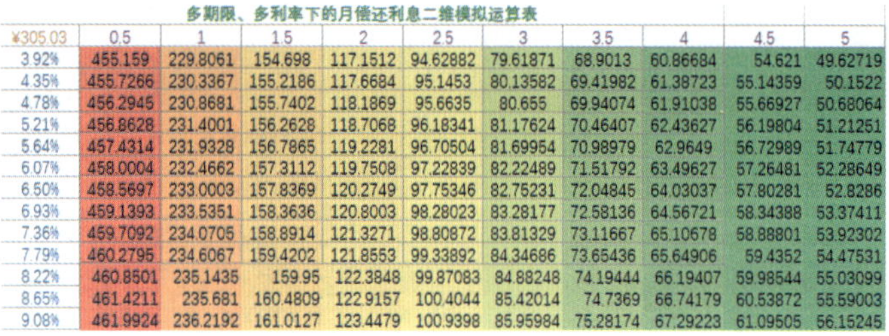

多期限、多利率下的月偿还利息二维模拟运算表

¥305.03	0.5	1	1.5	2	2.5	3	3.5	4	4.5	5
3.92%	455.159	229.8061	154.698	117.1512	94.62882	79.61871	68.9013	60.86684	54.621	49.62719
4.35%	455.7266	230.3367	155.2186	117.6684	95.1453	80.13582	69.41982	61.38723	55.14359	50.1522
4.78%	456.2945	230.8681	155.7402	118.1869	95.6635	80.655	69.94074	61.91038	55.66927	50.68064
5.21%	456.8628	231.4001	156.2628	118.7068	96.18341	81.17624	70.46407	62.43627	56.19804	51.21251
5.64%	457.4314	231.9328	156.7865	119.2281	96.70504	81.69954	70.98979	62.9649	56.72989	51.74779
6.07%	458.0004	232.4662	157.3112	119.7508	97.22839	82.22489	71.51792	63.49627	57.26481	52.28649
6.50%	458.5697	233.0003	157.8369	120.2749	97.75346	82.75231	72.04845	64.03037	57.80281	52.8286
6.93%	459.1393	233.5351	158.3636	120.8003	98.28023	83.28177	72.58136	64.56721	58.34388	53.37411
7.36%	459.7092	234.0705	158.8914	121.3271	98.80872	83.81329	73.11667	65.10678	58.88801	53.92302
7.79%	460.2795	234.6067	159.4202	121.8553	99.33892	84.34686	73.65436	65.64906	59.4352	54.47531
8.22%	460.8501	235.1435	159.95	122.3848	99.87083	84.88248	74.19444	66.19407	59.98544	55.03099
8.65%	461.4211	235.681	160.4809	122.9157	100.4044	85.42014	74.7369	66.74179	60.53872	55.59003
9.08%	461.9924	236.2192	161.0127	123.4479	100.9398	85.95984	75.28174	67.29223	61.09505	56.15245

图 4-18 用“色阶”标注的二维模拟运算表格

- 月供显示的等级性和警示性分析解读。从用“色阶”标注的二维模拟运算表格图 4-18 可以看出：从左至右，表格左侧期限较短时，月偿还利息的压力较大，用警告性较强的红色标注。表格右侧期限较长时，月偿还利息的压力较小，用警告性较弱的绿色标注。中间部分期限处于中间状态，用红色和绿色中间的过渡色（橙色、淡黄色、黄色、淡绿色）加以标注。从上往下看，随着利率的递增，色彩逐渐向暖色过渡，表明利息负担依次加重，但变化幅度不如从左向右的变化明显，反映了利率变动因素并非导致此二维运算表格数值变动的主要因素。

4.2.5 运用单变量求解测算固定偿还能力下的可贷额度

上面的讲解，我们都假设了一个前提：贷款总额 2 700 万元不变，变化的是利率和期限。如果一个企业或者个人每个月的偿还能力是有限的，比如最大偿还额不能超过某一个数值。这是非常常见的一种情形。假设苏问集团一个月最大偿还利息额不超过 265 万元，那么贷款总额数不能够超过多少呢？

这个时候我们就要用到“模板分析”的“单变量求解”了，而所谓“单变量求解”是为所需值查找正确的输入值。简单来说，就是根据公式的结果项倒推原来作为自变量的值。

我们一起来学习如何能够达到目的：

- 调用单变量求解工具。选中“月偿还利息”的值所在单元格 B5，单击 Excel“数据”选项卡“预测”选项组上的“数据分析”按钮，在随后出现的浮动菜单上单击“单变量求解”，弹出“单变量求解”对话框（图 4-19）。

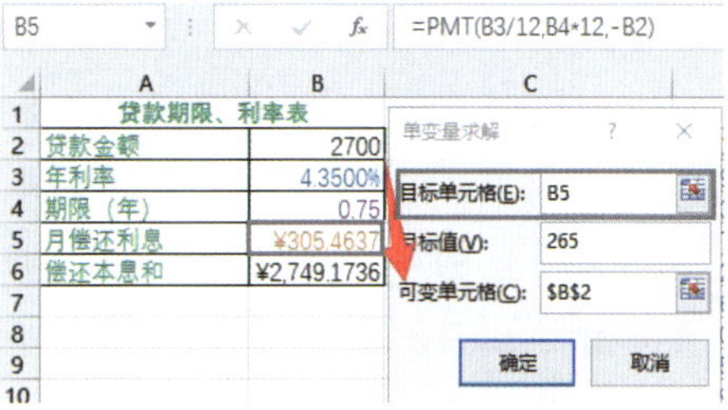

图 4-19 “单变量求解”对话框

- 设置单变量求解工具。由于调用“单变量求解”对话框之前，已经选中“月偿还利息”值所在的单元格 B5，因此对话框中的“目标单元格”已经将“B5”作为默认值。苏问集团一个月最大偿还利息额不超过 265 万元，在“目标值”中输入 265。我们要算的贷款总额数位于单元格 B2，在“可变单元格”设置为“$B$2”。单击“确定”按钮，Excel 开始计算。

- 单变量求解结果的分析解读。“单变量求解”工具计算后，找到一个合乎条件的值（图 4-20）。如果“目标单元格”与“可变单元格”的公式过于复杂，可能会导致求出与目标完全一致的值。此时，“单变量求解”对话框中“单步执行”“暂停”，将会提供给我们一点点尝试以逼近设置的目标值。如果我们要在工作中保留“单变量求解”的计算结果，单击“确定”按钮，否则单击“取消”按钮。

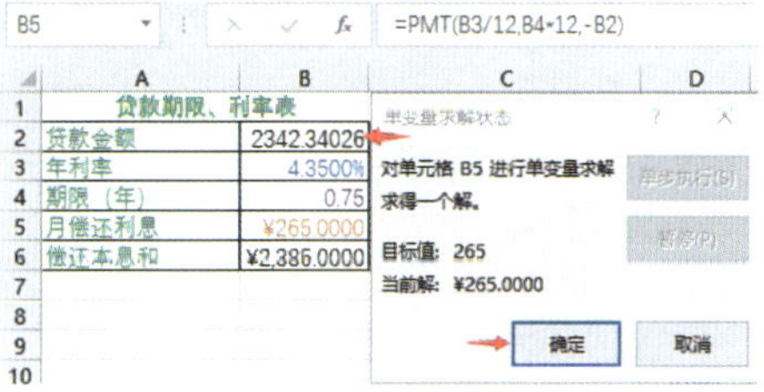

图 4-20 “单变量求解状态”对话框

> CFO 点拨
> “可变单元格”所引用的单元格中不能包含有公式。如果我们将单元格 B2 中的“2700”修改为“=2700”后，单击“确定”按钮，Excel 将给出“单元格必须包含数值”的警告。

从图 4-20“单变量求解状态”对话框中可知：如果苏问集团一个月最大偿还利息额不超过 265 万元，那么贷款总额数不能够超过 2 342.34026 万元。

4.3 用表单控件实时计算不同贷款额度和利率区间下的利息支付

在上一节我们学到了不同模拟分析工具的实际应用，如果我们要想知道贷款额度在一定幅度内（如 2000 万～3500 万元），利率在一定区间（如 3.92%～9.08%）时，企业支付利息的实时情况。就像我们调节收音机音量一样，旋转音量旋钮，收音机的声音立马就会发生变化。在 Excel 中有没有这样“按钮”呢？

4.3.1 表单控件（窗体控件）的工作原理

表单控件，又被称为窗体控件，这是 Excel 提供给用户用于与 Excel 实时交换数据的一组控制元件，包括单选按钮、复选框、组合框、列表框、数值调节钮和滚动条等。

一般地，需要在表单控件与要操作的对象单元格之间设置辅助单元格，表单控件直接驱动辅助单元格，辅助单元格与要操作的对象单元格之间通过公式发生联系（图 4-21）。这是因为表单控制能够驱动、控制的范围是有限的，通过 Excel 公式可以将这样的范围进行拓展，以便于应对更多复杂的情况。

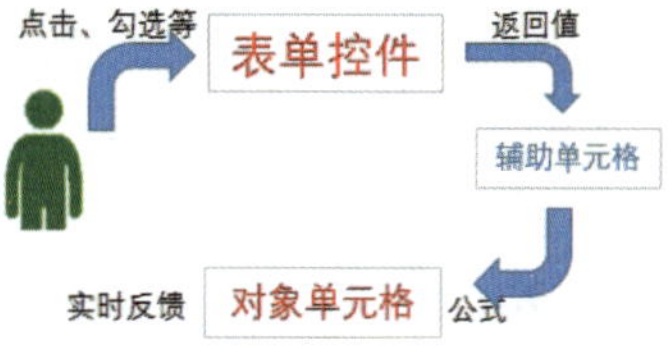

图 4-21 表单控制工作原理示意

4.3.2 认识活泼的小伙伴们——常见表单控件

表单控件，包含在“开发工具”选项卡内，在默认状态下，Excel 是不显示“开发工具”选项卡的。如要显示出“开发工具”选项卡，先单击Excel“文件”选项卡上的“选项”，弹出“Excel选项”对话框（图 4-22），单击对话框左侧的“自定义功能区”，从“从下列位置选择命令”中选取“所有选项卡”，在“主选项卡”下选中“开发工具”后，单击“添加”和“确定”按钮。添加到图 4-22 右侧方框内的各项可以上下拖动以调整其在 Excel 功能区的显示顺序。

图 4-22 添加“开发工具”选项卡

如果 Excel 功能区已有“开发工具”选项卡，就不需要重复添加了。单击 Excel 功能区“开发工具”选项卡“控件”选项组的“插入”按钮，在出现的浮动菜单上集成了常见的“表单控件”。

1. **按钮**。用于立即执行某一些功能集。我们单击“表单控件”上的“按钮”，将鼠标移动到 Excel 的任意单元格上，光标已经变为实心十字形，按住鼠标左键拖拉出一个矩形区域后松手，跳出“宏”对话框（图 4-23）。单击“确定”按钮关闭此对话框，一个矩形按钮就已成功添加于单元格之上。

图 4-23　“开发工具”表单控件之按钮“宏”对话框

2. **组合框**。当需要将多种可能的选项集合在一起提供给用户选择时，可以通过组合框的右部下拉三角形弹出清单列表让用户单击选择。组合框比较节省空间，通过单击选择可以为指定的关联单元格输出数据或者触发一系列代码的执行。

单击“表单控件”上的“组合框”，将鼠标移动到 Excel 的任意单元格上，光标已经变为实心十字形，按住鼠标左键拖拉出一个矩形区域后松手，一个带有下拉三角形的组合框控件就已成功添加于单元格之上（图 4-24 之①）。

右击此控件，在随后出现的浮动菜单中选择“设置控件格式”弹出“设置控件格式”对话框（图 4-24 之②），对组合框控件格式的“控制”选项卡上各部分的说明如下：

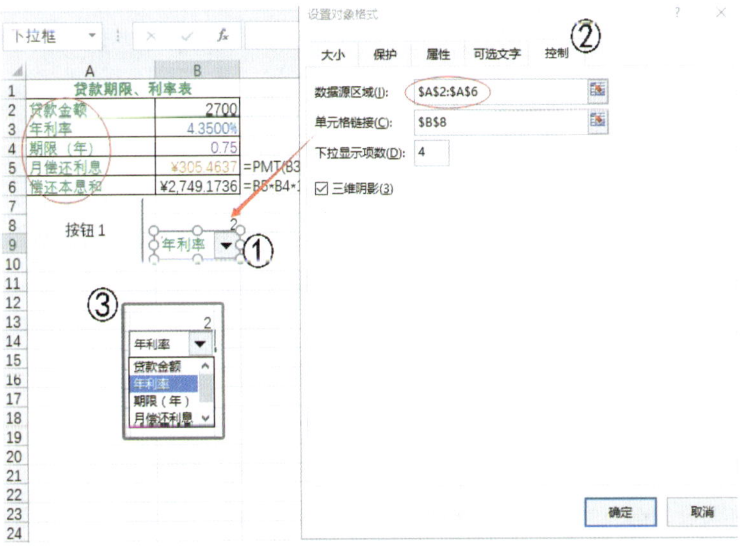

图 4-24　“开发工具”表单控件之组合框

- “数据源区域”是指要在下拉列表清单中显示的数据，它的源区域必须是工作表的某一列数据，或者某一单元格区域，且该区域只能有一列。比如我们指定“$A$2:$A$6”，则“贷款金额”、“年利率”、“期限（年）”、“月偿还利息”和“偿还本息和”5 项将包含于组合框的下拉列表清单内。

- “单元格链接”指定一个单元格用来接收用户单击下拉列表清单的项目的序号，列表清单中的首项为 1，第二项为 2……依此类推。比如指定单元格“$B$8”，则单击组合框下拉列表清单的第二项“年利率”时，单元格 B8 的值为 2。反过来说，在单元格 B8 的输入值 2，则组合框显示第二项“年利率”。
- “下拉显示项数”指的是在列表清单中可同时显示的项目最大值，小于此数按实际数显示，大于此数按此数显示，可以用列表清单的滚动条来显示更多项目。我们指定为 4，则单击下拉右三角按钮时，最多同时显示 4 项，效果如图 4-24 之③。
- “三维阴影”指的是用三维阴影效果来显示组合框。

3. **复选框**。用于用户和 Excel 交互时告知后者用户对该项目是否选中、部分选中还是不选中。

我们单击“表单控件”上的“复选框”，将鼠标移动到 Excel 的任意一个单元格上，光标已经变为实心十字形，按住鼠标左键拖拉出一个矩形区域后松手，一个带有下拉三角形的复选框控件就已成功添加于单元格之上（图 4-25 之①）。复选框后面的数字根据建立的时间先后顺序由 Excel 自动添加的，每次编号可能不同，但这样的名字是可以任意修改的。与其他控件一样，它也是可以在单元格上随意拖动位置的。

右击此控件，在随后出现的浮动菜单中选择“设置控件格式”弹出“设置控件格式”对话框（图 4-25 之②），对复选框控件格式的“控制”选项卡上各个部分的说明如下：

- “值”有三个选项“已选择”、“未选择”和“混合型”。
- “单元格链接”指定一个单元格用来接收“值”的选择，当选择的值为“已选择”、“未选择”和“混合型”时，指定的关联单元格依次为“TRUE”、“FALSE”和“#N/A”。反过来说，在指定的关联单元格的输入值“TRUE”“FALSE”和“N/A”时，则复选框状态分别是“已选择”、“未选择”和“混合型”，形式上表现为复选框前有对号（“√”）、无对号和灰色阴影填充。如果指定的关联单元格为空白，则复选框的状态为“未选择”（无对号）。在图 4-25 指定的关联单元格是“$C$8”。

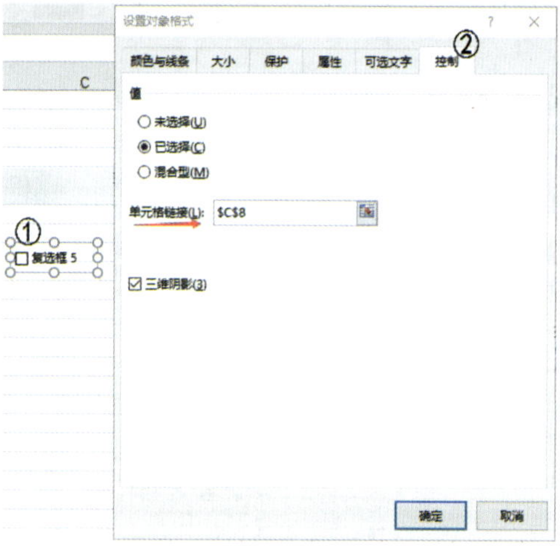

图 4-25 “开发工具”表单控件之复选框

- “三维阴影”指的是用三维阴影效果来显示复选框。

复选框可以在单元格区域内同时多画几个，在用户需要对多个选项进行勾选的时候预先添加。

4. **数值调节钮**。通过单击该按钮的上下三角形按钮来对数值进行实时调整变动。

我们单击“表单控件”上的“数值调节钮”，将鼠标移动到 Excel 的任意单元格上，光标已经变为实心十字形，按住鼠标左键拖拉出一个矩形区域后松手，一个带有下拉三角形的数值调节钮控件就已成功添加于单元格之上（图 4-26 之①）。与其他控件一样，它也是可以在单元格上随意拖动位置的。

右击此控件，在随后出现的浮动菜单中选择“设置控件格式”弹出“设置控件格式”对话框（图 4-26 之②），对数值调节钮控件格式的“控制”选项卡上各个部分说明如下：

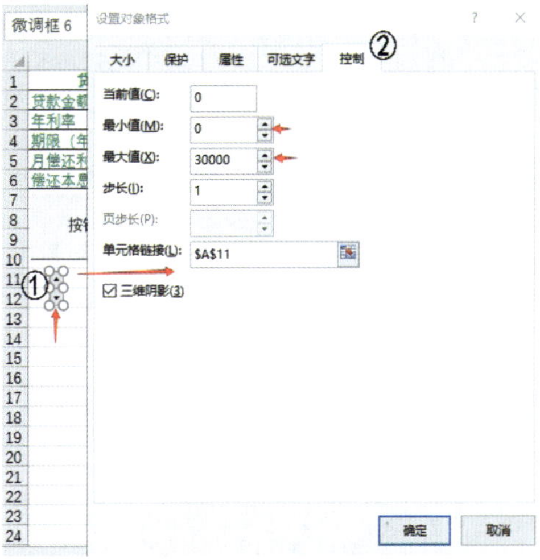

图 4-26 “开发工具”表单控件之数值调节钮

- “当前值”是指用户已经设置的值。
- “最小值”是指用户已经限制的最小值，此值最小可设置为 0。
- “最大值”是指用户已经限制的最大值，此值最大可设置为 30 000。
- “步长”是指用户每次单击该按钮的上下三角形按钮所改变的数值。“步长”值的数值可以超过“最大值”，但无论如何设置，通过“步长”值的调整，数值调节钮的“当前值”都不会超过用户设定的“最大值”。
- “页步长”是指用户每次单击该按钮的上下三角形按钮之间的区域所改变的数值。
- “单元格链接”是指由用户指定的与数值调节钮互动的关联的单元格。用户通过单击数值调节钮设置的值会填入指定的关联单元格。相反，在指定的关联单元格输入的值，也会反馈给数值调节钮改变其值。但如果在指定的关联单元格输入的值小于 0，则数值调节钮值为 0，如果在指定的关联单元格输入的值大于 30 000，则数值调节钮值为 30 000。
- “三维阴影”是指用三维阴影效果来显示数值调节钮。

CFO 点拨

一般情况下，我们不会将最小值和最大值的区间设置成 3000 ～ 30000 这么大，而是设置一个相对较小的区间，如 10~60，步长设置 2，步长设置 10，这样不需要频繁地单击数值调节钮。实际需要调节的数值区域不在 10 ～ 60 的，可以通过 Excel 公式与指定的关联单元格加以放大或者缩小。具体的区间设置，必须根据具体情况的不同而做相应调整。

5. **列表框**。将多种可能的选项显示在一起提供给用户选择，相对于组合框，列表框比较占用空间，通过单击选择可以为指定的关联单元格输出数据或者触发一系列代码的执行。

单击“表单控件”上的“列表框”，将鼠标移动到 Excel 的任意单元格上，光标已经变为实心十字形，按住鼠标左键拖拉出一个矩形区域后松手，一个带有下拉三角形的列表框控件就已成功添加于单元格之上（图 4-27 之①）。与其他控件一样，它也是可以在单元格上随意拖动位置的。

右击此控件，在随后出现的浮动菜单中选择“设置控件格式”弹出“设置控件格式”对话框（图 4-27 之②），对列表框控件格式的“控制”选项卡上各个部分说明如下：

- “数据源区域”是指要在列表清单中显示的数据，它的源区域必须是工作表的某一列数据，或者某一单元格区域，且该区域只能有一列。比如我们指定“$A$2:$A$6”，则“贷款金额”、“年利率”、“期限（年）”、“月偿还利息”和“偿还本息和”5 项将直接显示于组合框的列表清单内。

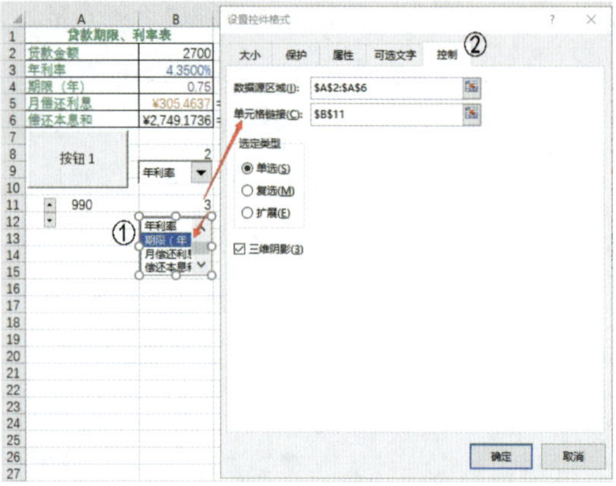

图 4-27　“开发工具”表单控件之列表框

- “单元格链接”指定一个单元格用来接收用户单击列表清单项目的序号，列表清单中的首项为 1，第二项为 2……依此类推。比如指定单元格“$B$11”，则单击列表框下拉列表清单的第三项“期限（年）”时，单元格 B11 的值为 3。反过来说，在单元格 B11 的输入值 3，则列表框以反白显示选中第三项“期限（年）”。
- “选定类型”包括“单选”、“复选”和“扩展”3 种。“单选”是最常用的类型，表示每次只能唯一指定列表清单中的一个，上面的单元格 B11 例子就是在“单选”的状态下。如果指定的关联单元格为空或者小于 1，则列表框不会有任何一项被选中，如果指定的关联单元格的值大于等于列表项目的总数，则列表清单的最后一项被选中。

  “复选”可以单击多个清单项目，但指定的关联单元格不会因此发生变化。已选中项目，再次单击可取消选择。

  “扩展”可以在按住 Ctrl/Shift 的同时单击多个不相邻 / 相邻的清单项目，但指定的关联单元格不会因此发生变化。已选中项目，在按住 Ctrl/Shift 的同时再次单击可取消选择。
- “三维阴影”指的是用三维阴影效果来显示列表框。

6. **选项按钮**。适用于选择一组选项中的一个，又称为单选按钮。同一组，只能有一个可以被选中。如果要选中多个单选按钮，必须将它们重新进行分组。相对于复选框，选项唯一，常用于互斥的同一组中几个选项的设计。

单击“表单控件”上的“选项按钮”，将鼠标移动到 Excel 的任意单元格上，光标已经变为实心十字形，按住鼠标左键拖拉出一个矩形区域后松手，一个带有下拉三角形的选项按钮控件就已成功添加于单元格之上（图 4-28 之①）。与其他控件一样，它也是可以在单元格上随意拖动位置的。

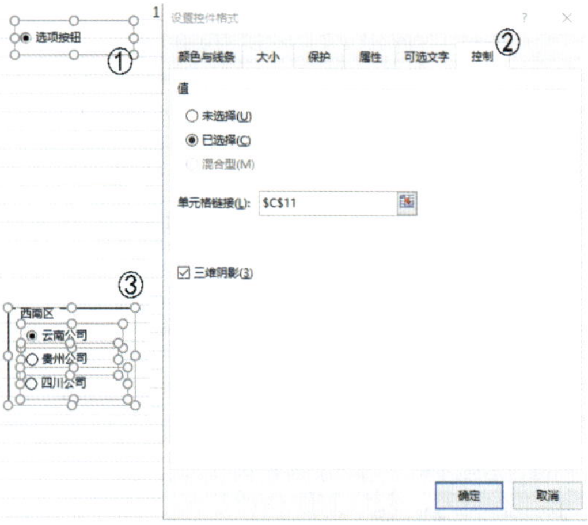

图 4-28　“开发工具”表单控件之选项按钮

右击此控件，在随后出现的浮动菜单中选择“设置控件格式”弹出“设置控件格式”对话框（图 4-28 之②），对选项按钮控件格式的“控制”选项卡上各个部分说明如下：

- “值”有三个选项“未选择”、“已选择”和“混合型”。
- “单元格链接”指定一个单元格用来接收用户单击单选按钮的状态，将其值反馈至该单元格内，当“值”为“已选择”时，单元格的值为该控件在其所在组中的序号；当“值”为“未选择”时，单元格的值为“0”。反过来说，当指定的关联单元格输入“1”或者“TURE”时，分组中的第一个单选按钮为选中状态，值为“已选择”；当指定的关联单元格输入其他数字时，Excel 将截取其整数部分，如 2.9 截取为 2，则分组中第二个单选按钮为选中状态，截取后的数字小于 1 或者大于某一分组中的单选按钮的个数时，则该分组中的所有单选按钮的值均为“未选择”状态。如果指定关联单元格的值为数字的字符，则不影响该分组原有的选择状态。图 4-28 指定的关联单元格为“$C$11”。
- “三维阴影”指的是用三维阴影效果来显示选项按钮。

7. **分组框**。将其他的表单控件进行分组，以保持形式和逻辑意义上的一致。比如：“西南区”分组包括“云南公司”、“贵州公司”和“青海公司”。

单击“表单控件”上的“分组框”，将鼠标移动到 Excel 的任意单元格上，光标已经变为实心十字形，按住鼠标左键拖拉出一个矩形区域，并使得该方框将所要纳入其分组的其他表单控件包含于其中，然后释放鼠标，一个带有下拉三角形的分组框控件就已成功添加于单元格之上（图 4-28 之③）。与其他控件一样，它也是可以在单元格上随意拖动位置的。但在与其他控件组合之前，其他控件是不能与它一起整体移动的。组合的方法如下：

- 按住 Ctrl 键，用鼠标选中要组合的所有表单控件；移动鼠标至被选中的表单控件之上，待光标变为细长竖线形时就可以通过键盘录入直接修改其文字。
- 单击 Excel“绘图工具 - 格式”选项卡上的“组合”。

分组框控件格式的“控制”选项卡上“三维阴影”指的是用三维阴影效果来显示分组框。

8. **滚动条**。通过单击该按钮的上下或者左右三角形按钮来对数值进行实时调整变动。

单击“表单控件”上的“滚动条”，将鼠标移动到 Excel 的任意单元格上，光标已经变为实心十字形，按住鼠标左键拖拉出一个矩形区域后松手，一个带有三角形的滚动条控件就已成功添加于单元格之上（图 4-29 之①）。与其他控件一样，它也是可以在单元格上随意拖动位置的。

右击此控件，在随后出现的浮动菜单中选择“设置控件格式”弹出“设置控件格式”对话框（图 4-29 之②），对滚动条控件格式的“控制”选项卡上各个部分与数值调节钮的“控制”选项卡上各个部分功能类似，现仅就不同的部分加以说明：

- 滚动条“页步长”指的是用户每次单击该按钮的上下三角形按钮之间的区域所改变的数值，而数值调节钮的“页步长”不可用。
- 滚动条“页步长”值虽然不一定非得要大于“步长”值，但通常应设置为“步长”值一定的整数倍。
- 滚动条可以画出瘦长形的矩形用于单击上下三角形按钮，也可以画出扁宽形的矩形用于单击左右三角形按钮来调整数据，而数值调节钮只具有用于单击的上下三角形按钮。这在外形上是有区别的。

常见的表单控件已经介绍完了，在移动鼠标到这些控件上时，会短暂出现一个提示来指出这些控件的名字，并且名字后面都有“窗体控件”字样。这是因为这些表单控件与 Excel 早期版本的窗体控件是兼容的。表单控件在工作表上画出之前，如图 4-30 之①所示。在工作表上画出的 8 种常用表单控件，如图 4-30 之②所示。

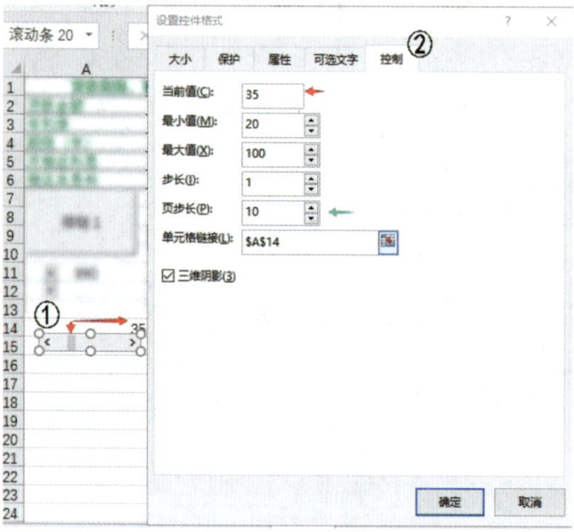

图 4-29　“开发工具”表单控件之滚动条

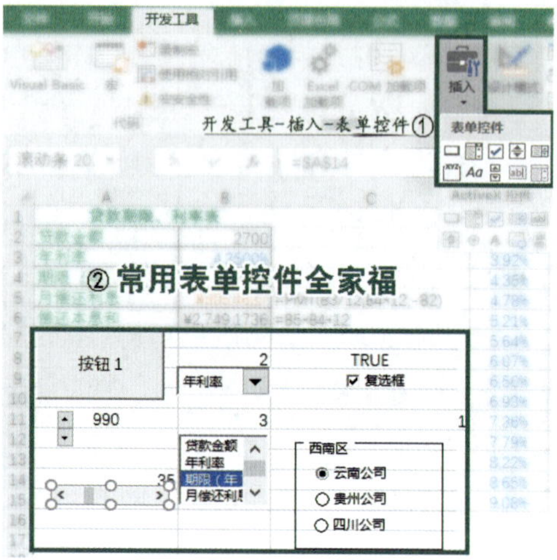

图 4-30　“开发工具”常用表单控件全家福

我们注意到在图 4-30 之①的表单控件中有一部分控件是不可用的，表明了它们不能够被添加到当前工作表（普通工作表“Sheet1”）中。事实上，Excel 的工作表有多种类型，比如：xlChart（图表）、xlDialogSheet（MS Excel 5.0 对话框）、xlExcel4IntlMacroSheet（国际通用宏表）、xlExcel4MacroSheet（MS Excel 4.0 宏表）、xlWorksheet（普通工作表），如图 4-31 所示。在工作表标签上右击，在随后出现的浮动菜单上单击“插入”，就可以弹出图 4-31 的对话框。如果我们选择“MS Excel 5.0 对话框”插入一个对话框类型的工作表后，“文本域”“组合列表编辑框”和“组合下拉编辑框”表单控件就可以使用了。这几种表单控件不作为常用控件加以介绍，如有兴趣，可以利用相关资料查得。

图 4-31　插入工作表的类型

4.3.3　让表单控件的小伙伴和单元格在贷款测算的舞台上一起“嗨”

如前所述，我们是要想知道贷款额度在一定幅度内（如 2000 万元～ 3500 万元）变化，利率在一定区间（如 3.92% ～ 9.08%）变动时的企业支付利息的实时情况。显然，这与刚刚学习的“滚动条”和“数值调节钮”的实时调整功能是吻合的。下面，我们就要有请这两位登场了。

- 插入滚动条并设置。单击“表单控件”上的“滚动条”，将鼠标移动到单元格 A2 处，光标变为实心十字形，按住鼠标左键拖拉画出一个宽形矩形区域（图 4-32）。右击此控件，在随后出现的浮动菜单中选择“设置控件格式”弹出“设置控件格式”对话框。控制选项卡上各项目设置如下：

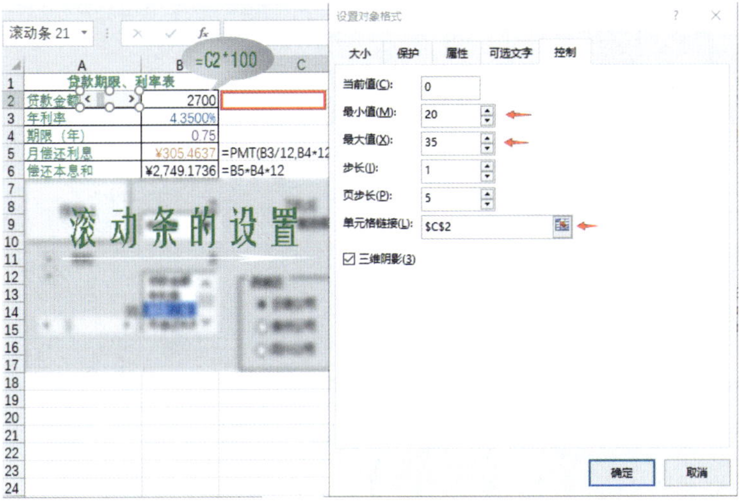

图 4-32　实时计算不同贷款额度和利率区间下的利息支付时滚动条的设置

- 当前值：0。如此处设置值小于以下设置的最小值，则该值会自动调整为以下设置的最小值。
- 最小值：20。由于贷款额度在 2000 万元至 3500 万元之间变化，则可以将最小值缩小 100 倍，设置为 20。
- 最大值：35。由于贷款额度在 2000 万元至 3500 万元之间变化，则可以将最大值缩小 100 倍，设置为 35。
- 步长：1。每次单击滚动条的三角形按钮，滚动条的值增减变动的幅度。
- 页步长：5。每次单击滚动条的三角形按钮之间的区域，滚动条的值增减变动的幅度。用于大幅调整滚动条的值增减变动幅度。酌情可设置为 5 或者 10。
- 单元格链接：$C$2。为便于观察，设置为位于“贷款金额”值的右边一格。

● 插入数值调节钮并设置。单击“表单控件”上的“数值调节钮”，将鼠标移动到单元格 A2 处，光标变为实心十字形，按住鼠标左键拖拉画出一个宽形矩形区域（图 4-33）。右击此控件，在随后出现的浮动菜单中选择“设置控件格式”弹出“设置控件格式”对话框。控制选项卡上各项目设置如下：

- 当前值：0。如此处设置值小于以下设置的最小值，则该值会自动调整为以下设置的最小值。
- 最小值：392。由于贷款额度在 3.92% 至 9.08% 之间变化，则可以将最小值放大 100 倍，设置为 392。
- 最大值：908。由于贷款额度在 3.92% 至 9.08% 之间变化，则可以将最大值放大 100 倍，设置为 908。
- 步长：1。每次单击滚动条的三角形按钮，滚动条的值增减变动的幅度。

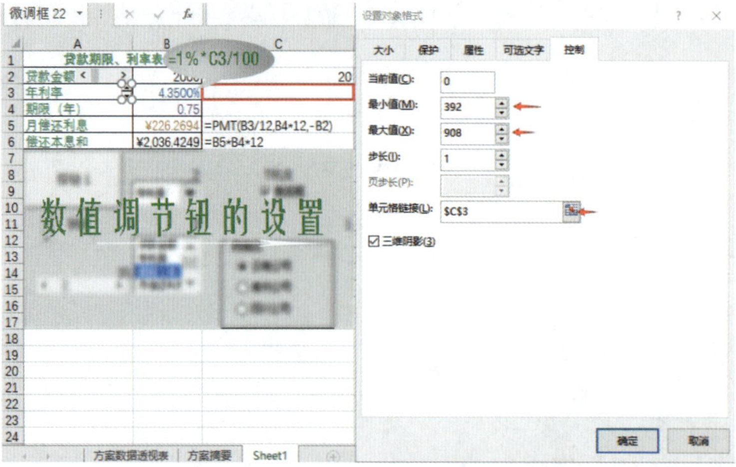

图 4-33　实时计算不同贷款额度和利率区间下的利息支付时数值调节钮的设置

➢ 单元格链接：$C$3。为便于观察，设置为位于“年利率”值的右边一格。

● 设置关联单元格公式。以上设置的表单控件“滚动条”和“数值调节钮”指定的单元格分别是 C2 和 C3，但要计算出“月偿还利息”和“偿还本息和”的值则必须通过单元格 B2 和 B3，因此必须在单元格 B2 与 C2、B3 与 C3 之间建立联系：

➢ 单元格 B2 公式“=C2*100”。将滚动条控制的值放大 100 倍，从而确保 B2 的值位于 2 000 至 3 500 之间。

➢ 单元格 B3 公式“=1%*C3/100”。将数值调节钮控制的值缩小 100 倍，并加上百分号（“%”），从而确保 B3 的值位于 3.92% 至 9.08% 之间。

● 数据的实时控制。单击设置好的表单控件“滚动条”和“数值调节钮”上的三角形按钮，可以观察到“月偿还利息”和“偿还本息和”的值实时的变化。同时，与之关联的表格“多期限、多利率下的月偿还利息二维模拟运算表”（图 4-15）中的上百个数字发生相应的变动，犹如可爱的小精灵在舞台上翩翩起舞。

此处视频讲解更精彩，扫描右侧的二维码，即可观看和下载

从人脑到手、到表单控件的单击、到指定的关联单元格、到公式链接的因变单元格，最后引发贷款计息公式的一系列联动。至此，已经实现了利用表单控件对不同贷款额度和不同利率区间下的利息支付的实时计算。

CFO 点拨

为何我们没有直接用表单控件驱动利息计算的引用单元格（如 B2 和 B3）呢？原因一是表单控件可以设置的值的范围是有限定的范围的，而计息公式引用的单元格的值往往会突破这样的限定。二是，“滚动条”和“数值调节钮”的“步长”值不可能是小数，这就不可能直接驱动诸如带小数点的利率这样的单元格。

● 隐藏指定的关联单元格。这里不是通过隐藏行或隐藏列的方式，也不是通过将单元格的字体颜色和填充颜色都设置为同一种颜色（如白色）来实现隐藏指定的关联单元格的。

选中单元格区域“C2:C3”，按 Ctrl_1 组合键，弹出“设置单元格格式”对话框，选中“数字”选项卡，单击“分类”下的“自定义”，将输入法切换到英文半角状态，在“类型”中输入“;;;”（图 4-34），单击“确定”按

钮关闭对话框。此时，单元格区域“C2:C3”内已是一片空白。但是，选中隐藏的单元格时，可以在公式编辑框内查看到单元格的值。类似地，可以在任意单元格内输入公式“=TEXT(C2,";;;")”，也可以实现在此单元格内隐藏显示 C2 的目的。请仔细体会这两种方式的不同和共性之处。

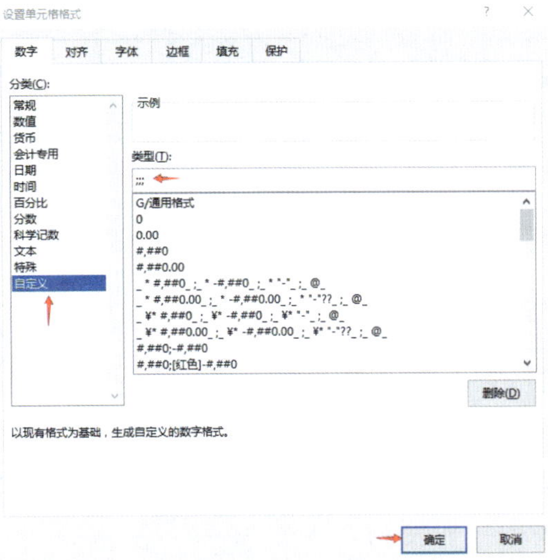

图 4-34　通过设置单元格的格式隐藏单元格

4.4　两个等额，哪个更划算

对于利息的偿还计算通常有两种还款方式，一种是等额本息，就是说每期本息之和为一个固定金额，如图 4-5 中的 305.46；第二种是等额本金，即每期偿还的本金相等，利息随着将要偿还的本金越来越少。如果与银行有足够的议价（讨价还价）能力，则可以对等额本息和等额本金，这两种计算方式下的贷款成本进行优选。

4.4.1　IPMT 函数与 PPMT 函数

在贷款利率和贷款期限已经确定的前提下，每个月固定的支付金额和总的本金与利息之和也就确定了。而月度固定支付下，为了获得这种固定负担中所包含的本金和利息的金额，我们先来学习两个函数，IPMT 函数和 PPMT 函数。

1. IPMT 函数。用于根据固定付款额和固定利率计算给定期数内对投资的利息偿还额。该函数是英文 Interest of Payment 的简写。

IPMT 函数包括六个参数，形式为“IPMT(rate, per, nper, pv, [fv], [type])”，第一至第四个参数是必需的，第五和第六参数是可选的。第一参数 rate 是贷款利率，第二参数 per 是用于计算利息数额的期数（第 per 期，必须介于 1 到 nper 之间），第三参数 nper 是该项贷款的付款总次数，第四参数 pv 是现值或一系列未来付款额现在所值的总额，也叫本金。第五参数 fv 是未来值，或在最后一次付款后希望得到的现金余额，如果省略此参数，则该值为 0（零），即贷款的未来值是 0。第六参数 type 是计算类型，参数为 0 或者省略时，表示期末付款，参数为 1 时，表示期初付款。

CFO 点拨

与 PMT 函数类似，IPMT 函数第一、二、三参数所采用的时间计量单位须统一；与 PMT 函数不同的是，IPMT 在利率 rate 与总期数 nper 之间插入一个参数 per。

2. PPMT 函数。用于计算根据定期固定付款和固定利率而定的投资在已知期间内的本金偿付额。该函数是英文 Principle of Payment 的简写。

> PPMT 函数包括六个参数，形式为“PPMT(rate, per, nper, pv, [fv], [type])”，各参数含义与 IPMT 函数的参数含义一致。

3. IPMT 函数与 PPMT 函数应用举例。以小吴的一笔 3 年期装修贷款为例，年利率为 4.75%，贷款额度为 15 万元，小吴想知道按年按月计算时各自承担的利息和本息之和是多少？

按照 PMT 函数、IPMT 函数与 PPMT 函数三个函数的参数要求，将贷款总额、利率和总期数代入，制作出“IPMT 函数与 PPMT 函数按年、按月本、息计算表”，见表 4-2。

表 4-2　IPMT 函数与 PPMT 函数按年、按月本、息计算表

按年计算			
本金 (PPMT)	首期利息 (IPMT)	本金 + 首期利息	本息和 (PMT)
¥47,698.45	¥7,125.00	¥54,823.45	¥54,823.45
=PPMT(r,1,y,-p)	=IPMT(r,1,y,-p)	=PPMT(r,1,y,-p)+ IPMT(r,1,y,-p)	=PMT(r,y,-p)
按月计算			
本金 (PPMT)	首期利息 (IPMT)	本金 + 首期利息	本息和 (PMT)
¥3,885.07	¥593.75	¥4,478.82	¥4,478.82
=PPMT(r/12,1,y*12,-p)	=IPMT(r/12,1,y*12,-p)	= PPMT(r/12,1,y*12,-p)+ IPMT(r/12,1,y*12,-p)	=PMT(r/12,y*12,-p)

注：r- 年利率 4.75%，y- 年份 3，p- 贷款总金额

从计算表中可以直观看出：

- 按年计算的本息和 54 823.45 元超过了按月计算的本息和 53 745.81 元（月付 4 478.82 元 *12 个月），计算周期的不同直接导致了贷款成本的不同。
- 无论是按年计算，还是按月计算，用 PMT 函数计算的本息和与用 IPMT 函数、PPMT 函数计算的结果之和完全相等，分别是 54 823.45 元和 4 478.82 元。用公式可表示为：

```
PMT(rate, nper, pv, [fv], [type])=IPMT(rate, per, nper, pv, [fv], [type])+PPMT(rate, per, nper, pv, [fv], [type])
```

4.4.2　等额本息与等额本金与 IPMT 函数与 PPMT 函数的结合运用

2017 年 4 月，苏问集团需要贷款 2 700 万元，易总和中国工商银行洽谈的初步意向是年利率 4.35%，期限 9 个月。易总准备在等额本息与等额本金这两种计息方式中选择一种与中国工商银行进一步商谈，要求财务出一份等额本息与等额本金贷款方案对比表。

在前面的讲述中，都是按照等额本息的思路来计算的，而相对陌生的是等额本金，但等额本金相对简单一些，它的利息计算数学公式是这样的：

> 各期偿还本金 = 贷款总额 / 总期数
>
> 当期偿还利息 = 上期未还本金余额 * 利率
>
> 当期本息合计 = 偿还本金 + 当期偿还利息

在计算等额本金时，各期偿还本金等同于本期偿还本金。每期未还本金余额是逐期递减的，第一期的上期余额等于初始贷款总额，第二期的上期余额等于初始贷款总额扣除第一期的当期偿还本金，第三期的上期余额等于第二期的上期余额扣除第二期的当期偿还本金，依此类推。

为测算两种计算方式的不同，我们预先准备一张空白表格“等额本息与等额本金贷款方案对比表”（图 4-35），将此表置于一张名为“计算方式选择”的工作表中。

	A	B	C	D	E	F	G	H
1	等额本息与等额本金贷款方案对比表							
2	贷款金额	2700.00		年利率：	4.3500%		期限（年）：	0.75
3	贷款期数	等额本息			等额本金			
4		利息	本金	各期支付	利息	本金	各期支付	尚欠本息
5	第6行公式	=IPMT($E$2/12,$A6,$H$2*12,-$B$2)	=PPMT($E$2/12,$A6,$H$2*12,-$B$2)	=SUM(B6:C6)	=($F6+$H6)*($E$2/12)	=$B$2/($H$2*12)	=SUM(E6:F6)	=$B$2-SUM($F$6:$F6)
6	1							
7	2							
8	3							
9	4							
10	5							
11	6							
12	7							
13	8							
14	9							
15	合计	0.0000	0.0000	0.0000	0.0000	0.0000	0.0000	-
16								
17	方案差值	¥0.0000	D17公式：=D15-G15		等额本息分期验证：	¥305.4637	F17公式：=PMT($E$2/12,$H$2*12,-$B$2)	

图 4-35　等额本息与等额本金贷款方案对比表（空表）

图 4-35 中的主要公式说明如下：

- 单元格 B6：“=IPMT($E$2/12,$A6,$H$2*12,-$B$2)”，等额本息下的第一期利息计算 IPMT 函数的运用。
- 单元格 C6：“=PPMT($E$2/12,$A6,$H$2*12,-$B$2)”，等额本息下的第一期本金计算 PPMT 函数的运用。
- 单元格 D6：“=SUM(B6:C6)”，等额本息下的第一期利息与第一期本金之和。
- 单元格 E6：“=($F6+$H6)*($E$2/12)”，等额本金下的第一期利息计算，等于上期未还本金余额 * 利率。
- 单元格 F6：“=$B$2/($H$2*12)”，等额本金下的第一期利息计算，此值各期相同。
- 单元格 G6：“=SUM(E6:F6)”，等额本金下的第一期利息与第一期本金之和。
- 单元格 H6：“=$B$2-SUM($F$6:$F6)”，等额本金下的当期未偿付本金余额。

> 仔细体会单元格 E6 和 H6 公式中的写法，想一想为什么这样表示。

- 第 15 行除单元格 H15 外，各单元格公式均为第 6 行至第 14 行的求和。
- 各公式中的“$E$2”、“$H$2”和“$B$2”分别指的是“年利率”、“期限（年）”和“贷款金额”。

将第 6 行公式复制入第 7 ～ 14 行，就完成了表格“等额本息与等额本金贷款方案对比表”的公式计算。

4.4.3 用数据条凸显对比各期贷款成本和差异分析

按住 Ctrl 键，用鼠标选中单元格区域“B6:B14”和“E6:E14”，单击 Excel“开始”选项卡“样式”选项组的“条件格式”，移动鼠标至随后出现的浮动菜单的“数据条”项目下“渐变填充”的“浅蓝色数据条”上单击，将这两个单元格区域填充浅蓝色渐变数据条。

按住 Ctrl 键，用鼠标选中单元格区域“C6:C14”和“F6:F14”，单击 Excel“开始”选项卡“样式”选项组的“条件格式”，移动鼠标至随后出现的浮动菜单的“数据条”项目下“渐变填充”的“绿色数据条”上单击，将这两个单元格区域填充绿色渐变数据条。

按住 Ctrl 键，用鼠标选中单元格区域“D6:D14”和“G6:G14”，单击 Excel“开始”选项卡“样式”选项组的“条件格式”，移动鼠标至随后出现的浮动菜单的“数据条”项目下“渐变填充”的“橙色数据条”上单击，将这两个单元格区域填充橙色渐变数据条。

填充完成后的效果如图 4-36 所示。

	A	B	C	D	E	F	G	H
1	等额本息与等额本金贷款方案对比表							
2	贷款金额:	2700.00		年利率：	4.3500%		期限（年）：	0.75
3	贷款期数	等额本息			等额本金			
4		利息	本金	各期支付	利息	本金	各期支付	尚欠本息
5	第6行公式	=IPMT($E$2/12,$A6,$H$2*12,-$B$2)	=PPMT($E$2/12,$A6,$H$2*12,-$B$2)	=SUM(B6:C6)	=($F6+$H6)*($E$2/12)	=$B$2/($H$2*12)	=SUM(E6:F6)	=$B$2-SUM($F$6:$F6)
6	1	¥9.7875	¥295.6762	¥305.4637	¥9.7875	¥300.0000	¥309.7875	¥2,400.0000
7	2	¥8.7157	¥296.7481	¥305.4637	¥8.7000	¥300.0000	¥308.7000	¥2,100.0000
8	3	¥7.6400	¥297.8238	¥305.4637	¥7.6125	¥300.0000	¥307.6125	¥1,800.0000
9	4	¥6.5604	¥298.9034	¥305.4637	¥6.5250	¥300.0000	¥306.5250	¥1,500.0000
10	5	¥5.4768	¥299.9869	¥305.4637	¥5.4375	¥300.0000	¥305.4375	¥1,200.0000
11	6	¥4.3894	¥301.0744	¥305.4637	¥4.3500	¥300.0000	¥304.3500	¥900.0000
12	7	¥3.2980	¥302.1658	¥305.4637	¥3.2625	¥300.0000	¥303.2625	¥600.0000
13	8	¥2.2026	¥303.2611	¥305.4637	¥2.1750	¥300.0000	¥302.1750	¥300.0000
14	9	¥1.1033	¥304.3604	¥305.4637	¥1.0875	¥300.0000	¥301.0875	¥0.0000
15	合计	49.1736	2700.0000	2749.1736	48.9375	2700.0000	2748.9375	-
16								
17	方案差值	¥0.2361	B17公式: =D15-G15		等额本息分期检验：	¥305.4637	F17公式：=PMT($E$2/12,$H$2*12,-$B$2)	

图 4-36　等额本息与等额本金贷款方案对比表与数据条凸显

分析图 4-36 可以看出：

- B 列和 E 列浅蓝色渐变数据条反映了各项利息的实际负担，随着时间的推移，等额本息与等额本金的各期支付均快速下降，说明了还款初期利息负担较重。但是相比而言，等额本金的递增幅度更大。
- C 列和 F 列绿色渐变数据条反映了各期偿还的本金，随着时间的推移，等额本息的各期本金支付均逐步递增，说明了还款后期才是归还本金的大头。等额本金的各期本金支付均相同。
- D 列和 G 列橙色渐变数据条反映了各项实际负担的贷款本息，等额本息各项无差别，其构成中的利息和本金结构比较隐蔽，表面上看各个时期支付的金额均相同。相比而言，等额本金各个时期支付的金额随着时间的推移逐期递减。
- 结合全部的 9 期（9 个月）来看，等额本息各期支付的累计数较等额本金各期支付的累计数超出 0.2361 万元。这样的差别，如果进一步加大贷款期，将表现出更大差异的贷款偿还压力。

4.4.4 贷款期间遇到利率调整的应对方法

以上的各种测算都是基于一个共同的前提，就是在全部的贷款期间，采用的利率是固定不变的。实际上，随着国家的金融政策的需要，贷款的利率是会适时调整的，而这往往会发生在某一项贷款的偿还期间。

如果贷款的利率调整之后，又该如何测算待偿付利率呢？

首先，要看企业与银行等金融机构之间的借款协议。如果约定贷款期间，始终维持采用的借款利率，则不需要做任何调整。如果约定贷款期间，借款利率根据中国人民银行规定的利率同期变化，则需要做任何调整。

从“4.4.3”的计算可以确定能够取得贷款各期已经偿还的本金和利息的，换句话，在任何一个时间点，企业尚欠银行的本金都是能够确定的。

我们把它当作一笔新的等额偿还按揭贷款来处理，贷款期间则是原有贷款期间扣除已偿还时间（月份或年份），而利率则是采用中国人民银行公布的新的同期利率。根据上述分析思路，可以编制一个新的还款表，结构可以与前面的各表完全一致。有了测算表，根据前面所学的方法让 Excel 重新计算就可以得到新的贷款总额、新的贷款期间、新的贷款利率下的每期待还款的本金、利息、当期尚未偿还的本金了。

4.4.5 等额本息与等额本金对比计算表的通用性扩展

我们在“4.4.3”的对各月贷款偿还负担的计算，采用的总期数仅有 9 个月（0.75 年）、利率 4.35%、贷款总额 2 700。实际上，我们可以将等额本息与等额本金贷款方案对比表可以扩展至任意情况（贷款金额、利率和期间）来使用，从而使这个测算表具有通用性。

扩展方法也很简单，如贷款金额、利率和期间分别为 5 000、4.75、30（月）的情况下，进行如下的操作：

此处视频讲解更精彩，扫描右侧的二维码，即可观看和下载

- 修正基础参数。在图 4-36 表的单元格 B2、E2、H2 依次输入“5000”、“4.75”、“−30/12”（转化为年）。
- 增加新行。连续增加多行，可以采用以下两种方法：

一是选中图 4-36 第 13 行，将鼠标移动到单元格与行标签的交界处，待光标变为黑心十字时（图 4-37），按住 Shift 键，光标变为上下分离（等于号加上下箭头）的符号。此时，按住鼠标左键向下拖拉，即可插入连续的多行。由于我们需要增加 A 列到 30 期（月），现在已有 9 期，还需要增加 21 行。第 9 期的行号是 14，故拖拉时注意观察行号变为 34（=14+21-1）时释放鼠标。

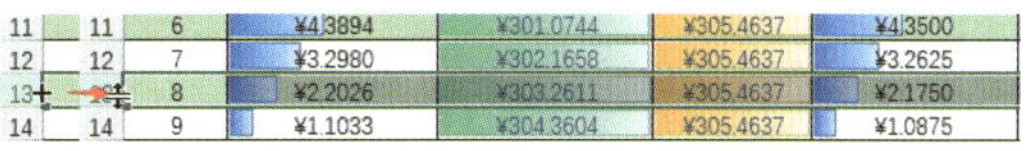

图 4-37 快速插入连续的多行

CFO 点拨
必须选中行 13，而不是 14，目的是为了让最一行“合计”的公式能够正确识别。否则，求和公式会遗漏最后一行。

1 2 3 4 5 6 7 8 9

二是选中行标签 14，按住鼠标左键向下拖拉到行 34，释放鼠标，在行标签上右击，在出现的浮动菜单上单击“插入”。

CFO 点拨

这里必须选中行 14，而不是 13。否则向下拖拉只能到行 33。

- 增充双色公式。选中图 4-36 单元格区域“A12:H13”（第 7 期和第 8 期），移动鼠标至该区域的右下角，待光标变为黑心十字时按住鼠标左键向下拖拉到行 35，释放鼠标。让 Excel 自动完成新增行的公式填充，覆盖原第 9 期，并完成单元格的条件格式的数据条绘入（图 4-38）。

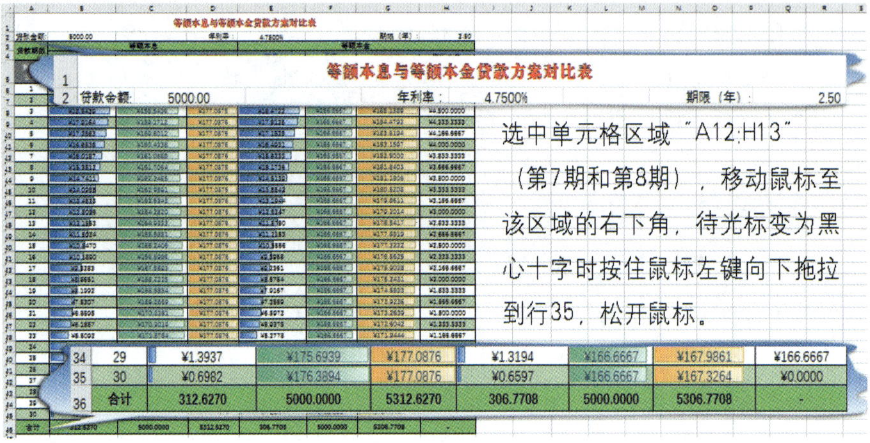

图 4-38 快速填充双色公式

CFO 点拨

之所以选中两行的区域（“A12:H13”），是因为表格中各行的背景色是一行白色、一行浅色间隔设置的，选中两行向下拖拉会使得新增的行以同样的背景色显示。

4.5 组合贷款在规划求解下的巧妙设计

对于一个企业来说，它的融资渠道往往不会局限于一种，也不会只局限于某一家金融机构，或者只是一种贷款产品。综合运用多种金融工具，与多家金融机构合作，购买不同的贷款产品组合是最常见的融资方式。在处理好与金融机构的长期、短期合作关系的同时，使得本企业的融资成本最低是财务人员融资决策的根本性指导原则。

4.5.1 资金的时间价值、贴现与 PV 函数

资金时间价值是指资金在生产和流通过程中随着时间推移而产生的增值。资金不会随着时间变化而自动增值，只有在投资过程中才会有收益。资金的时间价值是资金在周转使用中产生的，理性的个体不会将资金闲置不用，资金所有者让渡资金使用权而参与社会财富分配的创造和流转，进而凝聚了社会劳动。这是资金增值的来源。比如今天的 100 元，一年之后就成了 105 元，5 元是利息增值部分。之所以是 5 元而不是 8 元或者 3 元，这是社会的平均利率决定的。具体到实际生活中是由市场利率决定的，而市场利率是由中国人民银行公布的基准利率的基础上上下浮动决定的。

反过来讲，一年后的 105 元相当于今天的 100 元。那么，按照同样的折算

比率，二年后105元相当于今天的95.24元，三年后105元相当于今天的90.7元，等等。将未来的资金价值换算为现在的资金价值的过程，叫作折现（折算现值），如图4-39所示。所采用的折算比率叫作折现率。

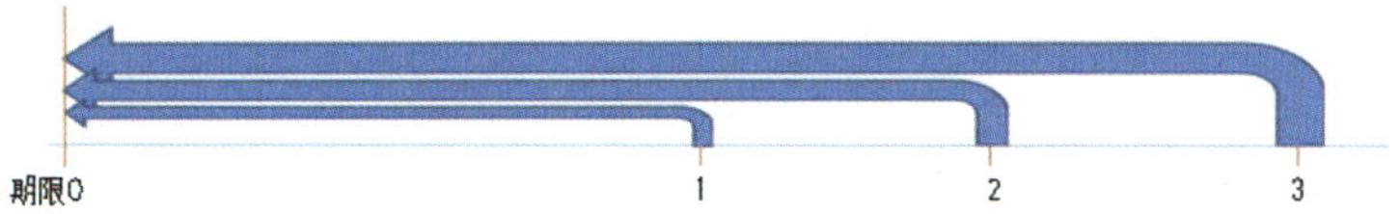

图4-39 未来资金折现示意图

将具有未来价值的资金（如具有期限的银行承兑汇票）通过折算，取得现今价值的资金的过程，我们称为贴现。企业将拥有未来权限的资金拿到银行等金融机构进行贴现，从而取得小于未来资金价值的现今资金。这相当于将远期（未来期间）的资金价值进行打折，折扣比率就是贴现（比）率。资金的远期价值称为名义价值（价值）或者票面价值（价值）。

而将几期具有相同名义价值的资金折算为现今资金价值，就需要用到一个财务函数——“PV函数”。

PV函数。用于根据固定利率计算贷款或投资的现值。可将该函数与定期付款、固定付款（如按揭等贷款）或投资目标的未来值结合使用。根据设定的月还款计算可承担的现值（贷款金额）。同时，也可以计算财务投资目标的现值。

CHU点拨

pmt和fv至少要指定一个，不得两个都空缺。

PV函数包括五个参数，形式为“IPMT(rate,nper, pmt, [fv], [type])”，前三个参数是必需的，第四和第五参数是可选的。第一参数rate是各期利率，如贷款利率、贴现利率等，第二参数nper是该项计算总次数，如年数或月数，第三参数pmt是每期的付款金额，在年金周期内不能更改，包括本金和利息，但不含其他费用或税金。第四参数fv是未来值，或在最后一次付款后希望得到的现金余额，如果省略此参数，则该值为0（零），即未来值是0。第五参数type是计算类型，参数为0或者省略时，表示期末付款，参数为1时，表示期初付款。

以下是fv指定和省略的两个例子。例如，对于金额为200 000元、利率为12%的三年期汽车消费贷款，每年付款为6 642.86元，公式为“=PV(12%,36,-6642.86)”。又如，如果你要为刚刚出生的宝宝准备未来的成长基金1 000 000元，年利率是2.25%，为期18年，1 000 000就是未来值。公式为“=PV(2.25%/12,18*12,,1000000)”，可得到18年按月储蓄的资金折算后相当于现今的667 229.79元。

4.5.2 运用规划求解工具搞定组合贷款的期限设计

苏问集团准备利用公司产品与某建设集团合作上一新项目，项目建设周期5年，集团初步规划拟投入该项目资金2.5亿元。目前集团与几家金融机构初洽的情况见表4-3。

表 4-3 多金融机构贷款组合条件表一

项目	中国工商银行	农村商业银行	中国银行
贷款额（万元）	9 000.00	10 000.00	6 000.00
年利率	4.3500%	4.7850%	3.9150%
贷款期间	1 ～ 5 年	1 ～ 5 年	1 ～ 5 年

集团要求每月最高还款额不得超过 500 万元。在贴现率为 2.75% 的情况下，各家银行的贷款的年限分别为多少，才能使得贷款综合成本最低，使还款计划最优。

“蔡姐，这个问题变动因素太多了：贷款额度不同，利率不同，贷款期间还是个含糊的‘1 ～ 5 年’；限制条件又多：月偿还限制，贴现比率限制；领导的要求又含糊不清：什么综合成本最低、还款计划最优……哎呀呀，狗咬刺猬，无从下口啊。”小吴发出一连串的感慨。

“别瞎说，别担心，易总交代过思路了，我们来分析一下。”

贷款期间无论是 1 年还是 2、3、4、5 年，有了贷款额和年利率，每个月的付款金额都可利用 PMT 函数来计算，实际上对于每一家银行，只有一个“贷款期间”变量。

由于年份不同，贷款结束期（终点）也就不同，但贷款开始的时间起点都是现在。要把几家金融机构的跨年贷款放在一起比较，无疑是要统一折现到现在，这就得要借助 PV 函数。

每家贷款的贷款期间有 1 ～ 5 年 5 种可能，3 家银行 125（5^3）种可能，将每种情况下的三家 PV 值相加，找出最小值，同时要满足每月最大还款小于等于 300 万元。如果是手工计算显然是非常复杂，也容易出错。

利用 Excel 的规划求解工具可以轻松解决这个问题。

- 设计空白表格。首先在 Excel 界面中按 Ctrl_N 键，将工作表“Sheet1”修改为“组合贷款设计 _ 期限”，并在其中添加一个空白表格“组合贷款设计（年份可变）”，如图 4-40 所示。保存此工作簿，命名为“D:\files\Chap4\ 规划求解在组合贷款中的设计 .xlsx”。
- 公式说明。在表格“组合贷款设计期限表”中的白色背景部分是直接手工填写的。此外：
  - 第 10 行利用 PMT 函数计算三家银行的贷款月度偿还计划数。三者之和公式位于单元格 F15。单元格 D10 的公式为“=PMT(D$8/12,D$9*12,-D$7)”，将其单元格公式向右拖拉完成对单元格 E10、F10 的公式填充。

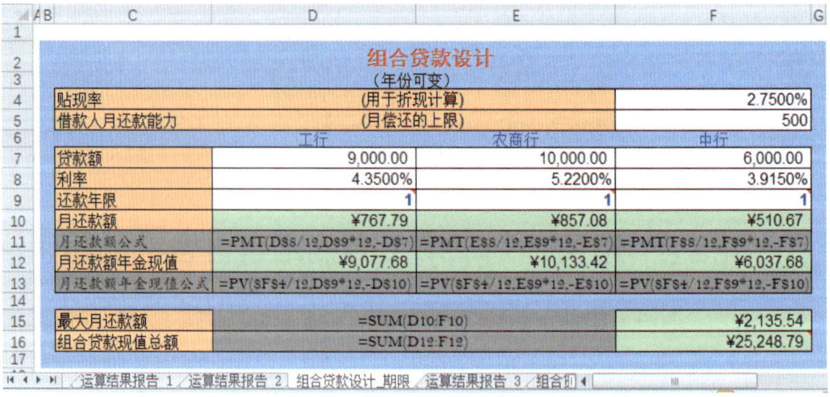

组合贷款设计

（年份可变）

	C	D	E	F
4	贴现率	(用于折现计算)		2.7500%
5	借款人月还款能力	(月偿还的上限)		500
6		工行	农商行	中行
7	贷款额	9,000.00	10,000.00	6,000.00
8	利率	4.3500%	5.2200%	3.9150%
9	还款年限	1	1	1
10	月还款额	¥767.79	¥857.08	¥510.67
11	月还款额公式	=PMT(D$8/12,D$9*12,-D$7)	=PMT(E$8/12,E$9*12,-E$7)	=PMT(F$8/12,F$9*12,-F$7)
12	月还款额年金现值	¥9,077.68	¥10,133.42	¥6,037.68
13	月还款额年金现值公式	=PV($F$4/12,D$9*12,-D$10)	=PV($F$4/12,E$9*12,-E$10)	=PV($F$4/12,F$9*12,-F$10)
15	最大月还款额	=SUM(D10:F10)		¥2,135.54
16	组合贷款现值总额	=SUM(D12:F12)		¥25,248.79

图 4-40 组合贷款设计期限表

- 第 12 行利用 PV 函数计算三家银行的贷款月度偿还计划数的折现值。三者之和公式位于单元格 F16。单元格 D12 的公式为“=PV($F$4/12,D$9*12,-D$10)”，将其单元格公式向右拖拉完成对单元格 E12、F12 的公式填充。
- 第 9 行暂时填入数字 1，如果留空，将会导致第 10 行、第 12 行报错。

● 准备“规划求解”工具。单击 Excel“文件”选项卡上的“选项”，弹出“Excel 选项”对话框，单击对话框左侧的“加载项”，在对话框下部的“管理”选择“Excel 加载项”，单击其右侧的“转到”按钮，弹出“加载宏”对话框，勾选其中的“规划求解加载项”后，单击“确定”按钮关闭“加载宏”对话框。这一步的操作仅需要进行一次。

● 调用“规划求解”工具。选中单元格 F16，单击 Excel“数据”选项卡上的“分析”组的“规划求解”，弹出“规划求解参数”对话框（图 4-41），其中的各参数填制方法如下：

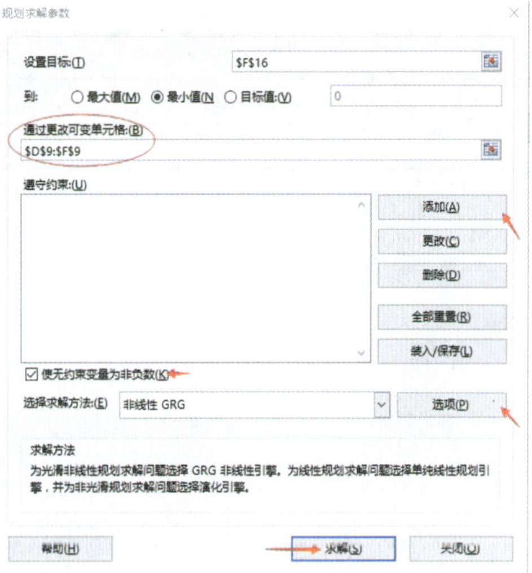

图 4-41 “规划求解参数”对话框

- “设置目标”：由于我们要求得三家银行贷款 PV 值之和，即组合贷款现值总额最小，因此此处输入“$F$16”，“到”之后选择“最小值”。如果要将此值尝试为一个指定的数值，应选择“目标值”，并在其后的方框内输入指定值。
- “通过更改可变单元格”：由于我们要求的是贷款期限（年份）的变动引发的结果，故而这里填入三家银行的还款年限所在的单元格“$D$9:$F$9”。
- “遵守约束”：因为尚未添加任何限制条件，所以此处为空白。单击右侧的“添加”按钮，弹出“添加约束”对话框（图 4-42）。对话框分为三个设置部分：A 部分是“单元格引用”，指的是对哪些单元格做出限制条件，这里要限定三家银行的还款年限所在的单元格“$D$9:$F$9”；B 部分比较和运算符号，单击该部分右边的下拉三角按钮，要限制贷款期限为整数，因此这里选取“INT”；C 部分是要添加的限制条件（约束），这里的“整数”两个字是自动添加上去的，不需要修改。

CFO 点拨
可以设置限制条件为整数的单元格（区域）必须是包含于在“通过更改可变单元格”处指定的单元格（区域）。

如果仅有这一个条件，单击图 4-42 下部的“确定”按钮。如果不想添加此条件，单击图 4-42 下部的“取消”按钮。如果要继续添加其他限制条件，单击图 4-42 下部的“添加”按钮。

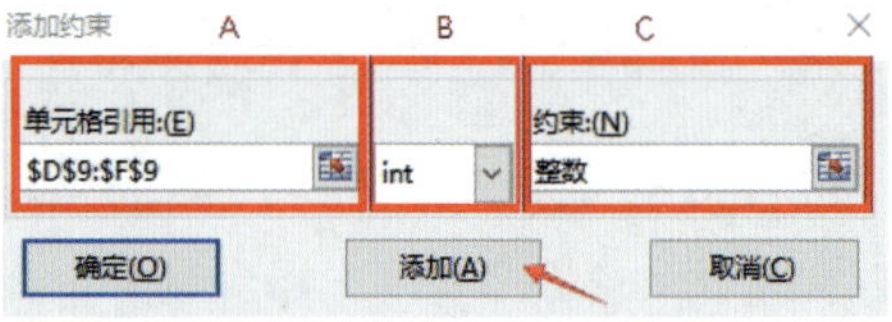

图 4-42　“添加约束”对话框

继续添加其他约束条件，这些约束条件及其说明见表 4-4。全部约束添加完成后，“遵守约束”内将显示全部限制条件，如图 4-43 所示。

表 4-4　约束条件表（期限）

序号	约束条件	含义
1	\$D\$9:\$F\$9 = 整数	贷款期限（年数）必须是整数
2	\$D\$9:\$F\$9 <= 5	贷款期限（年数）小于等于 5 年
3	\$D\$9:\$F\$9 >= 1	贷款期限（年数）大于等于 1 年
4	\$F\$15 <= \$F\$5	月还款金额之和不能超过借款人月还款能力

对图 4-43 右部的各按钮分别说明如下：

图 4-43　“规划求解参数”之“遵守约束”参数（年份可变）

- “添加”按钮：单击后，继续增加限制条件。
- “更改”按钮：先选中“遵守约束”下的某一个限制条件后，单击此按钮进行编辑、修改。
- “删除”按钮：先选中“遵守约束”下的某一个限制条件后，单击此按钮将其删除。
- “全部重置”按钮：将“规划求解参数”对话框中所有已经设置的限制条件全部清空。
- “装入 / 保存”按钮：首先需要“保存”，才谈得上以后的“装入”。

“保存”是指“遵守约束”下的限制条件保存在某个工作表的某些连续的单元格区域内，Excel 会自动告知用户需要的单元格个数。单击“装入 / 保存”按钮，弹出“装入 / 保存模型”对话框（图 4-44 之①），提示要求我们准备 8 个纵向连续的空白单元格用以存放约束条件，这里的数字“8”是随着设置的约束条件的不同而不同的，不是所有的情况下都是“8”。我们将存放区域的第一个单元格设置为“\$I\$4”，单击“保存”按钮，Excel 自动在单元格区域“I4:I11”存放约束条件，具体内容表示于单元格区域“J4:J11”，如图 4-44 之②所示。从单元格区域“I4:I11”可以一目了然地看出表格“组合贷款设计（年份可变）”中数据对已设置的约束条件的遵守情况，已经满足的条件，用“TRUE”表示，不满足的条件，用“FALSE”表示。

对于已经保存的区域，切勿去修改它们。当我们以后需要的时候（比如在“规划求解参数”中全部重置了，或误删除了），可以单击“装入 / 保存”按钮，弹出“装入 / 保存模型”对话框，在其中的方框内输入约束条件在工作表中的存放位置（如单元格区域“I4:I9”），单击图 4-44 之①“装入”按钮，将已经保存的约束条件添加进图 4-43“遵守约束”的方框内。如果“遵守约束”的方框内原先已有约束条件，将会出现图 4-44 之③“装入模型”对话框，如果想要取代原有条件，单击“替换”按钮，如果要追加在原有条件之后，单击“合并”按钮，如果不想装入，单击“取消”按钮。

●“使无约束变量为非负数”：让所有的限制条件中未涉及的变量（变动因素）大于等于0，这里勾选了此项。

●“选择求解方法”：单击右侧的下拉三角按钮，有三个选项“非线性 GRG”、“单纯线性规划”和“演化”，在图4-41“求解方法”处对此进行了说明，选择的是“非线性 GRG”（英文 Generalized Reduced Gradient 首字母，称为广义简约梯度法或通用简化梯度法）。

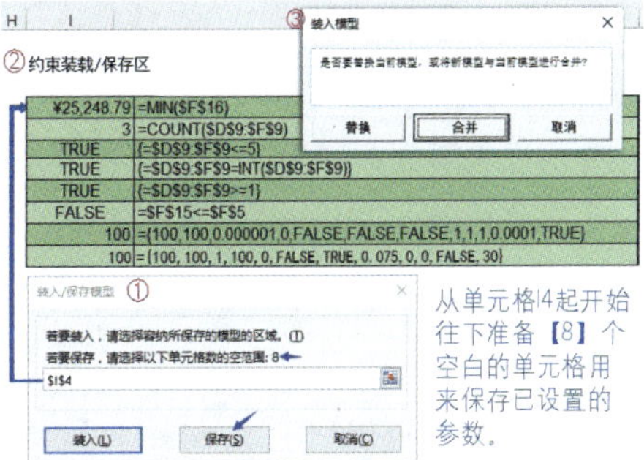

图4-44 对“规划求解参数”的“装入和保存模型”设置

CFO点拨

规划求解参数对话框中已经设置好的约束条件等参数是与当初设置时的工作表（如此处指的是工作表“组合贷款设计_期限”）绑定的，如果选中（激活）其他工作表，弹出“规划求解参数”对话框，是不会自动装入已经设置好的各种参数的。与此不同的是，使用“装入和保存”按钮是可以将已经设置好的约束条件手动保存于其他工作表的单元格中的。

●“选项”：Excel 对计算时采取的精度等进行了进一步的可选择性设置，单击“选项”按钮，弹出“选项”对话框（图4-45）。一般不需要对选项进行特殊的修改，保持默认即可。我们这里仅对与整数有关的选项进行修改：将“忽略整数约束”前的勾选清除，意为保持整数限制条件；“整数最优性（%）”方框内填写“0”。单击“确定”按钮关闭“选项”对话框，返回“规划求解参数”对话框（图4-41）。

图4-45“规划求解参数”之“选项”对话框

●运行“规划求解”工具。检查“规划求解参数”（图4-41）中已经设置的各参数，确保无误后，单击对话框底部的“求解”按钮，弹出“规划求解结果”对话框（图4-46），告知我们已经找到了一个满足所有限制条件的结果，并要求我们对此结果的呈现方式进行设置。规划求解工具不是在所有情况下都能找到满足条件的结果，比如当条件过于苛刻，“规划求解参数”之“选项”对话框中的设置不合理等情况下，规划求解工具就有可能找不到满足条件的结果并给出警告。

对“规划求解结果”对话框中的各项说明如下：

①“保留规划求解的解”：将规划求解工具找到的结果自动填入表格“组合贷款设计（年份可变）”中。我们选择此项。

②“还原初值”：表格“组合贷款设计（年份可变）”中的数据保留为规划

求解之前的数值。

③“运算结果报告”：插入一个新的工作表，在其中列出规划求解的各种要素和结果。如“目标单元格”、“可变单元格”和“约束”等。此项单击一次为选中，再单击一次为不选中。我们选中此项。

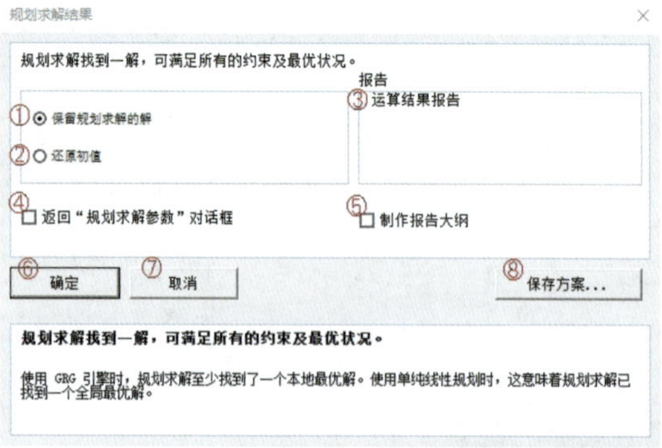

图 4-46“规划求解结果”对话框

④“返回‘规划求解参数’对话框”：关闭“规划求解结果”对话框后返回“规划求解参数”对话框，而不返回工作表。我们不勾选此项。

⑤“制作报告大纲”：以大纲形式简明扼要地报告规划求解结果，并可以扩展显示。如图 4-47 所示，列明了勾选和不勾选本项目的对比情况。我们不勾选此项。

⑥“确定”按钮：单击此按钮关闭“规划求解结果”对话框，并生成规划求解结果。

⑦“取消”按钮：单击此按钮仅关闭“规划求解结果”对话框。

⑧“保存方案”按钮：将规划求解的结果保存为一个新的方案。

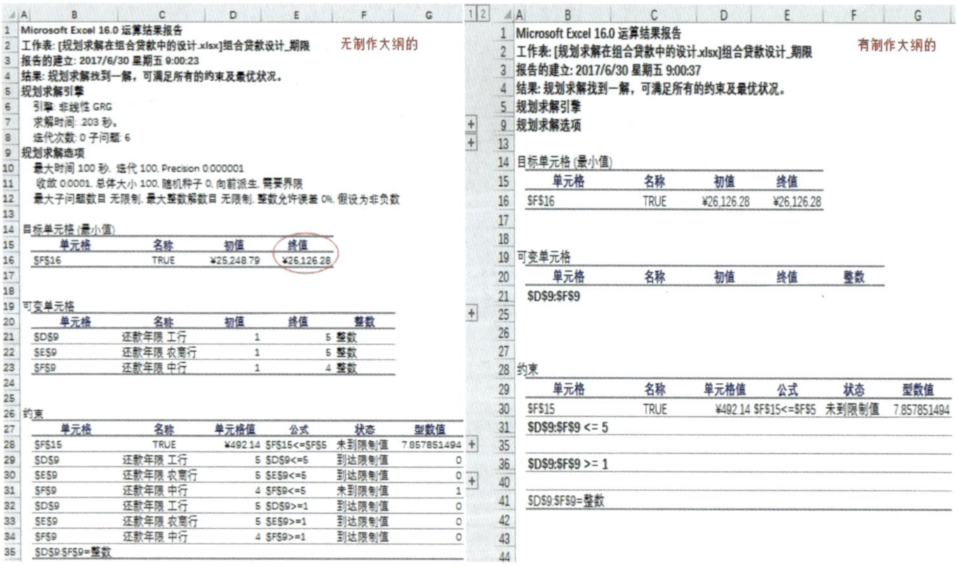

图 4-47　勾选和不勾选“制作报告大纲”的年份可变时的规划求解对比报告

- “规划求解”结果的分析解读。单击图 4-46“确定”按钮，返回工作表“组合贷款设计 _ 期限”。此时，规划求解工具已经将计算结果填入表格“组合贷款设计（年份可变）”之中，如图 4-48 所示。单元格 D9、E9 和 F9 分别为 5、5 和 4，单元格 F15 为 492.15，单元格 F16 为 26 126.28。

这表明：在贷款金额和贷款利率已经确定的前提下，按照集团要求的每月最高还款额不得超过 500 万元，贴现率为 2.75% 的情况下，在三家银行的贷款的年限分别 5 年、5 年和 4 年，每月最高偿还金额 492.14 万元。不同期限的组合贷款折现汇总金额为 26 126.28 万元，此时贷款综合成本最低，还款计划最优。

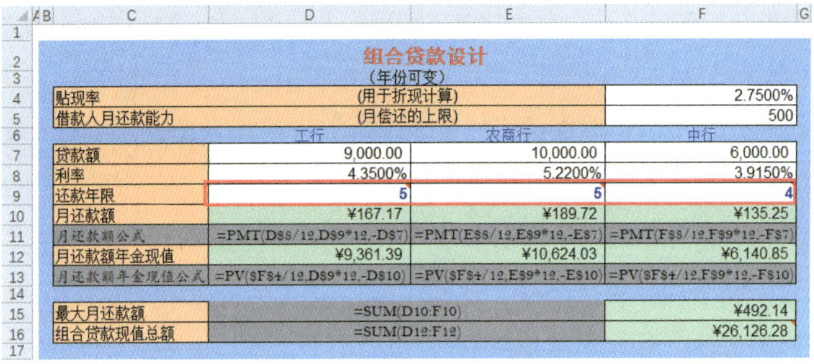

组合贷款设计（年份可变）			
贴现率	(用于折现计算)		2.7500%
借款人月还款能力	(月偿还的上限)		500
	工行	农商行	中行
贷款额	9,000.00	10,000.00	6,000.00
利率	4.3500%	5.2200%	3.9150%
还款年限	5	5	4
月还款额	¥167.17	¥189.72	¥135.25
月还款额公式	=PMT(D$8/12,D$9*12,-D$7)	=PMT(E$8/12,E$9*12,-E$7)	=PMT(F$8/12,F$9*12,-F$7)
月还款额年金现值	¥9,361.39	¥10,624.03	¥6,140.85
月还款额年金现值公式	=PV($F$4/12,D$9*12,-D$10)	=PV($F$4/12,E$9*12,-E$10)	=PV($F$4/12,F$9*12,-F$10)
最大月还款额	=SUM(D10:F10)		¥492.14
组合贷款现值总额	=SUM(D12:F12)		¥26,126.28

图 4-48　组合贷款年份设计结果表

4.5.3　运用规划求解工具测算组合贷款的贷款利率设计

“蔡姐，前面我们都是假定的固定贷款金额和利率是不变的，实际上，很多项目的建设周期是确定的，银行如果都按照项目周期来放款，我们怎么测算综合成本最低，还款计划最优呢？”

“你说对了，这也是易总和银行在商量的第二种组合贷款，期限统一为 5 年，工商银行可以在现有利率的基础上再下浮 5 个百分点，农村商业银行可以在现有利率的基础上再下浮 15 个百分点，中国银行可以在现有利率的基础上再下浮 10 个百分点。换句话，它们的利率最低可以达到 4.1325%、4.437% 和 3.5235%。”

目前集团与几家金融机构初洽的第二种组合贷款情况见表 4-5：

表 4-5　多金融机构贷款组合条件表二

项目	工商银行	农村商业银行	中国银行
贷款额（万元）	9 000.00	10 000.00	6 000.00
年利率浮动范围	4.1325% ～ 4.3500%	4.437% ～ 5.22%	3.5235% ～ 3.9150%
贷款期间	5 年	5 年	5 年

这个问题可以和“4.5.2”一样利用 Excel 的规划求解工具来解决：

- 设计空白表格。首先将“组合贷款设计 _ 期限”复制一个副本并改名为“组合贷款设计 _ 利率”，并将其中的表格“组合贷款设计（年份可变）”改名为“组合贷款设计（利率可变）”，将第 9 行的三个单元格全部修改为 5，如图 4-49 所示。

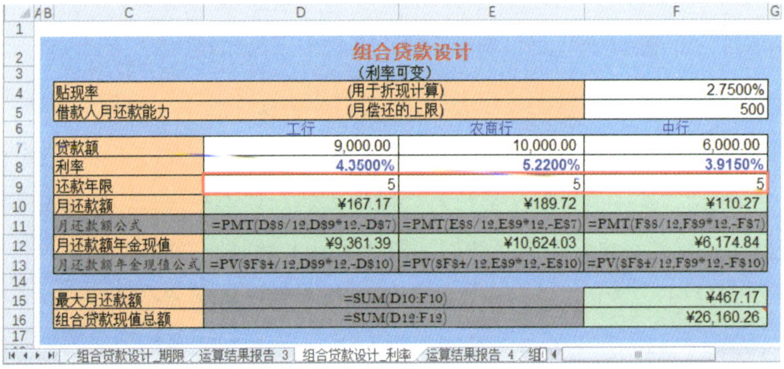

组合贷款设计（利率可变）			
贴现率	(用于折现计算)		2.7500%
借款人月还款能力	(月偿还的上限)		500
	工行	农商行	中行
贷款额	9,000.00	10,000.00	6,000.00
利率	4.3500%	5.2200%	3.9150%
还款年限	5	5	5
月还款额	¥167.17	¥189.72	¥110.27
月还款额公式	=PMT(D$8/12,D$9*12,-D$7)	=PMT(E$8/12,E$9*12,-E$7)	=PMT(F$8/12,F$9*12,-F$7)
月还款额年金现值	¥9,361.39	¥10,624.03	¥6,174.84
月还款额年金现值公式	=PV($F$4/12,D$9*12,-D$10)	=PV($F$4/12,E$9*12,-E$10)	=PV($F$4/12,F$9*12,-F$10)
最大月还款额	=SUM(D10:F10)		¥467.17
组合贷款现值总额	=SUM(D12:F12)		¥26,160.26

图 4-49　组合贷款设计利率表

- 调用“规划求解”工具。选中单元格 F16，单击 Excel“数据”选项卡上的“分析”组的“规划求解”，弹出“规划求解参数”对话框（图 4-41）。
  - “通过更改可变单元格”：由于我们要求的是贷款利率的变动引发的结果，故而这里填入三家银行的贷款利率所在的单元格“$D$8:$F$8”。
  - 单击“全部重置”按钮，将原先设置的限制条件全部清除，单击“添加按钮”增加新的限制条件，这些约束条件及其说明见表 4-6。全部约束添加完成后，“遵守约束”内将显示全部限制条件，如图 4-50 所示。

表 4-6　约束条件表（利率）

序号	约束条件	含义
1	$D$8 <= .0435	中国工商银行贷款利率上限 4.35%
2	$D$8 >= .041325	中国工商银行贷款利率下限 4.1325%
3	$E$8 <= .0522	农村商业银行贷款利率上限 5.22%
4	$E$8 >= .04437	农村商业银行贷款利率下限 4.437%
5	$F$8 <= .03915	中国银行贷款利率上限 3.9150%
6	$F$8 >= .035235	中国银行贷款利率下限 3.5235%
7	$F$15 <= $F$5	月还款金额之和不能超过借款人的月还款能力

单击“装入 / 保存”按钮，弹出“装入 / 保存模型”对话框（图 4-44 之①），提示要求我们准备 11 个纵向连续的空白单元格用以存放约束条件，将存放区域的第一个单元格设置为“$I$4”，单击“保存”按钮，Excel 自动在单元格区域“I4:I14”存放约束条件，具体内容表示于单元格区域“J4:J14”，如图 4-51 所示。从单元格区域“I4:I14”可以一目了然地看出表格“组合贷款设计（利率可变）”中数据对已设置的约束条件的遵守情况，已经满足的条件，用“TRUE”表示，不满足的条件，用“FALSE”表示。

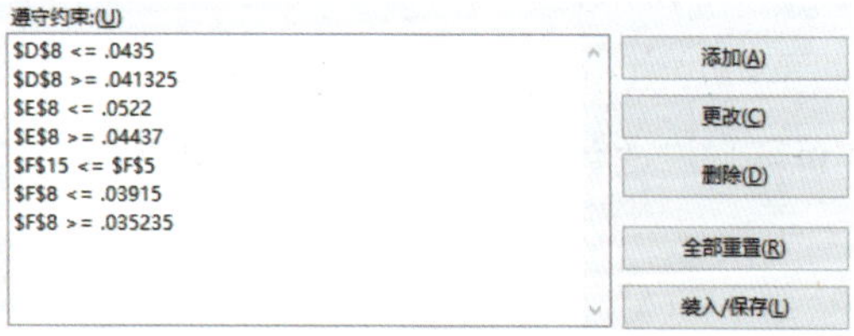

图 4-50　“规划求解参数”之“遵守约束”参数（利率可变）

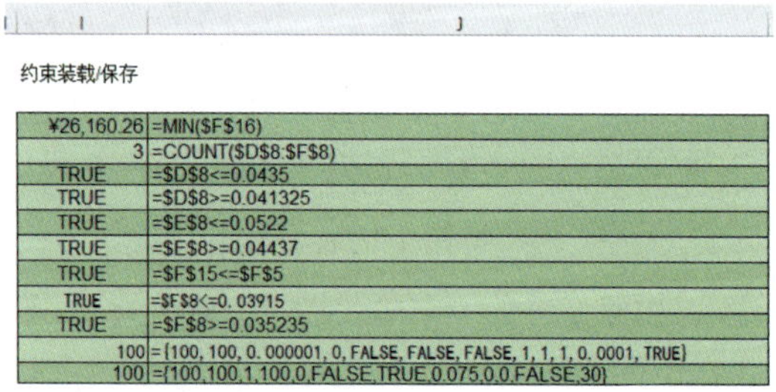

图 4-51　“规划求解参数”之“约束”保存值（利率可变）

- 运行“规划求解”工具。检查以上设置的规划求解参数，确保无误后，单击“规划求解参数”对话框底部的“求解”按钮，弹出“规划求解结果”对话框（图 4-46），该对话框中的设置与“4.5.2”相同。选中“运算结果报告”后生成的规划求解报告如图 4-52 所示。
- “规划求解”结果的分析解读。单击图 4-46“确定”按钮，返回工作表“组合贷款设计 _ 利率”。此时，规划求解工具已经将计算结果填入表格“组合贷款设计（利率可变）”之中，如图 4-53 所示。单元格 D8、E8 和 F8 分别为 4.1325%、4.4370% 和 3.5235%，单元格 F15 为 461.64，单元格 F16 为 25 851.15。

Microsoft Excel 16.0 运算结果报告

工作表: [规划求解在组合贷款中的设计.xlsx]组合贷款设计_利率

报告的建立: 2017/6/30 星期五 12:54:58

结果: 规划求解找到一解，可满足所有的约束及最优状况。

规划求解引擎

引擎: 非线性 GRG

求解时间: .062 秒。

迭代次数: 4 子问题: 0

规划求解选项

最大时间 100 秒, 迭代 100, Precision 0.000001

收敛 0.0001, 总体大小 100, 随机种子 0, 向前派生, 需要界限

最大子问题数目 无限制, 最大整数解数目 无限制, 整数允许误差 0%, 假设为非负数

目标单元格 (最小值)

单元格	名称	初值	终值
$F$16	TRUE	¥26,160.27	¥25,851.15

可变单元格

单元格	名称	初值	终值	整数
$D$8	利率 工行	4.3500%	4.1325%	约束
$E$8	利率 农商行	5.2200%	4.4370%	约束
$F$8	利率 中行	3.9150%	3.5235%	约束

约束

单元格	名称	单元格值	公式	状态	型数值
$F$15	TRUE	¥461.64	$F$15<=$F$5	未到限制值	38.35512693
$D$8	利率 工行	4.1325%	$D$8<=0.0435	未到限制值	0.002175
$D$8	利率 工行	4.1325%	$D$8>=0.041325	到达限制值	0.0000%
$E$8	利率 农商行	4.4370%	$E$8<=0.0522	未到限制值	0.00783
$E$8	利率 农商行	4.4370%	$E$8>=0.04437	到达限制值	0.0000%
$F$8	利率 中行	3.5235%	$F$8<=0.03915	未到限制值	0.003915
$F$8	利率 中行	3.5235%	$F$8>=0.035235	到达限制值	0.0000%

图 4-52 不勾选“制作报告大纲”的利率可变时的规划求解报告

这表明：在贷款金额和贷款期限已经确定的前提下，按照集团要求的每月最高还款额不得超过 500 万元，贴现率为 2.75% 的情况下，在三家银行利率的年限分别为 4.1325%、4.4370% 和 3.5235%，每月最大偿还金额 461.64 万元。不同期限的组合贷款折现汇总金额为 25 851.15 万元，此时贷款综合成本最低，还款计划最优。

组合贷款设计

(利率可变)

贴现率	(用于折现计算)		2.7500%
借款人月还款能力	(月偿还的上限)		500
	工行	农商行	中行
贷款额	9,000.00	10,000.00	6,000.00
利率	4.1325%	4.4370%	3.5235%
还款年限	5	5	5
月还款额	¥166.29	¥186.14	¥109.21
月还款额公式	=PMT(D$8/12,D$9*12,-D$7)	=PMT(E$8/12,E$9*12,-E$7)	=PMT(F$8/12,F$9*12,-F$7)
月还款额年金现值	¥9,311.75	¥10,423.67	¥6,115.73
月还款额年金现值公式	=PV($F$4/12,D$9*12,-D$10)	=PV($F$4/12,E$9*12,-E$10)	=PV($F$4/12,F$9*12,-F$10)
最大月还款额	=SUM(D10:F10)		¥461.64
组合贷款现值总额	=SUM(D12:F12)		¥25,851.15

图 4-53 组合贷款利率设计结果表

4.5.4 运用规划求解工具搞定组合贷款的贷款额度分配

“蔡姐，有了第二种组合贷款，是不是应该有第三种组合呢？前面期限和利率都是可变的，那么贷款的总额是不是可以变化呢？”

“你又说对了，这说的就是易总和银行在商量的第三种组合贷款，期限统一为 5 年，利率维持不变，贷款额度可以在现有额度的基础上上升到 1.1 亿元。但是贷款总额较大，会导致月偿还数的

增大，而集团在此项目上的每月还贷金额预算值极限是500万元，在这样的条件下，易总要求我们测算在三家银行每家最多贷款多少万元，才使得每月还贷金额不超过月偿还数的预算？”

目前集团与几家金融机构初洽的第三种组合贷款情况见表4-7：

表4-7　多金融机构贷款组合条件表三

项目	工商银行	农村商业银行	中国银行
贷款额浮动范围（万元）	9 000.00 ～ 11 000.00	10 000.00 ～ 11 000.00	6 000.00 ～ 11 000.00
年利率	4.3500%	5.22%	3.9150%
贷款期间	5年	5年	5年

注：贷款额度必须是百万元的整数倍。

CFO点拨

与前面贷款期限、贷款利率变动、希望月度偿还金额最低不同的是，贷款额度的变动，会导致月度偿还金额的急剧变化。在不超过月度还贷预算或者说无限接近月度还贷预算的前提下，要求出最大可贷额度的贷款组合。这是要求计算出PV（“组合贷款现值总额”）的最大值，而不是最小值。

这个问题可以和“4.5.2”一样利用Excel的规划求解工具来解决：

- 设计空白表格。首先将“组合贷款设计_期限”复制一个副本并改名为“组合贷款设计_额度”，并将其中的表格“组合贷款设计（年份可变）”改名为“组合贷款设计（额度可变）”，将第9行的三个单元格全部修改为5，如图4-54所示。

因为贷款额度必须是百万元的整数倍，所以要将第10行的公式进行修正，单元格D10的公式为“=PMT(D$8/12,D$9*12,-D$7*100)”，将其单元格公式向右拖拉完成对单元格E10、F10的填充。

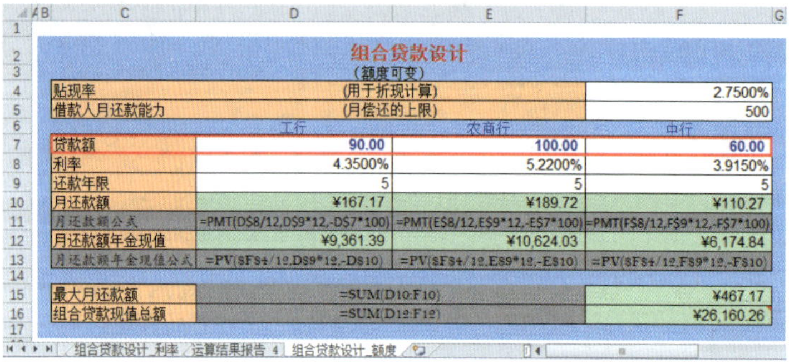

图4-54　组合贷款设计利率表

- 调用“规划求解”工具。选中单元格F16，单击Excel“数据”选项卡上的“分析”组的“规划求解”，弹出“规划求解参数”对话框（图4-41）。
  - “设置目标”：由于我们要求得三家银行贷款PV值之和，即组合贷款现值总额最大，因此此处输入“$F$16”，“到”之后选中“最大值”。
  - “通过更改可变单元格”：由于我们要求的是贷款额度的变动引发的结果，故而这里填入三家银行的贷款额度所在的单元格“$D$7:$F$7”。
  - 单击“全部重置”按钮，将原先设置的限制条件全部清除，单击“添加按钮”增加新的限制条件，这些约束条件及其说明见表4-8。全部约束添加完成后，“遵守约束”内将显示全部限制条件，如图4-55所示。

表 4-8　约束条件表（额度）

序号	约束条件	含义
1	$D$7 >= 90	中国工商银行贷款额度下限 90 百万元
2	$D$7:$F$7 <= 110	三家银行贷款额度上限均为 110 百万元
3	$D$7:$F$7 = 整数	三家银行贷款额度必须是百万的整数倍
4	$E$7 >= 100	农村商业银行贷款额度下限 100 百万元
5	$F$15 <= $F$5	月还款金额之和不能超过借款人月还款能力
6	$F$7 >= 60	中国银行贷款额度下限 60 百万元

单击“装入 / 保存”按钮，弹出“装入 / 保存模型”对话框（图 4-44 之①），提示要求我们准备 10 个纵向连续的空白单元格用以存放约束条件，将存放区域的第一个单元格设置为“$I$4”，单击“保存”按钮，Excel 自动在单元格区域“I4:I13”存放约束条件，具体内容表示于单元格区域“J4:J13”，如图 4-56 所示。从单元格区域“I4:I13”可以一目了然地看出表格“组合贷款设计（额度可变）”中数据对已设置的约束条件的遵守情况，已经满足的条件，用“TRUE”表示，不满足的条件，用“FALSE”表示。

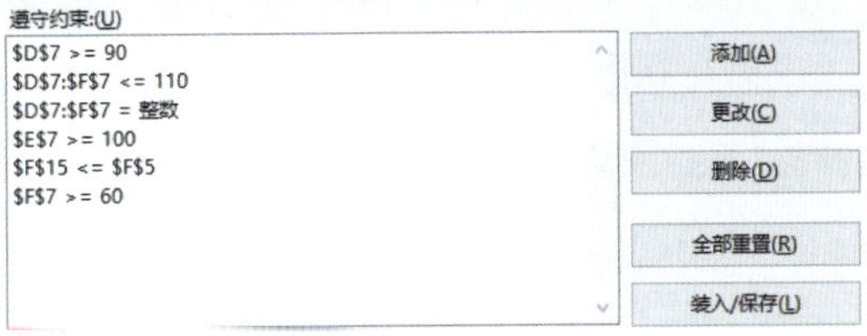

图 4-55　“规划求解参数”之“遵守约束”参数（额度可变）

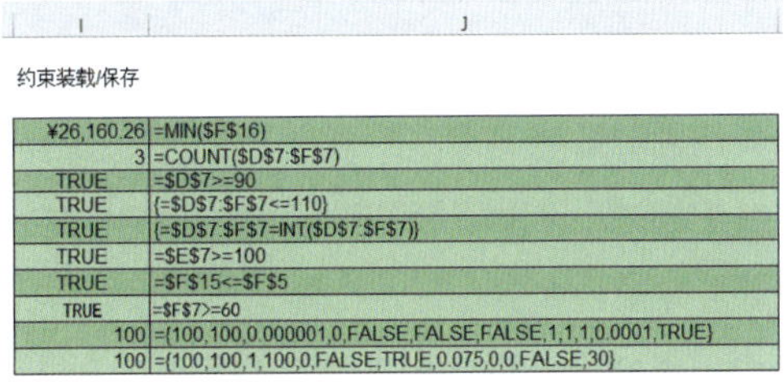

图 4-56　“规划求解参数”之“约束”保存值（额度可变）

- 运行“规划求解”工具。检查以上设置的规划求解参数，确保无误后，单击“规划求解参数”对话框底部的“求解”按钮，弹出“规划求解结果”对话框（图 4-46），该对话框中的设置与“4.5.2”相同。选中“运算结果报告”后生成的规划求解报告，如图 4-57 所示。
- “规划求解”结果的分析解读。单击图 4-46“确定”按钮，返回工作表“组合贷款设计 _ 额度”。此时，规划求解工具已经将计算结果填入表格“组合贷款设计（额度可变）”之中，如图 4-58 所示。单元格 D7、E7 和 F7 分别为 97.00、110.00 和 60.00，单元格 F15 为 499.14（满足约束条件且最大程度逼近 500），单元格 F16 为 27 950.78。

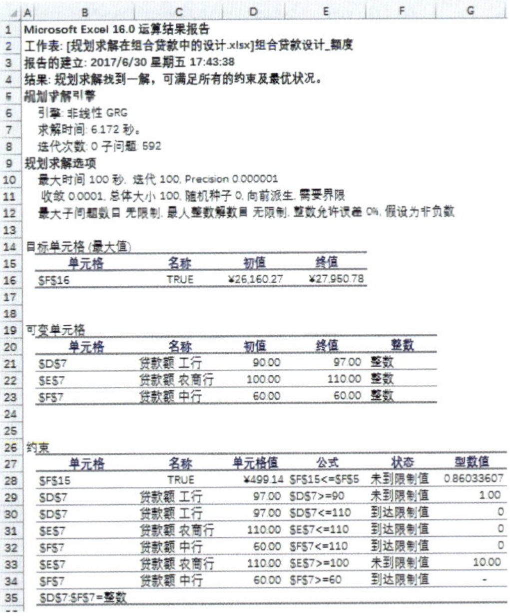

图 4-57　不勾选“制作报告大纲”的额度可变时的规划求解报告

这表明：在贷款利率和贷款期限已经确定的前提下，在银行允许的贷款幅度内，集团月度偿付利息不超过预算的情况下，在三家银行最多可贷款额度的金额组合为 9 700 万元、11 000 万元和 6 000 万元，共 2.67 亿元。

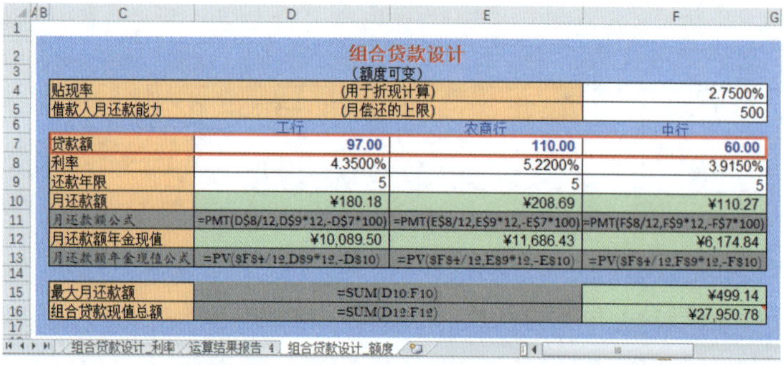

组合贷款设计（额度可变）			
贴现率	（用于折现计算）		2.7500%
借款人月还款能力	（月偿还的上限）		500
	工行	农商行	中行
贷款额	97.00	110.00	60.00
利率	4.3500%	5.2200%	3.9150%
还款年限	5	5	5
月还款额	¥180.18	¥208.69	¥110.27
月还款额公式	=PMT(D$8/12,D$9*12,-D$7*100)	=PMT(E$8/12,E$9*12,-E$7*100)	=PMT(F$8/12,F$9*12,-F$7*100)
月还款额年金现值	¥10,089.50	¥11,686.43	¥6,174.84
月还款额年金现值公式	=PV($F$4/12,D$9*12,-D$10)	=PV($F$4/12,E$9*12,-E$10)	=PV($F$4/12,F$9*12,-F$10)
最大月还款额	=SUM(D10:F10)		¥499.14
组合贷款现值总额	=SUM(D12:F12)		¥27,950.78

图 4-58　组合贷款贷款额度设计结果表

4.6 用 Excel 模板助力多种模式下的公司债券发行

对于一个企业来说，它的融资方式往往不会局限于一种，综合运用多种金融工具，取得银行贷款是最常见的一种，但绝非是唯一的一种。从企业的负债角度而言，企业的债权人可以是银行，可以是职工，可以是供应商，可以是广大的社会投资者。而发行债券是企业向投资者取得负债的一种融资方式。

所谓债券，英文 bond，是政府、金融机构、工商企业等直接向社会借债筹措资金，面向投资者发行的，承诺按一定利率支付利息并按约定条件偿还本金的债权债务凭证。债券的本质是债的证明书，具有法律效力，比如国债、企业债等。

4.6.1 企业债券发行的定价策略和 IRR、NPV 函数

1. 债券的基本知识。在我国，企业发行的债券分为两类，一是企业债，是中央政府部门所属机构、国有独资企业或国有控股企业，按照《企业债券管理条例》规定发行与交易、由国家发展与改革委员会监督管理的债券，在很大程度上体现了政府信用。二是公司债，是由按照《中华人民共和国公司法》设立的公司法人（一般是上市公司），其信用保障是发债公司的资产质量、经营状况、盈利水平和持续赢利能力等。公司债管理机构为中国证券监督管理委员会，在证券登记结算公司统一登记托管，可申请在证券交易所上市交易，其信用风险一般高于企业债券。

债券购买者或投资者与发行者之间是一种债权债务关系，债券发行人即债务人，投资者（债券购买者）即债权人。债券是一种有价证券，其利息通常是事先确定的，是固定利息证券（定息证券）的一种。

利息的支付通常又可以分为两种，一是分期付息，指的是在债券发行日和到期日之间按照约定的固定周期（如每年、每半年）偿还一次利息；二是一次还本付息，是指企业在到期日将债券发行日和到期日之间的利息和票面本金一次性偿付给债券债权人。

2. 债券的价格与利率的关系。债券的发行价格，是指债券原始投资者购入债券时应支付的市

场价格，它与债券的面值可能一致也可能不一致。理论上，债券发行价格是债券的面值和要支付的年利息按发行当时的市场利率折现所得到的现值。计算这个折现值需要用到 Excel 的 NPV 函数。

当债券票面利率等于市场利率时，债券发行价格等于面值；当债券票面利率低于市场利率时，企业仍以面值发行就不能吸引投资者，所以一般要折价发行；反之，当债券票面利率高于市场利率时，企业仍以面值发行就会增加发行成本，所以一般要溢价发行。由此可见，债券的发行价格的影响因素是票面利率和市场利率的相互关系。

当已知债券的发行价格（买卖价格）和票面利率时，可以利用 Excel 的 IRR 函数来计算某只债券的内在报酬率。当该报酬率与市场利率相等时，可以认为该债券的发行价格是合理的，对于发行人而言，内在报酬率低于市场利率时，该发行价格为折价发行价格，反之则为溢价发行价格。

在实际的经济生活中，根据公式计算出来的发行价格只是作为确定实际发行价格的基础，真正定价时还要结合公司发行时自身的信誉等情况综合考虑。

3. IRR 函数。用来计算由一组金额数字表示的一系列现金流的内部收益率的函数，函数名取自英文 Inner Reward Rate 的首字母，意为内部收益比率或者内部报酬比率。这一组现金流金额无须等同，因为它们可能作为年金。但是，现金流必须定期（如每月或每年）出现。计算所用的一组金额数字必须有负有正，支出用负值表示，收入用正值表示。

> IRR 函数至少包括一个参数，形式为“IRR(values, [guess])”，第一个参数 values 是必需的，这是一串金额数字，可以用数组或单元格区域来指代。也可以指定第二个参数 guess（估计值），让 Excel 从 guess 值开始，不断修正计算结果，直至其精度小于 0.00001%。一般不需要此参数。

为了直观认识 IRR 函数，我们来举个例子，在任意一个空白单元格输入“=IRR({-300,62,62,62,132})”，计算所得结果为 2.09%，表明初始付出 300，后续 4 期分别收回 62、62、62、132 的情况下，其内在报酬率为 2.09%。公式中将“{ }”将一组数字括起来，表明 IRR 函数的第一个参数是一个一维数组。

CFO 点拨

IRR 函数使用的一串金额数字的顺序必须是有实际意义的按事实顺序的支出值和收益值。当参数中包含非数字（如文本、逻辑值或空白单元格）时，被忽略，而不是将其视为 0 值，两者的计算差异见表 4-9。

表 4-9 IRR 函数计算差异

列 / 行	初始投入（列标 B）	第一期（列标 C）	第二期（列标 D）	第三期（列标 E）	IRR 计算值	IRR 公式
行号 3	-300			312	4.00%	=IRR(B3:E3)
行号 4	-300	0	0	312	1.32%	=IRR(B4:E4)

注：仔细观察表中第一期、第二期的不同所导致的 IRR 计算结果差异。

4. NPV函数。用来计算由一个利率和一组金额数字表示的一系列现金流的净现金流量的函数，函数名取自英文Net Present Value的首字母，意为现金流量净值。此函数是用来计算某一项目所产生的未来现金流的折现值与项目初始支出之间的差值。

> NPV函数最多包括255个参数，最少包括两个参数，形式为“NPV(rate, value1,[value2],...)”，第一个参数rate是必需的，这是后续参数所在期间内的贴现（折现）比率。从第二个参数开始，应指定连续的一串金额数字，可以用数组或单元格区域来指代，当参数中包含非数字（如文本、逻辑值或空白单元格）时，被无视。这些数字在时间上必须具有相等间隔，并且都发生在期末。

NPV投资开始于value1现金流所在日期的前一期，并以列表中最后一笔现金流为结束。NPV的计算基于未来的现金流。如果第一笔现金流发生在第一期的期初，则第一笔现金必须添加到NPV的计算结果中，而不应包含在值参数中。NPV的数学公式（n是一串金额数字中现金流的笔数）如下：

$$NPV=\sum_{i=1}^{n}\frac{values_i}{(1+rate)^i}$$

CFO点拨

NPV函数使用的一串金额数字的顺序必须是有实际意义的按事实顺序的支出值和收益值。

NPV函数与PV函数比较类似，二者的主要差别在于：PV函数既允许现金流在期末开始也允许现金流在期初开始，PV函数现金流在整个投资中必须是固定的。

5. IRR函数与NPV函数的关联关系。IRR函数计算的收益率是与0（零）净现值对应的利率。再来个例子说明NPV函数与IRR函数的关联方式，在任意空白单元格输入：“=NPV(IRR({-300,62,62,62,132}),{-300,62,62,62,132})”等于1.79E-09，按照IRR计算的精度，实际上此值就是0。公式写成“=NPV(IRR({-300,62,62,62,132}),-300,62,62,62,132)”，结果一样，但参数的意义有所不同。

4.6.2 分期付息发行模式下的溢价发行定价与内在报酬率

由于易总认为在集团拟投入“4.5”合作项目中与农村商业银行的合作1亿元贷款的发放存在一定疑虑，故考虑2017年7月1日发行公司债作为银行贷款的后备替代计划，现要求财务部拿出定价测算。

我们已经知道，债券的溢价或者折价发行取决于票面利率与市场利率（或内蕴的报酬率）的对比，或者说票面价格（面值）与发行价格的对比。当对比双方的前者大于后者时，必然采取溢价发行的方式，反之，必然是折价发行的方式。

一般情况下，票面利率和面值都是预先确定的，市场利率（或内蕴的报酬率）和发行价格只要知道一个，就可利用设计好的Excel公式模板来求得。

为了在已知市场利率的基础上测试债券发行价格，按照以下的操作步骤来实现分期付息发行模式下溢价发行模板的设计：

- 准备 Excel 模板。首先在 Excel 界面中按 Ctrl_N 键，建立一个空白的表格“债券发行价格测试”，如图 4-59 所示。我们将它保存为“D:\files\Chap4\ 2017 年下半年债券发行计划 .xlsx”。

债券发行价格测试

（溢价发行，分期付息）

面值	100, 000, 000. 00	票面利率	6. 00%	市场利率	4. 75%	期限（年）	5

H6公式：=-ROUND(NPV($H$4,$I$9:$I$13),2)

年份	期初摊余成本	利息计算			期末摊余成本	净现金流量	备注
		票面利息	利息费用	利息摊销调整			
第9行公式说明	=H8	=$D$4*$F$4	=$D9*$H$4	=E9-F9	¥105,449,451.13	¥105,449,451.13	=H8，即发行价格
2017. 7. 1-2018. 6. 30	105,449,451.13	6,000,000.00	5,008,848.93	991,151.07	104,458,300.06	(6,000,000.00)	
2018. 7. 1-2019. 6. 30	104,458,300.06	6,000,000.00	4,961,769.25	1,038,230.75	103,420,069.31	(6,000,000.00)	
2019. 7. 1-2020. 6. 30	103,420,069.31	6,000,000.00	4,912,453.29	1,087,546.71	102,332,522.60	(6,000,000.00)	
2020. 7. 1-2021. 6. 30	102,332,522.60	6,000,000.00	4,860,794.82	1,139,205.18	101,193,317.43	(6,000,000.00)	
2021. 7. 1-2022. 6. 30	101,193,317.43	6,000,000.00	4,806,682.58	1,193,317.42	100,000,000.01	(106,000,000.00)	=-E13-D4，最后还本
合计	-	30,000,000.00	24,550,548.88	5,449,451.12	-	(130,000,000.00)	4.75%
		=SUM(E$9:E$13)	=SUM(F$9:F$13)	=SUM(G$9:G$13)		=SUM($I$9:$I$13)	=IRR(I8:I13)

图 4-59　债券发行价格测试表一（分期，溢价）

对表格“债券发行价格测试”的说明如下：

- 债券基本要素。单元格 D4、F4、H4、J4 分别为债券面值 10 000 万元、公司计划承担的利率 6.00%、市场一般利率（参考同期 5 年期银行贷款利率）4.75%、票面期限（设定与合作项目期间相同）5 年。
- 第 9 ～ 13 行。这 5 行用公式计算了债券付息期 5 年的利息、摊余成本和净现金流量。其中第 9 行是首个付息期，即 2017 年 7 月 1 日至 2018 年 6 月 30 日。
- 第 14 行。除单元格 J14 外，是 5 年的利息合计和净现金流量的合计，共 4 个单元格合计。
- 以下是各单元格的公式：
  - 单元格 H8：“=-ROUND(NPV($H$4,$I$9:$I$13),2)”，计算出在市场利率为 4.75% 时 2017 年 7 月 1 日至 2022 年 6 月 30 日的 5 年期净现金流的折现值，用 ROUND 函数保留两位计算小数，其计算值为 105 449 451.13 元。公式前加负号是因为将表示支出的负号负负得正以正数来表示第 0 期收入（净现金流量）。
  - 单元格 I8：“=H8”，也就是第 0 期尚未将利息摊销时的期末摊余成本。
  - 单元格 D9：“=H8”，也就是第 1 期尚未将利息摊销前的期初摊余成本。以上三个单元格均为 105 449 451.13 元。
  - 单元格 E9：“=$D$4*$F$4”，是第一年票面面值 * 票面利率得出的应付票面利息。各年的票面利息均相同，为 6 000 000.00 元。
  - 单元格 F9：“=$D9*$H$4”，是第一年的期初摊余成本值 * 市场利率得出的实际利息支出，其值为 5 008 848.93 元。各年的实付利息均不相同。
  - 单元格 G9：“=E9-F9”，第一年的利息摊销调整，其值等于当年应付票面利息扣除实付利息，其值为 991 151.07 元。
  - 单元格 H9：“=D9-G9”，第一年的期末摊余成本，其值等于当年期初摊余成本扣除当年的利息摊销调整，为 104 458 300.06 元。

- ➢ 单元格 I9：“=-E9”，是第一年现金净流出金额，公式前加负号用来表示资金的流出，为 -6 000 000.00 元。除最后一年外，各年的现金净流出金额均相同，均为当年的票面利息值。
- ➢ 单元格 J14：“=IRR(I8:I13)”，包括了第 0 期的收入项目的正值，计算结果为 4.75%，与市场利率完全一致，也证明了 NPV 函数与 IRR 函数的相互印证关系。

- 公式的自动填充。选中单元格区域“D9:I9”，鼠标移动至区域右下角，待光标变为黑色实心十字形时向下拖拉至第 13 行释放，完成单元格区域“D10:I13”的公式自动填充，见图 4-59 中斜体字部分。
- 修正最后一期的净现金流量公式。选中单元格 I13，将其公式修正为“=-E13-D4”，这是因为最后一年（第 5 年）除支付当年利息外，还需要一次性偿还票面价值的本金。单元格 I13 的计算值为 -106 000 000.00 元。
- 利息费用的校验。单元格 J14 的值为资金流出 130 000 000.00 元，这与债券面值与应计的票面利息之和完全一致。如将单元格 J14 的公式修改为“=SUM($I$8:$I$13)”，意为将发行时的资金流入项 105 449 451.13 包括进来则为 24 550 548.88 元，这与利息费用的金额合计数完全相等。
- 分期付息的溢价模板的分析解读。苏问集团拟于 2017 年 7 月 1 日发行票面额度为 1 亿的公司债券，票面利率 6%，为期 5 年。在市场利率为 4.75% 的情况下，因票面利率 6% 较高，故而采取溢价发行的模式，将未来拟支出的利息提前收回，定价基础为 105 449 451.13 元。

为了在已知债券发行价格的基础上来测试内在报酬比率，按照以下操作步骤来实现分期付息发行模式下溢价发行模板的设计：

- 准备 Excel 模板。将表格“债券发行价格测试”所在的工作表“分期溢价 (价格)”复制一份副本，并将之改名为“分期溢价 (市场利率)”。
- 公式修改与分析解读。除下述公式外，其余单元格公式均与图 4-59 相同，如图 4-60 所示。
- 单元格 H8：清除其中的公式，录入 110 000 000，这是初步估计的发行溢价。如果录入值为 100 000 000，则为平价发行，利息费用与票面利息相同，利息摊销调整值各期均为 0，市场利率与内在报酬率相同，为 6%。
- 单元格 H4：将市场利率的公式修改为“=IRR(I8:I13)”，计算值为 3.77%，表明内在报酬率小于集团设定的票面利率，换句话说，苏问集团的票面利率 6% 较高，故而采取溢价发行模式。
- 单元格 J14：将其公式修改为“=-NPV(H4,I8:I13)”，计算结果无论发行价格金额大小，其值永远为 0，印证说明了 IRR 函数是现金流量净现值为 0 时的比率，说明了 NPV 函数为 0 时，其计算比率是内在报酬比率的相互印证关系。
- 分期付息的溢价模板的分析解读。苏问集团拟于 2017 年 7 月 1 日发行票面额度为 1 亿的公司债券，票面利率 6%，为期 5 年。如将发行定价设计为 110 000 000.00 元，高于发行票面面值 100 000 000.00 元，票面利率 6% 高于内在报酬比率 3.77%，故而采取溢价发行的模式，将未来多支出的利息提前收回，定价基础即为 110 000 000.00 元。

债券发行价格测试

（溢价发行，分期付息）

H4公式：=IRR(I8:I13)

面值	100,000,000.00	票面利率	6.00%	市场利率	3.77%	期限（年）	5

年份	期初摊余成本	利息计算			期末摊余成本	净现金流量	备注
		票面利息	利息费用	利息摊销调整			
第9行公式说明	=H8	=$D$4*$F$4	=$D9*$H$4	=E9-F9	110,000,000.00	¥110,000,000.00	=H8，即发行价格
2017.7.1-2018.6.30	110,000,000.00	6,000,000.00	4,145,160.71	1,854,839.29	108,145,160.71	(6,000,000.00)	
2018.7.1-2019.6.30	108,145,160.71	6,000,000.00	4,075,264.28	1,924,735.72	106,220,424.99	(6,000,000.00)	
2019.7.1-2020.6.30	106,220,424.99	6,000,000.00	4,002,733.93	1,997,266.07	104,223,158.92	(6,000,000.00)	
2020.7.1-2021.6.30	104,223,158.92	6,000,000.00	3,927,470.39	2,072,529.61	102,150,629.32	(6,000,000.00)	
2021.7.1-2022.6.30	102,150,629.32	6,000,000.00	3,849,370.68	2,150,629.32	100,000,000.00	(106,000,000.00)	=E13-D4，最后还本
合计	-	30,000,000.00	20,000,000.00	10,000,000.00	-	(130,000,000.00)	¥0.00
		=SUM(E$9:E$13)	=SUM(F$9:F$13)	=SUM(G$9:G$13)		=SUM($I$9:$I$13)	=-NPV(H4,I8:I13)

图 4-60　债券发行价格测试表二（分期，溢价）

4.6.3　分期付息发行模式下的折价发行定价与内在报酬率

为了在已知市场利率的基础上测试债券发行价格，按照以下的操作步骤来实现分期付息发行模式下折价发行模板的设计：

- 准备 Excel 模板。将表格“债券发行价格测试”所在的工作表“分期溢价(价格)”复制一份副本，并将之改名为“分期折价(价格)”。将单元格 C3 修改为“(折价发行，分期付息)”。将单元格 H4 市场利率的值修改为 6.25%。

债券发行价格测试

（折价发行，分期付息）

H8公式：[illegible]

面值	100,000,000.00	票面利率	6.00%	市场利率	6.25%	期限（年）	5

年份	期初摊余成本	利息计算			期末摊余成本	净现金流量	备注
		票面利息	利息费用	利息摊销调整			
第9行公式说明	=H8	=$D$4*$F$4	=$D9*$H$4	=E9-F9	¥98,954,032.69	¥98,954,032.69	=H8，即发行价格
2017.7.1-2018.6.30	98,954,032.69	6,000,000.00	6,184,627.04	(184,627.04)	99,138,659.73	(6,000,000.00)	
2018.7.1-2019.6.30	99,138,659.73	6,000,000.00	6,196,166.23	(196,166.23)	99,334,825.97	(6,000,000.00)	
2019.7.1-2020.6.30	99,334,825.97	6,000,000.00	6,208,426.62	(208,426.62)	99,543,252.59	(6,000,000.00)	
2020.7.1-2021.6.30	99,543,252.59	6,000,000.00	6,221,453.29	(221,453.29)	99,764,705.88	(6,000,000.00)	
2021.7.1-2022.6.30	99,764,705.88	6,000,000.00	6,235,294.12	(235,294.12)	99,999,999.99	(106,000,000.00)	=E13-D4，最后还本
合计	-	30,000,000.00	31,045,967.30	(1,045,967.30)	-	(130,000,000.00)	6.25%
		=SUM(E$9:E$13)	=SUM(F$9:F$13)	=SUM(G$9:G$13)		=SUM($I$9:$I$13)	=IRR(I8:I13)

图 4-61　债券发行价格测试表一（分期，折价）

- 公式说明。所有单元格公式均与图 4-59 相同，如图 4-61 所示。
  - 单元格 J14：公式为“=IRR(I8:I13)”，包括第 0 期收入项目的正值，计算结果为 6.25%，与市场利率完全一致，也证明了 NPV 函数与 IRR 函数的相互印证关系。
  - 利息费用的校验。单元格 J14 的值为资金流出 130 000 000.00 元，这与债券面值与应计的票面利息之和完全一致。如将单元格 J14 的公式修改为“=SUM($I$8:$I$13)”，意为将发行时的资金流入项 98 954 032.69 包含进来则为 31 045 967.30 元，这与利息费用的金额合计数完全相等。
  - 分期付息的折价模板的分析解读。苏问集团拟于 2017 年 7 月 1 日发行票面额度为 1 亿的公司债券，票面利率 6%，为期 5 年。在市场利率为 6.25% 的情况下，因票面利率 6% 较低，故而采取折价发行的模式，当前可收回现值已折抵未来少支付的利息，定价基础为 98 954 032.69 元。

为了在已知债券发行价格的基础上测试内在报酬比率，按照以下的操作步骤来实现分期付息发行模式下折价发行模板的设计：

- 准备 Excel 模板。将表格“债券发行价格测试”所在的工作表“分期溢价（市场利率）”复制一份副本，并将之改名为“分期折价（市场利率）”。将单元格 C3 修改为“（折价发行，分期付息）”。将单元格 H8 期末摊余成本的值修改为 90 000 000。
- 公式修改与分析解读。所有单元格公式均与图 4-60 相同，如图 4-62 所示。
  - ➢ 单元格 J14：公式为“=-NPV(H4,I8:I13)”，计算结果无论发行价格金额大小，其值永远为 0，印证说明了 IRR 函数是现金流量净现值为 0 时的比率，说明了 NPV 函数为 0 时，其计算比率是内在报酬比率的相互印证关系。
  - ➢ 利息费用的校验。单元格 J14 的值为资金流出 130 000 000.00 元，这与债券面值与应计的票面利息之和完全一致。如将单元格 J14 的公式修改为“=SUM($I$8:$I$13)”，意为将发行时的资金流入项 90 000 000.00 包含进来则为 40 000 000.00 元，这与利息费用的金额合计数完全相等。
  - ➢ 分期付息折价模板的分析解读。苏问集团拟于 2017 年 7 月 1 日发行票面额度为 1 亿的公司债券，票面利率 6%，为期 5 年。如将发行定价设计为 90 000 000.00 元，低于发行票面面值 100 000 000.00 元，票面利率 6% 低于内在报酬率 8.54%，故而采取折价发行的模式，当前可收回现值已折抵未来少支付的利息，定价基础即为 90 000 000.00 元。

债券发行价格测试

（折价发行，分期付息）

H4公式：
=IRR(I8:I13)

面值	100,000,000.00	票面利率	6.00%	市场利率	8.54%	期限（年）	5
年份	期初摊余成本	利息计算			期末摊余成本	净现金流量	备注
		票面利息	利息费用	利息摊销调整			
第9行公式说明	=H8	=$D$4*$F$4	=$D9*$H$4	=E9-F9	90,000,000.00	¥90,000,000.00	=H8，即发行价格
2017.7.1-2018.6.30	90,000,000.00	6,000,000.00	7,686,301.25	(1,686,301.25)	91,686,301.25	(6,000,000.00)	
2018.7.1-2019.6.30	91,686,301.25	6,000,000.00	7,830,317.02	(1,830,317.02)	93,516,618.26	(6,000,000.00)	
2019.7.1-2020.6.30	93,516,618.26	6,000,000.00	7,986,632.22	(1,986,632.22)	95,503,250.48	(6,000,000.00)	
2020.7.1-2021.6.30	95,503,250.48	6,000,000.00	8,156,297.26	(2,156,297.26)	97,659,547.74	(6,000,000.00)	
2021.7.1-2022.6.30	97,659,547.74	6,000,000.00	8,340,452.26	(2,340,452.26)	100,000,000.00	(106,000,000.00)	=-E13-D4，最后还本
合计	-	30,000,000.00	40,000,000.00	(10,000,000.00)	-	(130,000,000.00)	¥0.00
		=SUM(E$9:E$13)	=SUM(F$9:F$13)	=SUM(G$9:G$13)		=SUM($I$9:$I$13)	=-NPV(H4,I8:I13)

图 4-62　债券发行价格测试表二（分期，折价）

4.6.4　一次性还本付息发行模式下的溢价发行定价与内在报酬率

为了在已知市场利率的基础上来测试债券发行价格，按照以下的操作步骤来实现一次性还本付息发行模式下溢价发行模板的设计：

- 准备 Excel 模板。将表格“债券发行价格测试”所在的工作表“分期溢价（价格）”复制一份副本，并将之改名为“一次溢价（价格）”。将单元格 C3 修改为“（溢价发行，一次性还本付息）”。
- 公式说明。除单元格区域“I9:I13”与分期付息发行模式下不同外，所有单元格公式均与图 4-59 相同，如图 4-63 所示。

债券发行价格测试
（溢价发行，一次性还本付息）

面值	100,000,000.00	票面利率	6.00%	市场利率	4.75%	期限（年）	5

H8公式：
=-ROUND(NPV($H$4,$I$9:$I$13),2)

年份	期初摊余成本	利息计算			期末摊余成本	净现金流量	备注
		票面利息	利息费用	利息摊销调整			
第9行公式说明	=H8	=$D$4*$F$4	=$D9*$H$4	=E9-F9	¥103,079,711.44	¥103,079,711.44	=H8，即发行价格
2017.7.1-2018.6.30	103,079,711.44	6,000,000.00	4,896,286.29	1,103,713.71	107,975,997.73	0.00	
2018.7.1-2019.6.30	107,975,997.73	6,000,000.00	5,128,859.89	871,140.11	113,104,857.63	0.00	
2019.7.1-2020.6.30	113,104,857.63	6,000,000.00	5,372,480.74	627,519.26	118,477,338.36	0.00	
2020.7.1-2021.6.30	118,477,338.36	6,000,000.00	5,627,673.57	372,326.43	124,105,011.94	0.00	
2021.7.1-2022.6.30	124,105,011.94	6,000,000.00	5,894,988.07	105,011.93	130,000,000.00	(130,000,000.00)	=-$D$4-$E$13*$J$4 一次性还本付息
合计	-	30,000,000.00	26,920,288.56	3,079,711.44	-	(130,000,000.00)	4.7500%
		=SUM(E$9:E$13)	=SUM(F$9:F$13)	=SUM(G$9:G$13)		=SUM($I$9:$I$13)	=IRR(I8:I13)

图 4-63 债券发行价格测试表一（一次还本付息，溢价）

- 单元格区域“I9:I12”：将这 4 个单元格录入 0 值，注意不要只是简单地清除内容。
- 单元格 I13：公式为“=-$D$4-$E$13*$J$4”，最后一期的现金净流出，一次性还本付息，包括本金 100 000 000.00 元与 5 年的利息 30 000 000.00 元共 130 000 000.00 元。净现金流量部分是与分期付息发行模式下最大的不同之处。
- 单元格 J14：公式为“=IRR(I8:I13)”，包含第 0 期的收入项目的正值，计算结果为 4.75%，与市场利率完全一致，也证明了 NPV 函数与 IRR 函数的相互印证关系。
- 利息费用的校验。单元格 J14 的值为资金流出 130 000 000.00 元，这与债券面值与应计的票面利息之和完全一致。如将单元格 J14 的公式修改为“=SUM($I$8:$I$13)”，意为将发行时的资金流入项 103 079 711.44 包含进来则为 26 920 288.56 元，这与利息费用的金额合计数完全相等。
- 一次性还本付息的溢价模板的分析解读。苏问集团拟于 2017 年 7 月 1 日发行票面额度为 1 亿的公司债券，票面利率 6%，为期 5 年。在市场利率为 4.75% 的情况下，因票面利率 6% 较高，故而采取溢价发行的模式，当前可收回现值已折抵未来少支付的利息，定价基础为 103 079 711.44 元。

为了在已知债券发行价格的基础上来测试内在报酬比率，我们按照以下的操作步骤来实现一次性还本付息发行模式下溢价发行模板的设计：

> CFO 点拨
> 一次还本付息模式下溢价发行定价比分期付息模式下溢价发行定价 105 449 451.13 元（图 4-59）要低，是因为除最后一期外，中间各期的折现金额均为 0。

- 准备 Excel 模板。将表格“债券发行价格测试”所在的工作表“一次溢价（价格）”复制一份副本，并将之改名为“一次溢价（市场利率）”。
- 公式修改与分析解读。除下述公式外，其余单元格公式均与图 4-63 相同，如图 4-64 所示。
  - 单元格 H8：清除其中的公式，录入 110 000 000，这是初步估计的发行溢价。如果录入值为 100 000 000，则为平价发行，利息费用与票面利息相同，利息摊销调整值各期均为 0，市场利率与内在报酬率相同，为 6%。
  - 单元格 H4：将市场利率的公式修改为“=IRR(I8:I13)”，计算值为

3.40%，表明内在报酬率小于集团设定的票面利率。换句话说，苏问集团的票面利率 6% 较高，故而采取溢价发行模式。

- 单元格 J14：将其公式修改为“=-NPV(H4,I8:I13)”，计算结果无论发行价格金额大小，其值永远为 0，印证说明了 IRR 函数是现金流量净现值为 0 时的比率，说明了 NPV 函数为 0 时，其计算比率是内在报酬比率的相互印证关系。
- 一次性还本付息的溢价模板的分析解读。苏问集团拟于 2017 年 7 月 1 日发行票面额度为 1 亿的公司债券，票面利率 6%，为期 5 年。如将发行定价设计为 110 000 000.00 元，高于发行票面面值 100 000 000.00 元，票面利率 6% 高于内在报酬比率 3.40%，故而采取溢价发行的模式，将未来多支出的利息提前收回，定价基础即为 110 000 000.00 元。

CFO 点拨

一次还本付息模式下溢价发行时的内在报酬率 3.4% 比分期付息模式下溢价发行时的内在报酬率 3.77%（图 4-60）要低，是因为除最后一期外，中间各期的折现金额均为 0。

债券发行价格测试
（溢价发行，一次性还本付息）

H4公式：=IRR(I8:I13)

面值	100,000,000.00	票面利率	6.00%	市场利率	3.40%	期限（年）	5

年份	期初摊余成本	利息计算			期末摊余成本	净现金流量	备注
		票面利息	利息费用	利息摊销调整			
第9行公式说明	=H8	=$D$4*$F$4	=$D9*$H$4	=E9-F9	110,000,000.00	¥110,000,000.00	=H8，即发行价格
2017.7.1-2018.6.30	110,000,000.00	6,000,000.00	3,737,274.92	2,262,725.08	113,737,274.92	0.00	
2018.7.1-2019.6.30	113,737,274.92	6,000,000.00	3,864,249.68	2,135,750.32	117,601,524.60	0.00	
2019.7.1-2020.6.30	117,601,524.60	6,000,000.00	3,995,538.44	2,004,461.56	121,597,063.04	0.00	
2020.7.1-2021.6.30	121,597,063.04	6,000,000.00	4,131,287.76	1,868,712.24	125,728,350.80	0.00	
2021.7.1-2022.6.30	125,728,350.80	6,000,000.00	4,271,649.20	1,728,350.80	130,000,000.00	(130,000,000.00)	=-$D$4-$E$13*$J$4 一次性还本付息
合计	-	30,000,000.00	20,000,000.00	10,000,000.00	-	(130,000,000.00)	¥0.00
		=SUM(E$9:E$13)	=SUM(F$9:F$13)	=SUM(G$9:G$13)		=SUM($I$9:$I$13)	=-NPV(H4,I8:I13)

图 4-64　债券发行价格测试表二（一次还本付息，溢价）

4.6.5　一次还本付息发行模式下的折价发行定价与内在报酬率

为了在已知市场利率的基础上测试债券发行价格，按照以下的操作步骤来实现一次还本付息发行模式下折价发行模板的设计：

- 准备 Excel 模板。将表格“债券发行价格测试”所在的工作表“一次溢价（价格）”复制一份副本，并将之改名为“一次折价（价格）”。将单元格 C3 修改为“(折价发行，一次还本付息)”。将单元格 H4 市场利率的值修改为 6.25%。
- 公式说明。除单元格区域“I9:I13”与分期付息发行模式下不同外，所有单元格公式均与图 4-61 相同，如图 4-65 所示。
  - 单元格区域“I9:I12”：将这 4 个单元格录入 0 值，注意不要只是简单地清除内容。
  - 单元格 I13：公式为“=-$D$4-$E$13*$J$4”，最后一期的现金净流出，一次性还本付息，包括本金 100 000 000.00 元与 5 年的利息 30 000 000.00 元共计 130 000 000.00 元。净现金流量部分是与分期付息发行模式下最大的不同之处。

债券发行价格测试

（折价发行，一次还本付息）

面值	100, 000, 000. 00	票面利率	6. 00%	市场利率	6. 25%	期限（年）	5
年份	期初摊余成本	利息计算			期末摊余成本	净现金流量	备注
		票面利息	利息费用	利息摊销调整			
第9行公式说明	=H8	=$D$4*$F$4	=$D9*$H$4	=E9-F9	¥96,006,062.58	H6公式：=-ROUND(NPV($H$4, $I$9:$I$13), 2)	发行价格
2017. 7. 1-2018. 6. 30	96,006,062.58	6,000,000.00	6,000,378.91	(378.91)	102,006,441.49	0.00	
2018. 7. 1-2019. 6. 30	102,006,441.49	6,000,000.00	6,375,402.59	(375,402.59)	108,381,844.08	0.00	
2019. 7. 1-2020. 6. 30	108,381,844.08	6,000,000.00	6,773,865.26	(773,865.26)	115,155,709.34	0.00	
2020. 7. 1-2021. 6. 30	115,155,709.34	6,000,000.00	7,197,231.83	(1,197,231.83)	122,352,941.17	0.00	
2021. 7. 1-2022. 6. 30	122,352,941.17	6,000,000.00	7,647,058.82	(1,647,058.82)	130,000,000.00	(130,000,000.00)	=-$D$4-$E$13*$J$4 一次性还本付息
合计	-	30,000,000.00	33,993,937.42	(3,993,937.42)	-	(130,000,000.00)	6.25%
		=SUM(E$9:E$13)	=SUM(F$9:F$13)	=SUM(G$9:G$13)	¥ 30,000,000.00	=SUM($I$9:$I$13)	=IRR(I8:I13)

图 4-65　债券发行价格测试表一（一次还本付息折价）

- 单元格 J14：公式为“=IRR(I8:I13)”，包括了第 0 期的收入项目的正值，计算结果为 6.25%，与市场利率完全一致，也证明了 NPV 函数与 IRR 函数的相互印证关系。
- 利息费用的校验。单元格 J14 的值为资金流出 130 000 000.00 元，这与债券面值与应计的票面利息之和完全一致。如将单元格 J14 的公式修改为“=SUM($I$8:$I$13)”，意为将发行时的资金流入项 96 006 062.58 包含进来则为 33 933 937.42 元，这与利息费用的金额合计数完全相等。
- 一次还本付息的折价模板的分析解读。苏问集团拟于 2017 年 7 月 1 日发行票面额度为 1 亿的公司债券，票面利率 6%，为期 5 年。在市场利率为 6.25% 的情况下，因票面利率 6% 较低，故而采取折价发行的模式，当前可收回现值已折抵未来少支付的利息，定价基础为 96 006 062.58 元。

为了在已知债券发行价格的基础上测试内在报酬比率，按照以下的操作步骤来实现一次还本付息发行模式下折价发行模板的设计：

- 准备 Excel 模板。将表格“债券发行价格测试”所在的工作表“一次溢价（市场利率）”复制一份副本，并将之改名为“一次折价（市场利率）”。
- 公式修改与分析解读。除下述公式外，其余单元格公式均与图 4-65 相同，如图 4-66 所示。
  - 单元格 H8：清除其中的数值，录入 90 000 000，这是初步估计的发行折价。如果录入值为 100 000 000，则为平价发行，利息费用与票面利息相同，利息摊销调整值各期均为 0，市场利率与内在报酬率相同，为 6%。
  - 单元格 H4：市场利率的公式为“=IRR(I8:I13)”，计算值为 7.63%，表明内在报酬率大于集团设定的票面利率，换句话说，苏问集团的票面

CFO 点拨

一次还本付息模式下折价发行定价比分期付息模式下折价发行定价 98 954 032.69 元（图 4-61）还要低，是因为除最后一期外，中间各期的折现金额均为 0。

利率 6% 较低，故而采取折价发行模式。

➢ 单元格 J14：其公式为“=-NPV(H4,I8:I13)”，计算结果无论发行价格金额大小，其值永远为 0，印证说明了 IRR 函数是现金流量净现值为 0 时的比率，说明了 NPV 函数为 0 时，其计算比率是内在报酬比率的相互印证关系。

➢ 一次性还本付息的折价模板的分析解读。苏问集团拟于 2017 年 7 月 1 日发行票面额度为 1 亿的公司债券，票面利率 6%，为期 5 年。如将发行定价设计为 90 000 000.00 元，低于发行票面面值 100 000 000.00 元，票面利率 6% 低于内在报酬比率 7.63 %，故而采取折价发行的模式，当前可收回现值已折抵未来少支付的利息，定价基础即为 90 000 000.00 元。

债券发行价格测试

（折价发行，一次还本付息）

H4公式：
=IRR(I8:I13)

面值	100,000,000.00	票面利率	6.00%	市场利率	7.63%	期限（年）	5
年份	期初摊余成本	利息计算			期末摊余成本	净现金流量	备注
		票面利息	利息费用	利息摊销调整			
第9行公式说明	=H8	=$D$4*$F$4	=$D9*$H$4	=E9-F9	90,000,000.00	¥90,000,000.00	=H8，即发行价格
2017.7.1-2018.6.30	90,000,000.00	6,000,000.00	6,868,523.03	(868,523.03)	96,868,523.03	0.00	
2018.7.1-2019.6.30	96,868,523.03	6,000,000.00	7,392,707.57	(1,392,707.57)	104,261,230.59	0.00	
2019.7.1-2020.6.30	104,261,230.59	6,000,000.00	7,956,896.26	(1,956,896.26)	112,218,126.85	0.00	
2020.7.1-2021.6.30	112,218,126.85	6,000,000.00	8,564,142.09	(2,564,142.09)	120,782,268.94	0.00	
2021.7.1-2022.6.30	120,782,268.94	6,000,000.00	9,217,731.06	(3,217,731.06)	130,000,000.00	(130,000,000.00)	=-$D$4-$E$13*$J$4 一次性还本付息
合计	-	30,000,000.00	40,000,000.00	(10,000,000.00)	-	(130,000,000.00)	(¥0.00)
		=SUM(E$9:E$13)	=SUM(F$9:F$13)	=SUM(G$9:G$13)		=SUM($I$9:$I$13)	=-NPV(H4,I8:I13)

图 4-66　债券发行价格测试表二（一次还本付息，折价）

CFO 点拨

一次还本付息模式下折价发行时的内在报酬率 7.63% 比分期付息模式下折价发行时的内在报酬率 8.54%（图 4-62）要低，是因为除最后一期外，中间各期的折现金额均为 0。

4.6.6　用智能目录纵览多种发行模式下的发行定价与内在报酬率

“小白，前面讲了这么多的债券发行组合方式，又是分期付息、又是一次性还本付息，又是溢价、又是折价，又是发行价格、又是内在报酬率，好多种排列组合，工作表就有 8 个，你晕了没有？姐姐我有点晕。”

“嗯，要是个目录清单，能够一目了然就好多了……”

听着小吴和小白的对话，的确如此，有个目录会更清晰和容易理解。在这样的目录里能够清晰地建立起目录和工作表之间的联系，又能够直接明了地看到各种情形下的发行价格和内在报酬率，从而便于统一思考债券发行的各种可能及其利弊。

1. 建立智能目录。这里所说的智能目录，要能够自动取出其他工作的名称，同时还能与目录形成互动（交叉引用）。方法如下：

● 准备空表。右击“分期溢价(价格)”的工作表标签，在随后出现的浮动菜单中单击“插入”命令，弹出“插入”对话框，单击“常用”选项卡中的“工作表”后，单击“确定”按钮，插入一个空白的工作表，双击其工作表标签，将名称修改为“目录”。在此工作表中录入并排版，建立一个名为“内在报酬率与发行定价纵览”的表格，如图 4-67 所示。

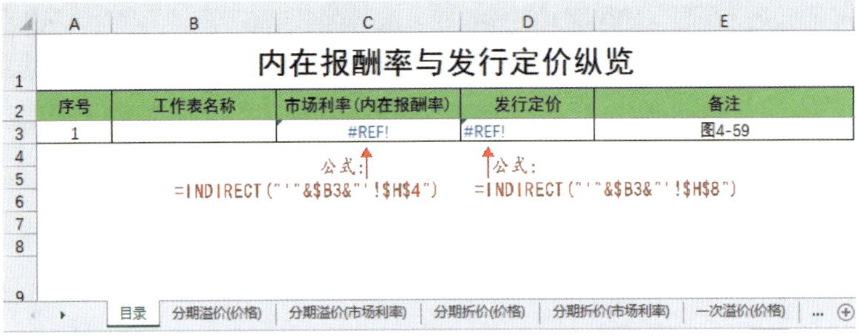

图 4-67　内在报酬率与发行定价纵览空表

在单元格 C3 和 D3 分别输入公式“=INDIRECT("'"&$B3&"'!$H$4")”和“=INDIRECT("'"&$B3&"'!$H$8")”，引用对应工作表中的单元格 H4 和 H8。因为此时，存放工作表名称的 B3 单元格为空白，公式会出现错误提示“#REF”，提醒我们引用错误，暂时不用管它，可以无视。

● 自动填充所有工作表名称。在 Excel 窗口按 Alt_F11，在随后出现的窗口中按下 Ctrl_G 后，在同一行内输入以下代码后回车，关闭此窗口返回 Excel。

```
For i= 2 to Sheets.Count:Sheets("目录").Hyperlinks.Add Anchor:=Sheets("目录").Range("B"&i+1), Address:="", SubAddress:= "'"& Sheets(i).name &"'!D2", ScreenTip:=Sheets(i).name,TextToDisplay:=Sheets(i).name: Sheets(i).Hyperlinks.Add Anchor:=Sheets(i).Range("C3"), Address:="", SubAddress:="'目录'!A1",ScreenTip:="返回目录": Next
```

利用此代码可以实现以下功能：

● 在 B 列第 3 行开始自动生成除“目录”这一工作表本身的所有工作表名称；

● 单击目录中的工作表名称能够直接跳转到指定的工作表，这对工作簿中工作表较多或者工作表名称较长时，特别有用；

● 单击任意工作表（不含工作表“目录”本身）单元格 C3，即可直接返回到工作表“目录”中。

如果只需要第一项功能，那么仅需要以下更简洁的代码：

```
For i= 2 to Sheets.Count: Sheets("目录").Range("B"&i+1) =Sheets(i).name: Next
```

这样的代码即时暂时不理解也没有关系，可以直接从易总提供的文本文件“D:\files\Chap4\2017 年下半年债券发行计划（4.6.6）代码 .txt”中粘贴过来就行。实际上，从代码的英文意思上，可以直观地加以理解其内在含义。

代码输入回车运行后，将在工作表“B3:B10”的单元格区域自动填入 8 个工作表的表名，如图 4-68 所示。工作表名称正确填充后，原有错误提示“#REF”会自动消失。

● 自动填充公式。选中单元格区域“C3:E3”，向下拖拉至第 10 行，完成公式的自动填充。选中单元格 A3，按住 Ctrl 键，向下拖拉至第 10 行，完成序号的递增填充。

内在报酬率与发行定价纵览

序号	工作表名称	市场利率（内在报酬率）	发行定价	备注
1	分期溢价(价格)	4.75%	105,449,451.13	图4-59
2	分期溢价(市场利率)	3.77%	110,000,000.00	图4-60
3	分期折价(价格)	6.25%	98,954,032.69	图4-61
4	分期折价(市场利率)	8.54%	90,000,000.00	图4-62
5	一次溢价(价格)	4.75%	103,079,711.44	图4-63
6	一次溢价(市场利率)	3.40%	110,000,000.00	图4-64
7	一次折价(价格)	6.25%	96,006,062.58	图4-65
8	一次折价(市场利率)	7.63%	90,000,000.00	图4-66

图 4-68　内在报酬率与发行定价纵览

- 美化表格。最后可以根据自己的需要，对表格进行适当的美化，如将表格加上框线，填充间隔背景色等。

4.7　债权转股权（债转股）与股权融资的模型设计

如前所述，一个企业的融资方式往往不会局限于一种，贷款是一种，发行债券也是一种，它们都属于企业的负债。此外，企业还有一类重要的融资方式，股权融资。

4.7.1　股权融资与债务重组的点滴知识

股权融资是指企业的股东愿意让出部分企业所有权，通过企业增资的方式引进新的股东的融资方式。股权融资所获得的资金，企业无须还本付息，但新老股东需要一起分享企业的盈利和增长。

股权融资按融资的渠道来划分，主要有两大类，公开市场发售和私募发售。前者是指通过股票市场向公众投资者发行股票来募集资金，如公司上市、上市企业的增发和配股。后者是指企业自行寻找特定的投资人，吸引其通过增资入股企业的融资方式。因为前者门槛较高，大部分企业难以达到，故而后者成为很多企业股权融资的必然选择。

而债务重组（整），是指债权人根据与债务人达成的协议或法院裁决同意债务人修改债务条件的事项。也就是说，只要修改了原定债务偿还条件的，即债务重组时确定的债务偿还条件不同于原协议的，都可叫作债务重组。修改的方式有很多，比如：延期、降低质检标准、豁免、将债权转变为股权等。

债权转变为股权，简称为债转股，是债务转为资本，同时债权人将债券转为股权的一种债权重组方式。注意如果是债务人根据转换协议，将应付可转换公司债券转为资本的，属于正常情况下的债务资本，并非债务重组。

股权拥有人没有强制性的索取利息的权力，只在企业盈利时有分红的权利。将债权转成股权，减少企业贷款的本息支出，增加企业的资本金，改善了公司的资产负债结构。

4.7.2　INDEX 函数和 MATCH 函数

债转股是有条件的，条件设置的的情况直接影响到企业所付出的代价。如转换的额度、价格、转换时机等。由于集团发展势头迅猛，有些长期合作的供应商看中公司的长远发展，主动要与集团洽谈入股的事宜。

为了快速构建债转股的模板，预备知识是必需的，而且这次是一对儿：INDEX 函数和 MATCH 函数。

1. INDEX 函数。用来取得表格或区域中的值或值的引用的一个函数，它有两种格式：数组格式和引用格式，它们的使用方法和注意事项见表 4-10。

表 4-10　INDEX 函数的双格式组成

项目	数组格式	引用格式	备注
形式	INDEX(array, row_num, [column_num])	INDEX(reference, row_num, [column_num], [area_num])	函数根据输入的第一个参数来判断使用的是何种形式
参数 1	必须指定的某一连续的单元格区域	必须指定的 多个不连续的单元格区域	逗号隔开多区域后，用括号括起
参数 2	指定要得到区域中第几行的值，是在区域中的行的顺序号，不是行号。 如指定的单元格为空白，则返回 0	指定要得到区域中第几行的值，是在区域中的行的顺序号，不是行号。 如指定的单元格为空白，则返回 0	可省略，但不能与参数 3 同时省略。省略本参数表示取区域中与函数所在行相同的一行，如没有相同行，返回 #VALUE。 如参数 2 大于指定区域的总行数，则返回 #REF
参数 3	指定要得到区域中第几列的值，是在区域中的列的顺序号，不是列标。 如指定的单元格为空白，则返回 0	指定要得到区域中第几列的值，是在区域中的列的顺序号，不是列标。 如指定的单元格为空白，则返回 0	可省略，但不能与参数 2 同时省略。省略本参数表示取区域中与函数所在列相同的一列，如没有相同列，返回 #VALUE。 如参数 3 大于指定区域的总列数，则返回 #REF
参数 4	无	指定参数 1 中存在多个区域中的第几个区域	多区域必须位于同一工作表内

INDEX 函数在有些人那里可能是个难点，为了帮助透彻理解，例子是必不可少的。

小吴与小白上周末去影院看电影，座位号分别是 7 排 7 号和 7 排 8 号，为了在茫茫人海中把小吴找出来，我们在座位分布图（图 4-69 之左部 2 号厅）上框选出一块人多的区域（用 Excel 的表达方式就是单元格区域“B3:I9”），共 7 行 8 列，小吴在这块区域中是第 5 行第 7 列，因此用公式表示为“=INDEX($B$3:$I$9,5,7)”，紧邻其右的小白用公式表示为“=INDEX($B$3:$I$9,5,8)”。

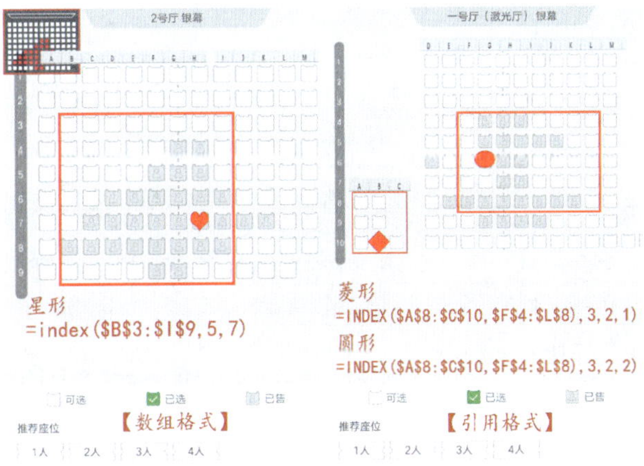

图 4-69　INDEX 函数示例

在上周，小吴与小白看电影的座位分布图（图 4-69 之右部一号厅）），这一次座位不相邻，小白 10 排 2 号，小吴在 6 排 7 号，我们框选出两块人多的区域（用 Excel 的表达方式就是单元格区域“(A8:C10,F4:L8)”，可以用公式“=INDEX(($A$8:$C$10,$F$4:$L$8),3,2,1)”找到小白，用公式“=INDEX(($A$8:$C$10,$F$4:$L$8),3,2,2)”找到小吴。公式中最后一个参数指的是第一个参数中区域的顺序号。

为检验实际的公式效果，在 Excel 中将 2 号厅的座位分布原样移植到任意空白工作表中（图 4-70），在单元格 B11 中输入公式“=INDEX($B$3:$I$9,5,7)”，结果显示为“吴”，也就是 Excel 找到了 7 排 8 号的小吴。用同样的方法可以检验出在一号厅观影时的函数检索效果。

上面的讲解，无论是数组格式，还是引用格式，INDEX 函数都是返回的一个值。实际上可以利用 INDEX 函数返回一行或者一列的数值。当将第二参数指定为 0 时，返回一整行；当将第三参数指定为 0 时，返回一整列。具体的操作方法如下：

选中一行 N 列的单元格区域，N 为 INDEX 函数第一参数指定区域的列数。比如图 4-70 单元格区域“B3:I9”共 8 列，因此选中从单元格 B14 开始的 8 列（即单元格区域“B14:I14”），在公式编辑栏输入公式“=INDEX($B$3:$I$9,5,0)”后，按 Ctrl_Shift_Enter，单元格区域“B14:I14”自动取得 INDEX 函数第一参数指定区域的第 5 行数值。

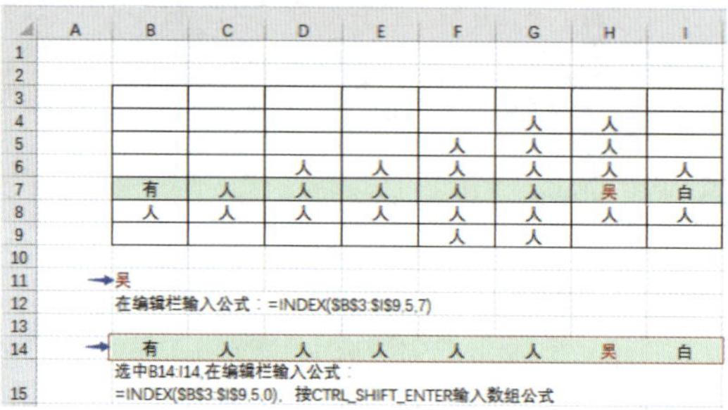

图 4-70　INDEX 函数效果检验

相似地，也可以自动取得 INDEX 函数第一参数指定区域的指定列的数值。

2. MATCH 函数。利用本函数返回某个值在指定单行（或单列）区域中的顺序号，而不是返回行号或者列号，也不是返回单元格内的内容（值）。如果要取得查找的对应单元格的值，可以使用 LOOKUP 等函数。

函数包括三个参数，形式为“MATCH(lookup_value, lookup_array, [match_type])”，第一个参数 lookup_value 是必需的，这是要查找的值。第二个参数 lookup_array 是必需的，是待查找的行区域或列区域。第三个参数 match_type 不是必需的，这是指定的匹配类型，省略此参数等同于指定 1。参数的具体用法见表 4-11。

表 4-11　MATCH 函数的匹配类型

匹配类型	返回值	行（或列）区域排序	举例
1 或省略	查找小于或等于查找值的最大值（向左或向上的紧邻）	由小而大升序排列 如未升序排列，则提示 #N/A	-2, -1, 0, 1, 2, ..., A-Z, FALSE, TRUE
0	查找完全等于查找值的第一个值	不需要排序	—
-1	查找大于或等于查找值的最小值（向左或向上的紧邻）	由大而小降序排列 如未降序排列，则提示 #N/A	TRUE, FALSE, Z-A, ...2, 1, 0, -1, -2, ...

MATCH 函数的实际应用效果如图 4-71 所示。在单元格 B9、B12 和 B15 中分别输入公式“=MATCH(1.1,B4:B7,1)”、“=MATCH(1.1,E4:E7,-1)”和“=MATCH(1.1,H4:H7,0)”，可以得到数值 1.1 在三个指定列区域中纵向的顺序号，分别是 3、1 和 3。

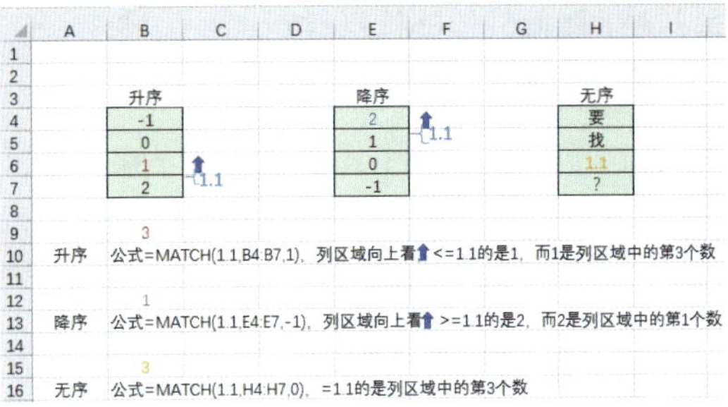

图 4-71 MATCH 函数效果检验

MATCH 函数与 INDEX 函数经常配合使用，可以使用 MATCH 为 INDEX 提供第二或第三参数值。

4.7.3 债转股的 Excel 模板的构建

1. **条件设定**。近期，集团正在与两家合作的公司扬州安盈光电有限公司和无锡美新科技有限公司与集团洽谈以拆借资金入股的事宜。

与扬州安盈、无锡美新订立的期权协议如下：拆借时间 3 年（年份按整年计算，年限不足一年的部分不予计算）以内的按 1.0 元一股折价，3 ～ 5 年按 1.8 元一股折价，超过 5 年的按 2.3 元一股折价。单价的提取与资金拆借时间和金额如图 4-72 所示。

上述两家行使权利期间 2018 年 7 月 1 日至 2022 年 6 月 30 日。集团公司完成股份制改造后，可向集团提起申请，经集团认可生效，把生效日称为“行权日”。一般地，所谓“行权日”是指根据股票期权计划可以购买股票的价格，可以是股票期权授予日的市场价格或该价格的折扣价格，也可以是按照事先设定的计算方法约定的价格。

2. **建模思路**。合作单位可行使权利的初始日期为 2017 年 7 月 1 日，使用 DATEDIF 函数计算出（资金拆借日至转股权利行使日的）计价年限，根据计价年限用 INDEX 函数和 MATCH 函数查找出相应的转股单价（行权单价），用资金金额除以行权单价就可以得到债转股的转换数量。对于无锡美新公司，转股单价固定不变，用资金金额除以此单价就可以得到债转股的转换数量。因为两家公司的拆借金额不同，因而选取适当的某个行权日，使得两家公司的转股数量近似时是对苏问集团最为有利的转股时机。换句话说，当两家公司转股数量的差额最小时，与资金拆借额大的公司达成协议生效是最有利于苏问集团的。

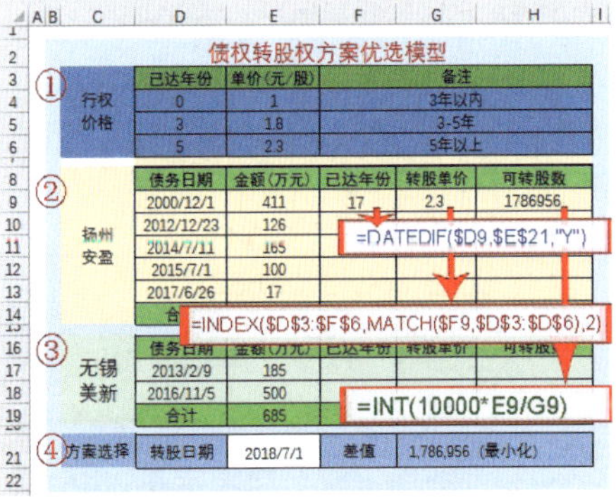

图 4-72 债转股模型空表

CFO 点拨

DATEDIF 函数是 Excel 的一个隐藏函数，用以求取两个日期之间的间隔年（月、日）数，它包括三个参数，第一和第二参数分别是起始日期和终止日期，第三参数是要求返回的类型，如果要得到间隔的年数，用“Y”，月数用“M”，日数用“D”。“Y”“M”“D”可以组合使用。比如：用公式取得 1975 年 10 月 16 日至 2017 年 7 月 8 日两个日期之间的间隔天数“=DATEDIF(“1975-10-16”,”2017-7-8”,”D”)”得到 15241 天，用公式取得忽略年数的间隔天数“=DATEDIF(“1975-10-16”,”2017-7-8”,”YD”)”得到 266 天。

3. **设计模板。**为了取得最佳的行权日期，必须设计一个模板用以准确计算，按照以下步骤操作：

- 建立空表。首先在 Excel 界面中按 Ctrl_N 键，建立一个空白的表格“债权转股权方案优选模型”，如图 4-72 所示。此表分为四个部分：①是与两家公司商定的转股价格，②是扬州安盈公司的相关资料，③是无锡美新公司的相关资料，④是转股行权的数据测试区。

按 Ctrl_S，保存文件为“D:\files\Chap4\ 苏问集团 2017 年债转股方案行权日选择 .xlsx”。

- 设置公式。“债权转股权方案优选模型”表中的公式设置如下：
  - 在单元格 F9 输入公式“=DATEDIF($D9,$E$21,"Y")”，用来取得资金拆借日期与行权日之间的年份间隔。
  - 在单元格 G9 输入公式“=INDEX($D$3:$E$6,MATCH($F9,$D$3:$D$6),2)”，先用 MATCH 函数取得资金拆借日已达年限在行权价格表区域的行序号，再据此用 INDEX 函数取得行权价格表中的行权单价。
  - 在单元格 H9 输入公式“=INT(10000*E9/G9)”，用资金拆借金额（元）除以行权单价，取整得到可行权的股数。
  - 在单元格 G21 输入公式“=ABS(H14-H19)”，扬州安盈、无锡美新两家公司可行权的股数差额的绝对值，该值最小时，可以执行与扬州安盈的期权协议。
- 复制公式。选中单元格区域“F9:H9”，按下 Ctrl_C，选中单元格区域“F10:G13”，按住 Ctrl 键不放，选中单元格区域“F17:H18”，按下 Ctrl_V，完成公式的填充。

4.7.4 用“演变”工具完成债转股方案的行权时机推演

由于行权价格与年限是按区间分段相关的关系，二者并非呈现平滑的关系曲线，如要取得股数差额的最小值，并取得保持此差值的转股日期区间，可利用“规划求解——演化”工具（又称为“进化”工具）完成，实现方法如下：

- 调用“规划求解”工具。选中单元格 F16，单击 Excel“数据”选项卡上的“分析”组的“规划求解”，弹出“规划求解参数”对话框（图 4-73），其中的各参数填制方法如下：
  - “设置目标”：由于要求得股数差额的最小值，因此此处输入“$G$21”，“到”之后选中“最小值”。
  - “通过更改可变单元格”：由于要求转股日期的变动引发的结果，故而这里填入转股日期所在的单元格“$E$21”。
  - “遵守约束”：单击右侧的“添加”按钮，弹出“添加约束”对话框（图 4-42）。添加两个约束条件，将日期限定在 2018 年 7 月 1 日至 2022 年 6 月 30 日之间。

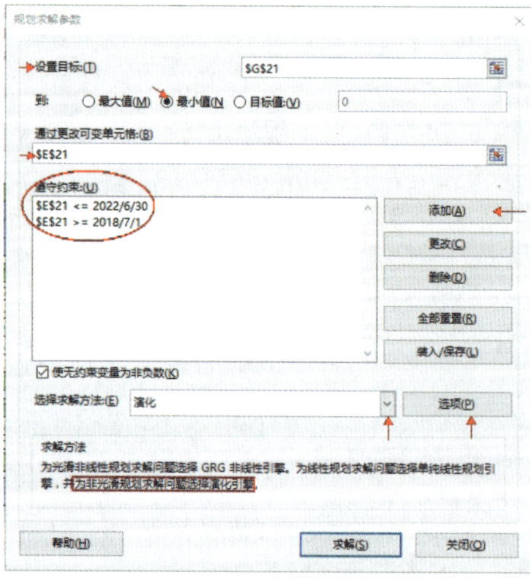

图 4-73 调用“规划求解参数”之“演化”

➢“选择求解方法”：单击下三角按钮选择“演化”，再单击其右的“选项”按钮，弹出“选项”对话框（图 4-74）。单击“演化”选项卡，对其中的有关选项进行如下设置后，单击底部的“确定”按钮返回“规划求解参数”对话框。

➢“突变速率”。一个介于 0（零）和 1 之间的数字，突变率越高，越会增加总体的多样性，并且生成的解越好。

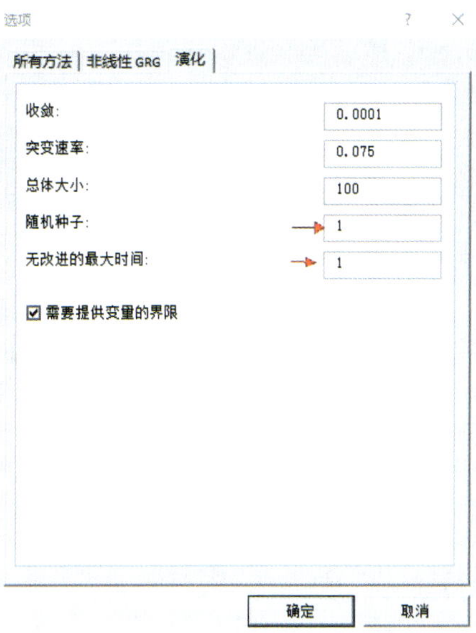

图 4-74　调用“规划求解参数”之“演化”选项对话框

➢“随机种子”。如果值为非零正数，在模型未变化时，每次运行“演化”工具都会找到同一解。如果值为零，在模型未变化时，每次运行“演化”工具都会生成不同的解。这里先设置为“1”。

➢“无改进的最大时间”。目标值在演变过程中不再变化时明显改进解的情况下继续执行求解的最长时间（以秒为单位），该值必须为正整数。这里先设置为“1”。

➢其他选项保持默认值不变。

● 执行“演化”工具。单击“规划求解参数”对话框底部“求解”按钮，短暂等待后弹出“规划求解结果”对话框（图 4-75）。此时，给出的转股日期和差值分别是“2021/7/9”和“725”。对该对话框进行如下设置后，单击底部的“确定”按钮返回“规划求解参数”对话框。

➢选中“还原初值”，目的是为了让转股日期保留初始值“2018/7/1”。

➢勾选“返回‘规划求解参数’对话框”。

CFO 点拨
如果要终止正在运行过程中的规划求解，按下 Esc 键即可。

● 二次设置“演化 - 选项”。单击“规划求解参数”对话框的“选项”按钮，再次弹出“选项”对话框，将其中的“无改进最大时间”修改为“999”，单击底部的“确定”按钮返回“规划求解参数”对话框。时间设置过大，将会导致运行时间延长。

● 二次执行“演化”工具。单击“规划求解参数”对话框底部“求解”按钮，短暂等待后弹出“规划求解结果”对话框。此时，给出的转股日期和差值仍然分别是“2021/7/9”和“725”。

此时，可以认为“725”为两家公司转股数量的最接近值。

- 修改“规划求解参数”。按照以上方法弹出“规划求解参数”对话框（图 4-73），各参数填制方法如下：
  - “设置目标”：由于要求得股数差额为 725 时的转股日期的日期区间，因此此处输入“$E$21”，“到”之后选中“最小值”。
  - “通过更改可变单元格”：由于要求的转股日期的变动引发的结果，故而这里填入转股日期所在的单元格“$E$21”。
  - “遵守约束”：单击右侧的“添加”按钮，弹出“添加约束”对话框，添加一个约束条件，将股数差额单元格设定为小于等于 725（“$G$21<=725”）。
  - 单击“规划求解参数”对话框的“选项”按钮，再次弹出“选项”对话框，将其中的“无改进最大时间”修改为“1”，单击底部的“确定”按钮返回“规划求解参数”对话框。
- 再次执行“演化”工具。单击“规划求解参数”对话框底部“求解”按钮，短暂等待后弹出“规划求解结果”对话框。此时，给出的转股日期和差值分别是“2020/7/1”和“725”。按照图 4-75 设置，单击底部的“确定”按钮返回“规划求解参数”对话框，将“设置目标”修改为“最大值”，最后一次执行“演化”工具，短暂等待后弹出“规划求解结果”对话框。此时，给出的转股日期和差值分别是“2021/11/4”和“725”。依次单击“确定”按钮关闭“规划求解结果”对话框，单击“关闭”按钮关闭“规划求解参数”对话框。
- “演化”工具运行结果检验。经过上述演化，得到转股日期的最小值和最大值分别是“2020/7/1”和“2021/11/4”。将日期修改为“2020/6/30”，得到“差值”为 120 048，将日期修改为“2021/11/5”，得到“差值”为 603 139。这两个“差值”均大于 725，表明“2020/7/1”至“2021/11/4”的日期区间是认可扬州安盈公司行权的最佳日期段。

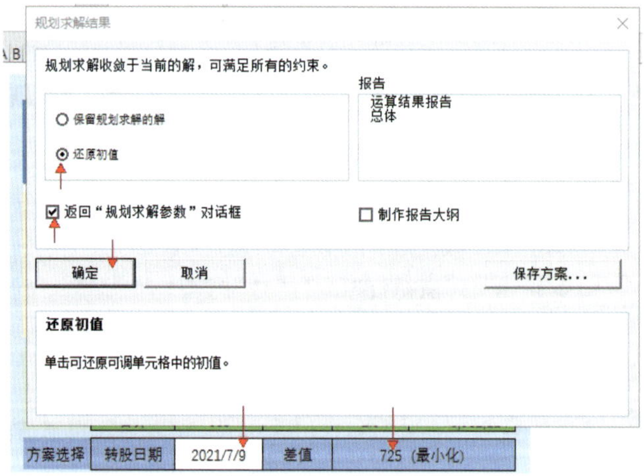

图 4-75　调用“规划求解参数”之“演化”选项对话框

4.7.5　股权融资的定价模型设计

任何一家公司将股权作为筹资基础，让渡公司的部分所有权，必然涉及股份（股票）的定价，定价的核心是内在价值的确定，即未来期间的收益价值的折现值的计算。

对于股权定价的现金流量考虑有两块，一是股息的未来支付，二是股份（股票）在流通市场的交易价格。作为股份初始出让方的发行公司，在制定发行单价时是以预期的未来现金流量的折合现值作为计算基础的。常用的方法有两种：一是市盈率定价法，二是股利股价法。

市盈率定价法是参照拟发新股的所在行业平均市盈率，结合拟发新股的收益、净资产、成长性、发行数量、市场状况以及可比上市公司二级市场表现来确定。计算公式为“发行价格 = 每股收益 × 发行市盈率”，公式比较简单，这里不做多余介绍。

市盈率定价法作为新股发行定价方法在市场化定价趋势中具有不可替代的作用，这种定价方式由于考虑到发行风险，因此定价时通常会留有一定的空间。

股利股价法是以未来的每年发放的股利现金流按照期望的报酬率折现到当前的现金流量值的股权定价方法。其折现原理参见“4.6.1”，其 Excel 模型的搭建方法如下：

1. **条件设定**。近期，集团拟吸纳下属科技版块（“苏问科技有限责任公司”）的部分股份，筹资 210 万元。未来的股利计划预期如下：第一年每股发放 1.2 元的红利，第二至第五年股利以 5% 的增长率发放，第五年以后以 2% 的增长率发放，市场期望的预期报酬率至少在 10%。基于这样的前提，公司每股发行价格定为多少比较合适？

2. **建模思路**。股利股价法的定价计算关键在于每年现金流量和折现比率的确定，按照各期的现金流量采用 NPV 函数折算至当前，在计算时折算年限的确定尤其不能搞错。

3. **设计模板**。为了取得公平的发行定价，必须设计一个模板用以准确计算，按照以下步骤操作：

- 建立空表。首先在 Excel 界面中按 Ctrl_N 键，建立一个空白的表格“股价计算模型”，如图 4-76 所示。按 Ctrl_S，保存文件为“D:\files\Chap4\ 苏问集团股东会的相关事宜 .xlsx”。
- 设置公式。在模型表格中设置如下公式。
  - 单元格 B8：“=B3”，用来取得第一年的股利。
  - 单元格 B9：“=B8*(1+$B$4)”，用来取得第二年的股利。

	A	B	C
1	股价计算模型		
2	基础数据		
3	第1年股利	1.2	
4	第2-5年增长率	5%	
5	第6年以后的增长率	2%	
6	股东要求的投资回报率	10%	
7	测算区		
8	第1年预计股利	1.2	=B3
9	第2年预计股利	1.26	=B8*(1+$B$4)
10	第3年预计股利	1.323	=B9*(1+$B$4)
11	第4年预计股利	1.38915	=B10*(1+$B$4)
12	第5年预计股利	1.458608	=B11*(1+$B$4)
13	股价（拟发价格）	16.52814	=NPV(B6,B8:B12) +B12*(1+B5)/(1+B6)^5/(B6-B5)

图 4-76　股利股价定价模型

  - 单元格 B10、B11、B12：复制单元格 B9 的公式，用来取得第三至五年的股利。
  - 单元格 B13：“=NPV(B6,B8:B12)+B12*(1+B5)/(1+B6)^5/(B6-B5)”，用来取得第六年及以后的股利折现价格，即股利股价法下的股份（股票）发行定价。公式分为两个部分，一是前 5 年用 NPV 函数折算值，二是第 6 年以后按照最低的期望报酬率计算的折现值。计算后的发行价格为每股 16.53 元。
- 模型解读。从形式上来说，计算公式都不是特别复杂，当设定的前提条件发生变化时，只需改动表格“股价计算模型”中的“基础数据”区的数字，“测算区”就会自动产生新的发行价格。要深入理解的是公式中蕴含的资金流折现思想，这才是我们要掌握的财务理念。在此基础上计算的股权融资定价只是理论上的价格，在实际经济生活中，还必须考虑发行费用，发行政策等诸多经济和非经济的影响因素。

4.8 与股权相关 Excel 文档的美化设计、安全加固和发送

为吸引和吸纳新的股东，与潜在的投资人和现有的股东进行沟通，往往需要准备相当多的专业文档，这项工作同样也体现了财务人员驾驭 Excel 的专业能力，相当程度上还代表着一个公司的形象。在文案的美化和安全方面，与其计算能力一样，Excel 同样是我们强有力的工具，而且是与其计算能力紧密结合的。

4.8.1 股份结构及组织架构图的设计

苏问科技有限责任公司的股东除集团公司外，尚有法人股东武汉志龙日新公司、自然人股东余敏洁等 5 名股东，具体见表 4-12：

表 4-12　苏问科技有限责任公司股权结构

序号	股东名称	股份金额（万元）	股权占比	属性
1	苏问集团有限公司	455	57.59%	法人
2	武汉志龙日新有限公司	130	16.46%	法人
3	余敏洁	95	12.03%	自然人
4	董一婕	56	7.09%	自然人
5	李浩硕	54	6.84%	自然人
合计		790	100.00%	

公司董事长、监事长、总经理各一名，下设财务部、研发部等 5 个部门，现欲将上面的股权结构和组织结构用更直观的图形表示出来，这个任务就给小吴了。小吴是按照以下步骤来操作的：

1. 制作股权结构图。

- 插入第一个矩形。单击 Excel“插入”选项卡上的“插图”选项组内的“形状”，移动鼠标到随后出现的浮动菜单中的“矩形”组内的“圆形矩形”上，单击（图 4-77 之①）。光标变为十字形，按住鼠标拖动，在工作表内画出大小合适的矩形区域后释放鼠标。此时，出现 Excel“绘图工具”-“格式”选项卡，单击“形状样式”中的“彩色填充 - 蓝色，强调颜色 5”。将鼠标移动到矩形边缘圆形定位点上拖拉，可改变矩形的大小。
- 添加文字并修饰。在刚插入的矩形上右击，单击随后出现的浮动菜单中的“添加文字”，用鼠标选中输入的全部文字，单击“绘图工具”-“格式”-“艺术字样式”中的“渐变填充 - 灰色”。单击 Excel“开始”选项卡，在“字体”选项组内将输入的文字设为“微软雅黑，14”号字，“对齐方式”设为“居中”。
- 复制四个矩形，并修改文字。鼠标移动到矩形的边缘，待光标变为四向箭头时，按住 Ctrl 键，拖动鼠标，可复制出第二个矩形，将鼠标点入其中，修改文字为“董一婕”。用同样的方法复制出另外三个矩形，并将文字修改为其他三个股东的名字。
- 突出主要股东。选中“苏问集团”矩形，返回“绘图工具”-“格式”选项卡，单击“艺术字样式”中的“文本效果”-“棱台”-“柔圆”，改变“苏问集团”文字显示效果（图 4-77 之②）。

● 插入第六个矩形。仿照上述方法，单击 Excel“插入”选项卡上的“插图”选项组内的“形状”，插入一个“矩形”，文字为“苏问科技有限责任公司”，格式设为“微软雅黑，20”号字（图 4-77 之③）。

● 插入垂线。单击 Excel“插入”选项卡上的“插图”选项组内的“形状”，移动鼠标到随后出现的浮动菜单中的“线条”组内的“直线”上，单击，在工作表内画出第一根线条。在随后出现的“绘图工具”-“格式”选项卡中单击“形状样式”中的“粗线-强调颜色 1”。按住鼠标左键和 Ctrl 键，拖拉复制出其他 4 根线条。用同样的方法，插入一根水平方向的横线后，将“苏问集团”矩形下的线条适当拉长。

> **CFO 点拨**
> 选中线条的圆形定位点拖拉，可改变其长短，按住键盘上 Ctrl_方向箭↑（或↓、←、→）可微调线条的上、下、左、右位置。

● 矩形与线条。按住 Ctrl 键，用鼠标单击全部的矩形和线条共 12 个元素（图 4-77 之④），“绘图工具”-“格式”选项卡的“排列”-“组合”-“组合”，将矩形与线条组合成一个整体（图 4-77 之⑤）。选中这个整体中的任意元素，移动到它的边缘，光标变为四向箭头时，即可整体拖动 2 个元素。

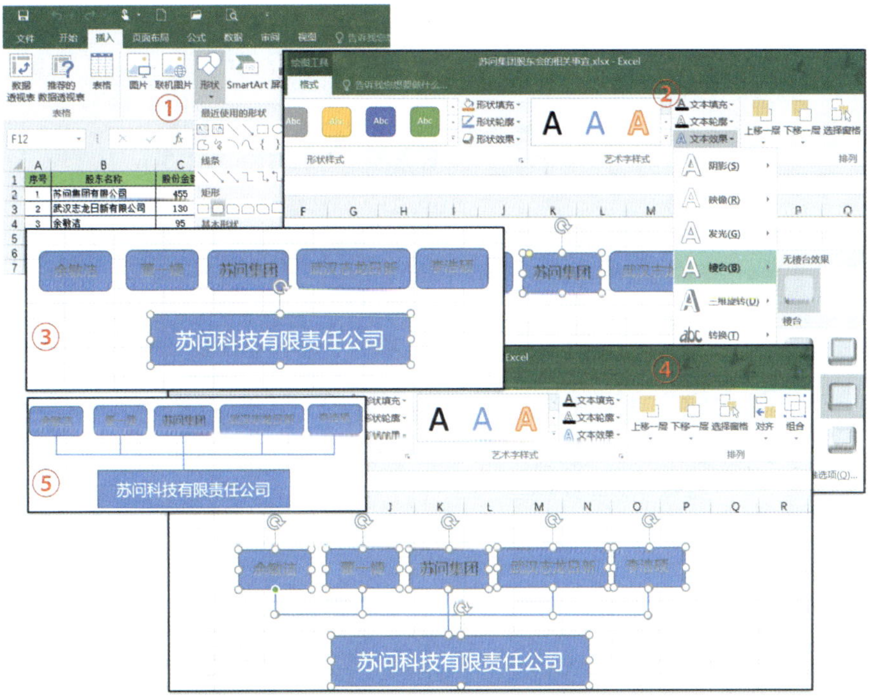

图 4-77　股权结构图

2. 制作组织架构（结构）图。

● 插入 SmartArt 图形。单击 Excel“插入”选项卡上的“插图”选项组内的“SmartArt”，弹出“选择 SmartArt 图形”对话框（图 4-78），单击“层次结构”-“组织结构图”，单击“确定”按钮，可得到如图 4-79 所示的初始组织结构图。

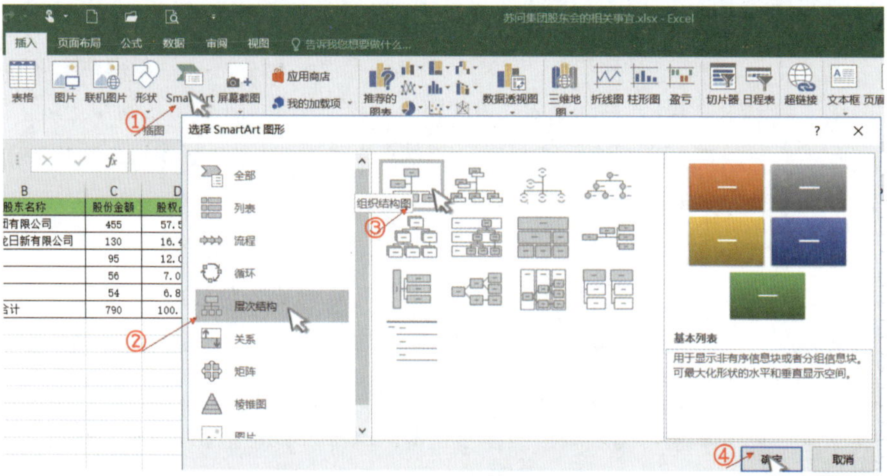

图 4-78 “选择 SmartArt 图形”对话框

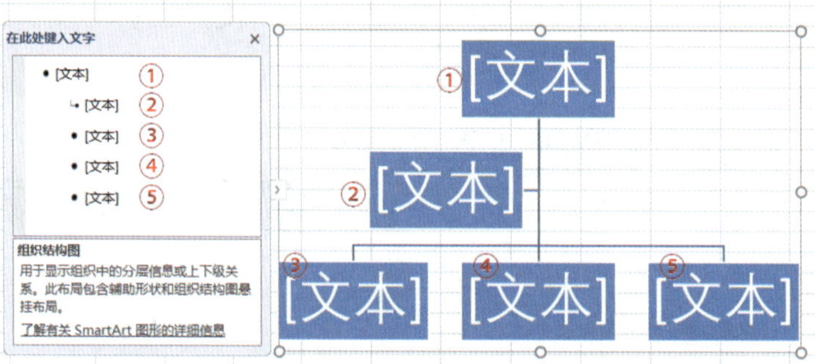

图 4-79 初始组织结构图

- 调整 SmartArt 图形。将图 4-79 中的文本①、②、③、④、⑤依次修改为“监事长”、“董事长”、“总经理”、“财务部”和“研发部”。将鼠标移动到“董事长”的“董”字之前，敲击“Backspace”键，使其在组织结构中层次提升一层；将鼠标移动到“财务部”的“财”字之前，敲击“Tab”键，使其在组织结构中层次下降一层；用同样的方法让“研发部”也下降一层；将鼠标移动到“研发部”的“部”字之后，敲回车键，并输入文字“人事部”，增加一个“财务部”、“研发部”相同的层级（根据实际情况，可以增加更多部门），此时的效果如图 4-80 所示。

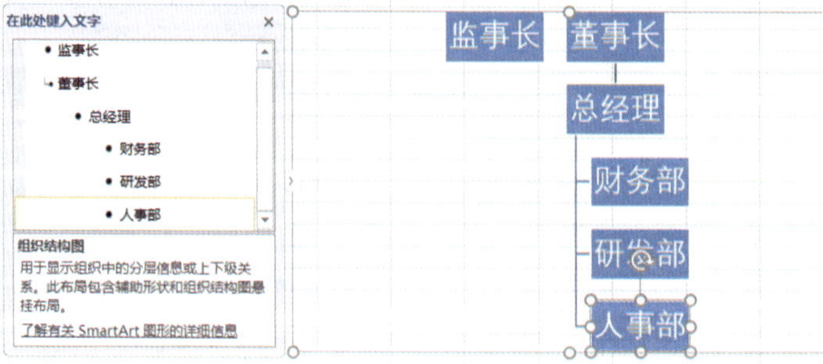

图 4-80 编辑组织结构

- 调整组织结构图版式。单击 Excel“SmartArt 工具”-“设计”选项卡上的“版式”组内的“姓名和职务组织结构图”，此时效果如图 4-81 所示。单击图中“监事长”方框右下角的白色小矩形，输入监事长姓名“陈明”，用相同的方法输入其他职务的人名，并将其字体设置为“楷体”，同时将董事长姓名加粗显示。

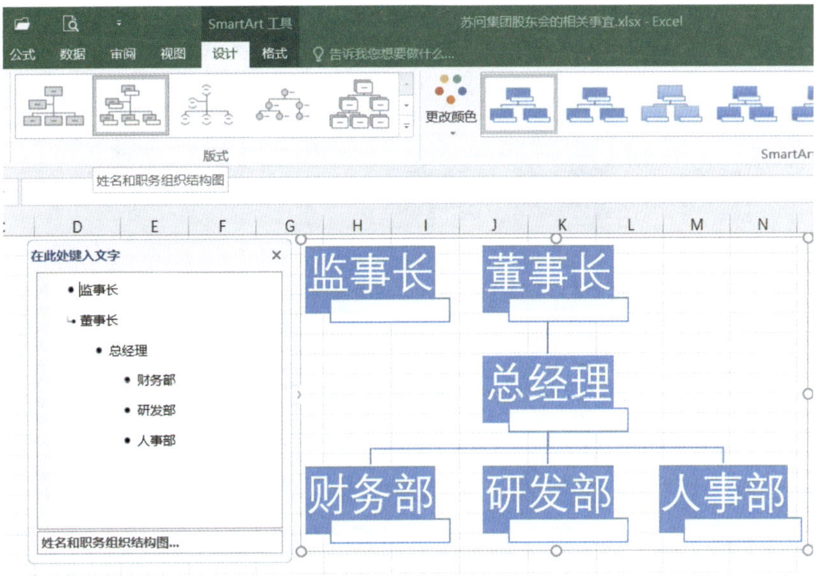

图 4-81　调整组织结构图版式

- 补齐连接线。仿照前述添加线条的方法，在股价结构图和组织架构图之间，在“监事长”和“董事长”方框之间添加连接线条。
- 股价结构图和组织架构图。仿照前述将线条和方框组合的方法，将新增的连接线和组织结构图，将组织结构图和股权结构图进行“组合”，最终的股权结构和组织结构图效果如图 4-82 所示。

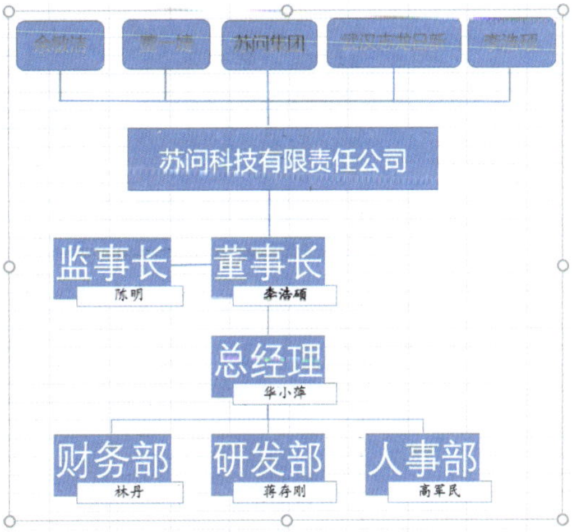

图 4-82　苏问科技有限责任公司的股权结构和组织结构图

小吴制作的股权结构和组织结构图确实大方漂亮，让人一目了然，然而有些时候，我们只是需要在电脑上加以显示，并不想和其他表格一起打印出来，该如何设置呢？

其实也很简单，右击图 4-82 任意元素，在随后出现的浮动菜单上单击“大小和属性”，弹出“设置形状格式”选项卡（图 4-83），在这里可以设置股权结构和组织结构图的文字和形状等选项。

单击“属性”前的小三角按钮展开下级内容，取消勾选“打印对象”，即可完成股权结构和组织结构图的“只看不印”设置。

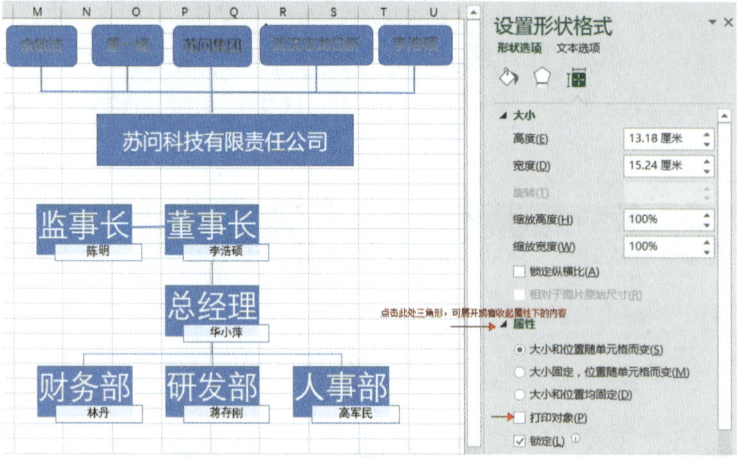

图 4-83　组织结构图的“设置形状格式”选项卡

4.8.2　股份结构及组织架构图的美化和插图 Excel 文件的“瘦身”

为了让股权结构和组织结构图更加美观，根据需要，可以按照以下操作对它进一步加以美化：

● 添加衬底图。方法有两种：一是，插入工作表背景。单击 Excel 的“页面布局”选项卡“页面设置”选项组内的“背景”，选择保存在电脑上的图片文件，我们选的是“D:\files\Chap4\used files\ 插图 .jpg”，该文件大小为 3 739 KB（图 4-84 之①），而“D:\files\Chap4\ 苏问集团股东会的相关事宜 .xlsx”文件大小为 30KB（图 4-84 之②），按 Ctrl_S 保存 Excel 文件后，查看文件大小为 3 769KB（图 4-84 之③），正好是保存前的两个文件的大小之和。

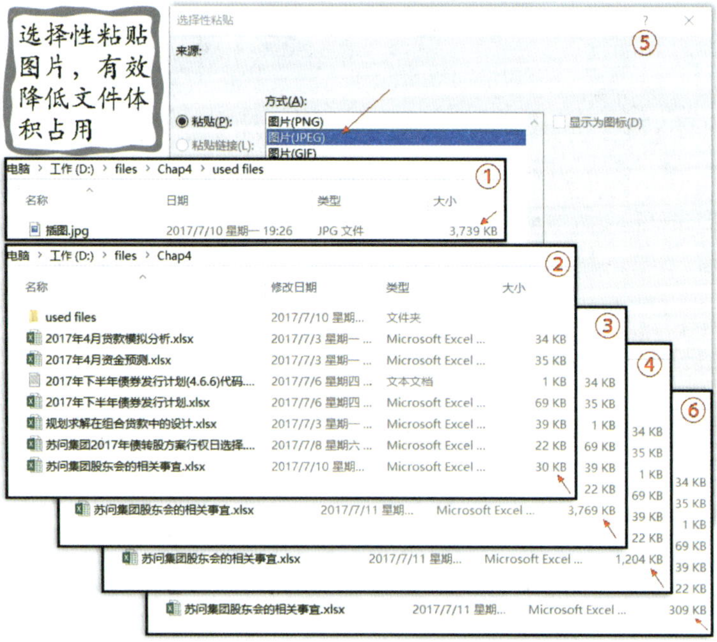

图 4-84　Excel 文件添加图片后的大小变化对比

要删除已经插入的工作表背景可以通过单击“页面设置”选项组内的“删除背景”实现。

二是选中股权结构和组织结构图左上角所在的单元格，单击 Excel 的“插入”选项卡“插图”选项组内的“图片”，选择保存在电脑上的图片文件，同样选的是“D:\files\Chap4\used files\ 插图 .jpg”，按 Ctrl_S 保存 Excel 文件后，查看文件大小为 1 204KB（图 4-84 之④）。

- 缩小图片体积占用。显然通过上述方法，都会占用比较大的文件体积，要减少文件大小占用方法如下：

选中刚刚插入的图片，按下 Ctrl_X 将图形放入剪切板，在股权结构和组织结构图左上角所在的单元格内右击，在其后出现的浮动菜单中单击“选择性粘贴”，弹出“选择性粘贴”对话框（图 4-84 之⑤），单击其中的“图片 (JPEG)”后，单击“确定”按钮再次插入图片。通过这样的操作，Excel 已经对图片进行了处理，按 Ctrl_S 保存 Excel 文件后，查看文件大小仅为 309KB（图 4-84 之⑥）。

> CFO 点拨
> 也可直接单击浮动菜单“粘贴选项”下的“图片”项，但保存后 Excel 文件大小不会明显变小。

- 设置图片衬底。选中新插入的图片，右击，在随后出现的浮动菜单上单击“置于底层”组下的“置于底层”，将插图放置于股权结构和组织结构图之下。
- 调整图片尺寸和显示效果。选中插入的图片后，在图片的边缘就会出现 8 个定位圆点，将鼠标移动到这些圆点上按住鼠标拖动，即可调整图片的长和宽了。

选中插入的图片后，在 Excel 界面就会出现“图片工具” - “格式”选项卡，单击“调整”选项组“更正”项下的“亮度 / 对比度”，选中“亮度 :+20%, 对比度 :+20%”；单击其中“图片样式”选项组“图片效果”项下的“映像”，选中“映像变体” - “紧密映像 - 接触”，为图片添加倒影效果。对于图片的显示样式和效果等，可以根据自己的喜好，进行个性化调整。

- 去除工作表网格线。单击 Excel 的“页面布局”选项卡，去除“工作表选项”选项组内“网格线”下的“查看”。
- 组织结构图和股权结构图与衬底图。仿照“4.8.2”讲述的方法，将组织结构图和股权结构图与衬底图“组合”成一个整体，最终效果如图 4-85 所示。

图 4-85　添加了衬底图的组织结构图和股权结构图

4.8.3 用 Excel 玩截图及股东会议会址地图的抓取

“什么，Excel 截图？我没听错吧？”小白一脸的懵圈儿。

“没错，我们就是要用 Excel 截取屏幕全屏或者局部直接添加到工作表中，这一节，我们的任务是用 Excel 抓取股东会议通知所采用的交通地图。”

用 Excel 玩截图。公司要召开各种大型会议时，需要召集外地分、子公司的员工或者供应商、股东前往某个地点集合，最好在会议通知中附上交通地图，一来体现了对参会人员的重视，二来也让参会者体会到准备工作的细致，也代表着公司的形象。比如在最近的股东会议的筹办中，需要召集股东前往苏州洲际酒店参会。

不需要通过其他截图工具截取后粘贴到工作表中，或者保存为图片，再插入 Excel 中，可以通过以下方法直接截图到 Excel 工作表中：

- 利用浏览器搜索参会地点。打开常用的浏览器如 Microsoft Edge，在某地图网站搜索参会地点“苏州洲际酒店”。
- 调用 Excel 截图工具。单击 Excel“插入”选项卡“插图”选项组内的“屏幕截图”，如图 4-86 所示。Excel 截图工具分为两个部分：一是“可用的视窗”，列出了当前打开的 Windows 窗口的缩略图，根据需要直接单击插入；二是“屏幕剪辑”，用来抓取 Excel 之前激活的 Windows 窗口的局部。

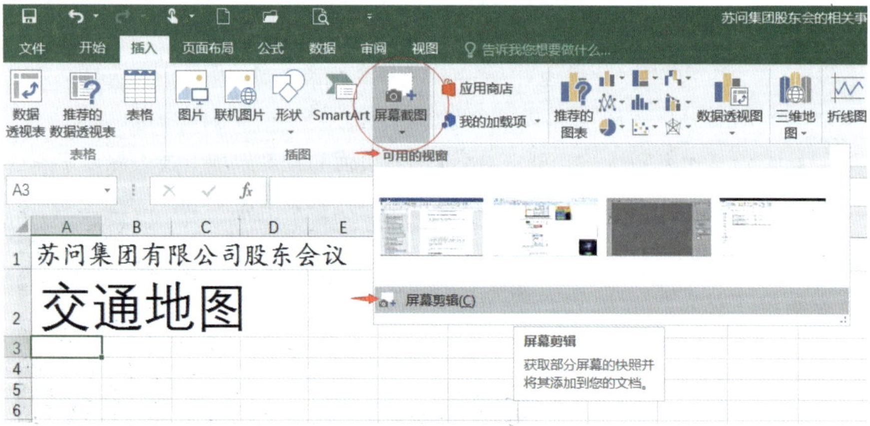

图 4-86 Excel 自带的截图工具

单击“屏幕剪辑”，Excel 窗口自动隐藏露出 Microsoft Edge 窗口，按住鼠标左键拖拉出所需要的地图区域后释放，Excel 重新被激活，所剪切的图形自动添加到工作表中（图 4-87）。根据需要，可以通过圆形定位点进行尺寸调整或通过“图片工具”-“格式”选项卡对插入的地图进行修饰调整。

CFO 点拨

通过截图工具插入图形在工作表中的起始位置是单击截图工具前单元格所在的位置。

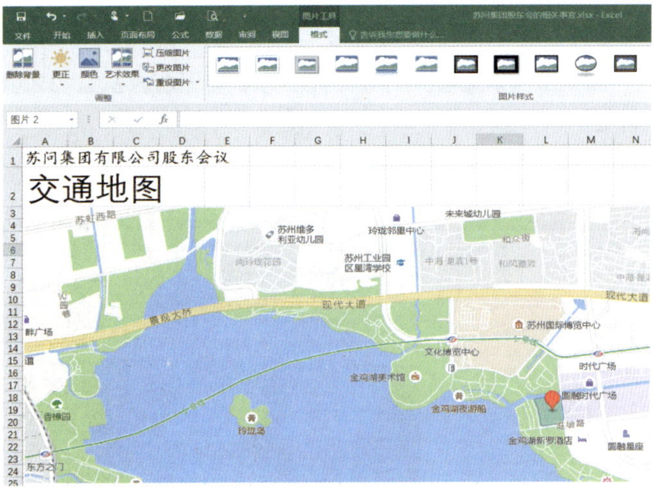

图 4-87 Excel 截取股东会议交通地图

4.8.4 将股权结构表等超过一屏的单元格区域截取为带行号列标的图形

“小白，如果让你把 Excel 中的表格放到 Word 中，你会咋办？”小吴这样问小白。

“选中 Excel 表格 Ctrl_C 复制，到 Word 中 Ctrl_V 粘贴啊。”

“这会将许多不必要的表格线粘贴过去，在 Word 中成为多余的灰色线。而且我不想别人修改我贴过去的表格，还要带行号和列标到 Word 中，又怎么办？”小吴继续笑着追问道。

“用第三方截图工具吧，直接截图！”

“第三方工具？对于我的长表格，截图工具就傻了。”

的确，截取屏幕图形有很多第三方工具，但大部分对超过一屏的截取内容无能为力。比如我们要将 Excel 工作表中的某一个长的表格截取成图形，很少有截图软件能够实现的。而利用 Excel 本身的功能，可以轻松实现小吴所提出的要求。具体操作方法如下：

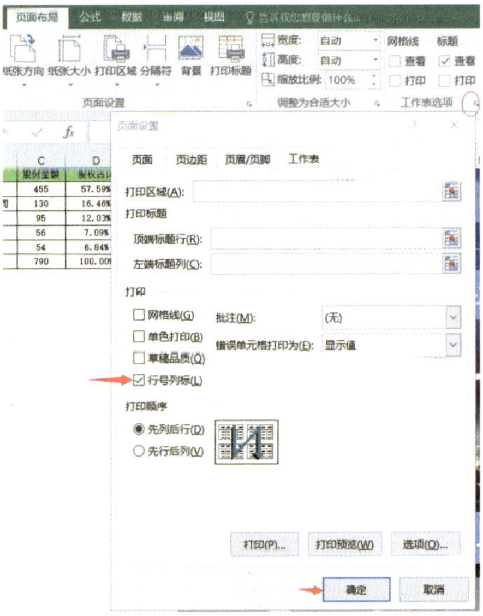

图 4-88 设置打印 Excel 行号与列标

- 设置打印行号与列标。单击“页面布局”选项卡“工作表选项”选项组右下角的小三角按钮，弹出“页面设置”对话框（图 4-88），单击其中的“工作表”选项卡，勾选“行号和列标”，按“确定”按钮关闭该对话框。
- 将单元格区域复制为图片。在行号标签上方的名称框中输入“A1:P55”选中该单元格区域，单击“开始”选项卡“剪切板”选项组内的“复制”右侧的下拉小三角按钮（图 4-89 之①），在随后出现的浮动菜单上单击“复制为图片”(图 4-89 之②)，弹出“复制图片”对话框，选中“如打印效果”(图 4-89 之③)，单击“确定”按钮完成图片复制（图 4-89 之④）。如选取区域较大，则图片生成时间较长，需要耐心等待片刻。

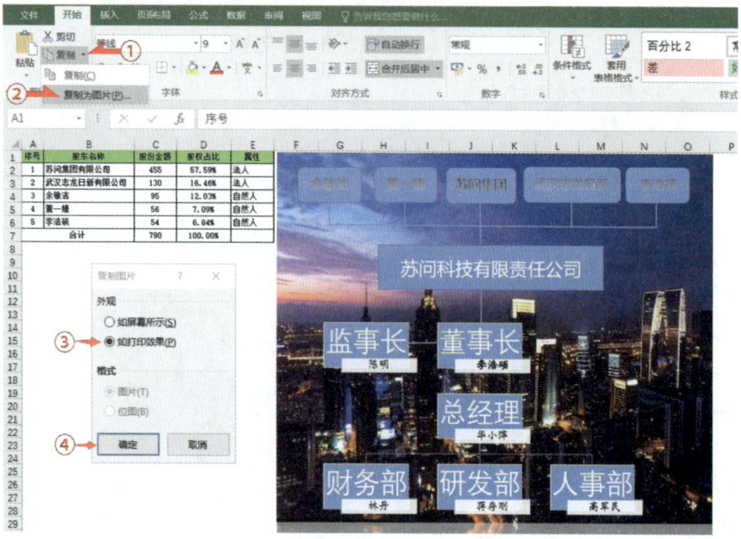

图 4-89　将单元格区域复制为图片

“复制图片”对话框的“外观”选择“如打印效果”表示图形与打印格式一致，由于需要包括行号和列标，故而选择了该项。“如屏幕所示”不包括附加的打印设置，如果不需要包括行号和列标，选择该项（或取消图 4-88 对打印行号列标的勾选），此时图片有两种格式：“图片”格式是经过压缩的，体积较小，“位图”格式未经压缩，体积较大。

- 图形粘贴。在需要粘贴图形的位置，如当前工作表、其他 Excel 工作表、Word、Powerpoint 或画图工具中按下 Ctrl_V 粘贴即可，效果如图 4-90 所示。图中大方框中即为粘贴的图形，在名称框中也指明了它的图形身份。根据需要，可以通过圆形定位点进行尺寸调整或通过“图片工具”-“格式”选项卡对粘贴的图形进行修饰调整。

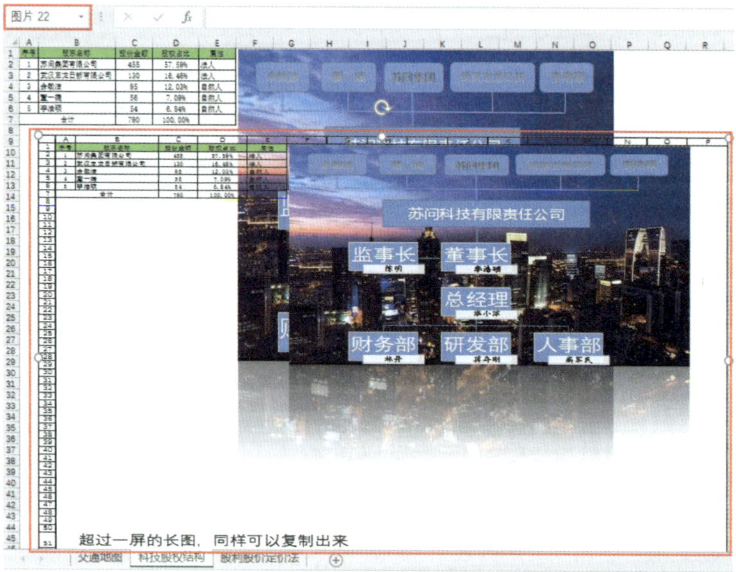

图 4-90　表格转为图片粘贴效果

如果要保存复制的图片为文件，可以在画图工具中粘贴后保存即可。

4.8.5　对股东会议的 Excel 表格的五重保护

重要的 Excel 文件，自然是不希望别人非法打开、修改，或者不允许别人增删、编辑工作表，这里仍以上一节的 Excel 文件“D:\files\Chap4\ 苏问集团股东会的相关事宜 .xlsx”为例来讲解如何保护 Excel 文件。

1. **添加和去除密码保护。**可对 Excel 文件进行不同层级的五重保护，分别是“文件打开保护”、“文件修改保护”、“工作簿保护”、“工作表保护”和“单元格保护”。

- 第一重保护：文件打开保护。任何人没有密码将无法打开 Excel 文件，更不用说看和写了。方法如下：
  - 单击 Excel“文件”选项卡，在随后出现的界面中单击“另存为”-“这台电脑”-“当前文件夹”，单击其中的“Chap4”（图 4-91 之①），也就是“苏问集团股东会的相关事宜 .xlsx”所在的文件夹；
  - 单击弹出的“另存为”对话框底部的“工具”右侧三角形按钮（图 4-91 之②）；
  - 在随后出现的浮动菜单中选中“常规选项”（图 4-91 之③）；
  - 在弹出的“常规选项”对话框的“打开权限密码”（图 4-91 之④）中输入“1”，为保密起见，Excel 只显示一个（“*”）；如果已设置文件打开密码，可在此步去除“打开权限密码”中的所有（“*”）；
  - 单击图 4-91 之⑤的“确定”按钮；

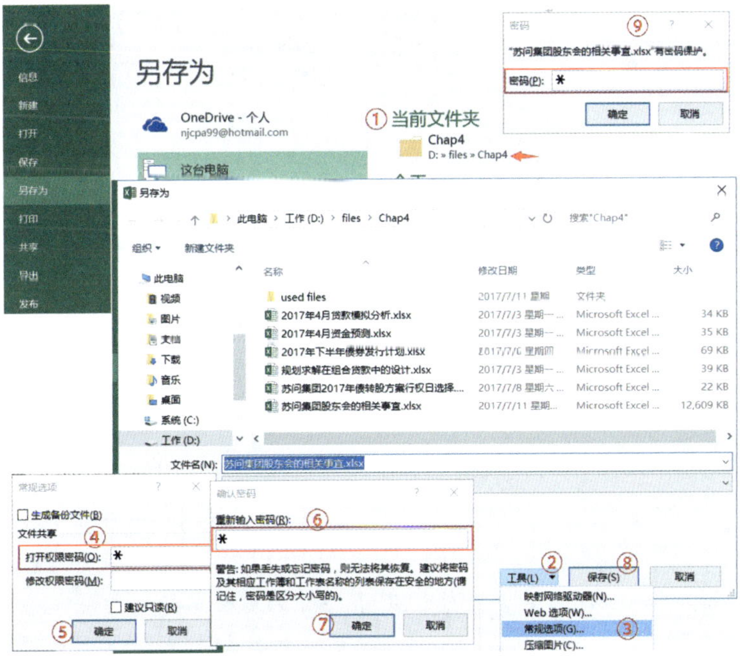

图 4-91　设置文件打开保护

  - 在弹出的“确认密码”对话框内再次输入“1”（图 4-91 之⑥），为保密起见，Excel 仍然只显示一个（“*”）；

- 单击图 4-91 之⑦的“确定”按钮，返回“另存为”对话框；如果是去除文件打开密码，则⑥和⑦步不会出现；
- 单击图 4-91 之⑧的“保存”按钮，弹出覆盖原文件的警告，单击其中的“是”按钮，返回 Excel 主界面；
- 重新打开“D:\files\Chap4\ 苏问集团股东会的相关事宜 .xlsx”，Excel 就会弹出“密码”对话框（图 4-91 之⑨），要求输入之前输入的密码“1”，如不知道正确的密码，将无法打开此文件。

● 第二重保护：文件修改保护。任何人没有密码都无法修改 Excel 文件。方法如下：

- 仿照第一重保护，弹出“常规选项”对话框（图 4-92 之①）中的“修改权限密码”内输入“2”；如果已设置文件修改密码，可在此步去除“修改权限密码”中的所有（“*”）；
- 单击图 4-92 之②的“确定”按钮；
- 在弹出的“确认密码”对话框内再次输入“2”（图 4-91 之⑥）；
- 单击图 4-91 之⑦的“确定”按钮，返回“另存为”对话框；如果是去除文件打开密码，⑥和⑦步不会出现；
- 单击图 4-91 之⑧的“保存”按钮，弹出覆盖原文件的警告，单击其中的“是”按钮，返回 Excel 主界面；
- 重新打开“D:\files\Chap4\ 苏问集团股东会的相关事宜 .xlsx”，Excel 就会弹出“密码”对话框（图 4-91 之⑨），输入密码“1”。
- 在弹出的“密码”对话框内再次输入“2”（图 4-92 之③），输入后图 4-92 之⑤“确定”由灰色不可用的状态变为黑色可用，单击此按钮可正常打开文件并可以修改此文件；如单击图 4-92 之④“取消”按钮，将无法打开 Excel 文件。
- 如不知道修改密码，单击图 4-92 之⑥“只读”按钮，对此打开的 Excel 文件的任何修改都无法保存，按下 Ctrl_S 试图保存对该文件所做的修改，将弹出如图 4-92 之⑦的警告，单击“确定”按钮，Excel 将弹出图 4-91 之①的“另存为”界面，要求换个名字才能保存 Excel 文件。倘若试图仍旧在原位置以原文件名称保存，Excel 将给出图 4-92 之⑧的警告拒绝保存，并返回“另存为”界面。

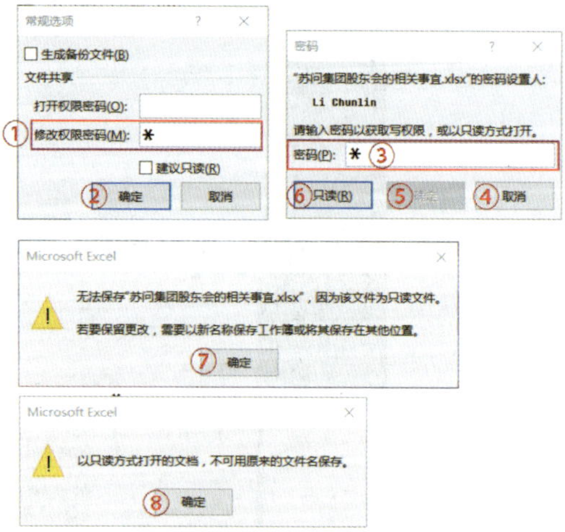

图 4-92　设置文件修改保护

● 第三重保护：工作簿保护。我们对工作表的操作一般有：插入 / 删除、移动 / 复制、隐藏 / 取消隐藏、重命名、更改标签颜色，如果不想被别人随意操作，可以添加工作簿密码加以保护，方法如下：

➢ 单击 Excel“审阅”选项卡（图 4-93 之①）中“更改”组内的“保护工作簿”（图 4-93 之②），弹出“保护结构和窗口”对话框，其中包括“结构”和“窗口”两个选项。前者是对工作簿内工作表的操作保护，后者是工作簿窗口的尺寸、位置的保护，当二者均未勾选时，图 4-93 之④“确定”按钮为灰色不可用状态。在图 4-93 之③输入密码“3”，单击“确定”按钮关闭该对话框。

➢ 在弹出的“确认密码”对话框内重新输入密码“3”（图 4-93 之⑤），单击“确定”按钮（图 4-93 之⑥）关闭该对话框。

➢ 如果想要在已经添加了工作簿保护的 Excel 文件中进行工作表操作，比如在任意工作表标签上右击，弹出浮动菜单（图 4-93 之⑦）。可以看出，菜单中可对工作表进行操作的大部分功能已经变为灰色，不再可用。

➢ 如果要取消已添加的工作簿保护，单击 Excel“审阅”选项卡（图 4-93 之①）中“更改”组内的“保护工作簿”（图 4-93 之②），弹出“保护结构和窗口”对话框，输入密码“3”（图 4-93 之⑤），单击“确定”按钮（图 4-93 之⑥）关闭该对话框即可。

CFO 点拨

添加密码保护的工作簿，用户仍然可以通过“图表向导”在工作表中添加嵌入式图表。

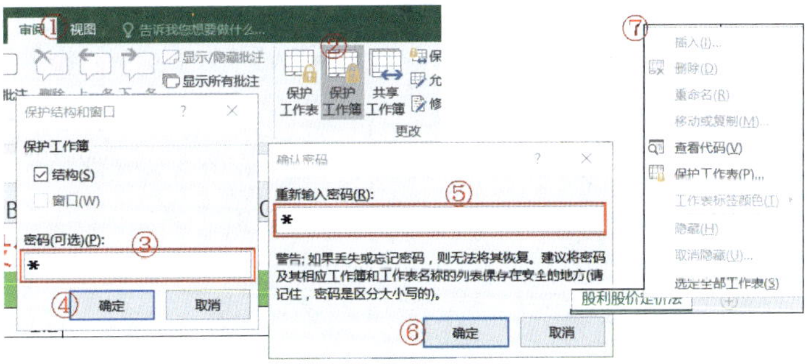

图 4-93 设置工作簿保护

● 第四重保护：工作表保护。如果要禁止无密码者修改单元格、插入行、设置格式等操作，可以添加工作表保护密码，方法如下：

➢ 选中要保护的工作表标签，单击 Excel“审阅”选项卡（图 4-93 之①）中“更改”组内的“保护工作表”，或者在要保护的工作表标签右击（图 4-94 之①），在随后出现的浮动菜单中单击“保护工作表”（图 4-94 之②），弹出“保护工作表”对话框，图 4-94 之④方框内勾选表示密码保护后可以进行的操作，不勾选表示禁止的操作。

➢ 在图 4-94 之③输入密码“4”，单击“确定”按钮（图 4-94 之⑤）关闭该对话框。

➢ 如果想要在已经添加了工作表保护的表格中进行操作（双击一个受保护的单元格），将会出现图 4-94 之⑥所示的警告并加以拒绝。

➢ 已经添加了工作表保护的工作表的“审阅”选项卡（图 4-93 之①）中

"更改"组内的"保护工作表"已变为"撤销工作表保护"，在已经添加了工作表保护的工作表上右击，出现的浮动菜单上的"保护工作表"也变为"撤销工作表保护"，单击此项，输入密码"4"，可以取消对该工作表的保护。

- 第五重保护：单元格保护。添加了工作表保护的所有单元格将不再可以编辑、修改、增删，实际使用 Excel 的过程中，对单元格的保护往往不是全部可用或者全部禁用，必须有选择性地加以区分，方法如下：
  - 以工作表"股利股价定价法"为例，选中该工作表，取消对该工作表的保护（密码"4"）。
  - 右击行号与列标签交叉处的三角形（图 4-95 之①），在随后出现的浮动菜单中选择"设置单元格格式"（或 Ctrl_A 选中全部单元格，按下 Ctrl_1），弹出"单元格格式"对话框，选中"保护"选项卡（图 4-95 之②），其中有两个勾选项"保护"和"隐藏"，前者表示密码保护后的单元格可以或禁止编辑和删除，后者表示可以或禁止显示受保护的单元格内的内容（如函数公式等），不勾选"保护"、"隐藏"后，单击"确定"按钮（图 4-95 之③）关闭该对话框。
  - 选中单元格区域"B8:B13"（有公式的区域），按下 Ctrl_1，弹出"单元格格式"对话框，选中"保护"选项卡（图 4-95 之②），勾选"保护"、"隐藏"后，单击"确定"按钮（图 4-95 之③）关闭该对话框。
  - 图 4-95 中"保护"和"隐藏"勾选或取消勾选后，必须添加工作表保护，单元格的保护方才生效。
  - 选中单元格区域"B8:B13"任意单元格，在公式编辑栏将不再显示其中的公式，双击该单元格，将会出现图 4-94 之⑥所示的警告拒绝修改。

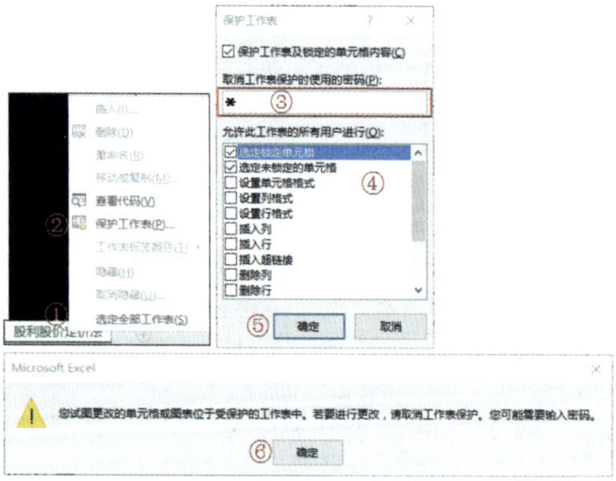

图 4-94　设置工作表保护

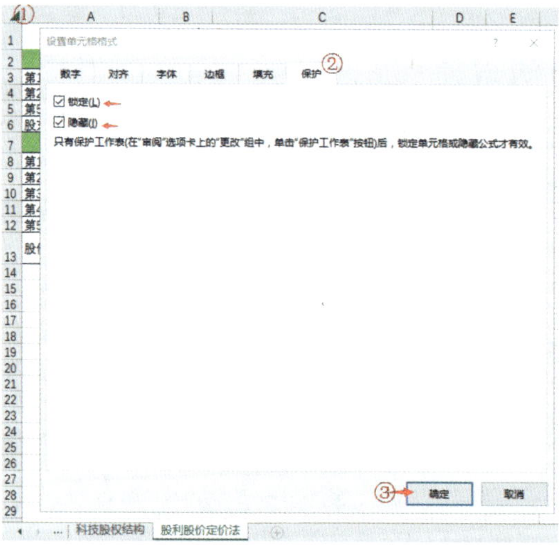

图 4-95　设置单元格保护

上述密码保护也可通过单击 Excel"开始"选项卡上的"信息"-"保护工作簿"的下三角箭头弹出的浮动菜单（图 4-96）上的相关项目来设置，比如："用密码进行加密"对应于"文件打开密码保护"，"保护当前工作表"对应于"工作表保护"，"保护工作簿结构"对应于"工作簿保护"。

密码设置完成，别忘记按下 Ctrl_S 保存。

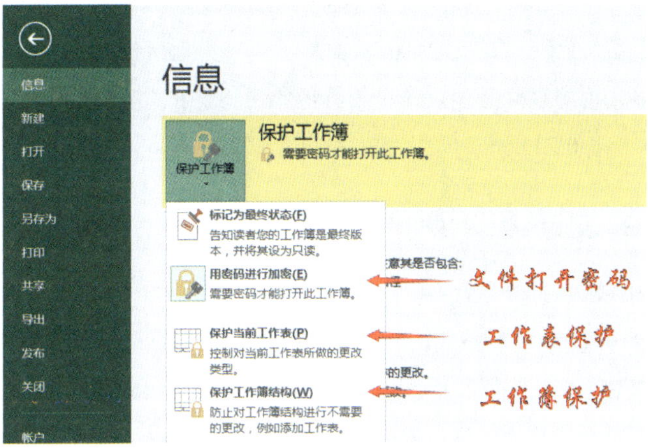

图 4-96　保护工作簿的信息项目

2. 更快捷的密码保护。上面的五重保护都是通过 Excel 的操作界面进行的，有些步骤显得特别烦琐。实际上有更快的保护方式，小白过来看一下：

- 一行代码保护。在 Excel 窗口按下 Alt_F11，在随后出现的窗口中按下 Ctrl_G 后，在同一行内输入以下代码后回车，关闭此窗口返回 Excel。上述五重保护的对应代码见表 4-13：

表 4-13　Excel 文件保护代码列表

序号	功能	代码	说明
1	文件打开密码	ActiveWorkbook.SaveAs Filename:="D:\files\Chap4\ 苏问集团股东会的相关事宜 .xlsx",Password:="1"	
2	文件修改密码	ActiveWorkbook.SaveAs Filename:="D:\files\Chap4\ 苏问集团股东会的相关事宜 .xlsx",WriteResPassword:="2"	
3	工作簿保护	ActiveWorkbook.Protect "3",True,False	勾选“结构”、不勾选“窗口”
4	工作表保护	Sheets（"股利股价定价法"）.Protect "4"	
5	单元格保护	Range（"B8:B13"）.Locked = True:Range（"B8:B13"）.FormulaHidden = True	勾选“锁定”、勾选“隐藏”

注 1：撤销保护将“Protect”改为“Unprotect”，“True”代表勾选，“False”代表不勾选。

注 2：如果要打开已添加文件打开密码和修改密码的 Excel 文件，可用形如“Workbooks.Open filename:="D:\files\Chap4\ 苏问集团股东会的相关事宜 .xlsx",Password:="1",WriteResPassword:="2"”的一行代码打开。

3. 密码保护综述。Excel 为我们提供了很好的密码保护，但它有时也是相当脆弱的，通过设置强密码或借助第三方保护软件强化保护也是有必要的。

- 密码保护强度。虽然说 Excel 对文件提供了多重密码保护，但这些保护很容易通过一些第三方破解软件快速清除，尤其是“.xls”格式的文件。就保护强度而言，“.xlsx”格式的“文件打开密码”强度最强，难以被第三方软件攻破，建议将 Excel 文件保存为 2007 及以上版本的文件格式。
- 密码设置的复杂程度。设置密码时尽量使用大小写字母、数字和符号组合这样的强密码。比如：N9m2x!06。弱密码：Thanks66。密码的长度应为 8 个或更多字符。上面我们举例使用的密码“1”、“2”、“3”、“4”，只是为了使密码显得更简洁。

- 第三方保护软件推荐。除了设置复杂不易猜测的密码外，还可以借助第三方保护软件来强化对 Excel 文件的保护。第三方保护软件除了更有力地保护 Excel 表格中的公式和代码外，还增添了许多实用的高级功能。这里推荐的第三方保护软件是“Excel 封装机”，官网地址为 http://www.ExcelFZJ.com/，可以去网站免费下载使用。

4.8.6 用 Excel 发送 PDF/XPS 安全邮件

制作完成的 Excel 表格（如股东会议通知），不只是为了自己阅读和打印，更多的时候是要发送给其他人使用的（如股东、公司高管等）。我们不仅可以在 Excel 中直接调用邮件发送，并且还能对发送的文件预先进行格式转化，防止收件人非法篡改或扩散，我们先来了解两种格式的“安全”文件：

- PDF 文件。PDF 是 Portable Document Format 英文首字母，PDF 文件是 Adobe 公司开发的电子文件格式。PDF 文件是跨平台的，不管是在 Windows，Unix 还是在苹果公司的 Mac OS 操作系统中都是通用的，PDF 格式已经成为互联网上进行电子文档发行和数字化信息传播的理想文档格式。越来越多的电子图书、产品说明、公司文告、网络资料、电子邮件开始使用 PDF 格式文件。Adobe 公司的免费软件 Arcobat Reader 即可阅读 PDF 文件。
- XPS 文件。XPS 是 XML Paper Specification 英文首字母，XPS 文件是微软公司开发的一种文档保存与查看的规范的文件。一般认为，XPS 是 Adobe 公司的 PDF 的潜在竞争对手。但是，XPS 是一个静态文档格式，其本身不包括类似于 PDF 所具有的动态特性。微软公司的免费软件 XPS Viewer 即可阅读 XPS 文件。

由于这两种文件不能被接收人轻易更改，所以说它们是安全的格式，借助 Excel 的“电子邮件”可以将 Excel 文件转换成这两种安全格式后，发送给接收者。具体方法如下：

- 调用电子邮件。依次单击 Excel“开始”选项卡上的“共享”（图 4-97 之①）、“电子邮件”（图 4-97 之②），对其右侧出现 4 个可用的选项上解释如下：

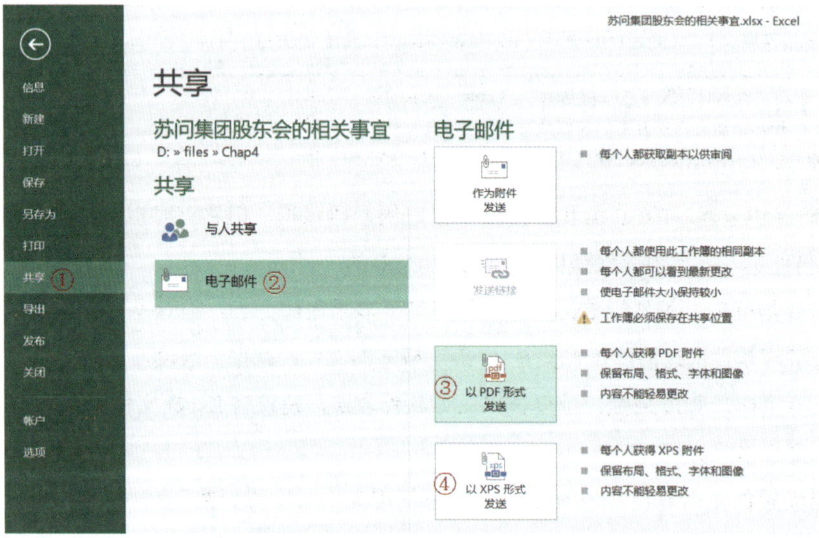

图 4-97 PDF/XPS 邮件共享

- “作为附件发送”。将当前工作簿发送给邮件接收人，Excel 文件是邮件的附件。
- “发送链接”。只在邮件中提供一个地址给邮件接收人，Excel 文件并非实际转移，但它必须存放于共享位置供邮件接收人下载副本。
- “以 PDF 形式发送”（图 4-97 之③）。将当前工作簿转换格式后发送给邮件接收人，Excel 文件转换成 PDF 文件作为电子邮件的附件发出。
- “以 XPS 形式发送”（图 4-97 之④）。将当前工作簿转换格式后发送给邮件接收人，Excel 文件转换成 XPS 文件作为电子邮件的附件发出。

● 准备发送电子邮件。单击图 4-97 之③“以 PDF 形式发送”，如电脑上未预先安装电子邮件软件，将会出现图 4-98 之①、②的错误警告。如电脑上已预先安装电子邮件软件，将会出现图 4-99 所示的界面，依次单击图 4-99 之①的“确定”按钮，弹出“Windows 安全性”对话框。在图 4-99 之②处填写所用发送 E-mail 的正确密码、勾选图 4-99 之③“记住我的凭据”，单击图 4-99 之④的“确定”按钮准备发送电子邮件。

CFO 点拨
一，也可单击图 4-97 之③“以 PDF 形式发送”，除附件格式不同外，其余操作都相同；二，由于不同电脑安装的默认电子邮件软件不同，出现的界面可能有所不同；三，“记住我的凭据”后，下次便不再会出现“Windows 安全性”对话框。

图 4-98　未安装和配置完成电子邮件软件时的错误警告

● 发送电子邮件。电子邮件发送的准备工作完成后，将出现图 4-100 所示的界面。对其中的各个部分说明如下：

- 收件人。在此处填入收件股东的 E-mail 地址，发送给多人以（“;”）隔开，如图 4-100 之①所示。
- 抄送。在此处填入附加一个或者多个接收人的 E-mail 地址，可以为空，如图 4-100 之②所示。
- 主题。此处自动填入了附件的名称，也可以修改为其他文字内容，如图 4-100

图 4-99　电子邮件发送前的准备

之③所示。

- 附件。此处已将 Excel 文件转换为 PDF 文件（图 4-100 之④），如单击附件右侧的下拉三角形按钮，将会出现如图 4-100 之⑦所示的浮动菜单，可以单击其中的相关项进行诸如打开、打印等相关的操作。
- 正文。根据实际情况，填写邮件内容，如图 4-100 之⑤所示。
- “发送”按钮。点此按钮即可将电子邮件发送给所有的接收者，如图 4-100 之⑥所示。

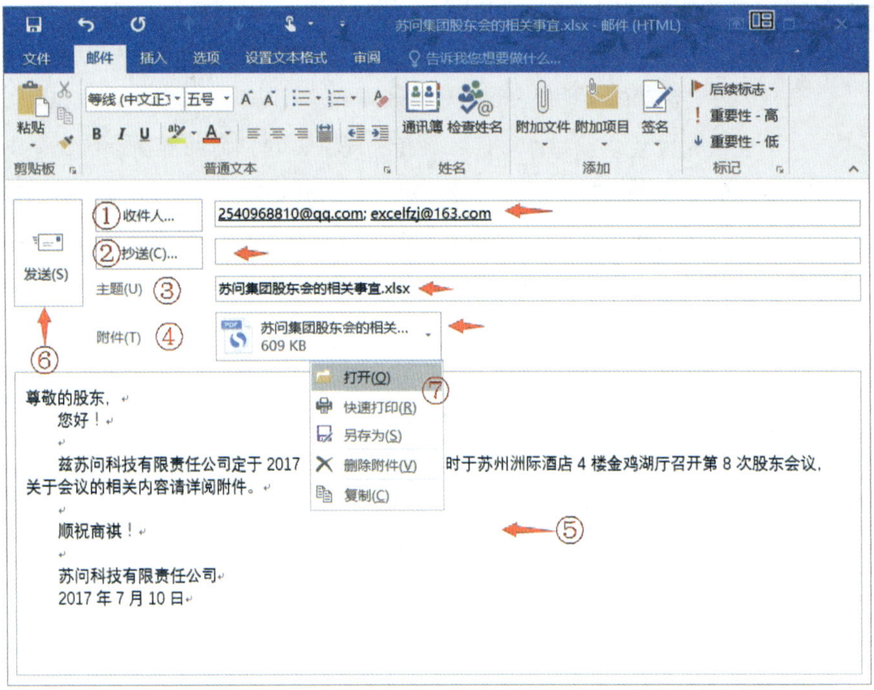

图 4-100　电子邮件发送界面

至此，就已经利用 Excel 自身功能将 Excel 文件“D:\files\Chap4\ 苏问集团股东会的相关事宜 .xlsx”转换为安全格式（PDF 或者 XPS），并借助于电脑安装的电邮软件发送给各位股东会议的参会人员了。

CFO 点拨

为确保收件人接收附件的美观大方，请在“调用电子邮件”之前，将 Excel 文件所有的工作表进行“页面设置”，并用“打印预览”检查效果，直到满意为止。

CFO 点拨

在邮件“发送”之前，Excel 文件处于打开状态，但是无法点入其中进行任何的修改，表现为“假死”状态，这是正常现象，无须理会。

05 花钱也是一门大学问

CHAPTER

5.1 非贴现、贴现类投资决策模板的构建

情景再现

有了钱，有钱了，钱总不能趴在账上睡觉吧。花钱消费是最直接的想法；以钱生钱，是最佳的选择；投钱蚀钱，是最差的结局。对于企业而言，除了生产所需，钱的主要去向，自然就是投资了。

外面的世界变化很快，光怪陆离的商业社会充满了投资诱惑。独立项目、互斥项目，有静态评估、有动态估算。生产设备要采买，固定资产要更新，赚钱的项目不放过。有赚头，还要大赚，有钱赚，还得快……

看起来，钱多了，眼花了，如何花钱还真是一门大学问呢！

企业的投资项目一般都是跨越多年的，如何在有钱赚的前提下，尽快地收回投资是投资项目决策需要重点考虑的。有钱赚的项目中，当然是选赚得多的，有谁嫌自己的钱多呢，是吧？

接下来的一个月，易总会带着我和小吴出差去多地完成几个项目的尽职调查，搞好前期调研测算。为了对不同的方案进行优选，我们需要设计一些具有通用性和扩展性表格模板来帮助我们决策。这样的表格要能适应同类别决策方式的大多数情况，又能在部分决策因素变化（如年数）时，不至于对模板做过多的修改，仅需简单地拖拉公式就能够满足新的需求。

5.1.1 ISNUMBER 函数与静态回收期投资决策模板构建

1. 问题的提出。现在我们手头就有三个投资项目备选，项目周期为 2 ～ 4 年不等，每年的收益和现金流量（表 5-1）也各不相同，易总要求我们设计一个模板找出资金回收期间最短的项目。

表 5-1 项目净收益与净现金流量表

年序	项目 A		项目 B		项目 C	
	净收益	净现金流量	净收益	净现金流量	净收益	净现金流量
0：2017 年		-1 300	2 500	-2 800		-1 500
1：2018 年	-200	240	3 200	1 400		430
2：2019 年	110	500		1 700	800	430
3：2020 年	270	600			800	430
4：2021 年	320	700			800	430
1 ～ 4 合计	500	2 040	3 200	3 100	2 400	1 720

2. 思路分析。某一个项目初始投入的资金，需要用未来期间的资金回流加以弥补。未来期间的资金收回值有可能会达到或超过初始投入，而且所需要的时间有长有短。一般，这样的回收期必须小于基准回收期，也就是行业内公认或者企业自身内定的时限。如果时间超期，这样的项目必须放弃；如果未来期间的资金收回值不能达到初始投入，这样的项目也必须放弃。

表 5-1 中项目 B 资金净回流值为 3 100 万元，超过初始投资 2 800 万元。从时间上看，用了不到两年的时间。假设资金的回流在年度内是平均的，该项目的第一年已经回流了投入 2 800 万元中的 1 400 万元，尚有 1 400 万元需在第二年回流，这 1 400 万元占当年实际回流 1 700 万元的 82.35%（1400/1700 ≈ 0.83）。换句话说，项目 B 仅需 1.83 年就可以收回投资。

项目 A、C 的项目周期均为 4 年，超过了项目 B 的 2 年周期。资金回流期间较长。貌似必须放弃。但因为项目周期不同，把项目 A、C 与项目 B 无法同比，把项目 A、C 进行比较寻求回收期间较短者。

在 Excel 中设计公式，在每一年对项目已回流资金（包括初始投资值）进行累计，如小于 0，表示尚未全部收回投资，则当年无须计算回收期，如大于等于 0，则以项目已运行年数扣除本年回收金额超出初始投资额的金额除以本年回收金额的比值，即为回收期间。

3. **知识预备**。在讲解之前需要先学习一个 IS 类函数——ISNUMBER 函数。

ISNUMBER 函数。用来判断某个值是否是数字的函数，如果是数字，返回 TRUE，否则返回 FALSE。该函数是 IS 类函数中的一种，与类别函数用法基本相同，如 ISERR、ISBLANK、ISNA 等。

> ISNUMBER 函数只有一个参数，形式为“ISNUMBER (values)”，参数 values 是必需的，加引号表示参数是文本，如“=ISNUMBER ("92")”返回 FALSE，而“=ISNUMBER (92)”返回 TRUE。

4. **解决方案**。在 Excel 中设计一个表格，将三个项目每年的收益和现金流量值填入，并根据资金回流情况计算回收年限，具体方法如下：

- 新建文件。在 Excel 打开状态下，按下 Ctrl_N 生成一张空白工作簿，将工作表命名为“投资回收期法（静态）”，按下 Ctrl_S 保存为“D:\files\Chap5\ 投资项目决策的几个模型 .xlsx”。
- 添加公式。在表中设计表格“项目评估测算表（回收年份）”，将项目 A 的各年收益和现金流量值填入，并在单元格 C7 中添加公式“=IF(ISNUMBER(B7)=TRUE,"-",IF(SUM($B6:C6)<0,"-",IF(ISNUMBER(C6)=TRUE,COUNTA($B6:C6)-1-SUM($B6:C6)/C6,"-")))”，如图 5-1 所示。此公式共三层逻辑判断，形成三层 IF 嵌套，解读如下：

第一层逻辑判断。如果单元格 B7（当期的前一年）的回收判断结果是数字，则不再判断，显示为“-”。如果不是数字，则进入下一层判断。

第二层逻辑判断。如将第 0 期（2017 年）资金回流值（单元格 B6）至当期（2018 年）资金回流值（单元格 C6）累计求和金额小于 0，则本年不需要判断（显示为“-”）。如累计金额大于 0（本期已是资金回流期满年），则进入下一层判断。

第三层逻辑判断。如当期有资金回流（回流值是数字），则将第 0 期至今的年数扣除当年（共 1 年）、再扣除资金回流超额部分与当年回流数的比值。如当年无资金回流（回流值为空白不是数字），则显示为“-”（可防止出现除零错误提示“#DIV/0!”）。

单元格 G5、G6、G7 的公式分别为“=SUM(B5:F5)”、“=SUM(B6:F6)”、“=SUM(B7:F7)”。

- 补全公式和表格。将单元格 C7 公式向右拖拉至 F7，完成后续年份的回收期判断。复制单元格区域“A3:G8”至单元格 A10、A16 处粘贴，并在表中空白处填写项目 B、C 的各年收益和现金流量值。项目数据填入后，如图 5-2 所示。

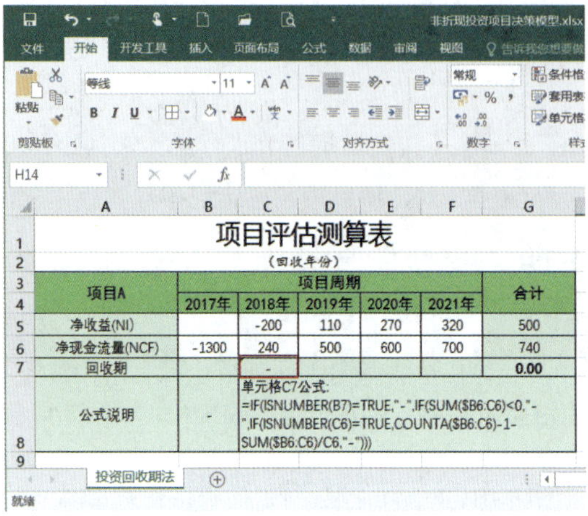

图 5-1　项目评估投资回收期法测算表空表

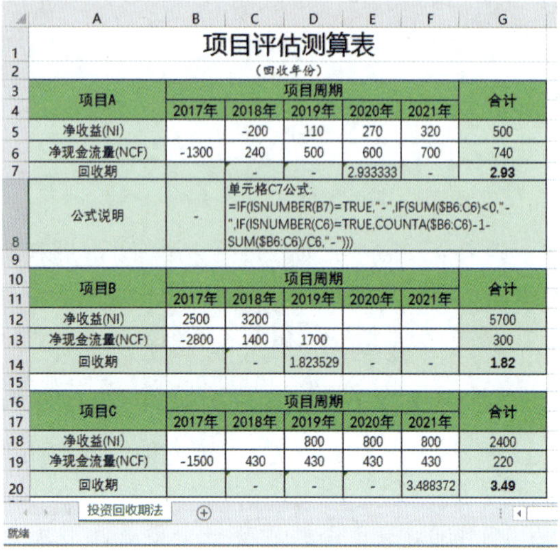

图 5-2　项目评估投资回收期法测算表

- 回收期分析。从图 5-2 可以看出，项目 A、B、C 的回收期分别为 2.93 年、1.82 年、3.49 年。相同项目周期的项目 A 和 C，优先选择项目 A。

用回收期分析来进行投资项目决策，会对项目周期前期资金回报高的项目形成偏好，忽略回收期以后的资金回流的多寡。事实上，有许多具有战略意义项目的资金回流往往具有前低后高的特征，并不是急功近利型的项目。因此，仅仅考虑回收期进行投资决策，是不够全面的。

5.1.2　会计收益率投资决策模板的构建

1. 问题的提出。对于表 5-1 中的三个项目，易总要求我们设计一个模板找出会计收益率最高的项目。

2. 思路分析。所谓会计收益率是指投资项目的年均净收益与年均初始投资的比值。净收益通常是指会计净利润，年均初始投资是指项目投资的算术平均值。

一般，我们用年来作为周期计算，实际上，如以月作为计算周期，则所有的计算口径均应该统一为月。对于不同的项目，无论是什么样的项目周期，会计收益率都可以适用。

3. 解决方案。在 Excel 中设计一个表格，将三个项目每年的收益和现金流量值填入，并根据各期净收益和初始投资情况计算会计收益比率，具体方法如下：

- 添加表格。在“D:\files\Chap5\ 投资项目决策的几个模型 .xlsx”中增加一张工作表“会计收益率法”，将表 5-1 复制进去，稍加改造，设计表格“项目评估测算表（会计收益率）”，如图 5-3 所示。
- 添加公式。在单元格 B10 中添加公式“=SUM(B5:B9)”，计算 2017 年至 2021 年的合计。在单元格 B11 中添加公式“=B10/COUNTA(B5:B9)”，求得各年净收益的年均值。在单元格

B12 中添加公式“=B11/(-C5/2)”，得到会计收益率，公式中的“/2”可以去除，虽然对比率值的大小有影响，但并不影响各项目的排序、优选。

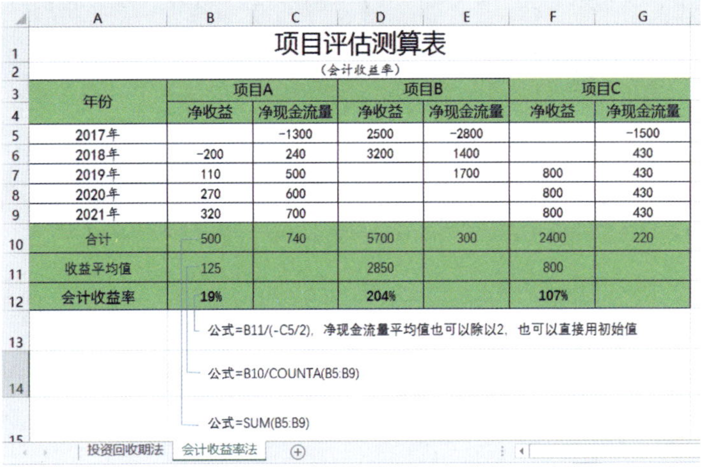

项目评估测算表

（会计收益率）

年份	项目A		项目B		项目C	
	净收益	净现金流量	净收益	净现金流量	净收益	净现金流量
2017年		-1300	2500	-2800		-1500
2018年	-200	240	3200	1400		430
2019年	110	500		1700	800	430
2020年	270	600			800	430
2021年	320	700			800	430
合计	500	740	5700	300	2400	220
收益平均值	125		2850		800	
会计收益率	19%		204%		107%	

图 5-3　项目评估会计收益率法测算表

- 补全公式。复制单元格区域“B10: B12”至单元格 D10、F10 处粘贴，完成项目 B、C 的会计收益率计算。
- 会计收益率分析。从图 5-3 中可以看出，项目 A、B、C 的会计收益率比值分别为 19%、204%、107%，不考虑其他指标时，优选顺序为项目 B、C、A。

运用此法进行投资项目决策时，可能会因为各项目的年均收益和初始投资相同而无法抉择。由于此法未考虑时间价值和风险，错误假设项目周期内各年的净收益值具有相同的意义。会计收益率的决策结果往往与考虑了时间的指标值相夫甚远，或者截然相反。因此，只能作为一种辅助指标加以参考。

5.1.3　动态回收期投资决策模板构建

1. 问题的提出。在“5.1.1”计算了三个项目的回收期，准确地说是静态的回收期，也就是说没有考虑现金流量净值的折现值的回收期。如果考虑了现金流量净值的折现值的前提下计算出来的回收期，我们称为动态投资回收期。

2. 思路分析。动态投资回收期的计算方法并不复杂，与静态回收期的区别只在于折算所用的各期的资金回流值不同。静态回收期采用的是各期实际回流金额，动态回收期采用的是各期实际回流金额折现价值。对动态投资回收期的计算方法具体如下：

3. 解决方案。在 Excel 中设计一个表格，将三个项目每年的收益和现金流量值填入，并根据各期净收益和初始投资情况计算会计收益比率，具体方法如下：

- 添加表格。在“D:\files\Chap5\ 投资项目决策的几个模型 .xlsx”中复制工作表“会计收益率法（静态）”，并改名为“会计收益率法（动态）”。右击行标签 7，在随后出现的浮动菜单上单击“插入”，新增一个空行。删除掉第 9 行，在单元格 A7 输入“净现金流量折现值”，在单元格 A22 输入“折现比率”，在单元格 A23 输入“净 4.35%”。

- 公式设置。在单元格 B7 输入公式“=B6/(1+$A$23)^(COLUMN(B6)-COLUMN($B6))”，如图 5-4 之①所示。将单元格 B7 中公式复制到单元格区域“C7:F7”中。选中行标签 8，按下 Ctrl_H，弹出“查找和替换”对话框，在“查找内容”处输入 6、“替换为”处输入 7，单击对话框左下角的“全部替换”按钮，将第 8 行公式中的 6 全部替换为 7。
- 补齐项目 B、C 的折现值。选中行标签 8，按下 Ctrl_C，右击行标签 14，在随后出现的浮动菜单上单击“插入复制的单元格”，完成项目 B 的各期资金回流净值的折现值计算。用同样的方法，右击行标签 21，完成项目 C 的各期资金回流净值的折现值计算。
- 补齐项目 B、C 的回收期公式。将第 8 行公式复制到第 15 行和第 22 行，完成项目 B、C 的公式设置，如图 5-4 之②所示。
- 回收期分析。从图 5-4 可以看出，项目 A、B、C 的回收期分别为 3.14 年、1.93 年、3.87 年。这与项目 A、B、C 的静态回收期的 2.93 年、1.82 年、3.49 年（图 5-2）均相应延长。根据回收期的长短进行择优的结果，动态和静态是一致的。

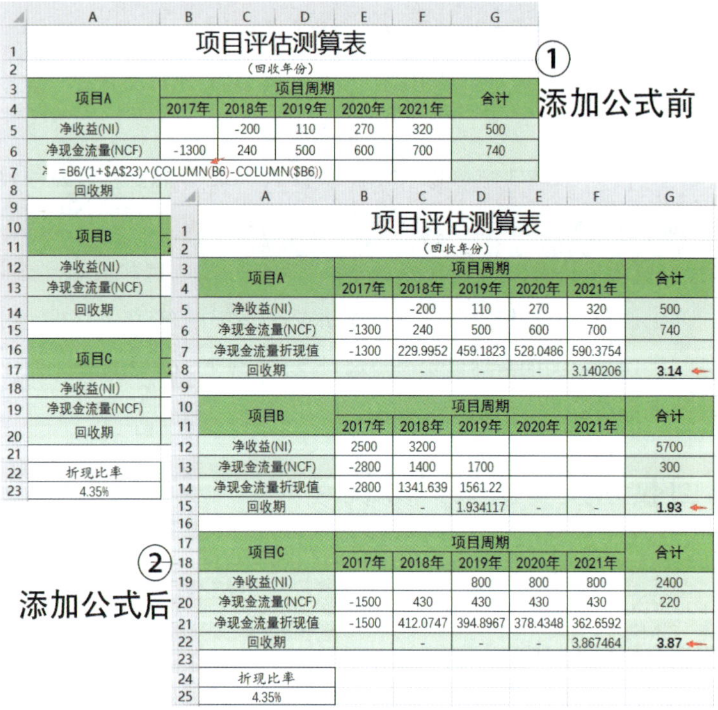

项目评估测算表（回收年份）

项目A	2017年	2018年	2019年	2020年	2021年	合计
净收益(NI)		-200	110	270	320	500
净现金流量(NCF)	-1300	240	500	600	700	740
净现金流量折现值	-1300	229.9952	459.1823	528.0486	590.3754	
回收期		-	-	-	3.140206	3.14
项目B	**2017年**	**2018年**	**2019年**	**2020年**	**2021年**	**合计**
净收益(NI)	2500	3200				5700
净现金流量(NCF)	-2800	1400	1700			300
净现金流量折现值	-2800	1341.639	1561.22			
回收期		-	1.934117	-	-	1.93
项目C	**2017年**	**2018年**	**2019年**	**2020年**	**2021年**	**合计**
净收益(NI)			800	800	800	2400
净现金流量(NCF)	-1500	430	430	430	430	220
净现金流量折现值	-1500	412.0747	394.8967	378.4348	362.6592	
回收期		-	-	-	3.867464	3.87
折现比率						
4.35%						

图 5-4 项目评估投资动态回收期法测算表

动态投资回收期法考虑了资金的时间价值，克服了静态投资回收期法的缺陷。相对而言，优于静态投资回收期法，但它仍与静态投资回收期法一样，同样具有主观性，忽略了回收期以后的净现金流量。当未来年份的净现金流量为负数时，动态投资回收期可能变得无效，甚至做出错误的决策。

5.1.4 净现值法投资决策模板的构建

1. 问题的提出。如果考虑到资金的货币时间价值，对于表 5-1 中的三个项目，我们来设计一个模板找出净现值最高的项目。

2. **思路分析**。整个项目的建设和使用周期内，未来资金的货币折算到当前是具有不同的价值的。通俗地讲，按一定的利率换算到现在，金额是不同的。

净现值法就是用净现值（将未来的资金流入值折现合计数扣减初始投资及未来的现金流出值折现合计数）来优选投资方案的一种方法。净现值小于 0 的，表明流入值不足以弥补对该项目的资金投入，是必须放弃的项目。净现值大于等于 0 的，表明流入值超过或可以弥补对该项目的资金投入，是应当选择的项目。

3. **解决方案**。在 Excel 中设计一个表格，将三个项目每年的现金流量值填入，并各自增添一列折现值，根据资金流情况计算净现值，具体方法如下：

- 添加表格。在“D:\files\Chap5\ 投资项目决策的几个模型 .xlsx”中增加一张工作表“净现值法”，设计表格“项目评估测算表（净现值）”，如图 5-5 所示。

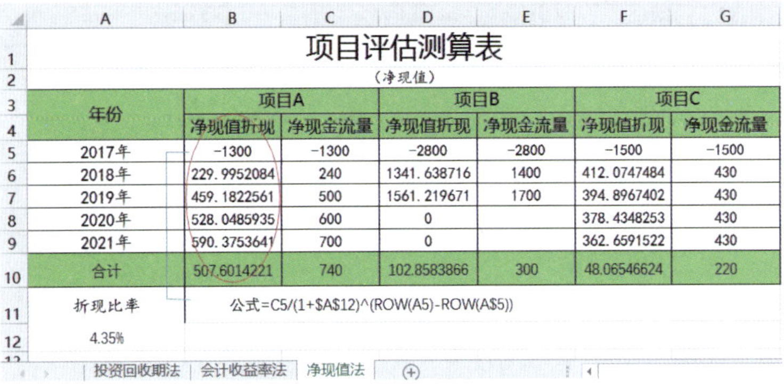

项目评估测算表
（净现值）

年份	项目A		项目B		项目C	
	净现值折现	净现金流量	净现值折现	净现金流量	净现值折现	净现金流量
2017年	-1300	-1300	-2800	-2800	-1500	-1500
2018年	229.9952084	240	1341.638716	1400	412.0747484	430
2019年	459.1822561	500	1561.219671	1700	394.8967402	430
2020年	528.0485935	600	0		378.4348253	430
2021年	590.3753641	700	0		362.6591522	430
合计	507.6014221	740	102.8583866	300	48.06546624	220

折现比率 4.35%

公式=C5/(1+$A$12)^(ROW(A5)-ROW(A$5))

图 5-5 项目评估净现值法测算表

- 添加公式。在单元格 B5 中添加公式“=C5/(1+$A$12)^(ROW(A5)-ROW(A$5))”，系 2017 年的资金净流量的折现值。公式中锁定单元格“$A$12”折现比率，以 2017 年 -2021 年各期的行号减去起始第 0 期 2017 年的行号之差作为已跨越的年数，此数作为分母的幂。

  第 10 行为净现值折现、净现金流量的合计，公式简单，无须赘述。

- 补全公式。将单元格 B5 公式向下拖拉到 B9，复制单元格区域“B5: B9”至单元格 D5、F5 处粘贴，完成项目 B、C 的净现值的计算。
- 净现值分析。从图 5-5 中可以看出，项目 A、B、C 的会计收益率比值分别为 507.60、102.86、48.07，各项均为正值，均可列入考虑范畴。

运用此法进行投资项目决策时，并不能知道各项目本身的收益率是多少，对于初始投资额不等的项目，仅用净现值难以取舍评估优劣。

5.1.5 现值指数法投资决策模板的构建

1. **问题的提出**。与净现值法一样，考虑到资金的货币时间价值，对于表 5-1 中的三个项目，可以设计一个模板找出现值指数最高的项目。

2. **思路分析**。现值指数法，就是用现值指数（将未来的资金流入值折现合计数除以初始投资）来优选投资方案的一种方法。净现值小于 1 的，表明项目的收益率是小于预定的折现比率的，是必须放弃的项目。净现值大于等于 1 的，表明项目的收益率是大于等于预定的折现比率的，是应当选择的项目。

3. **解决方案**。在 Excel 中设计一个表格，将三个项目每年的现金流量值填入，并各自增添一列折现值，根据资金流情况计算净现值，具体方法如下：

- 添加表格。在“D:\files\Chap5\ 投资项目决策的几个模型 .xlsx”中增加一张工作表“现值指数法”，设计表格“项目评估测算表（现值指数）”，如图 5-6 所示。

项目评估测算表

（现值指数）

年份	项目A		项目B		项目C	
	净现值折现	净现金流量	净现值折现	净现金流量	净现值折现	净现金流量
2017年	-1300	-1300	-2800	-2800	-1500	-1500
2018年	229.9952084	240	1341.638716	1400	412.0747484	430
2019年	459.1822561	500	1561.219671	1700	394.8967402	430
2020年	528.0485935	600	0		378.4348253	430
2021年	590.3753641	700	0		362.6591522	430
现值指数与合计	1.390462632	740	1.036735138	300	1.032043644	220
折现比率	公式=SUM(B6:B9)/-B5					
4.35%						

投资回收期法 | 会计收益率法 | 净现值法 | 现值指数法

图 5-6 项目评估现值指数法测算表

- 添加公式。单元格区域“B5: B9”与图 5-5 相同。在单元格 B10 中添加公式“=SUM(B6:B9)/-B5”，是 2018 年～ 2021 年的资金净流量的折现值之和除以初始投入值。
- 补全公式。复制单元格区域“B5: B10”至单元格 D5、F5 处粘贴，完成项目 B、C 的净现值和现值指数的计算。
- 净现值分析。从图 5-5 中可以看出，项目 A、B、C 的会计收益率分别为 1.39、1.04、1.03，各项均大于 1，均可列入考虑范畴，但项目 A 最优。

运用此法进行投资项目决策时，一般与净现值法的评价结果一致，但应用于投资规模不同的互斥项目评价时，有可能与净现值法的评价结果不一致，此时应以净现值法的评价结果为准。

5.1.6 IRR 法投资决策模板的构建

1. **问题的提出**。与净现值法一样，考虑到资金的货币时间价值，对于表 5-1 中的三个项目，可以设计一个模板找出现值指数最高的项目。

2. **思路分析**。IRR 法，即内部收益率法，就是用内部收益率（内部报酬率，是指使项目净现值为 0 时的真实收益比率）来优选投资方案的一种方法。IRR 小于为某一项目付出的资本成本（或最低期望收益率），表明项目的收益率不佳，是必须放弃的项目。反之，是应当选择的高收益项目。手工计算时，非常烦琐且容易出错：对于各年净现金流量不等的项目，采用内部插值法逐步逼近 IRR；对于各年净现金流量相等的项目，采用查表法（年金现值系数）得到 IRR。而借助于 Excel 的 IRR 函数，可以轻松得到各项目的 IRR。

3. **解决方案**。在 Excel 中设计一个表格，将三个项目每年的现金流量值填入，根据资金流情况计算内部报酬率，具体方法如下：

- 添加表格。在“D:\files\Chap5\ 投资项目决策的几个模型 .xlsx”中增加一张工作表“IRR 法”，设计表格“项目评估测算表（内部报酬率）”，如图 5-7 所示。

- 添加公式。在单元格 B10 中添加公式“=IRR(B5:B9)”，是项目 A 的 IRR。
- 补全公式。复制单元格 B10 至单元格 C10、D10 处粘贴，完成项目 B、C 的 IRR 计算。
- 净现值分析。从图 5-5 中可以看出，项目 A、B、C 的内部收益率分别为 18%、7%、6%，如果我们期望的报酬为 4.35%，项目 A、B、C 均可列入考虑范畴，但项目 A 最优。

项目评估测算表

（内部报酬率）

年份	项目A	项目B	项目C
	净现金流量	净现金流量	净现金流量
2017年	-1300	-2800	-1500
2018年	240	1400	430
2019年	500	1700	430
2020年	600		430
2021年	700		430
IRR	18%	7%	6%

公式=IRR(B5:B9)

… | 会计收益率法 | 净现值法 | 现值指数法 | IRR法

图 5-7　项目评估 IRR 法测算表

与现值指数法类似，运用此法进行投资项目决策时，一般与净现值法的评价结果一致，但应用于投资规模不同的互斥项目评价时，有可能与净现值法的评价结果不一致，此时应以净现值法的评价结果为准。

5.1.7　利用二进制约束搞定资金限量条件下的最优投资组合

投资项目可能有很多，能够通过选择的项目可能也有不少。项目之间有的是相互排斥的，比如，在一宗地块上盖游乐园，就不会同时建设住宅楼；项目之间有的是相互独立的，比如在西安拿了块地与在四川捐建个希望小学是两个独立的项目。但不管如何，对于一个投资主体，同一家企业来说，当有很多项目可投资时，它可能无法筹集到足够多的资本，或者不能安排、不愿意安排（如防止控股权稀释）出更多的资金投入项目中去。

因此，在可投入资金总额限定的前提下，投资于多个项目可能优于投资单个项目，投资于甲组项目可能优于乙组项目，而选择的标准则是投资组合的净现值最大化。

1. **问题的提出**。经易总与项目方的谈判，又增添了三个附加工程项目，将三个项目中的净现金流量数据与“5.1.1”～“5.1.5”的三个项目数据整理合并，如图 5-8 所示。

项目评估测算一览表

（综合）

项目	投资回收期	会计收益率	净现值	现值指数	IRR	资金使用
项目A	2.93	19%	507.00	1.39	18%	1300
项目B	1.82	204%	102.86	1.04	7%	2800
项目C	3.49	107%	48.07	1.03	6%	1500
项目D			90.87			200
项目E			600.36			700
项目F			359.09			800

图 5-8　项目评估测算一览表

集团可用于投资的金额为 3 000 万元，要求从 6 个项目中找出最有利的投资项目（组合）。

2. **思路分析**。投资限额 3 000 万元，从图 5-8 可以直观地看出投资组合有项目 B（2 800）、项目 D（200）的组合，也有可能是项目 A（1 300）、项目 D（200）、项目 E（700）、项目 F（800）的组合，还有可能是项目 C（1 500）、项目 E（700）、项目 F（800）的组合……将不同组合下的净现金流量合计进行排序比较，NCF 最大的就是我们要寻找的组合。

3. 解决方案。为计算精确而快速，我们借助于 Excel 来实现，设计一个表格，将资金使用和净现值填入，利用规划求解的约束挑出最大净现金流量的投资组合，具体方法如下：

- 添加表格。在“D:\files\Chap5\ 投资项目决策的几个模型 .xlsx”中增加一张工作表“投资组合决策”，设计表格“投资组合测算表”，如图 5-9 所示。“是否投资”列初始全部填入“1”，假设各项目全部入选。

	A	B	C	D	E	F	G
11	投资组合测算表						
12	项目	是否投资(0/1)	资金使用	左列公式	净现值	左列公式	备注
13	项目A	1	1300	=B13*G4	507.60	=B13*D4	
14	项目B	1	2800	=B14*G5	102.86	=B14*D5	
15	项目C	1	1500	=B15*G6	48.07	=B15*D6	
16	项目D	1	200	=B16*G7	90.87	=B16*D7	追加附属工程
17	项目E	1	700	=B17*G8	600.36	=B17*D8	追加附属工程
18	项目F	1	800	=B18*G9	359.09	=B18*D9	追加附属工程
19	合计	6	7300	=SUM(D12:D1	1708.85	=SUM(E12:E17)	
20	注：自动测算是否投资，1代表纳入组合，0代表放弃						

图 5-9 项目投资组合测算表

- 添加公式。单元格 C13 公式为“=B13*G4”，“资金使用值”乘以“是否投资”。由于“是否投资”取值只有 0 或 1，因此“资金使用值”或为 0 或为原资金投入值。为 0 时，表明该项目不作为候选项目，不计入资金使用合计；为 1 时，表明该项目作为候选项目，计入资金使用合计。单元格 E13 公式为“=B13*D4”，“净现值”乘以“是否投资”。同理，为 0 时，表明该项目不作为候选项目，不计入净现金流合计；为 1 时，表明该项目作为候选项目，计入净现金流合计。单元格 C13 公式也可以用 IF 函数加以判断，为“=IF(B13="1",G4,0)”，不如公式“=B13*G4”简洁，但比较直观。

  将单元格 C13 公式拖拉至 C18，单元格 E13 公式拖拉至 E18。第 19 行添加求和公式，汇总 6 个项目的项目数、资金使用值和净现金流。
- 准备“规划求解”工具。如是第一次使用规划求解工具，须按照“4.5.2”中讲解的方法一次性设置，将“规划求解”工具弹出，放置于“数据”选项卡内。
- 调用“规划求解”工具。选中单元格 E19，单击 Excel“数据”选项卡上的“分析”组的“规划求解”，弹出“规划求解参数”对话框（图 5-10），其中的各参数填制方法如下：
  - “设置目标”：要使得净现金流量合计最大，因此此处输入“$E$19”（图 5-10 之①），“到”之后选中“最大值”（图 5-10 之②）。
  - “通过更改可变单元格”：由于我们要求的是“是否投资”中的值，所以这里输入“$B$13:$B$18”（图 5-10 之③）。
  - “遵守约束”：单击图 5-10 中的“添加”按钮，弹出“添加约束”对话框，添加如图 5-10 之④的约束条件。设置“是否投资”为二进制，只能 0 或 1；设置资金使用合计值不超过 3 000 万元。

CFO 点拨

约束条件中的“=二进制”中的等于号（“=”）并非直接输入的，而是在“添加约束”对话框中间的运算符部分选中“BIN”而得的。

- “选择求解方式”：选择“非线性 GRG”（图 5-10 之⑤）。

- 运行“规划求解”工具。单击图 5-10 之⑥的“求解”按钮，稍候片刻，Excel 给出“规划求解结果”对话框，单击“确定”按钮返回工作表。此时表格“投资组合测算表”中已由“规划求解”工具给出选择结果，如图 5-11 所示。
- 投资组合结果分析。“规划求解”工具将单元格 B13、B16、B17 和 B18 的值设为 1，表明项目 A、D、E 和 F 共 4 个项目入选投资组合，项目 B、C 被放弃。在投资限额 3 000 万元的前提下，项目 A（1 300）、项目 D（200）、项目 E（700）和项目 F（800）的组合是最佳的，该组合下，净现金流量合计值最大，为 1 557.92 万元。

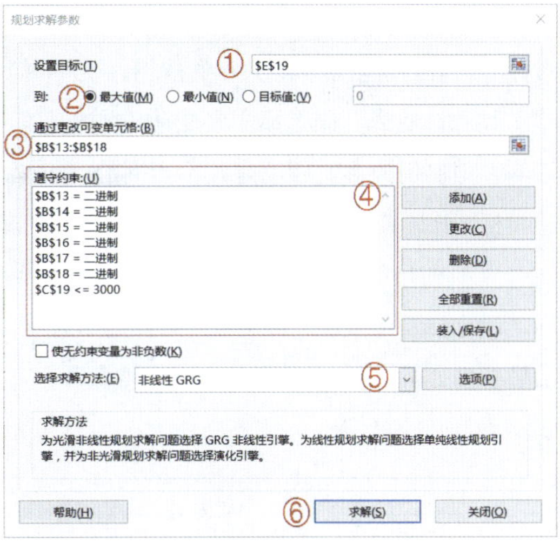

图 5-10　项目投资组合二进制约束设置

投资组合测算表

项目	是否投资(0/1)	资金使用	左列公式	净现值	左列公式	备注
项目A	1	1300	=B13*G4	507.60	=B13*D4	
项目B	0	0	=B14*G5	0.00	=B14*D5	
项目C	0	0	=B15*G6	0.00	=B15*D6	
项目D	1	200	=B16*G7	90.87	=B16*D7	追加附属工程
项目E	1	700	=B17*G8	600.36	=B17*D8	追加附属工程
项目F	1	800	=B18*G9	359.09	=B18*D9	追加附属工程
合计	4	3000	=SUM(D12:D1	1557.92	=SUM(E12:E17)	

注：自动测算是否投资，1代表纳入组合，0代表放弃

图 5-11　二进制约束求解的最佳项目投资组合

5.2 投资敏感性分析

企业的投资项目所处的环境通常不是固定的，并不总与假设的一样，环境总是处在动态变化之中。投资环境要素不同的敏感性，导致了投资项目设定目标的不同程度的应变。

5.2.1 对“敏感性”的分析

1. 什么是敏感性？十指连心，疼痛难忍。用针刺一下你的手指，你会痛苦难耐。用手打一下你的后背，你可能毫无反应，就是用针戳了一下你的后背，你觉得还能勉强忍受。我们说：对于同一刺激源，手指是敏感的（或称强敏感），后背是不敏感（或称弱敏感）的；对于同一应变项后背（称为关键指标，或者因变指标）来说，针是敏感因素，手掌是不敏感因素。

若某参数的小幅度变化能导致结果效果指标的较大变化，则称此参数为敏感性因素，当针刺手指时，稍加大力度，则疼痛剧烈。而以相同的力度，别人用手捏一下你的手指，你还可以承受，此时别人的手被称为非敏感性因素。

经济上的敏感性研究与此类似，测算、分析一个因素的变化对另外一个因素变化的强度。经济研究是从定量分析的角度，测试有关因素发生某种变化对某一个或一组关键指标影响程度的一种不确定分析技术，测试的方法是通过逐一改变相关变量数值的方法来解释关键指标受这些因素变动影响大小的规律。

比如，收入、固定成本、变动成本和期间费用都对利润这一关键指标产生影响，但它们的影响程度是各不相同的。小幅变化引起利润剧变的指标是强敏感指标，相同或者更大幅度变化却不能引起利润等幅变动的指标是弱敏感指标。

从量的角度去研究这样的变动幅度，就是敏感性的分析。由 a、b、c 等指标（或称要素、参数、自变量）的变动引起 Y（称为因变量）的变动，称为“Y 的敏感性分析”。如用字母 F 表示自变量和因变量之间的关系，则其用数学公式表示就是：

Y 基准公式：Y = F（a，b，c）

我们把公式按照因变量的名称称为“Y 基准公式”，如“利润基准公式”等。

2. 分析的程序。通常可以按照如下的步骤来进行敏感性分析：

① 确定分析对象。首先要确定分析谁，比如技术方案的某些经济效益评价指标：息税前利润、投资回收期、投资收益率、净现值、内部收益率等，都可以作为敏感性分析指标。

② 计算目标值。某项分析技术方案的目标值一般是以该指标在正常状态下的经济效益评价指标数值作为目标值。

③ 遴选重要参数。选取不确定因素在进行敏感性分析时，并不需要对所有的不确定因素都考虑和计算，而应视方案的具体情况选取几个变化可能性较大，并对经效益目标值影响作用较大的因素，如产品售价变动、产量规模变动、投资额变化等；或是建设期缩短，达产期延长等，这些都会对方案的经济效益大小产生影响。

④ -1 单因素变动轮流测试。在研究某个不确定因素变动对分析指标的影响程度时，需要锁定其他因素不变，仅变动该因素；然后再变动下一个因素，除此之外的其他因素锁定不变，以求出该不确定因素对目标值的影响程度。

④ -2 多因素变动轮流测试。多因素敏感性分析一般是在单因素敏感性分析基础上进行，且分析的基本原理与单因素敏感性分析大体相同，不同的是，测试多因素同变是指在假定其他不确定性因素不变条件下，计算分析的要素多于一个同时发生变动对目标值的影响程度。一般假定同时变动的几个因素是相互独立的，且各因素发生变化的概率相同。由于自变量各因素变化导致函数公式的变化见表 5-2。

表 5-2 因素变化前后的函数公式示意

变动因素	变化前公式	变化后公式	说明
a	Y = F(a0，b0，c0)	Y = F(a1，b0，c0)	锁定 b0、c0，用 a1 取代 a0
b	Y = F(a0，b0，c0)	Y = F(a0，b1，c0)	锁定 a0、c0，用 b1 取代 b0
c	Y = F(a0，b0，c0)	Y = F(a0，b0，c1)	锁定 a0、b0，用 c1 取代 c0

CFO 点拨
为便于准确指代，我们把变化前公式按因变量称为“Y 基准公式”，如“净利润基准公式”；把变化后公式按变动因素称为“a 敏感 Y 公式”、“b 敏感 Y 公式”、“c 敏感 Y 公式”，如“销售收入敏感净利润公式”、“成本敏感净利润公式”等。

⑤ 找出（强）敏感因素。对上述第④步多因素变化逐一测试的结果进行比对分析，采取针对性的措施，以提高技术方案的抗风险能力。这是敏感性分析的真正目的。

3. 敏感性分析的优劣。敏感性分析法是一种动态不确定性分析，用来测试项目经济效益指标对各不确定性因素的敏感程度，找出敏感性因素及其最大变动幅度，据此判断项目承担风险的能力。然而，这种分析并不能确定各种不确定性因素未来发生异动概率。比如，有可能会出现这样的情形：敏感性分析找出的某个敏感性因素在未来发生不利变动的可能性很小，引起的项目风险不大；而另一因素在敏感性分析时表现出不太敏感，但其在未来发生不利变动的可能性却很大，进而会引起较大的项目风险。

5.2.2 投资敏感性分析的要素

投资敏感性分析是指投资方案中的某些因素发生变化时，对投资方案的预期结果的影响。敏感性分析有助于企业在执行决策方案时注意到相关自变量要素的波动，预先采取有效的规避措施和对策，从而做到胸有成竹、防患于未然，避免决策失误。

对投资项目的敏感性分析一般以净现金流量现值作为分析目标，对净现值的影响敏感因素通常包括：

- 初始投资值（I，Investment），
- 投资残值（Sv，Salvage value），
- 销售收入资金回流（S，Sale Cash Flow），
- 付现成本（C，Cost Cash Flow），
- 期望的报酬率或者基准报酬率（r，rate），
- 所得税税率（i，income tax）等。

按照利润计算的思路，对投资项目周期内各年的净现金流量推导如下：

年度净现金流量 = 收入 – 成本 – 所得税

= 收入 – 成本 – 利润总额 * 所得税税率

= 收入 – 成本 –（收入 – 成本 – 年度折旧）* 所得税税率

= 收入 – 成本 –（收入 – 成本 –（初始投资额 – 残值）/ 项目年数）* 所得税税率

=（收入 – 成本）*（1 – 所得税税率）+（（初始投资额 – 残值）/ 项目年数）* 所得税税率

用字母替换后即为：

年度净现金流量基准公式一：NCF=（S - C）*（1 - i）+（（I - Sv）/ n）* i

项目期的最后一年，需要加上投资的残值作为收回项，公式演变为：

年度净现金流量基准公式二：NCF=（S - C）*（1 - i）+（（I - Sv）/ n）* I + Sv

上述公式中，投资的项目按照直线法计算每年折旧，只需要考虑与项目的现金流量相关的要素即可。

5.2.3 REPT 与 REPLACE(B)、SUBSTITUTE 函数的悲喜剧

出差在外，一天得当两天，这不，没有应酬的晚上，易总在宾馆房间给我们上课了。按易总的风格，讲任何知识都不是无的放矢，这次讲的是一个重复函数与两个替换函数——REPT 与 REPLACE(B)、SUBSTITUTE 函数。

1. **REPT 函数**。这个函数用来重复显示某文本，REPT 是英文 REPEAT（重复）的缩写。

> REPT 函数形式为“=REPT (text,number_times)”，它有两个参数，第一个参数 text 是要重复显示的任意文本，第二个参数 number_times 是要重复显示的次数，如果为 0，则函数返回“”（空文本）。如果 number_times 不是整数，将被截尾取整。该函数结果的长度不能超过 32 767 个字符，否则将返回 #VALUE!。

REPT 函数的例子，比如公式“=REPT("123",3)”得到“123123123”，公式“=REPT("123",0)”得到“”（空文本），公式“=REPT("-",6)”得到“------”（显示 6 次中划线“-”）。

2. **REPLACE 函数**。从指定位置、指定长度的旧文本中替换为新文本一个函数。英文 REPLACE 意为“替换”。

> REPLACE 函数形式为“=REPLACE(old_text,start_num,num_chars,new_text)”，它有四个参数，第一个参数 old_text 是要替换它的部分字符的旧文本，第二个参数 start_num 是旧文本中要替换为 new_text 的字符位置，第三个参数 num_chars 是指旧文本中将消失掉的字符数，第四个参数 new_text 是将取代旧文本中指定字符的新文本。

REPLACE 函数与 REPLACEB 函数是一对，参数个数相同，区别仅在于后者将中、日、韩语的每个双字节字符按 2 个计数。

REPLACE 函数的例子，比如公式“=REPLACE("ab>cd54321<",6,5,"e")”，将旧文本“ab>cd54321<”中从第 6 个字符开始的 5 个字符“54321”干掉，填上新文本字符“e”，得到“ab>cde<”。

3. **SUBSTITUTE 函数**。用新文本从旧文本中替换掉满足指定条件的一串字符或者满足指定条件的全部字符一个函数。英文 SUBSTITUTE 意为“代替、替换、代用”。

> SUBSTITUTE 函数形式为“=SUBSTITUTE(text,old_text,new_text, [instance_num])”，它有四个参数，第一个参数 text 是需要替换其中字符的文本，或对含有文本（需要替换其中字符）的单元格的引用，第二个参数 old_text 是需要替换掉的旧文本，第三个参数 new_text 是用来取代旧文本的新文本，第四个参数 instance_num 不是必需的，如果省略它，则全部替换找到的旧文本，如果指定序号 N，则只有该序号位的找到旧文本才会被替换。

SUBSTITUTE 函数的例子，比如公式“=SUBSTITUTE("1.1-2.1-3.1-4.1", ".","-")”，将字符串“1.1-2.1-3.1-4.1”中的旧文本（点号“.”）替换为新文本（“-”），得到“101-201-301-401”。公式“=SUBSTITUTE("1-1 季度 Yi","1"," 个 ",2)”，将字符”1-1 季度 Yi”中第 2 个旧文本（“1”）替换

为新文本（“个”），得到“1- 个季度 Yi”。

CFO 点拨

与 REPLACE 函数的指定位置、指定长度的双指定不同，SUBSTITUTE 函数类似 Ctrl_H 弹出的“查找替换对话框”的“全部替换”相同，而且还可以仅替换掉第 N 个满足条件的旧文本，如指定 SUBSTITUTE 函数的第四个参数，则该参数不应超出满足查找条件的总数，如公式“=SUBSTITUTE("1 一 1 季 度 Yi","1","个",4)”，因第一个参数字符"1 一 1 季度 Yi"中只有两个"1"，而指定替换第 4 个“1”，故公式只能原样返回第一个参数。

4. REPT 与 REPLACE(B)、SUBSTITUTE 函数的结合运用。

“现在有两个语气词‘啊’和‘啪’，我来用这两个词语和 REPT 与 REPLACE(B)、SUBSTITUTE 函数讲一个悲剧转喜剧的故事，再讲一个悲喜交加、充满希望又失去的故事。”易总当晚的心情看起来很不错。

“一个人从 20 楼跳下，这是个悲剧吧，从 20 层到地面，过程是这样的‘啊啊啊啊啊啊啊啊啊啊啊啊啊啊啊啊啊啊啊啊啪！’，我们用公式表示，就是：‘= REPT(" 啊 ",20) & " 啪 !"’，公式够简短的吧？短短的时间结束了一生。

20 楼跳下肯定悲剧了，这个人改从 2 楼跳下，过程是这样的‘啪！啊啊啊啊啊啊啊啊啊啊啊啊啊啊啊啊啊啊啊啊’，我们用公式表示，就是：‘=SUBSTITUTE(REPLACE(REPT(" 啊 ",20) & " 啪 !",21,2," 啊 ")," 啊 "," 啪 !",1)’，公式长了，你们的大脑会不会和 2 楼跌落地面一样的疼了？这是三个函数的两级嵌套，2 楼跳下绵长的‘啊啊啊…’的痛苦，比起从 20 楼跳下，也算是喜剧了。”

第一个故事讲完了，易总接着抛出第二个故事：“我们的公式是‘=SUBSTITUTE (REPT(" 啊 ",20) & " 啪 !"," 啊 "," 嘶 ?",15)’，谁能给我讲一下故事剧情……小吴？”

“好，我来，公式的运行结果是‘啊啊啊啊啊啊啊啊啊啊啊啊啊啊嘶？啊啊啊啊啊啪！’，是说这人从 20 楼跳下，到 6（20-15+1）楼的时候被树枝什么的挡了一下，发出了‘嘶’的一声，满怀希望以为得救了，但这是带问号（‘？’），树枝没有挂得住，人还是继续往下掉，仍然是一路惊叫‘啊啊啊啊啊’后‘啪！’地落地，希望转瞬间又失去。”小吴的反应够灵敏。

“哈哈，哈哈，”易总都听得忍不住了，“小吴聪明，确实是这样的，这是个‘悲剧 - 喜剧 - 悲剧’转换的过程。这两个故事的演绎见表 5-3。

表 5-3 REPT 与 REPLACE(B)、SUBSTITUTE 函数的悲喜剧

剧情	剧本	性质	Excel 公式演绎
啊啊啊啊啊啊啊啊啊啊啊啊啊啊啊啊啊啊啊啊啪！	从 20 楼跳下	悲剧	= REPT(" 啊 ",20) & " 啪 !"
啪！啊啊啊啊啊啊啊啊啊啊啊啊啊啊啊啊啊啊啊啊	从 2 楼跳下	喜剧	=SUBSTITUTE(REPLACE(REPT(" 啊 ",20) & " 啪 !",21,2," 啊 ")," 啊 "," 啪 !",1)
啊啊啊啊啊啊啊啊啊啊啊啊啊啊嘶？啊啊啊啊啊啪！	6 楼的阻挡	悲喜交加	=SUBSTITUTE(REPT(" 啊 ",20) & " 啪 !"," 啊 "," 嘶 ?",15)

5.2.4 投资敏感性分析模板的构建与 ROW(1:r) 魔术

故事讲完了，下面该进入投资敏感性分析的正题了，易总对投资敏感性分析的问题的提出、剖析和应对及模板建立方法是这样的：

1. 问题的提出。这是昨天武汉的一个设备供应商带来的一个项目：项目初始投资 900 万元，设备寿命期 7 年，最终的残值 70 万元，对该设备的折旧采用直

线折旧法计提。设备购入后每年能够为集团带来 420 万元的现金流入，相应的年付现成本为 120 万元。现行所得税税率 25%，集团期望的（基准）投资报酬率 8%。项目投资额、年销售收入、年付现成本都是不确定的，其波动幅度在 ±24% 之间。在这样的前提下，易总将建立投资模型分析演示各投资敏感要素对净现金流量现值的影响。

2. 思路分析。敏感性分析必须知道因变量和自变量之间的变化关系，而对长期项目投资采取净现值法是惯用的有效方法，因此可以在净现值基准公式的基础上分析各敏感要素（比如投资额、销售收入和付现成本等）对净现值的敏感程度。

在实际工作中，我们经常会说“收入的变动幅度不超过 ±30%”，从敏感性分析的角度来说，这里的“收入”指的是敏感要素，“±30%”指的是敏感要素的变动区间，称为“敏感区间”。为便于观察，可以将已知的“敏感区间”进一步细分为若干等份的细分区间（如 6 区间、8 区间或更多），一般是偶数份用于正负对比观察。

基于任意的变动区间，我们借助于模拟运算求得各敏感要素在不同敏感度下的净现值表现；借助于雷达扫描。可以直观地看出不同投资要素的扩张能力；借助于规划求解工具，可以求得净现值为 0 时的各投资要素的投资取舍时的临界敏感度。

3. 解决方案。各投资要素公式之间的逻辑联动是模板设计时的关键思路，要将操作思路落到实处，还得先从基础数据区的设计开始。

在 Excel 中设计一个表格，将项目每年的净现金流量值、所得税税率、敏感区间等初始数据填入，用于测算净现值，并为模拟运算、规划求解设计工作区。在模板设计时，必须注意表格的美观和通用性，也就是说讲求表格的整齐统一，期望在未来数据变动时，不必过多更改表格公式就能够自动更新敏感要素的关键数据，具体方法操作如下：

- 新建文件。在 Excel 打开状态下，按下 Ctrl_N 生成一张空白工作簿，将工作表命名为“投资敏感性分析”，按下 Ctrl_S 保存为“D:\files\Chap5\ 投资敏感性测试 .xlsx”。
- 添加基础表格。在工作表“投资敏感性分析”中设计如图 5-12 所示的表格，并录入初始数据和公式，对有公式的单元格加下画线突出显示，对图 5-12 表格中的公式逐一说明如下：

	A	B	C	D	E	F	G	H
1	◆基本数据区							
2	项目	第0期	第1-6年净流量	第7年净流量	公式说明			
3	投资额(I)	900			手工录入			
4	销售收入(S)		420	420	手工录入			
5	付现成本(C)		120	120	手工录入			
6	期末残值(Sv)			70	手工录入			
7	净流量	-900	254.6429	324.6429	C7公式=(C4-C5)*(1-D11)+((B3-D6)/F11)*D11			
8	重复值读取6次	254.642857142857,254.642857142857,254.6428571428			B8公式=REPT(C7&",",F11-1) &D7			
9	净流量折现值	466.61	B9数组公式用CTRL_SHIFT_ENTER三键同时输入。					
10	◆补充数据区							
11	期望报酬率(r)	8%	所得税税率(i)	25%	项目年数(n)	7	敏感幅度(+-)	24%

图 5-12 投资敏感性分析表格

- 单元格 C2：用公式“="第 1-" &$F$11- 1&"年净流量""”显示除最后一年的每年净现金流量文字，公式的作用是在项目寿命年数（单元格 F11）变化时，该单元格能够自动变化。
- 单元格 D2：用公式“="第"&$F$11&"年净流量""”，显示最后一年的净现金流量文字，公式的作用是在项目寿命年数（单元格 F11）变化时，该单元格能够自动变化。

- 单元格 B7：用公式“=-B3”表示项目初期的初始投资支付额。
- 单元格 C7：公式“=(C4-C5)*(1-D11)+((B3-D6)/F11)*D11”，是根据“5.2.2”中的“年度净现金流量基准公式一”计算出的第一至第六年的年度净现金流量。
- 单元格 D7：公式“=C7+D6”，是根据“5.2.2”中的“年度净现金流量基准公式二”计算出的第七年的年度净现金流量，这是因为项目最后一年的净现金流量比第一至第六年比多出一个净残值这样的现金回流。
- 单元格 A8：用公式“="重复值读取"&F11-1&"次""”显示的重复次数（年数的）提示文字，公式的作用是在项目寿命年数（单元格 F11）变化时，该单元格能够自动变化。
- 单元格 B8：用公式“=REPT(C7&",",F11-1) &D7”给出项目寿命期间（第一年至第七年）的净现金流量值，并用逗号分隔，值为“254.642857142857,254.642857142857,254.642857142857,254.642857142857,254.642857142857,254.642857142857,324.642857142857”，此值是为了给 NPV 函数从一个（而非多个）单元格中取出数组。用 REPT 重复函数的好处是无论项目寿命期如何变化，这个公式都可以覆盖全部的项目周期。
- 单元格 B9：同时按下“Ctrl_Shift_Enter”三键输入以下数组公式：

```
“{=NPV($B$11,--MID($B$8,IF(ROW(INDIRECT("1:"&LEN($B$8)-LEN(SUBSTITUTE($B$8,",",""))+1))=1,1,FIND("[",SUBSTITUTE($B$8,",","[",ROW(INDIRECT("1:"&LEN($B$8)-LEN(SUBSTITUTE($B$8,",",""))+1))-1))+1),IF(ROW(INDIRECT("1:"&LEN($B$8)-LEN(SUBSTITUTE($B$8,",",""))+1))=LEN($B$8)-LEN(SUBSTITUTE($B$8,",",""))+1,LEN($B$8),FIND("]",SUBSTITUTE($B$8,",","]",ROW(INDIRECT("1:"&LEN($B$8)-LEN(SUBSTITUTE($B$8,",",""))+1))))-IF(ROW(INDIRECT("1:"&LEN($B$8)-LEN(SUBSTITUTE($B$8,",",""))+1))=1,1,FIND("[",SUBSTITUTE($B$8,",","[",ROW(INDIRECT("1:"&LEN($B$8)-LEN(SUBSTITUTE($B$8,",",""))+1))-1 +1)))+$B$7}”
```

为便于指代，我们把这个公式称为“公式 524”，此公式的作用是在给定的期望报酬率（单元格 B11）、给定的项目全部寿命期内各年净现金流的条件下取得现金流量净现值。

“公式 524”是图 5-12“基础数据区”最重要的公式，字符较多，但实际其难度并不大，重复代码较多。之所以这样设置，是为了增强公式的通用性，因为公式要截取的字符串中的数字的位数个数是可变的，数字与数字也不必是相等的，并且分隔符也是可变的。当然，数字变为其他任意字符时，同样可以提取。为加深理解，将“公式 524”中的 MID 函数部分进行拆解说明，见表 5-4。

CFO 点拨

- 字符截取 MID 函数（画线部分）是“公式 524”的核心部分，用来从形如“1,2,3,4…”字符串中取出数组 {1;2;3;4…}。该公式前后的“{}”不需要输入。
- 实际上，“公式 524”中画线部分的作用相当于对以指定符号（如逗号（“,”）或其他任意符号）分隔的字符串（如“我,Like,Excel,！”等），进行数据纵向分列。换句话说，画线部分可以从一个单元格内以特定字符分隔的字符串中，抽取出垂直数组，完成类似于数据分列的效果，具备极强的通用性。
- “公式 524”使用 SUBSTITUTE 函数替换掉指定位置的分隔符，再用 FIND 函数定位该分隔符所在的位置，将两个分隔符之间的部分依次截取出来。

表 5-4　数组抽取代码拆解表

代码	注解
= --MID($B$8,	用“- -”两负号将 MID 所取文本强制转为数值
IF(行数组 =1,1,	MID 起始位：字串中的首个数值，从第一位开始取值
FIND("[",SUBSTITUTE($B$8,",","[", 行数组 -1))+1),	MID 起始位：被取数值的左”[”
IF(行数组 = 数值总数 , LEN($B$8),	MID 长度：被取数值的全长
FIND("]",SUBSTITUTE($B$8,",","]", 行数组))	MID 长度：被取数值的右”]”
-IF(行数组 =1,1,FIND("[",SUBSTITUTE($B$8,",","[", 行数组 -1))+1))	- 被取数值的左”[”+ 1
)	结束 MID 函数
其中：行数组 =ROW(INDIRECT("1:"& 数值总数)) 数值总数 = LEN($B$8)-LEN(SUBSTITUTE($B$8,",",""))+1 $B$8 是项目全部寿命期内各年净现金流的字符串	代码引用

注：有更简单的方法实现 MID 取数功能，如果你有代码基础，可以直接翻到“5.3.4”去看一看“getSZ”函数。

4. ROW(1:r) 魔术。我们知道，ROW 函数其实是非常简单的一个函数，它是用来返回单元格（区域）的行号数字的。比如在一个单元格中输入公式“=ROW()”返回公式所在单元格的行号，输入公式“=ROW(A92)”返回单元格 A92 的行号数字 92。

但对于这样的公式“=ROW(4:7)”有人却是比较茫然的，不知是何意思。在单元格中输入后按回车得到的是冒号（“:”）前的一个行号数字 4。但实际上，这里的数字 4 只是垂直数组的首个数字，ROW 函数的作用是构造升序排列的自然数垂直（r 行 1 列）数组 {1;2;3;…r}，其中 r 是大于 0 的整数。

如果要查看形如“ROW(1:r)”的数组公式的实时结果，我们可以按照以下的方法来查看，仍然是以“公式 524”为例：

- 套选数组公式字符串。在某一字符前，按住鼠标左键的同时向右移动鼠标，在光标移动到我们想要结束选取的字符后释放鼠标，此时被选中的字符（串）将以深色背景呈现，这样的动作称为“套选”或者“抹黑”。按照此法可以套选中“公式 524”中的核心字符串“ROW(INDIRECT("1:"&LEN($B$8)-LEN(SUBSTITUTE($B$8,",",""))+1))”。
- F9 键运行数组公式。套选好字符串后，按下 F9，被选中的字符串将变为我们想要实时观察运行结果的字符串“{1;2;3;4;5;6;7}”，如图 5-13 所示。

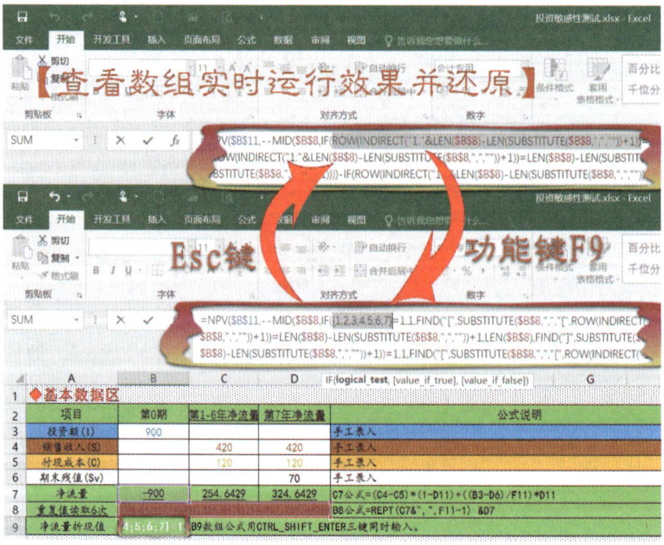

图 5-13　查看数组实时运行效果并还原

● Esc 键还原数组公式。离开单元格前，按下 Esc 键可将实时运行结果还原为运行前的数组公式。

如果对单元格 B9 中的“公式 524”的长度耿耿于怀，我们可以将它由长变短，如图 5-14 所示。

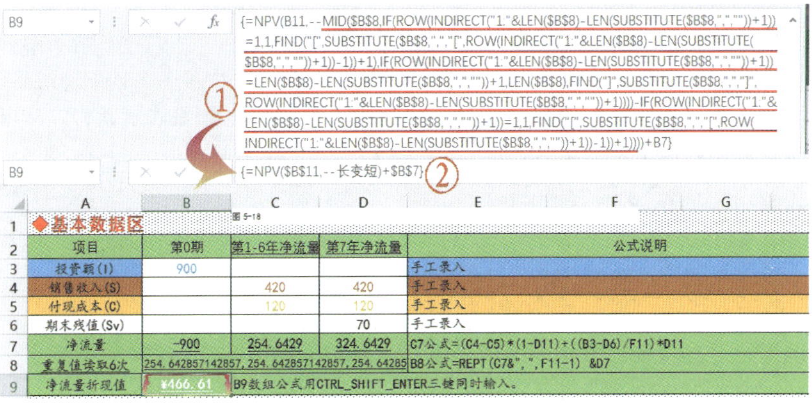

图 5-14　长公式变短显示

“哇哦，简直太神奇了，易总您是如何做到的呢？”小吴惊问道。

“其实也是很简单的，你们还记得我上次（“2.8.3”节）给你们培训时，讲过插入 Excel‘名称’，这里也是用到的这个技术。来，注意看我的操作：

● 复制公式。首先选中单元格 B9，进入公式编辑栏，将图 5-14 中公式的画线部分套选，按 Ctrl_C 复制，按 Esc 键退出公式编辑状态。

● 插入名称。按下 Ctrl_F3 弹出‘名称管理器’对话框（图 5-15 之①）；按下 N 键，弹出‘新建名称’对话框（图 5-15 之②），将其中的‘名称’依次修改为‘长变短’；至于‘备注’填不填，就随意了；点入‘引用位置’后的方框内，清除（‘=’）后的部分，按下 Ctrl_V 粘贴。依次单击‘确定’按钮（图 5-15 之③）、‘关闭’按钮（图 5-15 之④）关掉‘名称管理器’对话框。

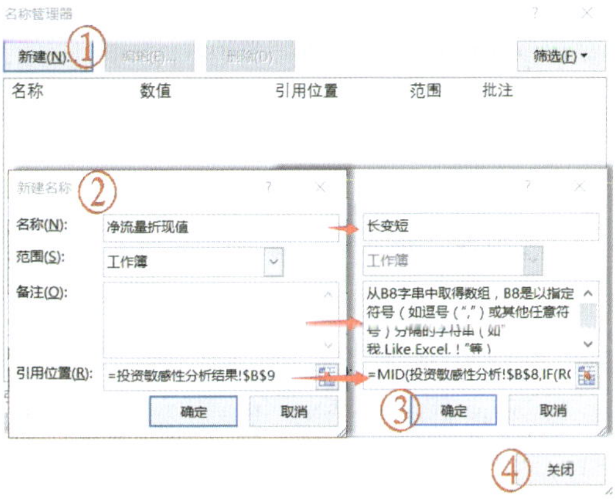

图 5-15　插入新名称

● 将名称嵌入公式。再次选中单元格 B9，进入公式编辑栏，将图 5-14 中公式的划线部分删除，按 F3 键，弹出‘粘贴名称’对话框，双击其中的‘长变短’将刚刚建好的名称嵌入单元格 B9。

● 查看名称‘长变短’的实时效果。套选中单元格 B9 公式中的‘长变短’字样（图 5-16 之①画线部分），按功能键 F9，此时‘长变短’字样变化为‘{"254.642857142857";"254.642857142857";"254.642857142857";"254.642857142857";"254.642857142857";"254.642857142857";"324.642857142857"}’（图 5-16 之②画线部分），正是将单元格 B8（项目寿命期各年净现金流量）的值转化后的一维数组。

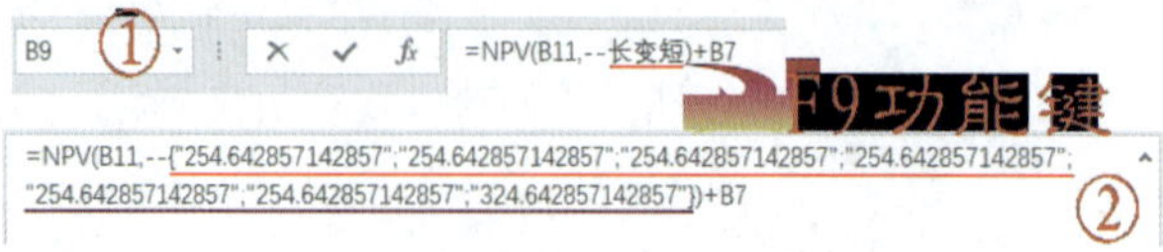

图 5-16　检验短名称的实时效果

- 完成数组公式。将转变后的数组（图 5-16 之②画线部分）删除，重新将名称‘长变短’嵌入单元格 B9 后，同时按下‘Ctrl_Shift_Enter’三键输入完成数组公式。”

> CFO 点拨
> 在 Excel 中插入名称，不只是为了简洁易记，更重要的是将单元格公式以短名存储，便于快捷引用。

5.2.5　投资敏感三要素的一维模拟运算

通常情况下，一些重要的敏感因素会给出个大致的变动区间的预估，但对由于敏感因素的变化导致的目标值的变化值很多人就会不知所措，感到无从下手，下面我们还是跟着易总的步骤来学习：

- 添加模拟分析表格。从“5.2.1”可知，进行敏感因素分析时，需要锁定其余，只变动一个因素，对于项目投资的敏感性分析同样如此。我们先在工作表“投资敏感性分析”中添加如图 5-17 所示的表格，包含“模拟运算数据暂存区”和“模拟运算测试结果区”。

对于第一年至第六年净现金流量基准公式“=(C4-C5)*(1-D11)+((B3-D6)/F11)*D11”中三个要素投资额 B3、销售收入 C4 和付现成本 C5，对它们进行敏感性分析时变动因素依次为 B3*(1+ 变动率)、C4*(1+ 变动率) 和 C5*(1+ 变动率)，敏感公式分别为：

> 投资额敏感净现金流量公式“=(C4-C5)*(1-D11)+((B3*(1+ 变动率)-D6)/F11)*D11”
>
> 销售收入敏感净现金流量公式“=(C4*(1+ 变动率)-C5)*(1-D11)+ ((B3-D6)/F11)*D11”
>
> 付现成本敏感净现金流量公式“=(C4-C5*(1+ 变动率))*(1-D11)+ ((B3-D6)/F11)*D11”

以上三个公式分别位于图 5-17 的单元格 C15、C16 和 C17 中，三者变动率分别位于 B15、B16 和 B17 中，因此将上述三个敏感公式依次变为：

> 投资额敏感净现金流量公式“=(C4-C5)*(1-D11)+((B3*(1+ B15)-D6)/F11)*D11”
>
> 销售收入敏感净现金流量公式“=(C4*(1+ B16)-C5)*(1-D11)+((B3-D6)/F11)*D11”
>
> 付现成本敏感净现金流量公式“=(C4-C5*(1+ B17))*(1-D11)+((B3-D6)/F11)*D11”

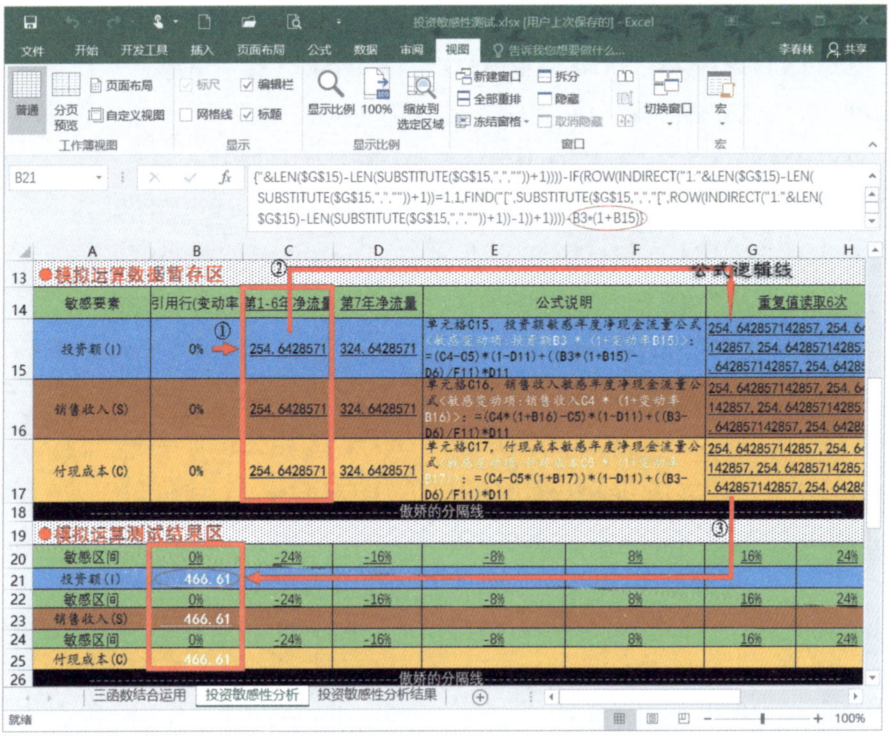

图 5-17　投资项目的模拟分析数据和公式准备

有了第一年至第六年净现金流量的公式，第七年的公式只需要额外加上回流残值即可，投资敏感三要素（投资额 D15、销售收入 D16 和付现成本 D17）的敏感公式分别为“=C15+$D$6”、“=C16+$D$6”和“=C17+$D$6”。图 5-17 中其他公式分别说明如下：

- 单元格 C14：公式及作用均与单元格 C2 相同。
- 单元格 D14：公式及作用均与单元格 D2 相同。
- 单元格 G14：公式及作用均与单元格 A8 相同。
- 单元格 G15：公式为“=REPT(C15&",",F11-1) &D15”，将项目寿命期第一年至第六年及第七年的净现金流量的敏感值用逗号（“,”）连接，为下一步计算准备投资额动态字符串。
- 单元格 G16：公式为“=REPT(C16&",",F11-1) &D16”，将项目寿命期第一年至第六年及第七年的净现金流量的敏感值用逗号（“,”）连接，为下一步计算准备销售收入动态字符串。
- 单元格 G17：公式为“=REPT(C17&",",F11-1) &D17”，将项目寿命期第一年至第六年及第七年的净现金流量的敏感值用逗号（“,”）连接，为下一步计算准备付现成本动态字符串。
- 单元格 B21：同时按下“Ctrl_Shift_Enter”三键输入数组公式“{=NPV($B$11,0+MID($G$15,IF(ROW(INDIRECT("1:"&LEN($G$15)-LEN(SUBSTITUTE($G$15,",",""))+1))=1,1,FIND("[",SUBSTITUTE($G$15,",","[",ROW(INDIRECT("1:"&LEN($G$15)-LEN(SUBSTITUTE($G$15,",",""))+1))-1))+1),IF(ROW(INDIRECT("1:"&LEN($G$15)-LEN(SUB

STITUTE($G$15,",",""))+1))=LEN($G$15)-LEN(SUBSTITUTE($G$15,",",""))+1,LEN($G$15),FIND("]",SUBSTITUTE($G$15,",","]",ROW(INDIRECT("1:"&LEN($G$15)-LEN(SUBSTITUTE($G$15,",",""))+1))))-IF(ROW(INDIRECT("1:"&LEN($G$15)-LEN(SUBSTITUTE($G$15,",",""))+1))=1,1,FIND("[",SUBSTITUTE($G$15,",","[",ROW(INDIRECT("1:"&LEN($G$15)-LEN(SUBSTITUTE($G$15,",",""))+1))-1))+1))))-B3*(1+B15)}”，作用是在给定的期望报酬率（单元格 B11）、给定的项目全部寿命期内各年净现金流的条件下取得的投资额敏感现金流量净现值。该单元格在图 5-17 中以白色字标注为复杂公式。

- 单元格 B23：同时按下“Ctrl_Shift_Enter”三键输入数组公式“{=NPV($B$11,1*MID($G$16,IF(ROW(INDIRECT("1:"&LEN($G$16)- LEN(SUBSTITUTE($G$16,",",""))+1))=1,1,FIND("[",SUBSTITUTE($G$16,",","[",ROW(INDIRECT("1:"&LEN($G$16)-LEN(SUBSTITUTE($G$16,",",""))+1))-1))+1),IF(ROW(INDIRECT("1:"&LEN($G$16)-LEN(SUBSTITUTE($G$16,",",""))+1))=LEN($G$16)-LEN(SUBSTITUTE($G$16,",",""))+1,LEN($G$16),FIND("]",SUBSTITUTE($G$16,",","]",ROW(INDIRECT("1:"&LEN($G$16)-LEN(SUBSTITUTE($G$16,",",""))+1))))-IF(ROW(INDIRECT("1:"&LEN($G$16)-LEN(SUBSTITUTE($G$16,",",""))+1))=1,1,FIND("[",SUBSTITUTE($G$16,",","[",ROW(INDIRECT("1:"&LEN($G$16)-LEN(SUBSTITUTE($G$16,",",""))+1))-1))+1))))-B3}”，作用是在给定的期望报酬率（单元格 B11）、给定的项目全部寿命期内各年净现金流的条件下取得的销售收入敏感现金流量净现值。该单元格在图 5-17 中以白色字标注为复杂公式。
- 单元格 B25：同时按下“Ctrl_Shift_Enter”三键输入数组公式“{=NPV($B$11,1*MID($G$17,IF(ROW(INDIRECT("1:"&LEN($G$17)- LEN(SUBSTITUTE($G$17,",",""))+1))=1,1,FIND("[",SUBSTITUTE($G$17,",","[",ROW(INDIRECT("1:"&LEN($G$17)-LEN(SUBSTITUTE($G$17,",",""))+1))-1))+1),IF(ROW(INDIRECT("1:"&LEN($G$17)-LEN(SUBSTITUTE($G$17,",",""))+1))=LEN($G$17)-LEN(SUBSTITUTE($G$17,",",""))+1,LEN($G$17),FIND("]",SUBSTITUTE($G$17,",","]",ROW(INDIRECT("1:"&LEN($G$17)-LEN(SUBSTITUTE($G$17,",",""))+1))))-IF(ROW(INDIRECT("1:"&LEN($G$17)-LEN(SUBSTITUTE($G$17,",",""))+1))=1,1,FIND("[",SUBSTITUTE($G$17,",","[",ROW(INDIRECT("1:"&LEN($G$17)-LEN(SUBSTITUTE($G$17,",",""))+1))-1))+1))))-B3}”，作用是在给定的期望报酬率（单元格 B11）、给定的项目

CFO 点拨

单元格 B21 的净现值公式结构与单元格 B9 公式相同，被截取的字符串由单元格 B8 重复值变为 G15 重复值，但该公式末尾投资额度 B3 需要乘以 (1+ 变动率) 加以调整。公式用“0+”将 MID 函数所取字符型数字强制转换为数字型。根据需要，也可以依照图 5-15 将公式中的 MID 函数部分“长变短”，换名简化。

CFO 点拨

单元格 B23 的净现值公式结构与单元格 B21 公式相同，被截取的字符串由单元格 G15 重复值修正为 G16 重复值。公式用“1*”将 MID 函数所取字符型数字强制转换为数字型。根据需要，也可以依照图 5-15 将公式中的 MID 函数部分“长变短”，换名简化。

全部寿命期内各年净现金流的条件下取得的付现成本敏感现金流量净现值。该单元格在图 5-17 中以白色字标注为复杂公式。

- 单元格 C20：用公式“=-$H$11+$H$11*(COLUMN(A1)-1)/3”来构造投资额细分的敏感区间。
- 单元格 D20：公式“=-$H$11+$H$11*(COLUMN(B1)-1)/3”，由单元格 C20 公式向右拖动而得。
- 单元格 E20：公式“=-$H$11+$H$11*(COLUMN(C1)-1)/3”，由单元格 D20 公式向右拖动而得。
- 单元格 F20：用公式“=$H$11/3+$H$11*(COLUMN(A1)-1)/3”来构造投资额细分的敏感区间，与单元格 E20 对称。
- 单元格 G20：公式“=$H$11/3+$H$11*(COLUMN(B1)-1)/3”，由单元格 F20 公式向右拖动而得，与单元格 D20 对称的变动区间。
- 单元格 H20：公式“=$H$11/3+$H$11*(COLUMN(C1)-1)/3”，由单元格 G20 公式向右拖动而得，与单元格 C20 对称。
- 单元格区域“C22:H22”：公式是复制单元格区域“C20:H20”的公式。此区域是销售收入的敏感区间，这里用公式设定与投资额的敏感区间以相同的幅度变化，也可以根据实际，直接输入不同的敏感区间点。
- 单元格区域“C24:H24”：公式系复制单元格区域“C20:H20”的公式。此区域是付现成本的敏感区间，这里用公式设定与投资额的敏感区间以相同的幅度变化，也可以根据实际，直接输入不同的敏感区间点。

CFO 点拨

单元格 B25 的净现值公式结构与单元格 B23 公式相同，被截取的字符串由单元格 G16 重复值修正为 G17 重复值。公式用“1*”将 MID 函数所取字符型数字强制转换为数字型。根据需要，也可以依照图 5-15 将公式中的 MID 函数部分“长变短”，换名简化。

CFO 点拨

单元格区域“C20:H20”的公式是基于将敏感幅度细分为 6 区间的基础上的，公式的作用是在敏感幅度(±)值（单元格 H11）变化时，该区域敏感变动值能够自动更新。

至此，自“模拟运算数据暂存区”辅助单元格“变动率”，经由“净现金流”、构造的动态字串，至变动率为 0 时的净现值的逻辑线已经完成，如图 5-18 所示。

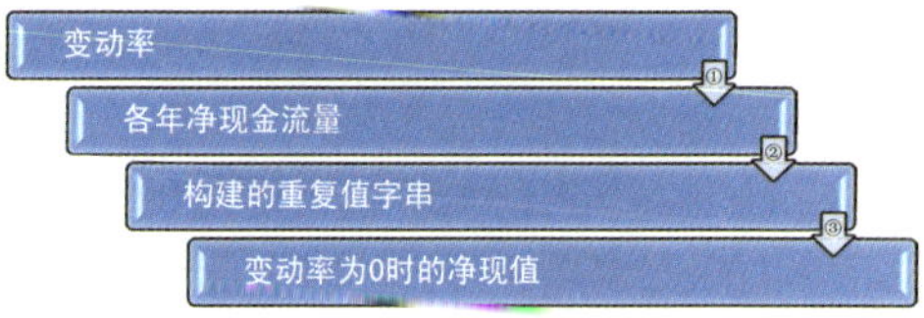

图 5-18　模拟运算逻辑线示意图

- 运行一维模拟运算。以下就投资敏感三要素（投资额、销售收入和付现成本）运行一维模拟运算：
  - 投资额。选中单元格区域“B20:H21”，单击 Excel“数据”选项卡“预测”选项组上的“数据分析”按钮，在随后出现的浮动菜单上单击“模拟运算表”，弹出“模拟运算表”对话框（图 5-19 之①）。因为“敏感区间”在第 20 行，而不是列，所以在“输入引用行的单元格”（而非“输入引用列的单元格”）中输入“$B$15”（变动率，图 5-18 逻辑线起点），单击“模拟运算表”对话框“确定”按钮，运行投资额一维模拟运算，得到在不同敏感区域内投资额时的净现金流量净现值（图 5-19 之②，图 5-18 逻辑线终点）。

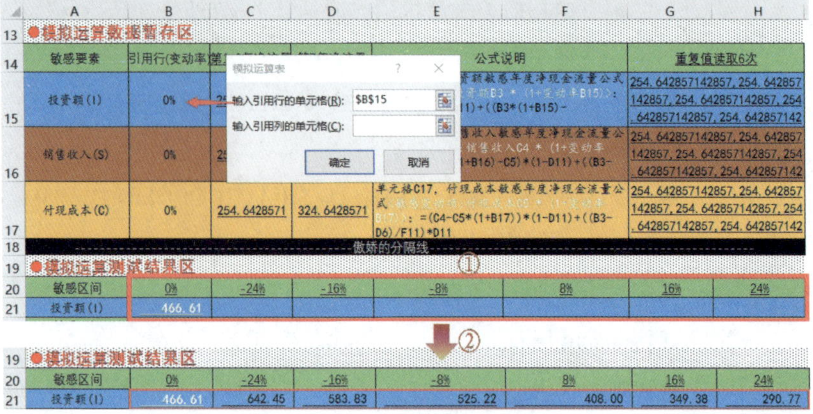

图 5-19　投资额一维模拟运算

➢ 运行销售收入一维模拟运算。选中单元格区域“B22:H23”，单击 Excel“数据”选项卡“预测”选项组上的“数据分析”按钮，在随后出现的浮动菜单上单击“模拟运算表”，弹出“模拟运算表”对话框（图 5-20 之①）。因为“敏感区间”在第 22 行，而不是列，所以在“输入引用行的单元格”（而非“输入引用列的单元格”）中输入“$B$16”（变动率，图 5-18 逻辑线起点），单击“模拟运算表”对话框“确定”按钮，运行销售收入一维模拟运算，得到在不同敏感区域内销售收入时的净现金流量净现值（图 5-20 之②，图 5-18 逻辑线终点）。

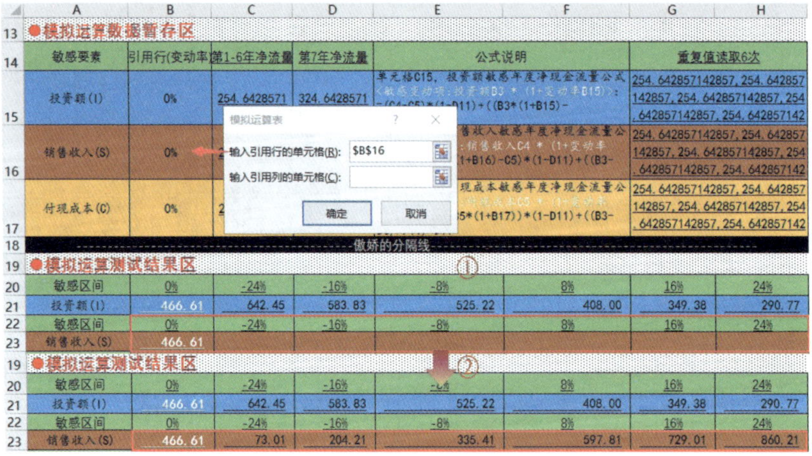

图 5-20　销售收入一维模拟运算

➢ 运行付现成本一维模拟运算。选中单元格区域“B24:H25”，单击 Excel“数据”选项卡“预测”选项组上的“数据分析”按钮，在随后出现的浮动菜单上单击“模拟运算表”，弹出“模拟运算表”对话框（图 5-21 之①）。因为“敏感区间”在第 24 行，而不是列，所以在“输入引用行的单元格”（而非“输入引用列的单元格”）中输入“$B$17”（变动率，图 5-18 逻辑线起点），单击“模拟运算表”对话框“确定”按钮，运行付现成本一维模拟运算，得到在不同敏感区域内付现成本时的净现金流量净现值（图 5-21 之②，图 5-18 逻辑线终点）。

● 添加模拟分析表格。从“带平滑线和数据标记的散点图”可知，进行敏感因素分析时，需要锁定其余，只变动一个因素，对于项目投资的敏感性分析同样如此。

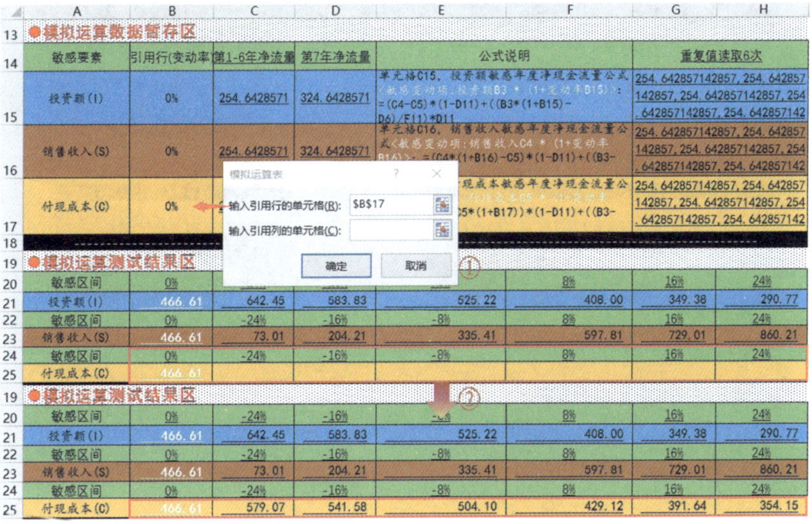

图 5-21　付现成本一维模拟运算

5.2.6　用“雷达”快速扫描投资三要素的敏感性

在这一节的讲解中，易总对存在相同内在逻辑的敏感要素都以相同的颜色进行了显性化的区分，如投资额用浅蓝色、销售收入用深红色、付现成本用橙色，表格标题用浅绿色，空白需要填写的用白色。这样标注显示就让投资模型逻辑清晰、通俗易懂。为了进一步提升直观性，我们对投资三要素在给定的敏感区间内引起净现值的变化以直观的图表加以演示。具体步骤如下：

- 插入模拟运算测试结果雷达区。在表格的“模拟运算测试结果区”之下新增加 7 行，并设计如图 5-22 所示的表格，此区域被命名为“模拟运算测试结果雷达区”，其中单元格 B29、B30 和 B31 的公式分别为“=IF(B21<$B$9,B21+2*($B$9-B21),B21)”、“=IF(B23<$B$9,B23+2*($B$9-B23),B23)”和“=IF(B25<$B$9,B25+2*($B$9-B25),B25)”，该公式以“$B$9”净现金流量净现值为起点，将敏感因素导致净现值低于此起点值的差值两倍添加到起点值中去，其目的是使敏感的变化能够凸显出来。因为对同一敏感要素来说，是用差值直接增值于净现值中去，因而并不会影响对各因素的敏感性观察，相反只会凸显其敏感变动效果。

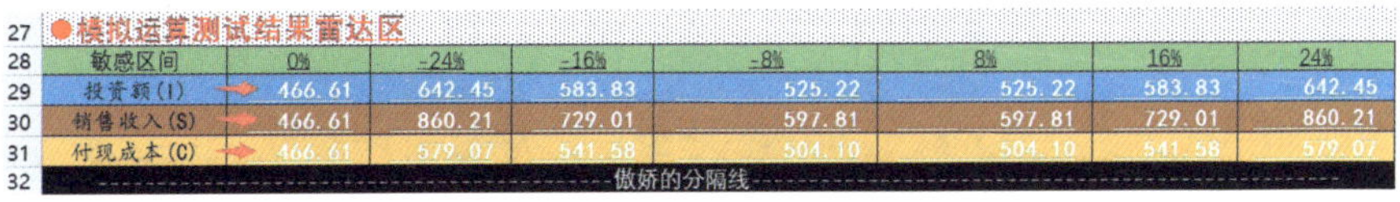

图 5-22　插入模拟运算测试结果雷达区

将单元格区域“B29:B31”的公式插入单元格区域“C29:H31”中去，完成不同敏感点处的净现值公式的显现化修正。

- 插入雷达图。选中单元格区域“A28:H31”，这是投资三要素的敏感区间和净现值凸显值所在的区域，单击 Excel 的“插入”选项卡上的“图表”选项组内的“插入曲面图或雷达图”，在随后出现的浮动菜单上单击“带数据标记的雷达图”，如图 5-23 所示。

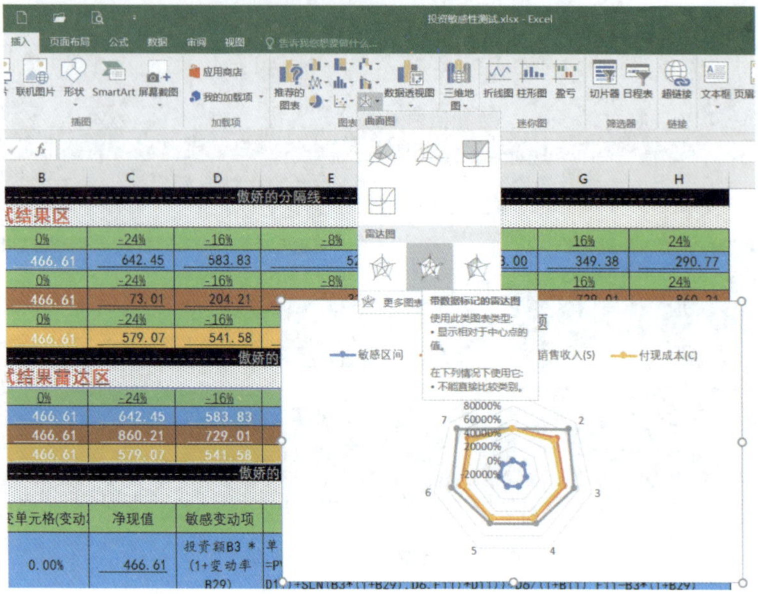

图 5-23　插入雷达图

- 修改雷达图布局样式。此时，Excel 自动添加了“图表工具”选项卡，单击其中“设计”选项卡上“图表布局”选项组内的“布局 2”，单击“图表样式”选项组内的“样式 7”。拖动雷达图边缘的定位圆点，可将雷达图放大，如图 5-24 所示。

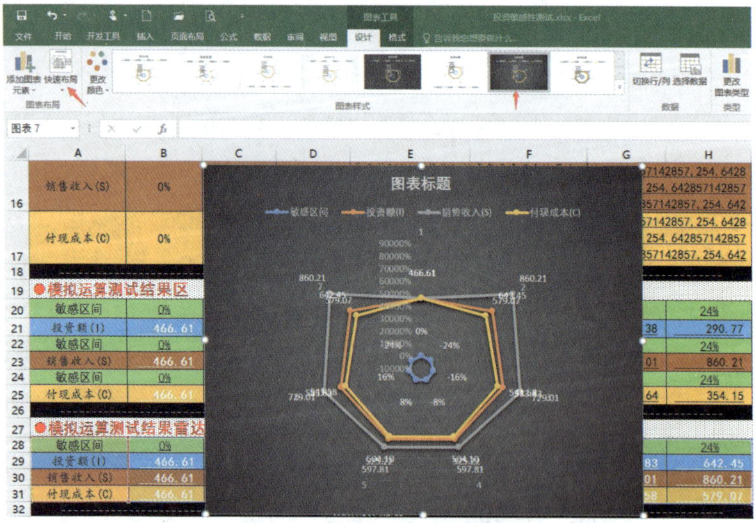

图 5-24　修改雷达图布局和样式

- 修改线条颜色。鼠标移动到刚插入的图表上的投资额线条上（图 5-25 之①），右击，在随后出现的浮动菜单上单击“设置数据系列格式”项（图 5-25 之②），在 Excel 界面的右部就会出现“设置数据系列格式”选项卡，单击其中的“填充与线条”(图 5-25 之③)，在“颜色”组内单击“轮廓颜色”按钮（图 5-25 之④），选中“浅蓝”（图 5-25 之⑤）。

按相同的方法，设置销售收入线条的颜色为“深红”，付现成本线条的颜色为“橙色”，敏感区间线条的颜色为“浅绿”。

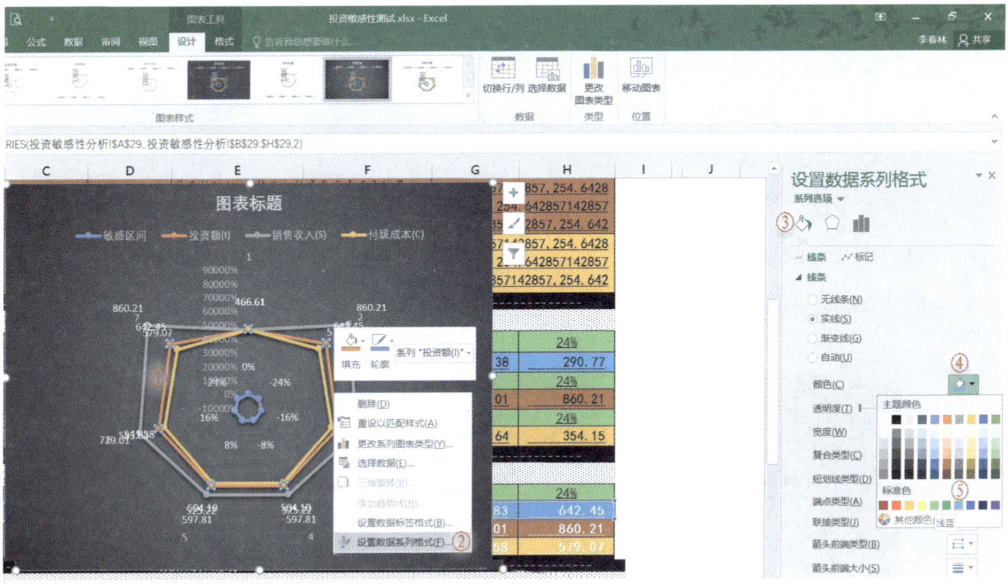

图 5-25　修改线条颜色

● 移动图例的位置。右击“图例”，在随后出现的浮动菜单上单击“设置图例格式”，弹出“设置图例格式”选项卡，设置“图例位置”为“靠右”。

● 修改标题。选中图 5-25 中图表的“图表标题”，将文字修改为“投资敏感性三要素雷达图”，设置其字色为白色，并拖动其位置稍偏右，最终图表效果如图 5-26 所示。

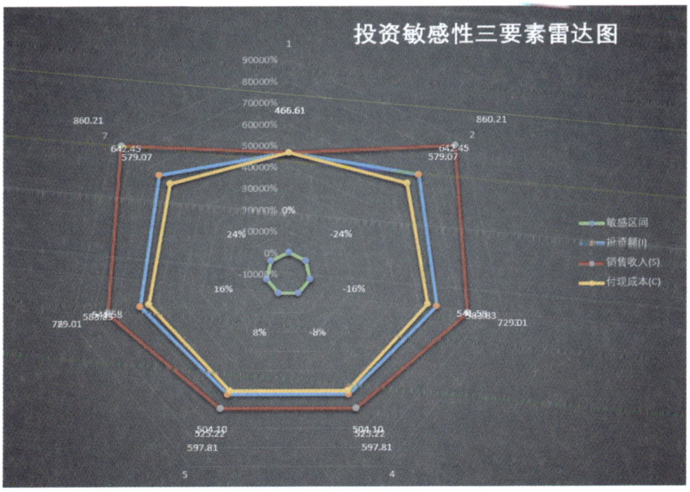

图 5-26　投资敏感性三要素雷达扫描图一

● 三要素敏感性解读。从图 5-26 中可以直观看出：

➢ 雷达图共 7 个维度，依次用 1 ～ 7 表示 0%（1）、-24%（2）、-16%（3）、-8%（4）、8%（5）、16%（6）、24%（7）。

➢ 数字 1 表明了在敏感波动幅度为 0% 时，三要素的净现值均为 466.61，随着变化幅度的增大，净现值点离开雷达图的中心点越远，表明受敏感因素的影响加大。

➢ 从雷达内圈逐步向外形成 4 个大小不等的七边形，分别是敏感区间、付现成本、投资额和销售收入，在敏感区间变动幅度相同的情况下，付现成本导致的净现值变动幅度最小，销售收入导致的净现值变动幅度最大。换句话说，在本项目的投资三要素中，敏感性由弱到强的要素依次为付现成本、投资额和销售收入。

- 雷达图在设计的通用性模板中，会自动跟随基础数据（图 5-12）的变动而更新，比如将敏感区间（单元格 H11）更改为 48% 时，雷达图将自动更新，如图 5-27 所示。

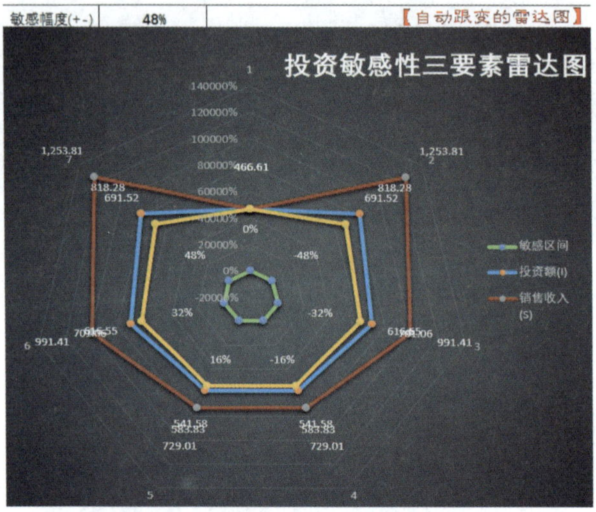

图 5-27　投资敏感性三要素雷达扫描图二

5.2.7　投资敏感三要素的敏感临界点测算

对于投资项目的取舍，惯常采用净现值为 0 的标准。超过 0 的投资项目，可以接纳；反之，应予放弃。武汉的这家设备供应商带来的项目的净现值为 466.61（图 5-12），从净现值指标上看，是可以接纳的一个项目。但其投资要素存在不确定性，我们需要知道，使得该项目变得不可接受，各敏感的要素最大变动边界在哪里？

为了取得投资三要素的临界敏感点的值，可以借助于规划求解工具来求取，具体的操作步骤是：

- 插入规划求解区。在表格的“模拟运算测试结果雷达区”之下设计如图 5-28 所示的表格，此区域命名为“规划求解区”，其中单元格 C35 的公式分别为“=PV(B11,F11,-((C4-C5)*(1-D11)+SLN(B3*(1+B35),D6,F11)*D11))+D6/(1+B11)^F11-B3*(1+B35)”、该公式是在 PV 基准公式“=PV(B11,F11,-((C4-C5)*(1-D11)+SLN(B3,D6,F11)*D11))+D6/(1+B11)^F11-B3”的基础上增加了投资额敏感调整“B3*(1+B35)”。单元 B35 既作为变动率调整，初始值输入为“0%”，又作为规划求解的“可变单元格”。

> CFO 点拨
> 公式中我们用了一个直线法提取固定资产折旧的函数 SLN。该函数包含三个参数，依次是投资成本（固定资产原值）、残值和折旧提取期（寿命期）。当然，直线法提取折旧非常简单，也可直接用算术上的四项运算公式计算折旧。

相似地，销售收入敏感PV公式为“=PV(B11,F11,-((C4*(1+B36)-C5)* (1-D11)+SLN(B3, D6,F11)* D11))+D6/(1+B11)^F11-B3”，位于单元格C36中；付现成本敏感PV公式为“=PV(B11, F11,-((C4-C5*(1+B37))*(1-D11)+SLN(B3,D6, F11)*D11))+D6/(1+B11)^F11-B3”，位于单元格C37中。

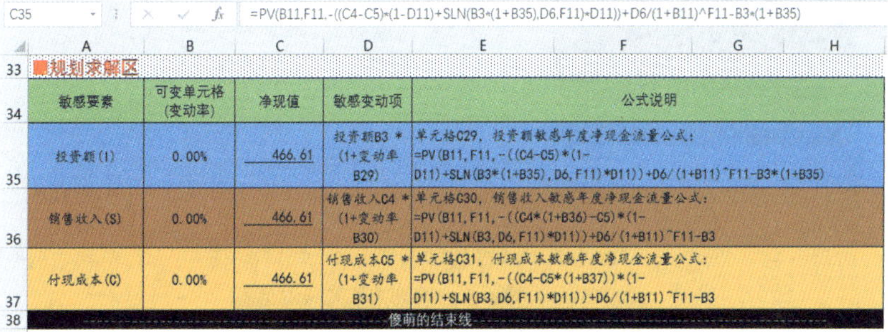

图5-28 临界敏感点规划求解数据区

- 准备“规划求解”工具。如Excel“数据”选项卡上无“规划求解”工具，请按照“4.5.2”方法弹出该工具，否则跳过这一步。
- 调用“规划求解”工具。选中单元格F16，单击Excel“数据”选项卡上的“分析”组的“规划求解”，弹出“规划求解参数”对话框（图5-29），其中各参数的填制方法如下：

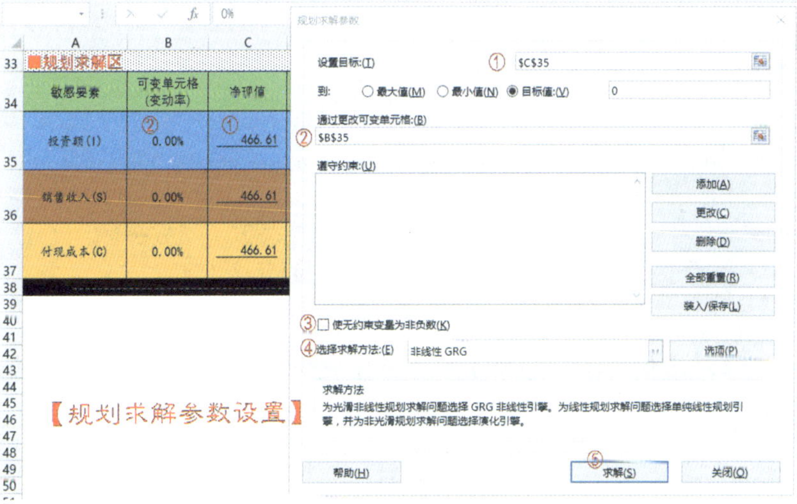

图5-29 临界敏感点规划求解参数设置

- “设置目标”：由于要求取PV值，因此此处输入“$C$35”（图5-29之①），“到”之后选中“固定值”，其右方框内输入数字0。
- “通过更改可变单元格”：由于要求的是变动率变动引发的结果，故而这里填入“$B$35”（图5-29之②）。
- “使无约束变量为非负数”：因为变动率可为正也可为负，所以这里去除此项的勾选（图5-29之③）。
- “选择求解方法”：选择的是“非线性GRG”（图5-29之④）。

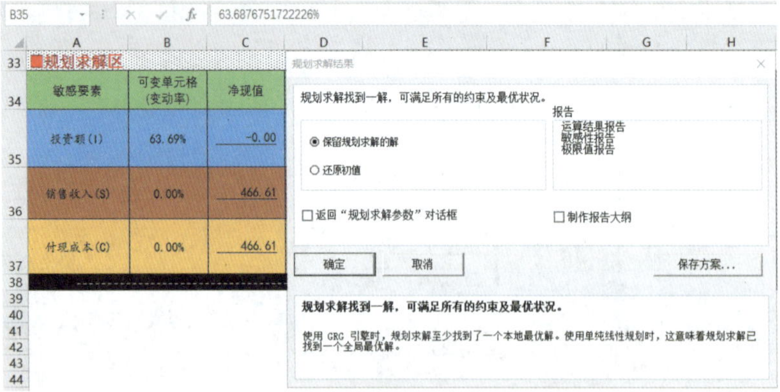

图 5-30　临界敏感点规划求解结果对话框

- 运行“规划求解”工具。单击图 5-29 之⑤“求解”按钮，稍候片刻，弹出“规划求解结果”对话框（图 5-30），单击其中的“确定”按钮返回工作表“投资敏感性分析”。如果需要也可以先选中“运行结果报告”后再关闭“规划求解结果”对话框。至此，已求出投资额临界敏感点的变动值（单元格 B35）。

相似地，通过设置“规划求解参数”的“设置目标”为“$C$36”、“通过更改可变单元格”为“$B$36”，求出销售收入临界敏感点的变动值（单元格 B36）；设置“规划求解参数”的“设置目标”为“$C$37”、“通过更改可变单元格”为“$B$37”，求出付现成本临界敏感点的变动值（单元格 B37），结果如图 5-31 所示。

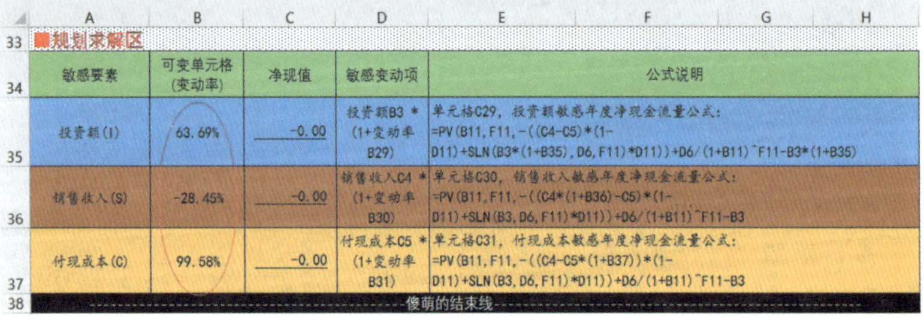

图 5-31　临界敏感点规划求解结果

- “规划求解”求解结果解读。通过机器求解，图 5-31 单元格 B35 已给出投资额临界敏感点的变动值为 63.69%，表明在其他要素不变的前提下，如投资额增加超过 63.69%，将使得该投资项目不再可行；单元格 B36 给出销售收入临界敏感点的变动值为 -28.45%，表明在其他要素不变的前提下，如销售收入下降超过 -28.45%，将使得该投资项目不再可行；单元格 B7 给出付现成本临界敏感点的变动值为 99.58%，表明在其他要素不变的前提下，如付现成本增加超过 99.58%，将使得该投资项目不再可行。

5.3 用 VBA 代码来拓宽投资渠道

所谓投资，是为了预期的收益或者资金增值，在一定期间内投入资金、实物等的经济行为。换句话说，不局限于钱的概念，为了追求回报而支付成本的事项，都可以认为是投资。比如学习新知识，也可以认为是一种投资。在这一节，易总带领我们进入一座新的知识殿堂——大名鼎鼎的 VBA。此时引入 VBA，正契合了投资的终极追求：低投入、高产出，而且是稳健、低风险的。

5.3.1 借由“一行代码”闯入 VBA 的殿堂

VBA 知识殿堂的圣光，在“2.7.6”（批量修改数据透视表的字段统计方式）和“4.8.5”（Excel 的多重保护）节中已初有领略。短短的代码，酷酷的功能，可以称得上短小、强悍。

在上述两节，我们的做法是：在 Excel 窗口按下 Alt_F11，在随后出现的窗口中按下 Ctrl_G 后，在同一行内输入代码后回车（让代码立即执行），关闭此窗口返回 Excel。

这里所说的代码就是 VBA 代码，而“VBA”是“Visual Basic for Application”（可视化基础应用）的简称，它是微软公司开发出来在桌面应用程序中执行的通用的自动化编程语言。它可以用来扩展 Windows 的应用程序功能，特别是 Office，当然也包括我们学习的 ExceL 了。

学习 VBA，目的是为了拓展 Excel 功能，不可脱离目标而学习。

在“4.3.2”节，我们已经添加了“开发工具”选项卡，单击其中的“代码”选项组内的“Visual Basic”（等同于我们运用“一行代码”时“在 Excel 窗口按下 Alt_F11”），进入微软的 VBA 编程窗口，如图 5-32 所示，对其主要部分介绍如下：

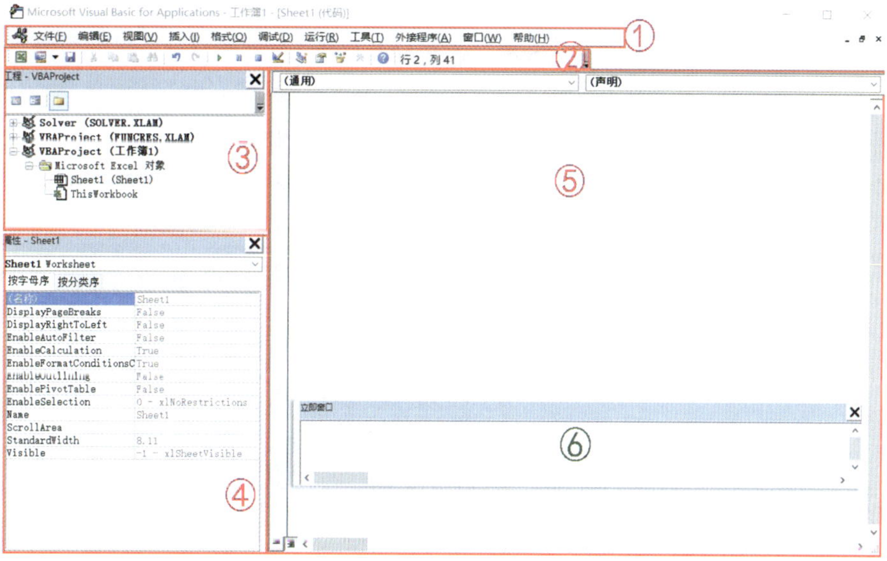

图 5-32　VBA 窗口

- 菜单栏（图 5-32 之①），VBA 命令与功能的集合。
- 工具栏（图 5-32 之②），VBA 常用功能的工具组。
- 工程资源管理器（图 5-32 之③），此处列出了与当前所打开的 Excel 有关的工作簿、加载宏等对象，单击工程项目前面的（“+”）可以展开其子项目，单击工程项目前面的（“-”）可以收起其子项目。按下 Ctrl_R 可快速弹出此窗口。
- 属性窗口（图 5-32 之④），此处列出了所选工程项目的相关属性，按 F4 键可快速弹出此窗口。

- 代码窗口（图 5-32 之⑤），在此处编写 VBA 代码，代码是与 Excel 文件紧密关联的。按 F7 键可快速弹出此窗口。初始时，代码窗口顶部仅有“(通用)”和“(声明)”。
- 立即窗口（图 5-32 之⑥），对此处写入的代码，按回车即可实时执行，常常用于观察代码效果或者仅对 Excel 文件中的对象做一次性更改。如未出现此窗口，可按下 Ctrl_G 可快速弹出此窗口。

5.3.2 保存一个带有 VBA 代码的 Excel 文件

首先我们来学习 VBA 的第一组正式代码，等等，我们不是已经写过“一行代码”了吗？

是的，我们曾经在“立即窗口”写过简短的“一行代码”，但那是临时代码，在关闭 Excel 工作簿后，代码就会消失，可以说，还不算正式的代码。下面开始正式写可以保存在 Excel 工作簿中、可以反复使用的代码：

- 新建空白文件。在 Excel 打开状态下，按下 Ctrl_N 生成一张空白工作簿，按下 Alt_F11，进入 VBA。因为是与从工作表 Sheet1 进入 VBA 的，在此工作表的基础上书写代码。
- 进入“代码窗口”。在 Excel 工程资源管理器（图 5-32 之③）中双击“Sheet1”，弹出“代码窗口”（图 5-32 之⑤）或者，右击工作表 Sheet1 标签后选择“查看代码”也可弹出此窗口，单击“(通用)”右部下拉三角形按钮，选择“Worksheet”，单击“(声明)”右部下拉三角形按钮，出现一系列选项供选择，要求选择在对工作表进行什么样的相应操作，比如“Activate”在工作表激活操作时、“BeforeRightClick”在工作表中右击之前要执行何种操作等。这里选择的是“SelectionChange”(图 5-33 之①）说明的是在工作表中选择不同对象（如单元格等）时要执行何种操作。

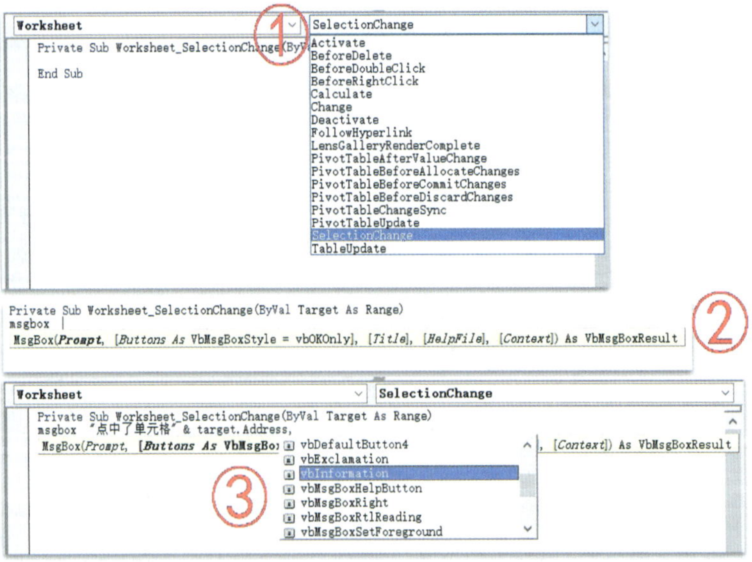

图 5-33 手工录入 VBA 代码

- 书写代码。选中“SelectionChange”后，在代码窗口自动出现如下 VBA 代码（为了突出显示代码，在书中将其用蓝色表示），光标位于两行代码之间。

```
    Private Sub Worksheet_SelectionChange(ByVal Target As
Range)
    |
    End Sub
```

- 将输入法切换到英文半角状态，录入“Msgbox”（提示信息对话框函数）后，敲击一个空格键（“ ”），VBA 自动给出黄色背景的提示（图 5-33 之②）。这个提示给出了“Msgbox”的有关语法参数，数秒后，提示会自动消失。
- 我们继续录入“单击单元格”& Target.Address”，由于正在输入“Msgbox”的第一个参数，因此黄色提示的第一个参数部分将以粗字体显示。第一参数对应于图 5-34 之①。
- 继续输入一个半角逗号（“,”），开始输入第二个参数，VBA 自动给出该参数可用的代码（图 5-33 之③），我们选择的是“vbInformation”。第二参数对应于图 5-34 之②。

  第二个参数可以选择超过一个，用加号（“+”）相连，如“vbYesNo + vbQuestion”。
- 继续输入一个半角逗号（“,”），开始输入第三个参数，这是消息框的顶部提示语句，常设为编写的软件名称，或干脆书写为“提示”，也可以不填写，VBA 将自动给出类似于“Microsoft Excel”这样的提示。这里录入“我是提示”，效果对应于图 5-34 之③。

```
    Private Sub Worksheet_SelectionChange(ByVal Target As
Range)
    MsgBox "单击单元格" & Target.Address, vbInformation, "
我是提示"
    End Sub
```

> CFO 点拨
>
> 如果要在代码中加入给代码阅读者的提示语句，在代码所在行的行首加上撇号（“'”），VBA 将以常绿色标注，并自动跳过该语句，不予执行。对于出错代码，VBA 将以红色警告。
>
> Msgbox 函数第二、三参数不是必须的，可以省略。

- 执行代码。按下 Alt_F11，从 VBA 界面返回 Excel 界面，单击任意单元格（如 B2），代码就会因为选中了工作表中的单元格对象而触发执行，效果如图 5-34 所示。

在 VBA 界面也可将光标落在代码中的任意位置，按下 F5 键，运行代码，此时代码中的“Target.Address”给出的是进入 VBA 界面前鼠标选中的 Excel 对象。

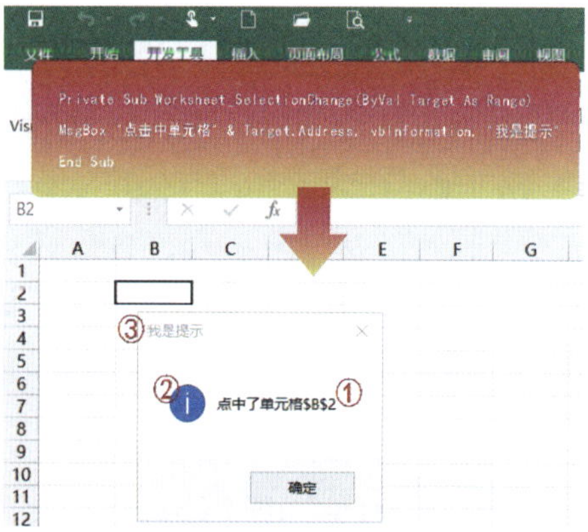

图 5-34　MSGBOX 函数运行效果

- 保存工作簿文件。按下 Ctrl_S，选择一个保存位置，并在如 5-35 所示的对话框之②的位置选择保存类型为“Excel 启用宏的工作簿 (*.xlsm)”。如保存类型选择“Excel97-2003 工作簿”同样可以将 VBA 代码保存于其中，但从安全性和功能性角度考虑，建议保存为“Excel 启用宏的工作簿 (*.xlsm)”格式。我们将文件保存为“D:\files\Chap5\ 支持宏代码的文件 .xlsm”后，按 Ctrl_W 关闭该文件。

所谓的“宏”，是一组 VBA 代码的集合，英文“Macro”，我国台湾地区称为“巨集”。

- 重复执行代码。双击“D:\files\Chap5\ 支持宏代码的文件 .xlsm”，再次打开工作簿，在公式编辑栏上部将会出现黄色的“安全警告”(图 5-36 之①)，告知我们该工作簿中包括宏代码，但已经被禁止执行。如果知道宏是安全的，愿意执行工作簿中的宏代码，单击“启用内容”按钮。此时再次选中工作表 Sheet1 的任意单元格，就会出现图 5-34 相似的提示对话框。

> **CFO 点拨**
> 如果从不支持宏的工作簿（如“*.xlsx”）进入 VBA，并想要在其中写入代码，保存时将弹出图 5-35 之①所示的警告对话框。如果要保存代码，单击对话框中的“否”按钮，进入 5-35 所示的对话框之②，选择一个支持宏的类型；如果不想保存代码，单击对话框中的“是”按钮。

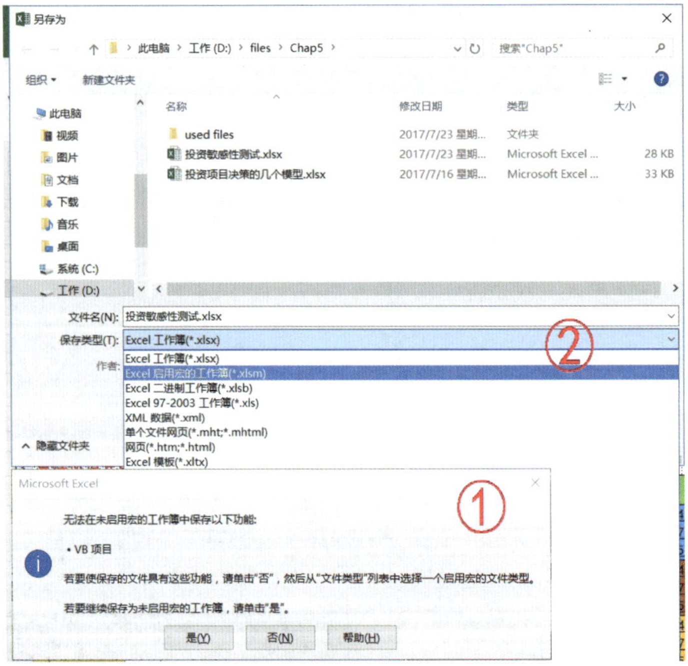

图 5-35　保存启用宏的工作簿

- 宏安全性设置。如果不想出现图 5-36 之①的“安全警告”，可单击“文件”选项卡，在其底部单击“选项”，在弹出的“Excel 选项”对话框中依次单击“信任中心”(图 5-36 之②)、“信任中心设置”(图 5-36 之③)，弹出“信任中心”对话框，单击“宏设置”(图 5-36 之④)，在“宏设置”组内选择“启用所用宏”。从安全性角度考虑，通常的选择是“禁用所有宏，并发出通知”(图 5-36 之⑤)，但这样的选择会带来一些不便捷、牺牲了 VBA 的强悍功能。

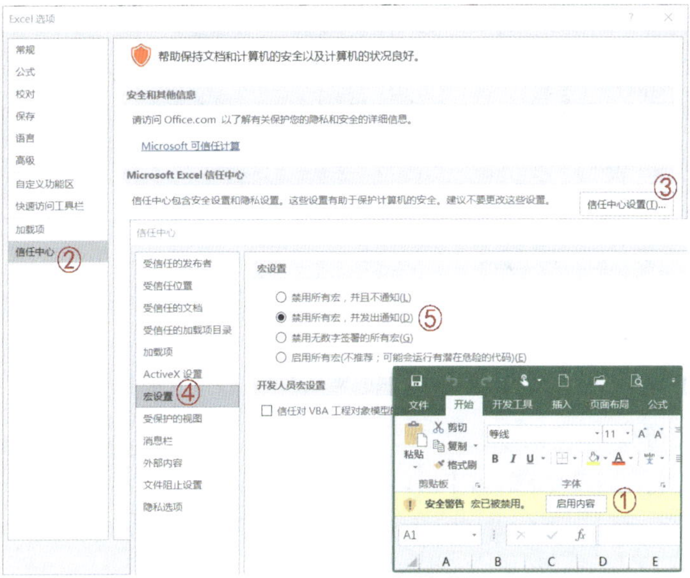

图 5-36　宏安全性设置

5.3.3　VBA 语言的三种算法结构、调用 Excel 公式与录制宏

初次写代码，你和我一样，肯定是大脑一片空白，根本不知道要写什么。仿照着别人的写，确实可以；写的过程中经常按下 F1 键获得帮助，也是好办法。

1. **算法结构**。首先，我们还是跟着易总学一下编程语言的基本算法结构，也就是代码的安排、布局或者操作逻辑。算法结构的基本类型，对任何语言都一样，VBA 也不例外：

- 顺序结构。这是最基本的算法结构，指的是代码的先后顺序。什么样的代码在前，什么样的代码在后。
- 条件结构。指的是在什么条件下，运行什么样的代码。比如当单元格 A1=0 时，A2=0，反之，A2=1。满足条件，称为条件为真（TRUE）；不满足条件，称为条件为假（FALSE）。这句话，用代码表示就是：

```
If Range("A1") = 0 Then      '单元格 A1、A2 在 VBA 代码中，要加上英文半角引号
    Range("A2") = 0
Else
    Range("A2") = 0
End If                       '本书以蓝色表示可执行代码，暗绿色表示注释
```

可以将上述几行代码用一行代码来精简表示：

```
If Range("A1") = 0 Then Range("A2") = 0 Else Range("A2") = 1
```

还可以写成以下的形式，注意，VBA 中“IF”需要变形为“IIF”，以与 Excel 中“IF”函数有所区别：

```
Range("A2") = IIf(Range("A1") = 0, 0, 1)
```

用 IF 函数来判断，可以在条件真（假）之中，再加入条件判断，这被称为嵌套。IF 函数常被用于相同层次的单个条件判断，当涉及多个条件判断时，可以使用 SELECT 语句来判断。比如，当单元格 A1=0 时，A2=1；当单元格 A1=1 或 2 时，A2=4；当单元格 A1=3 时，A2=7；当单元格为其他值时，A2=0。用 SELECT 语句表示如下：

```
Select Case Range("A1")            '用 CASE 表多条件判断 " 如果 "，撇号（"'"）表注释
   Case 0: Range("A2") = 1          '条件和结论之间用冒号（":"）分隔，也可换行写结论
   Case 1, 2: Range("A2") = 4 '两个条件之间用逗号（","）分隔
   Case 3: Range("A2") = 7
   Case Else: Range("A2") = 0 '其他情况下，用 ELSE 来表示
End Select                          'Select 前加 End 结束判断
```

- 循环结构。让代码重复运行若干次，或者无限次地运行。前者指定了次数，后者必须加下退出循环（EXIT）或者转向（GOTO）语句，防止程序代码陷入“死循环”而无法进行其他操作、无法运行后续代码。

比如，在单元格区域“A1:A999”中分别加上所在的行号，用以下代码表示：

```
Dim i As Integer                    '定义递增量 i 为整数型值
For i = 1 To 999                    '在 For 语句中 i 每循环一次默认递增加 1
   Range("A" & i) = "=ROW()"       '单元格后加上 i 递增，并插入行号公式
Next                                'For 与 Next 配对，必须同时出现
```

又如，想要找出这样一个单元格：在 A 列各行中填写从第一行到上一行的累计和，并当累计和为三位数时停止寻找。我们不知道应该让代码运行多少次，可以使用“Do…Loop”无限循环的语句，代码如下：

```
Private Sub 找出首个值为三位数的行()
Range("A1") = 1                     '与 Cells(1, 1).Value = 1 等同
Dim i As Integer: i = 1             '定义递增量 i 为整数型值，并赋予初始值 0
Do                                  '循环体，与 Loop 配对
  i = i + 1                         '不可忘记，让变量 i 递增，否则会导致死循环
  Dim V As String
V = WorksheetFunction.Sum(Sheet1.Range("A1:A" & i-1))
  '利用【WorksheetFunction.】代码调用工作表函数【Sum】
  Cells(i, 1).Value = V             'Cells 第一参数为行，第二参数为列
  If Len(V) = 3 Then Exit Do        '退出循环的条件，否则会导致 i 值溢出
  '用 "End" 可以终止代码运行，退出过程，并释放所有变量
Loop                                '循环体，与 DO 配对
Debug.Print "首个值为三位数的行" & i              '仅在立即窗口实时显示
Cells(i + 1, 1).Value = "首个值为三位数的行" & i  '在下一单元格显示
End Sub
```

这段代码可以放置于双击图 5-32 之③中的“Sheet1”或“ThisWorkbook”后出现的代码区域

CFO 点拨

代码中“WorksheetFunction.”是调用Excel函数的标志，利用Excel函数的强大功能，直接获得计算结果，但是不是所有的Excel函数都可以被引用。限于篇幅，这里不再一一列出可被引用的Excel函数，但在随书赠送的电子资料中可以得到可被引用的函数清单。实际上，在VBA代码窗口输入中最后一个点号时（“.”）时，VBA将自动给出可被引用的Excel函数列表提示。

（图5-32之④）。当然，还可以在图5-32之③中右击，在随后出现的浮动菜单中单击“插入”-“模块”，在模块的代码窗口中添加上述代码。对此段代码讲解如下：

- “Private Sub 找出首个值为三位数的行()”中的“Private”表明了这段代码是“私有的”，仅在“Sheet1”（或“ThisWorkbook”或“模块”）中有效（表明这是模块级的过程），私有过程是无法呈现于用Alt_F8调用的对话框中的；如果在“Sub”前加“Public”或省略则表明是工程级（公有）过程，任何模块或者窗体中都可以调用；“Sub”表明其下的代码是一个“过程”，可以简单理解为为了实现某一目的（对Excel进行操作）的一段代码的集合，用“End Sub”作为代码结束的标志；“Sub”与“End Sub”之间的代码可以顶格书写，也可出于美观目的，每行代码前加上若干空格；“找出首个值为三位数的行”是我们自行命名的，可以是汉字或者字母，一般以英文字母或者汉字打头；紧随其后的是敲入一对小写的小括号（“()”）后回车，表明代码的开始。
- 代码中所有加撇号（“'”）表示注解、说明，并不会执行，我们已将代码的含义说明在代码后面，注解也可以另起一行。
- 所有的代码均无须顶格书写，为美观起见，代码前可以加上若干的空格。
- 代码都是由上而下逐句（F8键）执行的，但遇到“End”、“End Sub”之后的代码将被忽略。

2. **录制宏**。从根本上来说，我们是想要将自己的想法用代码表示出来，而我们又不知道什么代码可以表达。Excel为我们提供了一个很好的工具，用代码来“翻译”、“记录”我们的想法，这就是宏录制。没错，这个工具就如同录音机一样，忠实记录下我们在Excel里的每一步操作，并在VBA里自动给出代码。通过观察、学习这些代码，进而掌握这些代码的用途、语法和结构，要录制一个宏，比如清空A列中的全部内容，按以下步骤操作：

- 录制前的准备。单击Excel“开发工具”选项卡上的“录制宏”按钮（图5-37之①），弹出“录制宏”对话框，此时该按钮变为“停止录制”（图5-37之⑥）。对话框中各项的填列说明如下：
  - “宏名”。此处方框内Excel将会给出“宏n”，n为自然数序号，根据录制的先后顺序自动给出，我们将它修改为“清空A列”（图5-37之②）。
  - “快捷键”。初始形如“Ctrl+ □”，在方框内输入英文字母。我们同时按下“Shift”和“Q”键，“快捷键”变形为“Ctrl+ Shift+Q”（图5-37之③）。在Excel主界面按下快捷键“Ctrl+ Shift+Q”就可以自动运行宏“清空A列”。
  - “保存在”。单击下三角，有三个选项可供选择：“个人宏工作簿”使VBA代码在本机任何工作簿都可用，“新工作簿”使VBA代码在一个新的工作簿可用，“当前工作簿”使VBA代码在当前打开的这个工作簿可用。选择“当前工作簿”，如图 5-37 之④所示。单击“确定”按钮（图 5-37 之⑤），关闭“录制宏”对话框。

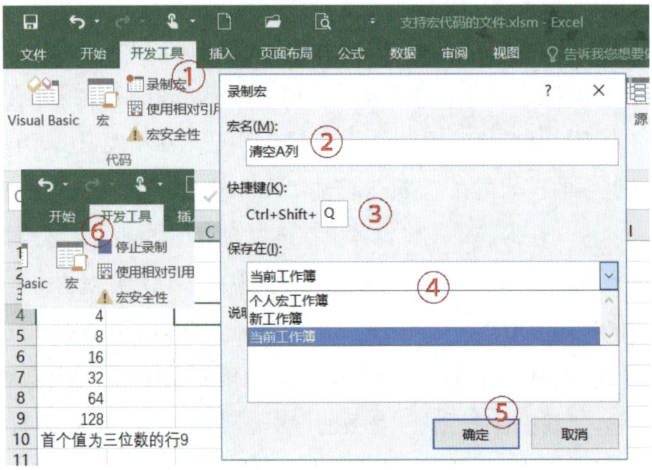

图 5-37　录制宏

- 录制的过程。单击列标签 A，按“Delete”键。
- 停止录制。单击 Excel“开发工具”选项卡上的“停止录制”（图 5-37 之⑥），结束录制宏的过程。
- 查看录制的宏代码。单击 Excel“开发工具”选项卡上的“Visual Basic”按钮（或按下 Alt_F11 键，图 5-38 之①）进入 VBA 界面。在“工程资源管理器”中自动添加一个新模块，由于是该工作簿中的第一个模块，所以自动命名为“模块 1”（图 5-38 之②），在“模块 1”代码窗口自动生成如下代码（图 5-38 之③），对代码说明如下：深绿色部分以小写撇点（“'”）开头，为注释说明，“Columns("A:A").Select”意为选中 A 列，“Selection.ClearContents”意为清除选中对象中的内容。

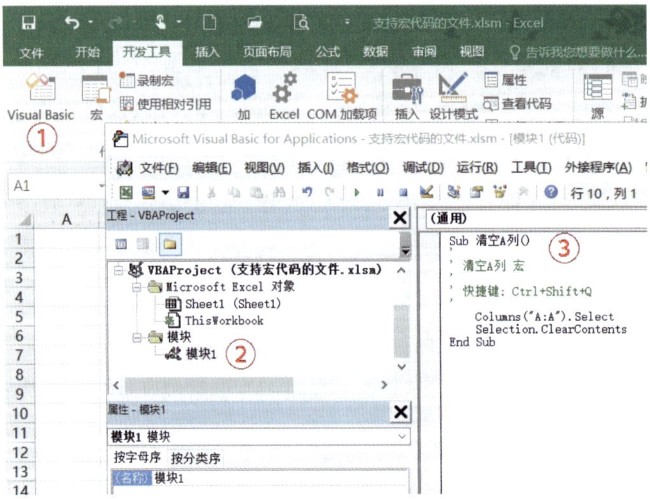

图 5-38　查看录制的宏代码

> CFO 点拨
>
> 宏录制的都是以“Sub”开头的，称为“过程”的代码，无法生成“Function”类的代码。

5.3.4 设计带帮助的 VBA 自定义函数和过程

Excel 提供了大量强有力的函数供我们使用，但有时还是想要定制一些符合自己要求的个性化的函数，Excel 同样是支持的。自定义的函数同样会出现在 Excel 公式编辑栏内。前面已讲述，VBA 过程是以“Sub”标志的，而函数是以“Function”标志的。在 VBA 中设置自定义的函数方法如下：

- 不带参数的自定义函数。在任意模块内输入以下代码：

```
Function aplusb() As Integer
Dim a As Integer: a = 1          '将变量 a 定义为整数型变量，并赋予初值 1
Dim b As Integer: b = 2          '将变量 b 定义为整数型变量，并赋予初值 2
aplusb = a + b                   '将计算结果赋值给 aplusb 函数变量
Debug.Print aplusb               '在立即窗口显示计算结果，此句可以不要
End Function
```

这是极其简单的一个自定义函数的例子，将两个自定义变量相加后的值返回给我们自行命名的函数 aplusb。可以看出与“Sub”过程的区别，函数“Function”括号后面一般是会自定义变量类型的，当然也可省略。在函数体内，必须将计算结果返还给自定义的函数名。

- 不带参数的自定义过程。利用函数“Function”与过程“Sub”的目的一样，都是将复杂的、固定的、可重复运行的一段代码另行制作存放，以利于重复、便捷调用。在“工程资源管理器”中右击一个新模块，命名为“模块 2”，在其中输入以下代码，演示以下 4 种调用其他过程（或函数）的方法：

```
Sub 调用_清空A列()                  '调用模块 1 中的过程
清空A列                             '方法一
Call 清空A列                        '方法二
Run "清空A列"                       '方法三
Application.Run "清空A列"           '方法四
End Sub
```

- 带参数的自定义函数。在任意模块内输入以下代码（图 5-39 之①）：

```
Function a_plus_b(a As Integer, b As Integer) As Integer
'带参数的函数 a_plus_b，函数 a_plus_b、参数 a 和 b 均为整数型数值，函数
a_plus_b = a + b                 '将两个参数的计算结果赋值给 a_plus_b 函数变量
Debug.Print a_plus_b             '在立即窗口显示计算结果，此句可以不要
End Function
```

与不带参数的自定义函数 aplusb 相比，带参数的自定义函数 a_plus_b 括号内包括了两个参数 a 和 b，并且规定了其取值类型。加了参数的函数在 Excel 公式中就可以调用了。在单元格 A1 和 B1 输入 1 和 2，在单元格 C1 中输入“=a”时，Excel 自动跳出公式列表提示（图 5-39 之②），自定义函数“a_plus_b”就在第一个，双击该函数名，单击公式编辑栏前的“*fx*”(图 5-39 之③)，弹出“函数参数”对话框（图 5-39 之④），输入 a 参数“A1”、b 参数“B1”，单击“确定”按钮（图 5-39 之⑤）

完成公式的输入。单元格C1公式计算值为单元格A1与B1之和3。

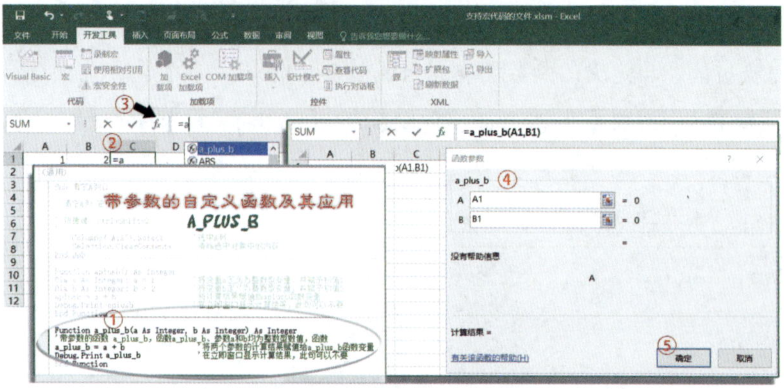

图5-39　带参数的自定义函数及其应用

通过自定义函数，可以解决在Excel中看起来非常复杂的问题，比如在“5.2.4”节中“公式524”中画线部分用以下自定义函数就可以非常简单地搞定，将工作表“投资敏感性测试”单元格B9公式可以修改为“=NPV($B$11,--getsz(B8,","))+$B$7”。

的确，自定义函数往往能够“出其不意”地解决个性化难题，但也要明白，很多时候，我们一般人很难超过微软的“攻城狮”（工程师），他们开发的Excel内置函数要尽可能（组合）利用好！正是：自定义函数虽好，可不能“贪杯”哦……

```
    Function getSZ(aStr As String, aDlim As String) As String()
    '定义一个数组函数，在函数后添加一对括号即可
    '两个必选参数，参数一aStr是以特定字符分隔的字符串，参数二aDlim
是分隔符
    '比如将字符串"1#2#3"通过getSZ("1#2#3","#")得到数组
{"1","2","3"}
    getSZ = Split(aStr, aDlim)
    End Function
```

- 带帮助的自定义函数。通过对比Excel自带的函数和我们自定义的函数，可以发现，后者是没有帮助信息的（图5-39之④），这对使用者是非常不方便的。为弥补这一缺陷，在自定义函数模块中添加如下代码，并按F5键运行一次，即可利用“Application.MacroOptions”代码为自定义函数添加帮助：

```
    Sub SETHELP4a_plus_b() '需要按F5键运行一次，函数名称随意取
    Dim MC As String          '函数名称
    Dim MS As String          '函数描述
    Dim LB As Long  '函数类别，也可定义为字符串，作为自定义类型
    Dim N(1) As String        'a_plus_b 函数2个参数，所以括号内是
2-1=1
    MC = "a_plus_b"           '双参数求和函数
```

CFO点拨

自定义函数前如加上“Private”，该函数就不会出现在Excel公式列表中了。自定义过程也可以在括弧内加入参数，函数和过程的参数前加上“Optional”设为可选参数，调用此函数（过程）时可选参数可根据实际省略，其取值由参数类型决定。

```
    MS = "【a_plus_b】这个函数用来返回 2 个整数的和" & vbCrLf & _
        "作者: 李春林"       'vbCrLf 是帮助语句换行标志, & _是代码换行标志
    LB = 3: N(0) = "函数第 1 个参数, 整型": N(1) = "函数第 2 个参数, 整型"
    '因欲将 a_plus_b 函数归为"数学与三角函数", 故 LB=3, 其取值范围详见表 5-5
    Application.MacroOptions Macro:=MC, Description:=MS, Category:=LB,
ArgumentDescriptions:=N
    '注意: Application.MacroOptions 代码不可为"Private"私有函数设置帮助
    End Sub
```

表 5-5　自定义函数的帮助归属类别表

数值	归属类别	数值	归属类别	数值	归属类别	数值	归属类别
1	财务	5	查找与引用	9	信息	13	DDE/ 外部
2	日期与时间	6	数据库	10	命令	14	用户定义
3	数学与三角函数	7	文本	11	自定义		
4	统计	8	逻辑	12	宏控件		

注：归属类别是用于指定现有的宏函数类别的整数（例如，财务、日期与时间或用户定义）。请参阅说明部分，以确定映射到内置类别的整数。还可指定自定义类别的字符串。如果提供了一个字符串，它就会作为类别名称显示在“插入函数”对话框中。如果此类别名称从未使用过，则新的类别会用此名称定义。如果使用的类别名称与某个内置名称相同，则 Excel 会将用户定义的函数归类到此内置名称。

上述代码运行后，单击公式编辑栏前的“*fx*”，弹出“插入函数”对话框，选中图 5-40 之①下三角箭头选择类别“数学与三角函数”，自定义函数“a_plus_b”就出现于“选择函数”列表中（图 5-40 之②）了，选中此函数，设置的帮助信息就会出现于图 5-40 之③处。这表明代码中的归属类别、帮助提示均已设置成功。

如在单元格中输入自定义函数“a_plus_b”后，单击公式编辑栏前的“*fx*”，即可弹出“函数参数”对话框，如图 5-41 所示，图中①是没有帮助的界面，②是函数帮助提示，用上述代码中的“MS=…”指定，③是输入参数时的提示，用上述代码中的“N(0) =…”指定。

图 5-40　带帮助的自定义函数“插入函数”对话框

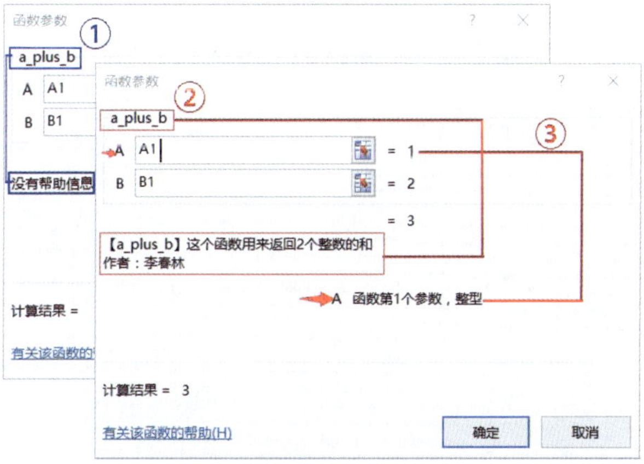

图 5-41　带帮助的自定义函数“函数参数”对话框

注意到图 5-40 左下角的蓝字“有关该函数的帮助”了吗？学习 Excel 函数时，经常点一点这样的文字，将使你受益终身。

5.3.5 让公式无所遁形的自定义追踪函数——WhoseCT 函数

为了更好地讲解公式，经常需要在另外一个单元格来显示单元格中的公式，如图 5-1 中单元格 C8。很容易想到的办法是，在有公式的单元格的公式编辑栏复制公式并在粘贴于另一单元格再加上小写撇点（“'”）。这样的方法很烦琐，用自定义函数就可以实现。在任意工作簿中新建一个模块，并粘贴以下代码：

```
Function WhoseCT(R As Range, Optional dispmode As Integer) As String
Application.Volatile                    '将此函数声明为易失性函数
WhoseCT = IIf(R.HasArray, "{" & R.FormulaArray & "}", R.FormulaArray)
                                        '数组函数前加花括号
If dispmode = 1 Then WhoseCT = "单元格" & R.Address(0, 0) & "公式:" & 
vbLf & WhoseCT
'vbLf 是软回车分行符，但在函数中并不能执行，置于此处供其他过程调用
End Function
```

所谓易失性函数（Volatile Functions），是指使用这些函数后，会引发工作表的重新计算。比如打开一个工作簿但不做任何更改就关闭时，Excel 会提醒我们是否要保存，这就是因为文件中包含该类函数。易失性函数分为“显性”易失和“隐性”易失函数，前者如 now( ), rand( ), today( ), rand()，后者如 offset( ), indirect( ), cell( ), info( )，但 cell("filename") 非易失函数，有些函数：rows( ), columns( ), areas( ), weeknum( ) 在微软文件中将其列为易失函数。

如要显示“D:\files\Chap5\ 支持宏代码的文件 .xlsm”单元格 C1 中的公式，打开该文件，在任意单元格输入公式“=whoseCT(C1,1)”，回车后显示“单元格 C1 公式 :=a_plus_b(A1,B1)”。就如体检时照 CT 一般，公式立马就会显现。

如果要在该工作簿以后打开时仍可以使用 WhoseCT 函数，应将工作簿保存为“启用宏的工作簿 (.xlsm;.xlsb;.xls)”。

试着将 WhoseCT 与 FORMULATEXT 函数（Excel 2013 及以上版本）对比一下，有何异同呢？

5.3.6 使用快捷键让 WhoseCT 函数追踪公式

为快速调用 whoseCT 函数，可设置快捷方式通过 VBA 过程调用函数。

1. 宏选项法。在模块中加入以下代码，返回 Excel 界面按下 Alt_F8 弹出“宏”对话框，在“宏名”列表框内选中“WhoseCT_ 调用 1”，单击“选项”按钮，弹出“宏选项”对话框，光标停留于中间的方框中，在英文半角输入法状态，按下 Shift_E 键，单击“确定”按钮返回“宏”对话框，再单击“取消”按钮完成设置，操作过程如图 5-42 之①至⑤所示。

```
Sub WhoseCT_调用1()    '设置快捷键：Ctrl_Shift_e，在公式单元格右邻格显现公式
If ActiveCell.Column = 1 Then
  MsgBox "已是最左列，用【快捷键：Ctrl_Shift_e】调用【WhoseCT函数】只能从第
二列开始！", vbExclamation, "提示"
Else
```

```
    ActiveCell.Formula = "=WhoseCT(" & ActiveCell.Offset(0, -1).
Address(0, 0) & ",1)"
    ActiveCell.Value = ActiveCell.Value
    '这句代码将公式转化为值，使得函数的调用更具隐蔽性，且在无 WhoseCT 函数的电脑上也
可正常显示。去除此行，将保留 WhoseCT 函数。
  End If
  End Sub
```

选中单元格 D1，同时按下 Ctrl_Shift_E 键，单元格内以文本形式显示出单元格 C1 的公式，如图 5-42 之⑥所示。

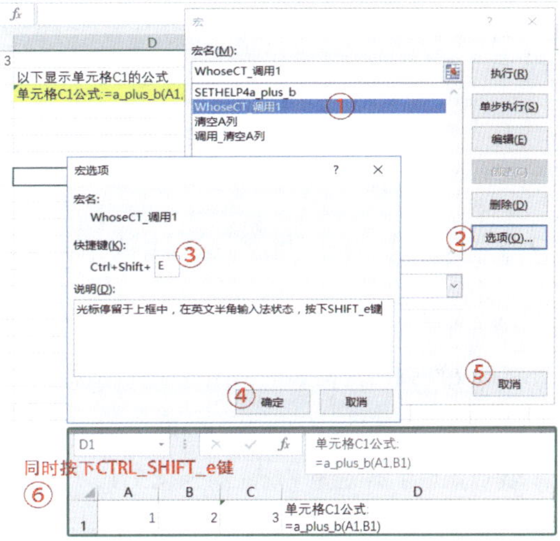

图 5-42　设置过程“WhoseCT_调用 1”的快捷键

2. **宏代码法**。在模块中加入以下代码，在 VBA 的立即窗口输入一行代码“Application.MacroOptions Macro:="WhoseCT_调用2", HasShortcutKey:=True, ShortcutKey:="W"”后回车，返回 Excel 主界面选中单元格 D4，同时按下 Ctrl_Shift_W 键，单元格内以文本形式显示出单元格 D3 的公式，如图 5-43 所示。如果“HasShortcutKey”设置为 TRUE，则“ShortcutKey”后必须添加一个字母作为快捷键；如果“HasShortcutKey”设置为 FLASE，则省略参数“ShortcutKey”，且原有快捷键将失效。

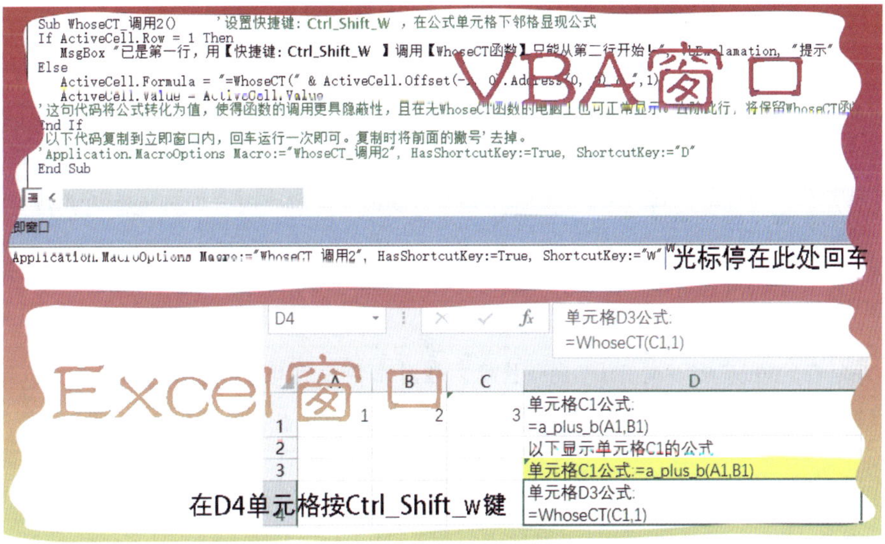

图 5-43　利用“Application.MacroOptions”设置快捷调用

```
Sub WhoseCT_调用2()    '设置快捷键：Ctrl_Shift_w，在公式单元格下邻格显现公式
    If ActiveCell.Row = 1 Then
      MsgBox "已是第一行，用【快捷键：Ctrl_Shift_w】调用【WhoseCT函数】只能从第二行开始！", vbExclamation, "提示"
    Else
      ActiveCell.Formula = "=WhoseCT(" & ActiveCell.Offset(-1, 0).Address(0, 0) & ",1)"
      ActiveCell.Value = ActiveCell.Value
    '这句代码将公式转化为值，使得函数的调用更具隐蔽性，且在无WhoseCT函数的电脑上也可正常显示。去除此行，将保留WhoseCT函数。
    End If
    End Sub
```

5.3.7 创建个人加载宏并设置、修改其帮助和快捷键

前面各节的代码运行都是在工作簿文件“D:\files\Chap5\支持宏代码的文件.xlsm”中进行的，如果将该文件关闭，在其他工作簿文件中都无法调用自定义的函数。如果要在每一个文件中都设置一遍函数及其快捷键，无疑是十分麻烦的。

我们知道加载宏是 Excel 的强化工具，加载后，就可以在任何工作簿中调用它。可以尝试将自定义函数保存为加载宏（格式“.xlam”，Excel2007 以前版本格式为“.xla”），并加载，方法如下：

- 新建一个模块。打开“D:\files\Chap5\支持宏代码的文件.xlsm”，按 Ctrl_N 新建一个工作簿，按 Alt_F11 进入 VBA，在工程资源管理器窗口将工作簿“支持宏代码的文件.xlsm”的“模块 3”拖入刚刚新建的工作簿内。
- 加载宏。按 Alt_F11 返回 Excel，关闭所有打开的工作簿后重新打开 Excel。单击“开发工具”选项卡“加载项”选项组内的“Excel 加载项”，弹出“加载宏”对话框，勾选“ShowFormula(AuthorizedByLichunlin)”后单击“确定”按钮。加载后，就可以在本机的任意工作簿中使用自定义函数“WhoseCT”了。
- 设置加载宏快捷键。按 Alt_F8 弹出“宏”对话框，此时“宏名”列表框内并没有加载宏的 VBA 过程“WhoseCT_调用1”或“WhoseCT_调用2”，且“选项”按钮也会变为灰色不可用。这是很多人将已设置快捷键的 XLSM 转换为 XLAM 时经常遇到的困惑。

> 为了设置“WhoseCT_调用1”的快捷键，在图 5-42 之①处手工输入“WhoseCT_调用1”，此时“选项”按钮变得可用，单击它仿照“5.3.6”方法设置快捷键。

- 利用代码设置加载宏的帮助和快捷键。双击工程资源管理器窗口内刚刚新建的工作簿工程下的“ThisWorkbook”，添加以下代码，点入“Workbook_Open”，按 F5 键运行一次。

```
Private Sub Workbook_BeforeClose(Cancel As Boolean)
ThisWorkbook.Close False              '屏蔽保存此加载宏的提示
End Sub
Private Sub Workbook_Open()
Application.ScreenUpdating = False    '关闭屏幕更新，防止闪屏
ThisWorkbook.IsAddin = False          '显示加载宏工作簿，保证MacroOptions
可运行
'以下代码一是为加载宏中自定义函数"WhoseCT"添加帮助
'二是为自定义过程"WhoseCT_调用2"设置快捷键
Dim MC0 As String: MC0 = "WhoseCT"   '函数名称MC0是加载宏中的自定义函数
Dim MS0 As String: MS0 = "【WhoseCT】这个函数用来显示Excel其他单元格内的公式。
" & vbCrLf & _
"此函数为易失性函数。对已设置隐藏的单元格，工作表锁定后，将会导致公式出错。" &
vbCrLf & "作者：李春林"
'MSO是函数描述，vbCrLf是帮助语句换行标志，& _是代码换行标志
Dim LB As Long: LB = 9           '函数类别，长整型，9-"信息"
Dim N(1) As String               'WhoseCT 函数2个参数，所以括弧内是2-1=1
N(0) = "参数一，要显示公式的单元格。"    ' N(0)、N(0)是两个参数的提示
N(1) = "参数二，可选整型。" & vbCrLf & "输入1添加汉字提示，否则仅显示公式。"
Application.MacroOptions Macro:=MC0, Description:=MS0, Category:=LB,
ArgumentDescriptions:=N              '设置自定义函数的帮助
Application.MacroOptions Macro:="WhoseCT_调用1", HasShortcutKey:=True,
ShortcutKey:="E"
Application.MacroOptions Macro:="WhoseCT_调用2", HasShortcutKey:=True,
ShortcutKey:="W"
ThisWorkbook.IsAddin = True          '不显示加载宏工作簿
Application.ScreenUpdating = True    '恢复屏幕更新
End Sub
```

- 保存。按 Ctrl_S 弹出“另存为”对话框，“保存类型”选择“Excel 加载宏”，“文件名”输入“ShowFormula(AuthorizedByLichunlin).xlam”后单击“保存”按钮。保存后，关闭所有 Excel 文件，并重新启动 Excel。
- 加载宏的帮助和快捷键效果检验。在任意空白工作表的单元格 A1、B1、C1、D1 内依次输入 1、2、3 和公式“=SUM(A1:C1)”。

选中单元格 E2，单击公式编辑栏前的 *fx*，弹出“插入函数”对话框，选中图 5-44 之①下三角箭头选择类别“信息”，自定义函数“WhoseCT”就出现于“选择函数”列表中（图 5-44 之②）了，选中此函数，设置的帮助信息就会出现。双击此函数，弹出“函数参数”对话框，函数“WhoseCT”的帮助信息如图 5-44 之③所示。选中两个参数后的方框，该参数的提示信息如图 5-44 之④所示，计算结果如图 5-44 之⑤所示。

选中单元格 E1，按下 Ctrl_Shift_E 键，选中单元格 D2，按下 Ctrl_Shift_W 键，单元格内以文本形式显示出单元格 D1 的公式，效果如 5-44 之⑥所示，这表明加载宏代码中的归属类别、帮助提示和快捷键均已设置成功。

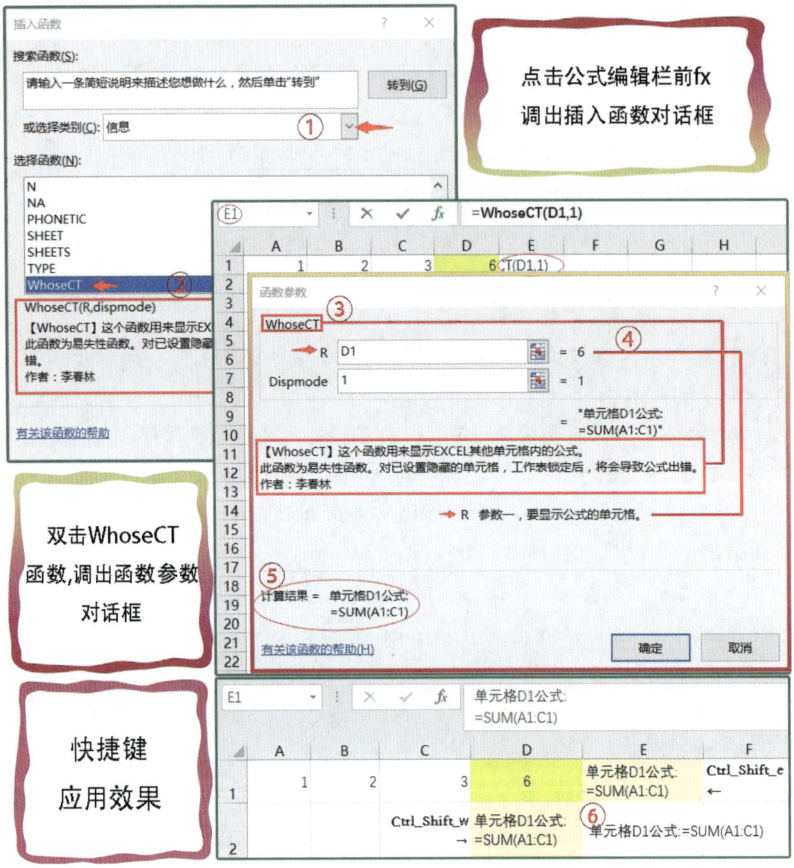

图 5-44　加载宏的帮助和快捷键效果检验

此处视频讲解更精彩，
扫描右侧的二维码，
即可观看和下载

5.3.8　懒人的 Excel 公式追踪利器——“Excel 公式一键显影软件”

自定义函数“WhoseCT”就像公式 CT 机和显影剂一样，为公式追踪、演示和教学带来了极大的方便。如果想要更偷懒一些，不想输入那么多代码，跳过“5.3.5”、“5.3.6”和“5.3.7”对自定义函数和加载宏制作及其帮助、快捷键的学习过程，也能在自己的电脑上实现 WhoseCT 函数的功能，下面介绍的这款小软件无疑是个福音。

- 下载软件。这是首要之事，链接：https://pan.baidu.com/s/1eS5XuKy 密码：bxvy。就只一个 EXE——《Excel 公式一键显示软件》，纯绿色无污染的软件，下载后保存在你电脑上的任意位置，双击它，出现图 5-45 所示的界面。

● 软件操作。软件仅三个按钮，按钮①是核心按钮，关闭所有打开的 Excel 文件，单击后稍等片刻，软件自动启动 Excel，并新建一个空白工作簿（图 5-45 之④）供测试。

● 选中单元格 B4，按下 Ctrl_Shift_E 键，选中单元格 A5，按下 Ctrl_Shift_W 键，单元格内以文本形式显示出单元格 A4 的公式，效果如 5-45 之⑤所示，这表明软件安装成功。

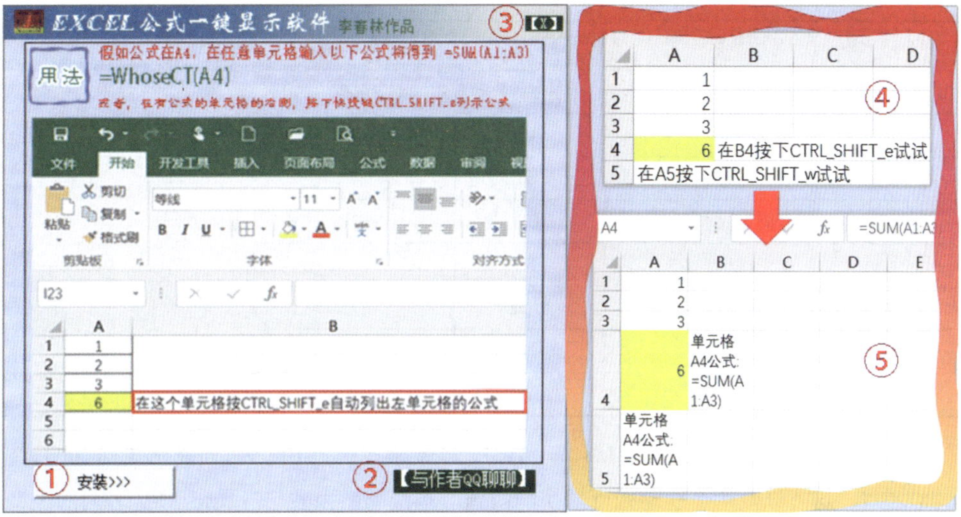

图 5-45 Excel 公式一键显示软件

● 沟通和退出。在使用过程中，有不清楚的地方，软件还提供了一个直接沟通渠道，单击按钮②就可以通过 QQ 和作者直接聊天或者留言了。单击按钮③关闭软件走人。

● WhoseCT 函数功能小结。软件安装成功后，就可以在任意 Excel 工作簿中使用 WhoseCT 函数了，有三种使用方式：

  ➢ 直接输入公式。如在图 5-45 之⑤单元格 B5 输入公式“=WhoseCT(A4)”，回车后给出值“=SUM(A1:A3)”。单击公式编辑栏前的 *fx* 将出现图 5-44 之③所示的帮助。该方式下，单元格中保存的是公式，如将文件复制到没有安装 WhoseCT 函数的电脑上将会出现“#NAME?”错误，但在本机会随 A4 单元格公式变动而更新。

  ➢ 快捷调用。在任意单元格中按下 Ctrl_Shift_E 键，将以文本的形式给出其左侧单元格的公式。在任一单元格中按下 Ctrl_Shift_W 键，将以文本的形式给出其上一单元格的公式。即使将文件复制到没有安装 WhoseCT 函数的电脑上，也不会提示错误。

5.4 用自定义 VBA 函数助力投资要素的敏感分析

藉由计算现值的需要，前晚我们在易总的带领下进入了 VBA 的殿堂，我们也只是匆匆浏览了它的局部，要掌握更高深、更全面的 VBA 知识绝非几日之功，与工作实践相结合，不断学习才是王道。这不，今晚我们还是回到投资敏感的要素分析上来。只是，我们安装了 VBA 的“翅膀”了。

5.4.1 多因素敏感对 NPV 的模板设计

1. **问题的提出**。为测试多个敏感因素同时变化对净现值的影响程度，我们对“5.2.4”武汉设备供应商带来的项目中的部分数据进行了相应的调整和细化，目前已掌握的数据见表 5-6。

表 5-6 投资项目多因素初值明细表

序号	敏感项	敏感项代码	变动前初值	备注
1	初始投资	CI	900	所得税税率 25% 各敏感项目变动幅度 ±24%
2	期末残值	Sv	70	
3	项目年数	n	7	
4	年度固定成本	Cf	120	
5	年销售量	S	3	
6	产品单价	Price	140	
7	单位变动成本	CV	25	
8	期望报酬率	r	8%	

2. **思路分析**。按照一般的思维规律，变化区间设置于 0 ～ 100%，而该项目允许的变动幅度在 ±24% 之间，这就涉及两个变动幅度转换的问题。多个敏感因素与净现值 NPV 之间的因变关系，难以在单元格中以简单的公式实现，可以通过设计自定义 VBA 函数来简化公式。同时，还对前述自定义函数 WhoseCT 进行检验。

3. **解决方案**。通过以下操作步骤来实现多因素同时变化时，净现值的变动值和变动幅度的测试：

- 新建文件。在 Excel 打开状态下，按下 Ctrl_N 生成一张空白工作簿，将工作表命名为“敏感要素分析”，按下 Ctrl_S 保存为“D:\files\Chap5\ 投资敏感性要素分析 .xlsm”。
- 设计模板。在表 5-6 已有数据的基础上，设计图 5-46 所示的多因素敏感测试模板，图中主要公式说明如下：
  - 单元格区域 E3:E10（橙色背景）公式，选中该区域，录入“=D12*((D3:D10)*2-1)”，按 Ctrl_Shift_Enter 输入数组公式，将 0~100% 和 -24%~24% 两种变动幅度进行转换。
  - 单元格区域 F3:F10（蓝色背景）公式，选中该区域，录入“=(C3:C10)*(1+(E3:E10))”，按 Ctrl_Shift_Enter 输入数组公式，将各参数由变动前值转换为变动后值。
  - 单元格 A16 公式“=NPV4ME(C3,C4,C5,C6,C7,C8,C9,C10,B12)”，由 9 个参数导致 NPV 变动前的值；单元格 B16 公式“=NPV4ME(F3,F4,F5,F6,F7,F8,F9,F10,B12)”，由 9 个参数导致 NPV 变动后的值。
  - 单元格 E11 公式“=WhoseCT(E3,1)”、单元格 E12 公式“=WhoseCT(F3,1)”，在单元格 A17、B17 中按下 Ctrl_Shift_W 表示其上单元格内公式，在单元格 D16、F16 中按下 Ctrl_Shift_E 表示其左单元格内公式。

图 5-46　多敏感因素对 NPV 综合影响模板

5.4.2　利用 NPV4ME 函数计算 NPV

在单元格 A16、B16 公式用到了一个自定义函数 NPV4ME，这个函数计算由 9 个因素导致 NPV 的变化。通过以下步骤来实现函数及帮助信息的制作：

- 自定义函数。按 Alt_F11 进入 VBA 界面，在资源管理器窗口右击插入一个模块，在代码窗口输入以下代码：

```
Function NPV4ME(CI, Sv, n, Cf, S, Price, CV, r, i)
'Function 及各参数的赋值类型均可省略，让 VBA 自动设定
' 参数依次是初始投资、期末残值、项目年数、年度固定成本、年销售量
' 产品单价、单位变动成本、期望报酬率、所得税税率
Application.Volatile                    ' 将此函数声明为易失性函数
' 下一行计算公式源自“5.2.2”中“年度净现金流量基准公式一”，VBA 参数不区分大小写，故将大写 I 改为 CI
NPV4ME = (S * (Price - CV) - Cf) * (1 - i) + (CI - Sv) / n * i
NPV4ME = PV(r, n, -NPV4ME, -Sv) - CI          'NPV4ME 计算后再次参与计算
End Function
```

- 自定义函数帮助。双击工作簿“投资敏感性要素分析 .xlsm”的“ThisWorkbook”，在代码窗口输入以下代码，并按 F5 运行一次代码：

```
Private Sub Workbook_Open()
Dim MS As String                        ' 函数描述 MS
```

```
    MS = "【NPV4ME】自定义的财务函数。" & vbCrLf & _
        "此函数为易失性函数。通过多参数调用 Excel 内置函数计算现金流量净值。" &
vbCrLf & "作者：苏问集团　易阡陌"
    Dim LB As Long: LB = 1                    '函数类别，长整型，1-"财务"
    Dim n(8) As String                        'NPV4ME 函数 9 个参数，所以括弧内是 9-1=8
    n(0) = "参数一，初始投资"                 '各参数的提示
    n(1) = "参数二，期末残值":     n(2) = "参数三，项目年数(寿命期)"
    n(3) = "参数四，年度固定成本": n(4) = "参数五，年销售量"
    n(5) = "参数六，产品单价":     n(6) = "参数七，单位变动成本"
    n(7) = "参数八，期望报酬率":   n(8) = "参数九，所得税税率"
    Application.MacroOptions Macro:="NPV4ME", Description:=MS,
Category:=LB, ArgumentDescriptions:=n
    End Sub
```


5.4.3　多因素敏感对 NPV 的综合影响

1. 公式应用。在单元格 A16 单击公式编辑栏的 fx，调入“插入函数”对话框，在“选择类别”里选中“财务”组（因“ThisWorkbook”中设置了“LB = 1”），找到并双击其中的 NPV4ME 函数，弹出“函数参数”对话框输入变动前各敏感参数，如图 5-47 所示。按同样的方法，录入单元格 A17 公式用以计算变动后 NPV。

2. 多因素敏感测试。在单元格区域“D3:D10”内任意修改“参数 0 ～ 100 变动率”值，则“净现值计算结果区”内彩色背景区域自动给出了净现值变动情况，如图 5-48 所示。

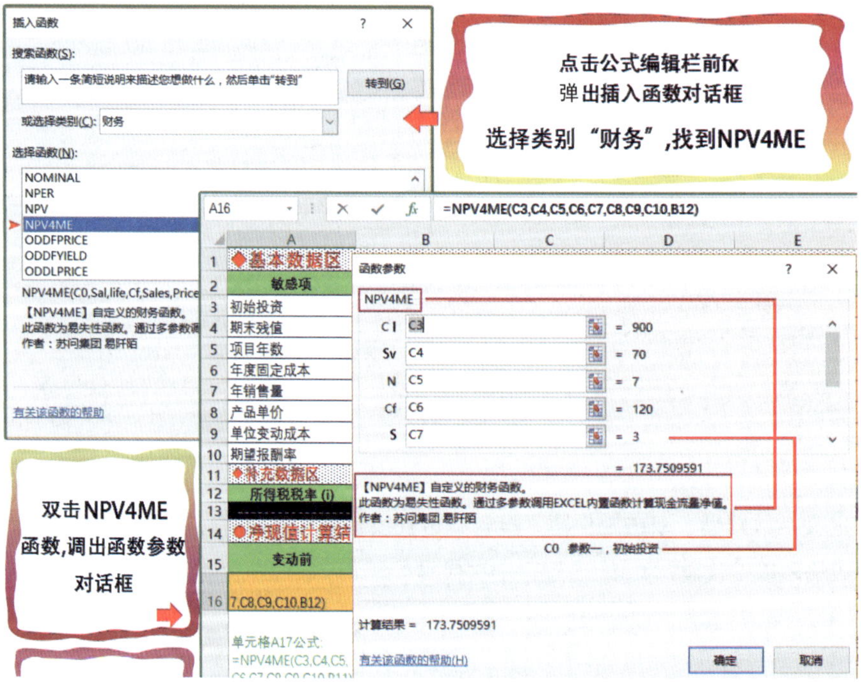

图 5-47　NPV4ME 函数的公式应用

3. 测试结果解读。手动输入各变动参数（年销售量变动 90%、期望报酬率变动 80% 等同时变动），净现值由 173.75 上升为 310.24，变动金额为增幅 136.49、变动率为 78.55%。根据项目的实际情况，可以任意修改敏感参数单元格区域“C3:C10”、“D3:D10”、B12 和 D12 的值，则 NPV 的变动后值、变动金额、变动率将会自动变化。多因素的敏感变动对 NPV 的综合影响的逻辑线如图 5-48 白色线条所示。

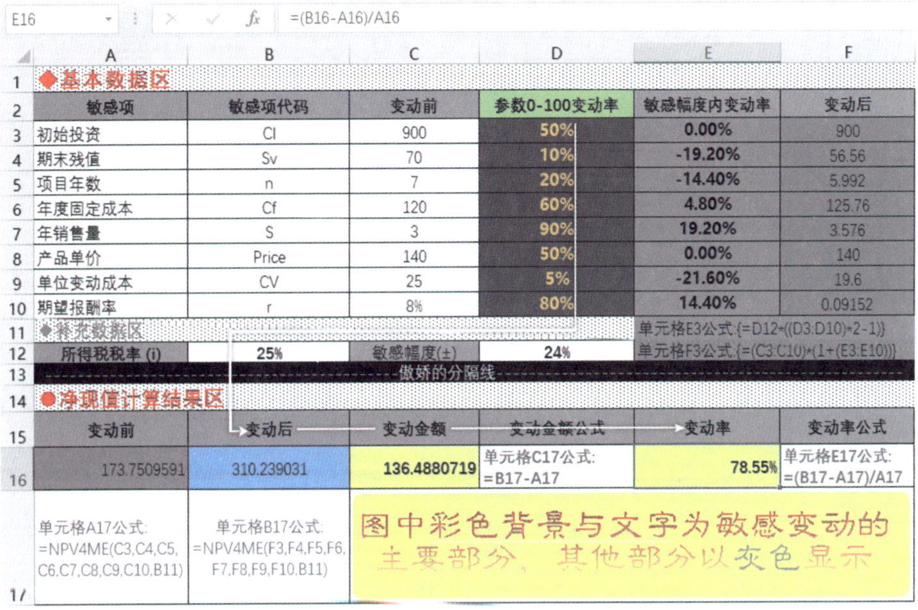
E16 =(B16-A16)/A16

	A	B	C	D	E	F
1	◆基本数据区					
2	敏感项	敏感项代码	变动前	参数0-100变动率	敏感幅度内变动率	变动后
3	初始投资	CI	900	50%	0.00%	900
4	期末残值	Sv	70	10%	-19.20%	56.56
5	项目年数	n	7	20%	-14.40%	5.992
6	年度固定成本	Cf	120	60%	4.80%	125.76
7	年销售量	S	3	90%	19.20%	3.576
8	产品单价	Price	140	50%	0.00%	140
9	单位变动成本	CV	25	5%	-21.60%	19.6
10	期望报酬率	r	8%	80%	14.40%	0.09152
11	◆补充数据区				单元格E3公式:{=D12*((D3:D10)*2-1)}	
12	所得税税率 (i)	25%	敏感幅度(±)	24%	单元格F3公式:{=(C3:C10)*(1+(E3:E10))}	
13	傲娇的分隔线					
14	●净现值计算结果区					
15	变动前	变动后	变动金额	变动金额公式	变动率	变动率公式
16	173.7509591	310.239031	136.4880719	单元格C17公式: =B17-A17	78.55%	单元格E17公式: =(B17-A17)/A17
17	单元格A17公式: =NPV4ME(C3,C4,C5,C6,C7,C8,C9,C10,B11)	单元格B17公式: =NPV4ME(F3,F4,F5,F6,F7,F8,F9,F10,B11)	图中彩色背景与文字为敏感变动的主要部分，其他部分以灰色显示			

图 5-48 多敏感因素对 NPV 综合影响测试

5.4.4 单因素敏感对 NPV 的综合影响

1. 问题的提出。为测试各个敏感因素单独变化对净现值的影响程度，需要对“5.4.1”中的模板继续加工，目的是求得某一参数变化时，NPV 的变动情况。

2. 思路分析。当一个因变量与多个参数有关时，要求得其中某一单因素的影响，总是锁定其他参数，仅让该单因素发生变化。例如：图 5-46 净现值公式“=NPV4ME(C3,C4,C5,C6,C7,C8,C9,C10,B12)”中 C 列为变动前参数值，要得到初始投资额度变动对 NPV 的影响，只需要将公式中的变动前 C3 修改为变动后 F3 即可得到新 NPV 值。

3. 解决方案。通过以下操作步骤来实现单因素分别变化时，净现值的变动值和变动幅度的测试：

- 设计模板。在图 5-46 已有数据的基础上，设计图 5-49 之①所示的单因素敏感测试模板，图中“G3:G10”、“H3:H10”和“I3:I10”公式及输入方法分别表示于单元格 G11、H11 和 I11 中。G 列公式是本模板核心，依次将变动的单因素因变动前的值（C 列）替换为变动后的值（F 列），如图 5-49 之②。
- 单因素敏感测试。在单元格区域“D3:D10”内任意修改“参数 0 ~ 100 变动率”值，则“净现值单因素计算结果区”内将会自动给出了净现值变动情况。

- 测试结果解读。分别修改各变动参数（图 5-48 中 D 列），比如：当年销售量变动 90% 时，净现值由 173.75 上升为 432.40，变动金额为增幅 258.65、变动率为 148.86%；当单位变动成本变动 5% 时，净现值由 173.75 上升为 237.01，变动金额为增幅 63.26、变动率为 36.41%……表明了因某一敏感因素变动引起 NPV 的变动程度，逻辑线如图 5-49 之③所示。

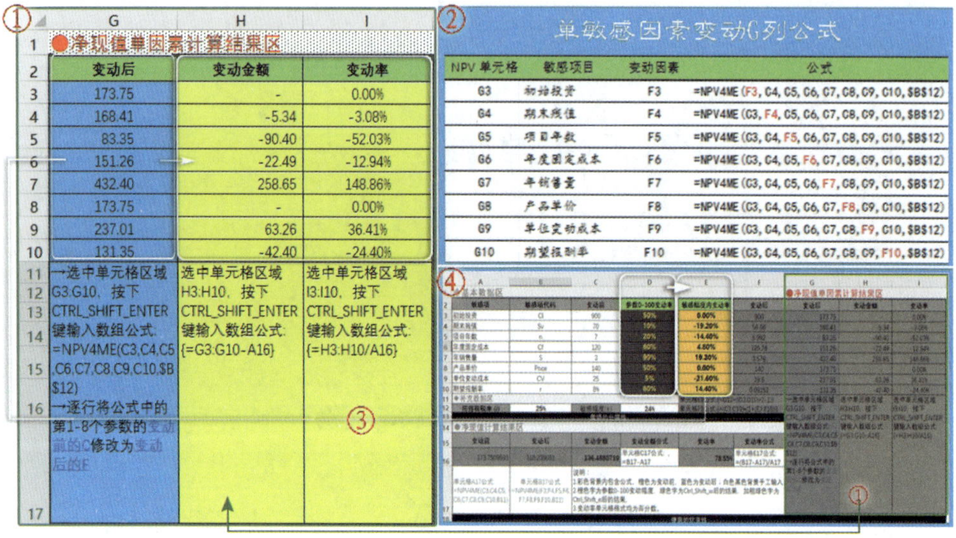

图 5-49　单敏感因素对 NPV 影响测试

单因素（分别变动）、多因素（同时变动）对 NPV 的敏感测试的总体情况如图 5-49 之④所示。

此处视频讲解更精彩，扫描右侧的二维码，即可观看和下载

06 资产管理“平衡”术

CHAPTER

6.1 管理会计的“边际”

情景再现

众所皆知，黄金分割点是最美的分割点。它不是简单的算术平均，而是寻求最佳、最美。在管理会计领域同样有多种黄金分割点的表现形式，它也是财务人员的管理追求。

平衡点的获取，既不是捣浆糊、和稀泥，更不是拍脑袋、脱口而出。它是管理会计的专业技能，无论是数据来源的选择，抑或是计算过程，都讲求精确无误；更重要的是，作为一门决策艺术，更讲求随机应变和决策分析，不能机械死板。

生产所用的原材料，是外购，还是自制？一个产品，定价多少，市场最为认可？允许或不允许缺货时，存货的最优经济订货量在哪里？销售达到多少的时候，企业能够收支平衡，从而走上盈利区间…

半个月的出差归来，易总和我们谈起了“平衡”管理的艺术。诚然，管理“平衡”的把控，如同对艺术品的追求，需要耐心寻找、需要精心品鉴…

6.1.1 那些关于“边际”的管理“闲话”

“边际”在汉语中是指边界、边缘。在管理会计上“边际”与“收入”、“成本”和“利润”结合，产生了诸如“边际收入”、“边际成本”和“边际利润”等概念。

比如，开一家蛋糕店，房租、设备的折旧和人工工资都是固定的成本（Fc，Fixed Cost），水、电、气随着产销量的上涨而上涨，属于可变动的成本（Vc，Varient Cost），两部分相加属于固定成本。销售收入刚好能够抵充总成本时销量为保本销量，收入为保本收入。从保本收入中剔除变动成本后的部分为边际贡献（CM，Contribution Margin），又称为“边际利润”或“贡献毛益”。此时的边际成本（MC，Margin Cost）用总成本（TC，Total Cost）和产销数量（Q，Quantity）的偏导数来表示。

它们之间的关系可用以下公式表示，也可直接读图 6-1 加深理解：

单　　价　　P = 单位固定成本 Fc + 单位利润 Pt + 单位变动成本 Vc …图 6-1 之①

单位总成本 C = 单位固定成本 Fc + 单位变动成本 Vc …图 6-1 之②

单位边际贡献 cm = 单位固定成本 Fc + 单位利润 Pt …图 6-1 之④

上述公式乘以产销量 Q 后转化为：

销售收入 S = 固定成本 TF + 利润 PT + 变动成本 TV …图 6-1 之⑤

总　成　本 TC = 固定成本 TF + 变动成本 TV …图 6-1 之⑥

边际贡献 CM = 固定成本 TF + 利润 PT …图 6-1 之⑧

“易总，有‘边际利润’，是不是有相应的‘边际收入’、‘边际成本’的概念呢？”小白学习到这里提出了这么一疑问。

“有的，但这个‘边际收入’、‘边际成本’与‘边际利润’概念的内涵并不同，它们只是形似而神不似。我们放到后面再去讲解它。”

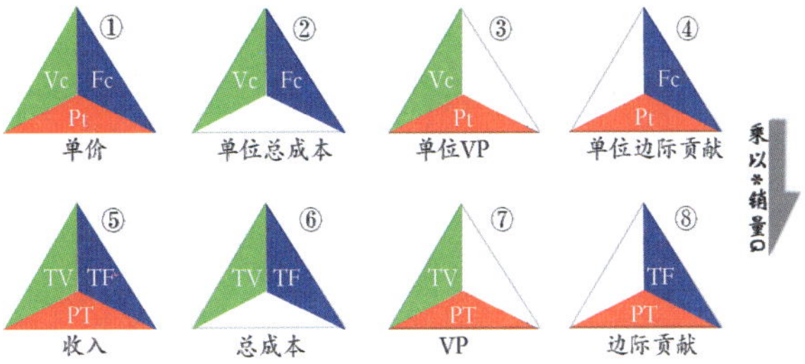

图 6-1 成本与边际贡献关系图

6.1.2 边际贡献与固定成本的“溢、缺、平”对比

在产品销售过程中，一定量品种的边际贡献首先是用来弥补企业生产经营活动中所发生的固定成本总额，在弥补了企业所发生的所有固定成本后，如有多余，才能构成企业的利润。换句话说，CM与TF相比较，就有可能出现以下“溢、缺、平”三种情况：

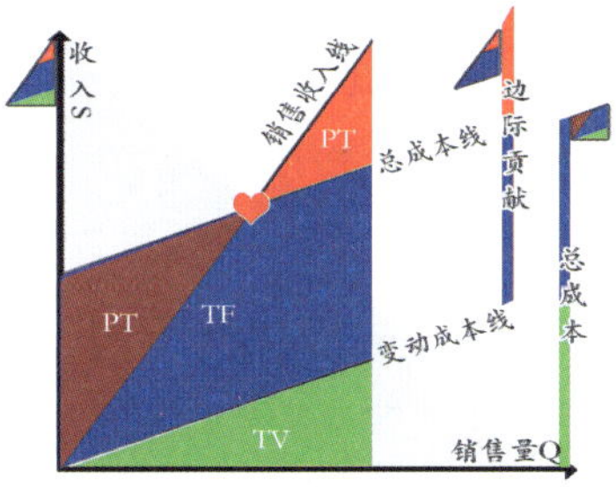

图 6-2 边际贡献与收入、成本关系模型

- 溢：某产品边际贡献大于所发生的固定成本总额时，企业将会盈利。
- 缺：某产品边际贡献小于所发生的固定成本总额时，企业就要发生亏损。
- 平：某产品边际贡献刚好等于所发生的固定成本总额时，企业只能保本，做到不盈不亏。

在“平”的状态下，不赚不赔，而何处才是这样的固定成本与边际贡献的平衡点呢？这是管理会计所要测算的，所谓“增之一分则太长，减之一分则太短；著粉则太白，施朱则太赤”，这样的平衡点必须找准确，不多不少，反之则会给企业带来损失或浪费。维持当前条件不变，销量上不去，则会亏损；扩大销量，则可增加利润，从图6-2可以非常明显地看出变化趋势：当从心形点往左（产销量递减）时，进入深红色利润亏损区，所花销的成本被侵蚀，得不到收入的补偿；当从心形点往右（产销量递增）时，进入红色利润盈余区，所花销的成本得到收入的补偿后还有超出。

注：图6-2边际贡献用红、蓝双色表示，指的是利润PT、固定成本TF；总成本用蓝、绿双色表示，指的是固定成本TF、变动成本TV（在销量平衡点左侧还需从蓝色中扣除深红色亏损PT部分）；收入则可以分解为红色利润PT、蓝色固定成本TF、绿色变动成本TV。

此处视频讲解更精彩，扫描右侧的二维码，即可观看和下载

6.2 零部件采购、产能利用与产品定价决策

对于管理会计中的“平衡”，在零部件采购、剩余产能的利用和产品的定价策略方面的应用，不仅涉及到收入项与支出项之间的权衡、成本项目之间的考量，还涉及到内部与外部（如供应商、顾客）之间的选择。管理者考虑了不同性质的损益项目、不同来源渠道的信息和心理因素后，对利用会计专业技术测算的多个结果加以遴选、决策。

不能够简单理解为只是寻求收入扩大时的平衡点，而是指利润扩大时的平衡点。利润的增益是收入和成本两个方面相互作用的结果，不同方案下成本节约也会导致利润增加，这就是“节流”效应，可用于作为方案决策的标准，典型的是企业的零部件的外购、自制决策。

6.2.1 用量固定时的零部件外购、自制决策

苏问集团的单品“进升车床 CM13-23 型”用到一种高压截止阀，这种阀门集团可以利用下属机构的辅助生产车间自制，市场上也有类似产品可以购买，采购部提交的采购申请已经提交到易总的办公桌上了。

1. **问题提出。**这种高压截止阀年度需求量为 35 000 只，外购单价 340 元一只。此外，也可自制，有三种方案备选：方案 1，无须增加任何新设备，现有生产能力刚好满足年度生产 35 000 只阀门的需求，单位材料、人工、变动成本和固定成本分别为每只 178、85、80 和 72 元；方案 2，需增加新设备花费 12 万元，生产能力可满足年度生产需要，单位材料、人工、变动成本和固定成本分别为每只 178、90、80 和 72 元；方案 3，无须增加任何新设备，现有生产能力满足年度生产需要，单位材料、人工、变动成本和固定成本分别为每只 178、65、80 和 72 元。如不自制，可对外加工，每年可收取 85 000 元，如图 6-3 白色背景部分所示。

2. **思路分析。**选择外购与自制方案中成本最低者实施，而自制方案中的固定成本无论在何种情形下都会发生，属于沉没的无关成本，不予考虑，方案 3 中的对外租金属于机会成本，也应予考虑。

3. **解决方案。**我们新建一个空白文件“D:\files\chap6\ 零部件采购、产能利用与产品定价决策 .xlsx”，并在其中新建工作表“需求量确定”，增加空白表格“苏问集团零部件采购测算表”，其中公式均表示于表格之中。注意到自制方案的折算单价系年度总成本除以数量所得。

4. **结果解析。**比较三个自制方案与外购方案，方案 3 单价最低（325），作为决策选项，如采购部对外洽谈可将外厂报价压低到 325 以下，也可另行考虑。

苏问集团零部件采购测算表

成本项		外购	自制方案1	自制方案2	自制方案3	备注
数量		35,000	35,000	35,000	35,000	
报价(折算单价)		340	343	351	325	自制方案折算单价
增购设备				120,000		
现有设备出租					85,000	剩余生产能力外租
单位成本	直接材料		178	178	178	
	直接人工		85	90	65	
	变动成本		80	80	80	
	固定成本		72	72	72	沉没成本
	小计	-	343	348	323	单元格G11公式:=G7+G8+G9
年度总成本合计		11,900,000	12,005,000	12,300,000	11,390,000	单元格G12公式:=G3*G11+G5+G6

单元格D12公式:=D3*D4

需求量确定

图 6-3 用量确定时的零部件外购、自制方案测算

6.2.2 用量不确定时的零部件外购、自制决策

1. **问题提出。**从生产管理部门传来消息，高压阀门的需求量 35 000 可能尚需要调整，目前处于不确定状态，此时采取何种方案为宜。

2. **思路分析**。由图 6-3 可知，四种方案无论外购或是自制，目标都是计算总成本，外购与各自制方案公式分别为：外购方案为 340 * Q，自制方案 1 为 343 * Q，自制方案 2 为 348* Q+120 000，自制方案 3 为 323 * Q+85 000。三种自制方案中方案 1、方案 2 因不符合逻辑故而放弃，当方案 3 与外购成本相等时的需求量，即为成本“平衡点”，用公式表示为：340 * Q=323* Q+85 000，求得需求量 Q 为 5 000。

3. **结果解析**。在外购方案与自制方案 3 成本相等时的需求量“平衡点”为 5 000，表明在 0-5 000 时，可采取外购方案；需求量超过 5 000 时，宜采取自制方案 3。

6.2.3 无追加成本时新品投产的剩余产能利用

1. **问题提出**。集团下属组装公司尚有剩余产能 2700 小时，可以用于 HV-711 和 HI-301 新型吊机的生产，HV-711 单品耗时、单价和单位变动成本分别为 90 小时、340 万元每台和 300 万元每台，HI-301 单品耗时、单价和单位变动成本分别为 30 小时、125 万元每台和 100 万元每台。

2. **思路分析**。选择投产何种产品，决策依据可根据各产品所创造的边际贡献来判断，根据图 6-1 公式，如欲知收入和总可变成本，可根据生产单品的数量与单价、单位变动成本来计算。

3. **解决方案**。在文件“D:\files\chap6\ 零部件采购、产能利用与产品定价决策 .xlsx”中新建工作表“剩余产能”，增加空白表格“苏问集团剩余产能生产决策测算表”，其中公式均表示于表中，如图 6-4 所示。

苏问集团剩余产能生产决策测算表

成本项		HV-711	HI-301	备注
剩余生产能力（小时）		2,700	2,700	
单品	单品耗时	90	30	
	单价P	340	125	
	单位变动成本Vc	300	100	
	单位边际贡献	40	25	单元格E7公式:=E5-E6
剩余生产能力产出（台）		30	90	单元格E8公式:=E3/E4
边际贡献总额		1,200	2,250	单元格E9公式:=E8*E7

需求量确定　剩余产能

图 6-4　无追加成本时新品投产的剩余产能决策

4. **结果解析**。HV-711 边际贡献总额 =(单价 P- 单位变动成本 Vc)* 剩余生产能力 / 单品耗时 =(340-300)*2 700/90=1 200，HI-301 边际贡献总额 =(125-100)*2 700/30=2 250。后者边际贡献总额大于前者，在无追加成本时新品投产选择就投产 HI-301。

6.2.4 需追加成本时新品投产的剩余产能利用

1. **问题提出与分析**。如果投产新品需要追加成本投入，HV-711、HI-301 分别需追加 240 万元和 550 万元。追加成本直接影响决策，必须考虑，而且无法继续使用边际贡献总额进行分析。

2. **解决方案**。将图 6-4 进行改造，如图 6-5 所示。将边际贡献总额扣除模具追加费用后的收益作为决策依据，计算 HV-711 收益为 960 万元、HI-301 收益为 1 700 万元，因此选择投产 HI-301。

此外，还可以计算出总收入，扣除单位变动成本与剩余生产能力产出乘积后，再扣除模具追加费用，得到产品收益。

苏问集团剩余产能生产决策测算表

成本项		HV-711	HI-301	备注
剩余生产能力（小时）		2,700	2,700	
单品	单品耗时	90	30	
	单价P	340	125	
	单位变动成本Vc	300	100	
	单位边际贡献	40	25	单元格E7公式:=E5-E6
剩余生产能力产出（台）		30	90	单元格E8公式:=E3/E4
边际贡献总额		1,200	2,250	单元格E9公式:=E8*E7
总收入		10,200	11,250	单元格E10公式:=E8*E5
模具追加费用		240	550	
收益		960	1,700	单元格E12公式:=E9-E11

单元格D12公式:=D9-D11

需求量确定　剩余产能

图 6-5　需追加成本时新品投产的剩余产能决策

6.2.5 以成本为导向的产品定价方法

1. **问题提出**。企业管理者无法取得足够的市场资料作为定价参考时，可以以自家产品所耗费的成本作为定价的基础。在其制定市场价格时，首先考虑的是，收回投入的成本，然后再赚取一定的利润。现有配件 PJ2017-5A 年变动成本 1 100 万元，成本利润率为 75%，配件 PJ2018-2D 初始投资额为 5 700 万元，期望的投资报酬率 10%，配件 PJ2018-3D 年变动成本 1 800 万元，预计的边际贡献率为 35%。三者的固定成本均为 2 700 万元，销量均为 300 台。

这就涉及到两个问题：一是成本基础，可用包含了固定成本的完全成本作为定价基础，也可用变动成本作为定价基础；二是利润空间放多大、准备赚取多少利润为宜，可用投资报酬率来计算，也可用成本利润率作为定价基础。

2. **思路解析**。完全成本计价方法缺陷在于，因涉及到会计上的固定成本以及多产品共同成本分摊方式的不同，即使是同一产品，分摊后的总成本 TC 也会不同。尽管如此，这种方法仍然被大多个数采用，这是因为它的简单易用、同行可比特性决定的，同时它也是正常运营状态下产品的最低价格或者安全价格。

3. **解决方案**。因在完全成本的基础上的加成比率不同，可分别采用如下两个公式来得到单品的价格：

产品单价 P=（预计总成本 TC + 投资额 I * 预期投资报酬率 r）/ 销量（产量）Q

或

产品单价 P= 预计总成本 TC *（1 + 预期成本利润率）/ 销量（产量）Q

如以变动成本作为定价基础，可以根据历史数据或者期望预估出一个边际贡献率，作为单价依据。从图 6-1 之①可以看出，绿色的可变成本占单价比率与红蓝两色占单价比率之和为 1，考虑了变动成本的定价公式是：

产品单价 P = 预计的单位可变成本 Vc/ 变动成本率

= 预计的单位可变成本 Vc/（1- 边际贡献率）

将上述三种配件分别以完全成本基础和变动成本基础计算单价分别如图 6-6 所示：

苏同集团配件定价测算表

	项目	PJ2017-5A	PJ2018-2D	PJ2018-3D	备注
完全成本	固定成本TF	2,700	2,700	2,700	
	变动成本TV	1,100	670	1,800	
	小计	3,800	3,370	4,500	
成本加成	该产品上投资金额I		5,700		
	期望的投资报酬比率r		10%		
	预计的成本利润率i	75%			
	预计的边际贡献率			35%	
	加成值	2,850	570	1,730.77	D10以完全成本乘以成本利润率；E10以投资额乘以投资报酬率；F10以产量*单价扣除完全成本。
产量Q		300	300	300	
单价		22	13	9	

单元格D12公式:=(D5+D10)/D11

单元格E12公式:=(E5+E10)/E11

单元格F12公式:=(F4/F11)/(1-F9)

需求量确定 | 剩余产能 | 产品定价

图 6-6 完全成本基础和变动成本基础的产品定价

对 Excel 表格中的公式，可通过以下方法来逐步观察其计算过程，比如选中有公式的单元格 D12，单击“公式”选项卡的“公式审核”组内“公式求值”项，弹出“公式求值”对话框（图 6-7 之①），单击对话框底部的“求值”按钮（图 6-7 之②），注意观察“求值”方框内的变化，我们用带有向下三角的深绿色方框列出了这一变化过程。

除了用自定义函数“WHOSECT”来明示公式外，还可以单击图 6-7 之③的“显示公式”项将 Excel 表格的显示方式由显示数值转换为直接显示出有公式的单元格内的公式，再次单击“显示公式”项将切换回显示数值。但通过“显示公式”来查看公式，也会使得显示时的单元格格式发生变动，而且不能像自定义函数“WHOSECT”一样，同时标明数值和公式。

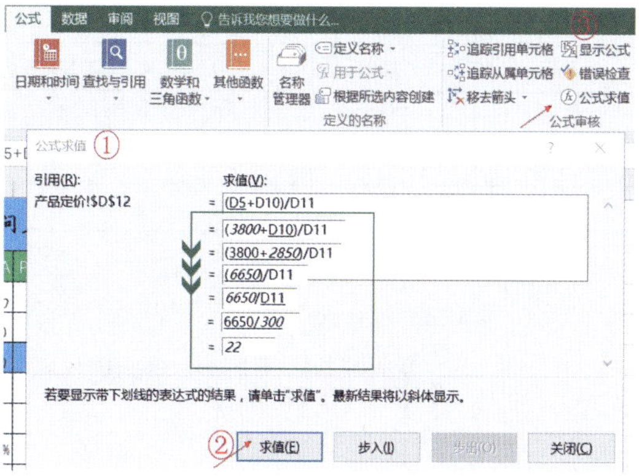

图 6-7　用“公式求值”表示公式计算过程

6.2.6　以市场为导向的产品定价方法

1. 知识准备。“前面我说到‘边际收入’、‘边际成本’与‘边际利润’只是形似而神不似，在这一节，我们就来叨叨。”易总开始给我讲解以市场为导向的产品定价方法。

“边际收入”（以字母表示 MR 或 MS）是因销量变动引起的销售收入变动的（正负）增量，数学表示△ S。“边际成本”（以字母表示 MC）是因产量变动引起的销售成本变动的（正负）增量，数学表示△ TC。“边际收入”除以相应的销量变量即为“边际收入”，数学表示 Δ S/ Δ Q。“边际成本”除以相应的产量变量即为“边际成本”，数学表示 Δ TC/ Δ Q。

可见,“边际收入”与“边际收入”是着眼于增量的变化的，而对应的“边际利润”（边际贡献）CM 是着眼于收入构成的结构分析的。

2. 市场分析。一般认为，新品推向市场前期，先以弥补自身的成本的需要，制定一个保守的低价，随着市场推广力度的加大，逐步被认可，市场打开，销量上扬，而相应的单价也可作为相似的上调。而市场后期，随着竞品的推出、功能的过时以及市场的疲劳，市场份额逐步平缓而至萎缩、退出，这个过程价格回落并可能因抛尾货而急剧下跌。

相应地，在产品的研发推向市场的过程中，开始时总成本相对较大，但随着技术不断成熟和规模效应的影响，成本得到控制，但市场后期，随着维修费用的增大总成本又有所上扬。当被市场逐步降低，总成本高出收入时，该产品被抛弃或被企业以新品主动取代。

3. 解决方案一。表 6-1 列出了苏问集团配件 PJ2016-1A 不同销售单价与成本和销量的配对表，基于此表，根据公式“收入 = 单价 * 销量”和“总成本 = 单价 * 单位变动成本 + 固定成本”计算不同销量时的收入和总成本，将该表有关数据放入文件“D:\files\chap6\ 零部件采购、产能利用与产品定价决策 .xlsx”的工作表“市场导向”中，如图 6-8 所示。

表 6-1　苏问集团配件不同售价时的销量、成本配对统计表

单价	销量	固定成本	单位变动成本	单价	销量	固定成本	单位变动成本
65	1 000	150	80	92.5	1 850	150	80
82.5	1 300	150	80	95	1 900	150	80
82.5	1 350	150	80	100	1 950	150	80
85	1 450	150	80	85	2 000	150	80
90	1 600	150	80	75	1 700	150	80

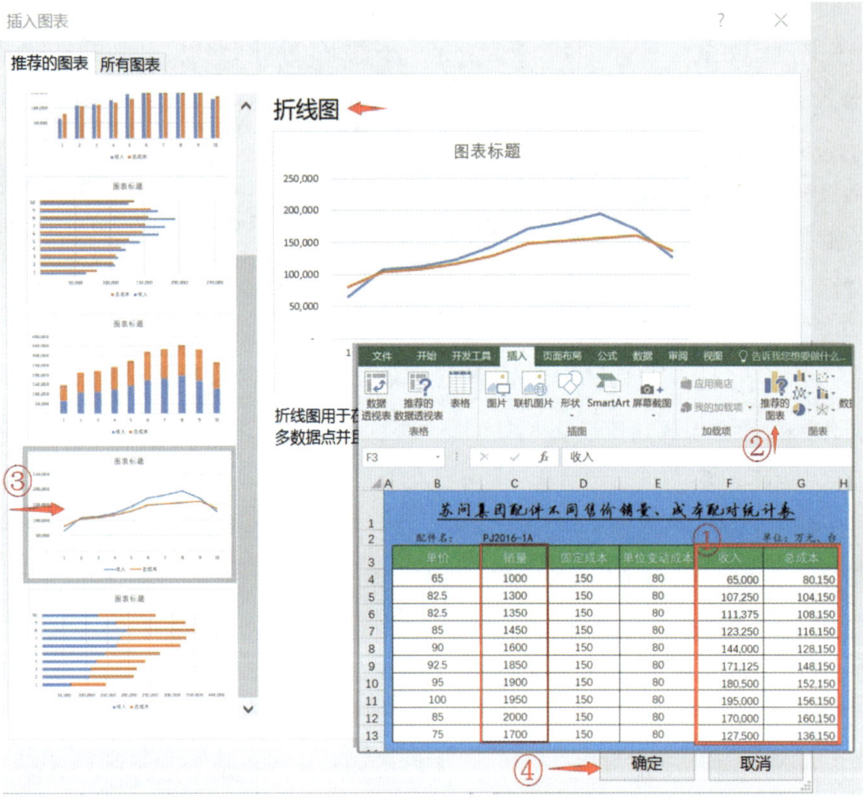

图 6-8　“插入图表”制作双折线图表

● 制作市场分析图表。按住 Ctrl 键，用鼠标选中单元格区域“C3:C13”和“F3:G13”（图 6-8 之①），单击 Excel“插入”选项卡上“推荐的图表”（图 6-8 之②），弹出“插入图表”对话框，找到其中的折线图（图 6-8 之③），单击图 6-8 之④“确定”关闭对话框。

● 美化图表。将制作的图表整理成图 6-9 所示的市场分析图，随着销量的变动，收入与成本相应发生变化，图中橙色区域为盈利区，绿色区域为亏损区。

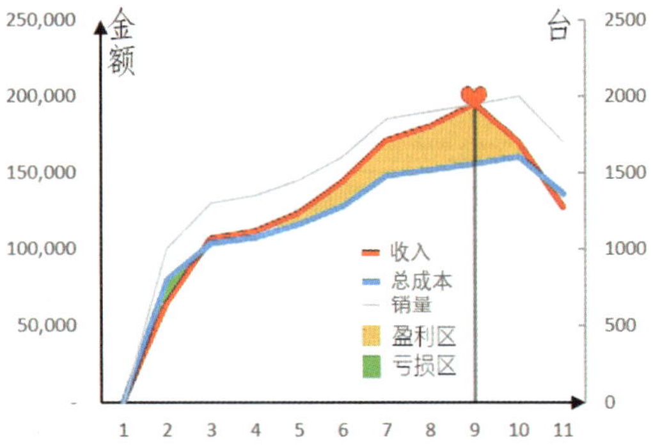

图 6-9　不同售价、不同销量下的市场分析示意图

此处视频讲解更精彩，扫描右侧的二维码，即可观看和下载

- 图表分析。当销量为 1 950 台时，该产品利润值最大，如图 6-9 中心形点所示。观察图中收入、成本和销量的从左向右的变化趋势，可以看出该产品从推出至退出市场时，不同的定价引起的销量、收入和成本的变化趋势。

4. 解决方案二。将图 6-8 的统计表按以下方法进一步加工整理：

- 表格优化。按照第 18 行的公式计算出 G、H、K、L、M、N 共 6 列的值。设置单元格区域“B19:B28”、“J19:N28”的条件格式的色阶，色彩由浅绿至深红表示数值由小至大的渐增。
- 结果解析。从图中可以直观看出：
  - G、H、K、L、M 这 5 列的色阶变化趋势一致，表明了它们内在逻辑关系的一致性。
  - 第 26 行色彩最红，企业边际贡献的绝对值最大，表明在当前条件下，单价 100、销量 1 950，此时企业获益最丰，其结果接近于会计核算的结果。
  - N 列利用边际收入和边际成本计算而得，第 21 行（单元格 N21）处 MS=MC 单位边际利润相对值为 0.09，表明此处边际收入和边际成本增量的差值已达极小。换句话说，已经使得 MS 和 MC 的波动幅度无限接近，此时定价极为合理。
  - N 列色彩较淡的部分，与单元格 N21 情况类似，结合实际的企业会计利润，考虑到数据来源采集存在的干扰，可以认为，即使单位边际贡献（增量的差值）未达到理论的极优值 0，在定价 100，销量可达 1 950 时，制定的售价最优，如图 6-10 所示。

	B	C	D	E	F	G	H	I	J	K	L	M	N
17	单价	销量	固定成本	位变动成	收入	边际收入	边际成本	总成本	序号	总利润	边际贡献	单位边际贡献	
18	P	Q	TF	Vc	S	MS=△S	MC=△TC	TC		Pt	CM=Pt+TF	cm=P-Vc	cm=(MS-MC)/Q
19	65	1000	150	80	65,000	-	-	80,150	1	15,150	15,000	15	
20	82.5	1300	150	80	107,250	42,250	24,000	104,150	2	3,100	3,250	3	14.04
21	82.5	1350	150	80	111,375	4,125	4,000	108,150	3	3,225	3,375	3	0.09
22	85	1450	150	80	123,250	11,875	8,000	116,150	4	7,100	7,250	5	2.67
23	90	1600	150	80	144,000	20,750	12,000	128,150	5	15,850	16,000	10	5.47
24	92.5	1850	150	80	171,125	27,125	20,000	148,150	6	22,975	23,125	13	3.85
25	95	1900	150	80	180,500	9,375	4,000	152,150	7	28,350	28,500	15	2.83
26	100	1950	150	80	195,000	14,500	4,000	156,150	8	38,850	39,000	20	5.38
27	85	2000	150	80	170,000	-25,000	4,000	160,150	9	9,850	10,000	5	-14.50
20	75	1700	150	80	127,500	42,500	24,000	136,150	10	8,660	8,600	6	10.88

图 6-10　条件格式展现单位边际贡献变化

6.2.7 量价关系求导的产品定价方法

如果售价和销量之间存在线性的函数关系，且可微函数可以求导数，就可以采用量价关系求导的产品定价，如表 6-2 所示。

表 6-2　单价、总成本与边际贡献推导

项目	因变量（销量）		项目
单价函数关系	P = 0.023 * Q+48.29	-	-
收入	S = P * Q = 0.023 * Q^2+48.29 * Q	TC = 80 * Q + 150	总成本函数关系
推导关系	对收入和成本求导数		
边际收入	MS = 0.046 * Q ＋48.29	MC = 80	边际成本
边际贡献	MS = MC		

2. 解决方案。为求得最优售价，须使边际贡献为 0 值。令表 6-2 边际收入等于边际成本，MS = MC，即：0.046 * Q + 48.29=80，据此解得 Q 值为 689.35，将其代入公式 P = 0.023 * Q + 48.29 即可求得最优单价为 64.15。

6.3 存货经济订货量基础模型和扩展模型

6.3.1 那些关于“经济”的管理“闲话”

提到“经济”，通常会想到的会是钱，一门学问。

在管理会计领域，常常能够听到说，假设某人是“经济人”，或者采用某项决策最为“经济”…那么管理会计所讲的“经济”究竟是什么意思呢？

说某人或者某个企业是“经济人”，注意不是作为掮客和中介的“经纪人”，是指该法人或者自然人是理性的，能够抛开诸如情感等干扰因素做出有利于自身的“效益最大化、成本最小化”的决策，而说某项决策是“经济”的，通常是指在收益一定的前提下，成本最节省（低）的状态。

而欲使得某项收入（或利润）最大化，或者成本最小化，就是要让该收入（或利润）、成本的各自组成部分之和最大（小）化。用数学语言表达就是：如果要求得某个计算式的最值，包括最大值（Max）或最小值（Min），可以对该计算式求导数，令其为零，这样就得到了一个关于最值的“平衡”公式。据此可以获得该计算值中自变量的值，将因变量代入到原计算式中，就可以得到希望的最值。这样的过程即可被视为管理会计上的求取最“经济”的过程。

此外，在某些特定情况下关于某一自变量的某个计算式可以将其分割为两个左右相等的部分，如项目成本 1 和项目成本 2。这样就获得了一个新的“平衡”等式，对等式左右分别求导数，可以得到自变量的值。将自变量代入到等式左或右，就可以得到具有特殊经济意义的项目值。

比如：存货的经济订货量是指在一定条件下维系生产经营必需而储存的物资，使得库存总成本最小时的订货批量。存货持有的目标是在存货的收益和存货成本之间进行得失权衡，既充分发挥存货功用，又能降本增效，既防止存货占用过多的资金，又防止因缺货导致企业损失，达到一定程度的平衡，实现二者的最佳的组合。

6.3.2 存货的取得与储存的成本闲话

1. 存货决策目标。所谓“存货”指的是企业为了满足生产、销售所需必须持有的原材料、协作件、零部件、半成品（在产品）、商品等具有实物形态的物资、小型设备。一般人常说的“进货”、“压货”中的“货”即为“存货”，可以理解为以实物保存在仓库中的货物。

对于存货的持有，企业的不同部门因自身需求的不同，持有不同的态度：采购部门希望提前订货，减少紧急订货造成的额外开支；生产部门希望保持较高的持有量，以减少和避免延误生产；业务部门希望保持较高的持有量，防止因无货可供流失客户或导致压价；财务部门希望保持较低的持有量，减少资金过多地被存货占用、降低“压货”库存，减少利息开支和实物贬值。因此存货决策的目标就是在各类存货成本和预期的效益之间进行权衡取舍，得到最有利于企业整体的存货进货时机和进货量。

2. **存货的各类成本**。“存货”无论是外采还是自制，都不是凭空出现的，都是需要实物支持的。在存货的取得和持有过程中，总是会发生各种人工和资源、资金的实物耗费和损耗。

（1）取得成本。为了取得原材料，除材料本身的价格外，需要有人与供应商沟通，会发生电话费、电费、办公费、差旅费用、邮费、运费。这些费用中有些与订货次数无关的部分（如采购部的基本开支等）称之为固定取得费用 F1。诸如差旅费等与订货次数有关的部分，称之为变动取得费用 V1。材料外采单价 P，年度需求总量 D，每次采购量 Q。

（2）持有成本。到货后，包括装卸费、货物的保险费、仓库的电费、人员工资、仓库资产的折旧、存货的破损、变质损失等。如采购资金源自于外借，如“流贷”、集资，还需要承担借款利息，资金“压货”，会发生因存货占用无法投资于其他项目的机会成本，如银行存款利息、购买理财产品的收益等。这些费用中与存储数量无关的部分（如仓库库管员月工资等）称之为固定储存费用 F2。诸如保险费、折耗费用等与存货储数量相关的部分称之为变动储存费用 V2。

（3）缺货成本。如果生产所需要的原材料供货中断，会造成停工损失，如人员工资、固定税费等，也会被迫紧急采购（代用）材料造成加价损失。如果产品缺货，会造成销售机会丧失、低价销售、迟发赔偿、企业失信等损失。

（4）准备成本。如果某个产品是按照订单批次分批生产，而不是 360 天 24 小时生产的，还会发生一些准备成本，比如：场地清理、模具重置、人员适应等。

3. **存货的进货时机**。除上述几类成本之外，在存货管理中，还会发生与存货的进货时机有关的成本耗费。

大多数情况下，企业不会直到生产所用的存货用完才去补货，这是理想状态的“瞬时到货”。一般，企业总是提前一定的时间采购，这个时间不是拍脑袋决定的，而是根据预估的储备存货数量来决定的。这个储备量又是取决于生产每日耗用量 d、到货时间（自订货至到货的日数）L 的。

同样地，存货的到货也经常不是一次性入库的，而是陆陆续续分批入库的。并且，进货与耗用总是同时进行的。这是最为常见的“陆续到货”。

这些成本持续地发生于企业的生产和经营全过程中，存货决策的目的就是使得上述各类成本之和最小。为了寻求最佳的订货时间点和每次最佳的订货数量，我们将存货成本的小项整理归纳如表 6-3 所示：

表 6-3　存货成本项代码表

序号	成本项	代码	备注
1	每次订货量	Q	
2	每次订货成本	V1	
3	与次数无关的固定取得成本	F1	
4	与次数无关的固定储存成本	F2	
5	每单位的年储存成本	V2	单位指的是每台、每件…
6	每单位的年缺货成本	V3	单位指的是每台、每件…
7	年需求量	D	
8	每日供货量	p	
9	每日耗用量	d	
10	到货时间	L	
11	供货滞后时间	l	整批到货

为简化起见，我们不准备引入烦琐的高等数学计算过程，这和我们利用 Excel 来完成复杂的管理会计计算的指导思想是一致的。根据到货时间和是否允许缺货，直接给出计算最佳的订货时间点 S* 和每次最佳的订货数量 Q* 的公式，如表 6-4、6-5 所示：

表 6-4　存货 S* 计算公式表

最优再订货点 S*	瞬时到货	陆续到货
不允许缺货	0 或 D*l	0
允许缺货	$-\sqrt{\frac{2V1*D*V2}{V3*(V2+V3)}}$	$-\sqrt{\frac{2V1*D*V2}{V3*(V2+V3)}*\frac{p-d}{p}}$

注：D*l 适用于滞后供货、不允许缺货的情形。

表 6-5　存货 Q* 计算公式表

经济订货量 Q*	瞬时到货	陆续到货
不允许缺货	$\sqrt{\frac{2V1*D}{V2}}$	$\sqrt{\frac{2V1*D}{V2}*\frac{p}{p-d}}$
允许缺货 [注]	$\sqrt{\frac{2V1*D}{V2}*\theta}$	$\sqrt{\frac{2V1*D}{V2}*\theta*\frac{p}{p-d}}$

[注] 公式中 $\theta=\frac{V2+V3}{V3}$

允许缺货时，最大缺货量 = Q * V2/V3/θ，年度储存成本 = Q * V2 / 2θ^2，年度缺货成本 =2 Q * θ^2 / V3

6.3.3　经济订货量基础模型及动态验证

1. **问题提出**。苏问集团 HJ-06 型阀门的年需求量需要对外采购 12 000 只，每只存储成本 75 元，外采成本每次为 360 元。货物为瞬时到货，不允许缺货。在这样的条件下，该阀门的最优订货量，年度最佳订货次数、最经济的成本是多少？能否直观表示出订货量在 150~650 只之间时的年订货成本、年储存成本和总成本的变动情况？ 能否以图形演示经济订货的动态决策过程？

2. **思路分析**。关于 HJ-06 型阀门的仓储成本已知的资料不多，利用现有公式可以计算出最佳订货量及相应的成本、次数，而对于 150~650 这一订货量区间可以以每次增加 1 只作为增加幅度，用表格公式逐一计算，但显得过于愚笨了，考虑尝试使用模拟运算。要用图形演示经济订货的动态决策过程，需要绘制出年订货成本、年储存成本和总成本（合称“三项成本”）随着订货量变动的曲线，决策参考标志线，同时还需要添加驱动按钮，使得作为自变量的订货量和作为因变量的三类成本实时变动，可以尝试运用“4.3.2”的知识来完成。

3. **解决方案**。基于上述分析，按照以下步骤来实施：

- 建立订货模型。新建 Excel 文件，命名为“D:\files\chap6\ 经济订货模型 .xlsx”，在其中增加工作表“基础模型”，新建一个表格“经济订货成本测算表”。
- 批量建立名称。为直观使用公式，可以将要用到的公式元素设为 Excel 名称。又为了便利于在不同的模型下使用，保证模型的通用性和各自的独立性，将与存货有关的成本项批量建立，并使其专属于某个指定的工作表。将表 6-3 中的各成本要素录入到表格“经济订货成本测算表”单元格区域“C17:C27”内，用鼠标选中单元格区域“C17:D27”（图 6-11 之 1），单击 Excel“公式”选项卡“定义的名称”组内的“根据所选内容创建”（图 6-11 之 2），弹出“以选定区域创建名称”对话框。因单元格区域“C17:D27”中创建名称所要用到的值在右，提示文字在左，故而勾选“最左列”（图 6-11 之 3），单击“确定”按钮完成批量创建。

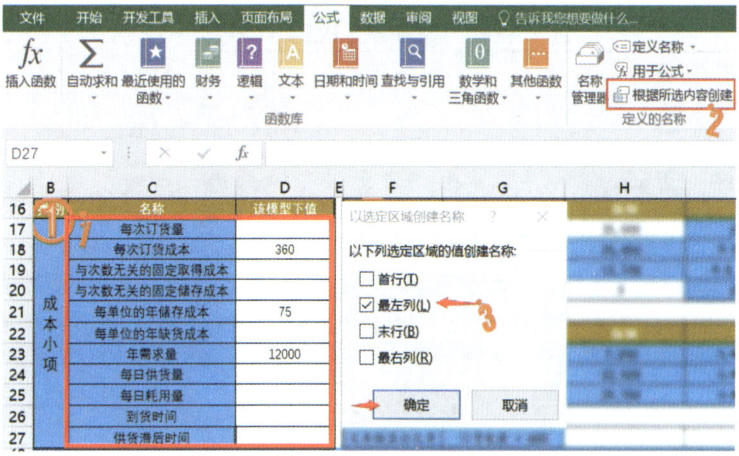

图 6-11 批量定义名称

- 批量修改名称的适用范围。
  - 备份工作表。在工作表“基础模型”标签上右击，复制一个工作表副本“基础模型 (2)”。
  - 删掉原表中名称。单击 Excel“公式”选项卡“定义的名称”组内的“名称管理器”（图 6-12 之 1），弹出“名称管理器”对话框，可以看到文件“D:\files\chap6\ 经济订货模型 .xlsx”中所包含的所有的名称，名称适用范围既有“工作簿”（所有工作表）的，也有“基础模型 (2)”（备份工作表）的（图 6-12 之 2）。

单击对话框的“筛选”按钮（图 6-12 之 3），在弹出的菜单中单击“名称扩展到工作簿范围”（图 6-12 之 4），使对话框仅表示适用范围为“工作簿”的名称，按下鼠标左键拖拉出虚线矩形框后释放鼠标，选中所有表示的名称（图 6-12 之 5），单击“删除”按钮（图 6-12 之 6），删掉所有适用范围为“工作簿”的名称。

  - 删除原表。关闭“名称管理器”对话框，将原工作表“基础模型”删除。
  - 将备份表改名。将原工作表“基础模型 (2)”改名为“基础模型”，再次单击“名称管理器”（图 6-12 之 1），弹出“名称管理器”对话框，

CFO 点拨
名称的文字中不应包括空格，如“年需求量”中空格将被替换为下划线“年_需求量”。

CFO 点拨
将文件保存后关闭，再次打开，可避免出现“名称已存在”的警告框。

CFO 点拨
可按住 Ctrl 键，用鼠标选中不相邻的名称，也可按住 Shift 键，用鼠标选中相邻的名称。

可以看到该对话框内仅剩下适用范围为“基础模型”的名称了。日后此工作表可作为模板备份，其中的名称范围会自动调整为只适用于备份工作表。

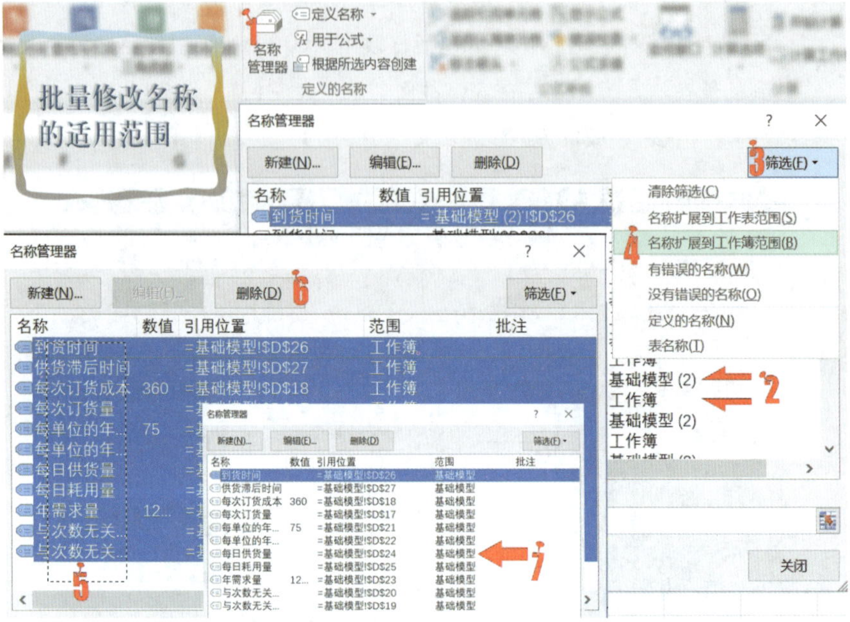

图 6-12　批量修改名称的适用范围

● 建立订货成本计算区。新建 Excel 文件，命名为“D:\files\chap6\经济订货模型.xlsx”，在单元格区域“B2:D7”、“B9:D14”录入表格及公式（图 6-13 椭圆形区域），用以计算存货 HJ-06 型阀门在特定订货量时的“三项成本”。单元格 D10 公式“=SQRT(2*每次订货成本*年需求量/每单位的年储存成本)”源自于表 6-5，公式中的文字均可以取自批量定义的名称。可以直接录入名称的文字，也可以在需要输入名称的地方（如图 6-14 之 1），单击 Excel“公式”选项卡“定义的名称”组内的“用于公式”（图 6-14 之 2），在弹出的菜单中选择需要的名称（图 6-14 之 3）即可。

	B	C	D	D
2		成本项	初值	初值
3	参考值	订货数量	600	600
4		每年订货次数	20.0000	=年需求量/D3
5		年度平均订货成本	7200.0000	=D4*每次订货成本
6		年度储存成本	22500.0000	=每单位的年储存成本*D3/2
7		年度总成本	29700.0000	=D5+D6
8				
9		成本项	初值	初值
10	经济订货	经济订货量 $\sqrt{\frac{2V1*D}{V2}}$	339.4113	=SQRT(2*每次订货成本*年需求量
11		每年订货次数	35.3553	=年需求量/D10
12		年度平均订货成本	12727.9221	=年需求量/D10*每次订货成本
13		年度储存成本	12727.9221	=D10*每单位的年储存成本/2
14		年度总成本	25455.8441	=D12+D13

图 6-13　存货“三项成本”的计算

CFO 点拨

单元格区域“B2:D7”的设计系为动态计算”三项成本”而准备，单元格 D3 的值动态可变，现有订货数量值 600 系在 150-650 内任意输入。单元格区域“B9:D14”的设计系为计算特殊订货量（经济订货量）”三项成本”而准备，此处存货总成本值最低。

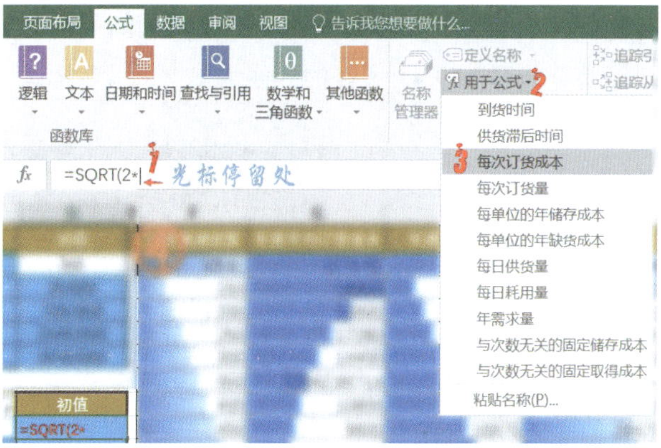

图 6-14 在公式中输入自定义的名称

- 建立模拟运算区。在工作表“基础模型”的单元格区域“F2:I14”绘制表格，用以计算存货 HJ-06 型阀门的在订货量 150~650 区间的“三项成本”。单元格 F3、G3、H3、I3 公式依次为“=D10”、“=D12”、“=D13”、“=D14”。用鼠标选中单元格区域“F3:I14”，单击 Excel“数据”选项卡“预测”组内的“模拟分析”项的“模拟运算表”子项，弹出“模拟运算表”对话框（图 6-15），鼠标选中“输入引用列的单元格”方框内，选中单元格 D10 后，单击“确定”按钮完成订货量在 150~650 区间的“三项成本”的运算。

> CFO 点拨
>
> 1. 单元格区域“F4:F14”的录入方法：在单元格 F4 和 F5 中分别录入 150 和 200，选中这两个单元格，移动鼠标至单元格 F5 右下角，直至光标变为实心黑色十字，向下拖动到单元格 F14 释放鼠标，完成订货量从 150~650、间隔为 50 数值输入。如间隔 20，则单元格 F5 值为 170，向下拖动更多行直到数值变为订货量取值范围的最大。
>
> 2. 因欲纵向求得与订货量相对应的成本值，故而在“模拟运算表”对话框中，只需要填写“输入引用列的单元格”，而且此处值为单元格 D10，不应是单元格 F3，这是因为单元格 F3 也只是对单元格 D10 的引用，“三项成本”系根据单元格 D10 而非单元格 F3 计算而得。

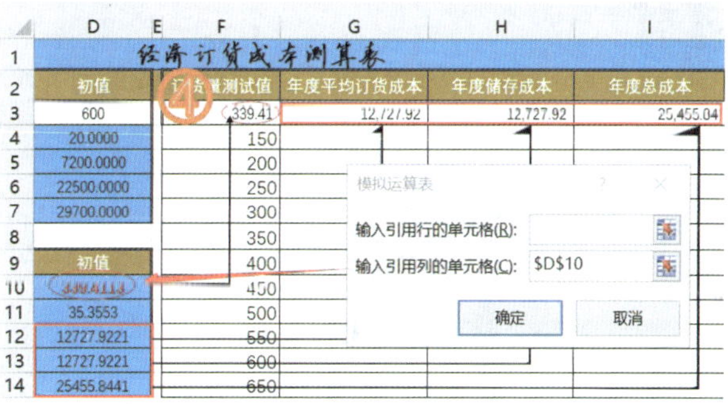

图 6-15 模拟运算存货“三项成本”

- 设置模拟运算的条件格式。
  - 选中单元格区域“G3:H14”，单击 Excel“开始”选项卡“样式”组内的“条件格式”项的“数据条 - 实心填充 - 浅蓝色数据条”子项。
  - 选中单元格区域“F3:F14”，单击“数据条 - 渐变填充 - 浅蓝色数据条”子项，选中单元格区域“I3:I14”，单击“数据条 - 渐变填充 - 浅蓝色数据条”子项。
  - 选中单元格区域“F3:I14”，设置其数值格式和字号，完成效果如图 6-16，从图中可以直观看出：随着订货量的递增，“年度平均订货成本”递减，“年度平均储存成本”递增；“年度总成本”呈现先递减后递增的状态，在订货量 300~350 之间达到最小值，这大致验证了经济订货量 339.41 所在的区间。

- 插入散点图表。选中单元格区域“F4:I14”（图 6-17 之 1），单击 Excel“插入”选项卡“图表”组内的“插入散点图（X、Y）或气泡图”项（图 6-17 之 2），随后单击“带平滑线和数据标记的散点图”子项（图 6-17 之 3）。

	F	G	H	I
1	订货成本测算表			
2	订货量测试值	年度平均订货成本	年度储存成本	年度总成本
3	339.41	12,727.92	12,727.92	25,455.84
4	150.00	28,800.00	5,625.00	34,425.00
5	200.00	21,600.00	7,500.00	29,100.00
6	250.00	17,280.00	9,375.00	26,655.00
7	300.00	14,400.00	11,250.00	25,650.00
8	350.00	12,342.86	13,125.00	25,467.86
9	400.00	10,800.00	15,000.00	25,800.00
10	450.00	9,600.00	16,875.00	26,475.00
11	500.00	8,640.00	18,750.00	27,390.00
12	550.00	7,854.55	20,625.00	28,479.55
13	600.00	7,200.00	22,500.00	29,700.00
14	650.00	6,646.15	24,375.00	31,021.15

图 6-16　对模拟运算结果值设置条件格式

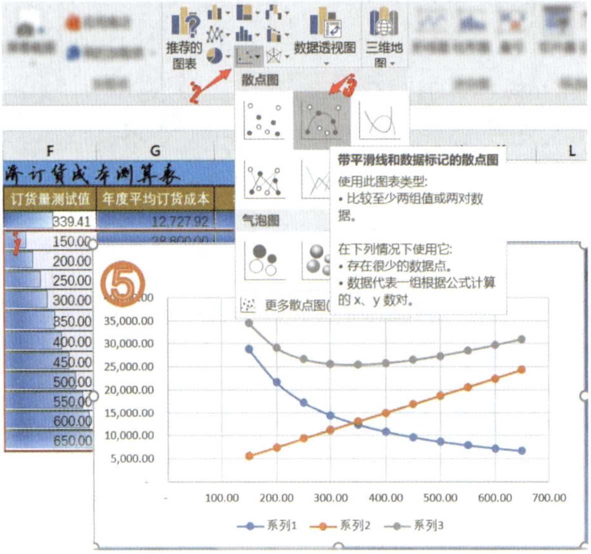

图 6-17　插入散点图

- 添加决策参考（竖）线。为了做出选择最经济订货成本点的决策，需要从图表中找出成本最低点，并直观观察出在不同的经济订货量时成本变化情况。为此，需要在图表中添加参考直线，就像一把左右移动的标尺，实时观察不同订货量时的成本变化。而要在坐标轴上竖线，必须事先确定某些点，这些点 X 值相同，Y 值不同。我们着手准备这样的数据点：
  - 准备 4 点固定竖线数据源。在单元格区域“F16:I20”绘制表格，其中公式如图 6-18 所示。在单元格 H17 输入 35 000，此值系观察插入的散点图表纵轴最大值而得；在单元格 H17 输入 0，此值系准备的参考标志线与横轴的交点。
  - 准备 3 点移动竖线数据源。在单元格区域“F22:I25”绘制表格，公式指向订货成本计算区。

CFO 点拨

1. 单元格区域“G17:G20”公式的输入方法：先在单元 G17 输入“=D10”，按下功能键 F4，公式将变化为“=$D$10”。继续按下功能键 F4，公式将依次变化为“=D$10”、“=$D10”、“=D10”，如此循环变化。

2. 选中单元格 G18，按下组合键 Ctrl_D，复制上一行公式，同样的方法设置 G19 和 G20 的公式（如欲复制左列内容，按下组合键 Ctrl_R）。

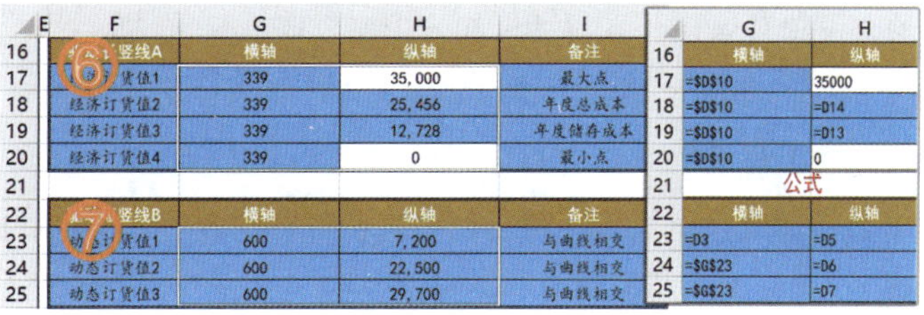

	E	F	G	H	I
16		竖线A	横轴	纵轴	备注
17		经济订货值1	339	35,000	最大点
18		经济订货值2	339	25,456	年度总成本
19		经济订货值3	339	12,728	年度储存成本
20		经济订货值4	339	0	最小点
21					
22		竖线B	横轴	纵轴	备注
23		动态订货值1	600	7,200	与曲线相交
24		动态订货值2	600	22,500	与曲线相交
25		动态订货值3	600	29,700	与曲线相交

	G	H
16	横轴	纵轴
17	=$D$10	35000
18	=$D$10	=D14
19	=$D$10	=D13
20	=$D$10	0
21	公式	
22	横轴	纵轴
23	=D3	=D5
24	=$G$23	=D6
25	=$G$23	=D7

图 6-18 构造决策参考线的数据源

➢ 在已有图表上添加决策参考标志（长竖）线。选中单元格区域“G17:H20”，按下组合键 Ctrl_C 复制（图 6-19 之 1），单击插入的散点图表中的数据区任意位置（必要步骤，如图 6-19 之 2），单击 Excel“开始”选项卡“剪切板”组内的“粘贴”选项（图 6-19 之 3），随后单击“选择性粘贴”子项（图 6-19 之 4），弹出“选择性粘贴”对话框（图 6-19 之 5），因选中单元格区域“G17:H20”G 列将作为拟生成直线的 X 轴，故而勾选该对话框中的“首列为分类 X 轴”，单击“确定”按钮，关闭该对话框。

➢ 为决策参考标志线添加数据标签。右击添加的长竖线，在随后出现的浮动菜单的“添加数据标签”项的“添加数据标签”子项。

➢ 添加决策参考标志（短竖）线及标签。用同样的方法选中单元格区域“G23:H25”（图 6-19 之 6），仿照图 6-19 之 2 至 5 步骤，得到图 6-19 之 7 所示的新图表。可以看到，此图表中已新增了两条竖线，长竖线为固定参考标志线，短竖线为移动参考标志线。

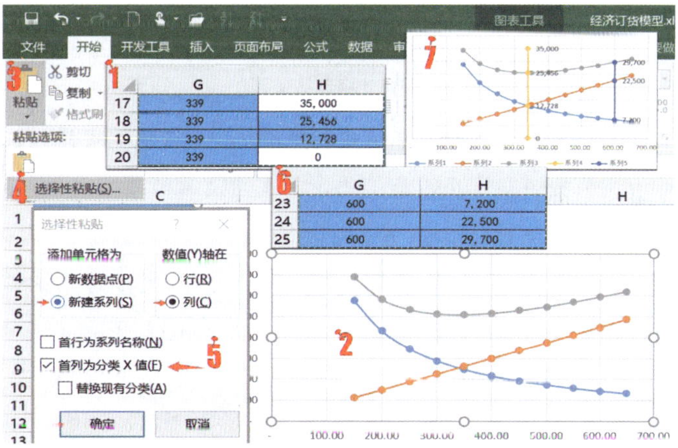

图 6-19 添加决策参考竖线

● 添加决策参考（竖）线的驱动按钮。短竖线添加后，并不是能够立即移动的，必须对其数据源头单元格添加驱动按钮，按照图 6-20 中 1 至 5，具体添加方法如下：

➢ 1. 单击 Excel“开发工具”选项卡“控件”组内的“插入”项；

➢ 2. 单击“数值调节钮”；

➢ 3. 鼠标变为十字形，在散点图上按住鼠标左键拖拉出一个矩形区域，生成一个数值调节按钮；

➢ 4. 在绘制的按钮上右击，在随后出现的浮动菜单上单击“设置控件格式”选项；

➢ 5. 在弹出的“设置对象格式”对话框的“控制”选项卡内“最小值”输入 150，“最大值”输入 650，“步长”输入 10。鼠标点入“单元格链接”后，选中工作表的单元格 D3，设置数值调节按钮与该单元的连接，单击数值调节按钮上下三角形便可以使单元格 D3 的 150~650 的范围内以 10 为单次变动量增减。设置完成后，单击“设置对象格式”对话框底部的“确定”按钮，关闭对话框。

➢ 从图 6-20 中可以看到：数值调节按钮四周有 4 个定位空心小圆点，通过拖拉它们可以改变按钮大小。移动鼠标当光标变为四向箭头时，可移动按钮位置。

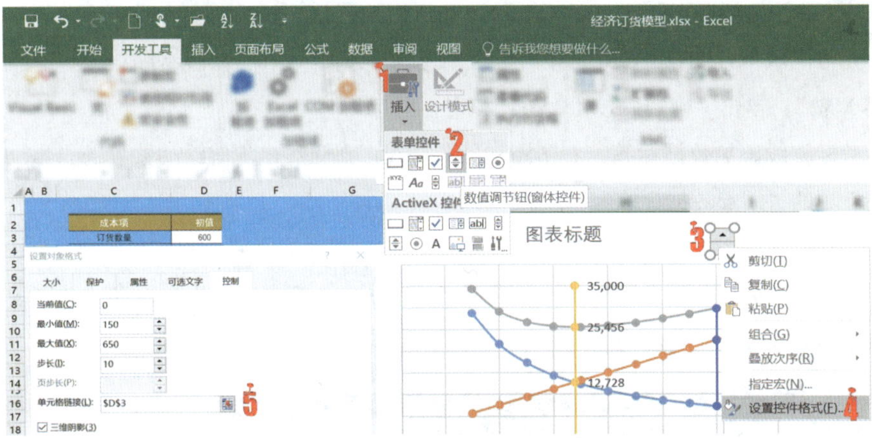

图 6-20　添加数值调节按钮并设置其格式

> CFO 点拨
>
> 1. 如 Excel 界面未显示“开发工具”选项卡，可参照“4.3.2”弹出“开发工具”选项卡。
>
> 2. 拖拉图表位置时，数值调节按钮并不会跟随移动，即使将二者组合也无效。只有当图表作为一个独立的工作表时，才可生效。

● 测试决策参考（竖）线驱动按钮。选中图表任意区域（或工作表任一单元格），使数值调节按钮四周小圆点消失，单击数值调节按钮上（下）三角形，即可改变单元格 D3 的值，从而驱动图表上的短竖线向右（左）移动。驱动过程为：单击按钮→改变订货量单元格的值→订货成本计算区成本值变动→图表竖线源数据变动→竖线移动，如图 6-21 所示。

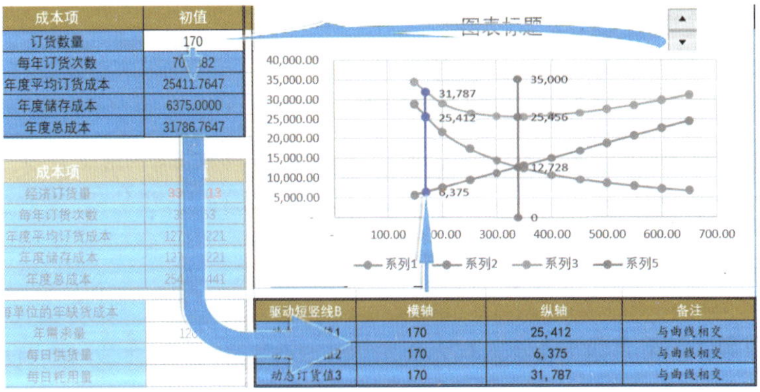

图 6-21　数值调节按钮驱动图表过程图

● 在图表上添加提示文本。在单元格 G27 输入公式“=C3&" = "&D3”（图

1
2
3
4
5
6
7
8
9

6-22 之 1），作为待插入文本的公式来源。单击 Excel“插入”选项卡“文本”组内的“文本框”选项（图 6-22 之 2），在散点图表上用鼠标拖拉出矩形区域生成一个文本框（图 6-22 之 3），在公式编辑栏输入公式“=$G$27”。数值调节按钮驱动单元格 D3 变化，从而带动 G27 和文本框实时变化。

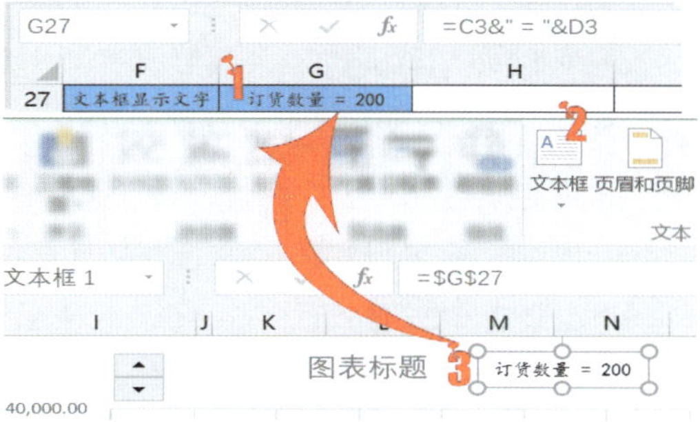

图 6-22　在图表上添加动态变化的文本框

- 美化图表。仿照“3.3.4”，将图表上的系列名称、标题，图表的绘图区、坐标轴格式等进行改名、修饰和调整，最终效果如图 6-23 所示。

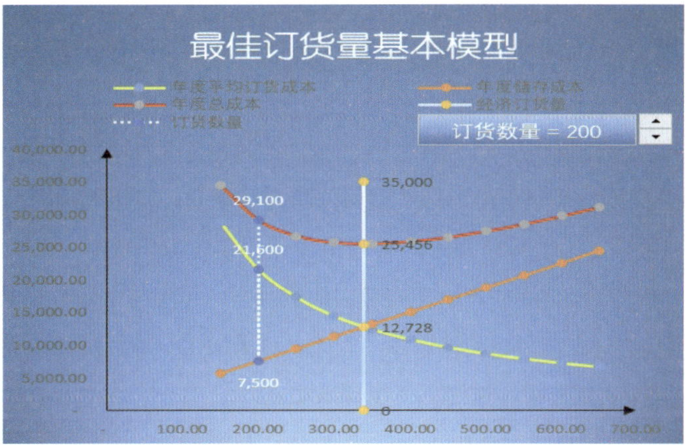

图 6-23　最佳订货量最终效果图

4. 结果解析。上述解决方案模型，整体效果如图 6-24 所示，结合图 6-23 可以看出：

此处视频讲解更精彩，扫描右侧的二维码，即可观看和下载

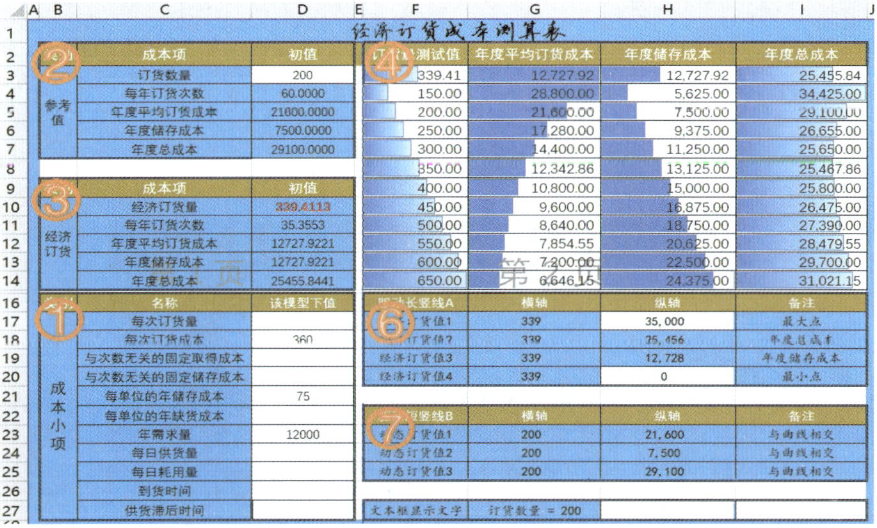

	A	B	C	D	E	F	G	H	I
1						经济订货成本测算表			
2		类别	成本项	初值		订货量测试值	年度平均订货成本	年度储存成本	年度总成本
3		参考值	订货数量	200		339.41	12,727.92	12,727.92	25,455.84
4			每年订货次数	60.0000		150.00	28,800.00	5,625.00	34,425.00
5			年度平均订货成本	21600.0000		200.00	21,600.00	7,500.00	29,100.00
6			年度储存成本	7500.0000		250.00	17,280.00	9,375.00	26,655.00
7			年度总成本	29100.0000		300.00	14,400.00	11,250.00	25,650.00
8						350.00	12,342.86	13,125.00	25,467.86
9		类别	成本项	初值		400.00	10,800.00	15,000.00	25,800.00
10		经济订货	经济订货量	339.4113		450.00	9,600.00	16,875.00	26,475.00
11			每年订货次数	35.3553		500.00	8,640.00	18,750.00	27,390.00
12			年度平均订货成本	12727.9221		550.00	7,854.55	20,625.00	28,479.55
13			年度储存成本	12727.9221		600.00	7,200.00	22,500.00	29,700.00
14			年度总成本	25455.8441		650.00	6,646.15	24,375.00	31,021.15
16		类别	名称	该模型下值		驱动长竖线A	横轴	纵轴	备注
17		成本小项	每次订货量			经济订货值1	339	35, 000	最大点
18			每次订货成本	360		经济订货值2	339	25, 456	年度总成本
19			与次数无关的固定取得成本			经济订货值3	339	12, 728	年度储存成本
20			与次数无关的固定储存成本			经济订货值4	339	0	最小点
21			每单位的年储存成本	75					
22			每单位的年缺货成本			驱动短竖线B	横轴	纵轴	备注
23			年需求量	12000		动态订货值1	200	21, 600	与曲线相交
24			每日供货量			动态订货值2	200	7, 500	与曲线相交
25			每日耗用量			动态订货值3	200	29, 100	与曲线相交
26			到货时间						
27			供货滞后时间			文本框显示文字	订货数量 = 200		

图 6-24　存货订货量与成本基础模型

- 经济订货量。在 HJ-06 型阀门的年需求量需要对外采购 12 000 只，每只存储成本 75 元，外采成本每次为 360 元的条件下，每次订货 339 只为宜，此时年度平均订货成本与年度储存成本均为 12 728 元、年度总成本 25 456 元。
- 订货量实时变化。单击图表中数值微调按钮，订货量在 150~650 之间变动时，年度平均订货成本从 28 800 元递减至 6 646.15 元，年度储存成本从 5 625 元递增至 24 375 元，年度总成本呈现先降后增的趋势，在订货量为 150 时达到最大值 34 425 元、在订货量为 339 时达到最低值 25 456 元。

6.3.4　允许缺货的经济订货量模型及动态验证

1. 问题提出。苏问集团 HJ-07 型阀门的年需求量需要对外采购 24 000 只，每只存储成本 200 元，外采成本每次为 750 元。货物为瞬时到货，允许缺货，年度缺货成本 1 500。在这样的条件下，该阀门的最优订货量，年度最佳订货次数、最经济的成本是多少？能否直观表示出订货量在 150 只～ 650 只之间时的年订货成本、年储存成本和总成本的变动情况？ 能否以图形演示经济订货的动态决策过程？

2. 思路分析。与“6.3.3”不同，HJ-07 型阀门的允许缺货，可以利用“6.3.2”计算出最佳订货量及相应的成本、次数，为求得总成本，必须追加计算年度缺货成本、最大缺货量、订货间隔等，而对于经济订货量、年度储存成本也需要考虑缺货因素。可用与上一节相同的方法来制作订货量变动的曲线，决策参考标志线和驱动按钮等。因此，可采用上一节经济订货量基础的模板。

3. 解决方案。基于上述分析，按照以下步骤来实施：

- 建立订货模型。打开文件“D:\files\chap6\ 经济订货模型 .xlsx”，将工作表“基础模型”移动复制一个副本，并改名为“允许缺货模型”。
- 增加辅助计算区。在新工作表单元格区域“L22:Q27”添加计算辅助区域，如表 6-25 所示。按照“6.3.2”中数学公式，对最大缺货量、年度储存成本（单元格 D6 公式“= 每单位的年储存成本 *D10/M23^2/2”，单元格 D13 公式“= 每单位的年储存成本 *D3/P23^2/2”）、年度缺货成本和经济订货量（公式“=SQRT(2* 每次订货成本 * 年需求量 / 每单位的年储存成本)*SQRT(M23)”）进行计算，在此基础上即可得到总订货成本（数学公式“= 年平均订货成本 + 年度储存成本 + 年度缺货成本”）。

	L	M	N	O	P	Q	R
22	8 缺货计算项	缺货参考值	公式		经济订货值	公式	
23	缺货计算因子θ	1.13	单元格M23公式: =1+每单位的年储存成本/每单位的年缺货成本		1.13	单元格P23公式: =1+每单位的年储存成本/每单位的年缺货成本	
24	**最大缺货量**	**76.47**	单元格M24公式: =D3*每单位的年储存成本/每单位的年缺货成本/M23		**53.14**	单元格P24公式: =D10*每单位的年储存成本/每单位的年缺货成本/P23	
25	订货间隔天	9.75	单元格M25公式: =360/D4		6.77	单元格P25公式: =360/D11	
26	**年度缺货成本**	**6747.40**	单元格M26公式: =M24^2/D3*每单位的年缺货成本/2		**4688.55**	单元格P26公式: =P24^2/D10*每单位的年缺货成本/2	
27	包含缺货的总成本	85045.25	单元格M27公式: =D7+M26		79705.34	单元格P27公式: =D14+P26	

图 6-25　存货允许缺货成本计算辅助区

- 修正模拟分析区。在 H 列后新增加一列，作为年度订货成本，单元格 I3、J3 公式分别为“=M26”、“=M27”。用鼠标选中单元格区域“F3:J14”，仿照“6.3.3”模拟运算，可参考图 6-15，修改后如图 6-26 所示。

	F	G	H	I	J
1	经济订货成本测算表				
2	④ [illegible]测试值	年度平均订货成本	年度储存成本	年度缺货成本	年度总成本
3	451.66	39,852.67	35,164.12	4,688.55	79,705.34
4	150.00	120,000.00	11,678.20	1,557.09	133,235.29
5	200.00	90,000.00	15,570.93	2,076.12	107,647.06
6	250.00	72,000.00	19,463.67	2,595.16	94,058.82
7	300.00	60,000.00	23,356.40	3,114.19	86,470.59
8	350.00	51,428.57	27,249.13	3,633.22	82,310.92
9	400.00	45,000.00	31,141.87	4,152.25	80,294.12
10	450.00	40,000.00	35,034.60	4,671.28	79,705.88
11	500.00	36,000.00	38,927.34	5,190.31	80,117.65
12	550.00	32,727.27	42,820.07	5,709.34	81,256.68
13	600.00	30,000.00	46,712.80	6,228.37	82,941.18
14	650.00	27,692.31	50,605.54	6,747.40	85,045.25

图 6-26　模拟运算存货的年度订货、储存、缺货和总成本

- 添加年度缺货成本图表。用鼠标选中单元格区域“I4:I14”，按下组合键 Ctrl C 复制，选中图表，单击 Excel“开始”选项卡“剪切板”组内的“粘贴”项（图 6-19 之 3），随后单击“选择性粘贴”子项（图 6-19 之 4），弹出“选择性粘贴”对话框（图 6-19 之 5），注意此时不需要勾选该对话框中的“首列为分类 X 轴”。添加曲线后，将系列名称修改为“年度缺货成本”，将图表名称修改为“允许缺货的最佳订货量模型”。

CFO 点拨

插入新列前，必须先选中单元格区域“G4:I14”，按下“Del”键清除掉原有公式。插入新列后，新增的列会自动套用原先设置的条件格式。

- 修正决策参考线数据源。将图 6-24 之⑥和⑦区域分别修改为图 6-27 所示。主要变动是添加了年度缺货成本的参考值点（单元格 H19、H25），修改了经济订货标志竖线的最大值点为 135 000，修正了总成本的公式（单元格 H26）。

显示值

	F	G	H	I
16	⑥ [illegible]长竖线A	横轴	纵轴	备注
17	[illegible]订货值1	452	135,000	最大点
18	经济订货值2	452	79,705	年度总成本
19	经济订货值3	452	4,689	年度缺货成本
20	经济订货值4	452	0	最小点
21				
22	⑦ 驱[illegible]竖线B	横轴	纵轴	备注
23	动态订货值1	150	120,000	与曲线相交
24	动态订货值2	150	11,678	与曲线相交
25	动态订货值3	150	1,557	与曲线相交
26	动态订货值4	150	133,235	与曲线相交

显示公式

	F	G	H	I
16	⑥ [illegible]动长竖线A	横轴	纵轴	备注
17	[illegible]济订货值1	=$D$10	135000	最大点
18	经济订货值2	=$D$10	=P27	年度总成本
19	经济订货值3	=$D$10	=P26	年度缺货成本
20	经济订货值4	=$D$10	0	最小点
21				
22	⑦ 驱[illegible]短竖线B	横轴	纵轴	备注
23	动态订货值1	=D3	=D5	与曲线相交
24	动态订货值2	=$G$23	=D6	与曲线相交
25	动态订货值3	=$G$23	=M26	与曲线相交
26	动态订货值4	=$G$23	=M27	与曲线相交

图 6-27　决策参考线数据源的值和公式

- 检查散点图表的系列线。将数据来源修改完毕后，在散点图表上右击“选择数据”，单击“选择数据源”对话框上的“编辑”按钮检查散点图表包含的 6 条线段的数据系列，如图 6-28 所示，散点图表最终效果如图 6-29 所示。

CFO 点拨

经济订货标志线（图 6-29 固定长竖线）还可以再添加两个值点，小白也会的，你呢？

图 6-28　散点图表的 6 条系列线设置

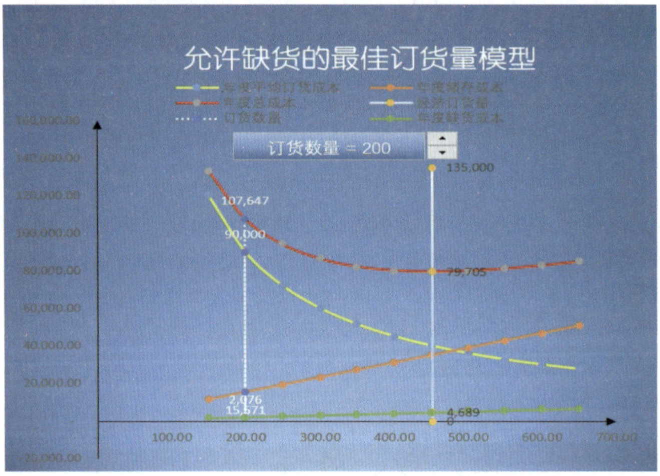

图 6-29　允许缺货的最佳订货量最终效果图

4. 结果解析。上述解决方案模型，整体效果如图 6-30 所示，此图中字体加粗部分是与“6.3.3”基础模型不同的部分。由于存在是否允许缺货的不同，在以下方面存在计算过程和结果的差异，并且直接导致成本值的不同。

- 名称的应用范围。在 Excel 公式中可以看到中文公式引用，虽然名称与工作表的名称文字相同，但名称的引用值准确限定于当前工作表，这是通过移动复制工作表来实现的。
- 追踪从属单元格。允许缺货时，缺货计算因子 θ 关系到经济订货量、年度储存成本和最大缺货量的计算，后三者的计算均引用到 θ，可能通过单击 Excel“公式”选项卡“公式审核”组内的“追踪从属单元格”来查看。
- 经济订货量。在 HJ-07 型阀门的年需求量需要对外采购 24 000 只，每只存储成本 200 元，每只缺货成本 1 500 元，外采成本每次为 750 元的条件下，每次订货 452 只为宜，此时年度平均订货成本、年度储存成本与年度缺货成本分别为 39 852.67 元、35 164.12 元与 4 688.55 元，年度总成本 79 705.34 元。

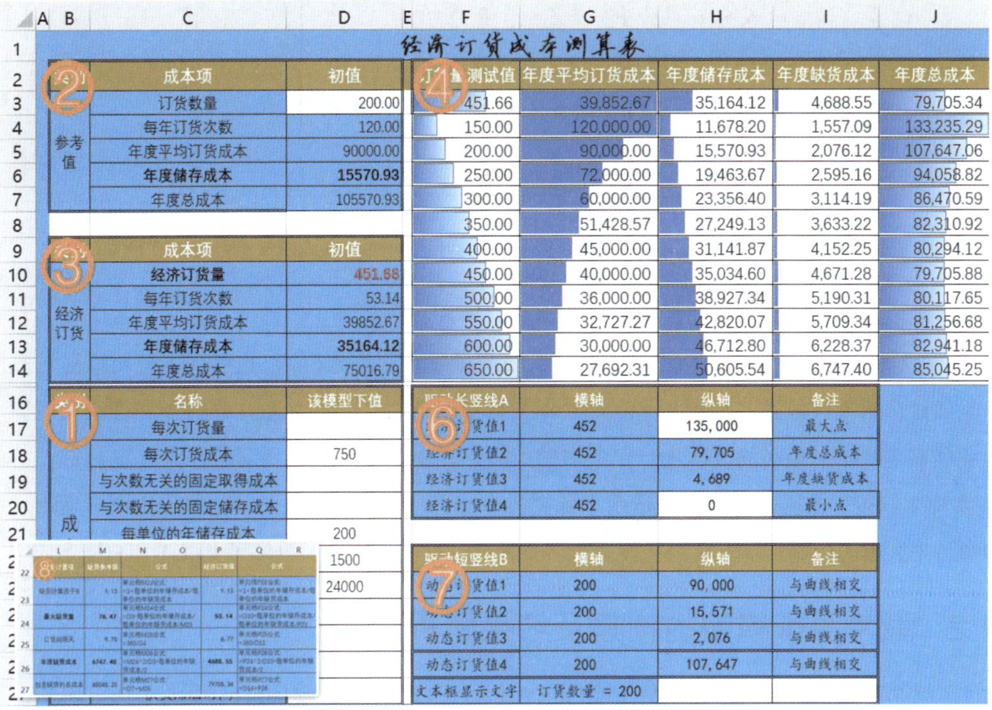

经济订货成本测算表

②	成本项	初值
参考值	订货数量	200.00
	每年订货次数	120.00
	年度平均订货成本	90000.00
	年度储存成本	15570.93
	年度总成本	105570.93

③	成本项	初值
经济订货	经济订货量	451.66
	每年订货次数	53.14
	年度平均订货成本	39852.67
	年度储存成本	35164.12
	年度总成本	75016.79

①	名称	该模型下值
成	每次订货量	
	每次订货成本	750
	与次数无关的固定取得成本	
	与次数无关的固定储存成本	
	每单位的年储存成本	200
	[illegible]	1500
	[illegible]	24000

④ 测试值	年度平均订货成本	年度储存成本	年度缺货成本	年度总成本
451.66	39,852.67	35,164.12	4,688.55	79,705.34
150.00	120,000.00	11,678.20	1,557.09	133,235.29
200.00	90,000.00	15,570.93	2,076.12	107,647.06
250.00	72,000.00	19,463.67	2,595.16	94,058.82
300.00	60,000.00	23,356.40	3,114.19	86,470.59
350.00	51,428.57	27,249.13	3,633.22	82,310.92
400.00	45,000.00	31,141.87	4,152.25	80,294.12
450.00	40,000.00	35,034.60	4,671.28	79,705.88
500.00	36,000.00	38,927.34	5,190.31	80,117.65
550.00	32,727.27	42,820.07	5,709.34	81,256.68
600.00	30,000.00	46,712.80	6,228.37	82,941.18
650.00	27,692.31	50,605.54	6,747.40	85,045.25

驱动长竖线A ⑥	横轴	纵轴	备注
经济订货值1	452	135,000	最大点
经济订货值2	452	79,705	年度总成本
经济订货值3	452	4,689	年度缺货成本
经济订货值4	452	0	最小点

驱动短竖线B ⑦	横轴	纵轴	备注
动态订货值1	200	90,000	与曲线相交
动态订货值2	200	15,571	与曲线相交
动态订货值3	200	2,076	与曲线相交
动态订货值4	200	107,647	与曲线相交
文本框显示文字	订货数量 = 200		

图 6-30 存货订货量与允许缺货的成本模型

- 订货量实时变化。单击图表中数值微调按钮，订货量在 150 ～ 650 之间变动时，年度平均订货成本从 120 000 元递减至 27 692.31 元，年度储存成本从 11 678.20 元递增至 50 605.54 元，年度平均缺货成本从 1 557.09 元递增至 6 747.40 元，年度总成本呈现先降后增的趋势，在订货量为 150 时达到最大值 133 235.29 元、在订货量为 452 时达到最低值 79 705.34 元。
- 经济订货模型再扩展。在根据“6.3.2”给出的数学公式，可以计算出提前订货量，至于如何转化为 Excel 公式，就交给小吴和小白去试试了。

将基础模型进行改造，这一小节计算求得了 HJ-07 型阀门的经济订货成本。“6.3.3”和“6.3.4”都是瞬时到货的情形。仿照这一小节的改造过程，补充“每日供货量”和“每日耗用量”资料就可以得到在陆续到货的前提下，不允许或者允许缺货的经济订货量和各项成本。

这一节讲解的允许缺货只是说允许在存货用尽时再补货，绝非容许在库存货的丢失或失踪，像 2018 年 1 月 30 日，皇台酒业（000995.SZ）、獐子岛（002069.SZ）发布公告，预计前者存货盘亏（酒没了）约折合 100 万瓶，后者存货盘亏 5 亿起这样的动作是要遭受到市场的普遍质疑的。

6.4 资产管理盈亏临界点分析模型

6.4.1 资产管理的量、本、利公式推导及其分析

资产管理中对某一产品的剖析，可以通过分析其产（销）量、成本和获利来进行，而这三者是密切相关的。当利润为 0 时，盈利与亏损取得平衡，也就是总收入和总成本相等时的情况，此时。根据常识和图 6-1 之⑥公式进行简单的推导可知：

销售收入 S = 单价 P * 产（销）量 Q
总 成 本 TC = 固定成本 TF + 变动成本 TV
变动成本 TV = 单位变动成本 Vc * 产（销）量 Q
据此，可以推得：

$$\text{盈亏平衡点销量 } Q = \frac{\text{固定成本 TF}}{(\text{单价 } P - \text{单位变动成本 Vc})}$$

在这个临界点上，产（销）量如低于此点，就会发生亏损；如高于此点，则能取得盈利。而当前下降多少就达到临界点的销量称为安全边际销售量。

与盈亏平衡紧密相关的概念是量本利分析（产量成本利润分析），也叫保本分析或盈亏平衡分析，是通过分析生产成本、销售利润和产（销）数量这三者之间的关系，掌握盈亏变化的规律，指导企业能够选择出以最小的成本生产出最多的产品，使企业获得最大利润的经营方案。

实际上，盈亏平衡分析不只是适用于各类资产的管理，对于企业的其他收支也同样适用，这是因为盈亏平衡点的计算只要求我们掌握三个自变量：单位收入计价、单位可变成本和总固定成本。

6.4.2 盈亏平衡模型的创建及结果解析

1. **问题的提出。**苏问集团零件 PJ2016-1A 售价、收入和成本的组合关系如图 6-8 所示，现有多种售价与销量组合，在不同的配对状态下，它们的盈亏平衡的临界点及其收入和成本值分别是什么情况呢？

2. **解决方案。**在 Excel 界面按下 Ctrl_N 新建一空白工作表，并 Ctrl_S 保存为“D:\files\chap6\盈亏平衡 .xlsx”。

- 粘贴单元格并保留列宽。打开文件“D:\files\chap6\零部件采购、产能利用与产品定价决策 .xlsx”，选中工作表“市场导向”的单元格区域“B1:G13”，按下 Ctrl_C 后返回工作簿“盈亏平衡”，依次按下 Ctrl_V、Ctrl、W，可保持原表的列宽。
- 添加盈亏平衡公式。将单元格 A1 修改为“苏问集团配件不同售价销量、成本盈亏分析”，单元格 G3 输入“平衡点”，选中单元格区域“G3:G13”，在编辑栏输入“=C4/(A4-D4)”后按下 Ctrl_Enter 自动完成该单元格区域所有公式，如图 6-31 所示。

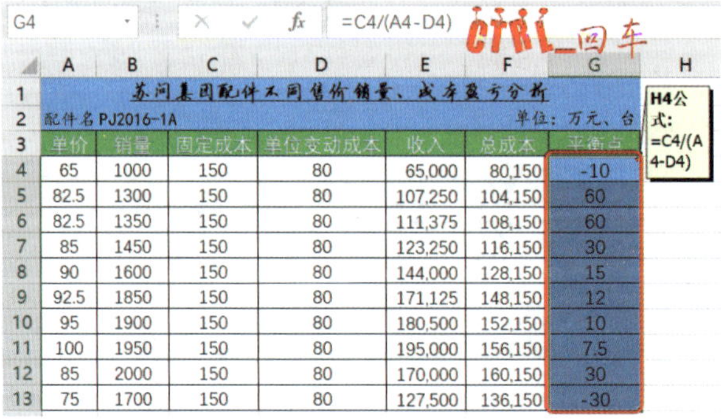

	A	B	C	D	E	F	G
1	苏问集团配件不同售价销量、成本盈亏分析						
2	配件名 PJ2016-1A					单位：万元、台	
3	单价	销量	固定成本	单位变动成本	收入	总成本	平衡点
4	65	1000	150	80	65,000	80,150	-10
5	82.5	1300	150	80	107,250	104,150	60
6	82.5	1350	150	80	111,375	108,150	60
7	85	1450	150	80	123,250	116,150	30
8	90	1600	150	80	144,000	128,150	15
9	92.5	1850	150	80	171,125	148,150	12
10	95	1900	150	80	180,500	152,150	10
11	100	1950	150	80	195,000	156,150	7.5
12	85	2000	150	80	170,000	160,150	30
13	75	1700	150	80	127,500	136,150	-30

图 6-31 盈亏平衡点计算表

- 盈亏平衡数值准备。将单元格 I3、J3、K3 和 J4、K4 输入图 6-32 之 1 的公式，在 I4、I5 输入 0、30，选中这两个单元格，鼠标移到右下角待光标变为黑十字时，下拉（图 6-32 之 2）至 13 行，按下 Ctrl_Shift_ →，单击 Excel“数据”选项卡“模拟分析”之“模拟运算表”，点入随后出现的对话框“输入引用列的单元格”中，选中单元格 B5（图 6-32 之 3），然后点击“确定”按钮完成单价 82.5 时的盈亏平衡数值准备。

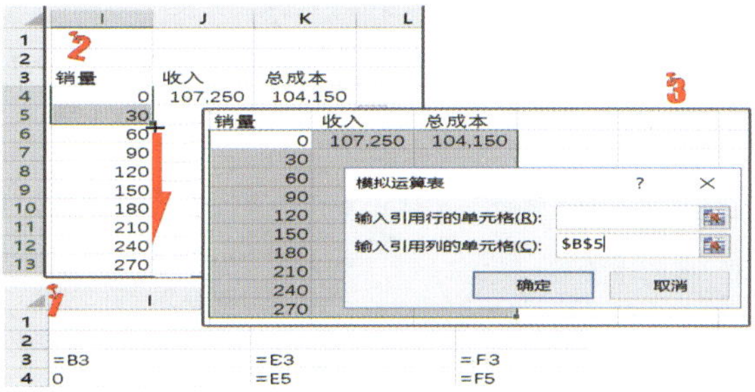

图 6-32　盈亏平衡模拟运算

● 插入盈亏平衡柱形图。对图 6-33 之 1-4 分述如下：

➢ 1：选中单元格区域“I5:K13”。

➢ 2：单击 Excel“插入”选项卡“图表”组内“插入柱状图或条形图”。

➢ 3：单击“簇状条形图”。

➢ 4：在工作表中自动出现待插入的柱形图。

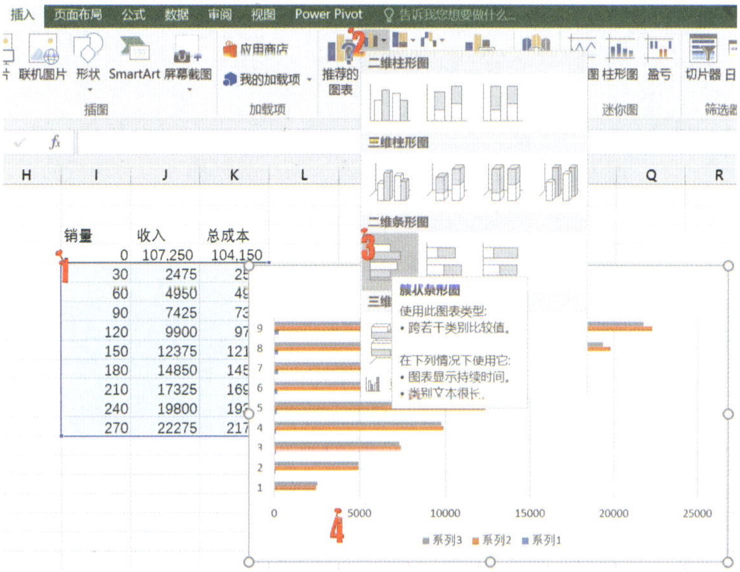

图 6-33　插入盈亏平衡柱形图

● 调整盈亏平衡关系图。在插入的柱图中右击，选择“选择数据源”弹出“选择数据源”对话框，对图 6-34 之 1-6 分述如下：

➢ 1：单击“编辑”按钮。

➢ 2：弹出“轴标签”对话框，在“轴标签区域”输入“I5:I13”，点击“确定”按钮，关闭对话框。

➢ 3：分别单击“系列 1”、“删除”，去掉“销量”的柱形，点击“确定”按钮，关闭“选择数据源”对话框。

➢ 4：单击“系列 2”、“编辑”，点入“编辑数据系列”对话框“系列名称”，单击单元格 J3，点击“确定”按钮，关闭该对话框。以同样的方法修改“系列 2”名称为单元格 K3。

➢ 5：单击柱形的横轴区域。

➢ 6：观察到单元格区域“I5:K13”，当销量为 60 时，收入和总成本相等，均为 4 950，因此，设置“坐标轴选项”，修改“主要”为 4 950。

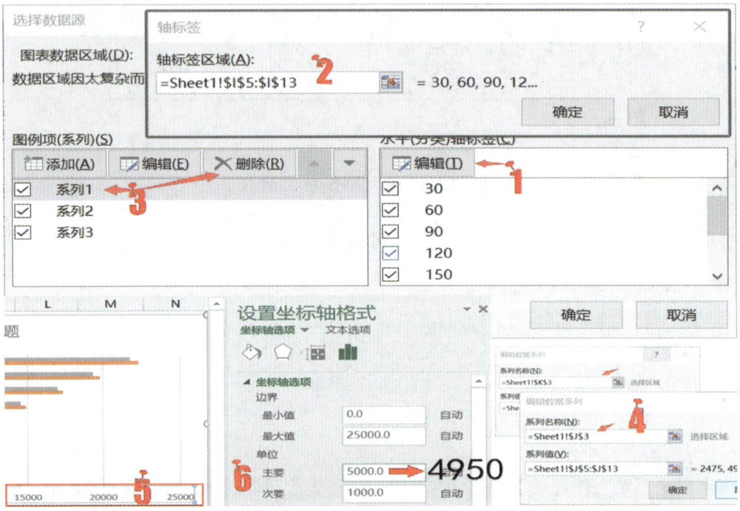

图 6-34　调整盈亏平衡柱形图

● 美化盈亏平衡关系图。根据自己的喜好，可以修改图表的标题并设置其格式、设置绘图区和图表区渐变填充、增加收入和总成本的趋势线、添加数据标签，整理后的图表如图 6-35 所示。

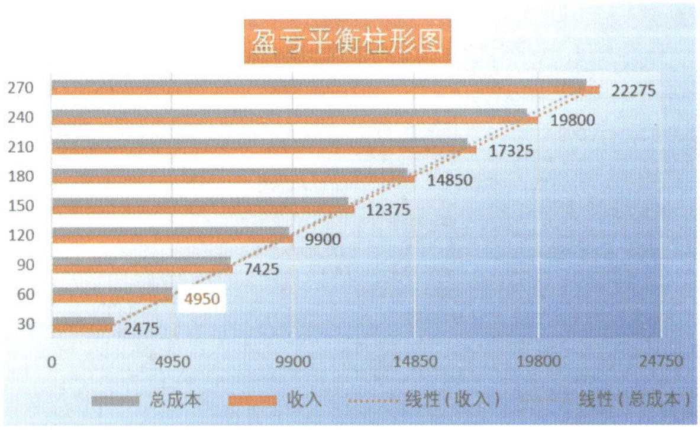

图 6-35　盈亏平衡柱形图最终效果

3. 盈亏平衡结果解析。苏问集团零件 PJ2016-1A 售价为 82.5，产销量为 60 时，收入和总成本达到平衡值 4 950，从图 6-35 可以看到：收入和总成本的柱形具有相同的长度，收入趋势线和总成本趋势线相交于 4 950 这一平衡点。

从图 6-31 中，剔除无经济意义的负值，对其他销售单价与销量的组合，也可以用相同的方法求出其盈亏平衡点，绘出其收支柱形。

07 用好家里的大件儿

CHAPTER

7.1 固定资产管理的基础信息准备

情景再现

这年头，谁家里没有几样大件儿——电视机、空调、小汽车…总得有一样吧。

企业也一样，“大件儿”是必不可少。所有权属于企业的、生产经营用的资产，要么价格高、要么用得久。

既然是“大件儿”，肯定要加强管理了。从进入企业、到平时的维护、到最终的退出，都是要全程介入的——无论是管理卡片、固定资产明细账、折旧报告，还是分期多折旧方式的动态实时计算。数据输入，内置函数、自定义函数，VBA 过程…多管齐下，共同打造一个实用的固定资产管理系统。

随着固定资产渐入报废期，是更新呢？还是再继续用呢？财总又是怎么考虑的呢？

7.1.1 在同一列防止重复输入固定资产类别、状态等

管理会计对于固定资产的建卡、建档是贯穿固定资产管理始终的一项工作，建立固定资产的基础信息表是建卡、建档的基础。在基础信息表中，可以记载固定资产的实物类别、变动方式、使用状态等公共资料，作为其他工作表的数据来源。比如实物类别包括电子设备、电器设备，在输入中要防止重复输入（避免直接选用 Excel 智能提示快速输入造成错误），就需要对实物类别、变动方式、使用状态这些公共资料在各自的数据 Excel 列进行设置，防止重复输入。

“来看一下我是如何操作的，大家也可以适当记录一下。”易总用电子激光笔照了一下白板，提醒大家。

首先，建立一个带有宏的 Excel 空白文件，保存为“D:\files\Chap7\固定资产管理模型.xlsm”，在其中添加一个“基础信息”工作表。为了避免重复信息的录入，按照以下方法来进行设置：

选中列标签 A（图 7-1 之 1），单击 Excel“数据”选项卡“数据工具”组内的“数据验证”（也称为“数据有效性”，图 7-1 之 2）项，在出现的“数据验证”对话框“设置”选项卡内的“允许”选择“自定义”，在“公式”中输入“=COUNTIF(A:A,A2)=1”，“忽略空值”保持勾选（图 7-1 之 3、4、5），单击“确定”按钮，关闭对话框。

对于“数据验证”对话框的其他选项卡的设定可以取默认值，也可以按照自己的需要设定：如图 7-2 设置“输入信息”后，选中 A 列任一单元格，就出现自己设定的文字提示；如图 7-3 设置“出错警告”后，在 A 输入违反“设置”选项卡内设定的规则（不重复）时，就会出现“重复了”的错误警告；如图 7-3 设置“输入法模式”后，选中 A 列任一单元格，输入就会关闭英文输入，自动切换为系统默认的输入法。

按照同样的方法设定 B 至 F 的防重复，如 C 列设定的防重复公式“=COUNTIF(C:C,E2)=1”。

设置了数据验证，并输入相应的基础信息后如图 7-4 所示。表中各列可以往下无限增加新的数据。

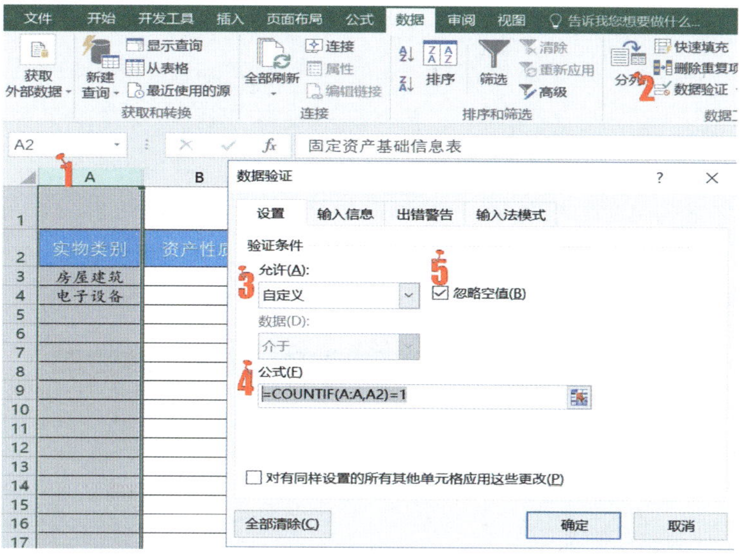

图 7-1　数据验证防止重复输入

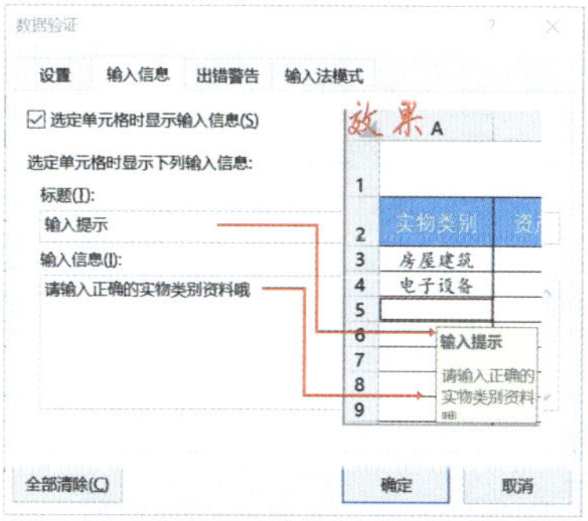

图 7-2　数据验证提示信息的设定

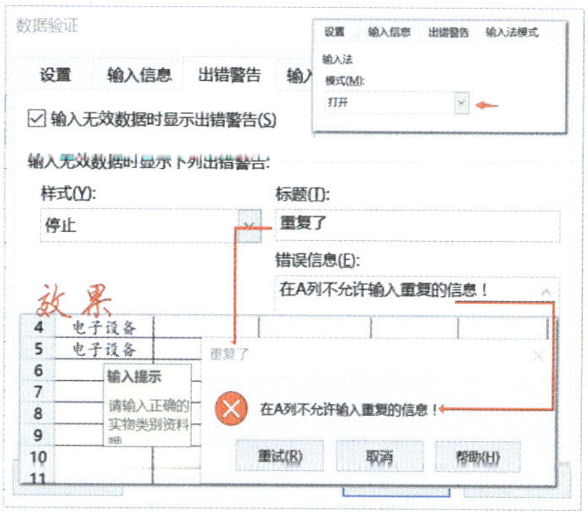

图 7-3　数据验证出错警告、输入法设定

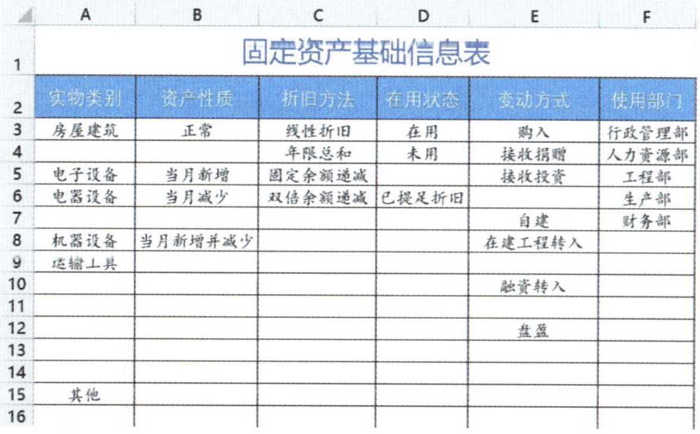

	A	B	C	D	E	F
1	固定资产基础信息表					
2	实物类别	资产性质	折旧方法	在用状态	变动方式	使用部门
3	房屋建筑	正常	线性折旧	在用	购入	行政管理部
4			年限总和	未用	接收捐赠	人力资源部
5	电子设备	当月新增	固定余额递减		接收投资	工程部
6	电器设备	当月减少	双倍余额递减	已提足折旧		生产部
7					自建	财务部
8	机器设备	当月新增并减少			在建工程转入	
9	运输工具					
10					融资转入	
11						
12					盘盈	
13						
14						
15	其他					
16						

图 7-4　固定资产基础信息表

CFO 点拨

1. 打开上述带有宏的 Excel 文件时，如出现安全警告，需要单击“启用内容”按钮。

2. 图 7-1 中公式“=COUNTIF(A:A,A2)=1”中的“A2”是针对整个 A 列而言的，这里用“A2”而非“A1”是因为单元格“A1”并非一个单独的单元格，它已被设置为合并单元格。设置好整列的有效性后，针对一个个的单个单元格，如 A7，可查看数据验证公式为“=COUNTIF(A:A,A7)=1”。

3. 因数据验证是按列整列设置的，对单元格区域“A1:F2”并不需要设置数据验证，清除方式是：选中单元格区域“A1:F2”，弹出“数据验证”对话框，单击对话框左下角“全部清除”、“确定”按钮即可。如出现“选定区域含有多种类型验证”警告，单击“确定”按钮。

7.1.2 数据校验中的“忽略空值”究竟是个什么鬼

在图7-1之5中，我们勾选了“忽略空值”，可以看到图7-4中我们可以保留了许多的空白单元格，看起来，“忽略空值”确实是生效了。

如图7-5之1至5，选中C列，弹出“数据验证”对话框，去掉“忽略空值”前的勾选，单击“确定”按钮，关闭“数据验证”对话框。在C列“双倍余额递减”文字下留下一个空格，隔行再输入非空的文字，如“no-empty”，即使有空格，在输入的过程中并没有出现任何错误警告。

清除掉“no-empty”，重复图7-5之1至5，勾选“忽略空值”，在输入的过程中仍然没有出现任何错误警告。看起来，“忽略空值”好像是生效了。

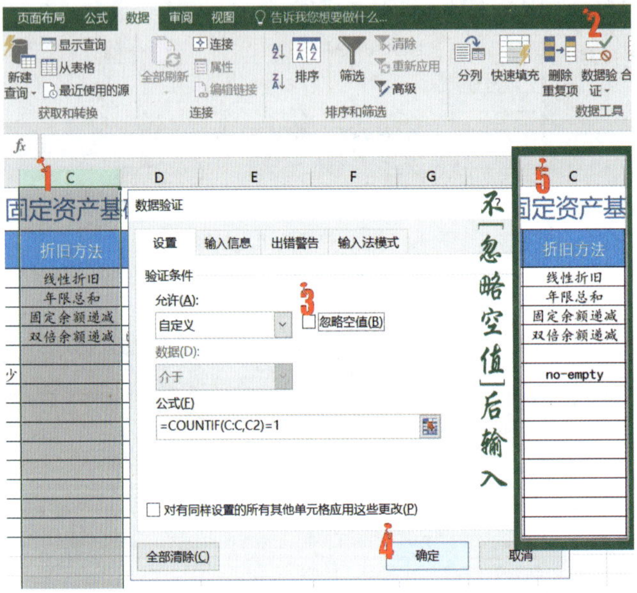

图7-5 数据验证的“忽略空值”检查

实际上，数据验证的“忽略空值”，并不能理解为是否允许保留空值，这项勾选与设置的公式紧密有关，其真实含义是：勾选代表着不检查设置了数据有效性检查的空值是否符合已设置的公式，不勾选意味着检查设置了数据有效性检查的空值是否符合已设置的公式。图7-5中不勾选“忽略空值”，Excel于是就检查了进入编辑状态的单元格对“是否有重复的空值”这一规则的遵循情况，由于没有违反规则，故无错误警告。至于勾选“忽略空值”代表着不检查，则更不会出现错误警告了。

> CFO点拨
> “忽略空值”这几个字改为“不检查空值是否符合已设置规则”是不是更好理解呢？

不勾选“忽略空值”时，双击进入C列任一单元格（或点入编辑栏），都将激活检查，并跳出有重复值的错误警告，这是因为C列确实已经存在诸多空白单元格。

Excel中单元格，有时我们明明看到的是“什么都没有”、空空如也，但实际上其中的内容迥异，图7-6中的单元格A2、A3和A5，表面上看都一样，但实际上内有乾坤、大不相同。用“=COUNTBLANK(A2:A5)”公式可统计出空单元格数目为2。

	A	B	C	D
1	值	对A列"值"的说明	检查"值"是否为空单元格	C列公式
2		什么也不输入	TRUE	单元格C2公式: =ISBLANK(A2)
3		一个空格	FALSE	单元格C2公式: =ISBLANK(A3)
4	FALSE	公式"=1=2"	FALSE	单元格C2公式: =ISBLANK(A4)
5		公式【=IF(1=2,"yes","")】结果为空值	FALSE	单元格C2公式: =ISBLANK(A5)

图 7-6　单元格中的“空”

7.2 用 VBA 代码确保固定资产数据输入的快而准

7.2.1　将动态数组赋值给数据校验中的公式

准备好基础信息后，我们增加一个工作表“档案与折旧”，为下一步的固定资产建立档案做准备。

为提高数据输入的效率、减少可能出现的差错，需要提供选择项来代替直接输入。这样的选项要能够随着数据来源的增减而更新，如果我们直接指定数据校验中的公式（图 3-17 之 1）等于某一列，则会在选项中出现大量的空白格（图 3-17 之 2），既易误选，又影响选择效率，也不美观。能否提供一种选择，既能随着基础信息的变化而变化，又能够克服上面的三个缺点（图 3-17 之 3），我们一起来看看：

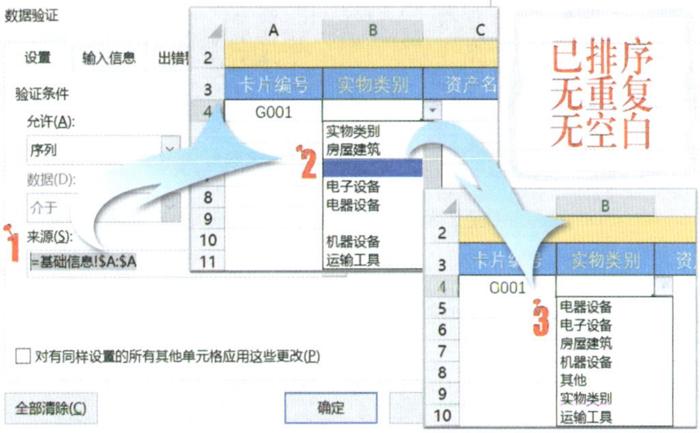

图 7-7　单元格提供选择录入

- 准备公用函数。在 Excel 文件打开界面按下 Alt_F11 进行 VBA 工程界面，插入一个新的模块，并在其中输入如图 7-8 所示的代码，以供不同的工作表加以调用，其中“addItemToTargetCol”为设置数据验证而录入，“SortArr”为数组排序而准备。对代码的含义已用深绿色注释加以解释。
- 准备调用函数。在 VBA 工程界面，双击左侧的“档案与折旧”（6-39 之 1），依次选中图 7-9 之 2 和 3，使得“Worksheet”和“Activate”被选中，在“Private Sub Worksheet_Activate()”的下一行输入“Call addItemToTargetCol("A", 3, Sheets(" 基础信息 ").Range("A" & Rows.Count).End(xlUp).Row, "B:B")”。此操作是为了在 Excel 中选中工作表标签“档

案与折旧”时自动调用模块中的函数“addItemToTargetCol”设置 B 列的数据验证，函数的参数的含义在图 7-9 中用线条和箭头加以示意、指引。同样，可以输入代码“Call addItemToTargetCol("E", 3, Sheets("基础信息").Range("E" & Rows.Count).End(xlUp).Row, "D:D")”设置“档案与折旧”D 列“变动方式”的有效性取自“基础数据”的 E3 往下的各单元格。

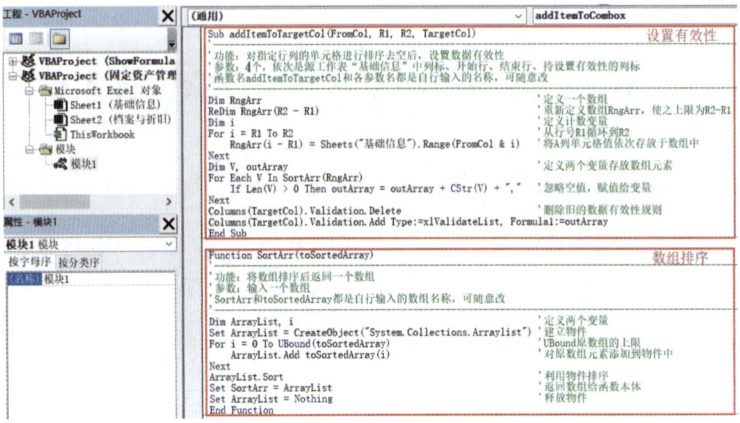

图 7-8　模块中的公用函数代码

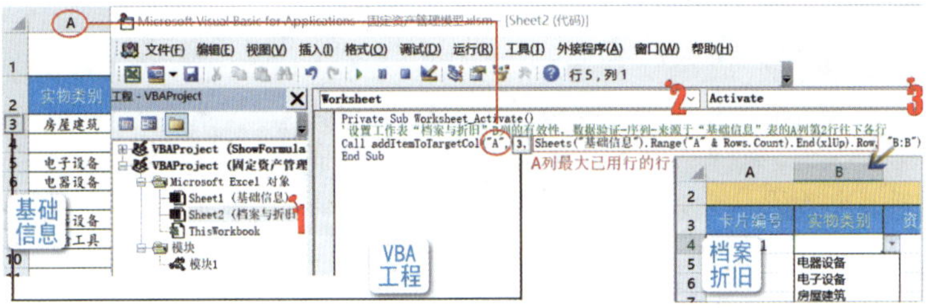

图 7-9　工作表激活时的代码

7.2.2　设定的 AciveX 组合框引用基础信息

除了使用“数据验证”可以自动引用基础信息中的数据外，还有没有其他途径来实现自动引用呢？“数据验证”提供了下拉三角形供选中，我们同样会想到也具有下拉三角形的组合框，一起来看看：

- 绘制 AciveX 组合框。单击工作表标签“档案与折旧”，单击 Excel“开发工具”选项卡“控件”组内“插入”项，选中其中的“组合框（AciveX 控件）”。待 Excel 表格区光标变成细十字形时，在表格内任意位置按下鼠标左键拖拉出一个矩形区域后松手，得到一个带有下拉三角形的组合框，记住它的名称“ComboBox1”，如图 7-10 左方框所示，用此法添加组合框“ComboBox2”。依组合框绘制的时间先后不同，名称可能有所不同。

在“Private Sub Worksheet_Activate()”之下输入“ComboBox1.BorderStyle = 1：ComboBox2.BorderStyle = 1”设置组合框边框样式、输入“ComboBox1.Style = 2: ComboBox2.Style = 2”用来禁止在组合框内输入数据（图 7-11 之 1）。

此时“控件”组内“设计模式”呈现灰色背景，表示是选中状态。

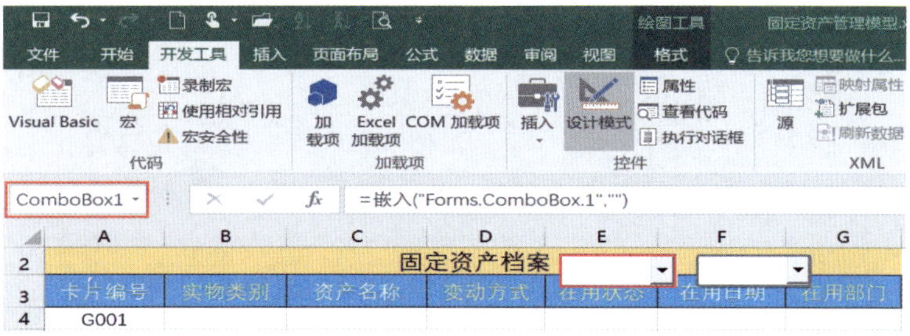

图 7-10　绘制两个 AciveX 组合框

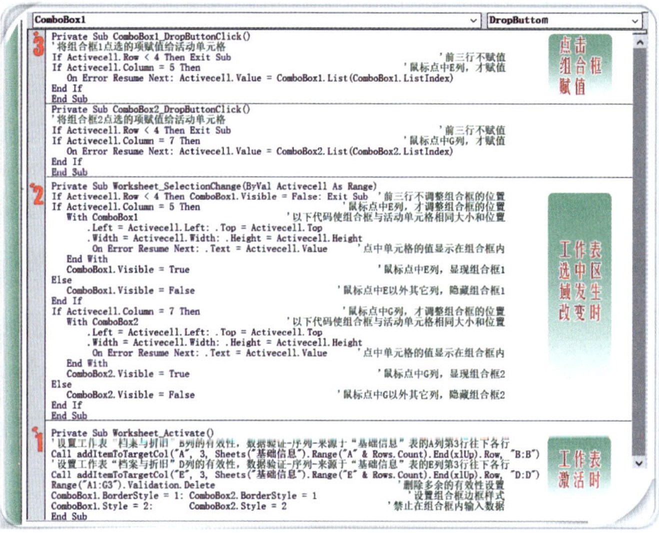

图 7-11　工作表“档案与折旧”部分代码

- 用代码设置组合框跟随单元格。在工作表“档案与折旧”中只用一个组合框来完成数据源的选中，要求选中不同单元格时，该组合框必须与单元格处于相同的位置。为实现这 目标，单击图 7-9 之 3 处，选择“SelectionChange”后，输入图 7-11 之 2 的代码，可让组合框跟随鼠标选中的单元格的位置。
- 用代码设置选中组合框的值赋予选中的单元格。单击图 7-9 之 2、3 处，分别选择“ComboBox1”、“DropButtonClick”后，输入图 7-11 之 3 的代码，可让组合框 1 的值赋予其所在位置的单元格。选择“ComboBox2”、“DropButtonClick”后，输入图 7-11 之 3 的代码，可将组合框 2 的值赋予其所在位置的单元格。
- 检验代码效果。依次单击图 7-10 中的“设计模式”、工作表“基础信息”标签、“档案与折旧”标签，鼠标逐一点入单元格 A4 至 G4，其中蓝底白字 A4、C4 和 F4 利用键盘直接输入，蓝底黄字 B4、D4、E4 和 G4 通过单击单元格右部的下拉三角形选择，操作过程如图 7-13 之 1 至 4 所示。输入完毕的效果如图 7-13 之 5 所示，数据验证和组合框的选项如图 7-13 之 6 所示。

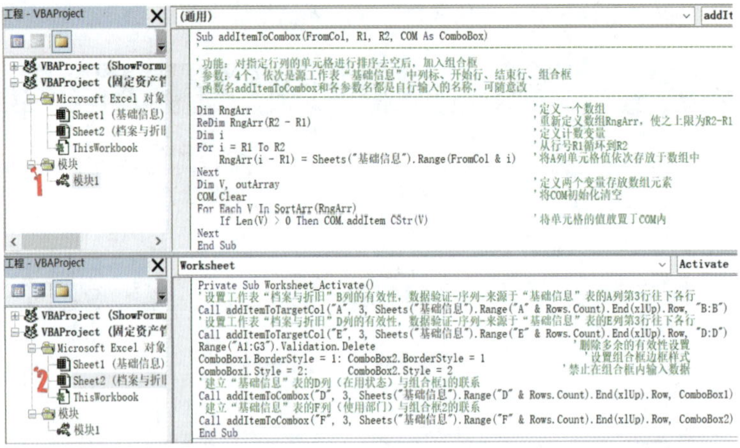

图 7-12　建立组合框与基础信息的联系

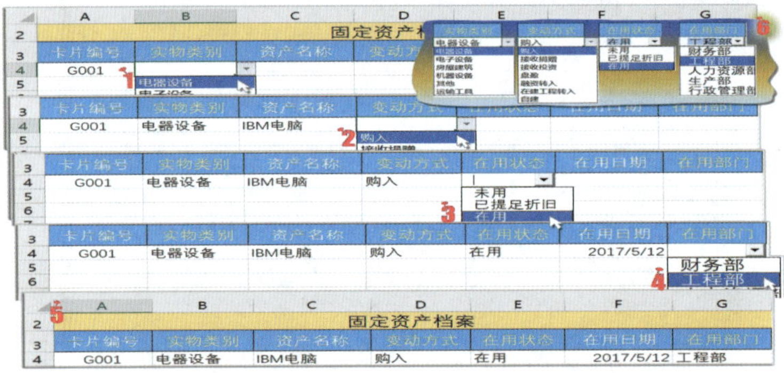

图 7-13　利用数据验证和组合框选中输入基础信息

7.3　Excel 内置的折旧函数与自定义累计折旧函数

7.3.1　折旧政策与 SLN、VDB、DDB 和 SYD 等折旧函数

1．折旧政策的相关概念

所谓折旧是指固定资产价值的逐期下降，转移进入到新产品中去的过程。为了使得在固定资产上的投入能够恰当分摊到它的使用周期内，会计上对固定资产折旧年限、折旧年限、净残值率、折旧方法等进行了规定。这样的规定就是折旧政策，每个企业集团可以从法律法规允许的折旧政策范围内选择适用于自己的内部折旧政策。

折旧政策中的几个主要概念含义是这样的：

折旧提取时间。固定资产，从投入使用月份的次月起计提折旧；停止使用的固定资产，应当从停止使用月份的次月起，停止计提折旧。如购入不需要安装的固定资产，从固定资产入账的下月开始提折旧；如购入需要安装的固定资产，从安装完毕投入使用的下月开始提取折旧。这里的关键是启用和停用的次月，而非当月。

残值、净残值、残值率。残值是固定资产的残余价值，固定资产在报废、清理过程中会有一部分材料可回收，如出售价值、残料价值和变价收入等，这是使用固定资产前就事先估计的。从残值收入中扣除报废、清理过程发生的各项费用称为净残值。残值收入占固定资产原始价值的比率称之为残值率。

原值与净值。固定资产取得时的价值，如购买价格、安装费用、运输费用、研发成本、接受捐赠的折算价格等称为固定资产原值，扣除预估的残值后的价值称为固定资产净值。

折旧方法。如何将固定资产净值分期平摊入各使用年内的方法称为折旧方法，分为平均法（各年折旧额度相同）和加速折旧法（使用期限的前期，折旧额度明显高于后期）两类，而平均法又分为平均年限法和工作量法，加速折旧法又分为双倍余额递减法和年数总和法。此外，还有一次扣除法（国务院 2014 年 9 月 24 日规定“所有行业企业持有的单位价值不超过 5000 元的固定资产，允许一次性计入当期成本费用在税前扣除”）。

税务折旧政策与会计折旧政策。国家根据不同时期的经济、税收需要对影响纳税利润的折旧进行强制调整，如国家经济政策扩张时偏向于采用加速折旧。税务折旧政策常常与会计准则规定的折旧政策存在较大的不同。管理会计在会计准则规范的会计核算的基础上，结合税务政策、现金流量等管理要素进行决策、分析，对固定资产的管理同样遵行这一原则。

与现金流的关系。折旧本身不会有现金流量流入，但由于它会对企业净利润产生影响，从而间接产生抵税效果：如折旧费用被低估，则净利润高估，税负加大，现金流支出加大；反之，如折旧被高估，则净利润低估，税负降低，现金流支出降低。

2. Excel 折旧（SLN、VDB、DDB 和 SYD）函数

平均年限法。又称直线法，适用于各期损耗较为平均，且各期取得收入的比例差不多的固定资产，此折旧是一种固定成本。在 Excel 中用 SLN 函数来计算，详见第“5.2.7”节。

工作量法。工作量法是直线法的补充和延伸。该方法适用于在工作时的损耗较为平均，在工作以外基本无法提供经济效益的固定资产，此折旧是一种固定成本。

双倍余额递减法。该方法适用于常年处于超强度损耗、各期取得的收入递减的固定资产。此折旧前期是一种变动成本，到最后两期变成一种固定成本。双倍余额递减函数 DDB 用于计算指定期间内某项固定资产的折旧值，函数形如：DDB(cost, salvage, life, period, [factor])。

> DDB 函数包括五个参数，前四个是必需的，最后一个是选填的。参数一 cost 是资产原值，参数二 salvage 是残值（可以是 0），参数三是折旧期（寿命期），参数四 period 是指定的时期（如第 3 个月），参数五 factor 指的是余额递减速率（如 1.5），默认为 2（双倍余额递减法）。DDB 并不转换为直线法。

与 DDB 相似，且功能扩展的函数有直线余额递减 VDB 函数，可用于计算一笔资产在给定期间（包括部分期间）内的折旧值，函数形如：VDB(cost, salvage, life, start_period, end_period, [factor], [no_switch])。

> VDB 函数包括七个参数，前五个是必需的，后两个是选填的。前三个参数与 DDB 函数前三个参数含义相同，参数四 start_period 是计算折旧的起始时期，参数五 start_period 是计算折旧的终止时期。参数六 factor 指的是余额递减速率，默认为 2（双倍余额递减法），参数七 no_switch 为 TRUE 时表明即使折旧值大于余额递减计算值，也不转用直线折旧法。

DDB 函数要求全部参数必须是正数，VDB 函数前六个参数必须是正数，寿命期、折旧起止期、指定时期的单位必须统一（如同时是年，同时是月）。

> 注意以下三种写法是等效的，都可以求得第 n 期的折旧值：
> ```
> = VDB(cost,salvage,life,0,n,2,false) - VDB(cost,salvage,life,0,n-1,2,True)
> = DDB(cost, salvage, life,n,2)
> = DDB(cost, salvage, life,n)
> ```

此外，还有一个固定余额递减函数 DB，计算一笔资产在给定期间内的折旧值，函数形如：DB(cost, salvage, life, period, [month])。

> DB 函数包括五个参数，前四个是必需的，且与 DDB 函数前四个参数含义相同，最后一个是选填的。参数五 month 是指头一年应该折旧的月数，默认为 12 个月。

年数总和法。该方法适用于常年处于强震动、高腐蚀状态的，或所在行业技术进步、产品更新换代较快的固定资产。此折旧的金额是一种变动成本。年数总和法函数 SYD 用于计算指定期间内资产按年限总和折旧法计算的折旧，函数形如：SYD(cost, salvage, life, per)。

> SYD 函数包括四个参数。参数一 cost 是资产原值，参数二 salvage 是残值（可以是 0），参数三是折旧期（寿命期），参数四 period 是指定的时期（如第 3 个月）。

SYD 函数全部参数必须是正数，寿命期、指定时期的单位必须统一（如同时是年，同时是月）。

一次扣除法。该方法适用于 5000 元以下的低值固定资产，是一种半变动成本。

3. 建立内部折旧政策表格

苏问集团在国家许可的政策范围内，结合企业实际，建立了自己的内部折旧政策。在 Excel 文件“D:\files\Chap7\ 固定资产管理模型 .xlsm”中新建工作表“折旧政策”，将企业选取的折旧年限等资料录入如图 7-14 之 1，按 Alt_F11 组合键进入 VBA 工程，双击左侧“折旧政策”(图 7-14 之 2）进入工作表代码窗口，仿照图 7-9 输入以下代码（图 7-14 之 3）设置工作表“折旧政策”A、B 列的有效性：

```
    Private Sub Worksheet_Activate()
    '设置工作表“折旧政策”A 列的有效性，数据验证 - 序列 - 来源于“基础信息”表的 A 列第 3 行往下各行
    Call addItemToTargetCol("A", 3, Sheets("基础信息").Range("A" & Rows.Count).End(xlUp).Row, "A:A")
    '设置工作表“折旧政策”B 列的有效性，数据验证 - 序列 - 来源于“基础信息”表的 C 列第 3 行往下各行
    Call addItemToTargetCol("C", 3, Sheets("基础信息").Range("C" & Rows.Count).End(xlUp).Row, "B:B")
    Range("A1:D2").Validation.Delete                '删除多余的有效性设置
    End Sub
```

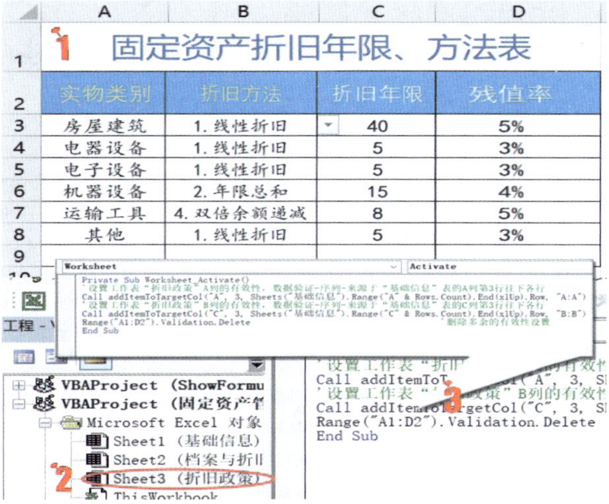

图 7-14　企业内部折旧政策

为后续计算折旧方便，可将“基础信息”工作表中的折旧方法各行文字前加上序号（如“线性折旧”修改为“1. 线性折旧”），这是因为该工作表从第 3 行起可以不连续输入，而且是随时可以修改的。

7.3.2　固定资产折旧的明细建档与累计折旧的 depSYD 和 depDB 函数

有了上面的知识准备，我们现在就可以来建立固定资产折旧的明细了。

- 扩展“档案与折旧”工作表。在单元格区域“H3:R3”录入表头如图 7-15 的下半部分所示，其中 H 列和 I 列是手工输入的，J 列至 R 列是有公式的，下面是对第 4 行公式的说明：
  - “折旧方法”J4、“寿命年”K4、“残值率”L4 公式：分别为“=INDEX(折旧政策 !$A:$D, MATCH($B4, 折旧政策 !$A:$A,0),2)”、“=INDEX(折旧政策 !$A:$D,MATCH($B4, 折旧政策 !$A:$A,0),3)”和“=INDEX(折旧政策 !$A:$D,MATCH($B4, 折旧政策 !$A:$A,0),4)”，从工作表“折旧政策”中根据“实物类别”自动取值。
  - “折旧月次”M4 公式：“=MONTH(I4)-MONTH(F4)+12 *IF(YEAR(I4)=YEAR(F4),0,YEAR(I4)- YEAR(F4))”，求得“计算日期”当月是该固定资产的第几个折旧提取月份。

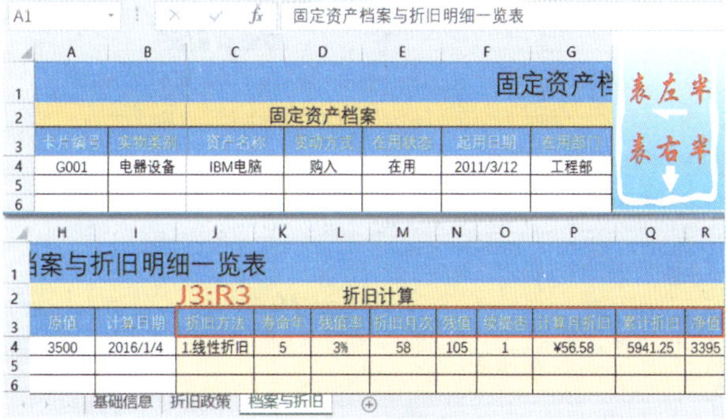

图 7-15　固定资产折旧明细表

- “残值”N4 公式：“=H4*L4”，“原值”乘以“残值率”。
- “续提否”O4 公式：“=IF(OR(M4>K4*12, M4<=0),0,1)”，是否继续提取折旧，如果“计算日期”不在该固定资产的寿命期内（例如已提足折旧），返回 0，反之，返回 1。
- “计算月折旧”P4 公式：“=IF(O4=0,0,CHOOSE(LEFT(J4,1),SLN (H4,N4,K4*12), depSYD (H4,N4,K4,M4,FALSE), depDB(H4,N4,K4,F4,M4,FALSE),VDB (H4,N4,K4*12,0,M4,2,FALSE)-IF(M4>1,VDB(H4,N4,K4*12,0,M4-1,2,FALSE),0)))”，求得“计算日期”所在月份应当计提的折旧金额。公式首先对“折旧方法”的首数字进行判断，根据序号调用不同的折旧计算函数，当“折旧方法”的首数字依次为 1、2、3、4 时，分别调用了 SLN、depSYD、depDB、VDB 函数。由于 CHOOSE 函数是可扩展的，如果今后在工作表“基础信息”中增加新的“折旧方法”，也可将此公式进行扩展。

公式中的函数 depSYD、depDB 是仿照“5.3.4”构造自定义函数（图 7-16）插入到任意模块中，用于计算年数总和法、固定余额递减法的累计折旧或者当月折旧，代码含义参见深绿色注释。为简化，函数未添加帮助信息。

- “累计折旧”Q4 公式：“=IF(O4=0, H4-N4 ,CHOOSE(LEFT(J4,1),M4*P4,depSYD(H4,N4,K4,M4,TRUE),depDB(H4,N4,K4,F4,M4,TRUE),VDB(H4,N4,K4*12,0,M4,2,FALSE)))”，与“计算月折旧”公式类似，区分不同“折旧方法”求得截至“计算日期”当月一共提取了多少折旧。
- “净值”R4 公式：“=H4-Q4”，用“原值”减去“累计折旧”后的余值。

```
Function depSYD(cost, salvage, life, period, istotal As Boolean)
'------------------------------------------------------------------
'功能：自定义函数，计算【年数总和法】的累计折旧或者当月折旧
'参数：5个，依次是固定资产原值、残值、使用寿命、折旧月次、是否是累计折旧（TRUE-截止当月的累计折旧，FALSE-当月应提折旧）
'函数名depSYD和各参数名都是自行输入的名称，可随意改
'------------------------------------------------------------------
Dim i, total                                              '定义计数器、累计折旧值
If istotal = True Then
   For i = 1 To period                                    '逐期累计折旧
      total = total + (cost - salvage) * (Int((life * 12 - i) / 12) + 1) / (life * (life + 1) / 2) / 12
   Next
Else
   total = (cost - salvage) * (Int((life * 12 - period) / 12) + 1) / (life * (life + 1) / 2) / 12
End If
depSYD = total                                            '将计算结果返回给函数体
End Function
Function depDB(cost, salvage, life, start_period As Date, period, istotal As Boolean)
'------------------------------------------------------------------
'功能：自定义函数，计算【固定余额递减法】的累计折旧或者当月折旧
'参数：6个，依次是固定资产原值、残值、使用寿命、起用日期、折旧月次、是否是累计折旧（TRUE-截止当月的累计折旧，FALSE-当月应提折旧）
'函数名depSYD和各参数名都是自行输入的名称，可随意改
'------------------------------------------------------------------
Dim i, total                                              '定义计数器、累计折旧值
Dim end_period As Date
If istotal = True Then
   For i = 1 To period                                    '逐期累计折旧
      end_period = DateAdd("m", i, start_period)          '得到计算期的当期日期
      total = total + _
         WorksheetFunction.Db(cost, salvage, life, Year(end_period) - Year(start_period) + 1, 12 - Month(start_period)) / _
         IIf(Year(end_period) = Year(start_period), 12 - Month(start_period), _
         IIf(Year(end_period) = Year(start_period) + life, Month(start_period), 12))
   Next
Else
   end_period = DateAdd("m", period, start_period)        '得到计算期的当期日期
   total = WorksheetFunction.Db(cost, salvage, life, Year(end_period) - Year(start_period) + 1, 12 - Month(start_period)) / _
         IIf(Year(end_period) = Year(start_period), 12 - Month(start_period), _
         IIf(Year(end_period) = Year(start_period) + life, Month(start_period), 12))
End If
depDB = total                                             '将计算结果返回给函数体
End Function
```

图 7-16　自定义累计折旧计算函数 depSYD 和 depDB

CFO 点拨

输入当天的日期，可以按下 Ctrl+;（分号）

CFO 点拨

这里的函数 depSYD 和 depDB 只可用于“D:\files\Chap7\固定资产管理模型.xlsm”，如需要在其他文件中通用，可仿照“5.3.7”将函数所在的模块单独保存于一个加载宏（.xlam）文件中。

- 增删、修改明细数据。在单元格 A5 至 I5 输入或者点击有效性（组合框）设置的下三角选择固定资产的相关数据后，将第 4 行公式整体下拉完成本行公式，就可以得到第 5 行的折旧数据。如果要修改，直接在 A5 至 I5 修改即可；如果要删除，单击要删除行的行标签，右键删除即可。

7.4 固定资产自动化管理系统的构建

7.4.1 自动创建固定资产管理卡与多折旧方法逐期比对表

为了强化固定资产的实物管理折旧，企业建立登记固定资产各种资料的卡片，记录固定资产从进入企业开始到退出企业的整个生命周期所发生的全部情况。一般情况下，固定资产卡片上的栏目包括：类别、编号、名称、规格、型号、建造单位、年月、投产日期、原始价值、预计使用年限、折旧率、存放地点、使用单位、大修理日期和金额，以及停用、出售、转移、报废清理等内容。

折旧是对利润产生影响的一个重要因素，它对固定资产的更新决策产生重大影响。为此，可制作不同折旧方式下固定资产的折旧对比表，以备准确做出决策。如果能够在一张工作表上列明某项固定资产的整个寿命期间各期、不同折旧方式下的折旧金额，那就更妙了。

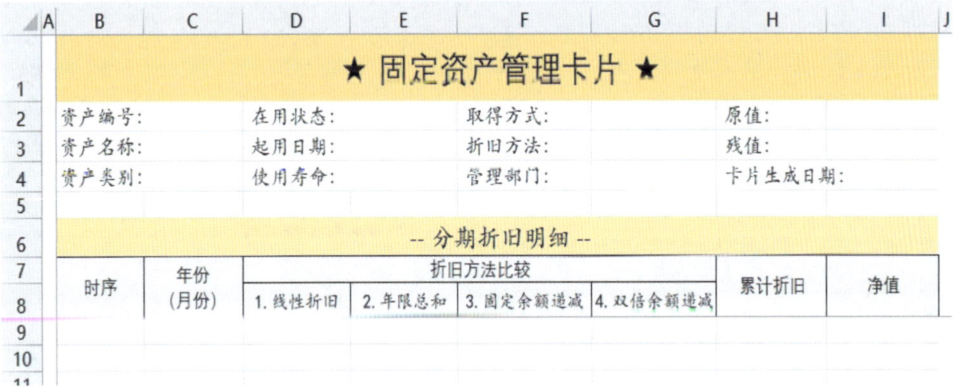

图 7-17 空白固定资产管理卡与分期折旧表

参照以下方法，一起来实现自动化制作固定资产管理卡片和分期、多折旧方式比对表：

- 新增管理卡片。在文件“D:\files\Chap7\ 固定资产管理模型 .xlsm”中新增工作表“卡片与分期”，在其中设计如图 7-17 所示的表格，设置 D9、E9、F9 和 G9 四单元格条件格式为自己喜欢的格式。此表数据来源于工作表“档案与折旧”（可根据实际在其中增删列），二者的对应关系如图 7-18 所示。
  - 创建生成卡片的自定义过程。为实现固定资产管理卡的自动化动态生成，创建自定义过程 makeCard（图 7-17），其中的代码取数关系应遵从图 7-18 对应关系，如工作表“档案与折旧”有关列发生变动，应对代码作相应的修改。

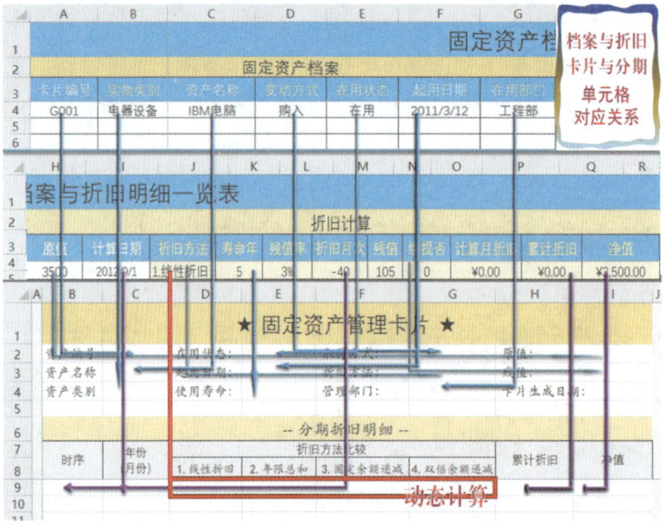

图 7-18　工作表“卡片与分期”与“档案与折旧”单元格对应关系

➢ 插入命令按钮。单击 Excel“开发工具”选项卡“控件”组内“插入”选项，点击其中的“命令按钮（AciveX 控件）”。待 Excel 表格区光标变成细十字形时，在工作表“档案与折旧”内任意位置按下鼠标左键拖拉出一个矩形区域后松手，得到一个命令按钮，双击它，加入以下代码：

```
Private Sub CommandButton1_Click()
    Call makeCard      '将当前行所在的固定资产生成卡片
End Sub
```

> CFO 点拨
>
> 用 VBA 代码直接指定工作表中的单元格，如果行列已固定，一般不要变动工作表相关项目所在单元格的位置，如实在无法避免需要移位，则应修改代码对这些单元格的指定。

```
Sub makeCard()
'---------------------------------------------------------------------------
'功能：工作表“档案与折旧”中当前行的固定资产明细生成管理卡和折旧比对表
'参数：无
'为便于阅读，工作表“卡片与分期”中单元格用Range，工作表“档案与折旧”中单元格用Cells表示
'---------------------------------------------------------------------------
Dim R: R = Activecell.Row
If IsNumeric(Cells(R, 8)) = False Or Len(Cells(R, 8)) = 0 Then        '对无数据的行进行提示，并退出过程
   MsgBox "请先点中有档案的明细的行，然后再生成卡片！", , "当前行：" & R: Exit Sub
End If
Application.ScreenUpdating = False                                   '暂不更新屏幕显示，加快运行速度
With Sheets("卡片与分期")
    .Range("C2:C4,E2:E4,G2:G4,I2:I4,B9:I" &.Rows.Count).ClearContents    '清空待写入数据的单元格区域
    .Range("C2") = Cells(R, 1)                                       '写入资产编号
    .Range("C3") = Cells(R, 3)                                       '写入资产名称
    .Range("C4") = Cells(R, 2)                                       '写入资产类别
    .Range("E2") = Cells(R, 5)                                       '写入在用状态
    .Range("E3") = Cells(R, 6)                                       '写入起用日期
    .Range("E4") = Cells(R, 11)                                      '写入使用寿命
    .Range("G2") = Cells(R, 4)                                       '写入取得方式
    .Range("G3") = Cells(R, 10)                                      '写入折旧方式
    .Range("G4") = Cells(R, 7)                                       '写入管理部门
    .Range("I2") = Cells(R, 8)                                       '写入原值
    .Range("I3") = Cells(R, 14)                                      '写入残值
    .Range("I4") = Date                                              '写入卡片生成日期
     Dim i, ii, j                                                    '定义折旧方式循环计数器、折旧方式代码、期数计数器
     ii = Left(Cells(R, 10), 1)                                      '折旧方式代码取自Cells(R, 10)左首第一个数字
     Dim oldFormula1: oldFormula1 = Cells(R, 9)                      '将“档案与折旧”中“折旧日期”的公式暂存起来
     Dim oldFormula2: oldFormula2 = Cells(R, 10).FormulaArray        '将“档案与折旧”中“折旧方法”的公式暂存起来
     Dim oldFormula3: oldFormula3 = Cells(R, 13).FormulaArray        '将“档案与折旧”中“折旧月次”的公式暂存起来
     For i = 1 To 4                                                  '4种折旧方式，如增加，则修改此数
         Range("J" & R) = i                                          '依次循环“卡片与分期”中不同的折旧方式
         For j = 1 To Cells(R, 11) * 12                              '按年或月逐一计算，乘以12得到总月数
             Cells(R, 13) = j                                        '给工作表“档案与折旧”的“折旧月次”临时赋值
            .Range("B" & 9 + j - 1) = "第" & j & "月"                 '从工作表“卡片与分期”第9行开始
             Dim DT: DT = DateAdd("m", j, .Range("E3"))              'DateAdd函数取得“起用日期”后第j个月的日期
             Cells(R, 9) = Year(DT) & "/" & Month(DT) & "/1"         '新日期的“年月”与“1日”拼成分期的日期
            .Range("C" & 9 + j - 1) = Cells(R, 9)
            .Range(Choose(i, "D", "E", "F", "G") & 9 + j - 1) = Cells(R, 16) '4种“折旧方法”依次存放于D、E、F、G列
             If CStr(i) = CStr(ii) Then .Range("H" & 9 + j - 1) = Cells(R, 17): .Range("I" & 9 + j - 1) = Cells(R, 18)
                                                                     '得到当前折旧方式下的“累计折旧”和“净值”
         Next j                                                      '结束按年或月循环
     Next i                                                          '结束按年或月循环
    .Rows("9:9").Copy: .Rows("9 :" & 9 + j - 2).PasteSpecial Paste:=-4122  '第9行以下套用第9行的格式
     Application.CutCopyMode = False                                 '取消剪切或复制模式
     Cells(R, 9) = oldFormula1: Cells(R, 10).Formula = oldFormula2: Cells(R, 13).Formula = oldFormula3 '将暂存的公式放回原处
    .Select: .Range("I" & 9 + j - 2).Select                          '激活工作表“卡片与分期”，并定位到最后一行一列
End With
Application.ScreenUpdating = False                                   '恢复屏幕更新显示
End Sub
```

图 7-19　自定义过程 makeCard

单击“控件”组内“属性”选项（图 7-20 之 1），弹出“属性”对话框，修改其中的“Caption”为“MAKE”（图 7-20 之 2），拖动命令按钮四周的 8 个定位小圆点（图 7-20 之 3）可改变命令按钮尺寸，移动鼠标拖移其位置。单击图 7-20 之 4“设计模式”令其灰色背景消失。

- 自动生成固定资产管理卡与分期折旧表。鼠标点击入工作表“档案与折旧”第 4 行任一单元格，单击“MAKE”按钮，稍候即可完成第 4 行所在固定资产的资产管理卡与分期折旧表的制作（图 7-21）。

从图 7-21 可以直观看出，在不同折旧方式下，整个寿命期间内，固定资产折旧和累计折旧、固定资产净值的递增和递减的走势。

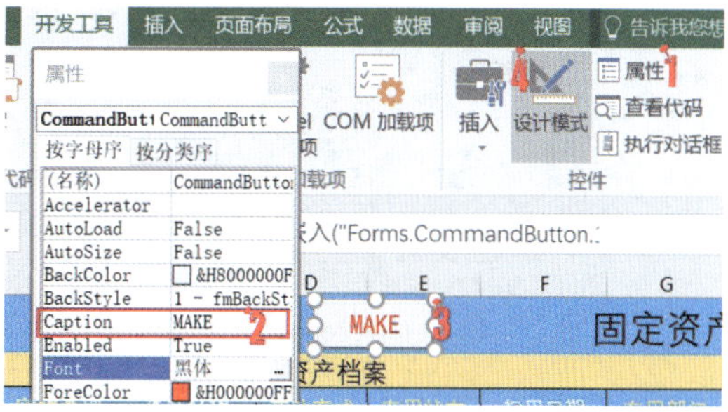

图 7-20 修改命令按钮尺寸、名称

★ 固定资产管理卡片 ★

资产编号：	G001	在用状态：	在用	取得方式：	购入	原值：	3,500.0000
资产名称：	IBM电脑	起用日期：	2012/1/4	折旧方法：	1.线性折旧	残值：	105.0000
资产类别：	电子设备	使用寿命：	5	管理部门：	工程部	卡片生成日其	2017/10/11

-- 分期折旧明细 --

时序	年份（月份）	折旧方法比较				累计折旧	净值
		1. 线性折旧	2. 年限总和	3. 固定余额递减	4. 双倍余额递减		
第1月	2012/2/1	56.5833	94.3056	147.0000	116.6667	56.5833	3,443.4167
第2月	2012/3/1	56.5833	94.3056	147.0000	112.7778	113.1667	3,386.8333
第3月	2012/4/1	56.5833	94.3056	147.0000	109.0185	169.7500	3,330.2500
第4月	2012/5/1	56.5833	94.3056	147.0000	105.3846	226.3333	3,273.6667
第5月	2012/6/1	56.5833	94.3056	147.0000	101.8717	282.9167	3,217.0833
第6月	2012/7/1	56.5833	94.3056	147.0000	98.4760	339.5000	3,160.5000
第7月	2012/8/1	56.5833	94.3056	147.0000	95.1935	396.0833	3,103.9167
第8月	2012/9/1	56.5833	94.3056	147.0000	92.0204	452.6667	3,047.3333
第9月	2012/10/1	56.5833	94.3056	147.0000	88.9530	509.2500	2,990.7500
第10月	2012/11/1	56.5833	94.3056	147.0000	85.9879	565.8333	2,934.1667
第11月	2012/12/1	56.5833	94.3056	147.0000	83.1217	622.4167	2,877.5833
第12月	2013/1/1	56.5833	94.3056	79.0860	80.3509	679.0000	2,821.0000

图 7-21 自动生成的固定资产管理卡与分期折旧表

7.4.2 自动生成固定资产折旧与累计折旧汇总报表

要在现有数据的基础上自动生成固定资产折旧汇总报表，只需要在工作表“折旧政策”设计图 7-22 所示固定资产折旧汇总报表，并在单元格 E3、F3、G3、H3、I3 中分别添加如下公式：“=A3”、“=SUMIF(档案与折旧 !$B.$B, 折旧政策 !$A3, 档案与折旧 !H:H)”、“=SUMIF(档案与折旧 !$B:$B, 折旧政策 !$A3, 档案与折旧 !P:P)”、“=SUMIF(档案与折旧 !$B:$B, 折旧政策 !$A3, 档案与折旧 !Q:Q)”、“=SUMIF(档案与折旧 !$B:$B, 折旧政策 !$A3, 档案与折旧 !R:R)”。

	E	F	G	H	I
1	固定资产折旧报表				
2	实物类别	原值	本月折旧	累计折旧	净值
3	房屋建筑	0.00	0.00	0.00	0.00
4	电器设备	0.00	0.00	0.00	0.00
5	电子设备	3500.00	56.58	2829.17	670.83
6	机器设备	0.00	0.00	0.00	0.00
7	运输工具	0.00	0.00	0.00	0.00
8	其他	0.00	0.00	0.00	0.00

图 7-22 自动生成固定资产折旧汇总报表

将单元格区域“E3:I3”公式可向下任意拖曳，完成所有类别的固定资产的折旧报表。工作表“基础信息”、“档案与折旧”中可随时增删新的固定资产数据，管理卡片、分期多折旧方式比对、资产折旧报表即可随时生成。

至此，包含了卡片、档案、资产明细、折旧报表的固定资产管理系统已经建成，文件及 VBA 工程概况如图 7-23 所示。

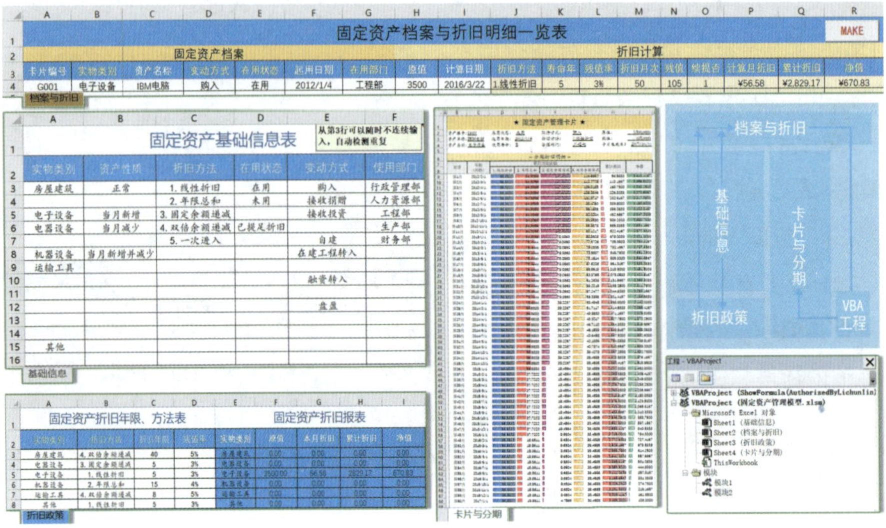

图 7-23　固定资产管理系统概略图

此处视频讲解更精彩，
扫描右侧的二维码，
即可观看和下载

7.4.3　利用隔行汇总、公式转数值和快速空行整理折旧明细

苏问集团现有东风天路卡车一台，购于 2011 年 8 月 11 日，原价 22 万元，按照公司折旧政策，运输工具寿命期 8 年，采用双倍余额递减法提取折旧。2017 年 8 月拟新购一台解放 J6M 卡车新车替换旧车，投资 25 万元。

固定资产的更新投资，必须考虑折旧的影响，取得折旧数据是第一步。我们在“7.4.1”已经可以利用固定资产明细来生成整体寿命期的折旧了，下面我们就对新旧两台设备的 8 年的折旧数据进行整理：

- 隔行汇总。在工作表“档案与折旧”单元格区域“A5:I6”录入两台卡车的数据，点入第 5 行任意一单元格内，如图 7-24，对此图中 1-6 说明如下：
  - 1：单击和选择折旧方法，“计算日期”可按“Ctrl_;”输入当天日期。
  - 2：单击“MAKE”按钮生成分期折旧。
  - 3：此时 VBA 代码已经自动跳转到工作表“卡片与分期”的最后一个单元格，依次按下快捷键“Ctrl_Shift_ ←”、“Ctrl_Shift_ ↑ ”、“Ctrl _C”、“Ctrl _N”、“Ctrl _V”，其作用是选中分期折旧明细、复制、新建工作簿、粘贴。
  - 4：选中列标签 G 按下 DEL 键，清空 G 列数据，这是因为“双倍余额递减法”折旧明细在其左列 (F 列)，我们腾出空间用于下一步输入汇总公式。
  - 5：因为要在 8 年 96 行明细中每隔 11 行（每 12 行，一年）进行一次汇总，我们在单元格 G12 中输入公式“=SUM(F1: F12)”单击公式编辑栏前的“ √ ”号，或者输入公式后回车完成公式。

➢ 6：按下“Ctrl_Shift_ ↑”或用鼠标直接选中单元格区域“G1:G12”，移动鼠标至该区域右下角，待光标变为黑十字时，双击，公式自动往下填充完成每 12 行一汇总。

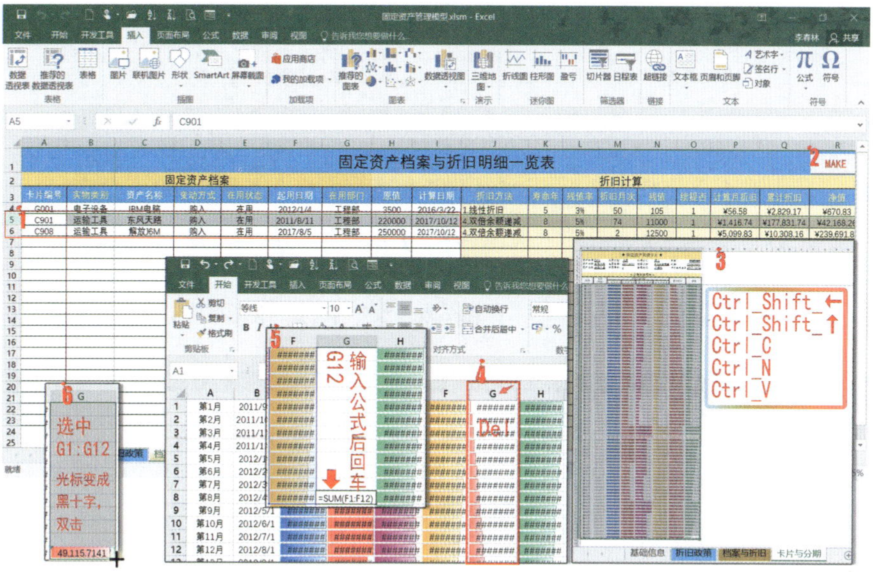

图 7-24 快速选定数据并隔行汇总

● 快速将公式转化为数值。单元格区域“G1:G96”被自动选中，依次按下快捷键“Ctrl _C”、“Ctrl _V”、“Ctrl”、“V”（图 7-25 之 1），就可将选中区域内的公式全部转化为数值。转化后，可观察到公式编辑栏的值为“499115.7141”（图 7-25 之 2）。此时，按“Ctrl _Z”可将数值恢复为公式，按下“Ctrl _Y”可再次将公式转化为数值。👍

● 快速删除空行。依图 7-26 之 1-6 进行操作：

➢ 1：按“Ctrl_G”（或 F5）弹出“定位”对话框。

➢ 2：按“Alt_S”（或单击“定位条件”按钮）弹出“定位条件”对话框后回车。

➢ 3：按“Alt_K”（或单击“空值”选项）后回车关闭“定位条件”对话框。

➢ 4：G 列中空格（灰色部分）将选中，按“Ctrl_-”（减号）删除空格，弹出“删除”警告框。

➢ 5：按“Alt_R”（或单击“删除”选项）后回车。

➢ 6：删除后有效数据位于单元格区域“G1:G8”。👍👍

至此，已得到东风天路卡车的 8 年折旧数值。点入工作表“档案与折旧”第 6 行任意一单元格内，重复“隔行汇总”、“将公式转换为数值”和“快速删除空行”步骤，就可以得到解放 J6M 卡车的 8 年折旧数值。将新旧两台固定资产的折旧集中于同一表格，如图 7-26 之 7 所示。

CFO 点拨

在操作过程中，鼠标不要选中表格区域，避免单元格区域“G1:G96”失去被选中状态，如果表格被其他窗口挡住，可单击 Excel 工作簿标题区域（图 7-25 之 3）去除遮挡。

你没有看错：“Ctrl”、“V”与“Ctrl_V”是不同的：前者是点一下“Ctrl”键松手，再点一下“V”键；后者按住“Ctrl”键不放，同时按下字母“V”后松手。

CFO 点拨

图 7-26 之 3 和 5 是从仅使用键盘操作的角度讲述的，如果从鼠标直接双击“空值”和“整行”，速度更快。这样的操作对 Excel 中的圆形选项都是适用的，可省略单击“确定”按钮。

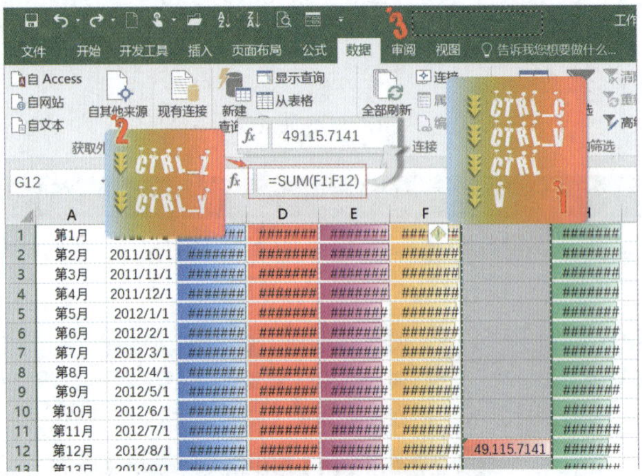

图 7-25　快速将公式转化为数值

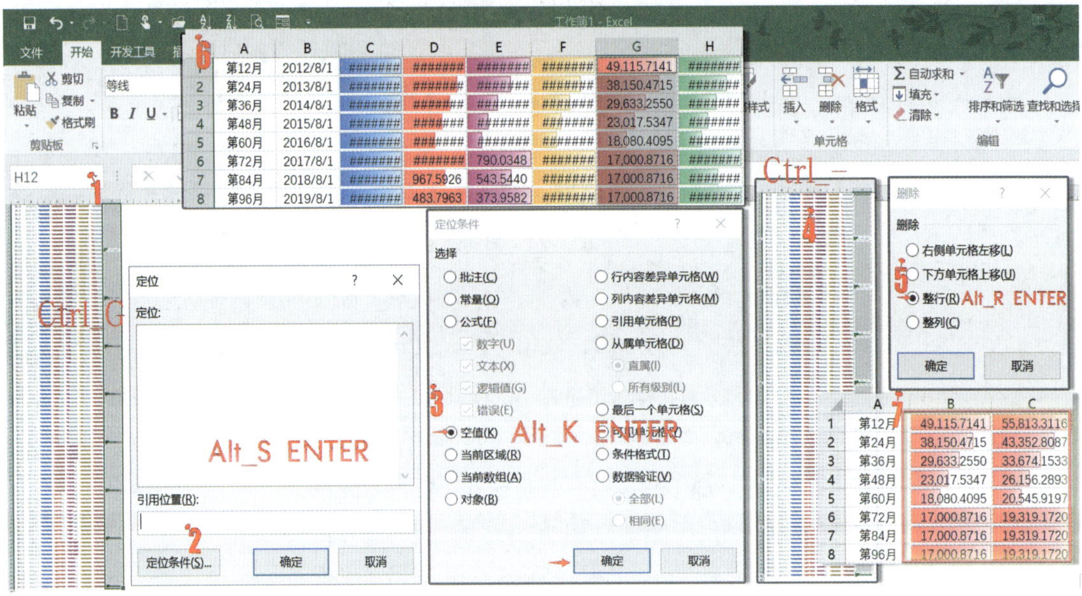

图 7-26　快速删除空行

7.5　固定资产更新决策与模型

7.5.1　新旧固定资产更新决策因素的分析

固定资产以新代旧的决策，需要考虑到固定资产寿命期内的“决策时点（零时点）”、“后续运营期”和“终结期”三个时期内企业要为之付出的成本，又要考虑固定资产回收价值、对税收的节约或者缴纳各有不同。

在比较资产更新时，是假设新旧资产的功用相同的。换句话说，为企业创收的能力相同时，我们仅需要比较的是企业在资产上的成本净值。而这里的成本指的是企业的付现成本，影响现金流的成本。又由于企业固定资产常常是跨越多个使用年限（12 个月度，并非指会计核算年限），在研判固定资产更新与否时，必须考虑时间价值的影响、资产折旧的影响。

对于旧固定资产：零时点是指进行比较的时间点，此时的成本主要是机会成本，是因为继续持有该成本而丧失的盈利机会，包括变现收入（指的是假如此时将该固定资产变卖可能的所得，即失去的同等价值的投资机会）和因该收入带来的所得税的节约或纳税的机会成本。

CFO 点拨

对旧资产对所得税影响的现金流：如果假设的变现收入大于账余净值（原值 - 法定累计折旧），则需要纳入企业整体所得而纳税，视为支出项，但该情况并未实际发生，理解为未失去的机会成本，视为潜在现金流入；如该收入小于账余净值，则因少纳入企业整体所得而纳税，视为潜在收益，但该情况并未实际发生，理解为失去的机会成本，视为现金支出项。

营运期成本包括在旧资产尚可使用年限内各年的税后营运成本逐年折现支出、每年折旧（对所得税影响是税收节约，视为现金流入）。

终结期的收支项包括营运资金收回、残值收入（现金流入）和残值变现损益的税收节约或者支出。如变现值大于法定残值，则应纳税，属于现金流出；反之，属于节税，视为现金流入。计算公式为“（法定残值 - 实际变现值）* 所得税税率”

对于新固定资产：零时点是指投资的时间点，此时的投资额系实际的付现成本，并无机会成本一说。

营运期成本包括在新资产全部使用年限内各年的税后营运成本、每年折旧（对所得税影响是税收节约，视为现金流入）。

终结期的收支项与旧设备收支项相同。

7.5.2 搭建固定资产更新模型决策新资产是否投资

将上述付现收支考虑复利现值系数后，得到当前的折现值后合计，取数值大者作为决策采纳资产。为实现这一目标，我们就来构建固定资产更新模型：

- 建立更新模型基础表。新建一个 Excel 文件“D:\files\Chap7\固定资产更新改造决策.xlsx”，在其中录入东风和解放卡车的数据信息（图 7-27 之 1），除表的下半部分（图 7-27 之 2）系源自图 7-26 之 7 外，其他信息均为决策已知数据。

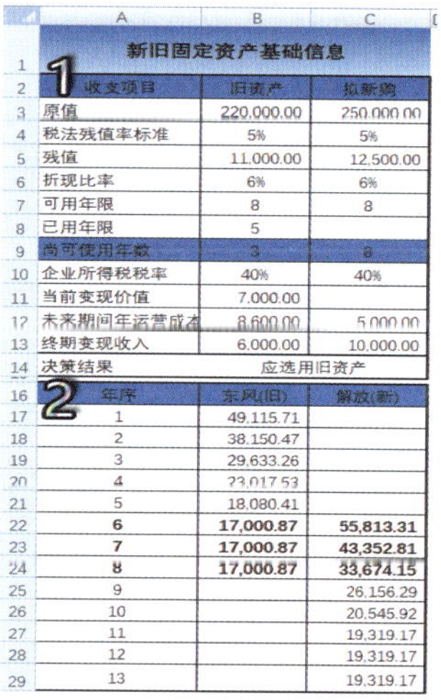

	A	B	C
1	新旧固定资产基础信息		
2	收支项目	旧资产	拟新购
3	原值	220,000.00	250,000.00
4	税法残值率标准	5%	5%
5	残值	11,000.00	12,500.00
6	折现比率	6%	6%
7	可用年限	8	8
8	已用年限	5	
9	尚可使用年数	3	8
10	企业所得税税率	40%	40%
11	当前变现价值	7,000.00	
12	未来期间年运营成本	8,600.00	5,000.00
13	终期变现收入	6,000.00	10,000.00
14	决策结果	应选用旧资产	
16	年序	东风(旧)	解放(新)
17	1	49,115.71	
18	2	38,150.47	
19	3	29,633.26	
20	4	23,017.53	
21	5	18,080.41	
22	6	17,000.87	55,813.31
23	7	17,000.87	43,352.81
24	8	17,000.87	33,674.15
25	9		26,156.29
26	10		20,545.92
27	11		19,319.17
28	12		19,319.17
29	13		19,319.17

图 7-27 新旧固定资产基础信息

- 计算新旧固定资产未折现收支项目。根据前文对新旧固定资产在“决策时点（零时点）”、“后续运营期”和“终结期”各项收支项目的分析，将其表示在单元格区域“E2:G29”（图 7-28 之 1），并在该区域右列（H 列）用公式（图 7-28 之 3）指向基础信息，计算值见图 7-28 之 2。重点关注图中现金流出项和变现损益计税部分，亦即单元格 H4 公式“=IF(H3>(ABS(B3)-SUM(B17:B21)),1,-1)*ABS(ABS(H3)-(B3-SUM(B17:B21)))”、H13 公式“=IF(H12>B5,-1,1)*ABS((H12-B5))”和

H28 公式“=IF(H27>C5,-1,1)*ABS((H27-C5))”对最终损益的正负影响。

	时期	收(+)支(-)项目	税前未折现	H列公式
旧机器（东风）	零时点	变现价值(机会成本)	-7,000.00	=-B11
		变现损益节税或纳税	-55,002.62	=IF(H3>(ABS(B3)-SUM(B17:B21)),1,-1)*ABS(ABS(H3)-(B3-SUM(B17:B21)))
	运营期	未来期间年运营成本	-8,600.00	=-B12
		尚余的1年折旧额节税	17,000.87	=B22
		尚余的2年折旧额节税	17,000.87	=B23
		尚余的3年折旧额节税	17,000.87	=B24
		尚余的4年折旧额节税		
		尚余的5年折旧额节税		
	终结期	运营成本收回		
		残值变现收入	6,000.00	=B13
		残值变现损益节税或纳税	5,000.00	=IF(H12>B5,-1,1)*ABS((H12-B5))
			合计	合计
	时期	收(+)支(-)项目	税前未折现	税前未折现
新机器（解放）	零时点	设备投资	-250,000.00	=-C3
	运营期	未来期间年运营成本	-5,000.00	=-C12
		第1年折旧额节税	55,813.31	=C22
		第2年折旧额节税	43,352.81	=C23
		第3年折旧额节税	33,674.15	=C24
		第4年折旧额节税	26,156.29	=C25
		第5年折旧额节税	20,545.92	=C26
		第6年折旧额节税	19,319.17	=C27
		第7年折旧额节税	19,319.17	=C28
		第8年折旧额节税	19,319.17	=C29
	终结期	残值变现收入	10,000.00	=C13
		残值变现损益节税或纳税	2,500.00	=IF(H27>C5,-1,1)*ABS((H27-C5))
			合计	合计

图 7-28　新旧固定资产税前各项收支（未折现）

在单元格区域“G6:G10”依次输入数字 1-5，但显示出来的却包含了文字，这样的表里不一的单元格即使是被其他公式引用，也只是作为数字被引用。设置方法如图 7-29 所示：

- 1：选中单元格区域“G6:G10”。
- 2：按组合键“Ctrl_1”弹出“设置单元格格式”对话框，在“数字”选项卡内“自定义”的“类型”中输入“" 尚余的 "0" 年折旧额节税 "”后，按“确定”按钮完成设置。

- 考虑到所得税的影响。上一步计算了税前值，考虑到所得税因素的影响，我们在 I 列添加如图 7-30 之 3 的公式即可计算与所得税相关的项目的值。点击单元格 B10（旧资产税率），单击“公式”选项卡内的“追踪从属单元格”，可直观看出引用了该单元格的公式（图 7-30 之 1）。同样的方法，可追踪图 7-30 之 2 引用单元格 C10（新资产税率）的所有公式。

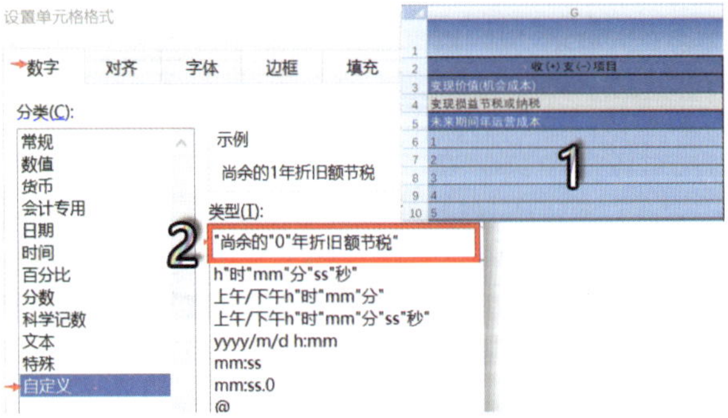

图 7-29　自定义格式设置“表里不一”的单元格

CFO 点拨

我们这里是输入的所得税税率 40%，可以根据实际情况修改为其他值（如 25%），测试一下结果的变化。

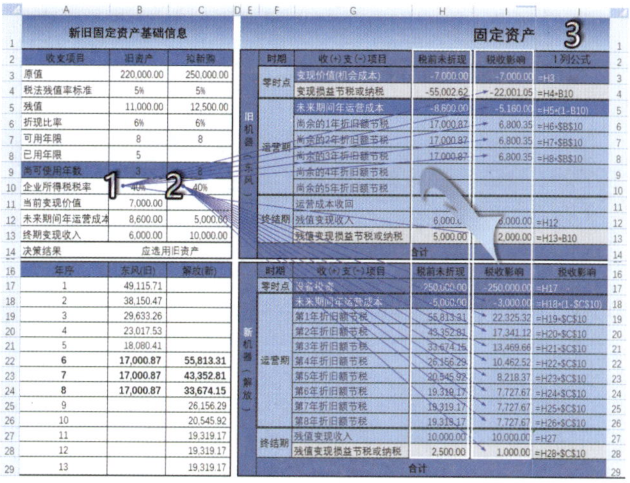

图 7-30 考虑所得税影响

- 考虑复利现值的影响。首先要了解复利现值指的是未来发生的一笔收付款其现在的价值。例：若年利率为 10%，从第 1 年到第 3 年，各年年末的 1 元，折算为现在的价值分别是：1 年后 1 元的现值 =1/（1+10%）=0.909 元、2 年后 1 元的现值 =1/（(1+10%）*（1+10%））=0.82 元、3 年后 1 元的现值 =1/（(1+10%）*（1+10%）*（1+10%））=0.751 元…复利现值的数学公式为：P=F* 复利现值系数 $1/(1+i)^n$，记作（P/F，i，n），其中 F 是各年的价值，i 是利率（折现率），n 是年数。Excel 公式表示为“=PV(i,n,F)”，如每年的 F 不同，则第 n 年的 F_n 折现值 P 为“=NPV(i,0,0,…,F_n)”，其中 0 的个数为 n-1 个，n 年的 F_n 折现值之和 P 为“=NPV(i,F_1, F_2,…,F_n)”。

将新旧固定资产的税后收支值考虑其因年份不同的折现，在 J 列添加年数 n，在 K 列添加折现公式如图 7-31 之 1 所示，计算值见图 7-31 之 2，该图中年份数字的单元格可仿照图 7-29 自定义显示格式。

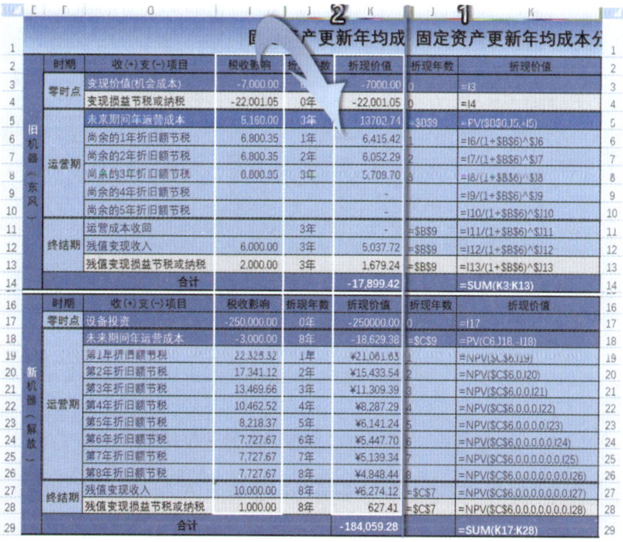

图 7-31 考虑收支项目的折现影响

● 各收支项说明与等效公式。影响固定资产更新决策的各项收支因素的注意事项和 K 列的等效计算公式列明于图 7-32 中的 L 列。

各收支项说明与等效公式

机器	时期	收(+)支(-)项目	折现价值	备注
旧机器（东风）	零时点	变现价值(机会成本)	=I3	如果变现将取得的回报，视为当前失去的机会成本
		变现损益节税或纳税	=I4	(变现收入-(原价-税法允许抵扣的累计折旧))*所得税税率
	运营期	未来期间年运营成本	=PV($B$6,J5,-I5)	各年待折现值相同，使用PV,等效公式=NPV(B6,-I5,-I5,-I5)
		1	=I6/(1+$B$6)^$J6	等效公式=NPV($C$6,I6)
		2	=I7/(1+$B$6)^$J7	等效公式=NPV($C$6,0,I7)
		3	=I8/(1+$B$6)^$J8	等效公式=NPV($C$6,0,0,I8)，注意0的个数是年数减1
		4	=I9/(1+$B$6)^$J9	
		5	=I10/(1+$B$6)^$J10	
	终结期	运营成本收回	=I11/(1+$B$6)^$J11	
		残值变现收入	=I12/(1+$B$6)^$J12	
		残值变现损益节税或纳税	=I13/(1+$B$6)^$J13	(税法允许的标准残值-残值变现收入)*所得税税率
	合计		=SUM(K3:K13)	背景色含义：流入 流出 流入/流出
新机器（解放）	时期	收(+)支(-)项目	折现价值	备注
	零时点	设备投资	=I17	净流出
	运营期	未来期间年运营成本	=PV(C6,J18,-I18)	净流出（PV函数第3参数为负值时表示收入，正数表示支出）
		1	=NPV($C$6,I19)	等效公式=I19/(1+$C$4)^$J19
		2	=NPV($C$6,0,I20)	等效公式=I20/(1+$C$4)^$J20
		3	=NPV($C$6,0,0,I21)	等效公式=I21/(1+$C$4)^$J21
		4	=NPV($C$6,0,0,0,I22)	等效公式=I22/(1+$C$4)^$J22
		5	=NPV($C$6,0,0,0,0,I23)	等效公式=I23/(1+$C$4)^$J23
		6	=NPV($C$6,0,0,0,0,0,I24)	等效公式=I24/(1+$C$4)^$J24
		7	=NPV($C$6,0,0,0,0,0,0,I25)	等效公式=I25/(1+$C$4)^$J25
		8	=NPV($C$6,0,0,0,0,0,0,0,I26)	等效公式=I26/(1+$C$4)^$J26
	终结期	残值变现收入	=NPV($C$6,0,0,0,0,0,0,0,I27)	
		残值变现损益节税或纳税	=NPV($C$6,0,0,0,0,0,0,0,I28)	(税法允许的标准残值-残值变现收入)*所得税税率
	合计		=SUM(K17:K28)	背景色含义：流入 流出 流入/流出

图 7-32 各收支项说明与等效公式

● 决策结果与模型整体效果。计算了新旧固定资产更新平均年度成本的折现价值后，在单元格 B14 输入“=IF(K14>K29," 应选用旧资产 "," 应选用新资产 ")”。单元格 K14 和 K29 系现金流入、流出相抵后的结果，从决策角度看，应取现金净流入较多者或现金净流出较少者，本例旧车现金净流出较少，应继续使用。模型的整体效果如图 7-33 所示，根据不同固定资产的年限等基础信息对该模型稍加修改，即可保证它的通用性。

新旧固定资产基础信息

收支项目	旧资产	拟新购
原值	220,000.00	250,000.00
税法残值率标准	5%	5%
残值	11,000.00	12,500.00
折现比率	6%	6%
可用年限	8	8
已用年限	5	
尚可使用年数	3	8
企业所得税税率	40%	40%
当前变现价值	7,000.00	
未来期间年运营成本	8,600.00	5,000.00
终期变现收入	6,000.00	10,000.00
决策结果	应选用旧资产	

年序	东风(旧)	解放(新)
1	49,115.71	
2	38,150.47	
3	29,633.26	
4	23,017.53	
5	18,080.41	
6	**17,000.87**	**55,813.31**
7	**17,000.87**	**43,352.81**
8	**17,000.87**	**33,674.15**
9		26,156.29
10		20,545.92
11		19,319.17
12		19,319.17
13		19,319.17

固定资产更新决策年均成本分析

机器	时期	收(+)支(-)项目	税前未折现	税收影响	折现年数	折现价值	备注
旧机器（东风）	零时点	变现价值(机会成本)	-7,000.00	-7,000.00	0年	-7000.00	如果变现将取得的回报，视为当前失去的机会成本
		变现损益节税或纳税	-55,002.62	-22,001.05	0年	-22,001.05	(变现收入-(原价-税法允许抵扣的累计折旧))*所得税税率
	运营期	未来期间年运营成本	-8,600.00	-5,160.00	3年	-13792.74	各年待折现值相同，使用PV,等效公式=NPV(B6,-I5,-I5,-I5)
		尚余的1年折旧额节税	17,000.87	6,800.35	1年	6,415.42	等效公式=NPV($C$6,I6)
		尚余的2年折旧额节税	17,000.87	6,800.35	2年	6,052.29	等效公式=NPV($C$6,0,I7)
		尚余的3年折旧额节税	17,000.87	6,800.35	3年	5,709.70	等效公式=NPV($C$6,0,0,I8)，注意0的个数是年数减1
		尚余的4年折旧额节税				-	
		尚余的5年折旧额节税				-	
	终结期	运营成本收回			3年	-	
		残值变现收入	6,000.00	6,000.00	3年	5,037.72	
		残值变现损益节税或纳税	5,000.00	2,000.00	3年	1,679.24	(税法允许的标准残值-残值变现收入)*所得税税率
	合计					-17,899.42	背景色含义：流入 流出 流入/流出
新机器（解放）	时期	收(+)支(-)项目	税前未折现	税收影响	折现年数	折现价值	备注
	零时点	设备投资	-250,000.00	-250,000.00	0年	-250000.00	净流出
	运营期	未来期间年运营成本	-5,000.00	-3,000.00	8年	-18,629.38	净流出（PV函数第3参数为负值时表示收入，正数表示支出）
		第1年折旧额节税	55,813.31	22,325.32	1年	￥21,061.63	等效公式=I19/(1+$C$4)^$J19
		第2年折旧额节税	43,352.81	17,341.12	2年	￥15,433.54	等效公式=I20/(1+$C$4)^$J20
		第3年折旧额节税	33,674.15	13,469.66	3年	￥11,309.39	等效公式=I21/(1+$C$4)^$J21
		第4年折旧额节税	26,156.29	10,462.52	4年	￥8,287.29	等效公式=I22/(1+$C$4)^$J22
		第5年折旧额节税	20,545.92	8,218.37	5年	￥6,141.24	等效公式=I23/(1+$C$4)^$J23
		第6年折旧额节税	19,319.17	7,727.67	6年	￥5,447.70	等效公式=I24/(1+$C$4)^$J24
		第7年折旧额节税	19,319.17	7,727.67	7年	￥5,139.34	等效公式=I25/(1+$C$4)^$J25
		第8年折旧额节税	19,319.17	7,727.67	8年	￥4,848.44	等效公式=I26/(1+$C$4)^$J26
	终结期	残值变现收入	10,000.00	10,000.00	8年	￥6,274.12	
		残值变现损益节税或纳税	2,500.00	1,000.00	8年	627.41	(税法允许的标准残值-残值变现收入)*所得税税率
	合计					-184,059.28	背景色含义：流入 流出 流入/流出

财务精英都是Excel控　固定资产更新改造决策　变现损益节税或纳税对CF影响的理解

图 7-33 固定资产更新决策模型整体效果

对旧固定资产的变现损益所导致的节税或纳税现金流入或流出的理解一直是个难点，为帮助 CPA《财务成本管理》和中级职称《财务管理》备考者，作为本书读者的额外福利，我们将通俗化的解读内置于本章“固定资产更新改造决策 .xlsx”文件奉献给大家！

08 集团财务的报表自动汇总分析难题

CHAPTER

8.1 报表公式设置及表间公式校验

情景再现

报表是每家会计主体都必须报出的，一般是按月报送的，也有按周、按天或者按季的，这完全取决于各企业内部管理的需要。但对外报送的三大表（资产负债表、利润表、现金流量表），则是各家不可缺少的。

报表报给谁？在集团企业，无疑先要报给集团。集团总部财务需要将它们进行汇总，而这项汇总的工作则是令会计人员“头大”的一项工作。

然而，这还没完，集团和各家下属机构的财务指标分析呢？怎样实时计算呢？

利用 Excel 则可以将它变成一项轻松的工作，当然了，这得跟着易总学一下。

那么，易总又是怎么做到的呢？

8.1.1 资产负债表报表原理及公式讲解

1. 报表原理。资产负债表，又称财务状况表，它是会计上经常说到的“三大表”的第一张主表。它是经过凭证处理、分录记载、分类账核算、会计试算和调整等一系列会计处理程序后，反映某一特定日期的，某个会计主体（如企业）的资产、负债和所有者权益三大类的静态对比情况的报表。

资产负债表的核算基础是基本会计等式：

资产 = 负债 + 所有者权益

注意：这里的资产、负债和所有者权益是指报表主体，比如企业的资产、企业的负债和企业的权益。

2. 报表编制方法。资产负债表的报告方式有两种：一是报告式，二是账户式。

报告式资产负债表是上下结构，上半个部分反映资产状况，下半个部分反映负债和所有者权益状况。从形式上看，可以按基本等式上下排列，也可以按基本会计等式变形“资产 - 负债 = 所有者权益”上下排列。

账户式资产负债表是左右结构，根据账户平衡的形式按基本会计等式左右分列。

3. 公式设置。根据会计准则的规定在 Excel 表格内输入资产负债表（我国采用的是账户式）表格如图 8-1，并在其中设置公式，表中重点公式依图 8-2 之 1-4 顺序说明如下：

- 1：单元格 E3 报表日期公式“=YEAR(封面!C4)&"-"&MONTH(封面!C4)&"-"&IF(MONTH(封面!C4)=2,DAYS(YEAR(封面!C4)&"-3-1",YEAR(封面!C4)&"-2-1"),LOOKUP(MONTH(封面!C4),{1,3,4,5,6,7,8,9,10,11,12},{31,31,30,31,30,31,31,30,31,30,31}))”。公式从工作表“封面”的 C4 单元格取年数（YEAR 函数）、月份（MONTH 函数）和天数组合为一个新的日期。天数的计算先判断是否是 2 月，如是 2 月，则用当年 3 月 1 日减去（DAYS 函数）当年 2 月 1 日得到 2 月的最后一天，如是其他月份，则根据各月的最后一天

日期排列成固定的数组，用 LOOKUP 函数自动取出最后一天。

● 2：单元格 H34 未分配利润公式“= 利润表 !D50”。公式非常简单，但它反映了资产负债表与下节利润表之间的钩稽核对关系。

资产负债表

会企 01 表

编制单位:苏问集团有限责任公司　　2017-10-31　　单位：元

资产	行次	期末余额	年初余额	负债和所有者权益（或股东权益）	行次	期末余额	年初余额
货币资金	2			短期借款	35		
交易性金融资产	3			交易性金融负债	36		
应收票据	4			应付票据	37		
应收账款	5			应付账款	38		
预付款项	6			预收款项	39		
应收利息	7			应付职工薪酬	40		
应收股利	8			应交税费	41		
其他应收款	9			应付利息	42		
存货	10			应付股利	43		
一年内非到期的流动资产	11			其他应付款	44		
其他流动资产	12			一年内到期的非流动负债	45		
流动资产合计	13	-	-	其他流动负债	46		
非流动资产：	14			流动负债合计	47	-	-
可供出售金融资产	15			非流动负债：	48		
持有至到期投资	16			长期借款	49		
长期应收款	17			应付债券	50		
长期股权投资	18			长期应付款	51		
投资性房地产	19			专项应付款	52		
固定资产	20			预计负债	53		
在建工程	21			递延所得税负债	54		
工程物资	22			其他非流动负债	55		
固定资产清理	23			非流动负债合计	56	-	-
生产性生物资产	24			负债合计	57	-	-
油气资产	25			所有者权益（或股东权益）：	58		
无形资产	26			实收资本（或股本）	59		
开发支出	27			资本公积	60		
商誉	28			减：库存股	61		
长期待摊费用	29			盈余公积	62		
递延所得税资产	30			未分配利润	63	-	-
其他非流动资产	31			所有者权益（或股东权益）合计	64	-	-
非流动资产合计	32	-	-		65		
资产总计	33	-	-	负债和所有者权益（或股东权益）总计	66	-	-

会计主管:蔡敏慧　　制表人:吴毓

图 8-1　资产负债表空表

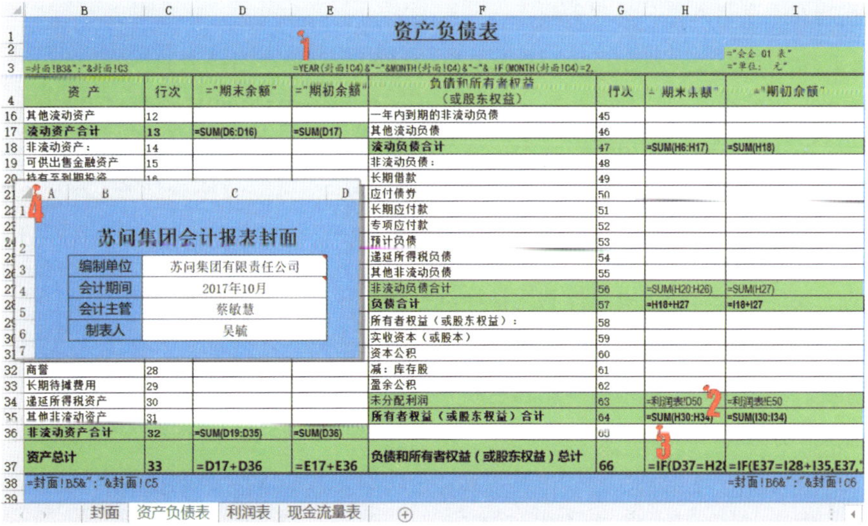

图 8-2　资产负债表公式

● 3：单元格 H37 负债和所有者权益（或股东权益）总计公式“=IF(D37= H28+H35,D37," 左大 "&D37-H28-H35)”。用公式核对资产负债表是否平衡的公式，如果是（会计上常说的“平了”），则显示资产总额；反之，列出资产总额与负债和所有者权益（或股东权益）总计的差，左边比右边大多少，便于查找错误。

- 4：报表封面，列出三大报表的共用资料，便于它们用公式自动引用。封面单元格 C4（日期格式设为“2012 年 3 月”）会计期间的输入方法是以 4 位年与 1（或 2）位月以中划线“-”连接，如 2018 年 10 月，仅输入 2018-10 即可，不需要输入日。

CFO点拨

细心的同学也许已经发现：资产负债表中公式的表头“期末余额”、“期初余额”并不是直接输入文字的，而是作为公式使用“="期末余额"”、“="期初余额"”（加了小写引号）来表示的，这是为什么呢？也许有人认为是多此一举？心急的同学可以翻到“823”去看一下为什么。

8.1.2 利润表及利润分配表报表原理及公式讲解

1. 报表原理。利润表，又称损益表，它是会计上经常说到的“三大表”的第二张主表。它反映了会计主体在某一会计期间（时间跨度超过一天）的经营成果以及成果的分配情况，反映了取得的销售收入以及为了取得收入而付出的成本、费用等信息。报表列明收支相抵演变为盈利或者亏损的过程，便于分析利润变化的成因，从而为未来的经营和投资做出合理的决策。

利润表的核算基础是基本会计等式：

利润 = 收入 - 成本（费用）

如果将利润的分配情况单独表示出来，则为“利润分配表”，作为利润表的附表。通过该附表，可以了解到企业对净利润的分配（弥补）情况，了解分配明细和分配后的留存、结余（未分配利润）。如果企业在本报告期内，无任何分配事项，则净利润全部保留，等同于未分配利润。

2. 报表编制方法。利润表的报告方式有两种：一是单步式，二是多步式。

单步式利润表是将本期各类收入集中在一起为营业收入和收益，将各类成本、费用支出集中为营业费用和损失，将收支类合计相减得出本期净利润。营业收入和收益包括销售收入、营业外收入和特别收入等；营业费用和损失包括商品支出、工资支出、折旧费用、利息支出等；净损益是两者计算的结果。该报告方式对营业收入和一切费用支出一视同仁，不分彼此先后。

多步式利润表是通过对当期的收入、费用、支出项目按性质加以归类，按利润形成的主要环节表示一些中间性利润指标，分步计算当期净损益。该报告方式区分费用和支出与收入配比的先后层次，步步为营，便于对企业生产经营情况进行分析，利于不同企业之间横比，更利于预测企业今后的盈利能力。其编制分为如下主要步骤：

- 以主营业务收入为基础，减去主营业务成本、主营业务税金及附加，得到主营业务利润。
- 在上步基础上，加上其他业务利润，减去存货跌价损失、营业费用、管理费用、财务费用，得到营业利润。

- 在上步基础上，加上投资收益、补贴收入、营业外收入，减去营业外支出，得到利润总额。
- 在上步基础上，减去所得税，得到净盈亏。

3. **利润表公式设置**。根据会计准则的规定在 Excel 表格内输入利润表（我国采用的是分步式）表格如图 8-3，并在其中设置公式，对利润表中重点公式依图 8-4 之 1-2 顺序说明如下：

- 1：单元格 C3 报表期间公式“=YEAR(封面 !C4)&"-"&MONTH(封面 !C4)”。公式从工作表“封面”的 C4 单元格取年数、月份组合为报告期。注意：利润表反映的是期间的收支，而不是某一个时间点（日），故而这里仅取年月即可。

第 3 行、25 行系直接从工作表“封面”取数。

	B	C	D	E
1	利润表			
2				会企 02表
3	编制单位：苏阿集团有限责任公司	2017-10		单位：元
4	项　目	行次	本期金额	上年同期金额
5	一、营业收入	1		
6	减：营业成本	2		
7	税金及附加	3		
8	销售费用	4		
9	管理费用	5		
10	财务费用	6		
11	资产减值损失	7		
12	加：公允价值变动收益（损失以“-”号填列）	8		
13	投资收益（损失以“-”号填列）	9		
14	其中：对联营企业和合营企业的投资收益	10		
15	二、营业利润（亏损以“-”号填列）	11		
16	加：营业外收入	12		
17	减：营业外支出	13		
18	其中：非流动资产处置损失	14		
19	三、利润总额（亏损总额以“-”号填列）	15		
20	减：所得税费用	16		
21	四、净利润（净亏损以“-”号填列）	17		
22	五、每股收益：	18		
23	（一）基本每股收益	19		
24	（二）稀释每股收益	20		
25	会计主管：蔡敏慧			

	B	C	D	E
30	利润分配表			
31				会企 02-1表
32	编制单位：苏阿集团有限责任公司	2017-10		单位：元
33	项　目	行次	本期金额	上期金额
34	一、净利润	21	-	-
35	加：期初未分配利润	22	-	
36	其他转入	23		
37	二、可供分配的利润	24	-	-
38	减：提取法定盈余公积	25		
39	提取法定公益金	26		
40	提取职工福利及奖励基金	27		
41	提供储备基金	28		
42	提供企业发展基金	29		
43	利润转作投资	30		
44	补充流动资本	31		
45	三、可供投资者分配的利润	32	-	-
46	减：应付优先股股利	33		
47	提取任意盈余公积	34		
48	应付普通股股利	35		
49	转作资本（或股本）的普通股股利	36		
50	四、未分配利润	37	-	-
51	会计主管：蔡敏慧			制表人：吴毓

图 8-3　利润表与利润分配表空表

- 2：单元格 D21 净利润公式“=D19-D20”。公式反映了净利润的最终结果，图 8-4 中“一”、“二”、“三”、“四”则一步一步反映了净利润的形成过程。

	B	C	D	E
1			利润表	
2				="会企 02表"
3	=封面!B3&"："&封面!C3	1	=YEAR(封面!C4)&"-"&MONTH(封面!C4)	="单位：元"
4	项　目	行次	="本期金额"	="上年同期金额"
5	一、营业收入	1		
6	减：营业成本	2		
7	税金及附加	3		
8	销售费用	4		
9	管理费用	5		
10	财务费用	6		
11	资产减值损失	7		
12	加：公允价值变动收益（损失以“-”号填列）	8		
13	投资收益（损失以“-”号填列）	9		
14	其中：对联营企业和合营企业的投资收益	10		
15	二、营业利润（亏损以“-”号填列）	11	=D5-SUM(D6:D11)+SUM(D12:D13)	=E5-SUM(E6:E11)+SUM(E12:E13)
16	加：营业外收入	12		
17	减：营业外支出	13		
18	其中：非流动资产处置损失	14		
19	三、利润总额（亏损总额以“-”号填列）	15	=D15+D16-D17	=E15+E16-E17
20	减：所得税费用	16		
21	四、净利润（净亏损以“-”号填列）	17	=D19-D20 2	=E19-E20
22	五、每股收益：	18		
23	（一）基本每股收益	19	×	
24	（二）稀释每股收益	20	×	
25	=封面!B5&"："&封面!C5			=封面!B6&"："&封面!C6

图 8-4　利润表公式

4. **利润分配表公式设置**。对利润分配表中重点公式依图 8-5 之 1-4 顺序说明如下：

- 1：单元格 D35“期初未分配利润”公式“=资产负债表!I34”（图 8-5 之 4），反映了资产负债表与利润表之间的期初数的钩稽关系。

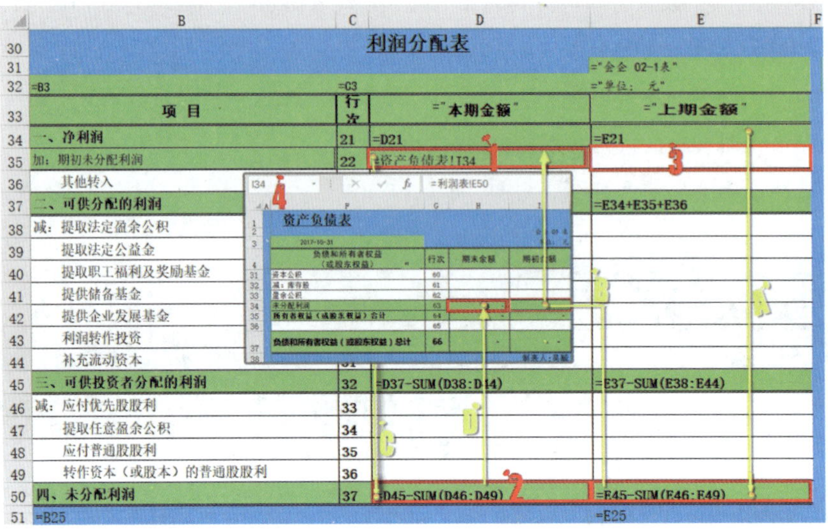

图 8-5 利润分配表公式

- 2：单元格 D50 期末“未分配利润”公式“=D45-SUM(D46:D49)”，此单元格由净利润逐步计算（图 8-5 之逻辑线 C）而来。
- 3：单元格 E35 上期的“期初未分配利润”，此处未设置公式，可以直接手工输入，也可用公式引用相同格式的另一 Excel 文件（上个月）的利润分配表单元格 D35。如本期指 2017 年 10 月，则上期指 2017 年 9 月、上期的期初指 2017 年 8 月的期末，如图 8-6 中红五星所示位置。

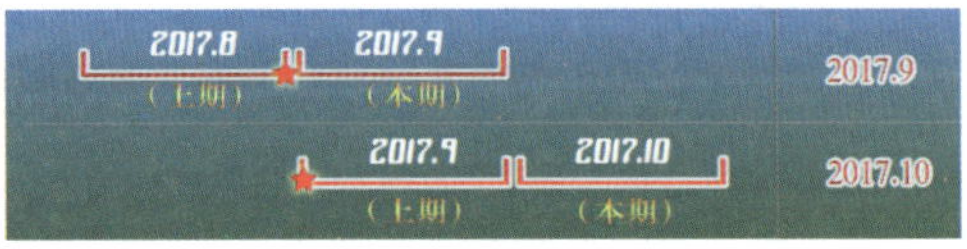

图 8-6 会计报表的本期与上期时间线示意

- 4：资产负债表与利润表相互引用、钩稽关系，用黄色逻辑线表示，A-D 线条含义如下：
  - A：上期的净利润（利润分配表单元格 E34）计算得到上期的未分配利润（利润分配表单元格 E50）。
  - B：上期的未分配利润（利润分配表单元格 E50）被资产负债表单元格 I34 引用后被本期的期初未分配利润（利润分配表单元格 D35）引用，上期的期末等于本期的期初。
  - C：本期的净利润（利润分配表单元格 D34）计算得到本期的未分配利润（利润分配表单元格 D50）。
  - D：本期的未分配利润（利润分配表单元格 D50）被资产负债表未分配利润期末余额（单元格 H34）引用。

8.1.3 现金流量表报表原理及公式讲解

1. **报表原理**。现金流量表，又称财务状况变动表，它是会计上经常提到的“三大表”的第三张主表。它反映某一特定期间内，某个会计主体（如企业）获取现金（及等价物）的能力。通过此表，可以对企业的支付能力、资金需求、获取现金的能力做出较为可靠的判断。

现金流量表主要反映的是资产负债表各项目对现金流的影响，按用途分为经营、投资、融资三大类。

企业的日常经营活动是影响现金流量表的重要因素之一，经营活动的现金流包括因销售商品、提供劳务、购买商品、接收劳务、支付工资及纳税等流入、流出的现金（及等价物）。现金等价物是指企业持有的期限短、流动性强，易于变化为已知金额的现金、价值变动风险很小的投资。其中期限短一般是指从购买日起，三个月内到期。例如可在证券市场上流通的三个月内到期的短期债券投资等。

企业的投资活动是长期资产的购建和不包括现金等价物范围内的投资及其处置的活动。企业的投资活动现金流量主要包括因购建固定资产、处置下属公司等机构产生的现金（及等价物）。

> CFO点拨
> 偿付应付票据、应付账款等商业性付款属于经营活动，并非筹资活动。

企业的融（筹）资活动是导致企业债权、股权等权益的规模和结构发生变化的的活动。企业的融资活动现金流量主要包括因发行债权、偿还债务、吸收投资、发行股票、分配利润产生的现金（及等价物）。

现金流量表分为主表和补充资料（附表）两部分，主表是将经营、投资、筹资活动产生的现金流入、流出归类填列，附表填列的是损益类账户的当期发生额和资产负债类账户期末与期初余额之差。

2. **报表编制方法**。现金流量表报告方式包括直接法和间接法。

直接法是指以销售收入的收现数为起点，将其他收入与费用项目的收现数、付现数分别列出，直接反映最终的现金净流量。

现金流量表经营活动中的数据，可从会计账簿中获得，也可在利润表中销售收入、销售成本等数据基础上，将权责发生制的收支转化为相应的现金收付制数额，其转换方法是：

- 销售收入收现数 = 权责发生制利润表中销售收入 - 赊销商品的应收账款、应收票据 + 预收货款收入。
- 其他收入收现数 = 其他收入 + 其他应收款减少数 - 其他应收款增加数。
- 购货付现数 = 权责发生制利润表中销售成本 + 存货增加额 - 赊购存货的应付账款、应付票据的增加数 + 预付货款支出 - 工资付现数（根据“应付工资”、“应付福利费”、“住房周转金”等科目分析填列）。
- 其他费用付现数 = 其他费用（如管理费用、财务费用等）- 折旧摊销数 + 待摊费用增加数。

间接法是指以本期净利润为起点，调整不涉及现金收付的各种会计事项，得出现金净流量。间接法的基本原则，就是要将影响利润形成的会计事项由权责发生制还原为现金收付实现制，并将产生的差额逐项在净利润中调整，调整的内容包括：

- 权责发生制下的应付事项的调整。如应付账款、应付票据、其他应付款、预收账款、应计折旧等，在会计处理时最终体现为未付现的净利润减少。因此，编制现金流量表时，如本期应付款项增加则应调增利润，反之调减利润。

- 权责发生制下的应收事项的调整。如应收账款、应收票据、其他应收款、预付账款等，在会计处理时最终体现为未收现的净利润增加。因此，在编制现金流量表时，如本期应收款项增加应调减利润，反之调增利润。
- 摊提事项的调整。凡发生跨期费用的事项，如发生待摊费用时，最终表现为利润加大，但现金实际已经付出。因此，在编制现金流量表时，待摊费用如增加时，应调减利润，反之调增利润。当发生预提费用时，最终表现为利润的减少，但现金实际尚未支付。因此，编制现金流量表时，如本期应付款项增加则应调增利润，反之调减利润。
- 存货与成本的调整。根据公式“销售成本 = 期初存货成本 + 本期购货成本 - 期末存货成本”，如本期存货未发生变动，说明本期销售成本等于本期购货成本；如期末结存大于期初结存，说明购入 (付现) 数大于销售成本数，可理解为有一部分现金支付了但未计入销售成本，利润增大，故应作为利润调减项处理；如果期末结存数小于期初结存数则做相反调整。至于“应收账款”引起的存货增加，按权责发生制下的应收事项做调整。
- 费用调整。如应计折旧、无形资产及递延资产摊销，坏帐准备等会使利润减少，但实际并未付现金。因此，编制现金流量表时，如本期应付款项增加则应调增利润，反之调减利润。

3. 现金流量表公式设置。根据会计准则的规定在 Excel 表格内输入现金流量表表格如图 8-7，并在其中设置公式，对现金流量及附表中重点公式依图 8-8 之 1-3 顺序说明如下：

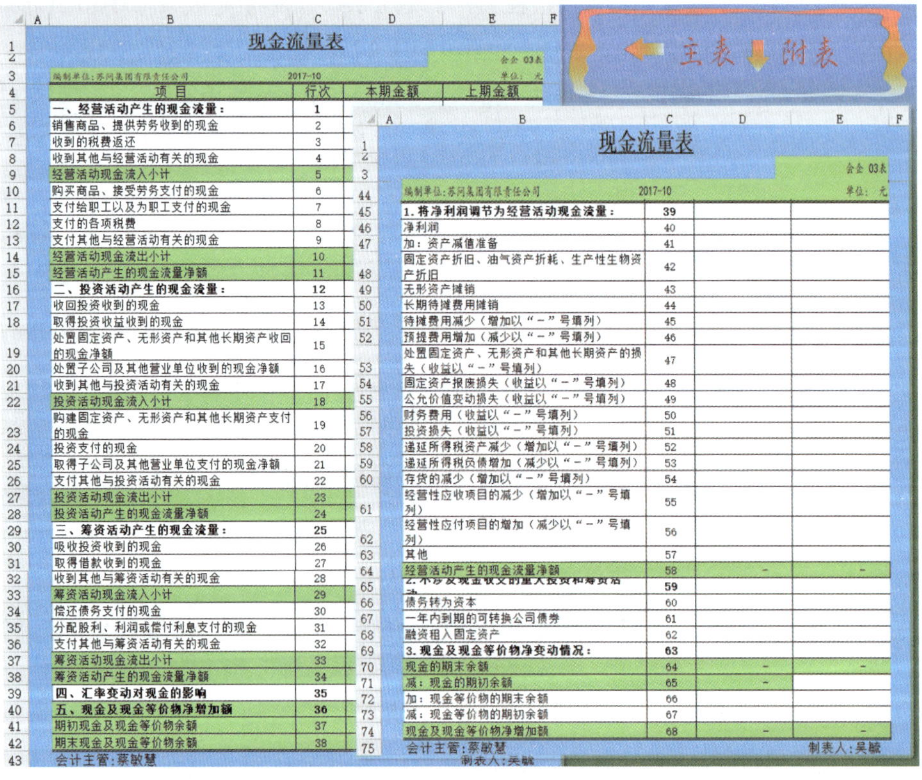

现金流量表

会企 03表

编制单位:苏同集团有限责任公司　2017-10　单位：元

项目	行次	本期金额	上期金额
一、经营活动产生的现金流量：	1		
销售商品、提供劳务收到的现金	2		
收到的税费返还	3		
收到其他与经营活动有关的现金	4		
经营活动现金流入小计	5		
购买商品、接受劳务支付的现金	6		
支付给职工以及为职工支付的现金	7		
支付的各项税费	8		
支付其他与经营活动有关的现金	9		
经营活动现金流出小计	10		
经营活动产生的现金流量净额	11		
二、投资活动产生的现金流量：	12		
收回投资收到的现金	13		
取得投资收益收到的现金	14		
处置固定资产、无形资产和其他长期资产收回的现金净额	15		
处置子公司及其他营业单位收到的现金净额	16		
收到其他与投资活动有关的现金	17		
投资活动现金流入小计	18		
购建固定资产、无形资产和其他长期资产支付的现金	19		
投资支付的现金	20		
取得子公司及其他营业单位支付的现金净额	21		
支付其他与投资活动有关的现金	22		
投资活动现金流出小计	23		
投资活动产生的现金流量净额	24		
三、筹资活动产生的现金流量：	25		
吸收投资收到的现金	26		
取得借款收到的现金	27		
收到其他与筹资活动有关的现金	28		
筹资活动现金流入小计	29		
偿还债务支付的现金	30		
分配股利、利润或偿付利息支付的现金	31		
支付其他与筹资活动有关的现金	32		
筹资活动现金流出小计	33		
筹资活动产生的现金流量净额	34		
四、汇率变动对现金的影响	35		
五、现金及现金等价物净增加额	36		
期初现金及现金等价物余额	37		
期末现金及现金等价物余额	38		

会计主管:蔡敏慧　制表人:吴毓

主表　附表

现金流量表

会企 03表

编制单位:苏同集团有限责任公司　2017-10　单位：元

1. 将净利润调节为经营活动现金流量：	39		
净利润	40		
加：资产减值准备	41		
固定资产折旧、油气资产折耗、生产性生物资产折旧	42		
无形资产摊销	43		
长期待摊费用摊销	44		
待摊费用减少（增加以“－”号填列）	45		
预提费用增加（减少以“－”号填列）	46		
处置固定资产、无形资产和其他长期资产的损失（收益以“－”号填列）	47		
固定资产报废损失（收益以“－”号填列）	48		
公允价值变动损失（收益以“－”号填列）	49		
财务费用（收益以“－”号填列）	50		
投资损失（收益以“－”号填列）	51		
递延所得税资产减少（增加以“－”号填列）	52		
递延所得税负债增加（减少以“－”号填列）	53		
存货的减少（增加以“－”号填列）	54		
经营性应收项目的减少（增加以“－”号填列）	55		
经营性应付项目的增加（减少以“－”号填列）	56		
其他	57		
经营活动产生的现金流量净额	58	-	-
2. 不涉及现金收支的重大投资和筹资活动	59		
债务转为资本	60		
一年内到期的可转换公司债券	61		
融资租入固定资产	62		
3. 现金及现金等价物净变动情况：	63		
现金的期末余额	64	-	-
减：现金的期初余额	65	-	
加：现金等价物的期末余额	66		
减：现金等价物的期初余额	67		
现金及现金等价物净增加额	68	-	-

会计主管:蔡敏慧　制表人:吴毓

图 8-7　现金流量表空表

● 1：现金流量表主表单元格 C3 期间公式“=YEAR(封面 !C4)&"-"&MONTH(封面 !C4)”。公式从工作表“封面”的 C4 单元格取年数、月份组合为报告期。注意：现金流量表反映的是期间的现收现支，而不是某一个时间点（日），故而这里仅取年月即可。

第 3 行、25 行系直接从工作表“封面”取数。

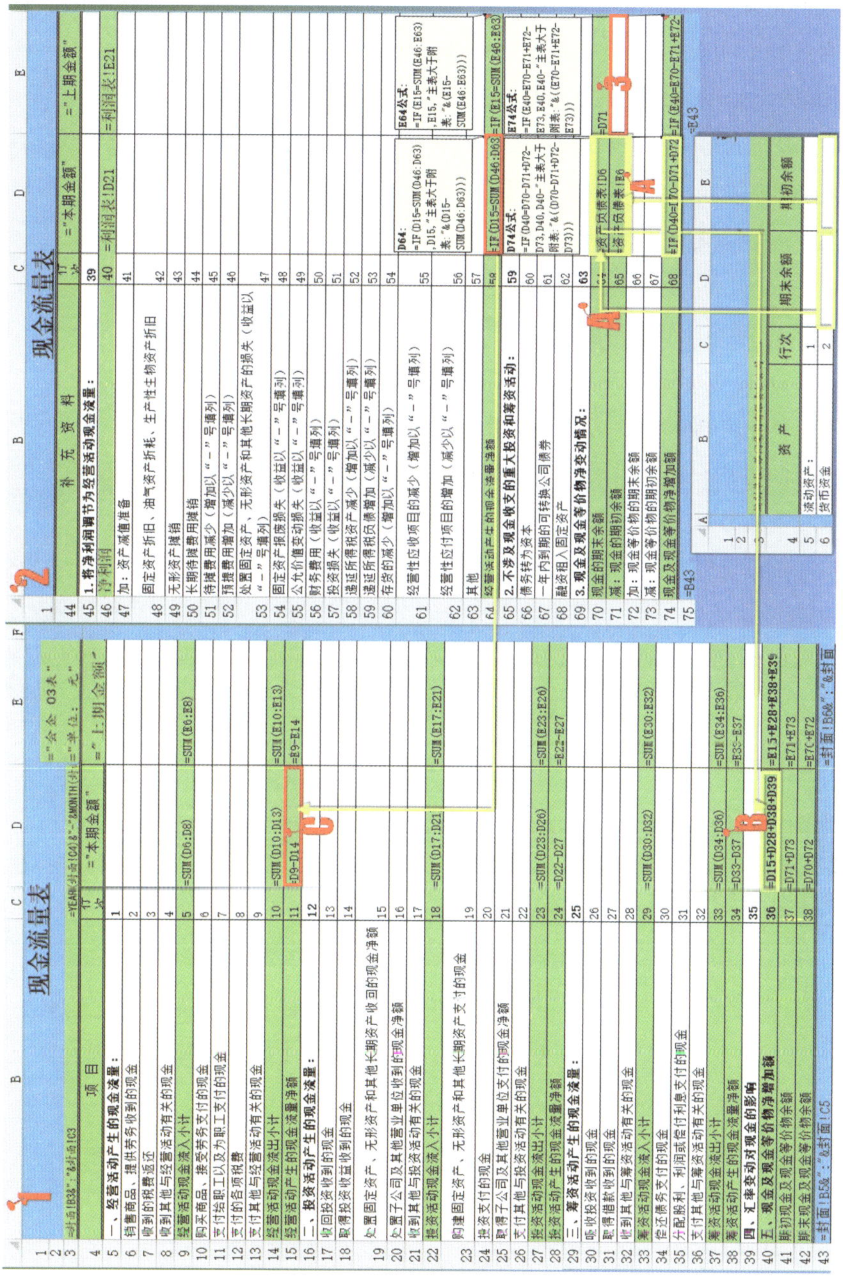

图 8-8 现金流量表公式

● 2：现金流量表附表单元格 D64“经营活动产生的现金流量净额”公式“=IF(D15=SUM(D46:D63),D15," 主表大于附表 :"&(D15-SUM(D46:D63)))”，此单元格将主、附表经营活动产生的现金流量净额进行对比，如相等，则显示其一，反之，则显示主表大于附表的金额。

单元格 E64 公式与此类似。

现金流量表附表单元格 D74“现金及现金等价物净增加额”公式“=IF(D40=D70-D71+D72-D73,D40,D40-" 主表大于附表 :"&((D70-D71+D72-D73)))”，此单元格将主、现金（及等价物）进行对比，如相等，显示其一，反之，则显示主表大于附表的金额。单元格 E74 公式与此类似。

> CFO 点拨
> 由于 Excel 在大量数据计算过程中小数进位的原因会产生近似于 0.01 的计算误差，为避免由此产生的报表不平，可以使用 ROUND 函数指定小数位数，如单元格 D74 公式可修正为“=IF(ROUND(D40,2)=ROUND(D70-D71+D72-D73,2),ROUND(D40,2)," 主表大于附表 :"&(D40-(D70-D71+D72-D73)))”。

- 3：单元格 E71 上期的“现金的期初余额”，此处未设置公式，可以直接手工输入，也可用公式引用相同格式的另一 Excel 文件（上个月）的现金流量表单元格 D71。如本期指 2017 年 10 月，则上期指 2017 年 9 月、上期的期初指 2017 年 8 月的期末。
- 4：资产负债表与现金流量表相互引用、钩稽关系，用黄色逻辑线表示，A-C 线条含义如下：
  - A 和 B：现金流量表附表“现金”的期末（单元格 D70）减去期初（单元格 D71）即“现金”的净发生额，或资产负债表“货币资金”的期末（单元格 D6）减去期初（单元格 E6）即“现金”的净发生额。用相同的方法，计算得“现金等价物”的净发生额，加上“现金”的净发生额即得“现金及现金等价物净增加额”（单元格 D74）。此值应与现金流量表主表“五、现金及现金等价物净增加额”（单元格 D70）相等。
  - C：直接法计算的现金流量表主表“经营活动产生的现金流量净额”（单元格 D15）应与间接法计算的附表“经营活动产生的现金流量净额”（单元格 D64）相等。

> CFO 点拨
> 图 8-8 中仅示意了报表期本期（D 列）的逻辑线，对于上期（E 列）的逻辑线也可轻松标出。

8.2 利用代码实现下属机构的空白报表自动化下发

8.2.1 对下属分支机构整体规划

1. 省区代码。苏问集团下属分支机构有江苏分公司等 13 家分公司，管理层次分为三层：第一层“片区”，如西南区、华东区、东北区；第二层“省份”，如西南区包括云南省、贵州省、四川省；第三层“地级市”，比如贵州省包括安顺市、毕节地区、贵阳市等。为了便于报表报送管理，将片区以字母指代，如华东区为 A、东北区为 B…将省份是数字指代，如江苏省为华东区内用数字 1 表示，浙江省为华东区内用数字 2 表示，区位和省份二者组合后江苏省分公司代码 A1、浙江省分公司代码 A2…

2. 设计年度已报送报表一览表。将“8.1”包含的“封面”及三大报表保存在“D:\files\Chap8\ 报表结构 \Report.xlsm”，然后按以下步骤操作：

➢ 设置月份。增加新工作表“报送情况”，在表中设计如图 8-9 所示表格“下属分支机构会计报表报送情况一览表”，在单元格区域“C2:N2”依次输入数字 1-12，仿照图 7-29 设置“表里不一”的自定义单元格，使其显示为带月份的文字。

➢ 预填充未报送格式。预先假设各分支机构均未报送，以数字 0 表示。选中单元格区域“C3:N15”，输入数字 0，按下 Ctrl_Enter（图 8-10），则该单元格区域内自动填满 0。

➢ 快速横向、纵向汇总。选中单元格区域“C3:O16”（图 8-11 之 1），按下 Alt_=，则 O 列和第 16 行自动加好了汇总公式（图 8-11 之 2）。

CFO 点拨

为观察清晰，可将单元格区域“C3:O16”格式设置为会计专用，小数点位数 0，无货币符号（图 8-11 之 3）。

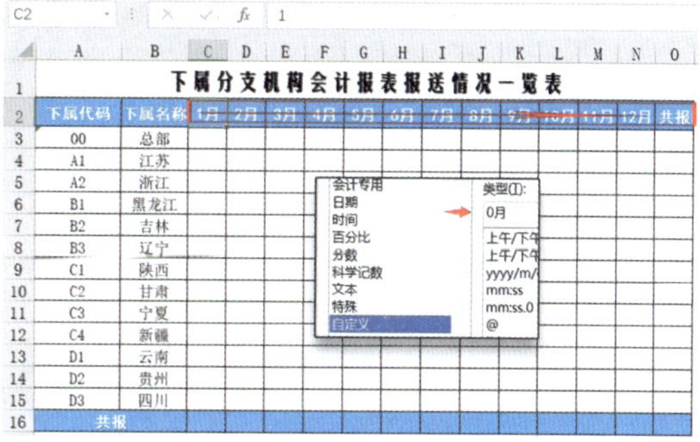

图 8-9 苏问集团下属分支机构会计报表报送情况一览表

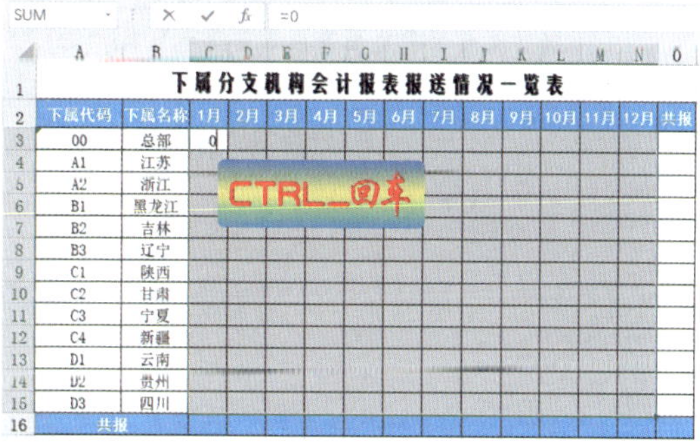

图 8-10 快速填充未报送区域

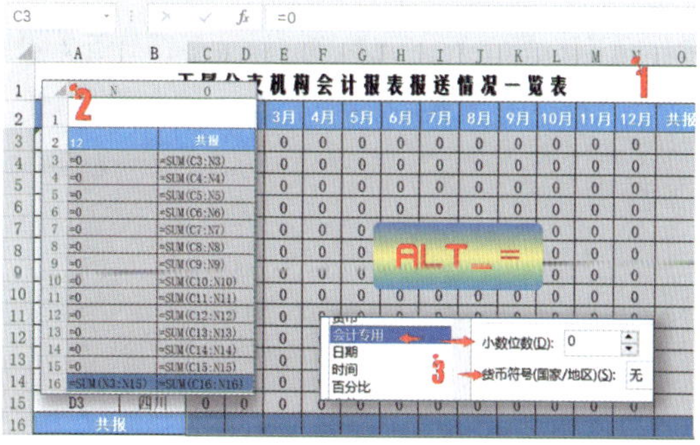

图 8-11 快速添加横向、纵向汇总

8.2.2 设计自动下发空白报表的 VBA 代码

1. 添加命令按钮及其代码。仿照“7.4.1”插入“命令按钮（AciveX 控件）”，将之改名为“下发空表”。双击此按钮，并输入图 8-12 的代码。

```
Private Sub CommandButton1_Click()                              批量下发空白填报表格
'------------------------------------------------------------------------------------
'功能：根据工作表“报送情况”中下属机构清单，生成空白报表文件供下属机构会计填报
'参数：无
'说明：工作表“报送情况”中下属机构清单可以增加新行填写新设的下属机构，或者删除已有行
'------------------------------------------------------------------------------------
'定义一个路径变量WorkPath，判断本文件是否在根目录下，如果不是，在路径后加上"\"
Dim WorkPath: WorkPath = ThisWorkbook.Path & IIf(InStr(1, ThisWorkbook.Path, ":\") = 0, "", "\")
'将工作表“封面”的单元格C4赋值给定义报告期变量ReportDate
Dim ReportDate: ReportDate = Sheets("封面").Range("C4")
'以年份作为目录名，在本文件目录下建立一个子目录。用On Error Resume Next防止报错。
WorkPath = WorkPath & Year(ReportDate) & "年\"                    '以年份作为目录名赋值给 WorkPath
On Error Resume Next: MkDir WorkPath                               '建立年目录
On Error Resume Next: MkDir WorkPath & "下发空表\"                 '建立“下发空表”目录
Dim m                                                              '定义一个变量，用于递增1-12月份
For m = 1 To 12                                                    '开始12次循环
    On Error Resume Next: MkDir WorkPath & Format(m, "00") & "月\"  '建立月目录，存放今后收回的上报文件
Next                                                               '结束12次循环
On Error Resume Next: MkDir WorkPath '以 WorkPath 作为目录名，再建立一个下级子目录。
Application.ScreenUpdating = False                                 '关闭屏幕更新，防止屏幕闪烁跳动
Application.DisplayAlerts = False                                  '不允许出现警告提示信息，全程无须人工干预
Dim i: i = 3                                                       '定义循环体内增量，从“报送情况”第3行开始
Do                                                                 '循环体开始
   If Sheets("报送情况").Range("B" & i) = "" Then Exit Do          '遇到分公司名称为空白时，退出循环体
   '将工作表“报送情况”的A列分公司名称依次填入工作表“封面”内“编制单位”内
   Sheets("封面").Range("C3") = "苏问集团有限责任公司" & Sheets("报送情况").Range("B" & i) & "分公司"
   Application.StatusBar = "正处理" & Sheets("封面").Range("C3") '在状态栏提示生成空白表格的进度
   Dim fileName                                                    '定义文件名变量
   '按文件命名规则命名，例“D:\files\Chap8\报表结构\2018年\下发空表\Report201710.A1(江苏).xlsx”
   fileName = WorkPath & "下发空表\Report" & Year(ReportDate) & Format(Month(ReportDate), "00") & _
       "." & Sheets("报送情况").Range("A" & i) & "(" & Sheets("报送情况").Range("B" & i) & ").xlsx"
   Sheets(Array("封面", "资产负债表", "利润表", "现金流量表")).Copy  '复制4个工作表
   ActiveWorkbook.SaveAs fileName                                  '复制工作表后保存于月份目录内
   ActiveWindow.Close                                              '关掉新开的窗口
   i = i + 1                                                       '循环体内增量递增，表示一行一行往下读取
Loop                                                               '循环体结束
Application.StatusBar = ""                                         '清除状态栏上的信息
Application.DisplayAlerts = True                                   '允许出现提示信息
Application.ScreenUpdating = True                                  '恢复屏幕更新
Sheets("封面").Range("C3") = "苏问集团有限责任公司"                '恢复工作表“封面”内“编制单位”原有内容
End Sub
```

图 8-12 批量下发空白填报表格的 VBA 代码

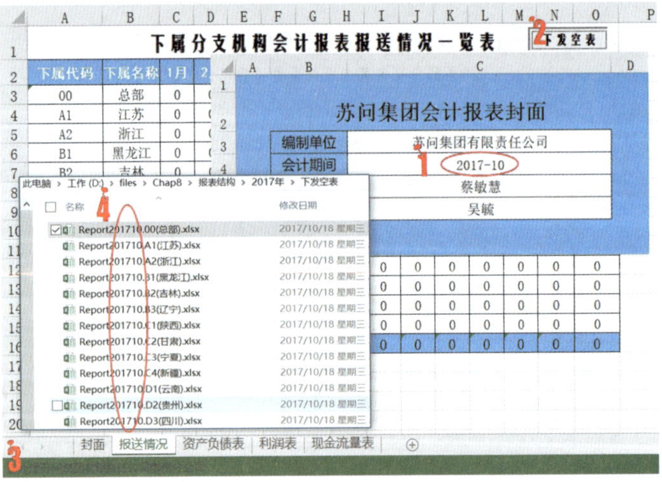

图 8-13 批量生成用于下发的空白报表

> **CFO 点拨**
> 在代码“Sheets("封面").Range("C3") = "苏问集团有限责任公司" & Sheets("报送情况").Range("B" & i) & "分公司" ""中添加“分公司”字样，并不意味着下属机构只包括分公司，还包括子公司、办事处、代表处和临时机构等。

2. 执行代码自动生成下发文件。在工作表“封面”单元格 C4 中输入“2017-10”（图 8-13 之 1），清空单元格区域“C5:C6”，单击工作表“报送情况”内的“下发空表”按钮（图 8-13 之 2），在状态栏上显示正在生成的文件进度（图 8-13 之 3）。稍候片刻，就在“D:\files\Chap8\报表结构\Report.xlsm”文件所在的目录中自动以输入的年份“2017”创建一个目录，并在其下级子目录“下发空表”中生成苏问集团所有的 13 家下属机构的 13 个空白报表文件（图 8-13 之 4）。

同时，在“2017”目录下创建了以“1月”、“2月”…“12月”命名的12个子目录。

目录“下发空表”中的文件分别发送给下属机构财务人员，“1月”等月份用于按月存放下属机构上报的填报报表文件。

3. 检查下发文件。打开“下发空表”中任一文件“Report201710.D2(贵州).xlsx”，可以看到分公司名称和会计期间均已经自动填好，如图8-14所示。

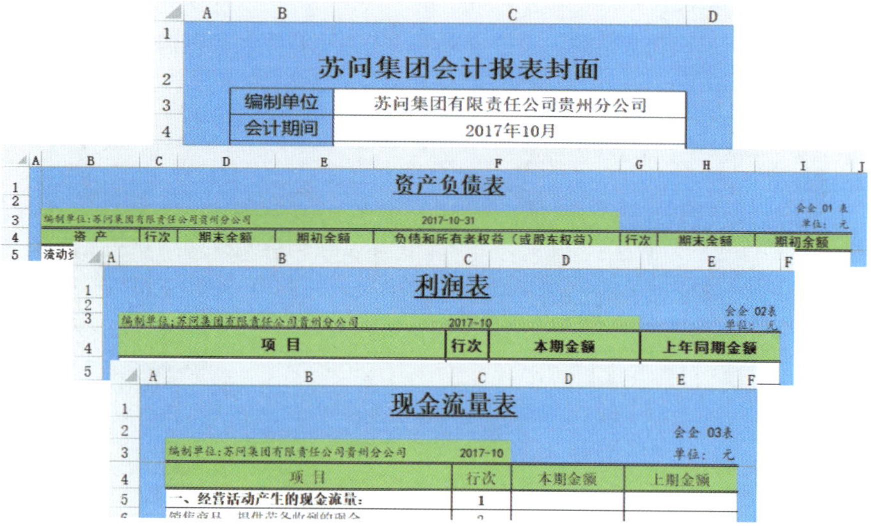

图8-14 自动添加的下发报表空表

8.2.3 下属分支机构填报报表与公式、数字混合列的清除

下级分支机构收到集团（总公司）发来的报表文件后，就需要根据本单位的实际，填入本单位的报表项目。

1. 注意事项。填报时，必须严格遵守集团的填报规定：

- 本单位不适用的项目，直接无视，不需要输入0；
- 不得删除报表的行、列，不得在报表框架内插入行、列；
- 不得更改单元格的保护属性，特别是白色背景项目的未锁定属性（重要）；
- 不得修改集团（总公司）发来的报表文件名称。

2. 常见操作。在输入数据时，可能性较大的输入方法有：

- 快速定位公式。在输入数据时，经常有财务人员在同一单元格内输入数字连续相加（特别在那些必须经过分析填列的报表项目，或者需要拼凑数字时）。之后，如果有错误，在大量的数字之间寻找，也是一件令人挠头的事情，可按照图8-15之1-5来解决：

CFO点拨

- 除了将欲汇总的单元格设置为未锁定外，还可以利用数据验证设置为只可输入数字，数据验证自定义公式为“=ISNUMBER(G2)”，VBA核心代码“Cells.Validation.Add Type:=xlValidateCustom, Formula1:="=ISNUMBER(D6)"”，其中D6为选定区域的第一个单元格，设置时需要根据实际选中区域进行修改。
- 为防止下属机构财务破坏报表结构的，可以将“Report.xlsm”文件中有公式的单元格保护起来，添加工作表密码和工作簿密码（参见第“4.8.5”节）。
- 自动生成的文件的命名规则是：4位年份2位月份加点号加下属机构名，此规则可以通过修改代码加以修改。

> 1：在单元格 D6 输入数字连加“=211221.34+256184509.68+124788778.66”，其他还有若干单元格内也存在此类数字连加。

> 2：选中要查找的数据列 D、E，左手按下 Ctrl_G。如果欲在当前工作表内查找，只需要鼠标在工作表内任意一单元格内。

> 3：左手按下 Alt_S，弹出“定位条件”对话框。

> 4：右手鼠标单击“公式”，并只保留“数字”前勾选，单击“确定”按钮。

> 5：显示为数字的公式已被选中，而白色背景的红色椭圆部分是包含数字连加的单元格。

CFO 点拨

指明了操作使用左、右手是为了节约操作时间，加快查找速度，只适用于右手习惯者，其他人士需根据自身情况来操纵键盘和鼠标。

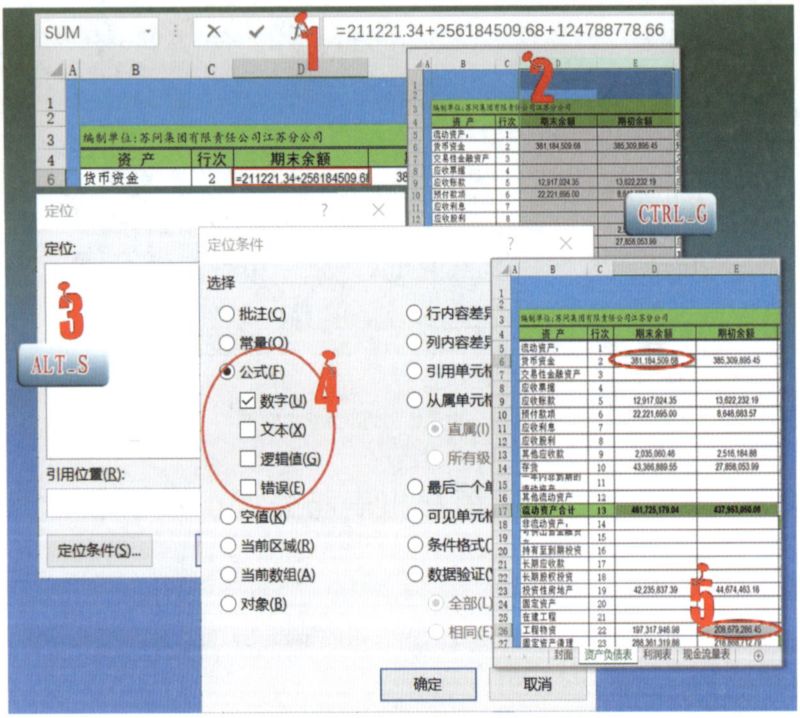

图 8-15　快速定位数字加总的报表项目

- 快速清除数字而不误伤公式。财务人员在沿用已包含数据的历史报表或套用取自他人的报表时，往往因为数字未清空，与本单位的当期数字混为一体造成难以查找的错误。为避免这样的情况出现，必须事先将表格内的数字清除而不误伤公式，可按照图 8-16 之 1-4 来解决：

> 1：仍以选中要查找的数据列 D、E 为例。

> 2：单击 Excel 主界面“开始”选项卡内“查找和选择”项下的“常量”项。

> 3：D、E 列只包含数字的单元格都已经被选中，数字连加部分是公式，而不是常量未被选中。

> 4：按下 DEL 键，选中单元格内的所有数字都已经被清空。

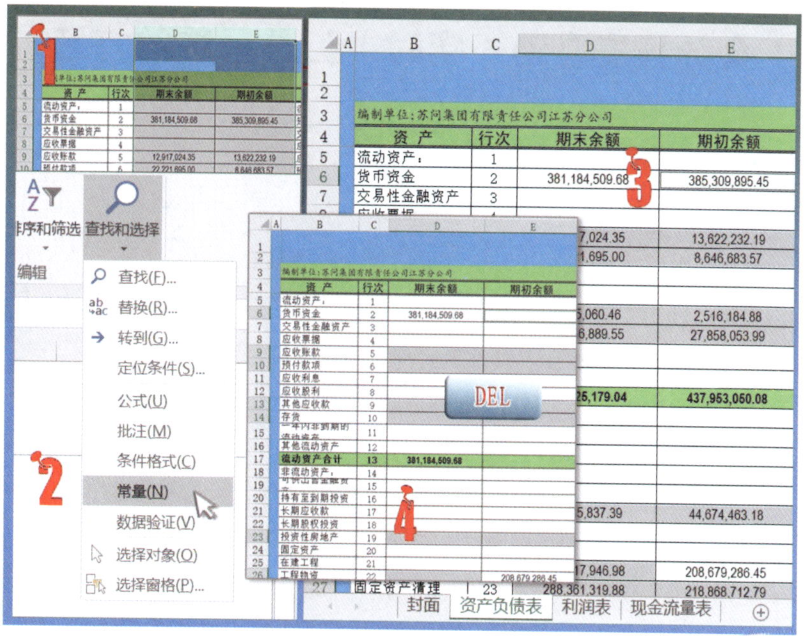

图 8-16　快速清除旧报表内的数字

8.2.4　下属分支机构报表下发后的收回

如前述，“Report.xlsm”文件位于目录“报表结构”中（图 8-17 之 1），单击工作表“报送情况”内的“下发空表”按钮可生成指定年、月和“下发空表”文件夹以及所有下属分支机构的空白报表文件（图 8-17 之 2）。

空白报表文件系根据“Report.xlsm”文件中三大报表自动生成，如果修改了“Report.xlsm”文件中的报表格式，或者增减了相关内容，需要下级分支机构填报的，需要重新单击“下发空表”按钮制作，然后将制作好的文件重新下发给各下属分支机构。

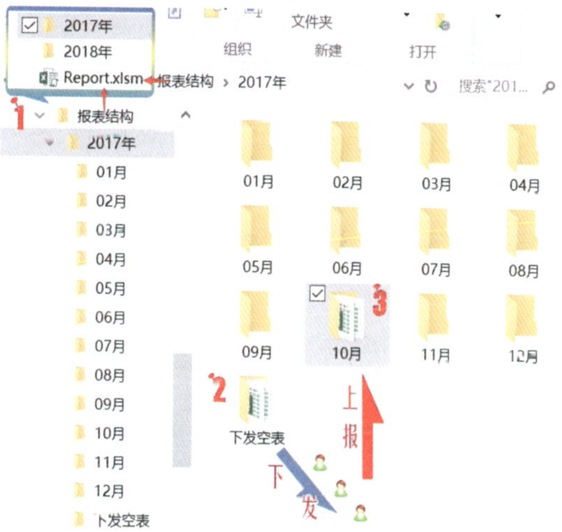

图 8-17　自动汇总报表系统的目录结构

当然，如果需要补充的数据不太重要，或者集团财务能够自行填充，也可不再重新下发，以减少下属机构财务的填报工作量，也减少集团报表调整的随意性，所以在正式下发之前，将报表格式、需要填报和不需要填报的报表项目反复检查完成后下发。

下级分支机构填报后的文件收回后，必须按照会计期间，将收回的文件放置于以月份命名的目录中，如：陕西分公司上报的文件“Report201710.C1(陕西).xlsx”应存放于“2017 年”目录的子目录“10 月”（图 8-17 之 3）中，四川分公司上报的文件“Report201802.D3(四川).xlsx”应存放于“2018 年”目录的子目录“2 月”中。

8.3 会计报表自动（实时）汇总系统的打造

8.3.1 集团上报报表汇总的要求

空白报表下发之后，在集团规定的时间之前，各下属公司会陆陆续续地将当月报表上报到集团财务，集团财务只需要将这些文件按月份存放。但此时的报表，仍旧是孤立的，并没有汇总。各下属公司报表的上报时间是不确定的，集团报表的汇总也是随时需要的，在规定的上报截止日期之前，要求是“有一个、汇一个”随时查看各报表项目的汇总结果。

除了在三大报表的各项目汇总外，是不是可以在一张工作表上同时看到各下属公司的相应报表项目金额，那就更妙了，既可以逐项分析，也可以作为工作底稿来随时查找可能出现的错误。

至目前，苏问集团财务已收到下属的江苏分公司和陕西公司报来的2017年10月报表文件“D:\files\Chap8\报表结构\2017年\10月\Report201710.A1(江苏).xlsx”和“D:\files\Chap8\报表结构\2017年\10月\Report201710. C1(陕西)..xlsx”，如果要汇总工作表“资产负债表”货币资金期末余额（单元格D6），则最简单的公式就是：“='D:\files\Chap8\报表结构\2017年\10月\[Report201710.A1(江苏).xlsx]资产负债表'!$D$6+'D:\files\Chap8\报表结构\2017年\10月\[Report201710.C1(陕西).xlsx]资产负债表'!$D$6”。

“看起来公式很长，现在仅仅是两家公司，如果是上百家呢？手工输入要得累死。

现在仅仅分析的是一个单元格，面对“三大表”中几百个单元格？手工输入还是得累死。

如果分公司数增减变动了，如果待汇总的单元格是否参与汇总发生变化了呢？是不是还得去一个个地修改这些长长的公式呢？

分公司的报表陆续上报的，还得来一家汇一家，这报表汇总公式不是还得随时修改？还是得累死啊！

而且，又如何让Excel知道哪些单元格将要参与汇总运算呢？难道只能是一个个地在其中输入求和公式吗？

要把各家分公司的所有汇总项目表示金额清单在一张工作表上，手工一个一个地去复制粘贴吗？得花多长时间啊，容易贴错行吧，错了还难找吧。

…完了，双休加班也搞不完啊。

就是搞完了，还得随时改公式啊！”

小白和小吴面对实时统计、动态可查的报表汇总要求，大脑一阵发懵，千万个问号和忧伤瞬间从心中奔腾而过…

8.3.2 多个报表汇总的解决方案分析

实现“有一个、汇一个”随时查看各报表项目的汇总结果的要求真的是“不可能完成的任务”吗？

别忘了让 Excel 腾飞的翅膀，从“5.3”开始，易总就引领我们进入了 VBA 的殿堂。这一节，我们仍然还是能够利用 VBA 代码攻坚克难，把“不可能”变为现实，达到事半功倍的效果。

上一节所说的公式不管多长，但它是有规律的，有规律就好办，这是 VBA 代码的优势，让电脑做做重复（循环）的事，财务人员在边上休息喝茶。

观察图 8-18 引用的两个文件单元格，对各个部分分别说明如下：

① 包含路径的长文件名；

② 不包含路径的短文件名，用一对白色中括号（“[]”）⑥和⑦括起来；

③ 工作表名称，用一对红色撇点（“'”）⑤和⑧将长文件名与工作表名称括起来；

④ 待汇总的单元格地址，橙色用感叹号（“!”）⑨将撇点括起来的长文件名、工作表名称与单元格地址连接起来。

图 8-18 中年、月都可以用 YEAR、MONTH 函数获得，蓝色部分是各个文件的不同部分，是否已经上报，可用 DIR 函数从下属机构名称清单中取得名称并逐一测试其是否存在？由此可解决报表陆续回收的问题。

对于待汇总的单元格地址，可用“For Each..Next”循环一一添加公式，公式由多家下属机构的“①、③和④”组成，单个“①、③和④”分别写入清单工作表同一行的不同列，多个“①、③和④”之间用加号（“+”）连接后写入各报表的某一待汇总报表项目的单元格。

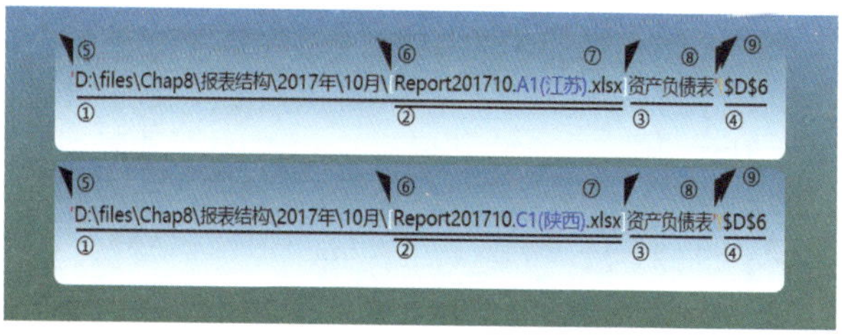

图 8-18　跨工作簿引用单元格规律分析

但“三大表”中有的单元格需要汇总，有的不需要汇总，为此，需要给待汇总的单元格添加一个汇总标志。由于“三大表”中每一表的操作相同，可将该操作固定为一个 VBA 过程，又由于表的个数较少，可一一调用。

8.3.3　动态、可追溯的自动报表汇总系统设计

基于对集团报表的汇总要求和解决方案的分析，设计出以下报表的自动汇总系统：

- 插入空白工作表。插入一张新的工作表，并更名为“待汇总单元”。
- 点击“立即汇总”按钮。仿照“8.2.2”，在工作表“报送情况”中插入新的按钮，并更名为“立即汇总”，在“开发工具”的“设计”状态下，双击该按钮，添加图 8-19 之 1-3 代码：
  - 1：将封面和底稿工作表初始化。
  - 2：构造待汇总单元格公式的共同部分，并对其中的加号、工作表名称、待汇总的单元格分别用“<”、“?”和“>”暂代（图 8-20）。此处构造了一个公共字符串变量“str_Formula”供其他过程调用，当然也可以采用过程的参数来传递变量值。
  - 3：调用自定义过程“writeRNGaddr”将构造的公式字符串加工并在“三大表”各单元格中添加汇总公式。为保证在清单文件“待汇总单元”中行号在一张报表制作完成能够接

续上一张报表的最后一行（一个待汇总的单元格占据清单的一行），因此将“r_RNG”定义为公共变量。

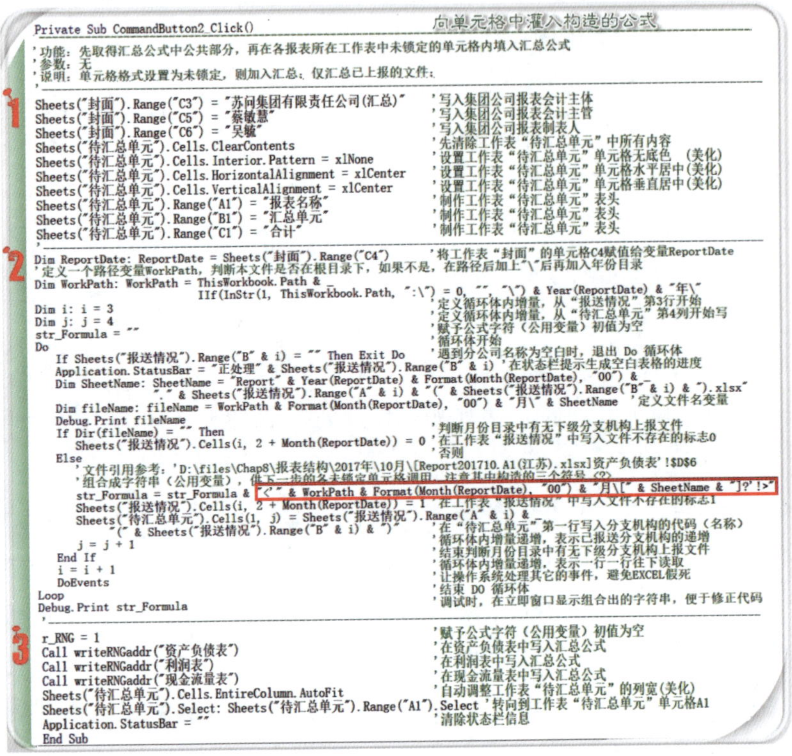

```
Private Sub CommandButton2_Click()                          向单元格中灌入构造的公式
'功能：先取得汇总公式中公共部分，再在各报表所在工作表中未锁定的单元格内填入汇总公式
'参数：无
'说明：单元格格式设置为未锁定，则加入汇总；仅汇总已上报的文件；
'-----------------------------------------------------------------------------
Sheets("封面").Range("C3") = "苏同集团有限责任公司(汇总)"      '写入集团公司报表会计主体
Sheets("封面").Range("C5") = "蔡敏慧"                         '写入集团公司报表会计主管
Sheets("封面").Range("C6") = "吴毓"                           '写入集团公司报表制表人
Sheets("待汇总单元").Cells.ClearContents                      '先清除工作表“待汇总单元”中所有内容
Sheets("待汇总单元").Cells.Interior.Pattern = xlNone          '设置工作表“待汇总单元”单元格无底色 (美化)
Sheets("待汇总单元").Cells.HorizontalAlignment = xlCenter     '设置工作表“待汇总单元”单元格水平居中(美化)
Sheets("待汇总单元").Cells.VerticalAlignment = xlCenter       '设置工作表“待汇总单元”单元格垂直居中(美化)
Sheets("待汇总单元").Range("A1") = "报表名称"                 '制作工作表“待汇总单元”表头
Sheets("待汇总单元").Range("B1") = "汇总单元"                 '制作工作表“待汇总单元”表头
Sheets("待汇总单元").Range("C1") = "合计"                     '制作工作表“待汇总单元”表头
'-----------------------------------------------------------------------------
Dim ReportDate: ReportDate = Sheets("封面").Range("C4")       '将工作表“封面”的单元格C4赋值给变量ReportDate
'定义一个路径变量WorkPath，判断本文件是否在根目录下，如果不是，在路径后加上"\"后再加入年份目录
Dim WorkPath: WorkPath = ThisWorkbook.Path & _
              IIf(InStr(1, ThisWorkbook.Path, ":\") = 0, "", "\") & Year(ReportDate) & "年\"
Dim i: i = 3                                                  '定义循环体内增量，从“报送情况”第3行开始
Dim j: j = 4                                                  '定义循环体内增量，从“待汇总单元”第4列开始写
str_Formula = ""                                              '赋予公式字符（公用变量）初值为空
Do                                                            '循环体开始
  If Sheets("报送情况").Range("B" & i) = "" Then Exit Do      '遇到分公司名称为空白时，退出 Do 循环体
  Application.StatusBar = "正处理" & Sheets("报送情况").Range("B" & i) '在状态栏提示生成空白表格的进度
  Dim SheetName: SheetName = "Report" & Year(ReportDate) & Format(Month(ReportDate), "00") & _
      "." & Sheets("报送情况").Range("A" & i) & "(" & Sheets("报送情况").Range("B" & i) & ").xlsx"
  Dim fileName: fileName = WorkPath & Format(Month(ReportDate), "00") & "月\" & SheetName  '定义文件名变量
  Debug.Print fileName
  If Dir(fileName) = "" Then                                  '判断月份目录中有无下级分支机构上报文件
    Sheets("报送情况").Cells(i, 2 + Month(ReportDate)) = 0    '在工作表“报送情况”中写入文件不存在的标志0
  Else                                                        '否则
    '文件引用参考：'D:\files\Chap8\报表结构\2017年\10月\[Report201710.A1(江苏).xlsx]资产负债表'!$D$6
    '组合成字符串（公用变量），供下一步的各未锁定单元格调用，注意其中构造的三个符号 <?>
    str_Formula = str_Formula & "<'" & WorkPath & Format(Month(ReportDate), "00") & "月\[" & SheetName & "]?'!>"
    Sheets("报送情况").Cells(i, 2 + Month(ReportDate)) = 1    '在工作表“报送情况”中写入文件不存在的标志1
    Sheets("待汇总单元").Cells(1, j) = Sheets("报送情况").Range("A" & i) & _
        "(" & Sheets("报送情况").Range("B" & i) & ")"         '在“待汇总单元”第一行写入分支机构的代码（名称）
    j = j + 1                                                 '循环体内增量递增，表示已报送分支机构的递增
  End If                                                      '结束判断月份目录中有无下级分支机构上报文件
  i = i + 1                                                   '循环体内增量递增，表示一行一行往下读取
  DoEvents                                                    '让操作系统处理其它的事件，避免EXCEL假死
Loop                                                          '结束 DO 循环体
Debug.Print str_Formula                                       '调试时，在立即窗口显示组合出的字符串，便于修正代码
'-----------------------------------------------------------------------------
r_RNG = 1                                                     '赋予公式字符（公用变量）初值为空
Call writeRNGaddr("资产负债表")                               '在资产负债表中写入汇总公式
Call writeRNGaddr("利润表")                                   '在利润表中写入汇总公式
Call writeRNGaddr("现金流量表")                               '在现金流量表中写入汇总公式
Sheets("待汇总单元").Cells.EntireColumn.AutoFit               '自动调整工作表“待汇总单元”的列宽(美化)
Sheets("待汇总单元").Select: Sheets("待汇总单元").Range("A1").Select '转向到工作表“待汇总单元”单元格A1
Application.StatusBar = ""                                    '清除状态栏信息
End Sub
```

图 8-19　构造汇总公式字符并填入三大报表

- “立即汇总”按钮核心代码的说明。图 8-19 的核心代码列明于图 8-20，对图中 1-3 分别说明如下：
  - 1：列出了汇总公式中某一个家分支机构的待汇总项所在的单元格的全路径指代字符串，对字符串各个部分的来源用箭头进行标注。同时，用三个特殊字符对字符串的不同部分进行了暂代，目的是为了在调用自定义过程“writeRNGaddr”时，以不同的值进行替换，保证了构造的字符串的通用性。
  - 2：用于构造某一个家分支机构的待汇总项所在的单元格的全路径的 VBA 代码，目的是保证 Excel 公式引用其他工作簿文件中单元格对各字符的要求。包括我们自行构造的问号和大于号在内，此代码末尾有 7 个英文小写特殊字符，顺序不可颠倒，它们是“"]?'!>"”（引号、右中括号、问号、撇号、感叹号、大于号和引号）。
  - 3：将多家已上报的各家分支机构构造的字符串进行拼接，由于要进行汇总，我们要用加号（“+”）来连接。为美观起见，与暂代单元格地址的大于号配对，我们选用了小于号来暂代加号，这里列出了已上报的两家分支机构构造的字符串连接后的效果。

CFO 点拨

由于电脑文件名中不允许使用“\/:*?"<>|”这 9 个特殊字符，因此在上报的文件中不可能有这几个字符，换言之，如果我们在公式中使用这些字符无须担心与下属公司报来的文件名中的字符重复，从而确保构造的特定字符具备了各自唯一的特定含义。此外，我们可以用“?”暂代工作表名称，也可以以“：”等代替，但应保持特殊字符与被代表的东西的一一对应关系。

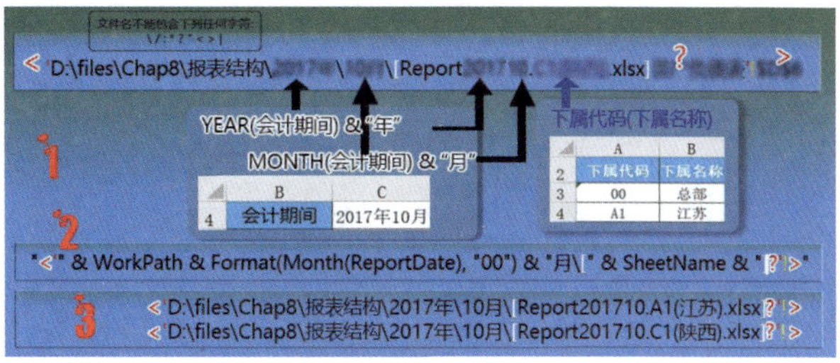

图 8-20　构造汇总公式核心代码

- 构造汇总单一报表的代码。无论是几张报表，我们都是要向其中的单元格注入求和公式，为达到重复调用的目的，我们编写了图 8-21 所示的自定义过程“writeRNGaddr”。
  - 添加汇总标志。为使得 Excel 知晓哪些单元格是欲汇总的，我们必须在汇总前给待汇总的单元格添加某种特殊的标志。比如，我们可先按 Ctrl 键，用鼠标选中待汇总的报表项目的单元格（如图 8-1 用来汇总货币资金项目的资产负债表单元格区域“D6:E6”），然后按 Ctrl_1 键设置这些单元格的格式为未保护。
  - 替换特殊字符。逐一循环处理已经添加了标志的单元格，将单元格地址和工作表名称替换回原先暂代的特殊字符“>”和“?”，用加号替换回字符“<”。
  - 重要代码。图 8-21 之 1 红框内代码使用了三次 REPLACE 函数嵌套进行替换。图 8-21 之 2 蓝框内代码对工作表“待汇总单元”偶数行设置底色，此代码也可以仿照“3.5.2”通过设置“开始”选项卡上“条件格式”的“新建规则”中的“使用公式确定要设置格式的单元格”，参见图 8-22 之 1-3。

> CFO 点拨
> 为在清单中可以同时显示各报表项目的汇总数和各家分支机构报表数，自定义过程“writeRNGaddr”使用了一个 OFFSET 函数和一个 SUM 函数组合使用，对工作表“待汇总单元”中的 D 列向右的几家分支机构（自动取得）报表数进行求和。此外，代码中的“Range("A" & r_RNG).Resize(1, UBound(Arr)+3)”作用是将当前行的首个单元格变形为行数为 1，列数为“UBound(Arr)+3”的新单元格区域。

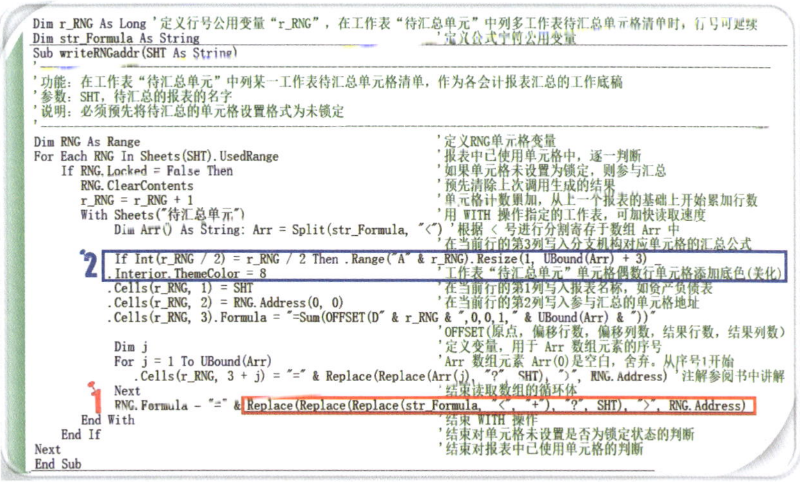

```
Dim r_RNG As Long '定义行号公用变量“r_RNG”，在工作表“待汇总单元”中列多工作表待汇总单元格清单时，行号可延续
Dim str_Formula As String                    '定义公式字符公用变量
Sub writeRNGaddr(SHT As String)
'
'功能: 在工作表“待汇总单元”中列某一工作表待汇总单元格清单，作为各会计报表汇总的工作底稿
'参数: SHT，待汇总的报表的名字
'说明: 必须预先将待汇总的单元格设置格式为未锁定
'
Dim RNG As Range                                 '定义RNG单元格变量
For Each RNG In Sheets(SHT).UsedRange            '报表中已使用单元格中，逐一判断
    If RNG.Locked = False Then                   '如果单元格未设置为锁定，则参与汇总
        RNG.ClearContents                        '预先清除上次调用生成的结果
        r_RNG = r_RNG + 1                        '单元格计数累加，从上一个报表的基础上开始累加行数
        With Sheets("待汇总单元")                '用 WITH 操作指定的工作表，可加快读取速度
            Dim Arr() As String: Arr = Split(str_Formula, "<") '根据 < 号进行分割寄存于数组 Arr 中
                                                 '在当前行的第3列写入分支机构对应单元格的汇总公式
 2          If Int(r_RNG / 2) = r_RNG / 2 Then .Range("A" & r_RNG).Resize(1, UBound(Arr) + 3) _
           .Interior.ThemeColor = 8              '工作表“待汇总单元”单元格偶数行单元格添加底色(美化)
           .Cells(r_RNG, 1) = SHT                '在当前行的第1列写入报表名称，如资产负债表
           .Cells(r_RNG, 2) = RNG.Address(0, 0)  '在当前行的第2列写入参与汇总的单元格地址
           .Cells(r_RNG, 3).Formula = "=Sum(OFFSET(D" & r_RNG & ",0,0,1," & UBound(Arr) & "))"
                                                 'OFFSET(原点, 偏移行数, 偏移列数, 结果行数, 结果列数)
            Dim j                                '定义变量，用于 Arr 数组元素的序号
            For j = 1 To UBound(Arr)             'Arr 数组元素 Arr(0)是空白，舍弃。从序号1开始
               .Cells(r_RNG, 3 + j) = "=" & Replace(Replace(Arr(j), "?", SHT), ">", RNG.Address) '注解参阅书中讲解
            Next                                 '结束读取数组的循环体
 1          RNG.Formula = "=" & Replace(Replace(Replace(str_Formula, "<", "+"), "?", SHT), ">", RNG.Address)
        End With                                 '结束 WITH 操作
    End If                                       '结束对单元格未设置是否为锁定状态的判断
Next                                             '结束对报表中已使用单元格的判断
End Sub
```

图 8-21　构造自定义过程“writeRNGaddr”

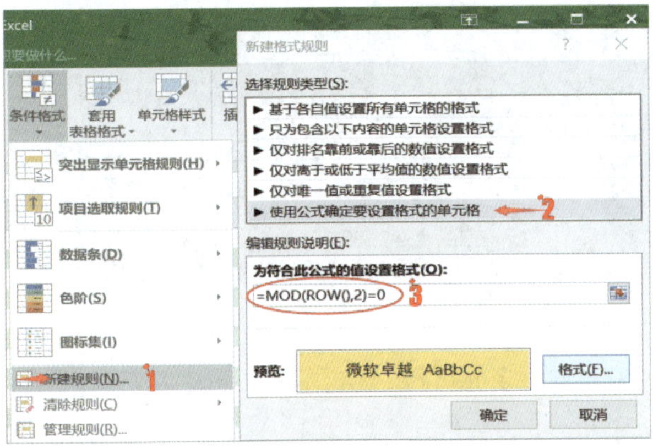

图 8-22　新建公式规则设置奇偶行间隔底色

8.3.4　自动报表汇总系统的汇总测试

在将已经收到的下属机构上报的会计报表存放于月份目录之后，就可以按照以下步骤对设计好的动态可追溯的报表汇总系统进行测试了：

- 检查报表的会计期间。检查工作表“封面”的单元格 C4 是否是当前的会计报表期间（图 8-23 之 1），如“2017-10”，如有错误，填入正确的年、月。
  - 单击“立即汇总”按钮。单击工作表“报送情况”中的“立即汇总”按钮，稍候片刻，汇总公式添加完毕，将跳转到工作表“待汇总单元”，如图 8-23 之 2 至 4 所示。该图中 3 展示了下属机构江苏分公司和陕西分公司填报的货币资金的值，通过自定义过程“writeRNGaddr”将其引用到工作底稿清单内，并自动求和（见图 8-23 之 4 红色方框和蓝色方框）。

> **CFO 点拨**
> 可将工作表“待汇总单元”中诸如“字体”、“字号”、“单元格格式”、“冻结拆分窗格”等一次性设定、永久可用的设置在单击“立即汇总”按钮之前搞定，以减少代码的数量，也可加快汇总速度。

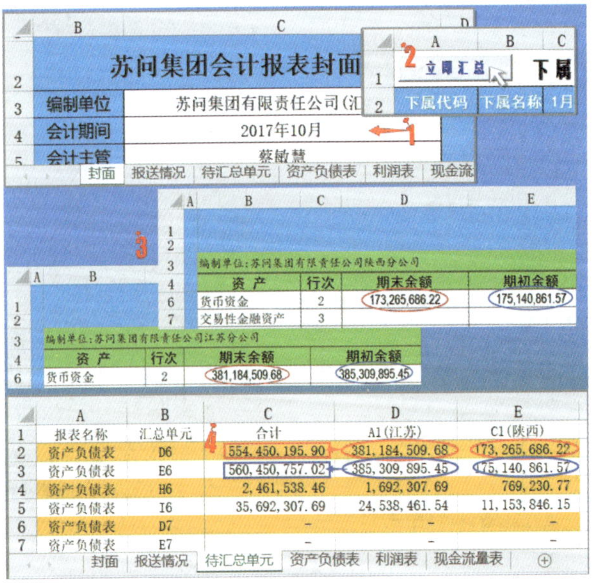

图 8-23　自动汇总报表生成工作底稿

> **CFO 点拨**
> 按住 Shift 键，同时单击 Excel 主界面右上角的关闭按钮，即可同时关闭多个打开的工作表。

➢ 检查三大报表的汇总金额。依次点击“资产负债表”、“利润表”和“现金流量表”，检查其汇总值与下属机构上报文件、与汇总工作底稿清单均核对相符。如“货币资金期末余额”江苏分公司分别为 381 184 509.68 和 173 265 686.22（图 8-23 之 3），二者之和 554 450 195.90，与图 8-24 之 1 红色方框内的金额相等。同时检查图 8-24 之 2 至 4 公式，全部正确。

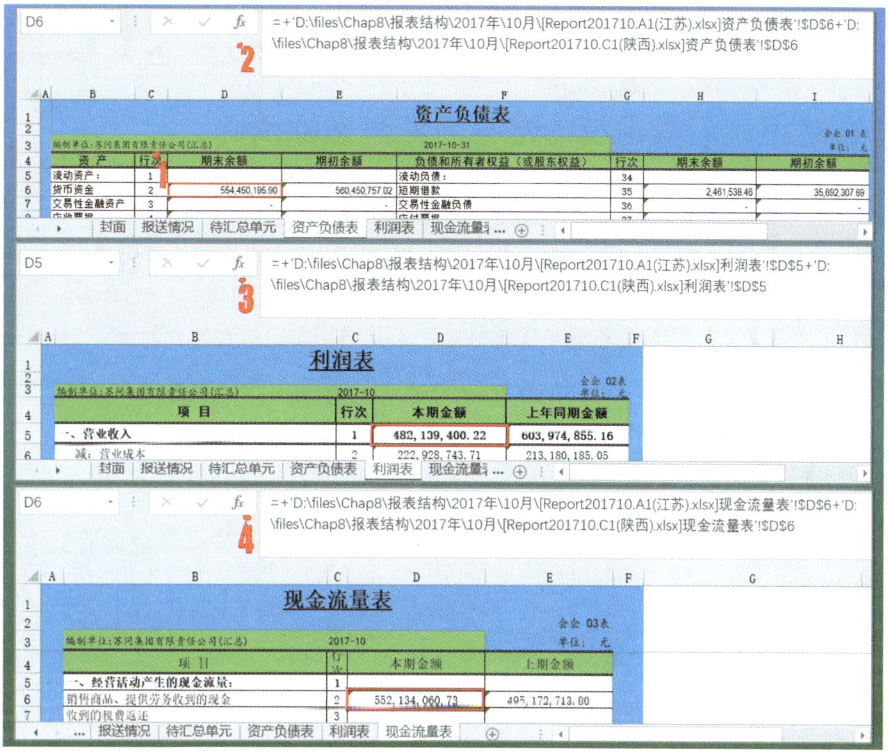

图 8-24 自动汇总后的三大报表（局部）

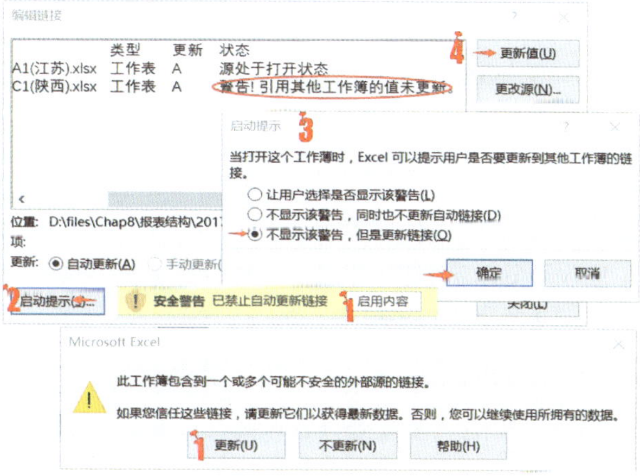

图 8-25 更新链接的设置

● 跨工作簿合计的链接问题。由于汇总报表文件包含了对其他工作簿文件的引用，因而在文件打开时可能会出现图 8-25 之 1 所示的黄色安全警告。单击“启用内容”按钮，可将“Report.xlsm”文件中内容更新。为避免该警告出现，可单击 Excel“数据”选项卡内“连接”组的“编辑链接”弹出“编辑链接”对话框，单击“启用提示”按钮（图 8-25 之 2），弹出“启动提示”对话框（图 8-25 之 3），双击“不显示该警告，但是更新链接”选项，在今后打开该文件时，将不再出现安全警告，但打开文件耗时将变长。

如“Report.xlsm”工作簿打开时，打开链接的源文件并修改其中的数据，可单击图 8-25 之 4 的“更新值”按钮实时更新“Report.xlsm”工作簿中的汇总值。

CFO 点拨
可将文件“Report.xlsm”及同级目录（包括其子目录）整体移动到电脑的其他目录中。

8.3.5 自动报表汇总系统的修改与汇总数据清除

我们在制作在自动报表汇总系统的系统时，是以“三大表”为例来实施的。事实上，无论多少个报表，我们都可以纳入自动汇总体系。如果出于某些特殊目的，也可以将已经汇总的数据清除。

1. **增加汇总报表。**无论是为了遵从国家规定，还是出于集团内部管理的需要而增加的新报表，都可以在“Report.xlsm”中添加新的工作表（假设名称为“新报表”）。按以下步骤进行操作：

- 内置公式。按照国家和集团规定的格式，美化、编排表格。按报表内部、报表与报表之间的逻辑（钩稽、核对）关系，设置好报表公式。
- 标记待汇总的单元格。将欲填写的单元格区域选中后，设置其格式为未锁定。
- 修改 VBA 代码：
  - 将“Private Sub CommandButton1_Click()”中的“Sheets(Array("封面","资产负债表","利润表","现金流量表")).Copy”修改为“Sheets(Array("封面","资产负债表","利润表","现金流量表","新报表")).Copy”。
  - 在“Private Sub CommandButton2_Click()”中的“Call writeRNGaddr（"现金流量表")”的下一行增加一行代码“Call writeRNGaddr（"新报表")”。
  - 自己做一个任务，按照此法尝试着添加“所有有者权益变动”吧。

CFO 点拨
如果添加一张工作表用以归集集团与下属机构的合并抵销事项，从而将报表汇总系统进一步强化为报表合并系统。

2. **删除汇总报表。**因政策变化，如果某报表不再需要上报，假如停止报送“现金流量表”，按以下步骤进行操作：

- 删除工作表。可以将工作簿“Report.xlsm”内的工作表“现金流量表”删除，也可以不删除。在删除时要检查报表与报表间的逻辑关系，防止其他报表出错。
- 修改 VBA 代码：
  - 将“Private Sub CommandButton1_Click()”中的“Sheets(Array("封面","资产负债表","利润表","现金流量表","新报表")).Copy”修改为“Sheets(Array("封面","资产负债表","利润表","新报表")).Copy”。

> CFO 点拨
> 涉及到工作表的增删，建议利用 Ctrl_F 查找代码中已有的工作表名，将要增删的工作表名称添加到代码中或者从代码中删除。

- 从“Private Sub CommandButton2_Click()”删除“Call writeRNGaddr("现金流量表")”。

3. 增加（删除）待汇总的报表项目。只需要将该报表项目所在的单元格设置为未锁定（锁定）即可。

4. 汇总数据清除。当需要将自动报表汇总系统赠予新的会计主体使用时，出于安全保密的需要，可将其中的会计数据加以清除。

- 新建如图 8-26 之 1 所示的的过程“ClearDataInthisbook”。
- 点击“删除汇总数据”按钮。仿照“8.2.2”，在工作表“报送情况”中插入新的按钮，并更名为“删除汇总数据”，在“开发工具”的“设计”状态下，双击该按钮，添加图 8-26 之 2 所示的代码：

> CFO 点拨
> 在经济高速发展的时代，内外部的报表格式也是会不断适时进行调整，根据新报表格式，对照本章所学到的知识，你会更新你的报表汇总系统吗？

1

```
Sub ClearDataInthisbook(SHT As String)
'
'功能：清除工作表中已汇总的数据区域，判断依据是单元格设置格式为未锁定
'参数：SHT，待清除的报表的名字
'
Dim RNG As Range                                      '定义RNG单元格变量
For Each RNG In Sheets(SHT).UsedRange                 '报表中已使用单元格中，逐一判断
    If RNG.Locked = False Then RNG.ClearContents      '如果单元格未设置为锁定，则清除其内容
Next
End Sub
```

2

```
Private Sub CommandButton3_Click()
'
'功能：清除工作表中数据区域，只留下空表
'参数：无
'
Sheets("封面").Range("C3") = "苏同集团有限责任公司"            '写入集团公司报表会计主体
Sheets("封面").Range("C5") = ""                               '清除集团公司报表会计主管
Sheets("封面").Range("C6") = ""                               '清除集团公司报表制表人
Sheets("封面").Range("C7") = ""                               '清除集团公司报表制表人
Sheets("待汇总单元").Cells.ClearContents                      '先清除工作表“待汇总单元”中所有内容
Sheets("待汇总单元").Cells.Interior.Pattern = xlNone          '设置工作表“待汇总单元”单元格无底色  (美化)
Sheets("待汇总单元").Cells.HorizontalAlignment = xlCenter     '设置工作表“待汇总单元”单元格水平居中(美化)
Sheets("待汇总单元").Cells.VerticalAlignment = xlCenter       '设置工作表“待汇总单元”单元格垂直居中(美化)
Call ClearDataInthisbook("资产负债表")                        '清除资产负债表中的汇总数据
Call ClearDataInthisbook("利润表")                            '清除 利  润 表中的汇总数据
Call ClearDataInthisbook("现金流量表")                        '清除现金流量表中的汇总数据
End Sub
```

图 8-26 清除已汇总数据的代码

8.3.6 自动报表汇总系统的数据备份

在生成汇总数据时，还可以将汇总报表和底稿清单进行数据备份，而不需要包含 VBA 代码。此时，可建立一个新的过程“BackupData”（图 8-27）将汇总数据备份在月份目录之中，并在“立即汇总”按钮的代码中使用“Call BackupData”调用该过程。

备份汇总数据

```
Private Sub BackupData()
'
'功能：将工作表“待汇总单元”和各报表备份为不含代码的文件
'参数：无
'
'
On Error Resume Next                                          '忽略这个过程中的所有错误
Dim ReportDate: ReportDate = Sheets("封面").Range("C4")       '将工作表“封面”的单元格C4赋值给变量ReportDate
fileName = "Report" & Year(ReportDate) & Format(Month(ReportDate), "00") & ".集团汇总报表.xlsx"
Application.StatusBar = "备份汇总文件【" & fileName & "】"     '提示正在备份文件
Application.ScreenUpdating = False                            '关闭屏幕更新，防止屏幕闪烁跳动
Application.DisplayAlerts = False                             '不允许出现警告提示信息，全程无须人工干预
Workbooks(fileName).Close False                               '如果汇总报表已打开，则不做保存就关闭它
Windows(fileName).Close                                       '如果汇总报表已打开，则须关闭它所在的窗口
Sheets(Array("封面", "待汇总单元", "资产负债表", "利润表", "现金流量表")).Copy      '复制5个工作表
'定义一个路径变量WorkPath，判断本文件是否在根目录下，如果不是，在路径后加上"\"后再加入年份目录
Dim WorkPath: WorkPath = ThisWorkbook.Path & _
                 IIf(InStr(1, ThisWorkbook.Path, ":\") = 0, "", "\") & Year(ReportDate) & "年\"
fileName = WorkPath & Format(Month(ReportDate), "00") & "月\" & fileName
If Dir(fileName) <> "" Then Kill fileName                     '如果已有汇总报表，则先删除
ActiveWorkbook.SaveAs fileName                                '复制工作表后保存于汇总报表
ActiveWindow.Close                                            '关掉新开的窗口
Application.DisplayAlerts = True                              '允许出现提示信息
Application.ScreenUpdating = True                             '恢复屏幕更新
MsgBox "汇总数据文件已备份为：" & vbCrLf & fileName             '用Msgbox函数弹出对话框提醒已经备份完成
End Sub
```

图 8-27 备份已汇总数据的代码

操作过程和结果可参见图 8-28，图中 1-4 依次为：单击“立即汇总”按钮、汇总成功的提示、汇总文件所在的目录、打开后的汇总文件。

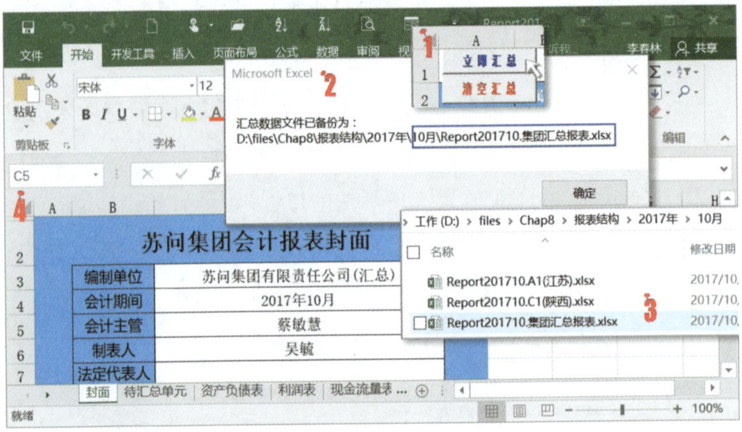

图 8-28　自动备份执行与结果

至此，一份成熟的会计报表自动汇总系统全部完成。

此处视频讲解更精彩，扫描右侧的二维码，即可观看和下载

8.4　会计报表财务分析指标及自动化的实施

8.4.1　以 ROE 为核心的财务分析的方法

在完成资产负债、利润表等会计报表后，报表阅读者往往希望不只是看到会计报表上面的数字，更希望看到对这些数字的分析，希望财务会计人员能够提供对这个报表会计主体的经营活动、投融资活动的分析和评价。经过多年发展，财务上已经形成了相对固定的分析模式。

常见的分析方法就是杜邦分析法，“杜邦”指的是美国的一家大型化学公司。杜邦分析法是最早由他们于上个世纪 20 年代首先提出并使用的，后经持续改进和发展，一直沿用至今。杜邦分析法以企业的净资产收益率（ROE）为核心财务指标，通过财务指标之间的内在联系，系统、综合地分析企业的盈利水平，具有鲜明的层次结构，是典型的利用财务指标之间的关系对企业财务进行综合分析的方法。如果 ROE 指标表现欠佳，杜邦分析法就可以找出具体是由哪部分的原因造成的，能够促使管理者对症下药、有的放矢地改进其经营和管理。杜邦分析法将净资产收益率分解为利润率、总资产周转率和财务杠杆，用公式表示为：

净资产收益率 = 利润率（利润 / 销售收入）* 资产周转率（销售收入 / 资产）* 权益乘数（资产 / 权益）

通过财务指标的剖析可以评价某项投资在同一家单位各年之间的变化，也可以评价同一时点某一行业不同企业。利用比率分析可以排除不同企业规模不同的影响，以相对数来比较企业的收益和风险，从而帮助投资人和债权人做出理性、理智的决策。

8.4.2 七大类财务分析指标的财务计算

1. 财务分析指标的分类。我国的《企业财务通则》规定了三类财务分析指标为：偿债能力指标、营运能力指标、盈利能力指标。其中：偿债能力指标包括资产负债率、流动比率、速动比率；营运能力指标包括应收账款周转率、存货周转率；盈利能力指标，包括资本金利润率、销售利税率、成本费用利润率等。这三类指标在财务分析中最为常见。

实际上，在日常的财务分析中，财务分析指标还包括发展能力状况分析、变现能力、现金流量、财务弹性分析等共七大类指标，各大类下又细分为若干具体的财务指标，具体如表 8-1 所示。在这些指标中，所提及的“现金”，并不只是指“库存现金”账户，这个概念还包括“银行存款”、“其他货币资金”等货币资金账户，是一个广义的概念。

表 8-1 财务分析指标表

变现能力		资产管理（营运能力）		负债（偿债能力）	
代码	指标名称	代码	指标名称	代码	指标名称
ZB11	流动比率	ZB21	存货周转率	ZB31	资产负债率
ZB12	速动比率	ZB22	存货周转天数	ZB32	产权比率
		ZB23	应收账款周转率	ZB33	有形净值债务率
盈利能力		ZB24	应收账款周转天数	ZB34	已获利息倍数
代码	指标名称	ZB25	营业周期		
ZB41	销售净利率	ZB26	流动资产周转率		
ZB42	销售毛利率	ZB27	总资产周转率		
ZB43	资产净利率	现金流量		财务弹性	
ZB44	净资产收益率	代码	指标名称	代码	指标名称
发展能力		ZB61	现金到期债务比	ZB71	现金满足投资比率
代码	指标名称	ZB62	现金流动负债比	ZB72	现金股利保障倍数
ZB51	营业增长率	ZB63	现金债务总额比	ZB73	现金营运指数
ZB52	资本积累率	ZB64	销售现金比率		
ZB53	总资产增长率	ZB65	每股营业现金净流量		
ZB54	固定资产成新率	ZB66	全部资产现金回收率		

2. 指标计算公式。七大类财务指标经过多年的理论和实践，已经具备了成熟成型的计算公式，现分别说明如下：

- 变现能力指标
  - ZB11—流动比率。该指标用来衡量企业流动资产在短期债务到期以前，可以变为现金用于偿还负债的能力。该值的参考数一般为 2，表明偿债能力较佳。其计算公式为：

    流动比率 = 流动资产 / 流动负债

  - ZB12—速动比率。该指标用来衡量企业流动资产中可以立即变现用于偿还流动负债的能力。速动资产是指流动资产中扣除存货、预付账款、1 年内到期的非流动资产及其他不能立即变现的流动资产等。该值的参考数一般为 1，表明速动资产偿债能力较佳。其计算公式为：

    速动比率 = 速动资产 / 流动负债

● 资产管理（营运能力）指标

➢ ZB21—存货周转率。该指标用于反映存货的周转速度，即存货的流动性及存货资金占用量是否合理，通过该指标的提升，促使企业在保证生产经营连续性、提高资金的使用效率、增强企业的短期偿债能力。其计算公式为：

存货周转率 = 销货成本 / 平均存货余额

平均存货余额 =（期初存货 + 期末存货）/2

➢ ZB22—存货周转天数。与指标“ZB21—存货周转率”相应，该指标也用于反映存货的周转速度，通常存货周转速度越快，存货周转天数越少，存货的占用水平越低，流动性越强，存货转换为现金或应收账款速度越快。其计算公式为：

存货周转天数 =360/ 存货周转率

注意：这个公式是计算年周转天数的指标，如果计算月和季度存货周转天数，应将“360”相应调整为“30”和“90”。

➢ ZB23—应收账款周转率。该指标说明一定期间内公司应收账款转为现金的平均次数。公司的应收账款周转率越高，说明了应收账款收回越及时，公司的资金使用效率越高。其计算公式为：

应收账款周转率 = 销货收入 / 平均应收账款余额

平均应收账款余额 =（期初应收账款 + 期末应收账款）/2

➢ ZB24—应收账款周转天数。与指标“ZB23—应收账款周转率”相应，该指标也用于反映应收账款的周转速度，又被称为“平均应收账款回收期”或“平均收现”期，它表示经济组织从获得应收账款的权利到收回款项、变成现金所需要的时间，时间越短越佳。其计算公式为：

应收账款周转天数 =360/ 应收账款周转率

➢ ZB25—营业周期。这是将“ZB22—存货周转天数”、“ZB24—应收账款周转天数”结合起来考虑的一个时期性指标，也就是说从取得存货开始到你销售存货并收回现金为止的这段时间，当然也是时间越短越佳。其计算公式为：

营业周期 = 存货周转天数 + 应收账款周转天数

➢ ZB26—流动资产周转率。该指标反映了经济组织流动资产的周转速度，是从企业全部资产中流动性最强的流动资产角度对其资产的利用效率进行分析，以进一步揭示影响企业资产质量的主要因素，当然是周转越快越佳。其计算公式为：

流动资产周转率 = 销货收入 / 平均流动资产余额

平均流动资产余额 =（期初流动资产 + 期末流动资产）/2

➢ ZB27—总资产周转率。该指标反映了经济组织总资产的利用效率，但并不是指标值越高就越好。比如某企业的总资产周转率突然上升，但其销售收入却无多大变化，则很可能是固定资产清理造成的，而不是企业的资产利用效率提高。其计算公式为：

总资产周转率 = 销货收入 / 平均总资产余额

平均总资产余额 =（期初总资产 + 期末总资产）/2

● 负债（偿债能力）指标

➢ ZB31—资产负债率。该指标用于表示经济组织总资产中有多少是通过负债筹集的，衡量经济组织利用债权人资金进行经营活动的能力，同时反映债权人债权的安全程度。其计算公式为：

资产负债率 = 负债 / 总资产

➢ ZB32—产权比率。该指标是经济组织财务结构是否稳健的重要标志。产权比率可反映股东所持股权的溢缺情况，从另一个侧面表明经济组织的财务杠杆利用的程度，它表明债权人债权受到股东权益保障的程度，是衡量企业长期偿债能力的指标之一。其计算公式为：

产权比率 = 负债 / 所有者权益

➢ ZB33—有形净值债务率。有形净值是经济组织所有者权益扣除无形资产后的权益的价值，该指标是表明债权人在企业破产时的被保护程度。其计算公式为：

有形净值债务率 = 负债总额 /（股东权益 - 无形资产净值）

➢ ZB34—已获利息倍数。该指标是指上市公司（利）息、（所得）税前利润相对于所需支付债务利息的倍数，用来分析经济组织在一定盈利水平下支付债务利息的能力。我国现行利润表中的“利息费用”没有单列，而是混在“财务费用”之中，外部报表使用人因数据局限，只能用“利润总额加财务费用”来大致估算。其计算公式为：

已获利息倍数 =（净利润利润 + 支付的利息费用 + 支付的所得税）/ 支付的利息费用

已获利息倍数的参考数为 3，从长期来看至少应大于 1。

● 盈利能力指标

➢ ZB41—销售净利率。该指标反映了每赚取一元销售收入带来的净利润的多少，表示销售收入的净收益水平，如果收入增幅超过费用增幅，必然带来该指标的增长。这是最常用的一个盈利能力衡量指标，其计算公式为：

销售净利率 = 净利润 / 销售收入

➢ ZB42—销售毛利率。又称“毛利率”，所谓“毛利”是销售净收入扣除产品成本的差值。该指标反映了每赚取一元销售收入扣除销售成本后，有多少毛利润可以用于抵销期间费用，形成盈利。这也是常用的一个盈利能力衡量指标，其计算公式为：

销售毛利率 = 毛利润 / 销售收入

➢ ZB43—资产净利率。该指标表明经济组织投入产出水平能力和资产运营能力，即每占用一元的资产平均能获得多少元的利润。它从另一个侧面反映了经济组织的成本费用控制水平和管理水平的高低。其计算公式为：

资产净利率 = 净利润 / 平均总资产余额

平均总资产余额 =（期初总资产 + 期末总资产）/2

➢ ZB44—净资产收益率。又称“股东权益收益率”，该指标反映股东权益的收益水平，用以衡量公司运用自有资本的效率，指标值越高，说明投资带来的回报越高。其计算公式为：

净资产收益率 = 净利润 / 平均净资产余额

平均净资产余额 =（期初净资产 + 期末净资产）/2

● 发展能力指标

➢ ZB51—营业增长率。该指标是建立在上期营收基础上的本期营收增幅，它是能够衡量着经济组织的经营状况和市场拓展能力、预测其经营走势的重要指标，代表着经济组织的营收成长状况及发展能力。该指标为正数，表明其市场开拓正逐步打开，如为负数，则表明市场同比萎缩。其计算公式为：

营业增长率 = 本期营业增长额 / 上年同期营业收入总额

➢ ZB52—资本积累率。该指标是建立在期初净资产基础上的本期净资产的增幅，它体现了经济组织的资本积累情况，展示了企业的发展潜力和内生动力。该指标为正数，表明资本积累增厚，如为负数，表明资本受到侵蚀。其计算公式为：

资本积累率 = 本期所有者权益增长额 / 期初所有者权益

➢ ZB53—总资产增长率。资产是经济组织用于创收的基础资源，也是其偿还债务的保障。该指标反映了经济组织资产规模扩张的速度，是建立在期初资产基础上的本期资产的增幅。该指标为正数，表明资产同比扩张，如为负数，则表明资产规模萎缩。但在扩张时，应注意量、质并举。其计算公式为：

总资产增长率 = 本期总资产增长额 / 期初资产总额

➢ ZB54—固定资产成新率。该指标反映了经济组织固定资产的新旧程度，比值越大，表明固定资产越新，投入再生产的准备越充分。

固定资产成新率 = 平均固定资产净值 / 平均固定资产原值

平均固定资产净值 =（期初固定资产净值 + 期末固定资产净值）/2

平均固定资产原值 =（期初固定资产原值 + 期末固定资产原值）/2

● 现金流量指标

➢ ZB61—现金到期债务比。该指标反映了经济组织可用现金流偿付到期债务的能力。本期到期的债务包括长期负债和本期应付票据。该指标值的参考数一般为1.5，表明现金偿付能力较佳。其计算公式为：

现金到期债务比 = 经营活动现金净流量 /（本期到期长期负债 + 本期应付票据）

➢ ZB62—现金流动负债比。该指标表明经济组织经营活动产生的现金净流量保障企业按期偿还到期债务的能力。该值的参考数一般为1，表明经营活动净现金流的偿付能力较佳。但是，该指标也不是越大越好，

CFO点拨

该指标分母是净资产，而净利润并不是净资产所产生的，也就是说分子和分母的计算口径并不一致的。同时，该指标越高，不一定就是经济组织的经营能力越高，也有可能是资产负债比率较高造成了净资产相对较低造成的。

CFO点拨

分析固定资产成新率时，应剔除企业应提未提折旧对房屋、机器设备等固定资产真实状况的影响。分析不同经济组织的该指标时，应注意折旧方法对该指标的影响。

CFO 点拨
能够用来偿还债务的，除借新债还旧债外，一般应当是经营活动的现金流入才能偿还到期债务。

指标过大表明利用流动资金能力、获利能力欠缺。其计算公式为：

现金流动负债比 = 年经营活动现金净流量 / 期末流动负债

- ZB63—现金债务总额比。该指标表明经济组织经营活动产生的现金净流量承担债务的能力、最大利息支付能力，是预测企业破产、评估经济组织中长期偿债能力的重要指标。该值的参考数一般为 0.25，表明经营活动净现金流的偿付能力较佳。该指标越大，表明破产概率较小。该指标要与历史、与同业比较才具有高与低的实际意义。其计算公式为：

现金债务总额比 = 年经营活动现金净流量 / 平均债务总额

- ZB64—销售现金比率。该指标反映经济组织每一元销售收入得到的现金流量净额，其数值越大说明了经济组织的收入质量越好，资金利用率越佳。其计算公式为：
- 销售现金比率 = 经营活动现金净流量 /（营业收入 + 应向购买者收取的增值税进项税额）
- ZB65—每股现金流量。该指标显示经济组织从事资本性支出及支付股利的能力，一般比每股盈余要高。其计算公式为：

每股现金流量 =（经营活动现金净流量 − 优先股股利）/ 流通在外的普通股股数

- ZB66—全部资产现金回收率。该指标说明经济组织利用资产创造的现金流的能力，指标值越高，获取现金能力越强，经营管理水平越高。其计算公式为：

全部资产现金回收率 = 经营活动现金净流量 / 平均资产总额

平均资产总额 =（期初资产总额 + 期末资产总额）/2

- 财务弹性指标
  - ZB71—现金满足投资比率。该指标衡量经济组织维持或扩大生产经营规模、自给自足够的能力。如果该指标值大于或等于 1，表明经济组织经营活动净现金流足以抵挡各项资本性支出、存货增加和现金股利的需要，无须外部融资；如果长期小于 1，说明其理财政策必须检讨。其计算公式为：

CFO 点拨
在我国，有很多“铁公鸡”公司根本不支付现金股利，导致这一指标的分母为零，所以无法利用该指标来预测我国上市公司财务危机

现金满足投资比率 = 近 5 年经营活动现金净流量 /（近 5 年平均资本支出 + 近 5 年存货平均增加 + 近 5 年平均现金股利）

  - ZB72—现金股利保障倍数。该指标衡量经济组织支付现金股利的能力。该指标值越大，表明经济组织经营活动净现金流支付现金股利的能力越强。该指标值的参考数一般为 2。其计算公式为：

现金股利保障倍数 = 经营活动现金净流量 / 现金股利

  - ZB73—现金营运指数。该指标反映了经济组织的现金回收质量，是衡量风险的一个指标。该指标值的参考数一般为 1，指标小于 1 表明经

济组织的部分收益是以实物或者债权形式收回的，而不是取得的流动性最强的现金，表明收益质量欠佳。其计算公式为：

现金营运指数 =（经营所得现金－经营性营运资产净增加）/ 经营所得现金

经营所得现金 = 经营净收益 + 非付现费用

CFO 点拨
经营性营运资产包括应收账款、存货等，非付现费用包括各项折旧、减值准备等。

8.4.3 利用自定义过程构造财务分析模型

现有了报表数字和财务分析指标的数学公式，就可以按照以下方式来创建财务分析模型了，方法是：

- 插入计算公式。打开 Excel 文件“D:\files\Chap8\ 报表结构 \Report.xlsm”，插入一张新的工作表，命名为“比率分析”，并在其中 D 列输入 Excel 计算公式（图 8-29 之 2）。
- 设置间隔色。单击“开始”选项卡上“条件格式”的“新建规则”，仿照图 8-22 将工作表的行设置间隔颜色。
- 套用上行快速补齐空格。图 8-29 之 1 的红框是未填写文字的空格，现要求将这些空格用它上面的文字来填满，按图 8-30 之 1-6 操作如下：
  选中列标签 B，按下 Ctrl_G、Alt_S，双击“空值”，按下键盘上的等于号（“=”），按下 Ctrl_ ↑（“向上箭头，告诉 Excel 要套用空格上面的文字）后，按下 Ctrl_Enter 即可。

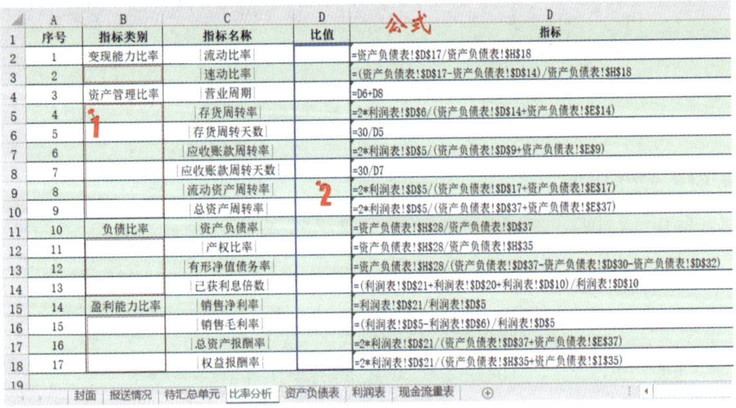

	A	B	C	D	D
1	序号	指标类别	指标名称	比值	指标
2	1	变现能力比率	流动比率		=资产负债表!$D$17/资产负债表!$H$18
3	2		速动比率		=(资产负债表!$D$17-资产负债表!$D$14)/资产负债表!$H$18
4	3	资产管理比率	营业周期		=D6+D8
5	4		存货周转率		=2*利润表!$D$6/(资产负债表!$D$14+资产负债表!$E$14)
6	5		存货周转天数		=30/D5
7	6		应收账款周转率		=2*利润表!$D$5/(资产负债表!$D$9+资产负债表!$E$9)
8	7		应收账款周转天数		=30/D7
9	8		流动资产周转率		=2*利润表!$D$5/(资产负债表!$D$17+资产负债表!$E$17)
10	9		总资产周转率		=2*利润表!$D$5/(资产负债表!$D$37+资产负债表!$E$37)
11	10	负债比率	资产负债率		=资产负债表!$H$28/资产负债表!$D$37
12	11		产权比率		=资产负债表!$H$28/资产负债表!$H$35
13	12		有形净值债务率		=资产负债表!$H$28/(资产负债表!$D$37-资产负债表!$D$30-资产负债表!$D$32)
14	13		已获利息倍数		=(利润表!$D$21+利润表!$D$20+利润表!$D$10)/利润表!$D$10
15	14	盈利能力比率	销售净利率		=利润表!$D$21/利润表!$D$5
16	15		销售毛利率		=(利润表!$D$5-利润表!$D$6)/利润表!$D$5
17	16		总资产报酬率		=2*利润表!$D$21/(资产负债表!$D$37+资产负债表!$E$37)
18	17		权益报酬率		=2*利润表!$D$21/(资产负债表!$H$35+资产负债表!$I$35)

图 8-29 插入“比率分析”工作表

CFO 点拨
财务分析的指标较多，这里仅仅以 17 个指标作为示范，可以自行增删行来调整分析指标。

- 编写 VBA 代码处理下属机构的指标计算。为得到各下属机构的财务分析指标的计算公式，需要编写 VBA 代码来处理：
  - 设计自定义过程“MakeIndex”（图 8-31）。将工作表“比率分析”中的未包含引用其他工作簿地址的公式替换为带全路径的公式。比如：将“利润表 '!$D$5”替换为“'D:\files\Chap8\ 报表结构 \2017 年 \10 月 \[Report201710.C1(陕西).xlsx] 利润表 '!$D$5”

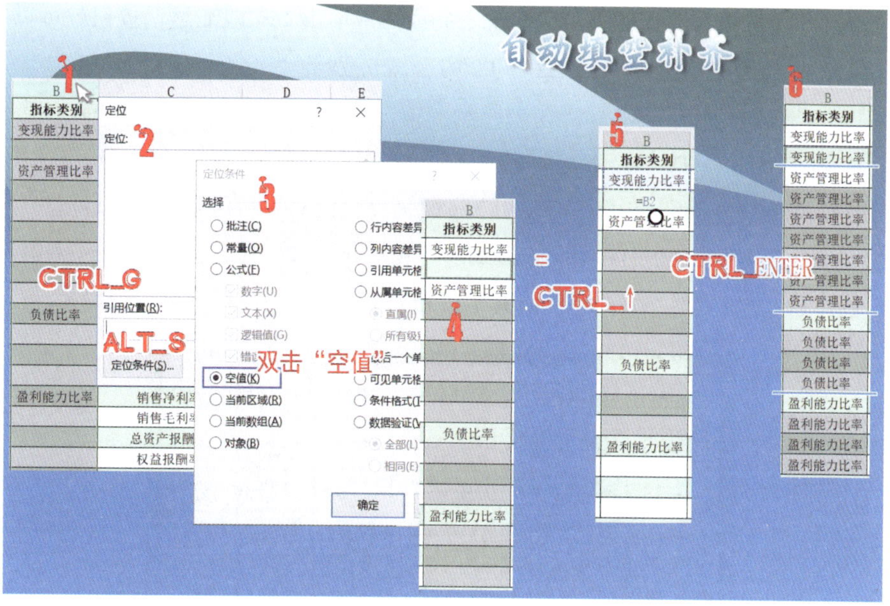

图 8-30 自动套用空格上一格内容补齐空格

➢ 在“立即汇总”按钮中加入对过程“MakeIndex”的引用（图 8-32）。与图 8-19 对比阅读，可以看出添加前后的区别，图 8-32 中以红框加以突出显示。

```
Sub MakeIndex(Corp As String, SHTs As String, filePath As String, k)
'
'功能：将工作表“比率分析”中的公式替换为带全路径的公式
'参数：4个，Corp-下属机构，SHTs-用“|”连接的全部报表名，filePath-带年月的路径名，k-已上报下属公司在目录中的序号
'例如：【利润表'!$D$5】->【'D:\files\Chap8\报表结构\2017年\10月\[Report201710.C1(陕西).xlsx]利润表'!$D$5】
'
Dim ShtArr() As String: ShtArr = Split(SHTs, "|")          '逐一取出报表名
With Sheets("比率分析")                                    '用 WITH 操作指定的工作表，可加快读取速度
   Dim i, j, Fol                                           '定义计数变量和存放公式的字符
   i = 2
   Do                                                      '循环处理各指标
      If .Cells(i, 2) = "" Then Exit Do                    '如果第二列没有指标名称了，就不再处理
      Fol = .Cells(i, 4).Formula                           '从第4列取出要替换的原公式
      If InStrRev(Fol, "!") > 0 Then                       '处理引用其他工作表单元格的公式
         For j = 0 To UBound(ShtArr)
            Fol = Replace(Fol, ShtArr(j), "'" & filePath & "[" & Corp & "]" & ShtArr(j) & "'") '将公式替换为全路径
         Next
        .Cells(i, k).Formula = Fol                          '将替换好的公式返回给同一分析指标的下属机构
      Else                                                  '处理只引用工作表“比率分析”单元格的公式
        .Range("D" & i).AutoFill Destination:=Range("D" & i).Resize(1, k + 1), Type:=xlFillDefault
      End If
      i = i + 1                                            '计数变量递增，使用DO循环，一定不能忘记这一句
   Loop
End With                                                   '结束 WITH 操作
End Sub
```

图 8-31 自定义过程“MakeIndex”

```
Do                                                         '循环体开始
  If Sheets("报送情况").Range("B" & i) = "" Then Exit Do    '遇到分公司名称为空白时，退出 Do 循环体
  Application.StatusBar = "正处理" & Sheets("报送情况").Range("B" & i) '在状态栏提示生成空白表格的进度
  Dim SheetName As String: SheetName = "Report" & Year(ReportDate) & Format(Month(ReportDate), "00") & _
          "." & Sheets("报送情况").Range("A" & i) & "(" & Sheets("报送情况").Range("B" & i) & ").xlsx"
  Dim fileName: fileName = WorkPath & Format(Month(ReportDate), "00") & "月\" & SheetName '定义文件名变量
  Debug.Print fileName                                     '在立即窗口显示文件名
  Sheets("比率分析").Columns(5 + i - 3).Delete              '将第5列向右的列中的内容删除
  If Dir(fileName) = "" Then                               '判断月份目录中有无下级分支机构上报文件
     Sheets("报送情况").Cells(i, 2 + Month(ReportDate)) = 0 '在工作表“报送情况”中写入文件不存在的标志0
  Else                                                     '否则
     '文件引用参考：'D:\files\Chap8\报表结构\2017年\10月\[Report201710.A1(江苏).xlsx]资产负债表'!$D$6
     '组合成字符串（公用变量），供下一步的各未锁定单元格调用，注意其中构造的三个符号 <?>
     str_Formula = str_Formula & "<'" & WorkPath & Format(Month(ReportDate), "00") & "月\[" & SheetName & "]?'!>"
     Sheets("报送情况").Cells(i, 2 + Month(ReportDate)) = 1 '在工作表“报送情况”中写入文件不存在的标志1
     Sheets("待汇总单元").Cells(1, j) = Sheets("报送情况").Range("A" & i) & _
          "(" & Sheets("报送情况").Range("B" & i) & ")"      '在“待汇总单元”第一行写入分支机构的代码（名称）
     j = j + 1                                             '循环体内增量递增，表示已报送分支机构的递增
     Application.ScreenUpdating = False                    '关闭屏幕更新，防止屏幕闪烁跳动
     Sheets("比率分析").Columns("D:D").Copy
     Sheets("比率分析").Columns(j).PasteSpecial Paste:=xlPasteFormats      '将第4列的格式复制到当前列
     Sheets("比率分析").Columns(j).PasteSpecial Paste:=xlPasteFormulas, Operation:=xlNone,
       SkipBlanks:=False, Transpose:=False                                 '将第4列的公式复制到当前列
     Sheets("比率分析").Cells(1, j) = Sheets("待汇总单元").Cells(1, j - 1) '在“比率分析”第一行写入分支机构信息
➡   MakeIndex SheetName, "资产负债表|利润表|现金流量表", WorkPath & Format(Month(ReportDate), "00") & "月\", j
     Application.ScreenUpdating = True                     '恢复屏幕更新
  End If                                                   '结束判断月份目录中有无下级分支机构上报文件
  i = i + 1                                                '循环体内增量递增，表示一行一行往下读取
  DoEvents                                                 '让操作系统处理其它的事件，避免EXCEL假死
Loop                                                       '结束 DO 循环体
```

图 8-32 在“立即汇总”按钮中引用过程“MakeIndex”

● 检验财务分析指标运行结果。代码编写完成后，单击“立即汇总”按钮就可以立即得到计算结果，其中单元格 D2、E2 和 F2 的公式分别为“=资产负债表!$D$17/资产负债表!$H$18”、“='D:\files\Chap8\报表结构\2017年\10月\[Report201710.A1(江苏).xlsx]资产负债表'!$D$17/'D:\files\Chap8\报表结构\2017年\10月\[Report201710.A1(江苏).xlsx]资产负债表'!$H$18”和“='D:\files\Chap8\报表结构\2017年\10月\[Report201710.C1(陕西).xlsx]资产负债表'!$D$17/'D:\files\Chap8\报表结构\2017年\10月\[Report201710.C1(陕西).xlsx]资产负债表'!$H$18”，如图 8-33 所示。

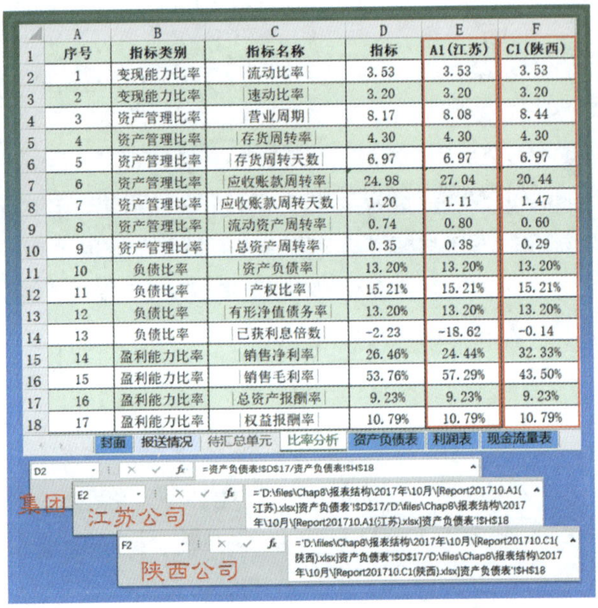

	A	B	C	D	E	F
1	序号	指标类别	指标名称	指标	A1(江苏)	C1(陕西)
2	1	变现能力比率	流动比率	3.53	3.53	3.53
3	2	变现能力比率	速动比率	3.20	3.20	3.20
4	3	资产管理比率	营业周期	8.17	8.08	8.44
5	4	资产管理比率	存货周转率	4.30	4.30	4.30
6	5	资产管理比率	存货周转天数	6.97	6.97	6.97
7	6	资产管理比率	应收账款周转率	24.98	27.04	20.44
8	7	资产管理比率	应收账款周转天数	1.20	1.11	1.47
9	8	资产管理比率	流动资产周转率	0.74	0.80	0.60
10	9	资产管理比率	总资产周转率	0.35	0.38	0.29
11	10	负债比率	资产负债率	13.20%	13.20%	13.20%
12	11	负债比率	产权比率	15.21%	15.21%	15.21%
13	12	负债比率	有形净值债务率	13.20%	13.20%	13.20%
14	13	负债比率	已获利息倍数	-2.23	-18.62	-0.14
15	14	盈利能力比率	销售净利率	26.46%	24.44%	32.33%
16	15	盈利能力比率	销售毛利率	53.76%	57.29%	43.50%
17	16	盈利能力比率	总资产报酬率	9.23%	9.23%	9.23%
18	17	盈利能力比率	权益报酬率	10.79%	10.79%	10.79%

图 8-33　财务分析指标的实时获得

“哈哈哈哈哈哈…666…”财务报表自动汇总与分析系统完美运行，这下，原本一头雾水的小吴和小白这两个 90 后可开心了…

CHAPTER

09 全面预算管理

9.1 全面预算管理漫谈

情景再现

未雨绸缪，规划未来，是企业规避风险、安排资源一项预测性管理工作，财务上称之为预算。管理会计在涵盖了经营预算、专项预算和财务预算在内的全面预算中起着无可替代的作用。

从数字汉字混杂的字串相乘的业绩预算、跟随可视化神器 POWERMAP 行走华夏，到成本费用的模型创建和圆环图展示，到期间费用的复合饼图，到“三大表”预算的编制——自销售始、至报表终，是预算工作的基本形式，也暗合了本书从第 2 章至第 8 章“营销管理、生产管理、融资管理、投资管理、资产平衡术、固定资产与折旧管理和集团报表自动汇总系统”谋篇布局的韵律安排。

9.1.1 管理理念贯穿全程的全面预算

1. 预算的概念。预算是通过对企业内外部环境的分析，在科学的生产经营预测与决策基础上，用价值和实物等多种形态反映企业未来一定时期的投资、生产经营及财务成果等一系列的计划和规划。而全面预算是总预算，是企业对未来规划期内经营决策的全面性的综合的财务描述，完整的总预算包括了经营预算、专项预算和财务预算，涵盖了特定期间的销售、生产、成本、现金收支等各方面的收支活动的预测，并在此基础上，编制出预测期的利润表、资产负债表等预测报表用以反映企业的经营成果和财务状况。

凡事预则立，预算包含的内容不仅仅是预测，它还涉及到有计划地巧妙处理所有变量，这些变量决定着公司未来努力达到某一有利地位的绩效。预算（或利润计划）可以说是控制范围最广的技术，因为它关系到整个组织机构而不仅是其中的几个部门。

可见，预算的编制不能仅仅是一项工作计划，应当领会到：通过编制预算，可用以帮助协调、控制指定时期内资源的获得、配置和使用，是将各下属机构和部门的各种利益整合为一个参与各方都同意的计划，是自愿参与、自愿作为考核目标的资源协同规划。换言之，全面预算绝对不能是财务部门闭门造车的结果，它必须是为了创造最大企业价值，以资源整合作为贯穿始终、全员参与、目标一致的管理活动的成果。

2. 全面预算、全程管理。编制全面预算是一项量大面广、时间性和操作性要求极强的工作，涉及到企业和下属各分支机构和部门、囊括了生产经营的各个方面、覆盖了预算的事前编制、事中执行和事后分析、优化。所谓“全面预算、全程管理”，不只是测算、计算工作前置，而是管理工作要提前介入并全程渗透，编制预算需要管理层牵头、上下联动，其编制过程一般包括：

- 最高领导层根据企业长期规划和决策资料，将未来的经营总目标提前 3 个月下发给下属机构和职能部门。
- 下属机构在两周内根据本单位实际草拟出尽可能可靠的预算草案，报送集团对口的职能部门。

- 集团职能部门在两周内协调、汇总本部门所管辖条线的预算，分别编制出业务预算和财务预算报企业预算委员会。
- 预算委员会在两周内审查、反馈、平衡各职能部门的预算，汇总为总预算企业最高领导层。
- 企业最高领导层在两周内通过或者责令修改总预算，将最终定稿提前一个月报董事会。
- 董事会将批准后的预算下发给各执行部门。

9.1.2 全面预算的分类和编制思想

预算常常被人误解为只是财务部门的事，甚至于部分财务人员也是如此认为。这样的观念虽然不对，但也反映了在预算工作中财务部门的重要性。对预算工作的管理，涉及到大量管理理念的落实、大量财务测算方法的运用，这是会计人员成长过程中必须掌握的一项重点技能。

1. **固定预算和弹性预算**。根据预算编制的时间基础的不同，如基于某一固定的业务量，则称之为固定预算，如基于某一系列可预见的业务量，则称之为弹性预算。

固定预算与实际经济生活中企业复杂多变的业务情况不相适应，也不利于考评各下属机构和部门，预算编制时更多的是采用弹性编制。

弹性预算的业务量基础出于现实的考虑，宜确定为正常产销能力的 80% ~ 120% 之间，不宜过高或者过低，主要考虑不同地区、不同时期的市场环境来确定。除以产销量作为预算基础外，还可以选用人工工时（如以手工操作为主的车间）作为基础。弹性预算在实务中常常用于成本费用的控制。

编制弹性预算一般根据公式法和列表法计算。公式法假定某成本费用项 Y 与业务量 X 成线性（“Y=kX+b”）关系，列表法是无线性关系，设置基于相同间隔（变动幅度）的不同业务量下的成本费用值，如图 6-16 是以 50 作为变动区间的，在图形演示中，常常使用散点图来表示。列表法比较精确，但工作量较大。

2. **增量预算和零基预算**。增量预算是立足于过去，根据预期的未来业务量，调节有关的成本费用项目而编制。该方法承认过去的一切是合理的，假设企业的发展是一如既往的，容易导致保护过去的落后或不合理的项目，属于比较成熟稳健、过于倚重过去的做法。

编制零基（础）预算，则是与过去的一切说拜拜，只考虑预算期间各类费用是否确实有必要存在，其额度应当在什么水平。在编制时，要充分考虑各成本费用是否可以避免、延迟和资金供应的充分性和时间性。零基预算必须拥有大量的同业或本企业历史资料、详尽研判市场和资金情况，该法立足于未来，抛弃历史包袱，属于开拓进取、耗时较长、编制难度较大的做法。

3. **定期预算和滚动预算**。按照预算编制的时间频率，全面预算分为定期预算和滚动预算。

定期预算一般与会计期间同步，如按月或按年，便于预算的考核，但它容易捆住管理的思维，使其局限于规划好的经营活动，而对稍纵即逝的经营机会失去把握。

滚动预算是需要不断调整预算详细程度的一种编制方式，但其预算覆盖时期始终是一年。根据调整的频率不同，分为逐月滚、逐季滚。

比如：编制的 2018 年预算，1 月执行完毕，需要根据 1 月底的情况调整未来 11 个月（2018

年 2 ～ 12 月）的预算，并增加 2019 年 1 月的预算；2 月执行完毕，需要根据 1 月底的情况调整未来 11 个月（2018 年 3 月～ 2019 年 1 月）的预算，并增加 2019 年 2 月的预算…每月调整一次，叫做逐月滚。

编制的 2018 年预算，1 季度执行完毕，需要根据 1 季度底的情况调整未来 3 个季度（2018 年 2 ～ 4 季）的预算，并增加 2019 年 1 季度的预算；2 季度执行完毕，需要根据 2 季度底的情况调整未来 3 个季度（2018 年 3 ～ 4 季和 2019 年 1 季度）的预算，并增加 2019 年 2 季度的预算…每季调整一次，叫做逐季滚。

此外，还有一些分类，比如，按预算期涵盖的时间长短，一年以内称之为短期预算，一年以上称之为长期预算，有时，将 2 ～ 3 年的也称为中期预算；按预算内容分为总预算和专项预算，前者是各专项预算的综合，一般以“三大表”为成果，后者是企业某一方面经济活动的特别预算，如资本预算、采购预算；按经营活动又分为业务预算（包括销售预算和生产预算）和财务预算（立足于业务预算的资金的筹措和使用）。

9.2 管理会计对全面预算的全过程管控

全面预算是在各下属机构和部门的预算的基础上，经过汇总、调整而成的，苏问集团的企业预算也是如此，为说明情况，以下采用的是苏问集团吉林公司的资料，其他下属机构和部门可以之作为参照调整。但要注意，某些管理部门（如 HR、行政部等）是没有营收职能的，预算项目仅包括部分费用项目。

9.2.1 数字汉字混杂的字串直接相乘的业绩预算

1. 混杂的字符串。销售预算是全面预算的起点和基础，几乎所有其他的预算项目都或多或少的与销售收入产生直接或间接的关联。销售利润根据年度目标所规定的销售量和单价来确定的，产销量和价格是在财务部门预测的基础上，根据市场情况调整的，数量的预测参考“3.2”和“3.4”，价格预测参考“6.2”。收入的计算可直接套用以下公式：

销售预算金额 =*预计销量*单品定价

下属的吉林公司将图 9-1 所示的表格发给小吴作为她复核的资料，小吴一看就火大，因为易总要求她直接将 A 列和 B 列计算。

“这可能吗？天方夜谭啊，‘赛尔先生’疯了！吉林公司也是的，哪个实习生输入的，文字和数字混合，还到处是错误，花样百出！”小吴是一肚子牢骚。

看来，还是要去请教易总了。

易总直接丢过来一张表（表 9-1），先让我们看几分钟，他先给工行的林行长电话聊一下最近的贷款。

	A	B	C
1	单价	数量	乘积
2	吊机KM02型 117000元台3	拟销售4台	?
3	吊机KM03型170000.台	预计 44　台	?
4	吊机KM04型 200000，元/台	预计200台	?
5	进升车床CM13-23型31000一台	计划96台	?
6	自滚车床ZM13-4型54000元/　件	预计43件	?
7	自滚车床ZM14-1型　88000元/台	预计32台	?
8	车床CM13-2型31000　元一台99	预计销售12台	?
9	车床CM13-5型54000元/ 台	预估售出24台	?
10	吊机KM01型88000元/台	预计33台	?
11	合计		-

图 9-1　文字与数字混合的表格

表 9-1 单元格字符串查找指定字符位置公式表

序号	查找什么	公式
1	左首第一个汉字	{=MATCH(,0/((MID(A1,ROW(INDIRECT("1:"&LEN(A1))),1)>=" 吖 ")*(MID(A1,ROW(INDIRECT("1:"&LEN(A1))),1)<=" 咗 ")),)}
2	右首第一个汉字	{=MATCH(1,0/((MID(A1,ROW(INDIRECT("1:"&LEN(A1))),1)>=" 吖 ")*(MID(A1,ROW(INDIRECT("1:"&LEN(A1))),1)<=" 咗 ")))}
3	左首第一个数字	{=MATCH(1=1,ISNUMBER(--MID(A1,ROW(INDIRECT("1:"&LEN(A1))),1)),0)}
4	右首第一个数字	{=LEN(A1)-MATCH(1=1,ISNUMBER(--LEFT(RIGHT(A1,ROW(INDIRECT("1:"&LEN(A1)))),1)),0)+1}
5	左首第一个非数字	{=MATCH(1=2,ISNUMBER(--MID(A1,ROW(INDIRECT("1:"&LEN(A1))),1)),0)}
6	右首第一个非数字	{=LEN(A1)-MATCH(1=2,ISNUMBER(--LEFT(RIGHT(A1,ROW(INDIRECT("1:"&LEN(A1)))),1)),0)+1}

表 9-1 中 A1 是数字和文字混杂的字符串所在的单元格，“吖”字是汉字在电脑里内码最小的汉字，“咗”字是汉字在电脑里内码最大的汉字，用单个字符的（0 除以 MID 函数一个一个取得字符串）内码来判断是不是汉字，用 ISNUMBER 函数判断是否是数字，两个负号（“--”）是将字符强行尝试转化为数字，用“1*”或“0+”同样可以转化。

最重要的是用“ROW(INDIRECT("1:"& …))”构造的数组，这个函数将字符串从左（第 1 个）到右（第 n 个，n 是用 LEN 函数取得的字符串的长度）的范围内逐一处理，直到满足限制的条件（比如，将取出的字符转换为数字）为止。构造的数组函数与 MID 函数结合为“MID(A1,ROW(…),1)”，相当于依次执行了“MID(A1,1,1)”、“MID(A1,2,1)”…“MID(A1,n,1)”。

在网上常见到的是“ROW(1:99)”，其中的 99 是取的一个比较大的数字，目的是为了超过字符串长度 n，这样的公式由于固定了 99，就使得公式对于长度大于指定值（如 99）的字符串无能为力，只有通过修改公式来解决，同时也因为必须运行 99 次增加了运行时间，建议还是用 LEN 函数来自动取得字符串长度。“ROW(INDIRECT("1:"& …))”与“ROW(1:99)”运行效果的不同如图 9-2 所示。

MATCH 函数中的“1=1”等价于“TRUE”，“1=2”等价于“FALSE”。

	A	B	C	D	E
1	字串	长度	第一个字母	公式	说明
2	1234567890123456789012345678901234 5678901234567890123456789012345678 901234567890123456789012345678901234567A	98	A	{=MID(A2,MATCH(1=2,ISNUMBER(--MID(A2,ROW(INDIRECT("1:"&LEN(A2))),1)),0),1)}	动态适应
3	1234567890123456789012345678901234 5678901234567890123456789012345678 9012345678901234567890123456789012345678A	99	A	{=MID(A3,MATCH(1=2,ISNUMBER(--MID(A3,ROW(INDIRECT("1:"&LEN(A3))),1)),0),1)}	
4	1234567890123456789012345678901234 5678901234567890123456789012345678 90123456789012345678901234567890123456789A	100	A	{=MID(A4,MATCH(1=2,ISNUMBER(--MID(A4,ROW(INDIRECT("1:"&LEN(A4))),1)),0),1)}	
5	1234567890123456789012345678901234 5678901234567890123456789012345678 901234567890123456789012345678901234567890A	101	A	{=MID(A5,MATCH(1=2,ISNUMBER(--MID(A5,ROW(INDIRECT("1:"&LEN(A5))),1)),0),1)}	
6	1234567890123456789012345678901234 5678901234567890123456789012345678 9012345678901234567890123456789012345678A	99	A	{=MID(A6,MATCH(1=2,ISNUMBER(--MID(A6,ROW($1:$99),1)),0),1)}	超过99无法正确取数，必须修改公式
7	1234567890123456789012345678901234 5678901234567890123456789012345678 90123456789012345678901234567890123456789A	100	#N/A	{=MID(A7,MATCH(1=2,ISNUMBER(--MID(A7,ROW($1:$99),1)),0),1)}	
8	1234567890123456789012345678901234 5678901234567890123456789012345678 901234567890123456789012345678901234567890A	101	#N/A	{=MID(A8,MATCH(1=2,ISNUMBER(--MID(A8,ROW($1:$99),1)),0),1)}	

图 9-2 “ROW(INDIRECT("1:"& …))”与“ROW(1:99)”的不同运行效果

2. 字符串乘以字符串。易总电话沟通结束，就开始了他的讲解：“我们来看一下这个数量单价表格，虽然是输入得乱七八糟，但也还是有一些规律的，比如单价中都有‘型’字，数字还是连续的，因此，我们就可以把‘型’字的后半段拿出来，用下面的公式取得连续的数字：

```
{=MATCH(1=2,ISNUMBER(--MID(A1,ROW(INDIRECT("1:"&LEN(A1))),1)),0)-1}
```

或

```
{=COUNT(--LEFT(A1,ROW(INDIRECT("1:"&LEN(A1)))))-1)}
```

在连续的数字与汉字之间没有空格时，二者等效，如有空格（比如字符串‘31000 元一台 99’），可使用上一个 MATCH 公式。

与表 9-1 结合运用，就可以得到数字、汉字混合相乘的公式了，比如图 9-1 中单元格 C2 公式：

```
{=LEFT(MID(A2,FIND(" 型 ",A2)+1,LEN(A2)),MATCH(1=2,ISNUMBER(--MID(TRIM(MID(A2,FIND(" 型 ",A2)+1,LEN(A2))),ROW(INDIRECT("1:"&LEN(TRIM(MID(A2,FIND(" 型 ",A2)+1,LEN(A2)))))),1)),0)-1)*MID(B2,MATCH(1=1,ISNUMBER(--MID(B2,ROW(INDIRECT("1:"&LEN(B2))),1)),0),LEN(B2)-MATCH(1=1,ISNUMBER(--LEFT(RIGHT(B2,ROW(INDIRECT("1:"&LEN(B2)))),1)),0)+1-MATCH(1=1,ISNUMBER(--MID(B2,ROW(INDIRECT("1:"&LEN(B2))),1)),0)+1)}
```

不要被长串公式吓倒，我给你们准备了图 9-3 加深理解。熟练之后，自己就可以去设计公式了。”

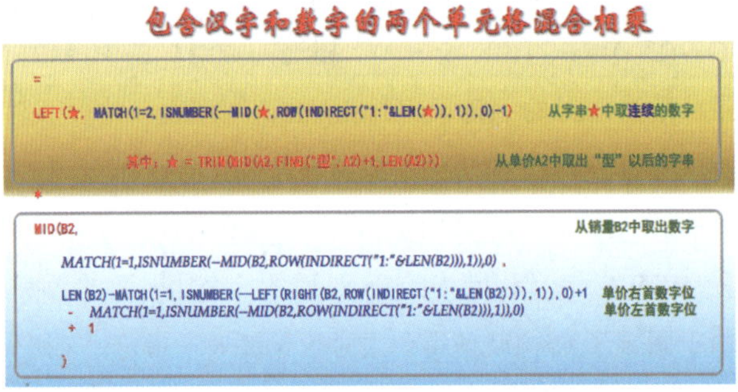

图 9-3　字符串混合相乘公式分解示意图

由于易总的公式是数组公式需要按 Ctrl_Shift_Enter 三键输入，将单元格 C2 公式向下拖动完成图 9-1 表格的计算，结果如图 9-4 所示，将 Excel 文件保存为“D:\files\Chap9\ 全面预算 .xlsx”，工作表名为“收入预算 _ 字串相乘”。

3. 销售收现。与销售预算一同编制的，通常有预计收现计划表。我们知道，苏问集团商品销售的结算方式有赊销、票据、现金三种，除第一种外，后两种皆视为收现。收现包括两个部分，分别是本期销售的收款和前期销售的回款。根据吉林公司 2017 年收款进度，收现约占全部销售的 78%。

	A	B	C
1	单价	数量	乘积
2	吊机KM02型 117000元台3	拟销售4台	46,800.00
3	吊机KM03型170000.台	预计 44　台	7,480,000.00
4	吊机KM04型 200000，元/台	预计200台	4,000,000.00
5	进升车床CM13-23型31000一台	计划96台	2,976,000.00
6	自滚车床ZM13-4型54000元/　件	预计43件	2,322,000.00
7	自滚车床ZM14-1型　88000元/台	预计32台	2,816.00
8	车床CM13-2型31000　元一台99	预计销售12台	372,000.00
9	车床CM13-5型54000元/ 台	预估售出24台	1,296,000.00
10	吊机KM01型88000元/台	预计33台	2,904,000.00
11	合计		21,399,616.00

图 9-4　字符串混合相乘结果

9.2.2　利用更灵活、快捷的浮动筛选工具——切片器透视收入结构

图 9-1 文字与数字混合的表格是由吉林公司实习生小白手工加计后在 Word 打出来的结果，数据来源于表 9-2。

表 9-2　2018 年苏问集团吉林公司收入预估表

日期	省（市区）	市	产品	预计销售（台）
2018/1/1	甘肃省	兰州市	吊机 KM02	4
2018/1/1	贵州省	毕节地区	吊机 KM03	13
2018/1/1	黑龙江省	大兴安岭地区	吊机 KM04	20
2018/1/1	吉林省	吉林市	进升车床 CM13-23	7
2018/3/1	江苏省	无锡市	自滚车床 ZM13-4	4
2018/1/1	陕西省	铜川市	自滚车床 ZM14-1	16
2018/1/1	四川省	绵阳市	车床 CM13-2	3
2018/1/1	四川省	绵阳市	车床 CM13-2	5
2018/1/1	新疆维吾尔自治区	昌吉回族自治州	车床 CM13-5	10
2018/4/1	云南省	德宏傣族景颇族自治州	吊机 KM01	13
2018/4/1	云南省	丽江市	车床 CM13-5	14
2018/1/1	浙江省	湖州市	吊机 KM01	20
2018/1/1	黑龙江省	大兴安岭地区	吊机 KM03	12
2018/1/1	四川省	成都市	吊机 KM03	11
2018/1/1	福建省	厦门市	吊机 KM04	40
2018/1/1	宁夏回族自治区	银川市	进升车床 CM13-23	23
2018/1/1	山东省	德州市	进升车床 CM13-23	30
2018/1/1	江苏省	泰州市	自滚车床 ZM13-4	26
2018/5/1	湖北省	武汉市	吊机 KM04	30
2018/7/1	贵州省	毕节地区	吊机 KM03	8
2018/7/1	黑龙江省	大兴安岭地区	吊机 KM04	70
2018/8/1	江苏省	无锡市	自滚车床 ZM13-4	13
2018/7/1	福建省	厦门市	吊机 KM04	40
2018/7/1	河南省	焦作市	进升车床 CM13-23	36
2018/7/1	上海市	金山区	自滚车床 ZM14-1	16
2018/7/1	湖南省	湘潭市	车床 CM13-2	4

为验证小白手工加计的数据的正确性，我们建立 2018 年苏问集团吉林公司收入数据透视表来核对，方法如图 9-5 之 1、2 和 3，具体可参见“2.7.1”。为进一步筛选数据透视结果，我们使用 Excel 2010 及以后版本新增的切片器，相比于数据透视表筛选器更加灵活和快捷的一个数据过滤工具，它可快捷筛选表、数据透视表（图）和多维数据集函数。

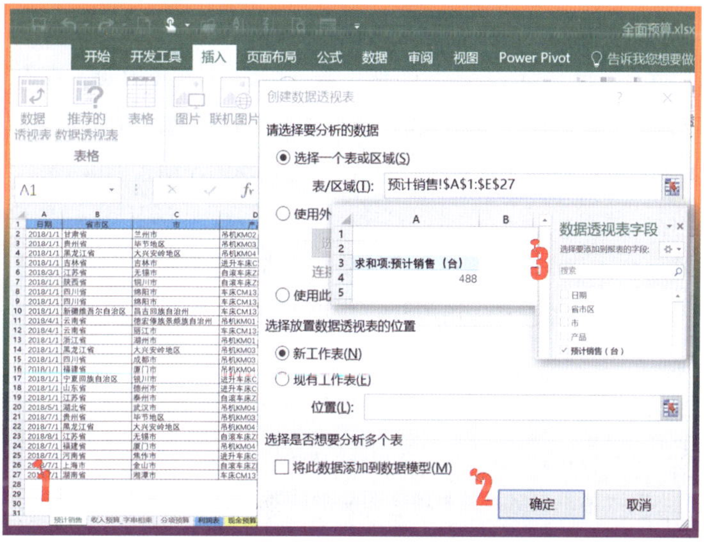

图 9-5　建立苏问集团吉林公司 2018 年预估收入数据透视表

1. 插入切片器。在数据透视表内，单击 Excel 主界面的“数据透视表工具”的“分析”选项卡中“筛选”组内的“插入切片器”(或 Excel 主界面的“插入”选项卡中“筛选器”组内的“切片器”，图 9-6 之 1)，在弹出的“插入切片器”对话框内勾选除“销售数量（台）”外的其他各项（图 9-6 之 2)，在 Excel 工作表内依次出现“日期”、“省市区”、“市”和“产品”切片器（图 9-6 之 3)。

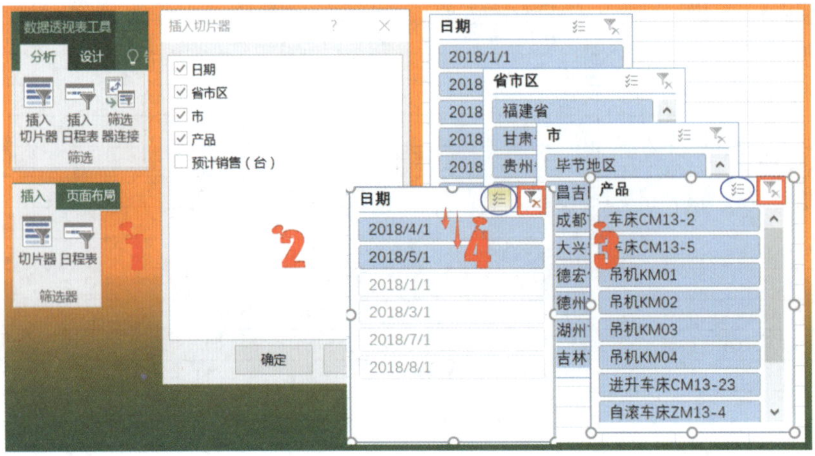

图 9-6　插入数据透视表切片器

2. 切片器状态。每个切片器右上角都有两个按钮，当选中切片器中的项目时，图 9-6 之 3 红色方框内漏斗由灰色变亮（图 9-6 之 4 红色方框）。选中图 9-6 之 3 蓝色椭圆内多选按钮，此按钮变为有小方框衬底（图 9-6 之 4 蓝色椭圆内)，表明可同时选择该切片器内一个以上的项目。选中时无须按住 Ctrl 键，单击一次为选中，再次点击则取消选择。再次单击图 9-6 之 3 蓝色椭圆内按钮，衬底小方框消失，此时不再可同时选择该切片器内多个项目。

当切片器内的项目被选中时，该项目以浅蓝色衬底。与切片器内按钮一样，再次单击将循环切换选中和取消选择状态。

切片器内的项目之间理解为“或者”的关系，切片器之间理解为“并且”的关系。

3. 切片器对齐。逐一拖动图 9-6 之 3 各切片器（图 9-7 之 1)，可移动其位置，将 4 个切片器分散摆放，使最左、最右切片器距离超过三个切片器的宽度。按住 Ctrl 键，选中 4 个切片器，单击 Excel 主界面的“切片器工具”的“选项”选项卡中“排列”组内的“对齐”，在出现的浮动菜单内单击“横向分布”(图 9-7 之 2)，再次单击“对齐”，在出现的浮动菜单内单击“顶端对齐”，对齐效果如图 9-7 之 3 所示。

4. 切片器筛选例解。分别选中切片器“日期”、“省市区”和“产品”，依次点击 Excel 主界面的“切片器工具”的“切片器样式”选项卡中“切片器样式深色 5”、“切片器样式深色 4”和“切片器样式深色 6”。

单击上述三切片器右上角的多选按钮，使其呈现被选中状态，选中切片器“日期”的“2018/4/1”、“2018/5/1”两项，选中切片器“省市区”的“湖北省”、“云南省”两项，选中切片器“产品”的“车床 CM13-5”、“吊机 KM04”两项（图 9-8)，预计销量（台）合计数为 44，表明“当日期为 2018 年 4 月 1 日或 5 月 1 日，车床 CM13-5、吊机 KM04 两产品销往湖北省、云南省预计达到 44 台”。

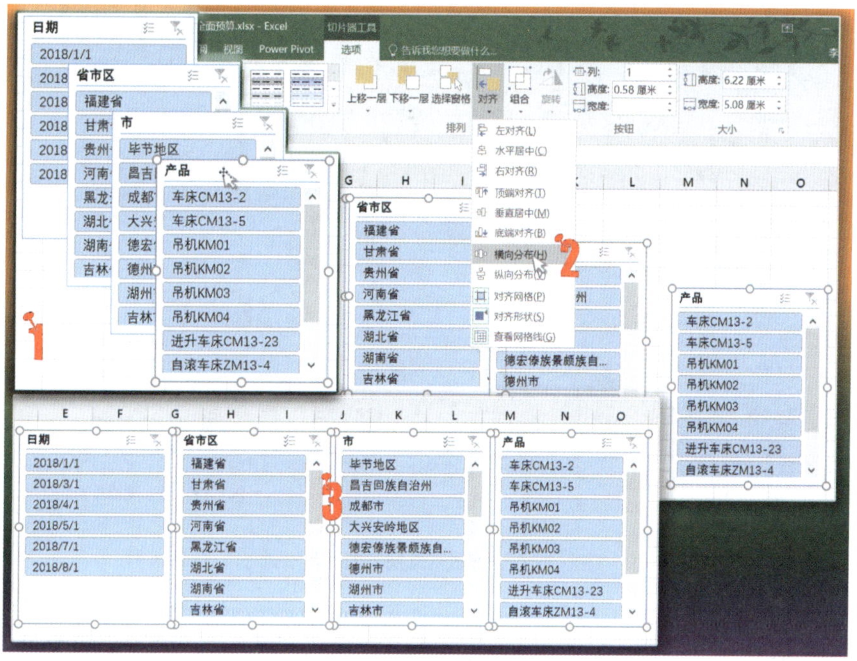

图 9-7 切片器对齐

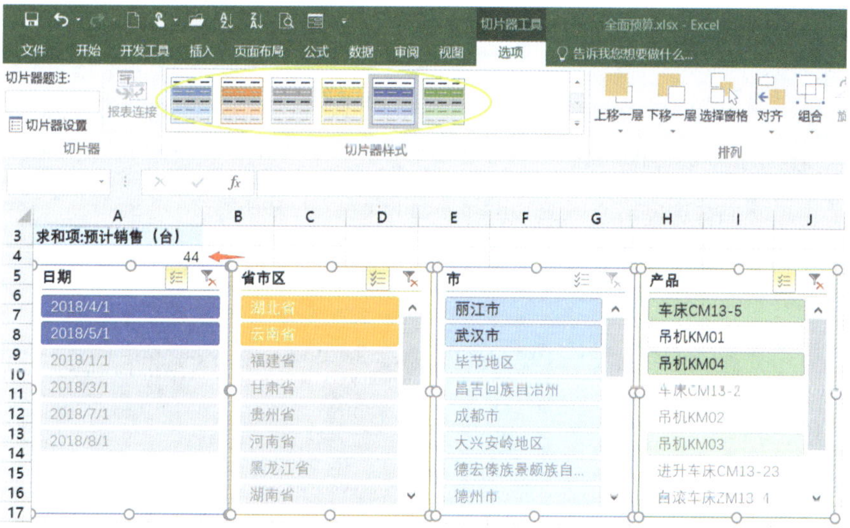

图 9-8 切片器例解

5. 切片器与透视表的同步设置。如将数据来源于表 9-2 中所有销往湖北省的数据删除，切片器“省市区”中仍然存在“湖北省”项（图 9-9 之 1），并未与数据源表同步，通过图 9-9 之 2、3 和 4 可使二者同步：

- 2：单击 Excel 主界面的“切片器工具”的“选项”选项卡中“切片器”组内的“切片器设置”。
- 3：取消“切片器设置”对话框内“显示从数据源删除的项目”。
- 4：切片器“省市区”的“湖北省”已不再显示。

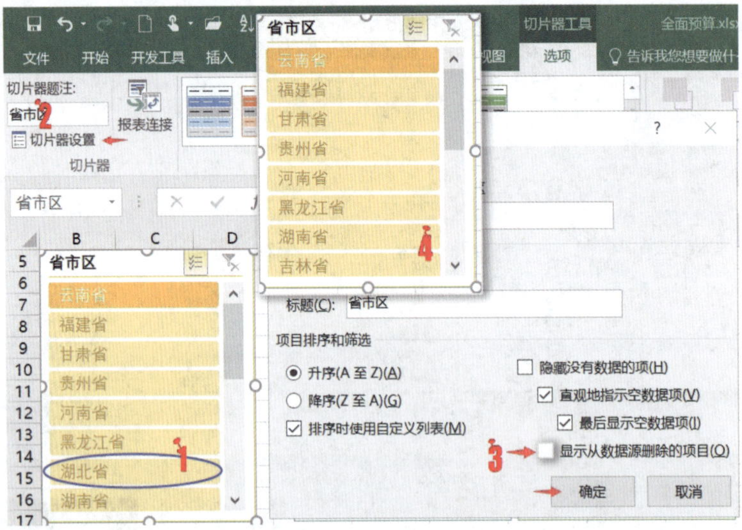

图 9-9　切片器与透视表的同步设置

9.2.3　跟随可视化神器 PowerMap 行走华夏——收入预估分布

1. 问题提出。从收入预估清单表 9-2 中，看长长的一串数字，很不直观，能否在一张图中显示出来年的收入在全国（或全球）的地区分布情况呢？如果能够动态演示随着时间进度收入的累计变化那就更好不过了。

2. PowerMap 的装载。首先，很不幸，Office 2013 以前的版本用不了 PowerMap。Office 2013 还需要到这个地址去下载安装：

https://www.microsoft.com/en-us/download/details.aspx?id=38395

使用 Office 2016 的童靴就爽了，直接使用：单击 Excel“插入”选项卡，找到“三维地图”（图 9-10 之 2）…虾米？你的 Excel 2016 木有“三维地图”？

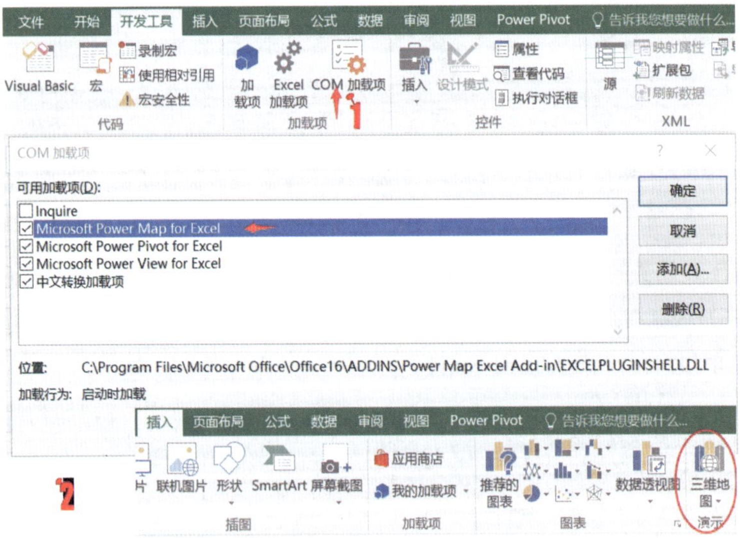

图 9-10　加载 PowerMap

Em.. 不是你的运气不好，而是没预先加载，你需要单击 Excel“开发工具”选项卡，找到“COM 加载项”（图 9-10 之 1），弹出“COM 加载项”对话框，勾选其中的“Microsoft Power Map for Excel”后，点击“确定”按钮就有了“三维地图”啦。

什么？没有“开发工具”选项卡！参考第“4.3.2”节即可。

3. PowerMap 的使用。单击 Excel“插入”选项卡上的“三维地图”后，出现图 9-11 所示的界面，单击图中的①、②、③和④将会显示或者隐藏“演示编辑器”、“图层窗格”、“字段列表”和“导航按钮”，全部隐藏后效果如图 9-12 所示。

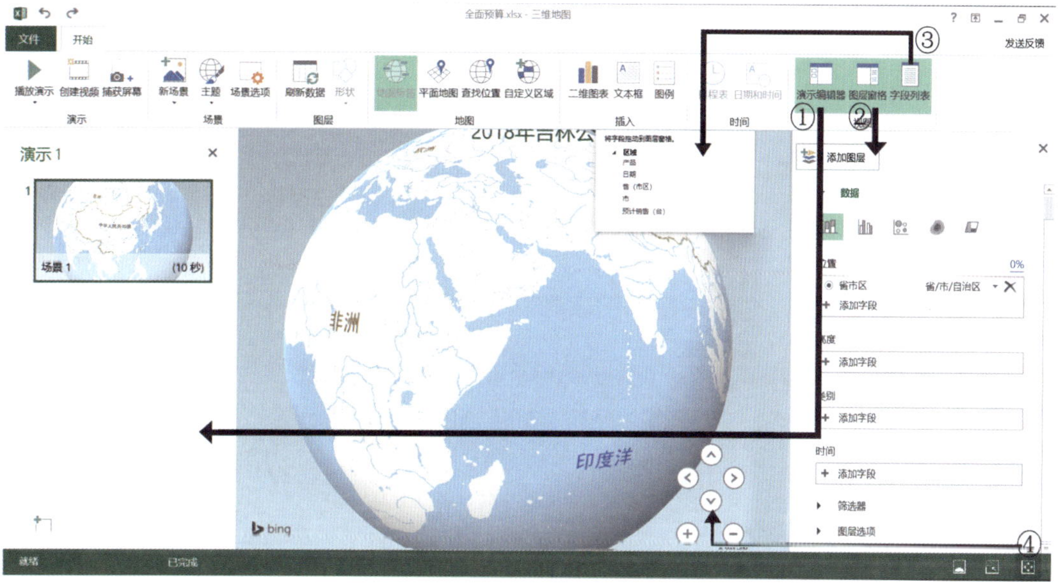

图 9-11 PowerMap 主界面之 1

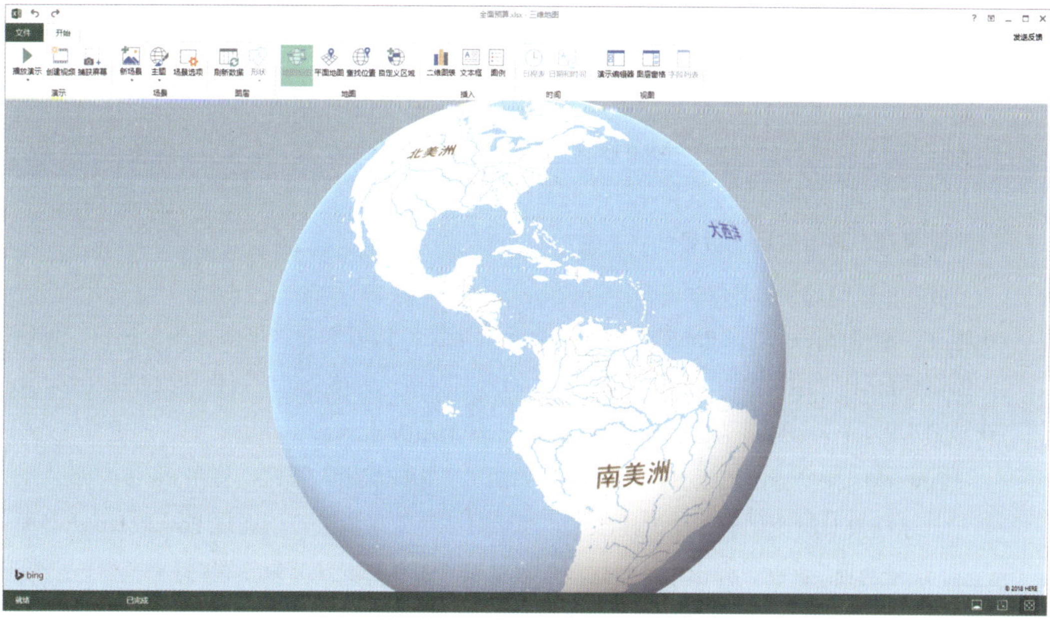

图 9-12 PowerMap 主界面之 2

为使 Excel 与 PowerMap 建立联系，需要将 Excel 数据源表格（表 9-2）中的有关列名（字段）添加进 PowerMap。

- 建立 3D 立体图。按图 9-13 之 1、2 和 3 步骤操作：
  - 1：“位置”。为了使数据在地图上定位，单击此处的下拉三角形按钮，选择“城市”。
  - 2：“高度”。这里是要累加的字段，加计后的结果以不同高度的柱形矗立在设定的“位置”上。用鼠标拖拉“预计销售（台）”到“高度”下，待光标变为带加号的箭头时释放鼠标。

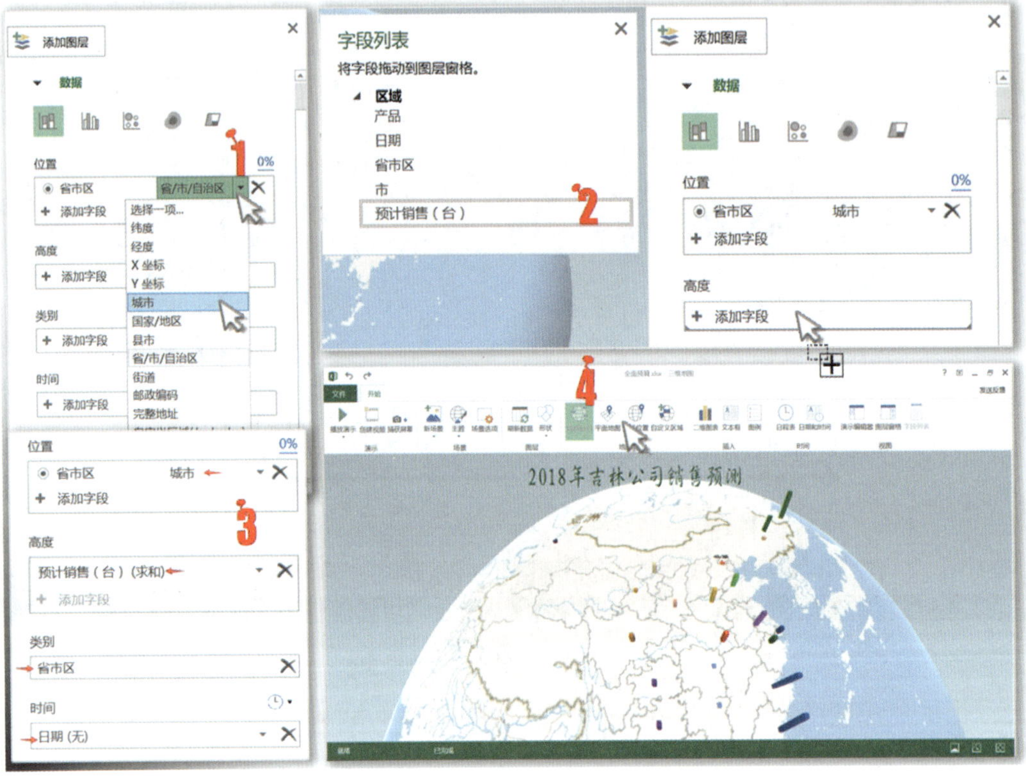

图 9-13 建立 Excel 与 PowerMap 的数据关联

  - 3：方法 1 和 2 是给 PowerMap 添加关联字段的两种等效方式，添加后“类别”设置为“省市区”（目的是按省份累加各产品的数量）、“时间”设置为“日期”（目的是演示随着时间推移，各省份累加数量的“高度”增长）。
  - 4：4 个字段设置后的效果。
- 建立二维平面图。单击 PowerMap 主界面上“地图”选项卡的“平面地图”按钮，可使得 PowerMap 建立的地图在 3D 和二维图形之间来回切换。吉林公司的销售预测如图 9-14 所示。
- 地图输出。PowerMap 为生成的地图提供了三种演示方式：
  - PowerMap 内演示。单击 PowerMap 主界面上“播放演示”按钮，将在 PowerMap 内动态演示随着时间变化而变化的柱形图。演示时长等效果参数可以通过 PowerMap 主界面上“场景选项”按钮，弹出“场景选项”对话框（图 9-15 之 2）来设置。

图 9-14　吉林公司预估销售在全国的分布平面图

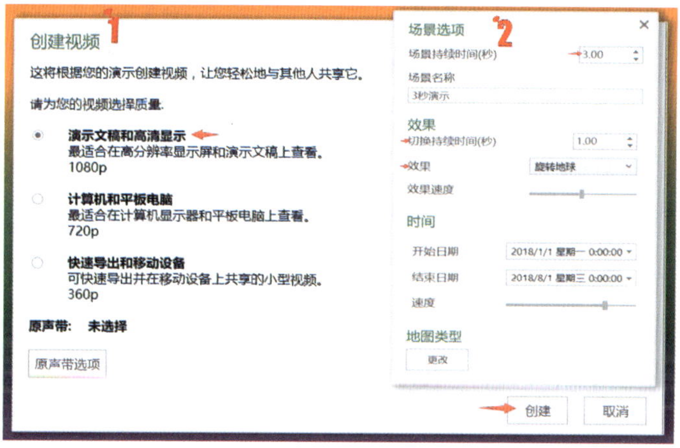

图 9-15　PowerMap 的“场景选项”和“创建视频”设置

> CFO 点拨
>
> 单击“捕获屏幕”按钮后，不会出现要求用鼠标拖拉出矩形截取局部图形的界面，从视觉效果上屏幕没有任何的变化，也没有任何提示。

- 其他场合演示。在 PowerMap 内创建的动态演示还可以转换为 MP4 格式的视频，用于其他场合的播放、展示。单击 PowerMap 主界面上“创建视频”按钮，根据未来需要的视频清晰度，选择不同的视频质量后“创建”（图 9-15 之 1）。
- 捕获屏幕。单击 PowerMap 主界面上“捕获屏幕”按钮，即可将 PowerMap 正在展示的静态图形抓取到剪切板内，在其他软件内，如 Powerpoint、Word 内直接按下 Ctrl_V 贴入已抓取的图形。

9.2.4　成本三件套——产品生产量与原材料采购量预算

企业生产成本包括直接材料、人工薪酬和制造费用，各取其中一字，简称“料、工、费”。

1. 产品生产量预算。预算期的各种产品生产多少，通常要考虑两个相互矛盾的因素：一是安全库存，即为了满足突发需求、紧急订单而储备的存货，二是为降低资金占用必须减少仓库留存。对于预计的生产量，还要与现有生产能力相比较而调整预算或生产能力，如果产量预算超过产能，或追加产能或降低预算，如果产量预算远远低于产能，则应考虑将剩余产量外租或他用，再或者考虑追加预算，避免浪费。

产量预算可以通过以下公式预计，在 Excel 中用公式计算如图 9-16 之 2：

预计产量 = 本期销量 + 期末库存 - 期初库存

期末库存按照预计期销售量的百分比匡算，这个比值各企业有所不同，苏问集团按 10% 预估，用公式计算如图 9-16 之 1，工作表名为“分项预算”。期初库存是上期预算表的期末库存。

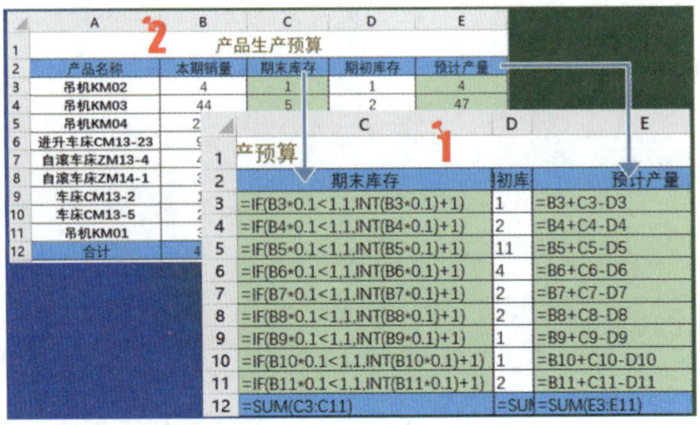

图 9-16 全面预算的产量预算

2. **产品与原材料配比**。产品由原材料等生产用料加工、制造而成，为满足当期生产和期末后备存货所需，除使用期初用料外，对外采购生产用料是一项重要的预算项目，也是企业现金流出的一个“大头”。

要生产出一件产品，一般都会采用多种原材料，各种用料通常也不会相等的。比如要做一道西红柿炒蛋，需要西红柿 2 个、鸡蛋 2 枚、油、盐、姜、蒜等若干，这里的“2 个”、“2 枚”、“若干”和做出的西红柿炒蛋“一道”，反映了它们之间的配比关系。企业制造产品同样也具有这样的配比关系，使用多少个（件、只）原材料才能制造出一台机器（一件产品）。这种配比关系，在某些行业，往往属于最高机密，泄露出去可能会被竞争对手模仿。苏问集团吉林公司的产品与用料配比关系经整理后如图 9-17 所示。

单件产品耗用原材料配比表（秘密资料）

配件 / 产品	JLPJ2016-1A	JLPJ2017-5A	JLPJ2018-2D	JLPJ2018-3D	JLHV-711	JLHI-301
吊机KM02	2.1	1	16		45	
吊机KM03		6		5.4	22	
吊机KM04	24		32.1	8.3		
进升车床CM13-23	3				4.7	
自滚车床ZM13-4	1.3	5.3				5.4
自滚车床ZM14-1		19.2	6.7	2.4		
车床CM13-2				7.3		2.9
车床CM13-5		4.1	45		3.2	6
吊机KM01	1.9		33		4.2	

图 9-17 产品与用料配比关系

3. **原材料采购量预算**。在 Excel 中用公式“=SUMPRODUCT($E$3:$E$11,B$16:B$24)”计算单元格 B28 的“JLPJ2016-1A”的耗用量（图 9-18 之 1），用公式计算其他材料的用量，只需要将图 9-18 中红色椭圆部分做相应的修改即可。

期末库存按照预计期耗用量的百分比匡算，这个比值各企业有所不同，苏问集团按 15% 预估，用公式计算如图 9-18 之 2。

根据配比关系和生产预算，可得出单一材料的预算耗用量，结合考虑期初、期末原材料，可用以下公式来计算预算期的原材料采购量，在 Excel 中用公式计算如图 9-18 之 3：

预计原材料采购量 = Σ 单品预计生产量 * 单品用料配比 + 期末库存 - 期初库存

4. **原材料采购资金预算**。各类材料的采购价格在预算期内可能会有所波动，可采用平均单价或其他经过调整后的单价作为预算期内的某种材料的计算单价，以此价格分别乘以各自的采购量得到采购金额，用公式表示为，在 Excel 中用公式计算如图 9-19 之 1：

预计原材料采购金额 = 预计原材料采购量 * 计算单价

由于供应商给予吉林公司的信用政策不同，要求付款的时间进度也不同。计算时在以往付款进度的基础上，用预估本预算期内付现金额占应付金额的比率，乘以采购金额，得到付现金额，公式为，在 Excel 中用公式计算如图 9-19 之 2：

预计原材料采购现金流出 = 预计原材料采购金额 * 预估综合付现比

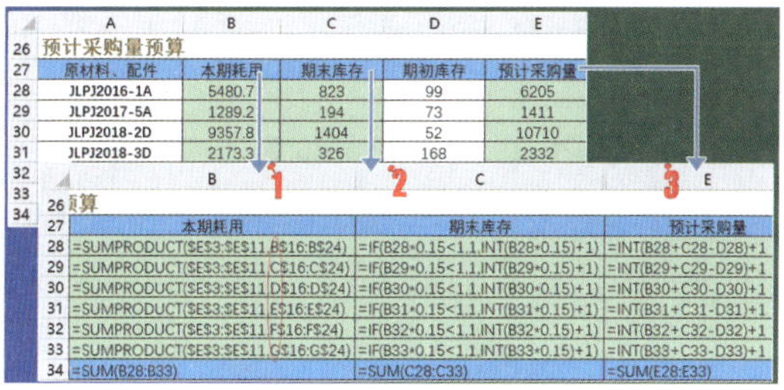

预计采购量预算

	A	B	C	D	E
27	原材料、配件	本期耗用	期末库存	期初库存	预计采购量
28	JLPJ2016-1A	5480.7	823	99	6205
29	JLPJ2017-5A	1289.2	194	73	1411
30	JLPJ2018-2D	9357.8	1404	52	10710
31	JLPJ2018-3D	2173.3	326	168	2332

	B	C	E
27	本期耗用	期末库存	预计采购量
28	=SUMPRODUCT($E$3:$E$11,B$16:B$24)	=IF(B28*0.15<1,1,INT(B28*0.15)+1)	=INT(B28+C28-D28)+1
29	=SUMPRODUCT($E$3:$E$11,C$16:C$24)	=IF(B29*0.15<1,1,INT(B29*0.15)+1)	=INT(B29+C29-D29)+1
30	=SUMPRODUCT($E$3:$E$11,D$16:D$24)	=IF(B30*0.15<1,1,INT(B30*0.15)+1)	=INT(B30+C30-D30)+1
31	=SUMPRODUCT($E$3:$E$11,E$16:E$24)	=IF(B31*0.15<1,1,INT(B31*0.15)+1)	=INT(B31+C31-D31)+1
32	=SUMPRODUCT($E$3:$E$11,F$16:F$24)	=IF(B32*0.15<1,1,INT(B32*0.15)+1)	=INT(B32+C32-D32)+1
33	=SUMPRODUCT($E$3:$E$11,G$16:G$24)	=IF(B33*0.15<1,1,INT(B33*0.15)+1)	=INT(B33+C33-D33)+1
34	=SUM(B28:B33)	=SUM(C28:C33)	=SUM(E28:E33)

图 9-18 原材料采购量预算

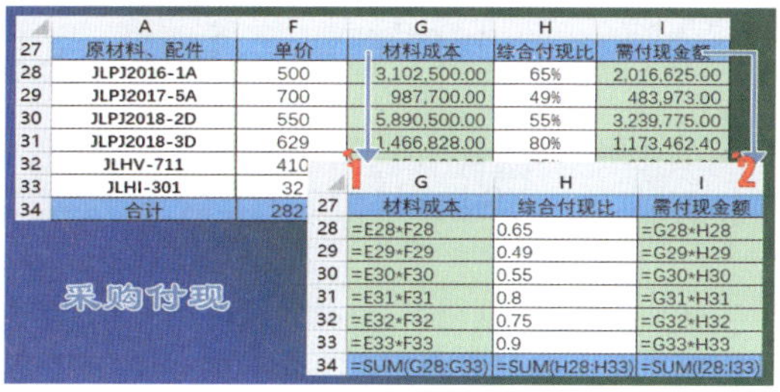

	A	F	G	H	I
27	原材料、配件	单价	材料成本	综合付现比	需付现金额
28	JLPJ2016-1A	500	3,102,500.00	65%	2,016,625.00
29	JLPJ2017-5A	700	987,700.00	49%	483,973.00
30	JLPJ2018-2D	550	5,890,500.00	55%	3,239,775.00
31	JLPJ2018-3D	629	1,466,828.00	80%	1,173,462.40
32	JLHV-711	410	[illegible]	[illegible]	[illegible]
33	JLHI-301	32	[illegible]	[illegible]	[illegible]
34	合计	282[illegible]	[illegible]	[illegible]	[illegible]

	G	H	I
27	材料成本	综合付现比	需付现金额
28	=E28*F28	0.65	=G28*H28
29	=E29*F29	0.49	=G29*H29
30	=E30*F30	0.55	=G30*H30
31	=E31*F31	0.8	=G31*H31
32	=E32*F32	0.75	=G32*H32
33	=E33*F33	0.9	=G33*H33
34	=SUM(G28:G33)	=SUM(H28:H33)	=SUM(I28:I33)

图 9-19 原材料采购付现预算

9.2.5 成本三件套——产品人工配比与工时、计件工资预算

对于某一产品来说，可能需要多道工序、多工种工人才能完成生产。在不同的企业，生产工序不同、所需要人工工种不同，其计算报酬的方法，有可能是按件计酬，有可能按时计酬，或者是混合计酬。

与耗用材料类似，企业需在历史资料统计的基础上测算出一个工时配比，图 9-20 中第 38 行，在预算期内生产一件“KM02 型吊机”，需要耗费初级工 67 小时、高级工 48 小时，质检 16 小时和段长 1 小时才能完成生产。

单件产品耗用人工工时配比表

	工种 / 产品	初级工	高级工	质检	段长
38	吊机KM02	67	48	16	1
39	吊机KM03		44	12	1
40	吊机KM04	24		52	1
41	进升车床CM13-23	14		11	1
42	自滚车床ZM10-4	33	28	6	1
43	自滚车床ZM14-1		5	6	1
44	车床CM13-2	84		8	1
45	车床CM13-5	12	2	2	1
46	吊机KM01	80		11	1

图 9-20 产品与人工用时配比关系

用工时配比计算每生产一件产品需要某一工种耗费多少人工工时，以此乘以该工种小时工资，从而得到该工种在预算期需要企业支付的人工薪酬，累加各工种薪酬得到总人工薪酬，公式如下：

预计耗用工种人工工时 = Σ 单品预计生产量 * 单品工种用时配比

预计耗用工种人工薪酬 = 预计耗用工种人工工时 * 小时工资

预计耗用总人工薪酬 = Σ 预计耗用工种人工薪酬

如企业实行计件工资，以图 9-18 中“本期耗用”乘以单位工资即可得到预计耗用人工薪酬。

在 Excel 中用公式“=SUMPRODUCT($E$3:$E$11,B$38:B$46)”计算单元格 B50 的“初级工”的耗用工时（图 9-21 之 1），用公式计算其他工种工时，只需要将图 9-21 中红色椭圆部分做相应的修改即可。

以工时乘以输入的工种小时工资计算出图9-21之2的“应付工资”，由于劳动法规约束，不得拖欠工人工资，故而“需付现金额”（图9-21之3）与“应付工资”相等。

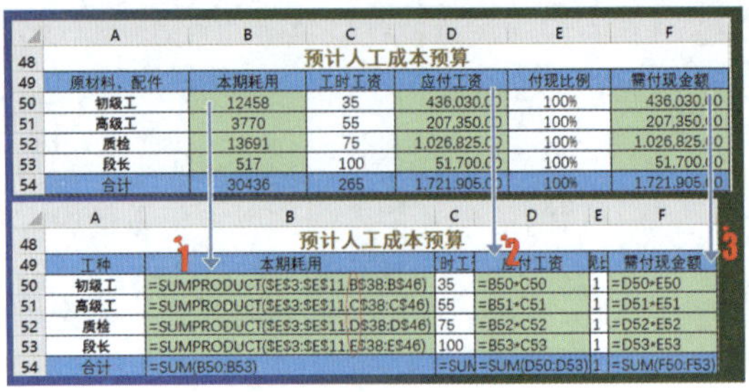

	A	B	C	D	E	F
48	预计人工成本预算					
49	原材料、配件	本期耗用	工时工资	应付工资	付现比例	需付现金额
50	初级工	12458	35	436,030.00	100%	436,030.00
51	高级工	3770	55	207,350.00	100%	207,350.00
52	质检	13691	75	1,026,825.00	100%	1,026,825.00
53	段长	517	100	51,700.00	100%	51,700.00
54	合计	30436	265	1,721,905.00	100%	1,721,905.00

	A	B	C	D	E	F
48	预计人工成本预算					
49	工种	本期耗用	时工	应付工资	现比	需付现金额
50	初级工	=SUMPRODUCT($E$3:$E$11,B$38:B$46)	35	=B50*C50	1	=D50*E50
51	高级工	=SUMPRODUCT($E$3:$E$11,C$38:C$46)	55	=B51*C51	1	=D51*E51
52	质检	=SUMPRODUCT($E$3:$E$11,D$38:D$46)	75	=B52*C52	1	=D52*E52
53	段长	=SUMPRODUCT($E$3:$E$11,E$38:E$46)	100	=B53*C53	1	=D53*E53
54	合计	=SUM(B50:B53)	=SUN	=SUM(D50:D53)	1	=SUM(F50:F53)

图 9-21　人工付现预算

9.2.6　成本三件套——直接、间接制造费用的预算

制造费用与产品生产相关的部门、车间发生的费用，如折旧、维修工人和车间管理人员工资、水电煤汽、劳保、保险等费用。虽然这些费用与产品的生产不存在明晰易辨的投入产出关系，但它们是支撑企业产能的重要因素。一般，可将制造费用划分为固定制造费用和变动制造费用。

为简化起见，将各项产品的单位产品固定费用设为800，线性系数设为0.15，图9-22单元格E58用公式“=0.15*D58+B58”计算一台“吊机KM02”的制造费用，其他产品“单位制造费用”将单元格E58公式向下拖拉即可。

用“单位制造费用”乘以预算期的产品生产量（台数，可用VLOOKUP函数从图9-16中E列取得）可得到预算期的产品制造费用，如图9-23之1所示，单元格F58公式“=VLOOKUP($A58,$A$3:$E$11,5,FALSE)*E58”计算预算期内“吊机KM02”的制造费用，其他产品“制造费用”将单元格F58公式向下拖拉即可。

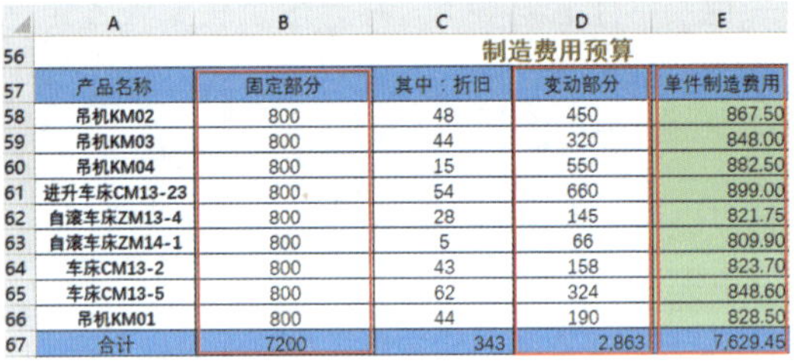

	A	B	C	D	E
56	制造费用预算				
57	产品名称	固定部分	其中：折旧	变动部分	单件制造费用
58	吊机KM02	800	48	450	867.50
59	吊机KM03	800	44	320	848.00
60	吊机KM04	800	15	550	882.50
61	进升车床CM13-23	800	54	660	899.00
62	自滚车床ZM13-4	800	28	145	821.75
63	自滚车床ZM14-1	800	5	66	809.90
64	车床CM13-2	800	43	158	823.70
65	车床CM13-5	800	62	324	848.60
66	吊机KM01	800	44	190	828.50
67	合计	7200	343	2,863	7,629.45

图 9-22　单位产品制造费用

CFO点拨

对每一单位（如台、件）产品来说，其固定部分都有可能包含了若干的费用子项，如折旧、保险等，我们将苏问集团吉林公司的这些子项进行了合并，仅仅以简化了的800来反映。在各个不同的企业，应当另行制作表格来计算单位产品的固定成本部分。制造费用的变动部分同样也是合并后的结果，在不同企业实际编制预算时要特别注意。此外，对每一个费用子项而言，线性系数可能都不相同，在计算时必须区分对待。

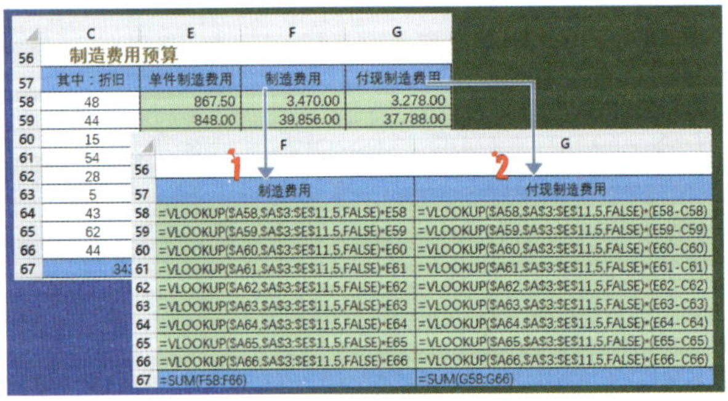

	C	E	F	G
56	制造费用预算			
57	其中：折旧	单件制造费用	制造费用	付现制造费用
58	48	867.50	3,470.00	3,278.00
59	44	848.00	39,856.00	37,788.00
60	15			
61	54			
62	28			
63	5			
64	43			
65	62			
66	44			
67	343			

	F	G
56		
57	制造费用	付现制造费用
58	=VLOOKUP($A58,$A$3:$E$11,5,FALSE)*E58	=VLOOKUP($A58,$A$3:$E$11,5,FALSE)*(E58-C58)
59	=VLOOKUP($A59,$A$3:$E$11,5,FALSE)*E59	=VLOOKUP($A59,$A$3:$E$11,5,FALSE)*(E59-C59)
60	=VLOOKUP($A60,$A$3:$E$11,5,FALSE)*E60	=VLOOKUP($A60,$A$3:$E$11,5,FALSE)*(E60-C60)
61	=VLOOKUP($A61,$A$3:$E$11,5,FALSE)*E61	=VLOOKUP($A61,$A$3:$E$11,5,FALSE)*(E61-C61)
62	=VLOOKUP($A62,$A$3:$E$11,5,FALSE)*E62	=VLOOKUP($A62,$A$3:$E$11,5,FALSE)*(E62-C62)
63	=VLOOKUP($A63,$A$3:$E$11,5,FALSE)*E63	=VLOOKUP($A63,$A$3:$E$11,5,FALSE)*(E63-C63)
64	=VLOOKUP($A64,$A$3:$E$11,5,FALSE)*E64	=VLOOKUP($A64,$A$3:$E$11,5,FALSE)*(E64-C64)
65	=VLOOKUP($A65,$A$3:$E$11,5,FALSE)*E65	=VLOOKUP($A65,$A$3:$E$11,5,FALSE)*(E65-C65)
66	=VLOOKUP($A66,$A$3:$E$11,5,FALSE)*E66	=VLOOKUP($A66,$A$3:$E$11,5,FALSE)*(E66-C66)
67	=SUM(F58:F66)	=SUM(G58:G66)

图 9-23　产品制造费用与付现制造费用

折旧作为制造费用的一个组成部分，实际上是折旧当期是没有现金流出的，因而在计算当期制造费用的付现部分时，需要将折旧部分剔除，如图9-23之2

所示，单元格 G58 公式“=VLOOKUP($A58,$A$3:$E$11,5,FALSE)*(E58-C58)”计算预算期内“吊机 KM02”的付现制造费用，其他产品“付现制造费用”将单元格 G58 公式向下拖拉即可。

9.2.7　产品成本在期末产品与销售成本中的分配

1. 单位生产成本的计算。产品生产成本包括的直接材料、人工薪酬和制造费用，在“9.2.2”、“9.2.3”、“9.2.4”的基础上，输入图 9-24 所示的公式，单元格 B71、C71、D71 和 E71 公式依次为“{=SUMPRODUCT($B16:$G16,TRANSPOSE($F$28:$F$33))}”（将图 9-17 第 16 行“吊机 KM02”用料配比与图 9-19 中 F 列转置后的单价相乘）、“{=SUMPRODUCT($B38:$E38,TRANSPOSE($C$50:$C$53))}”（将图 9-20 第 38 行“吊机 KM02”工时配比与图 9-21 中 C 列转置后的单价相乘）、“=E58”（直接从 9-11 取数）和“=SUM(B71:D71)”（直接材料、人工薪酬和制造费用三项相加）。

	B	C	D	E
69		产品成本归集表		
70	耗用材料	人工费用	制造费用	单位生产成本
71	=SUMPRODUCT($B16:$G16,TRANSPOSE($F$28:$F$33))	=SUMPRODUCT($B38:$E38,TRANSPOSE($C$50:$C$53))	=E58	=SUM(B71:D71)
72	=SUMPRODUCT($B17:$G17,TRANSPOSE($F$28:$F$33))	=SUMPRODUCT($B39:$E39,TRANSPOSE($C$50:$C$53))	=E59	=SUM(B72:D72)
73	=SUMPRODUCT($B18:$G18,TRANSPOSE($F$28:$F$33))	=SUMPRODUCT($B40:$E40,TRANSPOSE($C$50:$C$53))	=E60	=SUM(B73:D73)
74	=SUMPRODUCT($B19:$G19,TRANSPOSE($F$28:$F$33))	=SUMPRODUCT($B41:$E41,TRANSPOSE($C$50:$C$53))	=E61	=SUM(B74:D74)
75	=SUMPRODUCT($B20:$G20,TRANSPOSE($F$28:$F$33))	=SUMPRODUCT($B42:$E42,TRANSPOSE($C$50:$C$53))	=E62	=SUM(B75:D75)
76	=SUMPRODUCT($B21:$G21,TRANSPOSE($F$28:$F$33))	=SUMPRODUCT($B43:$E43,TRANSPOSE($C$50:$C$53))	=E63	=SUM(B76:D76)
77	=SUMPRODUCT($B22:$G22,TRANSPOSE($F$28:$F$33))	=SUMPRODUCT($B44:$E44,TRANSPOSE($C$50:$C$53))	=E64	=SUM(B77:D77)
78	=SUMPRODUCT($B23:$G23,TRANSPOSE($F$28:$F$33))	=SUMPRODUCT($B45:$E45,TRANSPOSE($C$50:$C$53))	=E65	=SUM(B78:D78)
79	=SUMPRODUCT($B24:$G24,TRANSPOSE($F$28:$F$33))	=SUMPRODUCT($B46:$E46,TRANSPOSE($C$50:$C$53))	=E66	=SUM(B79:D79)
80	=SUM(B71:B79)	=SUM(C71:C79)	=SUM(	=SUM(E71:E79)

图 9-24　单位产品生产成本归集公式

通过 TRANSPOSE 函数，实现了横向区域与纵向区域的垂直相乘，其他产品“料、工、费”和“单位成本”的计算将单元格区域“B71:E71”公式向下拖拉即可。计算后的结果如图 9-25 所示。

2. 生产成本的分配。企业的当期生产的产品与期初的库存一起形成产品的来源，其去向有两个：一是销售出去，二是留在企业、形成期末库存。用单位生产成本乘以产品的（销、存）数量就得到预算期的销售成本和期末产品的金额。

	A	B	C	D	E
69			产品成本归集表		
70	产品名称	耗用材料	人工费用	制造费用	单位生产成本
71	吊机KM02	29,000.00	6,285.00	867.50	36,152.50
72	吊机KM03	16,616.60	3,420.00	848.00	20,884.60
73	吊机KM04	34,875.70	4,840.00	882.50	40,598.20
74	进升车床CM13-23	3,427.00	1,415.00	899.00	6,741.00
75	自滚车床ZM13-4	4,532.80	3,245.00	821.75	8,599.55
76	自滚车床ZM14-1	18,634.60	825.00	809.90	20,269.50
77	车床CM13-2	4,684.60	3,640.00	823.70	9,148.20
78	车床CM13-5	29,124.00	780.00	848.60	30,752.60
79	吊机KM01	20,822.00	3,725.00	828.50	25,375.50
80	合计	161,717.20	28,175	7,629	197,521.65

图 9-25　单位产品生产成本归集

成本分配

	F	G
70	销售成本	期末产品成本
71	=B3*E71	=C3*E71
72	=B4*E72	=C4*E72

	A	E	F	G
70	产品名称	单位生产成本	销售成本	期末产品成本
71	吊机KM02	36,152.50	144,610.00	36,152.50
72	吊机KM03	20,884.60	918,922.40	104,423.00
73	吊机KM04	40,598.20	8,119,640.00	852,562.20
74	进升车床CM13-23	5,741.00	551,136.00	57,410.00
75	自滚车床ZM13-4	8,599.55	369,780.65	42,997.75
76	自滚车床ZM14-1	20,269.50	648,624.00	81,078.00
77	车床CM13-2	9,148.20	109,778.40	18,296.40
78	车床CM13-5	30,752.60	738,062.40	92,257.80
79	吊机KM01	25,375.50	837,391.50	101,502.00
80	合计	197,521.65	12,437,945.35	1,386,679.65

图 9-26　产品生产成本分配

将图 9-16 中 B 列本期销量乘以图 9-26 中“单位生产成本”得到预算期销售成本，用图 9-16 中 C 列本期销量乘以图 9-26 中“单位生产成本”得到预算期期末产品成本。

9.2.8　“料、工、费”结构中的多层圆环显示

从图 9-26 的表格中可以一目了然地看到各产品生产成本的组成结构，但只有数字还不太直观，如果能够在一张图中看出各产品的“料、工、费”的结构情况最佳，如何实现呢？现将图 9-27 之 1-9

按步骤分解如下：

- 插入圆环。在工作表中插入图表，步骤包括 1、2 和 3：
  - 1：选中单元格区域“A70:D80”。
  - 2：单击 Excel“插入”选项卡“图表”组“插入饼图或圆环图”之“圆环图”。
  - 3：单击 Excel“设计”选项卡“图表样式”组“样式 9”。
- 关键的调整。对插入图表所做的调整，5、6、7 步骤最为关键：
  - 5：选中圆环图的任意一条环线，在 Excel 主界面右侧出现的“设置数据系列格式”选项卡上，将“系列选项”的“圆环图内径大小”设置为 15%，此操作使得 3 个同心圆环分布更均匀了。
  - 6：在圆环图上没有图的区域右击，在随后出现的菜单上“选择数据”选项。
  - 7：单击弹出的“选择数据源”对话框上“切换行 / 列”按钮，将使得圆环图中的环的个数由 3 个变为 9 个。

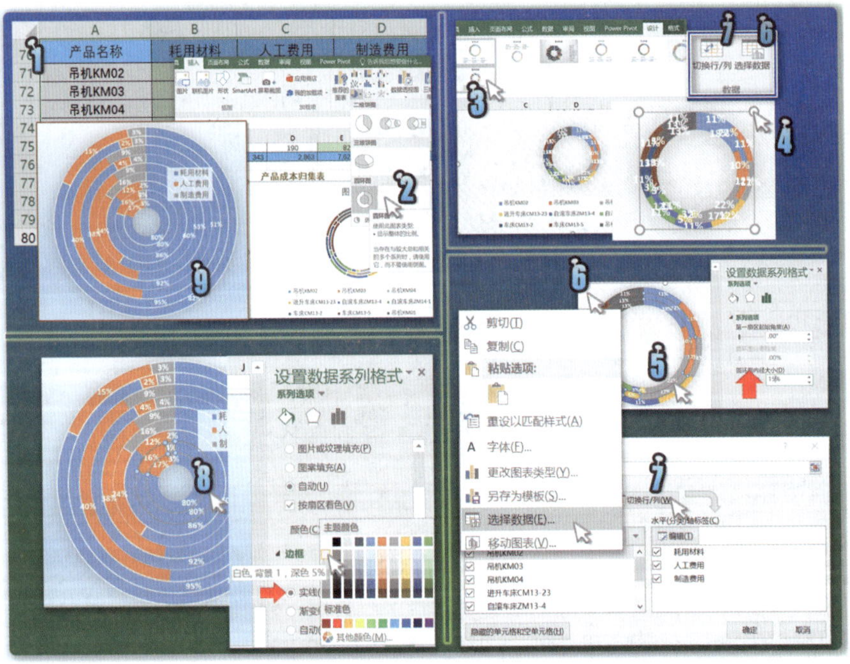

图 9-27　产品生产成本构成多层圆环制作过程

- 美化圆环图。4、8 步骤使圆环图阅读更舒适、更直观：
  - 4：选中圆环图圆环的圆心，圆环图形四周出现 4 个空心定位圆点，可以拖动调整圆环图的整体位置和大小。
  - 8：选中圆环图的任意一条环线，在 Excel 主界面右侧出现的“设置数据系列格式”选项卡上，将“填充与线条”的“边框”选择“实线”，并选择一种“颜色”。重复此动作，可设置 9 个圆环的圆弧的颜色。

CFO 点拨

单击 Excel“设计”选项卡“数据”组内“切换行 / 列”按钮也可实现圆环图的行与列互换，单击“数据”组内“选择数据”按钮也可弹出“选择数据源”对话框。

选中图例，设置其格式：将“填充”设置为“无填充”，再次选中图例中的文字，如“耗用材料”，将“边框”设置为“渐变线”。重复此动作，将“人工费用”、“制造费用”的“边框”设置为“渐变线”。

➢ 9：最终的成品图。图中各产品中“料、工、费”分别所占比例显示直观，通过观察不同产品所耗用材料、所凝聚的人工、生产配合花费的费用的占比，可得以形成对产品生产成本结构整体印象。

9.2.9 用 TEXTJOIN 函数拼接圆环上的带分隔符的字串

1. 学习几个函数。Excel 的字符串拼接函数有直接用“&”相连的，有 CONCATENATE 函数，有 PHONETIC 函数（对数字形式的字符串无效），Excel 2016 还新增了两个函数，一个是 CONCAT 函数，一个是 TEXTJOIN 函数。

CONCAT 函数可将多个区域和 / 或字符串的文本组合起来，但不提供分隔符或 IgnoreEmpty 参数。TEXTJOIN 函数可保留源文本中的分隔符（例如空格或与号 (&)）并删除不希望出现在合并后文本结果中的空参数。

TEXTJOIN 函数。这个函数用来拼接多个文本，并可以用指定的分隔符分隔。

> TEXTJOIN 函数形式为“=TEXTJOIN(分隔符 , ignore_empty, text1, [text2], …)”，它有三个以上的参数，第一个参数是一个文本字符串分隔符（或为空），或用双引号引起来的一个或多个字符，或对有效文本字符串的引用。如果提供一个数字，则将被视为文本。第二个参数 ignore_empty，如果为 TRUE，则忽略空白单元格。第三个参数是要连接的文本项。文本字符串或字符串数组，如单元格区域。前三个参数是必选参数，从第四个参数开始，可有 252 个可选参数，每个参数可以是一个文本字符串或字符串数组，如单元格区域。TEXTJOIN 函数结果的长度不能超过 32 767 个字符，否则将返回 #VALUE!。

TEXTJOIN 函数是用来处理字符串拼接的。公式为“=TEXTJOIN("/",TRUE," 冬 "," 霞 ",""," 灿 "," 灿 ")”显示为“冬 / 霞 / 灿 / 灿”。

2. 自定义 TEXTJOIN 函数。Excel 的字符串拼接函数有直接用“&”相连的，有 CONCATENATE 函数，有 PHONETIC 函数（对数字形式的字符串无效），Excel2016 还新增了两个函数，一个是 CONCAT 函数，一个是 TEXTJOIN 函数。

Excel 2016 新增的几个函数“IFS 函数、MAXIFS 函数、MINIFS 函数、CONCAT 函数、TEXTJOIN 函数”，并不是在所有安装了 Office2016 的电脑上都可以使用，仅当订阅了 Office 365 时，这些函数功能才可用。

如果没有订阅，是不是就用不了呢？能用啊，因为我们会自定义函数啊 ~~

前面说了，Excel 的 TEXTJOIN 函数可以拼接字符串，也可以拼接单元格，我们现在就编写一个拼接单元格内文本的自定义函数。

在“5.3.7”的加载宏“ShowFormula(AuthorizedByLichunlin)”内添加图 9-28 所示的代码，也可以仿照“5.3.7”步骤添加快捷键和帮助信息，此处省略。

```
Function TEXTJOIN(FGF As String, ignore_empty As Boolean, RNG As Range) As String
'------------------------------------------------------------------------------------
'功能：拼接单元格内的文本，可添加分隔符号
'参数：3个，依次为分隔符FGF，是否忽略空值ignore_empty，要拼接的单元格区域RNG
'------------------------------------------------------------------------------------
Dim CELL As Range                                          '定义一个变量CELL
Dim isFirst As Boolean                                     '定义一个逻辑变量，用于判读是否是头一个要拼接的字符串
For Each CELL In RNG                                       '逐一处理选中的单元格
    Dim TF As Boolean: TF = False                          '定义一个逻辑变量TF，用于判断是否要拼接正在处理的单元格
    If ignore_empty = False Then                           '如果第二参数是拼接空值
        TF = True                                          'TF为真
    Else                                                   '否则
        If Len(CELL.Value) > 0 Then TF = True              '当单元格非空时，TF为真
    End If                                                 '结束对第二参数的IF判断
    If TF = True Then TEXTJOIN = TEXTJOIN & IIf(isFirst = False, FGF, "") & CELL.Value   'TF为真时，拼接单元格内内容
    If Len(TEXTJOIN) > 0 Then isFirst = True               '第一次拼接后去掉逻辑变量标志（不是头一个要拼接的字符串）
Next                                                       '结束 For Each 循环
End Function
```

图 9-28　用自定义函数 TEXTJOIN 拼接单元格

在图 9-26 中单元格 A81 中输入公式“="从内而外："&TEXTJOIN("//",1,A71:A79)”（图 9-29 之 1）显示为“从内而外：吊机 KM02// 吊机 KM03// 吊机 KM04// 进升车床 CM13-23// 自滚车床 ZM13-4// 自滚车床 ZM14-1// 车床 CM13-2// 车床 CM13-5// 吊机 KM01”。

3. 在圆环上使用 TEXTJOIN 函数结果。图 9-27 上我们看不出各个圆环是哪个产品的图形，为在图中显现各圆环的具体指代，可以按照图 9-29 之 2 至 8 的步骤来操作：

- 文本框显示指定单元格。通过步骤 2 至 6 实现：
  - 2：选中上一节圆环图的图表区。
  - 3：单击 Excel“插入”选项卡“文本”组“文本框”之“横排文本框”。
  - 4：在圆环图的图表区按下鼠标左键拖拉出一块合适的矩形区域。
  - 5：释放鼠标左键，在拖拉的区域四周出现空心圆形定位点，拖动这些圆点可调整文本框的位置和尺寸。
  - 6：鼠标点击公式编辑栏，输入等于号（“=”），鼠标选中单元格 A81，公式编辑栏公式变为“= 分项预算 !$A$81”。

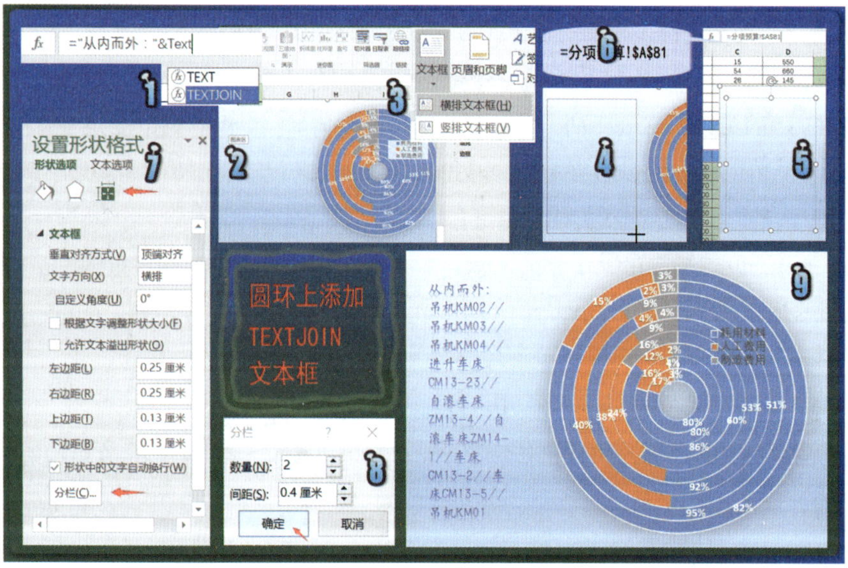

图 9-29　在圆环上添加 TEXTJOIN 函数拼接的文本框

CFO 点拨

不能将文本框的公式直接设置为“="从内而外："&TEXTJOIN("//",1,A71:A79)”，必须通过一个单独的单元格来过渡。

- 美化文本框。为使得文本框更加美观、便于阅读，步骤为 7、8：
  - 7：在文本框上右击，在随后出现的浮动菜单上选择“设置对象格式”，在 Excel 主界面右侧出现“设置形状格式”对话框，选中“大小与属性”，单击“文本框”底部的“分栏”按钮。
  - 8：在“分栏”对话框内“数量”输入 2，栏“间距”设置为 0.4，单击“确定”按钮，关闭“分栏”对话框后，拖拉文本框的定位圆点调整其宽与高，并设置其字体、字色等。
  - 9：添加了 TEXTJOIN 函数拼接结果的文本框最终效果。

9.2.10 费用三件套——“营、管、财”预算与复合饼图

企业非制造作业类费用包括营业费用、管理费用和财务费用，各取其中一字，简称“营、管、财”，也称为“三项费用”。这些费用的预算由企业各个部门（如销售部门、财务部门、HR）编制而成，因各企业规模和业务复杂程度不同，费用预算可能由众多项目不同的子项预算构成。

三项费用中的营业费用、管理费用中有部分（如销售佣金、运输费）与销售量相关的费用，即变动费用，也有众多与销售量相关的固定费用，如租金、保险、管理人员工资。编制方法可参考制造费用。

注意：财务费用并不是指财务部费用，前者是企业资金筹措与存放等事项衍生的费用，如利息收支，后者是处理财务事务的一个职能部门发生的管理费用。

编制三项费用时，要区分付现与非付现部分，按照权责发生制提取的费用项目（如折旧）当期并不需要付现，属于非付现项目。

CFO 点拨

为数据保密和简化讲解，图 9-30 中的表格对苏问集团仅归并列出了部分费用项目，对数据也做了适当的调整，这应该是财务人员以内部数据对外演示应该养成的一个职业习惯。

	A	B	C	D	E	F	G
82	三项费用预算						
83	营业费用		管理费用			财务费用	
84	项目	预算金额	二级项目	三级项目	预算金额	项目	预算金额
85	销售人员工资	441,570.00	管理人员工资		1,324,534.83	利息支出	1,846,786.81
86	广告费	266,000.00	会议费		800,000.00	利息收入	-432,929.02
87	宣传费用	190,000.00	通讯费		567,330.90		
88	运输费用	107,448.64	车辆费		322,345.92		
89			非付现	坏账准备	238,722.18		
90			非付现	折旧	200,000.00		
91			非付现	开办费摊销	150,000.00		
92	合计	1,005,018.64	合计		3,602,933.83	合计	1,413,857.79

图 9-30 “三项费用”预算

从图 9-30 的表格中可以看出管理费用的层次结构，其中“折旧、坏账、开办费用摊销”属于第二层次三级会计科目，它们属于管理费用下属的第一层次二级会计科目“非付现项目”。

如何在一张图中，直观展示费用的两层逻辑结构呢？复合饼图可以较好地展现层次结构，对大额（金额占管理费用总额比例大）量小的管理费用子目宜置于饼图左侧圆饼展示，对小额（金额占管理费用总额比例小）量大的管理费用子目宜置于饼图右侧圆饼展示。换句话说，符合“3.6.6”中介绍的“二八定律”结构适宜用复合饼图来反映层次结构。

现将图 9-31 按步骤 1-10 分解如下：

- 插入复合饼图。在工作表中插入图表，步骤包括 1、2 和 3：
  - 1：选中单元格区域“C85:E91”。
  - 2：单击 Excel“插入”选项卡“图表”组“插入饼图或圆环图”之“复合饼图”。
  - 3：单击 Excel“设计”选项卡“图表样式”组“样式 11”。
- 调整数据标签。将图表数据标签按步骤 5、8、9 进行调整：
  - 5：选中饼图的百分比数字，饼图中所有的标签均被选中。在 Excel 主界面右侧出现的“设置数据标签格式”选项卡上，勾选“标签选项”中的“类别名称”、“值”。
  - 8：单击“开始”选项卡“字体”组内“字体颜色”，选择一种颜色。
  - 9：再次选中饼图的百分比数字，此时仅光标处标签被选中，拖拉该标签四周的空心定位圆点，可改变其位置和尺寸。

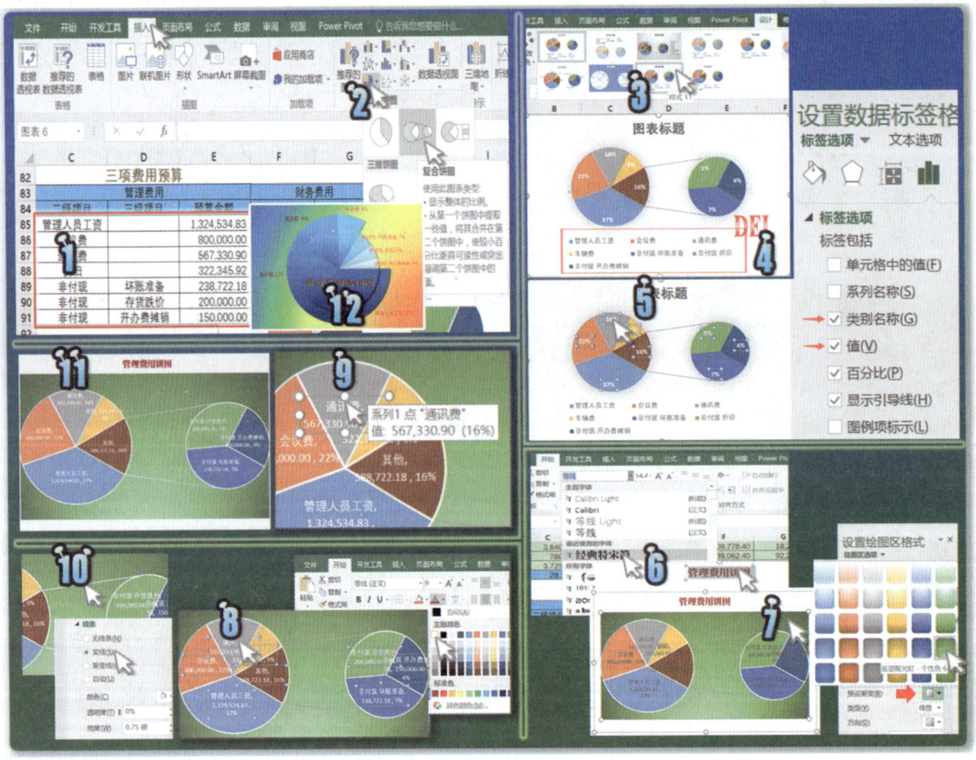

图 9-31 管理费用的复合饼图

- 美化复合饼图。4、6、7 和 10 步骤使复合饼图阅读更舒适、更直观：
  - 4：选中饼图中的图例，单击 DEL 键删掉它。
  - 6：选中饼图中的“图表标题”，输入“管理费用饼图”，为标题设置一种你电脑上有的字体，并仿照步骤 8 为标题选择一种颜色。商务字体、配色可参考“1.5.1”自行设置。
  - 7：选中饼图中的“绘图区”，在 Excel 主界面右侧出现的“设置绘图区格式”选项卡上的“填充与线条”之“填充”为“渐变填充”，单击“预设渐变”右侧的方框边的下拉三角形，选择“底部聚光灯 – 个性色 6”。

➢ 10：选中饼图的斜线，在 Excel 主界面右侧出现的“设置系列线格式”选项卡上，选中“线条”为“实线”。

最终的成品如图 9-31 之 11 所示，可以明显看出管理费用下属的一、二级子目的结构。此外，还有一种纵向叠合的双层饼图（图 9-31 之 12）也适合展现管理用的层次结构。

此处视频讲解更精彩，扫描右侧的二维码，即可观看和下载

9.3 全面预算的报表层成果

根据现有的收入和分项预算，使用“8.1”节的报表格式，再根据企业实际，补充一些资料了，就可以编制出预算的“三大表”了。

9.3.1 报表三件套——预算利润表的编制

根据收入和费用及成本项目的预算，编制预算利润表如图 9-32。为讲解清楚，我们在 E 列对表 D 列的公式进行了说明，在实际编报时并不需要。

预算利润表

会企 02表

编制单位:苏问集团有限责任公司吉林公司　　2018年　　单位：元

项 目	行次	本期金额	上年同期金额
一、营业收入	1	21,399,616.00	单元格D5公式: =收入预算_字串相乘!C11
减：营业成本	2	12,437,945.35	单元格D6公式:=分项预算!F80
税金及附加	3	1,144,879.46	单元格D7公式:=D5*5.35%
销售费用	4	1,005,018.64	单元格D8公式:=分项预算!B92
管理费用	5	3,602,933.83	单元格D9公式:=分项预算!E92
财务费用	6	1,413,857.79	单元格D10公式:=分项预算!C92
资产减值损失	7		
加：公允价值变动收益（损失以“-”号填列）	8		
投资收益（损失以“-”号填列）	9		
其中：对联营企业和合营企业的投资收益	10		
二、营业利润（亏损以“-”号填列）	11	1,794,980.93	单元格D15公式: =D5- SUM(D6:D11)+SUM(D12:D13
加：营业外收入	12		
减：营业外支出	13		
其中：非流动资产处置损失	14		
三、利润总额（亏损总额以“-”号填列）	15	1,794,980.93	单元格D19公式: =D15+D16-D17
减：所得税费用	16	475,669.95	综合税率26.5%
四、净利润（净亏损以“-”号填列）	17	1,319,310.99	单元格D21公式: =D19-D20
五、每股收益：	18		
（一）基本每股收益	19		
（二）稀释每股收益	20		

会计主管:王明　　制表人:刘流

图 9-32　预算利润表

由于会计准则与税法规定存在的差异，企业必然存在纳税调整事项，使得所得税费用与利润总额的比例并不是企业所得税率 25%，而是略有增减。根据吉林公司的实际情况，综合所得税费用率预估为 26.5%。

苏问集团吉林公司 2018 年无利润分配计划，利润分配表为一空表，不再列出。

9.3.2 报表三件套——预算现金流量表的编制

对新一年营业活动的现金收付情况进行总括预算是全面预算的一个重要部分，包括现金的收入、现金支出、现金结余或者不足、投融资等。当现金不足时，企业要预先安排筹资渠道，选择不同的筹资方式，使筹资成本最低；企业现金结余时，企业要安排适当的投资渠道，为企业安全创收。

苏问集团吉林公司 2018 年预计还将发生表 9-3 所示的事项。根据“9.2”节现收、付现资料，将 2018 年现金预算归集如图 9-33 所示，可以看出：现金不足以支付预算所算，必须从外部补充资金，拟从银行贷款 400 万元，2018 年将对银行还本 100 万元、付息 7 万元。

现金流量预算

会企 03表

编制单位:苏问集团吉林公司　　预算期：2018年　　单位：元

现金流项目		行次	2018年	说明
一、期初现金余额		1	800,000.00	预估
经营收现类	经营现金收入	2	16,716,700.48	单元格E6公式:=收入预算_字串相乘!C11*78%+25000
二、可供使用资金		3	17,516,700.48	单元格E7公式:=E5+E6
经营付现类	直接材料采购	4	7,566,529.20	单元格E8公式:=分项预算!I34
	直接人工	5	1,721,905.00	单元格E9公式:=分项预算!F54
	制造费用	6	431,368.30	单元格E10公式:=分项预算!G67
	营业费用和管理费用	7	5,433,088.08	单元格E11公式:=分项预算!E93
	流通环节税金	8	1,253,752.54	单元格E12公式:=E6*7.5%
	所得税	9	475,669.95	单元格E13公式:=利润表!D20
	小计	10	16,882,313.06	单元格E14公式:=SUM(E8:E13)
投资类	预分股利	11		
	投资现金支出	12		
	购置设备	13	3,000,000.00	预估
	小计	14	3,000,000.00	单元格E18公式:=SUM(E15:E17)
三、现金节余或不足		15	-2,365,612.58	单元格E19公式:=E7-E14-E18
筹资类	从金融机构取得的借款	16	4,000,000.00	
	归还金融机构的本金	17	1,000,000.00	
	归还金融机构的利息	18	70,000.00	按综合利息费用率预估
四、期末现金余额		18	564,387.42	单元格E23公式:=E19+E20-E21-E22

会计主管:王明　　制表人:刘流

图 9-33　现金预算表

表 9-3　2018 年苏问集团吉林公司报表预编补充资料

序号	项目	金额	备注
1	期初现金	800　000.00	编制时对下一年年初的预估
2	购买设备	3,000,000.00	
3	银行存款利息	25 000.00	

根据现有的现金预算，可以编制出 2018 年现金流量表（预算表），如图 9-34 所示。根据新《企业会计准则第 31 号——现金流量表》，企业里自有资金在银行的存款利息，应现金流量表中“经营活动产生的现金流量中：收到的其他与经营活动有关的现金”中。

CFO 点拨

制造费用付现部分应当区分不同的费用去向，归入不同的现金流量表项目，如制造费用中的人工工资记入“支付给职工及为职工支付的现金”、接受的劳务（如电费）记入“购买商品劳务支付的现金”、差旅费等等记入“其他与经营活动有关的现金”，为简化编制，我们将所有的付现制造费用全部归入了“其他与经营活动有关的现金”。

	A/B	C	D	E
1	预算现金流量表			
2				会企 03表
3	编制单位：苏同集团吉林公司		预算期：2018年	单位：元
4	项 目	行次	2018年	公式说明
5	**一、经营活动产生的现金流量：**	1		
6	销售商品、提供劳务收到的现金	2	16,691,700.48	=现金预算!E6-25000
7	收到的税费返还	3		
8	收到其他与经营活动有关的现金	4	25,000.00	25000
9	经营活动现金流入小计	5	16,716,700.48	=SUM(D6:D8)
10	购买商品、接受劳务支付的现金	6	7,566,529.20	=现金预算!E8
11	支付给职工以及为职工支付的现金	7	1,721,905.00	=现金预算!E9
12	支付的各项税费	8	1,729,422.48	=现金预算!E12+现金预算!E13
13	支付其他与经营活动有关的现金	9	5,864,456.38	=现金预算!E10+现金预算!E11
14	经营活动现金流出小计	10	16,882,313.06	=SUM(D10:D13)
15	经营活动产生的现金流量净额	11	-165,612.58	=D9-D14
16	**二、投资活动产生的现金流量：**	12		
17	收回投资收到的现金	13		
18	取得投资收益收到的现金	14		
19	处置固定资产、无形资产和其他长期资产收回的现金净额	15		
20	处置子公司及其他营业单位收到的现金净额	16		
21	收到其他与投资活动有关的现金	17		
22	投资活动现金流入小计	18		=SUM(D17:D21)
23	购建固定资产、无形资产和其他长期资产支付的现金	19	3,000,000.00	=现金预算!E17
24	投资支付的现金	20		
25	取得子公司及其他营业单位支付的现金净额	21		
26	支付其他与投资活动有关的现金	22		
27	投资活动现金流出小计	23	3,000,000.00	=SUM(D23:D26)
28	投资活动产生的现金流量净额	24	-3,000,000.00	=D22-D27
29	**三、筹资活动产生的现金流量：**	25		
30	吸收投资收到的现金	26		
31	取得借款收到的现金	27	4,000,000.00	=现金预算!E20
32	收到其他与筹资活动有关的现金	28		
33	筹资活动现金流入小计	29	4,000,000.00	=SUM(D30:D32)
34	偿还债务支付的现金	30	1,000,000.00	=现金预算!E21
35	分配股利、利润或偿付利息支付的现金	31	70,000.00	=现金预算!E22
36	支付其他与筹资活动有关的现金	32		
37	筹资活动现金流出小计	33	1,070,000.00	=SUM(D34:D36)
38	筹资活动产生的现金流量净额	34	2,930,000.00	=D33-D37
39	**四、汇率变动对现金的影响**	35		
40	**五、现金及现金等价物净增加额**	36	-235,612.58	=D15+D28+D38+D39
41	期初现金及现金等价物余额	37	800,000.00	=现金预算!E5
42	期末现金及现金等价物余额	38	564,387.42	=D40+D41
43	会计主管:王明			制表人:刘流

图 9-34　现金流量预算表

9.3.3　报表三件套——预算资产负债表的编制

在期初资产负债表的基础上，结合收入和成本费用分项目预算，在已编制的利润表和现金流量表，对预算期期末的企业财务状况进行总括性预算。据此预算报表，企业的管理层可以了解企业未来可能出现的财务状况，可针对性地对可能存在的不良资产结构进行提早调整、规避，从而达到报表预编的目的。

预先编制资产负债表的主要公式如图 9-35 和图 9-36 所示，分别说明如下：

	B	C	D	E
4	资　产	行次	="期末余额"	="期初余额"
5	**流动资产：**	1		
6	货币资金	2	=现金流量表!D42	=现金预算!E5
7	交易性金融资产	3		
8	应收票据	4		
9	应收账款	5	=E9+收入预算_字串相乘!C11*(1-78%)	12907128.86
10	预付款项	6		
11	应收利息	7		
12	应收股利	8		
13	其他应收款	9		
14	存货	10	=SUMPRODUCT(分项预算!C28:C33,分项	=SUMPRODUCT
15	一年内非到期的流动资产	11		
16	其他流动资产	12		
17	**流动资产合计**	13	=SUM(D6:D16)	=SUM(E6:E16)

=SUMPRODUCT(分项预算!C28:C33,分项预算!F28:F33)+分项预算!G80

=SUMPRODUCT(分项预算!D28:D33,分项预算!F28:F33)

图 9-35　预编资产负债表公式—资产部分

	F	G	H	I
4	负债和所有者权益（或股东权益）	行次	="期末余额"	="期初余额"
5	**流动负债：**	34		
6	短期借款	35	3500000	4500000
7	交易性金融负债	36		
8	应付票据	37		
9	应付账款	38	=I9+分项预算!G34-分项预算!I34	2203232.23
10	预收款项	39		
11	应付职工薪酬	40		
12	应交税费	41		
13	应付利息	42		
14	应付股利	43		
15	其他应付款	44	4827577.17	6453564.43
16	一年内到期的非流动负债	45		
17	其他流动负债	46		
18	**流动负债合计**	47	=SUM(H6:H17)	=SUM(I6:I17)
19	**非流动负债：**	48		
20	长期借款	49	=现金预算!E20	
21	应付债券	50		
22	长期应付款	51		
23	专项应付款	52		
24	预计负债	53		
25	递延所得税负债	54		
26	其他非流动负债	55		
27	非流动负债合计	56	=SUM(H20:H26)	=SUM(I20:I26)
28	**负债合计**	57	=H18+H27	=I18+I27
29	**所有者权益（或股东权益）：**	58		
30	实收资本（或股本）	59	4000000	4000000
31	资本公积	60		
32	减：库存股	61		
33	盈余公积	62	3633200.93	318003.96
34	未分配利润	63	=I34+利润表!D21	1625987.26
35	**所有者权益（或股东权益）合计**	64	=SUM(H30:H34)	=SUM(I30:I34)

图 9-36　预编资产负债表公式—负债和所有者权益部分

- 货币资金。期末和期初数的公式分别为“= 现金流量表 !D42”、“= 现金预算 !E5”，从图 9-34 与 9-33 中取数。
- 应收账款。期末数公式为“=E9+ 收入预算 _ 字串相乘 !C11*(1-78%)”，它以 2017 年预算报表本项目的期末数（即本期期初数）加上预算期 2018 年的预算收入中非收现部分而得。
- 存货。包括原材料和产品两类实物。期末数公式“=SUMPRODUCT(分项预算 !C28:C33, 分项预算 !F28:F33)+ 分项预算 !G80”（参见图 9-18、9-19 和 9-26），它以期末原材料数量乘以单价加上产品期末金额而得，期初数公式“=SUMPRODUCT(分项预算 !D28:D33, 分项预算 !F28:F33)”，它以期初原材料数量乘以单价，未考虑期初产品金额。

> **CFO 点拨**
> 原材料单价是假设预算期末与期初单价未发生重大变化，因而可采取各材料的同一单价计算。

- 短期借款。预算期偿还贷款本金 100 万元。
- 长期借款。为弥补现金流量预算的不足部分，拟新增贷款 400 万元。
- 应付账款。期末数公式为“=I9+ 分项预算 !G34- 分项预算 !I34”，它以 2017 年预算报表本项目的期末数（即本期期初数）加上预算期 2018 年的材料采购中非付现部分而得（图 9-19）。
- 其他应付款。限于篇幅，这里直接给出金额数，省略了该项目的预算编制过程。作为与直接生产加工联系并非特别紧密的其他应付款（如个人借、还款）等预算需另行编制。
- 盈余公积。这里直接给出金额数，省略了该项目的预算编制过程。
- 未分配利润。期末数公式为“=I34+ 利润表 !D21”，它以 2017 年预算报表本项目的期末数（即本期期初数）加上预算期 2018 年净利润数所得。

公式设置完成，填入相关项目的期初数之后的资产负债表如图 9-37 所示。

预算资产负债表

会企01表

编制单位：苏问集团有限责任公司吉林公司　　2018年12月31日　　单位：元

资 产	行次	期末余额	期初余额	负债和所有者权益（或股东权益）	行次	期末余额	期初余额
流动资产：	1			**流动负债：**	34		
货币资金	2	564,387.42	800,000.00	短期借款	35	3,500,000.00	4,500,000.00
交易性金融资产	3			交易性金融负债	36		
应收票据	4			应付票据	37		
应收账款	5	17,615,044.38	12,907,128.86	应付账款	38	6,951,443.03	2,203,232.23
预付款项	6			预收款项	39		
应收利息	7			应付职工薪酬	40		
应收股利	8			应交税费	41		
其他应收款	9			应付利息	42		
存货	10	3,031,867.65	291,310.00	应付股利	43		
一年内非到期的流动资产	11			其他应付款	44	4,827,577.17	6,453,564.43
其他流动资产	12			一年内到期的非流动负债	45		
流动资产合计	13	21,211,299.45	13,998,438.86	其他流动负债	46		
非流动资产：	14			**流动负债合计**	47	15,279,020.20	13,156,796.66
可供出售金融资产	15			**非流动负债：**	48		
持有至到期投资	16			长期借款	49	4,000,000.00	
长期应收款	17			应付债券	50		
长期股权投资	18			长期应付款	51		
投资性房地产	19			专项应付款	52		
固定资产	20	8,646,219.93	5,102,340.02	预计负债	53		
在建工程	21			递延所得税负债	54		
工程物资	22			其他非流动负债	55		
固定资产清理	23			非流动负债合计	56	4,000,000.00	-
生产性生物资产	24			**负债合计**	57	19,279,020.20	13,156,796.66
油气资产	25			**所有者权益（或股东权益）：**	58		
无形资产	26			实收资本（或股本）	59	4,000,000.00	4,000,000.00
开发支出	27			资本公积	60		
商誉	28			减：库存股	61		
长期待摊费用	29			盈余公积	62	3,633,200.93	318,003.96
递延所得税资产	30			未分配利润	63	2,945,298.25	1,625,987.26
其他非流动资产	31			**所有者权益（或股东权益）合计**	64	10,578,499.18	5,943,991.22
非流动资产合计	32	8,646,219.93	5,102,349.02		65		
资产总计	33	29,857,519.38	19,100,787.88	**负债和所有者权益（或股东权益）总计**	66	29,857,519.38	19,100,787.88

[illegible]　　制表人:刘流

图 9-37　资产负债表预算表

9.3.4　全面预算联手报表自动汇总及其成果的应用

以销售预测作为起点，按苏问集团吉林公司的经营目标，对 2018 年的生产、成本（费用）和现金收、付情况等进行事先测算、预估，并且立足于此编制出了利润表、现金流量表和资产负债表。为满足各个不同企业内部管理的需要，对编制过程中的个别数据来源，还可以进一步细化、深入（如其他应付款的预算、符合本企业生产工序特点的费用归集表格等）。

1. 对报表自动汇总系统和分析系统的技术性利用。全面预算之所以能够称之为“全”，是由于它涉及到企业生产经营管理的各个方面，牵涉到了企业股东、分支机构和员工等各个利益方，贯穿了报表编制全程。也正因为“全”，要防止“高、大、全”、“全而散”、“全而空”，要做到各个主要方面的基础夯实，资料真实可行。为实现这一目标，管理会计要利用技术手段，对预算中的主要和关键指标、报表项目进行总体和个体的分析、解剖。

这一章我们所讲解的全面预算编制仅仅是以吉林公司为例的，苏问集团下属还有众多分支机构和职能部门，它们所报送的预算报表，可以利用“8.3”和“8.4”自动（实时）汇总系统进行自动化加总，轻轻松松得到集团总预算报表，并通过对集团层面和个别分支机构财务分析指标的分解，得以解剖预算期的指标预估值，进而做出科学的优化和调整。

2. **全面预算成果的管理应用**。利用全面预算编制的各类报表，可以促进企业把握风险控制，减少经营风险和财务风险。科学的预算目标不仅是控制和指引企业经济活动的参照，也是各职能部门的考核依据。通过执行与目标之差的差异分析，可以修正企业行为、激励部门和员工、优化绩效考核体系。通过全面预算，对企业方方面面的资源得以重新调度和配置，发挥最大功用，实现价值增长的最大化。

如前所述，全面预算不只是一种管理会计上的技术手段，更是企业经营管理的实用工具。从预算编制过程、到预算的实际执行、到执行结果的分析和修正，增收节支、优化资源配置，确保企业价值最大化的实现是全面预算管理的核心所在。

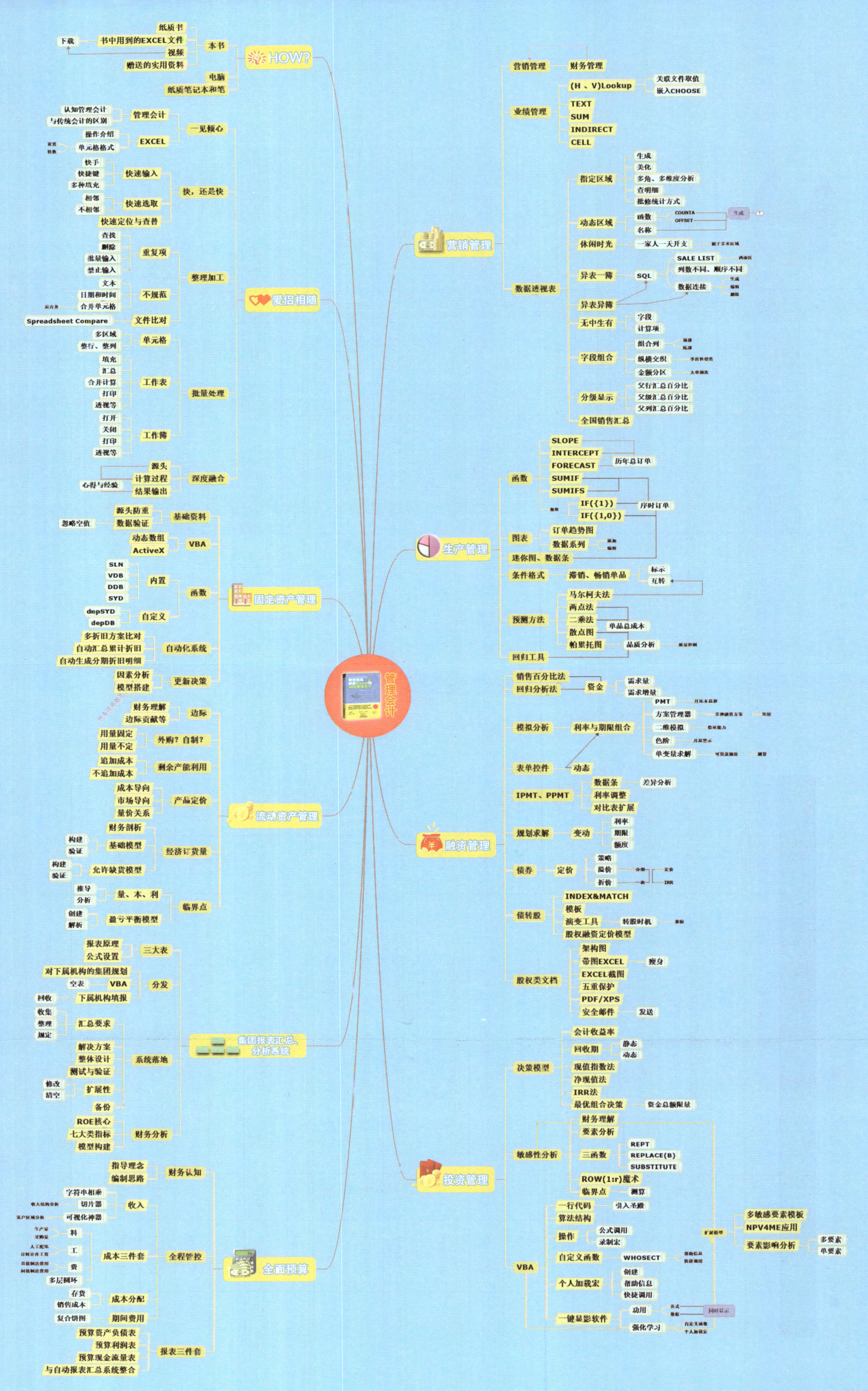

管理会计
HOW?
本书
纸质书
书中用到的EXCEL文件
下载
视频
赠送的实用资料
电脑
纸质笔记本和笔
爱恨相随
一见倾心
管理会计
认知管理会计
与传统会计的区别
EXCEL
操作介绍
单元格格式
快，还是快
快速输入
快手
快捷键
多种填充
快速选取
相邻
不相邻
快速定位与查找
整理加工
重复项
查找
删除
批量输入
禁止输入
不规范
文本
日期和时间
合并单元格
文件比对
Spreadsheet Compare
批量处理
单元格
多区域
整行、整列
工作表
填充
汇总
合并计算
打印
透视等
工作簿
打开
关闭
打印
透视等
深度融合
源头
计算过程
结果输出
心得与经验
固定资产管理
基础资料
源头防重
数据验证
忽略空值
VBA
动态数组
ActiveX
函数
内置
SLN
VDB
DDB
SYD
自定义
depSYD
depDB
自动化系统
多折旧方案比对
自动汇总累计折旧
自动生成分期折旧明细
更新决策
因素分析
模型搭建
流动资产管理
边际
财务理解
边际贡献等
外购？自制？
用量固定
用量不定
剩余产能利用
追加成本
不追加成本
产品定价
成本导向
市场导向
量价关系
经济订货量
财务剖析
基础模型
构建
验证
允许缺货模型
临界点
量、本、利
推导
分析
盈亏平衡模型
创建
解析
集团报表汇总、分析系统
三大表
报表原理
公式设置
分发
对下属机构的集团规划
VBA
空表
下属机构填报
回收
系统落地
汇总要求
收集
整理
规定
解决方案
整体设计
测试与验证
扩展性
修改
清空
备份
财务分析
ROE核心
七大类指标
模型构建
全面预算
财务认知
指导理念
编制思路
全程管控
收入
字符串相乘
切片器
收入结构分析
可视化神器
客户区域分析
成本三件套
料
生产量
采购量
工
人工配比
计时计件工资
费
直接制造费用
间接制造费用
多层圆环
成本分配
存货
销售成本
期间费用
复合饼图
报表三件套
预算资产负债表
预算利润表
预算现金流量表
与自动报表汇总系统整合
营销管理
营销管理
财务管理
业绩管理
(H、V)Lookup
关联文件取值
嵌入CHOOSE
TEXT
SUM
INDIRECT
CELL
数据透视表
指定区域
生成
美化
多角、多维度分析
查明细
批修统计方式
动态区域
函数
COUNTA
OFFSET
名称
休闲时光
一家人一天开支
异表一筹
SQL
SALE LIST
列数不同、顺序不同
数据连接
异表异筹
无中生有
字段
计算项
字段组合
组合列
纵横交织
金额分区
分级显示
父行汇总百分比
父级汇总百分比
父列汇总百分比
全国销售汇总
生产管理
函数
SLOPE
INTERCEPT
FORECAST
历年总订单
SUMIF
SUMIFS
IF({1})
IF({1,0})
序时订单
图表
订单趋势图
数据系列
迷你图、数据条
条件格式
滞销、畅销单品
标示
互转
预测方法
马尔柯夫法
两点法
二乘法
单品总成本
散点图
帕累托图
品质分析
回归工具
融资管理
销售百分比法
回归分析法
资金
需求量
需求增量
模拟分析
利率与期限组合
PMT
方案管理器
二维模拟
色阶
单变量求解
表单控件
动态
IPMT、PPMT
数据条
差异分析
利率调整
对比表扩展
规划求解
变动
利率
期限
额度
债券
定价
溢价
平价
折价
信转股
INDEX&MATCH
模板
演变工具
转股时机
股权融资定价模型
股权类文档
架构图
带图EXCEL
瘦身
EXCEL截图
五重保护
PDF/XPS
安全邮件
发送
投资管理
决策模型
会计收益率
回收期
静态
动态
现值指数法
净现值法
IRR法
最优组合决策
资金总额限量
敏感性分析
财务理解
要素分析
三函数
REPT
REPLACE(B)
SUBSTITUTE
ROW(1:r)魔术
临界点
测算
VBA
一行代码
引入关键
算法结构
操作
公式调用
录制宏
自定义函数
WHOSECT
个人加载宏
创建
帮助信息
快速调用
一键显影软件
动用
强化学习
多敏感要素模板
NPV4ME应用
要素影响分析
多要素
单要素

附赠超值大礼包

■ 450 分钟的作者原声 2K 高清教学视频 19 个；

序号	视频名称	章节	视频内容	时长	页码
1	V1-1.mp4	1.3.6	合并单元格的反合并	3:55	22
2	V1-2.mp4	1.4.3	合并计算的两种方案	4:12	26
3	V2-1.mp4	2.6.3	INDIRECT 函数和 CELL 函数 在业绩汇总中的综合运用	42:07	56
4	V2-2.mp4	2.11.4	利用数据连接生成基于多工作簿 多工作表的数据透视表	33:07	83
5	V3-1.mp4	3.3.4	让订单趋势图更加赏心悦目的操作技巧	47:20	112
6	V3-2.mp4	3.5.5	输入数组函数及马氏预测的几个注意点	13:38	130
7	V3-3.mp4	3.6.6	用“帕累托图”进行产品品质控制分析	34:54	144
8	V4-1.mp4	4.1.4	资金需求（增）量预测的几种方法	29:09	151
9	V4-2.mp4	4.3.3	实时观察表单控件计算不同贷款额度 和利率区间时的利息支付变化	13:14	168
10	V4-3.mp4	4.4.5	等额本息与等额本金对比计算表的通用性扩展	15:43	173
11	V5-1.mp4	5.3.7	WhoseCT 加载宏制作及其帮助、快捷键设置	37:07	267
12	V5-2.mp4	5.4.4	用自定义 VBA 函数助力投资要素的敏感分析	24:12	273
13	V6-1.mp4	6.1.2	对管理边际的理解	12:46	277
14	V6-2.mp4	6.2.6	如何制作双坐标轴折线图	08:00	282
15	V6-3.mp4	6.3.3	存货经济订货量经济总成本及验证	51:02	293
16	V7-1.mp4	7.4.2	固定资产折旧系统的使用	14:08	315
17	V7-2.mp4	7.5.2	固定资产更新改造决策	10:49	322
18	V8-1.mp4	8.3.6	自动会计报表汇总系统的使用	17:42	346
19	V9-2.mp4	9.2.10	利用双层饼展现管理费用层级结构	24:15	376

本书讲授函数分布

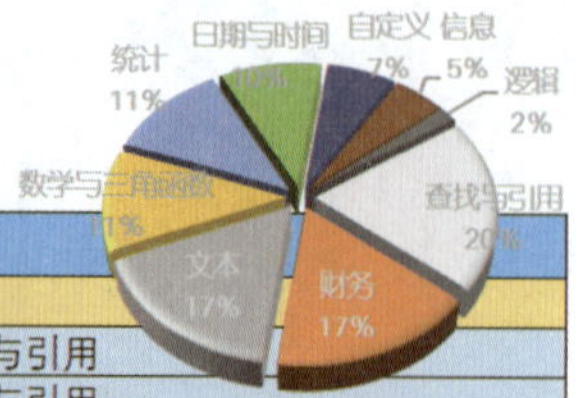

序号	名称	章节	页码	类别
1	CELL	2.6.1	53	信息
2	CHOOSE	2.5.4	51	查找与引用
3	COLUMN	5.1.3	228	查找与引用
4	COUNT(A)	2.8.2	66	统计
5	COUNTIF	1.3.1	15	统计
6	DATEDIF	4.7.3	201	日期与时间
7	DAYS	8.1.1	324	日期与时间
8	DDB	7.3.1	308	财务
9	depDB	7.3.2	312	自定义—固定余额递减法的累计折旧
10	depSYD	7.3.2	312	自定义—年数总和法累计折旧
11	FIND	1.4.1	23	文本
12	FORECAST	3.2.4	106	统计
13	FORMULATEXT	5.3.5	264	查找与引用
14	HOOKUP	2.4.1	39	查找与引用
15	IF	1.4.2	25	逻辑
16	IFERROR	1.4.1	23	信息
17	INDEX	4.7.2	198	查找与引用
18	INDIRECT	2.6.1	53	查找与引用
19	INT	3.6.2	133	数学与三角函数
20	INTERCEPT	3.2.3	104	统计
21	IPMT	4.4.1	169	财务
22	IRR	4.6.1	187	财务
23	ISNUMBER	5.1.1	224	信息
24	LEFT	2.6.1	54	文本
25	LEN	1.3.4	20	文本
26	LOOKUP	2.4.1	39	查找与引用
27	MATCH	4.7.2	198	查找与引用
28	MAX	3.4.5	118	统计
29	MID	3.4.2	114	文本
30	MIN	3.4.5	118	统计
31	MMULT	3.5.5	129	数学与三角函数
32	MONTH	7.3.2	311	日期与时间
33	NPV	5.4.1	270	财务
34	NPV4ME	5.4.2	271	自定义—个性化净现值
35	OFFSET	2.8.1	65	查找与引用
36	PMT	4.2.1	152	财务
37	PPMT	4.4.1	169	财务
38	PV	4.5.1	174	财务
39	REPLACE(B)	5.2.3	236	文本
40	REPT	5.2.3	234	文本
41	RIGHT	9.2.1	359	文本
42	ROUND	2.1.1	32	数学与三角函数
43	ROW	1.4.2	25	查找与引用
44	SLN	7.3.1	308	财务
45	SLOPE	3.2.3	104	统计
46	SUBSTITUTE	5.2.3	236	文本
47	SUM	1.4.2	24	数学与三角函数
48	SUMIF	3.4.1	113	数学与三角函数
49	SUMIFS	3.4.2	113	数学与三角函数
50	SUMPRODUCT	3.4.3	115	数学与三角函数
51	SYD	7.3.1	308	财务
52	TEXT	2.4.3	42	文本
53	TEXTJOIN	9.2.9	373	文本
54	TODAY	2.1.1	32	日期与时间
55	TRANSPOSE	3.5.3	127	查找与引用
56	VDB	7.3.1	308	财务
57	VLOOKUP	2.4.1	39	查找与引用
58	WEEKNUM	3.4.3	115	日期与时间
59	WhoseCT	5.3.5	264	自定义—显示公式
60	YEAR	2.1.1	32	日期与时间